Hartmann
Boller

Volkswirtschaftslehre

für das berufliche Gymnasium –
wirtschaftswissenschaftliche Richtung (WG)

Jahrgangsstufen 1 und 2

Hartmann
Boller

Volkswirtschaftslehre

für das berufliche Gymnasium – wirtschaftswissenschaftliche Richtung (WG)

Jahrgangsstufen 1 und 2

Merkur
Verlag Rinteln

Wirtschaftswissenschaftliche Bücherei für Schule und Praxis
Begründet von Handelsschul-Direktor Dipl.-Hdl. Friedrich Hutkap †

Verfasser:
Gernot B. Hartmann, Dipl.-Hdl., Emmendingen
Dr. Eberhard Boller, Dipl.-Hdl., Siegen

* * * * *

4. Auflage 2015

Gesamtherstellung:
MERKUR VERLAG RINTELN Hutkap GmbH & Co. KG, 31735 Rinteln
E-Mail: info@merkur-verlag.de
lehrer-service@merkur-verlag.de
Internet: www.merkur-verlag.de
ISBN 978-3-8120-**0490-9**

Vorwort

Dieses Lehrbuch richtet sich **exakt** nach dem **Lehrplan „Volks- und Betriebswirtschaftslehre“** für die Jahrgangsstufe 1 und 2 der baden-württembergischen Wirtschaftsgymnasien vom **28. Juni 2011.** Es beinhaltet die Lehrplaneinheiten 14 bis 21 (Volkswirtschaft) und baut auf den Lerninhalten der Eingangsklasse auf.[1]

Der Lehrplaneinheit 21 ist kein eigenständiges Kapitel gewidmet, weil die dort geforderte Behandlung problemorientierter volkswirtschaftlicher Sachverhalte in **zahlreichen Aufgabenstellungen** zu den einzelnen Kapiteln enthalten ist. Ergänzend sei noch darauf hingewiesen, dass die Lehrplaneinheit 22 „Monetäre Außenwirtschaft“ mit Blick auf den Lehrplan für Gymnasien mit dem **Schwerpunkt Finanzen** in dem Lehrbuch enthalten ist.

Das **vorliegende Lehrbuch** verfolgt gezielt die im Lehrplan aufgeführte Forderung, dass zur Erreichung der **Bildungsziele** der Unterricht **problemorientiert** gestaltet und **aktuelle** Bezüge hergestellt werden müssen. Ein strukturiertes und breites Grundlagenwissen ist schließlich die unabdingbare Voraussetzung, um Probleme zu erkennen, zu verstehen und darüber zu reflektieren, **kreative Lösungen** zu finden und sich eine eigene Meinung zu bilden.

Das **Hauptaugenmerk der Verfasser** dieses Buches lag auf einer **breiten Entwicklung von Kompetenzen,** die zur **Bewältigung von ökonomischer Komplexität moderner Gesellschaften** notwendig sind. Vielfältige Aufgabenstellungen zur Entscheidungsfindung und Handlungsvorbereitung kommen in den **zunehmend komplexeren Abitrainings** zum Einsatz. So werden umfassende Kompetenzen zum **ganzheitlichen Handeln** entwickelt und **vernetztes Denken** und **Kooperationsfähigkeit** geübt.

Ziel des Lehrbuches ist es, die Schülerinnen und Schüler zur Wahrnehmung und Analyse von gesamtwirtschaftlichen Prozessen zu befähigen, **individuelle Handlungsfähigkeit** in verantwortlicher Stelle zu entwickeln und die **kritische Reflexion** gesamtwirtschaftlicher Zusammenhänge zu ermöglichen. Zugleich sollen die Absolventinnen und Absolventen auf künftiges Handeln als **mündige Akteure des Wirtschaftslebens** vorbereitet werden und die Fähigkeit zur **kritischen Partizipation** erwerben.

Für die Arbeit mit diesem Lehrbuch möchten wir auf Folgendes hinweisen:

- Die oft sehr theoretischen Inhalte der Volkswirtschaftslehre wurden zum besseren Verständnis und zur Veranschaulichung bewusst mit **vielfältigen Beispielen** aus der **Lebens- und Erfahrungswelt** der Schülerinnen und Schüler unterlegt.
- Am **Ende** eines **jeden Kapitels** findet sich ein **umfangreiches „Abitraining“.** Dieses beinhaltet im Wesentlichen **komplexe** und **realitätsnahe Problemstellungen.** Das Abitraining dient in erster Linie dem **selbst gesteuerten Lernen** und einer **aktiven Beteiligung** der Lernenden. Im Zentrum steht dabei die Förderung des Einsatzes von **erworbenem Wissen,** nicht zuletzt, um eine **reflektierte Vertiefung** und **Erweiterung** bisheriger **Lernprozesse** zu ermöglichen.

1 Speth (Hrsg.): Volks- und Betriebswirtschaftslehre für das berufliche Gymnasium (WG), Band 1: Eingangsklasse, Merkur Verlag Rinteln, 14. Aufl. 2014, ISBN 978-3-8120-0453-4.

- Von den Autoren wurde bewusst darauf geachtet, dass die im Lehrplan aufgeführten Kompetenzen inhaltlich **vollständig und umfassend** thematisiert werden, sodass außerhalb des Lehrbuches **keine zusätzlichen Materialien** erforderlich sind. Dabei bleibt den **Lehrkräften** genügend **didaktischer Freiraum, eigene Schwerpunkte** oder **regionale Besonderheiten** zu berücksichtigen.
- Zahlreiche Abbildungen, aktuelle Schaubilder, Begriffsschemata, Gegenüberstellungen und Zusammenfassungen am Ende eines jeden Kapitels erhöhen die **Anschaulichkeit und Einprägsamkeit** der Informationen.
- Ein **ausführliches Stichwortverzeichnis** hilft Ihnen dabei, Begriffe und Erläuterungen schnell aufzuführen.

Wir hoffen, mit der Vorlage dieses Buches die erforderlichen Unterrichthilfen zur Erreichung der gemäß Lehrplan angestrebten Kompetenzen geben zu können. Für jede Art von Anregungen und Verbesserungsvorschlägen danken wir allen Benutzern im Voraus.

Wir wünschen Ihnen einen **guten Lehr- und Lernerfolg**!

Die Verfasser

Inhaltsverzeichnis

14 Verhalten der Marktteilnehmer unter Wettbewerbsbedingungen

14.1 Nachfrage und Angebot ... 11
14.2 Individuelle Nachfrage ... 12
14.2.1 Individuelle Nachfrage und der Preis eines Guts ... 12
14.2.2 Sonstige Bestimmungsfaktoren der individuellen Nachfrage ... 13
14.3 Gesamtnachfrage ... 15
14.3.1 Gesamtnachfrage und der Preis eines Guts ... 15
14.3.2 Sonstige Bestimmungsfaktoren der Gesamtnachfrage ... 18
14.4 Nachfrageelastizität ... 23
14.4.1 Direkte Preiselastizität der Nachfrage ... 23
14.4.2 Indirekte Preiselastizität der Nachfrage ... 28
14.5 Individuelles Angebot ... 32
14.5.1 Angebotsverhalten der Unternehmen ... 32
14.5.2 Individuelles Angebot bei S-förmigem Gesamtkostenverlauf ... 32
14.5.2.1 Kostenarten nach dem Beschäftigungsgrad ... 32
14.5.2.2 Kritische Kosten- und Leistungspunkte ... 36
14.5.2.3 Individuelle Angebotskurve bei S-förmigem Gesamtkostenverlauf 44
14.5.3 Individuelle Angebotskurve bei linearem Gesamtkostenverlauf ... 45
14.5.3.1 Kritische Kosten- und Leistungspunkte ... 45
14.5.3.2 Preisuntergrenzen ... 48
14.6 Gesamtangebot ... 48
14.6.1 Gesamtangebot und der Preis eines Guts ... 48
14.6.2 Sonstige Bestimmungsfaktoren des Gesamtangebots ... 51

15 Preisbildung auf verschiedenen Arten von Märkten

15.1 Preisbildung beim vollkommenen Polypol ... 57
15.1.1 Der Gleichgewichtspreis bei gegebenen Angebots- und Nachfrageverhältnissen ... 57
15.1.2 Anpassungsprozesse zum Gleichgewichtspreis ... 57
15.2 Preisbildung beim unvollkommenen Polypol ... 60
15.2.1 Preisbildung bei verzögerter Angebotsreaktion ... 60
15.2.2 Preisbildung bei heterogenen Gütern und fehlender Markttransparenz ... 63
15.3 Staatliche Markteingriffe ... 66
15.3.1 Notwendigkeit staatlicher Markteingriffe bei Marktversagen ... 66
15.3.2 Marktkonforme Staatseingriffe ... 67
15.3.3 Marktkonträre Staatseingriffe ... 70
15.3.4 Wohlfahrtsverluste und -gewinne durch staatliche Eingriffe auf Wettbewerbsmärkten ... 73
15.3.4.1 Erhebung von Verbrauchsteuern ... 73
15.3.4.2 Gewährung von Subventionen ... 76
15.4 Preisbildung des Angebotsmonopols ... 82
15.4.1 Arten der Monopole ... 82

15.4.2 Preisbildung des vollkommenen Angebotsmonopols ... 85
15.4.3 Preisbildung des unvollkommenen Angebotsmonopols ... 91
15.4.4 Der „monopolistische Preisspielraum" eines einzelnen Anbieters auf polypolistischem Markt ... 92
15.5 Preisbildung des Angebotsoligopols ... 95
15.5.1 Preisbildung des vollkommenen Angebotsoligopols ... 95
15.5.2 Preisbildung des unvollkommenen Angebotsoligopols ... 96
15.6 Marktformen und Marktmacht ... 98

16 Notwendigkeit und Ziele der Wirtschaftspolitik

16.1 Wirtschaftsschwankungen ... 104
16.1.1 Saisonale und konjunkturelle Schwankungen ... 104
16.1.2 Merkmale des Konjunkturverlaufs ... 104
16.1.3 Konjunkturindikatoren ... 107
16.2 Wirtschaftspolitische Ziele ... 110
16.2.1 Stabilitätsgesetz ... 110
16.2.2 Stabilitätspakt ... 112
16.2.3 Weitere Ziele staatlicher Wirtschaftspolitik ... 115
16.3 Notwendigkeit, Träger und Bereiche der Wirtschaftspolitik ... 118
16.3.1 Notwendigkeit der Wirtschaftspolitik ... 118
16.3.2 Träger der Wirtschaftspolitik ... 119
16.3.3 Bereiche der Wirtschaftspolitik ... 121

17 Geldtheorie und Geldpolitik

17.1 Handelsvolumen ... 126
17.2 Nachfragewirksame Geldmenge ... 127
17.3 Preisniveau ... 128
17.4 Kaufkraft ... 129
17.5 Preisindizes ... 130
17.5.1 Verbraucherpreisindex (VPI) ... 130
17.5.2 Harmonisierter Verbraucherpreisindex (HVPI) ... 132
17.6 Reallohn ... 132
17.7 Europäische Zentralbank (EZB) ... 133
17.7.1 Geldmengenbegriffe der Europäischen Zentralbank ... 133
17.7.2 Aufgaben und Aufbau der Europäischen Zentralbank ... 134
17.7.3 Europäisches System der Zentralbanken (ESZB) ... 135
17.7.4 Aufgaben der Deutschen Bundesbank im ESZB ... 137
17.8 Geldpolitik ... 139
17.8.1 Geldschöpfung und Geldvernichtung der Zentralbank ... 139
17.8.2 Geldschöpfung der Geschäftsbanken ... 142
17.9 Inflation und Deflation ... 145
17.9.1 Inflation ... 145
17.9.2 Deflation ... 149
17.10 Geldpolitische Instrumente der Europäischen Zentralbank ... 151
17.10.1 Offenmarktpolitik ... 151

17.10.1.1 Instrumente der Offenmarktpolitik ... 151
17.10.1.2 Kategorien der Offenmarktpolitik ... 157
17.10.2 Ständige Fazilitäten ... 158
17.10.3 Mindestreserven ... 159
17.11 Probleme und Grenzen der Geldpolitik ... 161

18 Wirtschaftspolitische Konzeptionen zur Wachstumsförderung und Konjunkturstabilisierung

18.1 Angebotsorientierte Wirtschaftspolitik ... 170
18.1.1 Ziele angebotsorientierter Wirtschaftspolitik ... 170
18.1.2 Grundannahmen angebotsorientierter Wirtschaftspolitik ... 171
18.1.3 Ansatzpunkte angebotsorientierter Wirtschaftspolitik ... 172
18.1.4 Grenzen angebotsorientierter Wirtschaftspolitik ... 173
18.2 Nachfrageorientierte Wirtschaftspolitik ... 173
18.2.1 Ziele nachfrageorientierter Wirtschaftspolitik ... 173
18.2.2 Grundannahmen nachfrageorientierter Wirtschaftspolitik ... 174
18.2.3 Ansatzpunkte nachfrageorientierter Wirtschaftspolitik ... 176
18.2.4 Grenzen nachfrageorientierter Wirtschaftspolitik ... 176
18.3 Einsatz und Wirkungen wirtschaftspolitischer Instrumente ... 178
18.4 Wachstums- und Konjunkturpolitik in Deutschland ... 180
18.4.1 Zielerreichung und Zielkonflikte ... 180
18.4.2 Staatsverschuldung ... 185
18.4.3 Aktuelle konjunkturelle und strukturelle Probleme ... 187

19 Aktuelle Problemfelder der Wirtschaftspolitik

19.1 Spannungsverhältnis zwischen Ökonomie und Ökologie – Umweltpolitik ... 193
19.1.1 Begriff und Arten des Wirtschaftswachstums ... 193
19.1.2 Grenzen des quantitativen Wirtschaftswachstums ... 194
19.1.3 Ursachen und Ausmaß der Umweltprobleme ... 195
19.1.4 Ziele und Probleme der Umweltpolitik ... 198
19.1.4.1 Notwendigkeit der Umweltpolitik ... 198
19.1.4.2 Voraussetzungen und Prinzipien der Umweltpolitik ... 199
19.1.4.3 Instrumente der Umweltpolitik ... 201
19.1.4.4 Aktuelle Entwicklungen und Probleme der Umweltpolitik ... 204
19.2 Beschäftigungs- und Arbeitsmarktpolitik ... 208
19.2.1 Begriff, Ausmaß und Struktur der Arbeitslosigkeit ... 208
19.2.2 Arbeitslosigkeit als wirtschaftliches und soziales Problem ... 212
19.2.2.1 Wirtschaftliche Probleme der Arbeitslosigkeit ... 212
19.2.2.2 Soziale Probleme der Arbeitslosigkeit ... 214
19.2.3 Ursachen der Arbeitslosigkeit ... 215
19.2.4 Instrumente der Beschäftigungs- und Arbeitsmarktpolitik ... 222
19.2.4.1 Kurzfristig wirksame Instrumente (Beispiele) ... 222
19.2.4.2 Langfristig wirksame Instrumente (Beispiele) ... 223
19.2.5 Nichtstaatliche Maßnahmen zur Bekämpfung der Arbeitslosigkeit ... 224
19.3 Verteilungs- und Sozialpolitik ... 227

19.3.1 Primärverteilung des Volkseinkommens ... 227
19.3.1.1 Funktionelle Einkommensverteilung ... 227
19.3.1.2 Personelle Einkommensverteilung ... 228
19.3.1.3 Einkommens- und Vermögensverteilung in Deutschland ... 230
19.3.1.4 Ziele der Sozial- und Verteilungspolitik ... 231
19.3.2 Sekundärverteilung des Volkseinkommens ... 233
19.3.2.1 Verteilungspolitik als Bestandteil der Sozialpolitik ... 233
19.3.2.2 Verteilungspolitische Maßnahmen des Staates ... 234
19.3.2.3 Grenzen und Probleme der Umverteilungspolitik ... 235
19.3.3 Systeme der sozialen Sicherung in Deutschland (Überblick) ... 236
19.3.3.1 Aufbau und Aufgaben der Sozialversicherung ... 236
19.3.3.2 Grundsicherung ... 240
19.3.3.3 Weitere Sozialleistungen ... 240
19.3.4 Probleme der sozialen Sicherung in Deutschland ... 241

20 Außenwirtschaft

20.1 Bedeutung der Außenwirtschaft für Deutschland ... 253
20.2 Ursachen, Vor- und Nachteile des Außenhandels ... 255
20.3 Wechselkurse ... 257
20.3.1 Begriff und Arten der Wechselkurse ... 257
20.3.2 System freier Wechselkurse (Floating) ... 259
20.3.2.1 Kursbildung ... 259
20.3.2.2 Beziehungen zwischen Binnen- und Außenwert des Geldes im System freier Wechselkurse ... 265
20.3.3 Relativ starre Wechselkurse ... 266
20.4 Instrumente der Außenwirtschaftspolitik ... 269
20.4.1 Handelshemmnisse ... 269
20.4.2 Europäische Union (EU) ... 272

21 Monetäre Außenwirtschaft

21.1 Zahlungsbilanz ... 285
21.1.1 Begriff der Zahlungsbilanz ... 285
21.1.2 Gliederung der Zahlungsbilanz ... 285
21.1.3 Zahlungsbilanzungleichgewichte ... 288
21.1.3.1 Ursachen für Zahlungsbilanzungleichgewichte ... 288
21.1.3.2 Folgen von Zahlungsbilanzungleichgewichten ... 289
21.1.3.3 Maßnahmen zur Beeinflussung des Außenhandels ... 290
21.2 Harmonisierung der Wirtschafts- und Finanzpolitik ... 292
21.2.1 Die Eurokrise ... 292
21.2.2 Ausgewählte politische Entscheidungen zur Sicherung des europäischen Binnenmarktes ... 296
21.2.2.1 Harmonisierte Wettbewerbspolitik ... 296
21.2.2.2 Harmonisierung der Außenhandelspolitik ... 297

Stichwortverzeichnis ... 306

14 Verhalten der Marktteilnehmer unter Wettbewerbsbedingungen

14.1 Nachfrage und Angebot

In der Eingangsklasse haben Sie bereits die wichtigsten Grundbegriffe der Volkswirtschaftslehre kennengelernt.[1] Sie haben gehört, dass das Wirtschaften letztlich seinen Ursprung darin hat, das Spannungsverhältnis zwischen den scheinbar „unbegrenzten" **Bedürfnissen** (Mangelempfindungen) der Menschen einerseits und der **Güterknappheit** andererseits möglichst optimal[2] zu mildern. Bedürfnisse allein treten wirtschaftlich gesehen noch nicht in Erscheinung. Erst dann, wenn sie zu einem bewussten Kaufwunsch führen, der auch mit der entsprechenden Kaufkraft (Zahlungsfähigkeit und -bereitschaft) versehen ist, werden sie zur **Güternachfrage.**

Als **Güter** werden alle Mittel bezeichnet, deren Ge- oder Verbrauch den Menschen Nutzen stiftet.

Herstellung und Bereitstellung von Gütern nennt man **Produktion.** Die wirtschaftlichen Güter werden heute meist als **Produkte** bezeichnet, gleichgültig, ob es sich um Sachgüter, Dienstleistungen oder Rechte handelt. Zweck der Produktion ist es, die hergestellten bzw. bereitgestellten Güter auf den Markt zu bringen **(Güterangebot),** sie also zu verkaufen.

Unter **Markt** versteht man den gedachten „Ort", an dem Angebot und Nachfrage zusammentreffen. Das muss keineswegs ein bestimmter geografischer (räumlich zu beschreibender) Ort wie z. B. der Wochenmarkt sein. Zum Begriff Markt im wirtschaftlichen Sinn sind alle aufeinandertreffenden Kauf- und Verkaufswünsche zu verstehen (z. B. Elektronikmarkt, Mineralölmarkt, Automobilmarkt).

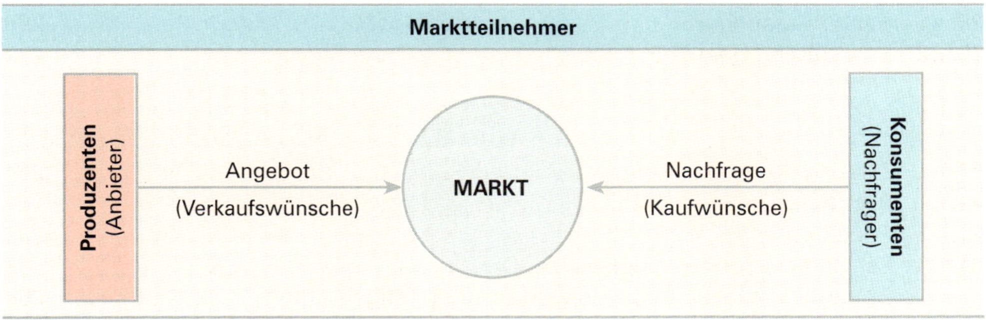

1 Siehe z. B. Speth (Hrsg.): Volks- und Betriebswirtschaftslehre für das berufliche Gymnasium (WG), Bd. 1: Eingangsklasse, 14. Aufl. 2014, S. 13 ff. Im Folgenden wird das Buch als „Band 1" zitiert.

2 **Optimal** (lat.) = bestmöglich. Optimum = das Wirksamste, der Bestwert. Das Optimum ist nicht in jedem Fall mit dem Maximum (lat. = Höchstwert) gleichzusetzen, wie in den folgenden Kapiteln noch zu zeigen sein wird.

14.2 Individuelle Nachfrage

14.2.1 Individuelle Nachfrage und der Preis eines Guts

Güter werden nicht nur von privaten Haushalten (Einpersonen- oder Mehrpersonenhaushalten), sondern auch von Unternehmen, dem Staat (z. B. Bund, Länder, Gemeinden) und vom Ausland (Unternehmen, private Haushalte, Staaten) nachgefragt. Die Nachfrage eines einzelnen privaten Haushalts, eines Unternehmens oder einer staatlichen Einrichtung wird **individuelle Nachfrage**[1] genannt.

Aus unserer allgemeinen Lebenserfahrung wissen wir, dass die Nachfrage nach einem Gut unter anderem von seinem Preis abhängt.

Beispiele:

- Ein sparsamer Verbraucher vergleicht regelmäßig die Preise eines bestimmten Guts und kauft beim preisgünstigsten Anbieter, um sein Haushaltsgeld (Budget) zu schonen.
- Ein Handwerksmeister kauft die von ihm benötigten Roh-, Hilfs- und Betriebsstoffe beim preisgünstigsten Lieferanten, um seine Kosten niedrig zu halten (bzw. seinen Gewinn zu erhöhen).

Aus diesen Überlegungen folgt, dass man in der Regel annehmen kann, dass die individuelle Nachfrage nach einem Gut mit sinkendem Preis steigt und mit steigendem Preis sinkt (**„Gesetz der Nachfrage“**). Weil man davon ausgehen kann, dass sich die große Mehrheit der Nachfrager in dieser Weise verhält, spricht man von der **normalen Nachfrage(-kurve)**.

Beispiel:

Frau Donald kauft mit Vorliebe die Nudelsorte „Pastatraum“. Auf Preisänderungen reagiert sie wie folgt:

Preis je Packung in GE (P)	Jährlich nachgefragte Packungen (x)
5,00	12
5,50	11
6,00	10
6,50	9
7,00	8
7,50	7
8,00	6
8,50	5
9,00	4
9,50	3
10,00	2
10,50	1
11,00	0

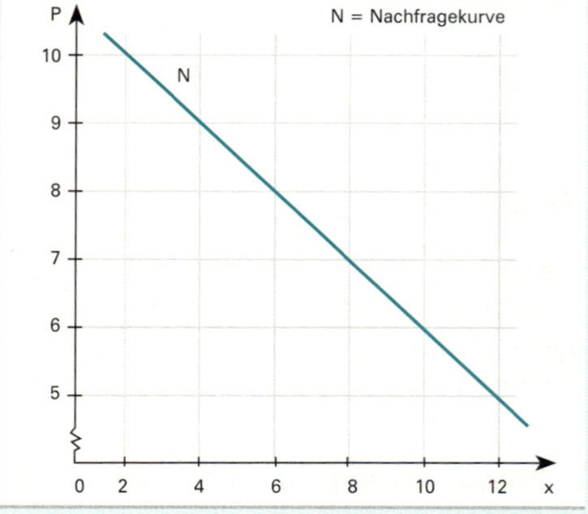

Das „Gesetz der Nachfrage“ ist nur dann anwendbar, wenn man unterstellt, dass alle anderen Einflussfaktoren auf die individuelle Nachfrage wie z. B. Eimkommen, persönliche

1 **Individuell** (lat., franz.) = einzeln, dem Einzelwesen eigentümlich, auf den Einzelnen bezogen.

Einstellung (z. B. zum Umweltschutz, zur persönlichen Gesundheit), Zukunftserwartungen, Preise anderer Güter konstant[1] bleiben **(Ceteris-paribus-Klausel).**[2]

14.2.2 Sonstige Bestimmungsfaktoren[3] der individuellen Nachfrage

(1) Einkommensänderungen und individuelle Nachfrage

Steigt das Einkommen eines privaten Haushalts und damit sein Budget, wird sich seine Nachfragekurve nach „rechts" verschieben. Diese Verschiebung (in Abb. 1 von N_0 nach N_1) bedeutet, dass der Haushalt gewillt ist, bei *jedem* denkbaren Preis *mehr* als bisher zu kaufen.

Merke:

Die Verschiebung einer Kurve ist von der Bewegung auf einer Kurve scharf zu unterscheiden. Um eine Verschiebung einer Kurve zum Ausdruck zu bringen, verwenden wir die Begriffe „zunehmen" oder „abnehmen". Die Bewegungen auf einer Kurve heißen hingegen „steigen" oder „sinken".

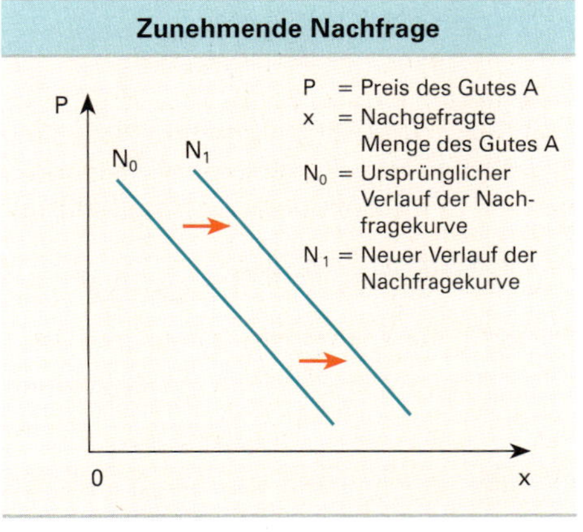

Abb. 1

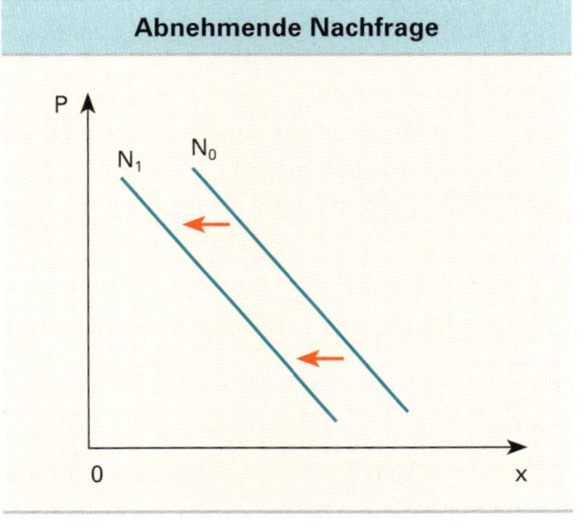

Abb. 2

Merke:

Die individuelle Haushaltsnachfrage hängt nicht nur von der Bedürfnisstruktur des Haushalts und dem Preis eines Gutes ab, sondern auch von der Höhe des Einkommens. Steigt das Einkommen, nimmt die Nachfrage zu. Sinkt das Einkommen, nimmt die Nachfrage ab.

(2) Preisänderungen anderer Güter und individuelle Nachfrage

Die Nachfrage nach einem bestimmten Gut kann sich auch ändern, wenn sich der Preis eines anderen Gutes (oder die Preise anderer Güter) ändert. Bei Substitutionsgütern[4] führt

1 Konstant (lat.) = unveränderlich, ständig gleichbleibend.

2 Ceteris paribus (lat.) = unter sonst gleichen Bedingungen.

3 Faktor (lat.) = Mitbewirker, Einflussgröße.

4 Substitution (lat.) = Ersetzung, Ersatz. Substituieren = ersetzen, austauschen.

die Preiserhöhung beim Gut A regelmäßig zu einer Zunahme der Nachfrage beim Gut B. Bei Komplementärgütern[1] wird die Nachfrage nach dem Gut B abnehmen, wenn der Preis des Gutes A steigt.

Merke:

- **Substitutionsgüter** sind Güter, die in den Augen des Haushalts austauschbar sind (z. B. Öl – Holz; Kartoffeln – Nudeln; Feuerzeug – Streichhölzer).
- **Komplementärgüter** sind Güter, die nur zusammen verbraucht bzw. gebraucht werden können (z. B. Bohnenkaffee – Wasser; Benzin – Auto; Drucker – Toner).

Beispiele:

- Steigt der Preis für Kartoffeln, wird die Nachfrage nach Nudeln zunehmen. Oder: Steigt der Preis für Schweinefleisch, nimmt die Nachfrage nach Rindfleisch zu (Substitutionsgüter).
- Steigt jedoch der Preis für Superbenzin stark an, mag es sein, dass die Nachfrage nach großen und teuren Autos mit hohem Superbenzinverbrauch zurückgeht, obwohl sich der Preis dieser Autos nicht geändert hat (Komplementärgüter).

Merke:

Die Nachfrage des privaten Haushalts nach einem bestimmten Gut ist unter sonst gleichen Bedingungen vom dem Preis eines **anderen** Gutes bzw. vom Preis **anderer** Güter abhängig. Die Richtung der Nachfrageänderung bestimmt sich danach, ob es sich um Substitutionsgüter oder um Komplementärgüter handelt.[2]

(3) Änderungen der Bedürfnisstruktur und individuelle Nachfrage

Eine Verschiebung der Nachfragekurve kann auch durch eine Veränderung der individuellen Bedürfnisstruktur bewirkt werden.

Beispiel:

Aufgrund der Antiraucherkampagne mag es sein, dass ein Haushalt (ein Verbraucher) seinen Zigarettenkonsum zu reduzieren wünscht. Hat er bisher bei einem Preis von 5,00 GE je Zigarettenschachtel täglich 2 Schachteln erworben, kauft er nunmehr bei gleichem Preis und gleichbleibendem Einkommen nur noch 1 Schachtel. Die Nachfragekurve verschiebt sich nach „links" (von N_0 nach N_1 in Abb. 2 auf S. 13).

Merke:

Die individuelle Haushaltsnachfrage ist – unter sonst gleichbleibenden Bedingungen – von der **individuellen Bedürfnisstruktur** des Haushalts abhängig. Nimmt die Intensität des Bedürfnisses nach einem Gut zu, nimmt auch die Nachfrage zu. Nimmt die Intensität des Bedürfnisses ab, nimmt auch die Nachfrage ab.

---

1 **Komplementär** (lat.) = sich gegenseitig ergänzend; Komplementär-...= Ergänzungs...; Komplementärgut = Ergänzungsgut. (Siehe auch Komplementärfarbe = Ergänzungsfarbe). Das alleinstehende Wort Komplementär bedeutet „persönlich haftender Gesellschafter einer Kommanditgesellschaft".

2 Beeinflusst eine Preisänderung beim Gut A (z. B. Bier) die Nachfrage nach einem Gut B (z. B. Radiergummi) überhaupt nicht oder nicht merklich, spricht man von **„indifferenten Gütern"**. Indifferent (lat.) bedeutet gleichgültig, wirkungslos, sich gegenseitig nicht beeinflussen.

(4) Vermögen

Selbstverständlich gibt es noch eine ganze Reihe weiterer Bestimmungsgründe der individuellen Nachfrage. So ist es beispielsweise für die Nachfrage eines Haushalts nicht gleichgültig, ob er **Vermögen** im Hintergrund hat oder nicht. Selbst der Aufbau (die Struktur) des Vermögens spielt eine Rolle. Ein Arbeitnehmer, der sein Vermögen in einer Eigentumswohnung angelegt hat, wird bei steigenden Preisen und gleichbleibendem Einkommen seine Nachfrage nach den Gütern des täglichen Bedarfs einschränken müssen. Ein anderer, der ein gleich großes Vermögen auf dem Bankkonto hat, unterliegt diesem Zwang in gleicher Situation nicht. Er kann durch entsprechend höhere Verfügungen über sein Kontoguthaben den bisherigen Konsum trotz steigender Preise beibehalten.

(5) Zukunftserwartungen

Die Erwartung künftiger politischer und wirtschaftlicher Ereignisse beeinflusst ebenfalls die Nachfrage der Wirtschaftssubjekte. Werden z. B. stark steigende Preise (also eine Inflation[1]) erwartet und damit eine Entwertung des Geldvermögens, nimmt die Nachfrage nach „wertbeständigen" Anlagen (z. B. nach Gold und Immobilien[2]) zu. Das Gleiche gilt auch für die Nachfrage nach Konsum- und Investitionsgütern, weil sich die Wirtschaftssubjekte zu den noch geltenden, vergleichsweise günstigen Preisen eindecken.

Die umgekehrte Wirkung tritt ein, wenn eine steigende Arbeitslosigkeit erwartet wird. Die Angst vor Einkommensverlusten bewirkt, dass die Sparquote (der prozentuale Anteil des Sparens am Einkommen) steigt und die Nachfrage entsprechend sinkt.

Beispiel:

Die Inflationsangst trieb 2014 die Immobilienpreise kräftig nach oben, gleichgültig, ob es sich um Eigentumswohnungen, Miethäuser, Einfamilienhäuser oder Luxusvillen handelte. Ebenso erreichte der Goldkurs Rekordhöhen: Im Dezember 2008 betrug der Goldpreis noch 240,00 USD je Feinunze (31,1034768 g reines Gold), im Februar 2015 rund 1 241,00 USD (in etwa 1 096,00 EUR).

14.3 Gesamtnachfrage

14.3.1 Gesamtnachfrage und der Preis eines Guts

Im vorigen Kapitel haben wir gesehen, dass ein Haushalt unter sonst gleichen Bedingungen („ceteris paribus") in der Regel bei steigenden Preisen weniger Wirtschaftsgüter, bei fallenden Preisen mehr Wirtschaftsgüter nachfragt. Dabei ist zu berücksichtigen, dass die Nachfrageänderungen aufgrund von Preisänderungen bei den einzelnen Haushalten unterschiedlich sind, weil jeder Haushalt eine andere Bedürfnisstruktur besitzt. Wollen wir wissen, wie sich die Nachfrage **aller** Haushalte nach einem Gut bei Preisänderungen dieses Gutes verhält, müssen wir gedanklich die individuellen Nachfragen aller Haushalte nach diesem Gut zusammenfassen **(= aggregieren[3])**.

---

1 **Inflation** (lat.) = wörtl. „das Sich-Aufblasen", „das Sich-Aufblähen". In der Wirtschaft bedeutet Inflation die durch das übermäßige Aufblähen der Geldmenge verursachten **lang anhaltenden Preissteigerungen.**

2 **Immobilien** (lat.) = unbewegliches Vermögen (bebaute und unbebaute Grundstücke). (Vgl. auch mobil = beweglich und Mobilität = Beweglichkeit, z. B. die Bereitschaft, seinen Arbeitsplatz zu wechseln).

3 **Aggregieren** (lat.) = zusammenfügen, zusammensetzen. Aggregation = Zusammenführung, Zusammensetzung. Siehe auch Aggregat = aus mehreren Teilen zusammengesetztes Maschinenteil.

Merke:

- Die **Gesamtnachfrage (Marktnachfrage)** nach einem Gut ist die Nachfrage aller privaten Haushalte nach diesem Gut.
- Die Gesamtnachfrage nach einem Gut ergibt sich aus der **Aggregation** (= Queraddition) aller individuellen Haushaltsnachfragen.

Beispiel: [1]

Die Preisabhängigkeit der Nachfrage zweier Haushalte sei wie folgt festgelegt:

Preis in GE je kg	Nachgefragte Mengeneinheiten (kg Kartoffeln) je Zeiteinheit (je Woche) durch die Haushalte		Gesamtnachfrage nach Kartoffeln beider Haushalte (1) + (2)
	Müller (1)	Schmidt (2)	
1,00	–	–	–
0,80	0,5	–	0,5
0,60	1	1	2
0,40	1,5	2	3,5
0,20	2	3	5
0,00	2,5	4	6,5

Aggregation der individuellen mengenmäßigen Haushaltsnachfragekurven zur mengenmäßigen Gesamtnachfragekurve

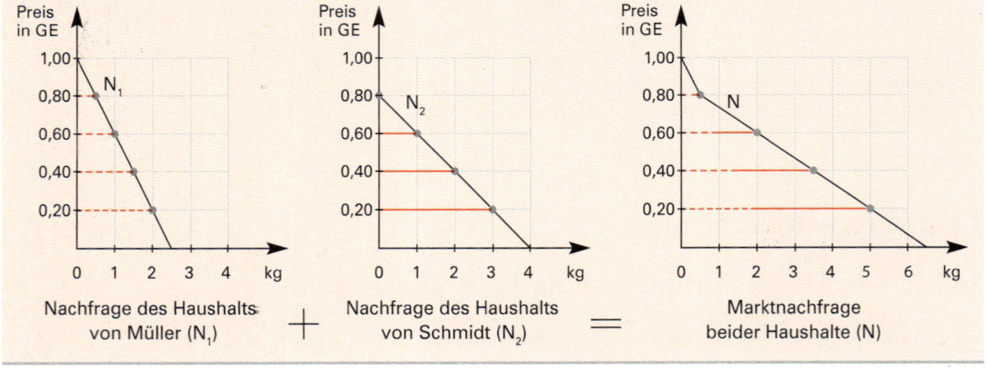

Die **mengenmäßige Gesamtnachfrage** („mengenmäßig" deshalb, weil Preis und nachgefragte *Menge* in Beziehung gesetzt werden) verhält sich demnach wie folgt **(Gesetz der Nachfrage)**:

Merke:

- Bei konstantem Gesamteinkommen steigt die Gesamtnachfrage mit sinkenden Preisen.
- Bei konstantem Gesamteinkommen sinkt die Gesamtnachfrage mit steigenden Preisen.

1 Beispiel nach Samuelson, P.: Volkswirtschaftlehre. Eine Einführung, Bd. II, S. 40.

Derselbe Zusammenhang lässt sich auch mit einer monetären Nachfragekurve darstellen. Gehen wir von einer **linearen mengenmäßigen Nachfragekurve** aus:

Die **monetäre[1] Nachfragekurve (Umsatzkurve, Erlöskurve)** zeigt an, welche Umsätze (= Menge · Preis) bei verschiedenen Preisen und gegebener Nachfragereaktion möglich sind:

Mengenmäßige Gesamtnachfragekurve (Marktnachfragekurve)

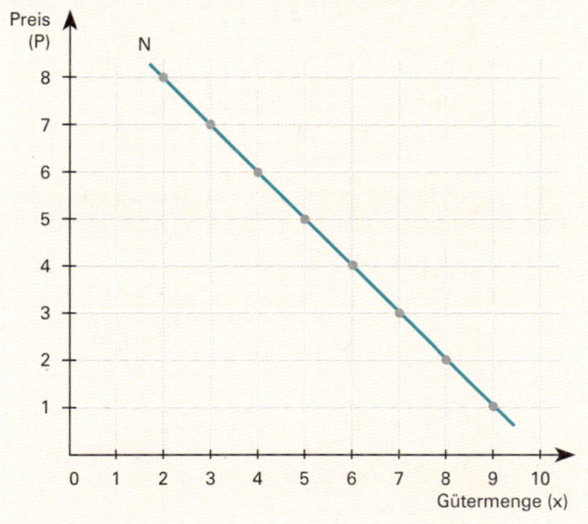

Monetäre Gesamtnachfragekurve (Marktnachfragekurve)

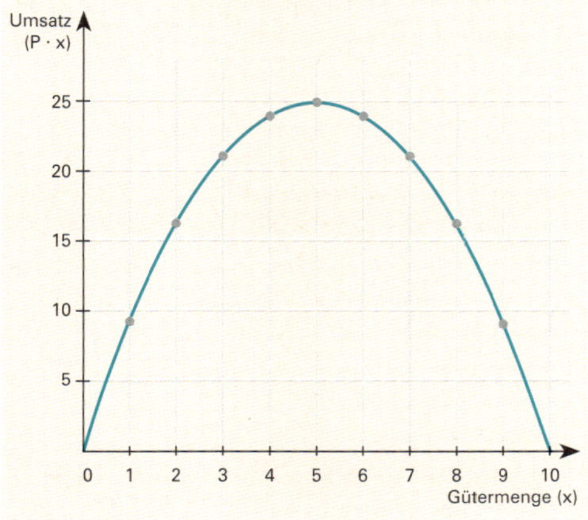

Diese monetäre Nachfragekurve drückt folgende Abhängigkeiten aus:

Preis:	10 GE	9 GE	8 GE	7 GE	6 GE	5 GE	4 GE	3 GE	2 GE	1 GE
Mengenmäßige Nachfrage:	–	1	2	3	4	5	6	7	8	9
Umsatz:	–	9 GE	16 GE	21 GE	24 GE	25 GE	24 GE	21 GE	16 GE	9 GE

Der **Graph[2] der Nachfragefunktion,** d.h. die Nachfragekurve, ist bei den einzelnen Gütern verschieden. Außerdem wird er in Wirklichkeit keine lineare Gestalt aufweisen.

Der **Erkenntniswert** der **monetären Nachfragekurve** ist beträchtlich. Sie zeigt, dass Preissenkungen bei einem Gut bei normaler Nachfrage zwar den mengenmäßigen Absatz erhöhen, nicht unbedingt aber den Umsatz. Umgekehrt führen Preiserhöhungen zwar zur Verringerung des mengenmäßigen Absatzes, nicht aber immer zu einer Umsatzerhöhung.

Über die genauen Beziehungen zwischen Nachfrageänderungen einerseits und Preisänderungen andererseits gibt die Nachfrageelastizität Auskunft, die wir im Kapitel 14.4.1 behandeln werden.

1 **Monetär** (lat.) = das Geld betreffend, geldlich, in Geld gemessen. (Siehe auch den umgangssprachlichen Ausdruck für Geld.)

2 **Graph** (griech.), auch Graf, bedeutet in der Mathematik zeichnerische Darstellung. Unter Funktionen (lat.) versteht man in der Mathematik abhängige Größen. (Beispiel: Die Nachfrage ist von der Höhe des Preises abhängig. Der Graph dieser Funktion stellt die Abhängigkeit der Nachfrage von der jeweiligen Höhe des Preises dar.)

2 Hartmann - ISBN 978-3-8120-0490-9

14.3.2 Sonstige Bestimmungsfaktoren der Gesamtnachfrage

Die Gesamtnachfrage nach einem Gut ergibt sich aus der Aggregation (Queraddition, Zusammenfassung) aller individuellen Nachfragekurven für ein Gut. Daraus folgt, dass die Gestalt (der Verlauf) der Marktnachfragekurve von **allen Faktoren,** die die **individuellen Nachfragekurven** beeinflussen, mitbestimmt wird (siehe Kapitel 14.2.2). Weitere Bestimmungsfaktoren sind die Bevölkerungsentwicklung und die Einkommensverteilung.

(1) Bevölkerungsentwicklung (Demografie[1])

Der Verlauf bzw. die Veränderung der Entwicklung der Gesamtnachfrage für ein Gut ist auch von der **Zahl** der nachfragenden Haushalte abhängig.

Beispiel:

Wächst z. B. die Bevölkerung um 10 % bei gleichbleibendem Pro-Kopf-Einkommen, ist zu erwarten, dass unter sonst gleichbleibenden Bedingungen die Nachfrage nach einem bestimmten Gut (sagen wir Schwarzbrot) ebenfalls um 10 % zunimmt.

Dies bedeutet, dass sich die Nachfragekurve nach „rechts" verschiebt: Zu jedem denkbaren Preis wird aufgrund des Bevölkerungswachstums *mehr* nachgefragt.

Tägliche Nachfrage nach Brot bei einer Bevölkerung von 60 Millionen

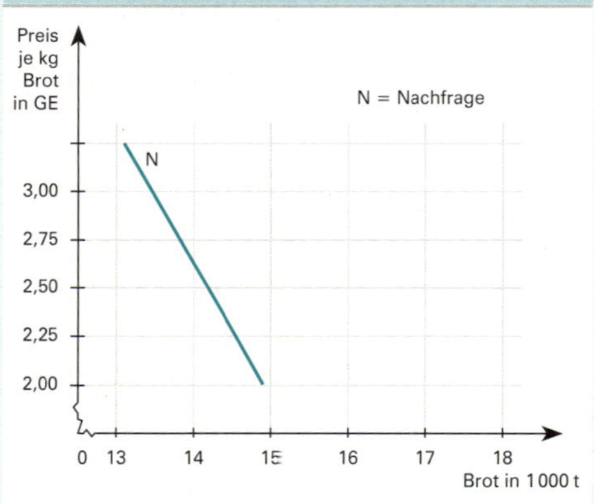

Tägliche Nachfrage nach Brot bei einer Bevölkerung von 66 Millionen

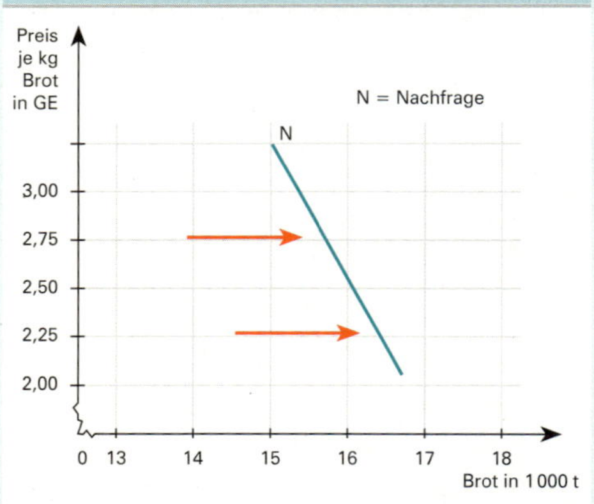

Schrumpft hingegen die Bevölkerung, wird unter sonst gleichbleibenden Bedingungen die Gesamtnachfrage (Marktnachfrage) früher oder später zurückgehen. Die Nachfragerückgänge spüren zunächst die Industrien, die die Nachfrage befriedigen, die unmittelbar und mittelbar mit der Zahl der Kinder zusammenhängt (Babynahrung, Kinderwagen, Laufställe, Kinderbetten, Kinderkleidung, Kinderspielzeug, Ausstattung für Kitas, Kindergärten, Schulen und Universitäten, Lernmittelhersteller usw.). Überkapazitäten, Arbeitslosigkeit und Einkommensrückgänge (= Strukturkrisen) können die Folge sein.

1 Die Bevölkerungsentwicklung einer Volkswirtschaft ist insbesondere von der Zahl, der Altersstruktur und von der Zu- bzw. Abwanderung abhängig. Der Entwicklung der Geburtenrate sowie der Veränderung der Lebenserwartung kommt dabei eine besondere Bedeutung zu. Die Wissenschaft, die sich mit der Beschreibung, der Analyse und dem Aufstellen möglicher Erklärungsansätze für die Bevölkerungsentwicklung einer Volkswirtschaft befasst, nennt man **Demografie.**

(2) Einkommensverteilung

Die Veränderung der Gesamtnachfrage (Marktnachfrage) für ein Gut ist nicht nur von der Bevölkerungsentwicklung und -größe abhängig, sondern auch von der **Einkommensverteilung,** d.h. davon, ob die Einkommen der Bevölkerung gleichmäßig oder ungleichmäßig verteilt sind. Je ungleichmäßiger die Einkommen verteilt sind, desto geringer wird die Nachfrage vor allem nach **Gütern des Wahlbedarfs** (Kultur- und Luxusgüter)[1] sein, weil sich lediglich eine geringe Zahl der Haushalte diese Güter leisten kann. Mit zunehmender Gleichheit der Einkommen (bei gleichbleibendem Gesamteinkommen = Volkseinkommen) wird die Nachfrage im Allgemeinen zunehmen, weil eine immer größere Zahl von Haushalten in die Lage versetzt wird, das angebotene Gut bezahlen (kaufen) zu können.

Zusammenfassung

Die Nachfrage des **Haushalts** nach einem bestimmten Gut A nimmt z.B. ab, wenn	Die Nachfrage des **Haushalts** nach einem bestimmten Gut A nimmt z.B. zu, wenn
■ die Intensität des Bedürfnisses nach dem Gut A abnimmt, ■ sein Einkommen sinkt, ■ der Preis eines Komplementärgutes B steigt, ■ der Preis eines Substitutionsgutes B sinkt, ■ der Haushalt pessimistische Zukunftserwartungen hegt.	■ die Intensität des Bedürfnisses nach dem Gut A wächst, ■ sein Einkommen steigt, ■ der Preis eines Komplementärgutes B sinkt, ■ der Preis eines Substitutionsgutes B steigt, ■ der Haushalt optimistische Zukunftserwartungen hegt.

Die **Gesamtnachfrage** nach einem bestimmten Gut A nimmt ab (die Nachfragekurve verschiebt sich nach **links**), wenn	Die **Gesamtnachfrage** nach einem bestimmten Gut A nimmt zu (die Nachfragekurve verschiebt sich nach **rechts**), wenn
■ die Intensität der Bedürfnisse (z.B. aufgrund technischer Änderungen) abnimmt, ■ die Bevölkerung schrumpft, ■ die privaten Haushalte pessimistische Zukunftserwartungen hegen, ■ die Einkommen sinken (Ausnahme: inferiore Güter),[2] ■ der Preis eines Komplementärgutes B steigt, ■ der Preis eines Substitutionsgutes B sinkt.	■ die Intensität der Bedürfnisse (z.B. aufgrund technischer Änderungen, aufgrund der Werbung) zunimmt, ■ die Bevölkerung wächst, ■ die privaten Haushalte optimistische Zukunftserwartungen hegen, ■ die Einkommen steigen (Ausnahme: inferiore Güter), ■ der Preis eines Komplementärgutes B sinkt, ■ der Preis eines Substitutionsgutes B steigt.

1 Existenznotwendige Güter werden auch als **Güter des Zwangsbedarfs** bezeichnet (z.B.: Wasser, Brot). Die Nachfrage nach solchen Gütern ist im Gegensatz zu den „Kultur- und Luxusgütern" unabhängig vom Einkommen relativ konstant.

2 **Inferiore Güter** werden von den Verbrauchern als „minderwertig" angesehen. Sie werden daher mit steigendem Einkommen mengenmäßig weniger nachgefragt. Solche inferioren Güter sind z.B. Brot, Trinkmilch und Kartoffeln.
Superiore Güter sind solche, die von den Verbrauchern als „höherwertig" betrachtet werden. Sie werden deshalb mit steigendem Einkommen mengenmäßig mehr nachgefragt. Zu den superioren Gütern rechnen z. B. Fleisch, Südfrüchte, Zucker und Gemüse.

Abitraining

1. Den Grundannahmen der Nachfragetheorie folgend ist das Nachfrageverhalten privater Haushalte von unterschiedlichen Bestimmungsfaktoren abhängig.

Unterstellen Sie, dass die Nachfrage nach Benzin bei Erika Kuhl folgenden funktionalen Zusammenhang aufweist:

$$p(x) = 4 - \frac{1}{10}x,$$

wobei P = Preis in GE und x = nachgefragte Liter Benzin je Woche bedeuten.

Aufgaben:

1.1 Zeichnen Sie die individuelle Nachfragekurve (N_1) von Erika Kuhl!

1.2 Begründen Sie, warum es sich um eine normale Nachfragekurve handelt!

Aufgrund einer Tariflohnerhöhung steigt das Einkommen von Erika Kuhl. Sie ist gewillt, bei jedem denkbaren Benzinpreis wöchentlich 10 Liter Benzin mehr als bisher zu kaufen.

1.3 Stellen Sie zeichnerisch und verbal dar, wie sich die Nachfragekurve von Erika Kuhl gegenüber der Nachfragekurve N_1 (Aufgabe 1.1) verändert hat!

Erika Kuhl ändert ihr Verhalten und beschließt, aufgrund ihres gestiegenen Einkommens 25 % mehr Benzin als bisher (Situation 1.1, Nachfragekurve N_1) zu kaufen.

1.4 Zeichnen Sie die neue Nachfragekurve!

1.5 Erläutern Sie, worin sich die Veränderung im Fall 1.4 von der Veränderung im Fall 1.3 unterscheidet!

Erika Kuhl bekommt einen neuen Arbeitsplatz im Nachbarort, den sie nur mit dem Auto erreichen kann. Sie braucht wöchentlich 20 Liter Benzin. Auf private Autofahrten verzichtet sie vollständig.

1.6 Zeichnen Sie die Nachfragekurve von Erika Kuhl!

1.7 Entscheiden Sie, wie eine derartige Nachfragekurve heißt und wie sich deren Verlauf begründen lässt!

Erika Kuhl schließt sich mit einer Kollegin, die am gleichen Ort wohnt, zu einer Fahrgemeinschaft zusammen, sodass sie unter sonst gleichen Bedingungen wöchentlich nur noch halb so viel Benzin wie zuvor braucht.

1.8 Zeichnen Sie die neue Nachfragekurve von Erika Kuhl!

Erika Kuhl findet einen neuen Arbeitsplatz an ihrem Wohnort. Sie beschließt, nunmehr 20,00 GE wöchentlich für Benzin auszugeben, gleichgültig, wie hoch der Benzinpreis sein mag.

1.9 Zeichnen Sie die neue Nachfragekurve von Erika Kuhl!

2. Die Beobachtung verschiedener Single-Haushalte ergab folgende (idealtypische) Nachfragekurven. Alle Haushalte haben das gleiche Nettoeinkommen und die gleichen Vermögensverhältnisse. Sie geben 25 % ihres Nettoeinkommens für Lebensmittel aus.

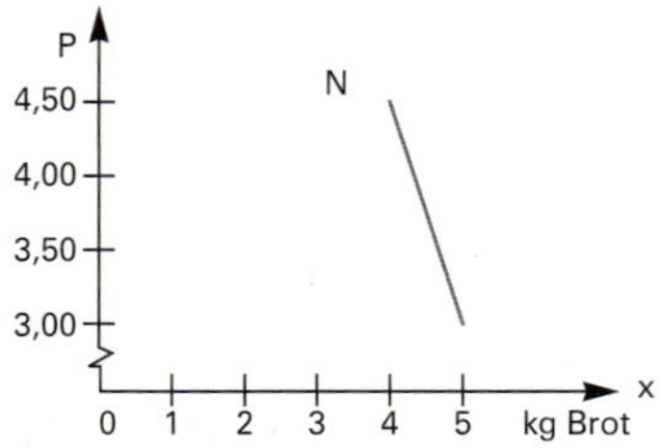

Nachfragekurve des Haushalts A

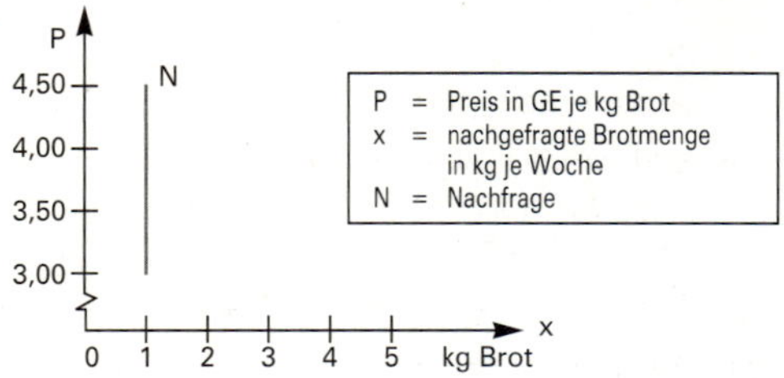

Nachfragekurve des Haushalts B

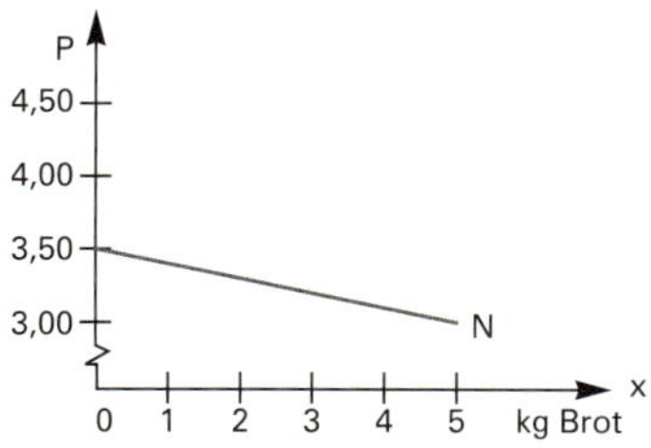

Nachfragekurve des Haushalts C

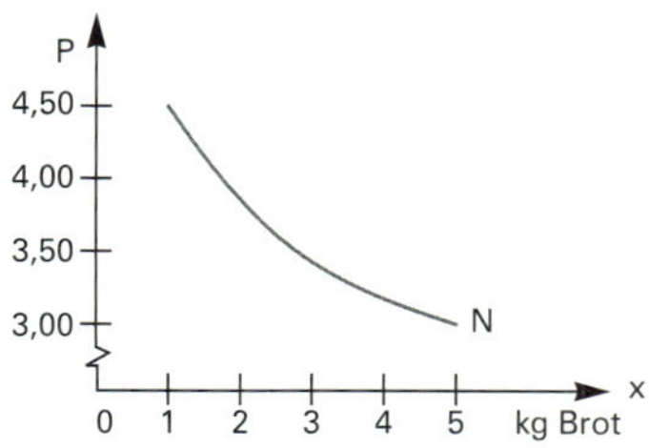

Nachfragekurve des Haushalts D

Aufgaben:

2.1 Begründen Sie den normalen Verlauf einer Nachfragekurve!

2.2 Formulieren Sie das Gesetz der Nachfrage!

2.3 Charakterisieren Sie die obigen Nachfragekurven und ziehen Sie Schlüsse auf die Einstellung dieser Haushalte in Bezug auf das nachgefragte Gut!

2.4 Erläutern Sie, wie sich Einkommens-, Bedürfnis- und Preisänderungen anderer Güter auf die Haushaltsnachfrage nach einem Gut auswirken! Zeichnen Sie die Kurven und begründen Sie Ihre Feststellungen!

3. Auf einem Wochenmarkt werden 120 Kunden befragt, welchen maximalen Preis sie für frische Eier von frei laufenden Hühnern höchstens zu zahlen bereit sind. Das Befragungsergebnis war folgendes:

Zahl der befragten Kunden	Höchstpreis in GE	Zahl der befragten Kunden	Höchstpreis in GE
20	kaufen überhaupt keine Eier	5	0,31
12	0,36	15	0,30
12	0,34	22	0,29
16	0,32	18	0,28

Aufgaben:

3.1 Zeichnen Sie das Befragungsergebnis in ein Koordinatensystem ein! (y-Achse: 0,02 GE = 1 cm. Beginnen Sie die Skala mit 0,26 GE. x-Achse: je 10 Nachfrager = 1 cm.)

3.2 Verbinden Sie die eingetragenen „Nachfragepunkte" zu einer Nachfragekurve!

3.3 Eigentlich müsste man eine Treppenkurve zeichnen. Zeichnen Sie diesen Verlauf in die von Ihnen angefertigte Skizze ein!

3.4 Begründen Sie, unter welchen Bedingungen im Grunde nur eine geglättete Kurve angenommen werden kann!

3.5 Die unter 3.2 gezeichnete Kurve ist eine normale Nachfragekurve. Begründen Sie den Verlauf normaler Nachfragekurven!

3.6 Erklären Sie folgende Aussagen: „Bei Preisänderungen des nachgefragten Gutes findet eine Bewegung auf der Nachfragekurve statt." Und: „Bei Einkommensänderungen verschiebt sich die Nachfragekurve."

3.7 Definieren Sie den Begriff Marktnachfrage (Gesamtnachfrage) für ein Gut!

3.8 Erklären Sie mit eigenen Worten, wie die Marktnachfrage für ein Gut zustande kommt!

3.9 Die individuellen Nachfragekurven folgender Haushalte nach kg Kartoffeln je Woche sind bekannt:

Armbruster	Bertram	Czerny	Dietermann
$p(x) = 1 - \frac{2}{5}x$	$p(x) = 0{,}8 - \frac{1}{5}x$	$p(x) = 1 - \frac{1}{5}x$	$p(x) = 0{,}5 - \frac{1}{10}x$

P = Preis je kg Kartoffeln; x = kg Kartoffeln.

3.9.1 Ermitteln Sie die Gesamtnachfrage nach Kartoffeln entsprechend der Tabelle auf S. 16!

3.9.2 Zeichnen Sie die vier Nachfragekurven und konstruieren Sie die Gesamtnachfragekurve durch Queraddition!

3.10 Neben den Einkommens-, Bedürfnis- und Preisänderungen anderer Güter gibt es weitere Bestimmungsgründe der Gesamtnachfrage nach einem Gut. Erläutern Sie, wie sich die Veränderungen dieser Faktoren auf die Gesamtnachfrage auswirken! Begründen Sie Ihre Antwort!

4. In einer Volkswirtschaft gibt es 30 000 Haushalte, die gewillt sind, eine 120-m²-Wohnung zu mieten. Die Monatseinkommen verteilen sich wie in nachstehender Tabelle. Weiterhin wird unterstellt, dass die Haushalte bis zu 50 % ihres Einkommens für diese Wohnungen ausgeben wollen. Unter diesen Bedingungen lässt sich die Nachfrage nach Wohnungen bei alternativen Mietpreisen errechnen.

Aufgaben:

4.1 Füllen Sie nachstehende Tabelle aus!

Anzahl der Haushalte	Einkommen in GE	Gesamteinkommen in Mio. GE	Nachfrage nach 120-m²-Wohnungen in Stück bei einem Mietpreis von:					
			400 GE	500 GE	750 GE	1 000 GE	1 250 GE	1 500 GE
10 000	900	9,0						
8 000	1 250	10,0						
6 000	1 900	11,4						
4 000	2 400	9,6						
2 000	5 000	10,0						
30 000	–	50,0						

4.2 Zeichnen Sie die Nachfragekurve nach Mietwohnungen!

4.3 Im Folgenden soll untersucht werden, wie sich die Nachfrage verhält, wenn die Einkommen gleichmäßiger verteilt wären. Nehmen wir also an, dass das Gesamteinkommen in Höhe von 50 Mio. GE gleich bleibt, jedoch wie in nachstehender Tabelle angegeben verteilt ist.

Füllen Sie die Tabelle aus!

Anzahl der Haushalte	Einkommen in GE	Gesamteinkommen in Mio. GE	Nachfrage nach 120-m²-Wohnungen in Stück bei einem Mietpreis von:					
			400 GE	500 GE	750 GE	1 000 GE	1 250 GE	1 500 GE
10 000	1 000	10,0						
8 000	1 500	12,0						
6 000	2 000	12,0						
4 000	2 500	10,0						
2 000	3 000	6,0						
30 000	–	50,0						

4.4 Zeichnen Sie die neue Nachfragekurve nach Mietwohnungen!

4.5 Erläutern Sie, wie sich die Einkommensnivellierung (= Angleichung) auf die Nachfrage auswirkt! Begründen Sie die von Ihnen festgestellte Entwicklung!

14.4 Nachfrageelastizität

14.4.1 Direkte Preiselastizität der Nachfrage

(1) Begriff und Arten

Untersuchen wir zunächst eine (lineare) Nachfragekurve etwas näher, um einige Erkenntnisse zu gewinnen, die für spätere Überlegungen wichtig sind.[1] Angenommen, eine Nachfragekurve hat die unten gezeigte Gestalt.

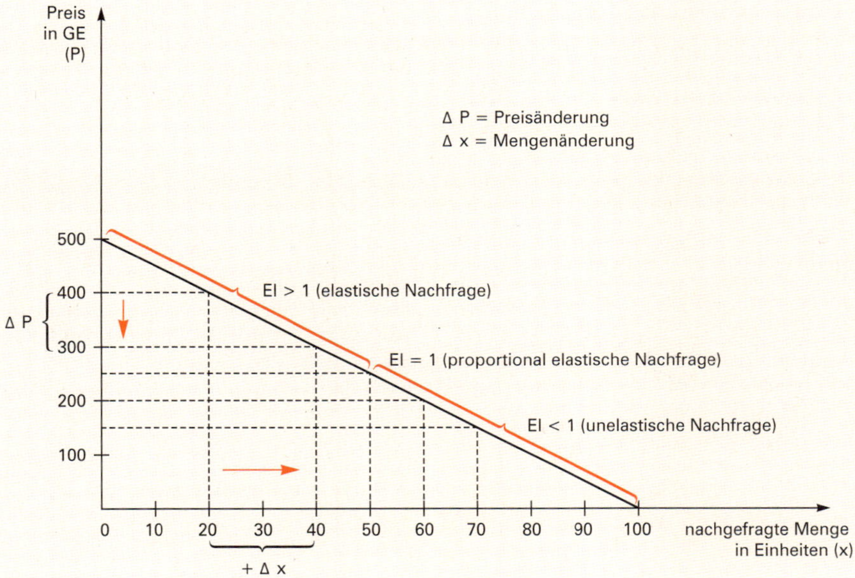

Beträgt der bisherige Preis z.B. 400 GE, liegt die nachgefragte Menge bei 20 Einheiten. Sinkt der Preis auf 300 GE, steigt die nachgefragte Menge auf 40 Einheiten. Der Zuwachs der Gütermenge (Δ x) beträgt – bezogen auf die bisher nachgefragte Menge (x) – 100 %; die Preissenkung (Δ P) beläuft sich – bezogen auf den bisherigen Preis – auf – 25 %. Dieser Zusammenhang kommt im Begriff der **direkten**[2] **Preiselastizität** der Nachfrage zum Ausdruck.

Merke:

- Die **direkte Preiselastizität der Nachfrage** (El_{dir}) ist das Verhältnis einer **prozentualen Nachfrageänderung** nach einem bestimmten Gut zu einer **prozentualen Preisänderung** dieses Gutes.
- $El_{dir} = \dfrac{\text{prozentuale Nachfrageänderung}}{\text{prozentuale Preisänderung}} = \dfrac{\Delta x \text{ in } \%}{\Delta P \text{ in } \%}$

1 Die Kenntnis der Zusammenhänge zwischen Preisänderungen und Absatzänderungen ist z. B. für das Verständnis der Monopolpreisbildung von Bedeutung.

2 Direkt = unmittelbar. Hier ist der **unmittelbare** Zusammenhang zwischen Nachfrageänderung und Preisänderung angesprochen.

Die direkte Preiselastizität der Nachfrage ist im Normalfall **negativ,** weil Preiserhöhungen ein Sinken bzw. Preissenkungen ein Steigen der mengenmäßigen Nachfrage nach sich ziehen. In der neueren Literatur hat man, um einen positiven Wert für die direkte Nachfrageelastizität zu erhalten, die Berechnungsformel mit –1 multipliziert.[1] Wir werden uns im Folgenden dieser Übung anschließen:

$$El_{dir} = \frac{\Delta x \cdot 100}{x} : \frac{\Delta P \cdot 100}{P} = \frac{\Delta x \cdot 100 \cdot P}{x \cdot \Delta P \cdot 100} = \frac{\Delta x}{\Delta P} \cdot \frac{P}{x}$$

Die Symbole bedeuten:

El_{dir} = direkte Preiselastizität der Nachfrage
Δx = Mengendifferenz (Unterschied zwischen bisher nachgefragter und jetzt nachgefragter Menge)
ΔP = Preisdifferenz (Unterschied zwischen bisherigem Preis und neuem Preis)
x = bisher nachgefragte Menge
P = bisheriger Preis

Beispiel:

Die direkten Preiselastizitäten der Nachfrage aus der Abbildung von S. 23 berechnen sich auszugsweise wie folgt: Sinkt der Preis von 400 auf 300 GE, beträgt die direkte Preiselastizität 100 % : 25 % = 4. Die Elastizitätskennziffer 4 bedeutet, dass sich bei einer Preisänderung von beispielsweise 1 % die nachgefragte Menge um das Vierfache, also um 4 % ändert. Würde der Preis z. B. von 300 auf 250 GE abnehmen, stiege die nachgefragte Menge von 40 auf 50 Einheiten. Die prozentuale Preisänderung beträgt dann $16^2/_3$ % die prozentuale Mengenänderung 25 %, die Nachfrageelastizität demnach 1,5. Nimmt z. B. der Preis von 250 GE auf 200 GE ab, steigt die Nachfrage von 50 auf 60 Einheiten. Die Mengenzunahme beläuft sich auf 20 %, die Preisabnahme ebenfalls auf 20 %. Die Elastizität ist 1 (proportional elastische Nachfrage). Eine weitere Preissenkung, etwa von 200 GE auf 150 GE (= 25 %), bewirkt eine Nachfrageerhöhung von 60 auf 70 Einheiten (= $16^2/_3$ %). Die direkte Preiselastizität der Nachfrage beträgt 0,66 %.

Die Untersuchung der Nachfragekurve zeigt uns also, dass die Werte für die Preiselastizität in **jedem** Punkt der Kurve **unterschiedlich** sind.[2] Sind die Änderungen der nachgefragten Mengen prozentual (relativ) *größer* als die prozentualen Preisänderungen (die Elastizität ist größer als 1), spricht man von **elastischer Nachfrage,** sind die prozentualen Mengenänderungen kleiner als die prozentualen Preisänderungen (die Elastizität ist kleiner als 1), ist die Nachfrage **unelastisch.**

1 Es ist üblich, nur die Kennzahl für die **direkte** Preiselastizität mit –1 zu multiplizieren. Alle übrigen Elastizitätskennzahlen (vgl. S. 28f.) werden mit ihren tatsächlichen Werten ausgewiesen.

2 Die hier dargestellte Methode zur Berechnung der Elastizitätskennzahlen genügt für praktische Zwecke vollkommen. Mathematisch ist sie jedoch ungenau, weil die Elastizität in jedem einzelnen Punkt der Nachfragekurve einen anderen Wert aufweist. Eine exakte Elastizitätsberechnung ist nur möglich, wenn man von sehr kleinen (gegen null tendierenden) Veränderungen der Preise und Mengen ausgeht (Δx bzw. ΔP).

Genauere Werte für die Elastizität erhält man, wenn man die Preis- bzw. Mengenveränderungen nicht auf die bisherigen Preise bzw. Mengen bezieht, sondern die Durchschnittswerte als Basis nimmt. Sinkt z. B. der Preis von 250 auf 200 GE (siehe Abbildung S. 23) und steigt infolgedessen die nachgefragte Menge von 50 auf 60 Stück, so ergibt sich ein mittlerer Preis von 225 GE und eine mittlere Menge von 55 Stück. Die prozentuale Mengenänderung beträgt dann 9,09 %, die prozentuale Preisänderung 11,11 %, die Elastizitätskennziffer 0,82. Der Vorteil dieser Berechnungsmethode liegt nicht nur darin, dass sie genauer ist, sondern man erhält auch die gleichen Elastizitätswerte, gleichgültig, ob man von sinkenden oder steigenden Preisen bzw. Mengen ausgeht.

In der nachstehenden Tabelle sind unsere Untersuchungsergebnisse nochmals in übersichtlicher Weise zusammengefasst:

Vor der Preissenkung nachgefragte Menge (x)	Nach der Preissenkung nachgefragte Menge	Mengenänderung (Differenz = Δx)	Prozentuale Mengenänderung (Δx in % von x)
0	20	20	∞ %
20	40	20	100 %
40	50	10	25 %
50	60	10	20 %
60	70	10	$16^2/_3$ %

Bisheriger Preis (P)	Neuer Preis	Preisänderung (ΔP)	Prozentuale Preisänderung (ΔP in % von P)	$\frac{\Delta x \text{ in } \%}{\Delta P \text{ in } \%}$	Elastizität	Wirkung der Preissenkung auf den Umsatz (x · P)
500	400	100	20 %	$\frac{\infty\,\%}{20\,\%}$	∞	↓ Umsatz steigt
400	300	100	25 %	$\frac{100\,\%}{25\,\%}$	4	↓
300	250	50	$16^2/_3$ %	$\frac{25\,\%}{16^2/_3\,\%}$	1,5	Umsatz unverändert ↓
250	200	50	20 %	$\frac{20\,\%}{20\,\%}$	1	Umsatz sinkt
200	150	50	25 %	$\frac{16^2/_3\,\%}{25\,\%}$	0,66	↓

In der Wirklichkeit streuen die Elastizitäten *nicht* in ihrer ganzen Breite von 0 bis ∞. Von der Nachfrage nach lebensnotwendigen Gütern (nach Gütern des *Zwangsbedarfs*) wird gesagt, dass sie eine niedrige Nachfrageelastizität aufwiesen, während von den Kultur- und Luxusbedürfnissen (nach Gütern des *Wahlbedarfs*) behauptet wird, dass die Nachfrageelastizität hoch sei. Statistische Untersuchungen zeigen jedoch, dass dies nicht unbedingt so sein muss.[1]

Der auf der folgenden Seite gezeigte Abschnitt einer Nachfragekurve zeigt den Bereich **unelastischer Nachfrage**: Eine relativ starke Preisänderung bewirkt nur eine relativ geringe Nachfrageänderung. Die Nachfrage ist, wie man verkürzt zu sagen pflegt, „unelastisch". Wirtschaftlich gesehen spielt der Bereich der elastischen Nachfrage bei dieser Kurve keine Rolle. (Beispiele: Nachfrage nach Babynahrung oder nach Süßstoff für Zuckerkranke).

1 Vgl. Woll, A.: Allgemeine Volkswirtschaftslehre, 11. Aufl. 1993, S. 114.

Unelastische Nachfrage (Nachfrage nach Gütern des Zwangsbedarfs): Bei Preissenkungen (-erhöhungen) steigt (sinkt) die Nachfrage verhältnismäßig schwach.

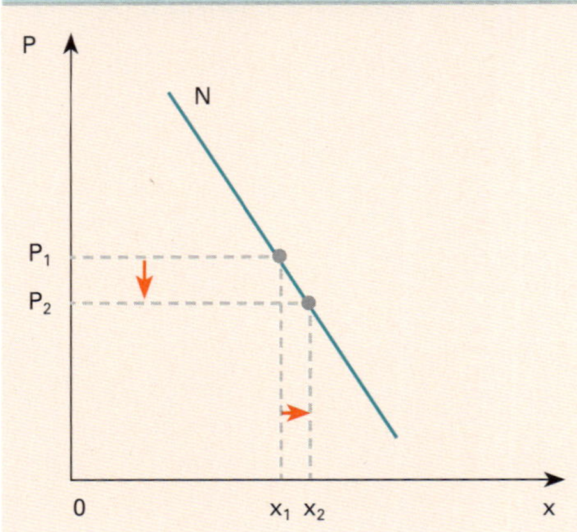

Elastische Nachfrage (Nachfrage nach Gütern des Wahlbedarfs): Bei Preissenkungen (-erhöhungen) steigt (sinkt) die Nachfrage verhältnismäßig stark.

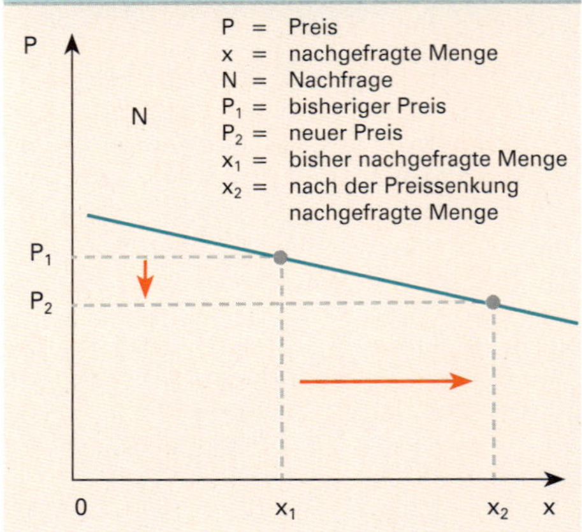

Die rechte Abbildung zeigt den elastischen Bereich einer Nachfragekurve. Verkürzt spricht man von **elastischer Nachfrage,** weil eine relativ geringe Preisänderung eine relativ große Nachfrageänderung mit sich bringt (z. B. Schmuck, Flugreisen, Restaurantbesuche).

Stellt die Nachfragekurve eine Parallele zur Abszisse (x-Achse) dar, ist die Elastizität = ∞. Die Nachfrage ist **vollkommen elastisch** (siehe Abbildung unten links). Dies bedeutet praktisch, dass die Nachfrager jede beliebige Menge zu einem bestimmten Preis kaufen würden (in der Realität ohne Bedeutung). Ist die Nachfragekurve eine Parallele zur Ordinate (y-Achse), beträgt die Elastizität 0. Die Nachfrage ist **vollkommen unelastisch** (siehe Abbildung unten rechts): Preisänderungen ziehen keine Änderungen der mengenmäßigen Nachfrage nach sich (z. B. lebensnotwendige Medikamente).

Vollkommen elastische Nachfrage

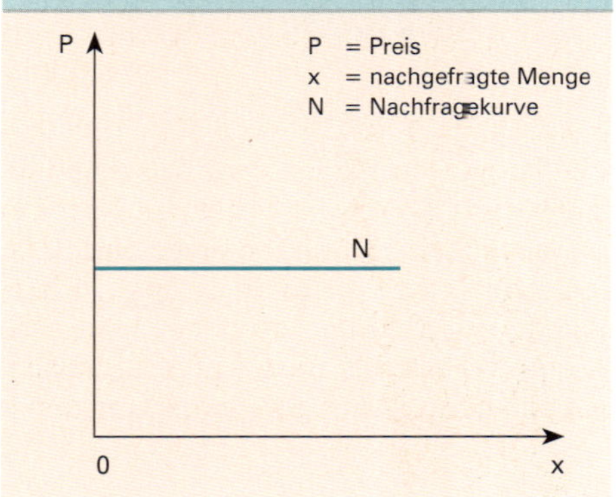

Vollkommen unelastische Nachfrage

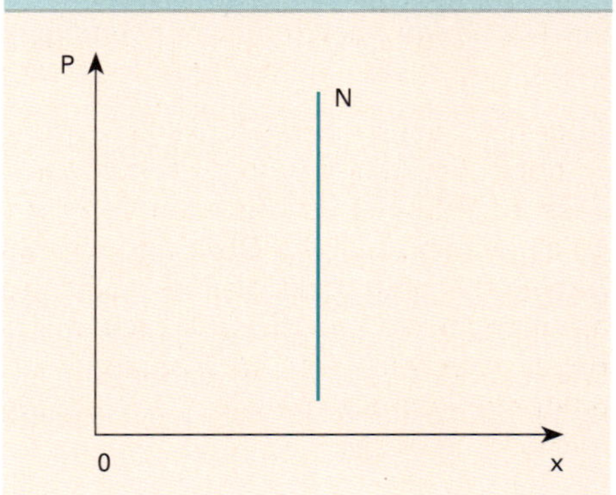

Es ist sogar möglich, dass die Nachfragefunktion eine **anomale**[1] **Gestalt** aufweist (vgl. nebenstehende Abbildung), d.h., dass bei **steigenden Preisen** mit **steigender Nachfrage** und umgekehrt zu rechnen ist. Diese Umkehrung des „Nachfragegesetzes" (**anomale** oder **inverse**[2] **Nachfrageelastizität**) lässt sich in der Realität im Wesentlichen auf folgende Ursachen zurückführen:

- Die Nachfrager **schließen von dem Preis direkt auf die Qualität eines Produktes,** sodass bei einem höheren Preis wegen der vermuteten höheren Qualität mehr von dem betreffenden Gut nachgefragt wird **(„Qualitätsvermutungseffekt")**.
- Die Nachfrager kaufen ein teures Markenprodukt, um sich von der Masse abzuheben **(„Prestige-Effekt"**[3]**, „Snob-Effekt")**. Dieses Phänomen lässt sich u.a. bei Bekleidung beobachten, der erst von einem gewissen Preis an ein Wert beigemessen wird **(Snob-Value),** schon deshalb, weil nicht jeder diesen hohen Preis bezahlen kann.

Anomale Nachfrage

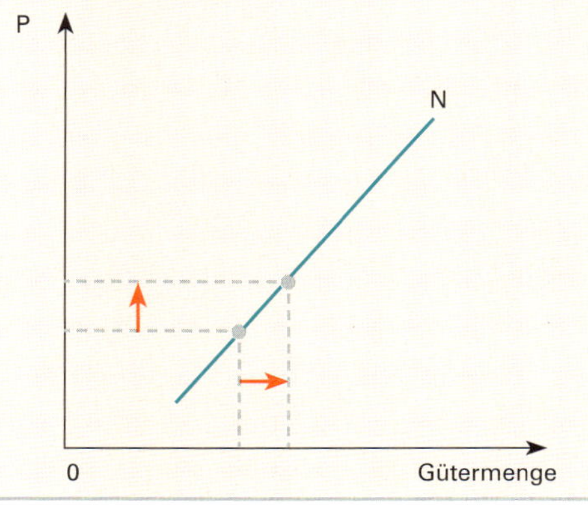

(2) Bedeutung der direkten Nachfrageelastizität

Kann ein Anbieter aufgrund von Marketingmaßnahmen die Elastizitätskennzahlen für sein Produkt bzw. für seine Ware ermitteln oder zumindest abschätzen, ist er auch in der Lage zu beurteilen, ob seine Preispolitik zu sinkenden oder zu steigenden Umsätzen führt.

Merke:

- Ist die Nachfrage **elastisch** ($El_{dir} > 1$), führen Preissenkungen zu steigenden Umsätzen, Preiserhöhungen zu **sinkenden** Umsätzen.
- Ist die Nachfrage **unelastisch** ($El_{dir} < 1$), führen Preissenkungen zu Umsatzrückgängen, Preissteigerungen zu **steigenden** Umsätzen (vgl. S. 23 und Tabelle S. 25).

Aber noch ein weiterer Punkt ist festzuhalten. Die immer größer werdende Zahl von verwandten Produkten führt zu zunehmender Substitutkonkurrenz. Daraus ist zu schließen, dass in den hoch entwickelten Volkswirtschaften die direkte Preiselastizität der Nachfrage allgemein zunimmt. Dies führt wiederum dazu, dass Preiserhöhungen eines einzelnen Anbieters unter sonst gleichen Bedingungen Umsatzeinbußen mit sich bringen. Preiserhöhungen im Gleichschritt oder mit kurzer zeitlicher Abstufung sind daher heute die Regel geworden. Der Konkurrenzkampf der Anbieter verlagert sich auf andere absatzpolitische Instrumente wie z.B. Werbung, Produktgestaltung, Wahl geeigneter Vertriebsformen und -wege.

---

1 **Anomal** (gr.) = regelwidrig.

2 **Invers** (lat.) = umgekehrt. Inversion = Umkehrung. Siehe auch Inversionswetterlage = Wetterlage, bei der es auf den Bergen warm, in den Tälern hingegen kalt ist.

3 **Prestige** (franz.) = Ansehen, Geltung einer oder mehrerer Personen. Effekt (lat.) = Wirkung, Auswirkung, Ergebnis. Prestige-Effekt = eine das Ansehen steigernde Wirkung.

14.4.2 Indirekte Preiselastizität der Nachfrage

(1) Begriff und Arten

Neben der direkten Preiselastizität kennt die Volkswirtschaftslehre den Begriff der **indirekten Preiselastizität,** auch **Kreuzpreiselastizität** (El_{ind}) genannt.

Merke:

- Die **indirekte Preiselastizität der Nachfrage** ist das Verhältnis einer prozentualen Nachfrageänderung für ein Gut A zu einer prozentualen Preisänderung eines Gutes B.
- $El_{ind} = \frac{\text{prozentuale Nachfrageänderung für das \textbf{Gut A}}}{\text{prozentuale Preisänderung für ein \textbf{Gut B}}} = \frac{\Delta x_A \text{ in } \%}{\Delta P_B \text{ in } \%}$

Der Sachverhalt lässt sich auch mit folgender Formel wiedergeben:

$$El_{ind} = \frac{\Delta x_A \cdot 100}{x_A} : \frac{\Delta P_B \cdot 100}{P_B} = \frac{\Delta x_A \cdot 100 \cdot P_B}{x_A \cdot \Delta P_B \cdot 100} = \frac{\Delta x_A}{\Delta P_B} \cdot \frac{P_B}{x_A}$$

Die Symbole bedeuten:

El_{ind} = indirekte Preiselastizität der Nachfrage (Kreuzpreiselastizität)

Δx_A = Mengendifferenz (Unterschied zwischen bisher nachgefragter Menge des Gutes A und jetzt nachgefragter Menge des Gutes A)

ΔP_B = Preisdifferenz (Unterschied zwischen bisherigem Preis des Gutes B und neuem Preis des Gutes B)

x_A = bisher nachgefragte Menge des Gutes A

P_B = bisheriger Preis des Gutes B

Bei der indirekten Preiselastizität der Nachfrage ist die Elastizitätskennziffer (der Elastizitätskoeffizient) **negativ,** wenn es sich um **Komplementärgüter** handelt **(Komplementärelastizität).**

Beispiel:

Steigt der Preis für Benzin von 1,00 € auf 1,10 €, nimmt – so sei angenommen – die Nachfrage nach Autos mit hohem Benzinverbrauch von 2000 auf 1600 Stück je Periode ab. Die Komplementärelastizität beträgt – 2. Dies besagt, dass der Prozentsatz der Nachfrageverringerung beim Gut A (Autos) doppelt so groß ist wie der Prozentsatz der Preiserhöhung beim Gut B (Benzin).

Bei **Substitutionsgütern** ist die Elastizitätskennziffer **positiv (Substitutionselastizität).**

Beispiel:

Steigt der Preis für Schweinefleisch von 10,00 € auf 12,00 € je kg, nimmt die Nachfrage nach Brathähnchen – so sei unterstellt – von 1000 Stück auf 1100 Stück je Periode zu. Die Substitutionselastizität beträgt + 0,5. Dies besagt, dass die Haushalte in dem betreffenden Gebiet auf Hähnchen ausweichen, falls deren Preis konstant bleibt. Der Prozentsatz der Nachfrageerhöhung nach dem Gut A (Hähnchen) ist halb so groß (0,5) wie der Prozentsatz der Preiserhöhung des Gutes B (Schweinefleisch).

(2) Bedeutung der indirekten Nachfrageelastizität

Für Anbieter ist es nicht nur wichtig, die Reaktionen der Käufer bei eigenen Preisänderungen vorauszuschätzen, sondern auch die Preisentwicklung bei Konkurrenzprodukten, die in der Regel den Charakter von Substitutprodukten besitzen (Autos oder Smartphones verschiedener Hersteller, Weine verschiedener Provenienzen),[1] zu beobachten. Bei Preiserhöhungen der Substitutionsgüter kann es daher sinnvoll sein, eigene Preiserhöhungen zu unterlassen, um einen größeren Marktanteil zu gewinnen. Eigene Preiserhöhungen führen hingegen dazu, dass die Kunden auf Konkurrenzprodukte (Substitute) ausweichen. Die steigende Zahl eng verwandter Produkte bringt so eine Schwächung der Marktmacht der Anbieter und eine Stärkung der Marktmacht der Verbraucher mit sich.

Anbieter, die Komplementärgüter herstellen bzw. vertreiben (z.B. Mobilfunktarife – Smartphones), müssen mit einer negativen Kreuzpreiselastizität rechnen. Steigen die Preise der Komplementärgüter, sind unter sonst gleichen Bedingungen Nachfragerückgänge nach dem eigenen Produkt zu erwarten. Für Anbieter von Komplementärgütern ist es demnach lebenswichtig, den langfristigen Trend (= Entwicklungsrichtung) auf dem Komplementärgütermarkt zu beobachten. Bei rückläufigen Entwicklungen helfen preispolitische Maßnahmen nicht, den Umsatz zu halten. Vielmehr müssen sich solche Anbieter rechtzeitig auf die Produktion bzw. den Handel mit zukunftssicheren Gütern einstellen.

Zusammenfassung

- Die **direkte Preiselastizität** ist das Verhältnis einer prozentualen Nachfrageveränderung nach einem Gut zur prozentualen Preisänderung dieses Gutes.
- 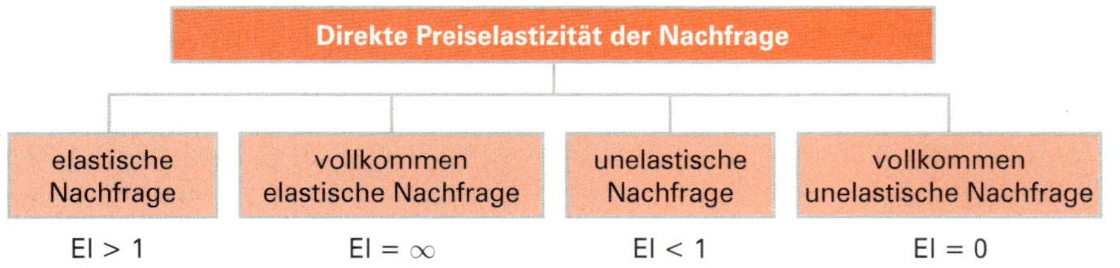

- Die Nachfrage verhält sich **anomal,** wenn sie bei Preiserhöhungen zunimmt.
- Die **indirekte Preiselastizität** ist das Verhältnis einer prozentualen Nachfrageänderung nach einem Gut A zu einer prozentualen Preisänderung eines Gutes B **(Kreuzpreiselastizität).**
- Man unterscheidet zwischen der **Substitutionselastizität** und der **Komplementärelastizität.**

1 **Provenienz** (lat.) = Herkunft, Ursprung.

Abitraining

1. Ein Winzer hat im vergangenen Jahr 100 hl Wein hergestellt. Seine Gesamtkosten beliefen sich auf 10 000,00 GE. Er besitzt eine Stammkundschaft, die allerdings nicht bereit ist, jeden geforderten Preis zu zahlen. Seine Kunden reagieren auf Preisänderungen wie folgt:

Preis je Liter:	1,90	1,80	1,70	1,60	1,50
Gekaufte Mengen (in l):	8000	8500	9000	9500	10000

Aufgaben:

1.1 Definieren Sie die Arten der Nachfrageelastizität und geben Sie die jeweilige Berechnungsformel an!

1.2 Berechnen Sie die Elastizitätskennzahlen, wenn der Winzer den Preis von 1,90 GE auf 1,80 GE, von 1,80 GE auf 1,70 GE, von 1,70 GE auf 1,60 GE und von 1,60 GE auf 1,50 GE senkt!

1.3 Nennen Sie die Art der Elastizität, die Sie unter 1.2 berechnet haben!

1.4 Bestimmen Sie den Preis, den der Winzer festsetzen wird, wenn er einen maximalen Umsatz erzielen will! Berechnen Sie anschließend den Reingewinn!

1.5 Erläutern Sie, welche Beziehungen zwischen den von Ihnen berechneten Elastizitätskennzahlen und der Umsatzentwicklung bei alternativen Preisen bestehen!

1.6 Angenommen, der Bierpreis ist um 20 % gestiegen. Daraufhin nimmt die Nachfrage nach Wein um 10 % zu.

1.6.1 Ermitteln Sie die Elastizitätskennzahl?

1.6.2 Nennen Sie die Art der Elastizität, die Sie unter 1.6.1 berechnet haben!

1.6.3 Erklären Sie die Zunahme der Nachfrage nach Wein!

2. Das Kaufhaus Reich & Sohn OHG machte im Dezember des vergangenen Jahres folgenden Versuch: An der Kasse der Lebensmittelabteilung wurden drei Körbe mit Apfelsinen des gleichen Exporteurs gefüllt. Die Apfelsinen unterschieden sich in nichts außer in ihrem Preis: 1,50 €, 1,80 € und 2,00 € je kg. Das Erstaunliche an diesem Versuch war, dass zuerst der Korb mit den teuersten, dann der Korb mit den zweitteuersten und dann erst der Korb mit den billigen Apfelsinen leer war.

Aufgaben:

2.1 Begründen Sie das Kaufverhalten der Kundinnen und Kunden!

2.2 Zeichnen Sie die individuelle Nachfragekurve einer Kundin, die ebenfalls die teureren den billigeren Apfelsinen vorzog!

2.3 Bezeichnen Sie die zu 2.2 gezeichnete Nachfragekurve!

2.4 Fertigen Sie ein Preis-Mengendiagramm und eine Skizze an, wie eine normale Nachfragekurve nach Apfelsinen verlaufen müsste, wenn die direkte Preiselastizität in jedem Punkt der Kurve 1 betragen soll! Beginnen Sie mit einem Preis von 10,00 € je kg und einer Nachfragemenge von 100 kg. Anschließend soll der Preis sukzessive gesenkt werden, beginnend mit einem 10%igen Preisrückgang.

3. In einem Land mit 90 Millionen Einwohnern ist ein Drittel der Bevölkerung unter 18 Jahre alt. Ein Drittel der über 18 Jahre alten Personen raucht Zigaretten, und zwar durchschnittlich 10 Stück am Tag. Die 10er-Packung kostet 4 GE. Im Verkaufspreis ist 1 GE Tabaksteuer enthalten.

Die Regierung erhöht die Tabaksteuer um 20 % und rechnet mit Mehreinnahmen von 1,44 Mrd. GE im Jahr (das Jahr zu 360 Tagen gerechnet). Die Zigarettenindustrie gibt die Steuererhöhung voll an die Verbraucher weiter.

Nach einem Jahr stellt der Finanzminister fest, dass die Steuermehreinnahmen aus der Tabaksteuer nicht den Erwartungen entsprechen. Der Grund: Der Zigarettenverbrauch ging um durchschnittlich 10 % zurück.

Aufgaben:

3.1 Erläutern Sie, welche Ziele eine Regierung mit der Erhöhung der Tabaksteuer verfolgen kann!

3.2 Erläutern Sie, auf welche Ursachen der Rückgang des Zigarettenabsatzes zurückzuführen sein kann!

3.3 Angenommen, die einzige Ursache für den Absatzrückgang ist die Erhöhung der Tabaksteuer. Berechnen Sie die Kennzahl für die Nachfrageelastizität nach Zigaretten!

3.4 Entscheiden Sie, welche Art der Nachfrageelastizität vorliegt!

3.5 In dem Land wurde zudem im vergangenen Jahr die Mineralölsteuer erhöht. Der Preis je Liter Treibstoff stieg von 1,50 € auf 1,80 €. Daraufhin sank der Treibstoffverbrauch um 8 Prozent.

3.5.1 Berechnen Sie die Nachfrageelastizität nach Treibstoff!

3.5.2 Nennen Sie die Art der Nachfrageelastizität!

4. Für die Anbieter ist die Reaktion der Nachfrager auf Preisänderungen des jeweils nachgefragten Gutes von großer Bedeutung.

Aufgaben:

4.1 Entscheiden Sie, welches Nachfrageverhalten in folgenden Fällen vorliegt!

4.1.1 Eine Preissteigerung von 50 % bewirkt keine Mengenänderung bei dem betreffenden Gut.

4.2.1 Eine Preissteigerung von 10 % führt zu einer Mengenzunahme von 15 % bei dem betreffenden Gut.

4.2 Erläutern Sie, was man unter einer starren Preiselastizität der Nachfrage versteht! Suchen Sie nach möglichen Beispielen, in denen mit einer derartigen Reaktion der Nachfrager zu rechnen ist!

4.3 Nach einer Einkommenserhöhung um 412,50 EUR auf nunmehr 3 162,50 EUR monatlich erhöht der Haushalt seinen Konsum von Wurst- und Fleischwaren vom Biolandwirt von 8,00 kg auf 11,60 kg monatlich. Gleichzeitig sinkt der Konsum abgepackter Wurst- und Fleischwaren vom Discounter um 5,40 kg auf 3,60 kg.

Berechnen Sie die jeweilige Einkommenselastizität der Nachfrage! Erläutern Sie kurz das Ergebnis Ihrer Berechnungen!

4.4 Neben dem Preis des nachgefragten Gutes beeinflussen allerdings auch die Preise anderer Güter die nachgefragte Menge.

4.4.1 Erklären Sie diese Zusammenhänge anhand der Wirkung von Preisänderungen von Substitutions- und Komplementärgütern!

4.4.2 Gehen Sie zu Aufgabe 4.4.1 jeweils ein konkretes Beispiel an und stellen Sie die jeweilige Beziehung grafisch dar!

4.4.3 Entscheiden Sie, um welche Güterarten es sich in den nachfolgenden Fällen handelt!

4.4.3.1 Eine Preissteigerung bei Gut A von 30 % bewirkt eine Nachfragemengenzunahme bei Gut B um 15 %.

4.4.3.2 Eine Preissteigerung bei Gut A von 50 % bewirkt eine Nachfragemengenabnahme bei Gut B um 25 %.

14.5 Individuelles Angebot

14.5.1 Angebotsverhalten der Unternehmen

Anbieter auf den Märkten sind vor allem die Unternehmen. Ihre Grundaufgabe (Grundfunktion) besteht darin, Leistungen (Produkte) zu erstellen und diese möglichst gewinnbringend zu verkaufen (abzusetzen). Die Leistungserstellung wird häufig auch als Ausbringung (engl. *output*) bezeichnet. Die in Geld gemessene und verkaufte Leistung heißt **Umsatz** oder **Erlös.** Zur Leistungserstellung müssen Produktionsfaktoren[1] (Leistungsfaktoren) eingesetzt werden.

Der Ge- und/oder Verbrauch von Produktionsfaktoren (der Faktoreinsatz oder engl. *input*) kostet Geld, d.h., es entstehen dem Unternehmen **Kosten.** Längerfristig kann ein Unternehmen nur bestehen (existieren), wenn sein Umsatz die Kosten deckt, wenn es also auf dem Markt **kostendeckende Preise** erzielt. Wenn wir also das Angebotsverhalten von Unternehmen untersuchen wollen, müssen wir uns zunächst mit den Kosten befassen.

14.5.2 Individuelles Angebot bei S-förmigem Gesamtkostenverlauf

Jedes Unternehmen hat – kurzfristig gesehen – eine bestimmte Leistungsfähigkeit **(Kapazität).**[2] Misst man die tatsächliche Leistung eines Unternehmens an seiner Kapazität, erhält man den Grad der Kapazitätsausnutzung, der auch als **Beschäftigungsgrad** bezeichnet wird. Bei Unternehmen, die Sachleistungen (z.B. Werkzeuge, Maschinen, Fahrzeuge) herstellen, ist die Kapazität verhältnismäßig leicht festzustellen. Bei Dienstleistungsbetrieben kann es indessen sehr schwierig sein, ihre Kapazitätsgrenzen festzulegen, vor allem dann, wenn die Leistung in erster Linie durch den Produktionsfaktor Arbeit erbracht wird (z.B. die Dienstleistungen der beratenden Berufe, der Ärzte, Friseure).

14.5.2.1 Kostenarten nach dem Beschäftigungsgrad

(1) Variable Kosten

Betrachten wir zunächst die Preise der zur Leistungserstellung benötigten Produktionsfaktoren sowie die Produktionstechnik eines Unternehmens als gegeben,[3] so hängt die Höhe eines Teils der Kosten von dessen Beschäftigungsgrad ab. Es handelt sich um variable Kosten. Sie werden in

- **proportionale**,[4]
- **unterproportionale** und
- **überproportionale**

variable Kosten eingeteilt. Variable Kosten bezeichnet man auch als *mengenabhängige* Kosten, weil ihre Höhe von der Leistungsmenge eines Unternehmens bestimmt wird.

1 Zu den Produktionsfaktoren siehe Band 1, S. 34ff.

2 **Kapazität** (lat.) = Leistungsvermögen, Aufnahmefähigkeit. Ein Mensch mit hoher geistiger Aufnahmefähigkeit mit Spezialwissen (also z.B. ein hervorragender Fachmann) wird als Kapazität bezeichnet.

3 Eine als gegeben betrachtete Größe bezeichnet man als Datum (lat. = das Gegebene).

4 **Proportion** (lat. proportio = das entsprechende Verhältnis) bedeutet verhältnismäßig, im gleichen Verhältnis stehend.

Proportional variable Kosten

Proportional variable Kosten liegen vor, wenn sie sich im gleichen Verhältnis wie die Leistungsmenge (der Beschäftigungsgrad) ändern.

Beispiel:

Erzeugung in Stück (x)	200	400	600	800	1 000
proportional variable Gesamtkosten in € (K_v)	6 000,00	12 000,00	18 000,00	24 000,00	30 000,00
durchschnittliche proportional variable Kosten je Stück in €(k_v)	30,00	30,00	30,00	30,00	30,00

Zu den proportional variablen Kosten rechnen z. B. das Fertigungsmaterial, die Fertigungslöhne, die Sondereinzelkosten des Vertriebs (z. B. Umsatzprovisionen für Vertreter), Lizenzgebühren und – falls Handelswaren vertrieben werden – der Umsatz zu Einstandspreisen (in der Praxis auch als „Wareneinsatz" bezeichnet).

Unterproportional variable Kosten

Manche Kosten verändern sich nicht im gleichen Verhältnis wie die Beschäftigung, sondern sie nehmen mit steigendem Beschäftigungsgrad nicht im gleichen Maße, also nur unterproportional zu.

Beispiel:

Erzeugung in Stück (x)	200	400	600	800	1 000
unterproportional variable Gesamtkosten in € (K_{up})	6 000,00	10 000,00	13 200,00	15 600,00	18 000,00
durchschnittliche unterproportional variable Kosten je Stück in € (k_{up})	30,00	25,00	22,00	19,50	18,00

Unterproportional variable Kosten sind z. B. die Gehälter und die dazugehörenden Sozialkosten, Instandhaltungs-, Betriebsstoff- und Energiekosten bei **niedriger Beschäftigung.**

Beispiele:

Bei einer Erhöhung der Beschäftigung um 20 % werden nicht 20 % mehr Angestellte eingestellt. Ein Teil der Mehrarbeit wird von den bereits vorhandenen Belegschaftsmitgliedern bewältigt. Mit anderen Worten: Es gilt für die Belegschaft, intensiver zu arbeiten. Der Betrieb passt sich in Teilbereichen, hier also in der Verwaltung und im Vertrieb, *intensitätsmäßig*[1] an.

Der Treibstoffverbrauch eines Kraftfahrzeugs hängt von der gefahrenen Geschwindigkeit ab (km/h). Bei niedriger Geschwindigkeit ist der Kraftstoffverbrauch je 100 km höher als bei einer bestimmten „Normalgeschwindigkeit". Die Treibstoffkosten nehmen also in diesem Bereich nicht im gleichen Maße zu wie die Leistung (die gefahrenen Kilometer).

1 Intensität (lat.) = besonders gesteigerte Kraft. Intensitätsmäßige Anpassung = Anpassung an die gestiegenen Anforderungen mit zunehmendem Arbeitseinsatz. (Beispiel: Die Arbeitsgeschwindigkeit am Fließband wird erhöht).

3 Hartmann - ISBN 978-3-8120-0490-9

Überproportional variable Kosten

Überproportional variable Kosten steigen im Vergleich zum Beschäftigungsgrad schneller an.

Beispiel:

Erzeugung in Stück (x)	200	400	600	800	1 000
überproportional variable Gesamtkosten in € ($K_{üp}$)	6 000,00	12 400,00	19 800,00	28 800,00	40 000,00
durchschnittliche überproportionale Kosten je Stück in € ($k_{üp}$)	30,00	31,00	33,00	36,00	40,00

Überproportional variable Kosten entstehen in der Regel bei **Überbeschäftigung**. Der Verschleiß an Mensch (Krankenstand), Maschine (Instandhaltungskosten) und Material (Ausschuss) nimmt in stärkerem Maß zu als die Beschäftigung. Hinzu kommen Überstunden- und Leistungszuschläge, die allerdings nicht auf überhöhte mengenmäßige Kosten zurückzuführen sind, sondern Faktorpreisänderungen darstellen.

(2) Fixe Kosten[1]

Fixe Kosten lassen sich unterteilen in

- **absolut** fixe Kosten,
- **relativ** fixe Kosten.

Absolut fixe Kosten

Die absolut[2] fixen Kosten bleiben je Zeiteinheit (z. B. je Monat, je Jahr) in ihrer Höhe unverändert. Sie stellen **zeitabhängige Kosten** dar und werden in ihrer Höhe von den Beschäftigungsänderungen nicht beeinflusst.

Beispiel:

Erzeugung in Stück (x)	200	400	600	800	1 000
fixe Gesamtkosten in € (K_f)	20 000,00	20 000,00	20 000,00	20 000,00	20 000,00
durchschnittliche fixe Kosten je Stück in € (k_f)	100,00	50,00	33,33	25,00	20,00

Beispiele für fixe Kosten sind Abschreibungen auf Gebäude, Hilfslöhne und Gehälter nebst den dazugehörenden Sozialkosten für die Stammbelegschaft und bestimmte Steuerkosten wie z. B. die Kfz-Steuer und die Grundsteuer.

1 Fix (lat.) = fest. Siehe auch Fixum = festes Gehalt, z. B. beim Handlungsreisenden.

2 Absolut (lat.) = völlig, ganz und gar.

Relativ[1] fixe Kosten

Relativ fixe Kosten entstehen durch Betriebserweiterungen im sachlichen oder im personellen Bereich. Da die fixen Kosten aufgrund von Erweiterungsmaßnamen sprunghaft ansteigen, spricht man von **„Sprungkosten"**.

Beispiel:

Ein Industriebetrieb kauft eine *zusätzliche* Werkzeugmaschine.

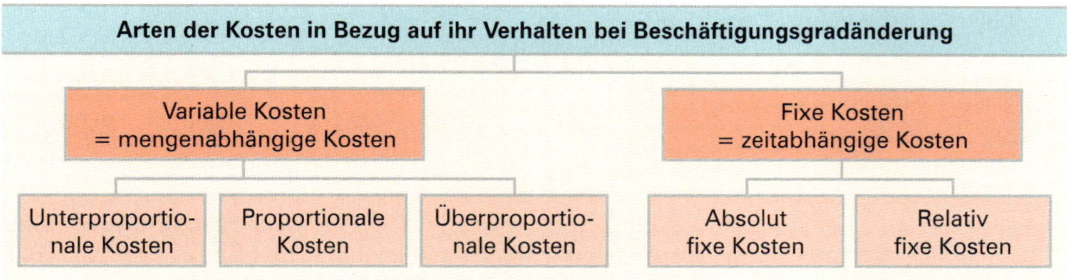

Arten der Kosten nach ihrem Verhalten in Bezug auf Beschäftigungsgradänderungen

	Kostenverhalten in Bezug auf die gesamte Produktmenge (Gesamtkosten)		Kostenverhalten in Bezug auf eine Leistungseinheit (Durchschnittskosten)	
	Kostenbegriff	**Graph der Kostenfunktion**	**Kostenbegriff**	**Graph der Kostenfunktion**
Zeitabhängige Kosten	Absolut fixe Kosten (K_f)	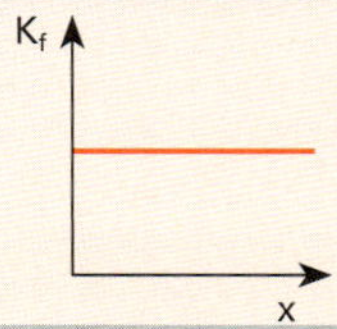	Durchschnittliche absolute Fixkosten (k_f) = degressive Stückkosten	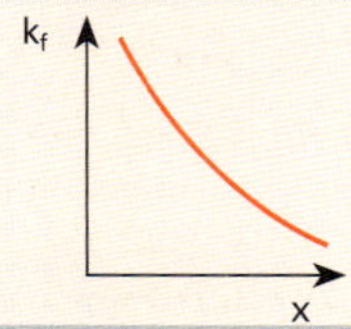
Mengenabhängige Kosten	Proportionale Kosten (K_p)	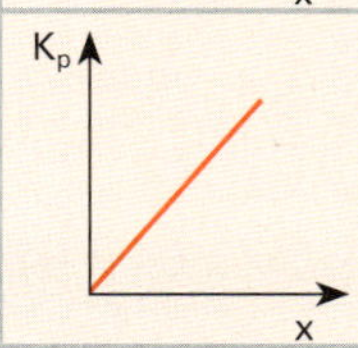	Durchschnittliche proportionale Kosten (k_p) = fixe Stückkosten	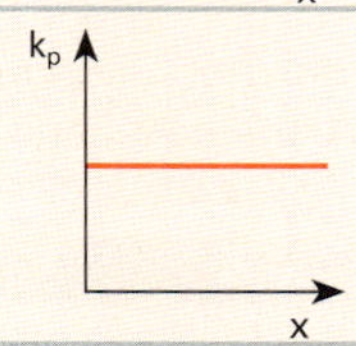
	Unterproportionale Kosten (K_{up})	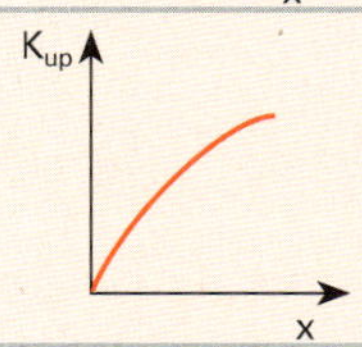	Durchschnittliche unterproportionale Kosten (k_{up}) = degressive Stückkosten	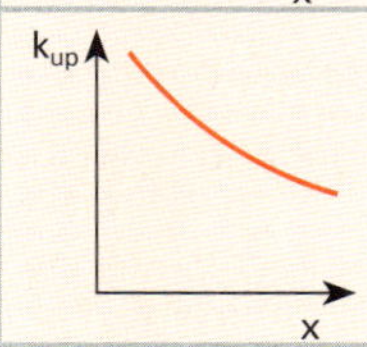
	Überproportionale Kosten ($K_{üp}$)	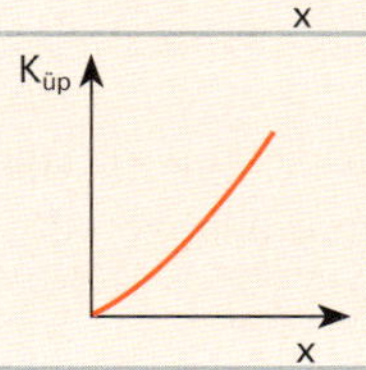	Durchschnittliche überproportionale Kosten ($k_{üp}$) = progressive Stückkosten	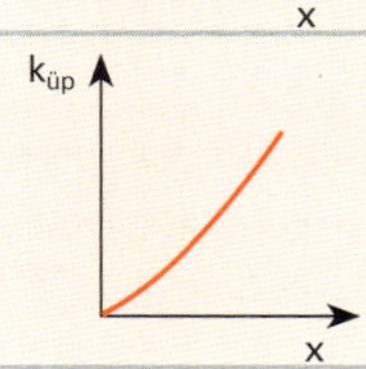

K = Gesamtkosten   k = Durchschnittskosten = Kosten je Leistungseinheit   x = Ausbringungsmenge

1 Relativ (lat.) = bezogen auf (eine gegebene Größe), verhältnismäßig, vergleichsweise. Relative Zahlen sind Bezugszahlen (z. B. Prozent, Promille).

14.5.2.2 Kritische Kosten- und Leistungspunkte

Wie wir im vorigen Kapitel gesehen haben, steigen die **variablen Kosten** zunächst bei zunehmender Beschäftigung *unterproportional.* Wird die Beschäftigung weiter erhöht, nehmen die variablen Kosten *überproportional* zu. Wir erhalten einen S-förmigen Kostenverlauf.

Die **Gesamtkosten** eines Unternehmens ergeben sich aus der Summe der **fixen** und der **variablen** Kosten. (Mit den bisher verwendeten Symbolen: $K = K_f + K_v$.)

(1) Stückkosten und Grenzkosten

Um die Beziehungen zwischen Gesamtkosten, variablen Kosten und Fixkosten einerseits und den Stückkosten sowie Grenzkosten andererseits untersuchen zu können, wird ein einfaches Modell verwendet, das folgende Voraussetzungen (Prämissen) hat.

- Es liegt ein **S-förmiger Gesamtkostenverlauf** vor.
- Es handelt sich um einen **Einproduktbetrieb.** (Diese Voraussetzung muss bei allen Kostendarstellungen gemacht werden. Handelt es sich nämlich um einen Betrieb, der mithilfe seiner maschinellen Anlagen mehrere Produkte erzeugt, fallen für alle Produkte sehr viele Kosten [z. B. Gehälter, Abschreibungen, Steuern] *gemeinsam* an, die folglich dem einzelnen Erzeugnis *nicht* zugerechnet werden können.)
- Die **variablen Kosten** nehmen bei einer Produktionserhöhung in gleichem Maße zu wie sie bei einer Produktionsverminderung abnehmen.
- Die **Faktorpreise** bleiben **konstant.**
- Die **Kapazität** (mögliche Leistungsfähigkeit) des Betriebs ist gegeben. Es wird lediglich die Kapazitätsausnutzung (Beschäftigung) geändert. Den prozentualen Anteil der tatsächlichen an der möglichen Kapazitätsausnutzung bezeichnet man als Kapazitätsausnutzungsgrad oder **Beschäftigungsgrad.**

Beispiel:

Kann ein Kieswerk je Tag 10 Tonnen Kies abbauen und beträgt die tatsächliche Leistung 7 Tonnen Kies, so beläuft sich der Beschäftigungsgrad auf 70 %.

Beispiel:

Ein Industriebetrieb, der nur ein Produkt herstellt, hat folgende Kosten:

x	K in EUR	K_v in EUR	K in EUR	k_f in EUR	k_v in EUR	k in EUR	K' in EUR
0	1 500	–	1 500	$\to \infty$	–	$\to \infty$	
1	1 500	1 000	2 500	1 500	1 000	2 500	1 000
2	1 500	1 500	3 000	750	750	1 500	500
3	1 500	1 800	3 300	500	600	1 100	300
4	1 500	2 000	3 500	375	500	875	200
5	1 500	2 100	3 600	300	420	720	100
6	1 500	2 300	3 800	250	383	633	200
7	1 500	2 700	4 200	214	386	600	400
8	1 500	3 500	5 000	188	438	625	800
9	1 500	5 000	6 500	167	556	722	1 500
10	1 500	8 500	10 000	150	850	1000	3 500

Erläuterungen zu Tabelle auf S. 36:

Die *stückbezogenen* Kosten sind:

- **Durchschnittliche fixe Kosten (k_f).** Sie werden berechnet, indem man die fixen Kosten durch die Anzahl der hergestellten Produktionseinheiten dividiert. Je höher die Ausbringungsmenge ist, desto geringer sind die fixen Kosten je Stück (= k_f). Diese Tatsache wird als **„Gesetz der Massenproduktion"** bezeichnet.

$$k_f = \frac{K_f}{x}$$

- **Durchschnittliche variable Kosten (k_v).** Aus der Tabelle auf S. 36 ist zu entnehmen, dass die durchschnittlichen variablen Kosten (auch variable Stückkosten genannt) bei zunehmender Ausbringung des Betriebs zunächst sinken, und zwar bis zu einem Beschäftigungsgrad von etwa 65 %. Wird die Ausbringung weiter erhöht, steigen die durchschnittlichen variablen Kosten.

$$k_v = \frac{K_v}{x}$$

- **Durchschnittliche Totalkosten (k).** Dividiert man die Totalkosten (Gesamtkosten) durch die Anzahl der Produktionseinheiten (x), erhält man die durchschnittlichen Totalkosten (Stückkosten). In der Betriebswirtschaftslehre heißen die Stückkosten auch **Selbstkosten.**

$$k = \frac{K}{x}$$

- **Grenzkosten (K').** Unter Grenzkosten sind die *zusätzlichen* Kosten zu verstehen, die dann entstehen, wenn die Beschäftigung eines Betriebs um eine Produktionseinheit erhöht wird.

$$K' = \frac{\Delta K}{\Delta x} = \frac{\Delta k_f}{\Delta x}$$

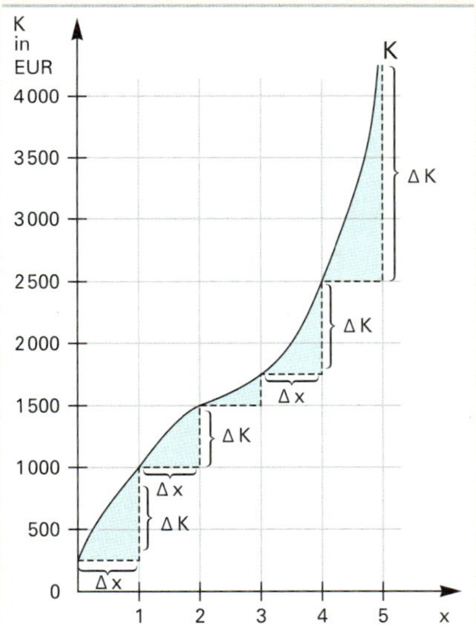

Abb. 1

x	0	1	2	3	4	5
K in EUR	250	1 000	1 500	1 750	2 500	4 500
K' in EUR	750	500	250	750	2 000	

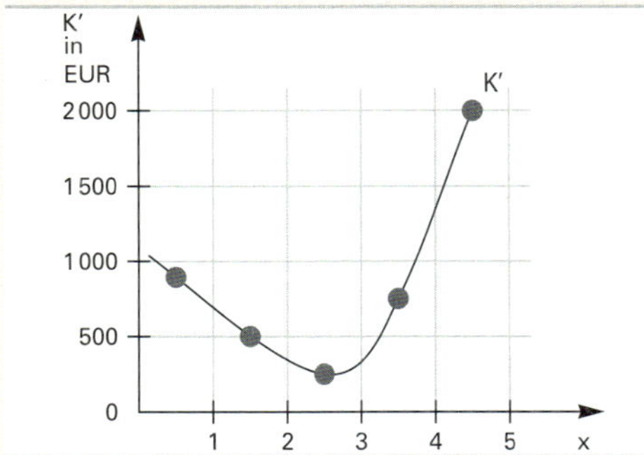

Abb. 2

Die Abb. 1 zeigt auf übertriebene, dafür anschauliche Weise, wie die Grenzkosten berechnet werden. Beim Zeichnen der Grenzkostenkurve (Abb. 2) ist zu beachten, dass die errechneten Werte als **Zwischenwerte** eingetragen werden. Für praktische Zwecke genügt es, wenn die Grenzkosten auf diese grobe Weise berechnet werden. Streng genommen sind die Grenzkosten der Kostenzuwachs (K') je sehr kleine (gegen null tendierende) Produktionsausdehnung (Δx). In diesem Falle müsste der Output (die Erzeugung) des Betriebs vollkommen teilbar sein.

(2) Kritische Kosten- und Leistungspunkte

Der in Tabelle auf S. 36 dargestellte Zusammenhang zwischen Beschäftigungsgrad einerseits und Kostenentwicklung andererseits lässt sich auch mithilfe der entsprechenden Kostenkurven darstellen:

Kritische Kostenpunkte in der Gesamt- und Stückbetrachtung

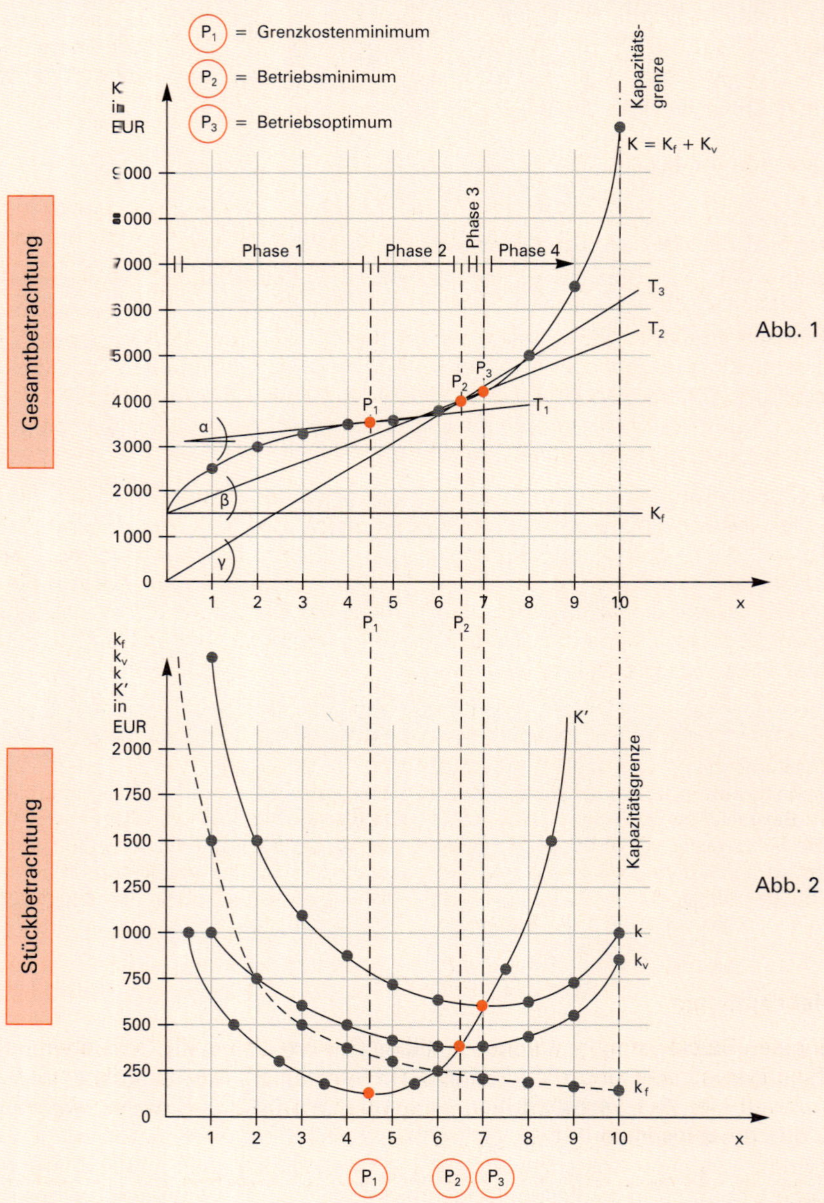

Aus der Abbildung auf S. 38 lassen sich folgende **kritische**[1] **Kostenpunkte** entnehmen:

Grenzkostenminimum[2]

Aus der Kostentabelle (siehe Tabelle auf S. 36) und aus den entsprechenden Kurvenverläufen ergibt sich, dass bei zunehmender Beschäftigung die Gesamtkosten (K) bis zu einem Beschäftigungsgrad von etwa 45 % (4,5 Produktionseinheiten) nur unterproportional steigen. Das ist die Beschäftigung, bei der die Grenzkosten (K´) ihr Minimum erreichen.

Das Grenzkostenminimum lässt sich auch geometrisch anhand der *Gesamtkostenkurve* feststellen. Es liegt da, wo der Winkel der Tangente (T_1) an die Gesamtkostenkurve im Verhältnis zur x-Achse am kleinsten ist (Winkel α). Hier ist das Steigungsmaß der Gesamtkostenkurve am geringsten ($\Delta K : \Delta x$).

Betriebsminimum

Wird die Beschäftigung des Betriebs weiter ausgedehnt, sinken zunächst noch die durchschnittlichen variablen (k_v) und die durchschnittlichen Gesamtkosten (k). Bei einem Beschäftigungsgrad von rund 65 % (6,5 Produktionseinheiten) weisen die durchschnittlichen variablen Kosten ihr Minimum auf. Dieser Punkt heißt *Betriebsminimum.*

Das Betriebsminimum ist geometrisch als der Berührungspunkt der Tangente T_2 mit der Gesamtkostenkurve gegeben. Hier ist das Verhältnis zwischen variablen Kosten einerseits und Ausbringungsmenge andererseits am kleinsten (Winkel β in Abb. 1), denn die durchschnittlichen variablen Kosten errechnen sich, indem man die variablen Kosten (K_v) durch die Ausbringungsmenge (x) dividiert.

Aus der Stückbetrachtung (Abb. 2) erkennt man, dass im Betriebsminimum die *durchschnittlichen variablen Kosten* den *Grenzkosten gleich* sind. Der Grund: Sind die zusätzlichen Kosten (die Grenzkosten) *niedriger* als der bisherige Durchschnitt, muss auch der Durchschnitt (die k_v) sinken (Phasen 1 und 2). Sind die zusätzlichen Kosten (die Grenzkosten) *höher* als der bisherige Durchschnitt, muss der Durchschnitt (die k_v) steigen. Nur dann, wenn die zusätzlichen Kosten (die Grenzkosten) dem bisherigen Durchschnitt *gleich* sind, bleibt auch der Durchschnitt unverändert.

Beispiel:

Der Zusammenhang zwischen Grenz- und Durchschnittswerten lässt sich mithilfe eines kleinen Beispiels verdeutlichen. Man stelle sich eine Schulklasse mit 20 Schülern vor, die im *Durchschnitt* 1,70 m groß sind. Kommt ein neuer Schüler hinzu, der nur 1,60 m groß ist, muss die Durchschnittsgröße der Klasse *sinken.* Tritt hingegen ein zusätzlicher Schüler hinzu, der 1,80 m groß ist, steigt der bisherige Größendurchschnitt der Klasse. Der Durchschnitt bleibt nur dann unverändert, wenn der zusätzliche Schüler genauso groß ist wie die bisherige Durchschnittsgröße der Klasse.

Betriebsoptimum

Die geringsten Stückkosten (= durchschnittliche Gesamtkosten = k) entstehen bei einem Beschäftigungsgrad von rund 70 % (7 Produktionseinheiten). Dieser Punkt heißt *Betriebsoptimum,* weil hier das Verhältnis von Gesamtkosten (K) zur Ausbringungsmenge (x) *optimal,* d.h. am günstigsten ist.

---

1 Kritisch (griech., lat.) = die Wende (zum Guten oder Schlechten) bringend; auch: streng beurteilend. Siehe auch Kritik = strenge Beurteilung.

2 Minimum (lat.) = geringster Wert, das Wenigste.

Das Betriebsoptimum ist geometrisch der Berührungspunkt der Tangente T_3 mit der Gesamtkostenkurve (Winkel γ in Abb. 1 auf S. 38). Hier ist der Wert des Quotienten[1] aus Gesamtkosten (K) und Ausbringungsmenge (x) am niedrigsten. Das Betriebsoptimum ist deshalb der Beschäftigungsgrad, bei dem die Produktivität (Ausbringungsmenge : Faktoreinsatz) am größten ist.

Aus der Stückbetrachtung (Abb. 2 auf S. 38) lässt sich entnehmen, dass im Betriebsoptimum die durchschnittlichen Gesamtkosten (k) den Grenzkosten gleich sind. Die Begründung ist die gleiche wie oben: Sind die zusätzlichen Kosten (die Grenzkosten) *niedriger* als der bisherige Durchschnitt, muss auch der Durchschnitt (die k) sinken (Phasen 1 bis 3 in den Abbildungen auf S. 38). Sind die zusätzlichen Kosten (die Grenzkosten) *höher* als der bisherige Durchschnitt, muss der Durchschnitt (die k) steigen. Nur dann, wenn die zusätzlichen Kosten (die Grenzkosten) dem bisherigen Durchschnitt *gleich* sind, bleibt auch der Durchschnitt unverändert.

Beispiel:

Zur Veranschaulichung können wir auch hier wieder unsere Schulklasse heranziehen. Wir machen nur eine zusätzliche Annahme: Die fixen Kosten berücksichtigen wir dadurch, dass sich alle 20 Schüler auf die Stühle stellen und die Durchschnittsgröße *einschließlich* der Stuhlhöhe von 0,50 m feststellen. Die Durchschnittsgröße der Klasse beträgt dann 2,20 m. Tritt nun ein neuer Schüler hinzu, der – auf einen Stuhl gestellt – weniger als 2,20 m misst, muss der Durchschnitt sinken. Ist der zusätzliche Schüler – ebenfalls auf den Stuhl gestellt – größer als 2,20 m, muss der Durchschnitt steigen. Der Durchschnitt ändert sich nur dann nicht, wenn der zusätzliche Schüler (einschließlich Stuhlhöhe) genauso groß ist wie die bisherige Durchschnittsgröße der Klasse.

Die Kurve der durchschnittlichen Gesamtkosten liegt *immer* über der Kurve der durchschnittlichen variablen Kosten, weil in den durchschnittlichen Gesamtkosten die *fixen Kosten* enthalten sind. Das Betriebsoptimum *muss* bei einem *höheren* Beschäftigungsgrad als das Betriebsminimum liegen, weil aufgrund des Gesetzes der Massenproduktion (siehe S. 37) der Fixkostenanteil je Produktionseinheit mit zunehmender Ausbringung sinkt. Im Betriebsoptimum halten sich somit zwei Tendenzen die Waage: Die Kostendegression der Fixkosten wird durch die Kostenprogression der variablen Kosten ausgeglichen. Steigt die Beschäftigung des Betriebs über das Betriebsoptimum hinaus, überwiegt der Progressionseffekt der variablen Kosten den Degressionseffekt der fixen Kosten.

Die Schwelle des Ertragsgesetzes, das Betriebsminimum und das Betriebsoptimum bezeichnet man als **kritische Kostenpunkte**.

Phasen[2] des S-förmigen Gesamtkostenverlaufs

Kostenart	Phase 1	Phase 2	Phase 3	Phase 4
Gesamtkosten (K)	unterproportional steigend	überproportional steigend	überproportional steigend	überproportional steigend
Grenzkosten (K')	sinkend	steigend	steigend	steigend
durchschnittliche variable Kosten (k_v)	sinkend	sinkend	steigend	steigend
durchschnittliche Gesamtkosten (k)	sinkend	sinkend	sinkend	steigend

1 Quotient (lat.) = Zahlenausdruck, der aus Zähler und Nenner besteht; Bruch.

2 Phase (griech.) = Abschnitt einer Entwicklung.

Kritische Kostenpunkte	
Begriffe	**Merkmale**
Grenzkostenminimum	1. Wendepunkt der S-förmigen Gesamtkostenkurve. 2. Minimum der Grenzkosten.
Betriebsminimum (minimaler Kostenpunkt)	1. Minimum der durchschnittlichen variablen Kosten (der variablen Stückkosten = k_v). 2. Durchschnittliche variable Kosten = Grenzkosten.
Betriebsoptimum (optimaler Kostenpunkt)	1. Minimum der durchschnittlichen Gesamtkosten (der Stückkosten = k). 2. Durchschnittliche Gesamtkosten = Grenzkosten.

(3) Kritische Kosten- und Leistungspunkte

Um die Bedeutung der kritischen Kostenpunkte erkennen zu können, führen wir eine neue Größe, den **Preis** des Erzeugnisses (Absatzpreis), in unsere Überlegungen ein. Dabei wird unterstellt, dass der Absatzpreis für den Betrieb eine gegebene Größe (ein Datum) ist. Ein solcher Fall liegt z.B. vor, wenn der Staat den Preis gesetzlich vorgeschrieben hat (Festpreis) oder wenn der einzelne Anbieter so unbedeutend ist, dass er keine eigene Preispolitik betreiben kann, sich also an den Marktpreis[1] anpassen muss.

Man kann sich diese Machtlosigkeit eines kleinen Anbieters leicht verdeutlichen, wenn man sich einen Kleinaktionär vorstellt, der zwei Aktien einer großen Aktiengesellschaft verkaufen möchte. Ob diese beiden Aktien an einem bestimmten Börsentag angeboten werden oder nicht, hat auf den Kurs an diesem Tag überhaupt keinen Einfluss. Der Kleinaktionär hat nur zwei Möglichkeiten: Entweder verkauft er seine Aktien zum gegebenen Kurs oder er behält sie, weil ihm der Kurs zu niedrig ist.

Beispiel:

In Fortsetzung des Zahlenbeispiels auf S. 36 und S. 38 erhalten wir folgende Kosten- und Leistungstabelle,[2] wobei von einem Absatzpreis (P) von 750 EUR ausgegangen wird:

Ausbringung (x)	Gesamtkosten (K) in EUR	Umsatz (U = P · x) in EUR	Gewinn bzw. Verlust (U – K) in EUR	Grenzkosten (K') in EUR	Durchschnittliche variable Kosten (k_v) in EUR	Durchschnittliche Gesamtkosten (k) in EUR	Stückgewinn bzw. -verlust (P – k) in EUR
0	1500	–	1500		–	→ ∞	–
1	2500	750	1750	1000	1000	2500	1750
2	3000	1500	1500	500	750	1500	750
3	3300	2250	1050	300	600	1100	350
4	3500	3000	500	200	500	875	125
5	3600	3750	150	100	420	720	30
6	3800	4500	700	200	383	633	117
7	4200	5250	1050	400	386	600	150
8	5000	6000	1000	800	438	625	125
9	6500	6750	250	1500	556	722	28
10	10000	7500	2500	3500	850	1000	250

1 Zur Marktpreisbildung siehe auch Band 1, S. 82ff.

2 Unter „Leistung" versteht man die mit ihrem Absatzpreis vervielfachte Absatzmenge eines Betriebs. Die Begriffe Leistung, Umsatz, Umsatzerlös werden synonym (gleichbedeutend) verwendet.

Den in der Tabelle auf S. 41 wiedergegebenen Zusammenhang zwischen Umsatz und Gesamtkosten (Gesamtbetrachtung) einerseits und Stück- bzw. Grenzkosten und Preis (Stückbetrachtung) andererseits kann man auch kurvenmäßig darstellen:

Kosten und Leistung in der Gesamt- und Stückbetrachtung

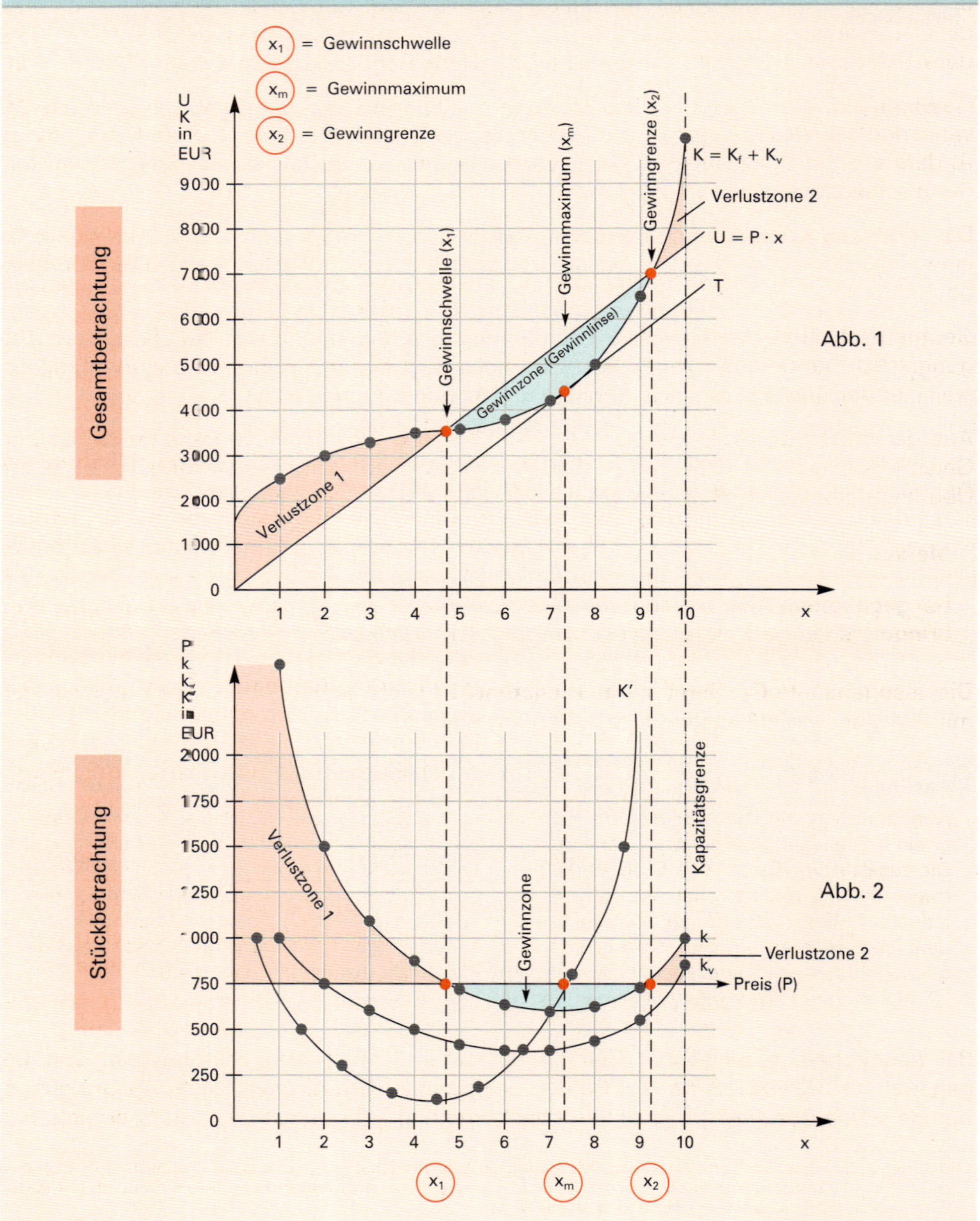

Führt man den Absatzpreis in die Betrachtung ein, erhält man drei zusätzliche *kritische Punkte,* die als **Kosten-Leistungspunkte** bezeichnet werden:

Gewinnschwelle.[1] Dehnt der Betrieb seine Beschäftigung von beispielsweise 2 auf 4,8 Produktionseinheiten (x) aus, deckt er gerade seine Kosten.

In der Gesamtbetrachtung bedeutet dies, dass die Erlöse (der Umsatz) gerade so hoch wie die Gesamtkosten des Betriebs sind (U = K). Für die stückbezogene Betrachtung gilt, dass der Absatzpreis je Produktionseinheit (P) der Höhe der Stückkosten (k) entspricht (P = k).

Gewinnmaximum. Wird die Beschäftigung des Betriebs weiter erhöht, tritt er in die Gewinnzone ein, weil hier der Umsatz höher als die Gesamtkosten ist (Gesamtbetrachtung). Anders ausgedrückt: Der Preis je Produktionseinheit ist höher als die Stückkosten (die durchschnittlichen Gesamtkosten = k).

Das *Gewinnmaximum* liegt bei einer Ausbringungsmenge von rund 7,4 Produktionseinheiten. Hier ist die Differenz zwischen Umsatz und Gesamtkosten am größten (Gesamtbetrachtung).

Geometrisch liegt das Gewinnmaximum (siehe Abb. 1 auf S. 42) bei dem Beschäftigungsgrad, bei dem die Parallele (T) zur Umsatzkurve die Gesamtkostenkurve tangiert, weil hier der *Abstand* zwischen *Umsatz* und *Kosten* am *größten* ist.

Aus der stückbezogenen Betrachtung (Abb. 2 auf S. 42 lässt sich entnehmen, dass im Gewinnmaximum die Grenzkosten dem Preis gleich sind. Diese Feststellung ist für spätere Überlegungen sehr wichtig, sodass man sie sich fest einprägen muss:

Merke:

Bei **gegebenem Absatzpreis** liegt das **Gewinnmaximum** eines Anbieters bei der Ausbringungsmenge, bei der die Grenzkosten dem Stückpreis gleich sind.[2]

Diese sogenannte **Gewinnmaximierungsregel** ist leicht zu verstehen, wenn man sie sich mithilfe eines einfachen Zahlenbeispiels verdeutlicht.

Beispiel:

Angenommen, ein Landwirt überlegt sich, ob er ein brachliegendes Feld noch bebauen soll. Die zusätzlichen Kosten (die Grenzkosten) betragen 30,00 € je dt Kartoffeln, der Absatzpreis jedoch 40,00 €. Handelt der Landwirt nach dem ökonomischen Prinzip, wird er das Feld bebauen, denn er kann seinen Gewinn um 10,00 € erhöhen (oder einen etwaigen Verlust um 10,00 € mindern). Betragen die zusätzlichen Kosten jedoch 50,00 €, wird er das Feld nicht mehr bebauen, denn die Grenzkosten sind *höher* als der Absatzpreis. Hieraus folgt, dass der Landwirt sein Gewinnmaximum[3] genau dann erzielt, wenn die zusätzlichen Kosten dem Absatzpreis gleich sind.

Bei gegebenem technischem Stand, gegebenen (konstanten) Faktorpreisen und bei gegebenem Absatzpreis hat ein Betrieb dann keinen Grund mehr, seine Ausbringungsmenge (seine Beschäftigung) zu verändern, wenn er sein *Gewinnmaximum* erreicht hat.

1 Die Gewinnschwelle wird auch als **„Nutzenschwelle"** bezeichnet. Da man mit Nutzen jedoch in erster Linie den Umfang subjektiver und individueller Zufriedenheit bezeichnet, ist es folgerichtiger, wenn hier von der objektiven Größe „Gewinn" gesprochen wird. Der Gewinn ist die Differenz zwischen Leistung (Umsatz) und Kosten.

2 Ist der Absatzpreis niedriger als die Stückkosten, wird der Verlust minimiert (d. h. möglichst klein gehalten), wenn der Betrieb die Beschäftigung wählt, bei der die Grenzkosten dem Absatzpreis gleich sind.

3 Mitunter wird das Gewinnmaximum auch **„optimaler Nutzenpunkt"** genannt.

Das Gewinnmaximum kann daher als **langfristiges Gleichgewicht** des Betriebs bezeichnet werden.

Gewinngrenze.[1] Falls der Betrieb seine Beschäftigung (seine Ausbringung) über das Gewinnmaximum hinaus erhöht, sinkt sein Gesamtgewinn, weil die Differenz zwischen Umsatz und Gesamtkosten (Gesamtbetrachtung) bzw. zwischen Absatzpreis und Stückkosten geringer wird. Die Grenzkosten sind *höher* als der Absatzpreis (Stückbetrachtung). Die *Gewinngrenze* ist erreicht, wenn der Umsatz genauso hoch wie die Gesamtkosten ist (Gesamtbetrachtung) bzw. der Absatzpreis den Stückkosten entspricht (U = K bzw. P = k).

Im vorangehenden Zahlenbeispiel liegt die Gewinngrenze bei einer Ausbringungsmenge von rund 9,1 Produktionseinheiten.

Wird die Ausbringung über die Gewinngrenze hinaus gesteigert, tritt der Betrieb in eine zweite *Verlustzone* ein (Verlustzone 2 in Abbildungen 1 und 2 auf S. 42): Die Gesamtkosten sind höher als der Umsatz (Gesamtbetrachtung) bzw. die Stückkosten sind höher als der Absatzpreis. Unter den Bedingungen des S-förmigen Kostenverlaufs bringt in unserem Beispiel die Vollbeschäftigung (100 % ige Kapazitätsauslastung) Verluste.

14.5.2.3 Individuelle Angebotskurve bei S-förmigem Gesamtkostenverlauf

Im vorigen Kapitel wurde gezeigt, dass ein Anbieter dann seinen Gewinn maximiert bzw. seinen Verlust minimiert, wenn er bei gegebenem Absatzpreis den Beschäftigungsgrad wählt, bei dem die Grenzkosten dem Absatzpreis gleich sind. Bei einem S-förmigen Kostenverlauf verringert also der Betrieb sein Angebot, wenn der Absatzpreis sinkt, und erhöht sein Angebot, wenn der Absatzpreis steigt. Unterstellt man, dass der Anbieter nach dem Gewinnmaximierungsprinzip handelt, verläuft die **individuelle Angebotskurve** entlang der Grenzkostenkurve eines Betriebs.

kurzfristige Preisuntergrenze	Die kurzfristige Preisuntergrenze (Beginn der individuellen Angebotskurve) wird dabei durch das Minimum der durchschnittlichen variablen Kosten (k_v) bestimmt. Längerfristig kann ein Anbieter seine Produktion nicht aufrechterhalten, weil er bei einem Absatzpreis in Höhe der durchschnittlichen variablen Kosten seine fixen Kosten nicht deckt.
langfristige Preisuntergrenze	Die langfristige Preisuntergrenze wird durch das Minimum der durchschnittlichen Gesamtkosten (k) festgelegt. Hier produziert der Betrieb gerade noch kostendeckend.

Steigt der Preis über die minimalen Stückkosten (k), wird der Betrieb seine Produktion weiter ausdehnen. Er wird jeweils den Beschäftigungsgrad wählen, bei dem die Grenzkosten dem Absatzpreis entsprechen. Die individuelle Angebotskurve ist somit ein Teil der Grenzkostenkurve.

Da in unserem Modell der Absatzpreis für den Anbieter ein Datum ist, kann er keine Preispolitik, sondern nur *Mengenpolitik* betreiben. Einen Anbieter, der sich in einer solchen Situation befindet, bezeichnet man daher als **„Mengenanpasser"**.

1 Statt von Gewinngrenze wird in der Literatur auch von „Nutzengrenze" gesprochen.

Individuelle Angebotskurve

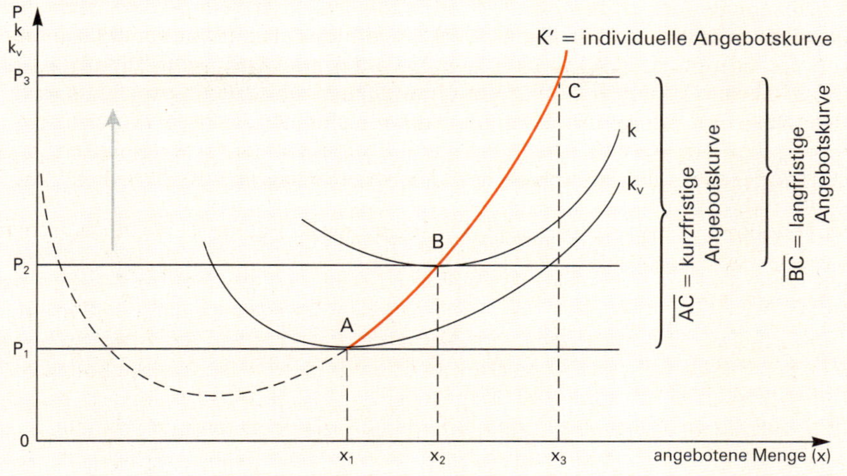

Aus der Abbildung ist ersichtlich, dass das Unternehmen bei steigendem Absatzpreis (vom Preis P_1 bis zum Preis P_3) sein Angebot entsprechend der Entwicklung der Grenzkosten (Strecke $\overline{AC}$ von der Menge x_1 bis zur Menge x_3) erhöht. Bei einer Preissenkung gilt das Umgekehrte (**„Gesetz des Angebots"**).

14.5.3 Individuelle Angebotskurve bei linearem Gesamtkostenverlauf

14.5.3.1 Kritische Kosten- und Leistungspunkte

Ebenso wie im letzten Kapitel gehen wir vom Modell eines Einproduktunternehmens aus, allerdings unter der Annahme eines *linearen* Kostenverlaufs. Dieses einfache Modell stellt einen Grenzfall dar. Denn in Wirklichkeit beginnen die Gesamtkosten eines Unternehmens regelmäßig progressiv (= überproportional zur Ausbringungsmenge) zu steigen, wenn es in der Nähe seiner Kapazitätsgrenze arbeitet. Der Grund liegt in der Überbeanspruchung der Produktionsfaktoren. So steigt z. B. der Krankenstand. Der Ausschuss nimmt überproportional zu, ebenso der Verschleiß der Maschinen, weil z. B. für die Wartung und für gründliche Reparaturen keine Zeit bleibt. Das Gleiche gilt für den Material- oder Energieverbrauch.

Beispiel:

Ein anschauliches Beispiel ist der Automotor. Jedes Fahrzeug hat eine Maximalleistung, sozusagen seine Kapazitätsgrenze. Wird jedoch eine bestimmt Geschwindigkeit überschritten (gemessen in Litern Treibstoff je 100 Kilometer Fahrleistung), steigt der Treibstoffverbrauch überproportional an.

Unterstellt man einen linearen Gesamtkostenverlauf, gibt es streng genommen nur noch einen kritischen Kostenpunkt, nämlich die Gewinnschwelle. (Die Gewinnschwelle wird auch als *Break-even-Point*[1] oder als *„toter Punkt"* bezeichnet). Ein *Betriebsminimum* bzw. ein *Grenzkostenminimum* gibt es nicht, weil die durchschnittlichen variablen Kosten, die den Grenzkosten entsprechen, in Bezug auf die einzelne Leistungseinheit fix sind. Somit verbleiben noch folgende wichtige Beschäftigungslagen („Beschäftigungsgrade"): die Gewinnschwelle, das Betriebsoptimum und das Gewinnmaximum.

Beschäftigungslage	Erläuterungen
Gewinnschwelle	Eine Gewinnschwelle kann es natürlich nur geben, wenn die erzielbaren Absatzpreise höher als die Stückkosten bei einer bestimmten Absatzmenge sind *(Stückbetrachtung).* Ebenso wie beim gekrümmten Gesamtkostenverlauf liegt die Gewinnschwelle bei dem Beschäftigungsgrad, bei dem der Erlös gerade die Gesamtkosten deckt *(Gesamtbetrachtung).* Im nachfolgenden Beispiel ist dies bei einem Beschäftigungsgrad von rund 71 % der Fall. Ist der Beschäftigungsgrad niedriger, befindet sich der Betrieb in der *Verlustzone.* Übersteigt die Absatzmenge die Gewinnschwelle, gelangt das Unternehmen in die *Gewinnzone:* Der Umsatz ist höher als die Gesamtkosten.
Betriebsoptimum	Dieses befindet sich bei dem Beschäftigungsgrad, bei dem die Stückkosten (die durchschnittlichen Gesamtkosten) am niedrigsten sind. Bei linearen Kostenverläufen liegt das Betriebsoptimum folglich stets an der Kapazitätsgrenze, weil die variablen Kosten je Stück (k_v) konstant[2] bleiben, während die fixen Kosten je Stück (k_f) mit zunehmender Beschäftigung sinken.
Gewinnmaximum	Bei linearem Kostenverlauf liegt das Gewinnmaximum immer an der Kapazitätsgrenze, weil dort der Unterschied zwischen Umsatz und Gesamtkosten *(Gesamtkostenbetrachtung)* bzw. Absatzpreis und Stückkosten *(Stückbetrachtung)* am größten ist.

Beispiel:

Ein Industriebetrieb, der nur ein Produkt herstellt, hat 12 500 GE fixe Kosten. Die Kapazität beträgt maximal 1 250 Stück. Die proportional variablen Kosten belaufen sich auf 6 GE je Stück. Das Produkt kann für 20 GE abgesetzt werden.

Hieraus ergibt sich folgende **Kosten-Leistungstabelle**:

x	K_f in GE	K_v in GE	K in GE	U (= x · P) in GE	Verlust (V) bzw. Gewinn (G) in GE	k_v in GE	k in GE	K' (je Stück) in GE	P (= Erlös je Stück) in GE	v bzw. g v in GE
0	12 500,00	–	12 500,00	–	12 500,00	–	∞		20,00	∞
125	12 500,00	750,00	13 250,00	2 500,00	10 750,00	6,00	106,00	6,00	20,00	86,00
250	12 500,00	1 500,00	14 000,00	5 000,00	9 000,00	6,00	56,00	6,00	20,00	36,00
375	12 500,00	2 250,00	14 750,00	7 500,00	7 250,00	6,00	39,33	6,00	20,00	19,33
500	12 500,00	3 000,00	15 500,00	10 000,00	5 500,00	6,00	31,00	6,00	20,00	11,00
625	12 500,00	3 750,00	16 250,00	12 500,00	3 750,00	6,00	26,00	6,00	20,00	6,00
750	12 500,00	4 500,00	17 000,00	15 000,00	2 000,00	6,00	22,67	6,00	20,00	2,67
875	12 500,00	5 250,00	17 750,00	17 500,00	250,00	6,00	20,29	6,00	20,00	0,29
1 000	12 500,00	6 000,00	18 500,00	20 000,00	1 500,00	6,00	18,50	6,00	20,00	1,50
1 125	12 500,00	6 750,00	19 250,00	22 500,00	3 250,00	6,00	17,11	6,00	20,00	2,89
1 250	12 500,00	7 500,00	20 000,00	25 000,00	5 000,00	6,00	16,00		20,00	4,00

1 Break-even-Point (engl.) = der Punkt, der gerade (eben) den Durchbruch bringt.

2 Konstant (lat.) = feststehend, unabänderlich, unverändert.

Kosten und Leistung bei linearem Gesamtkostenverlauf in der Gesamt- und Stückbetrachtung

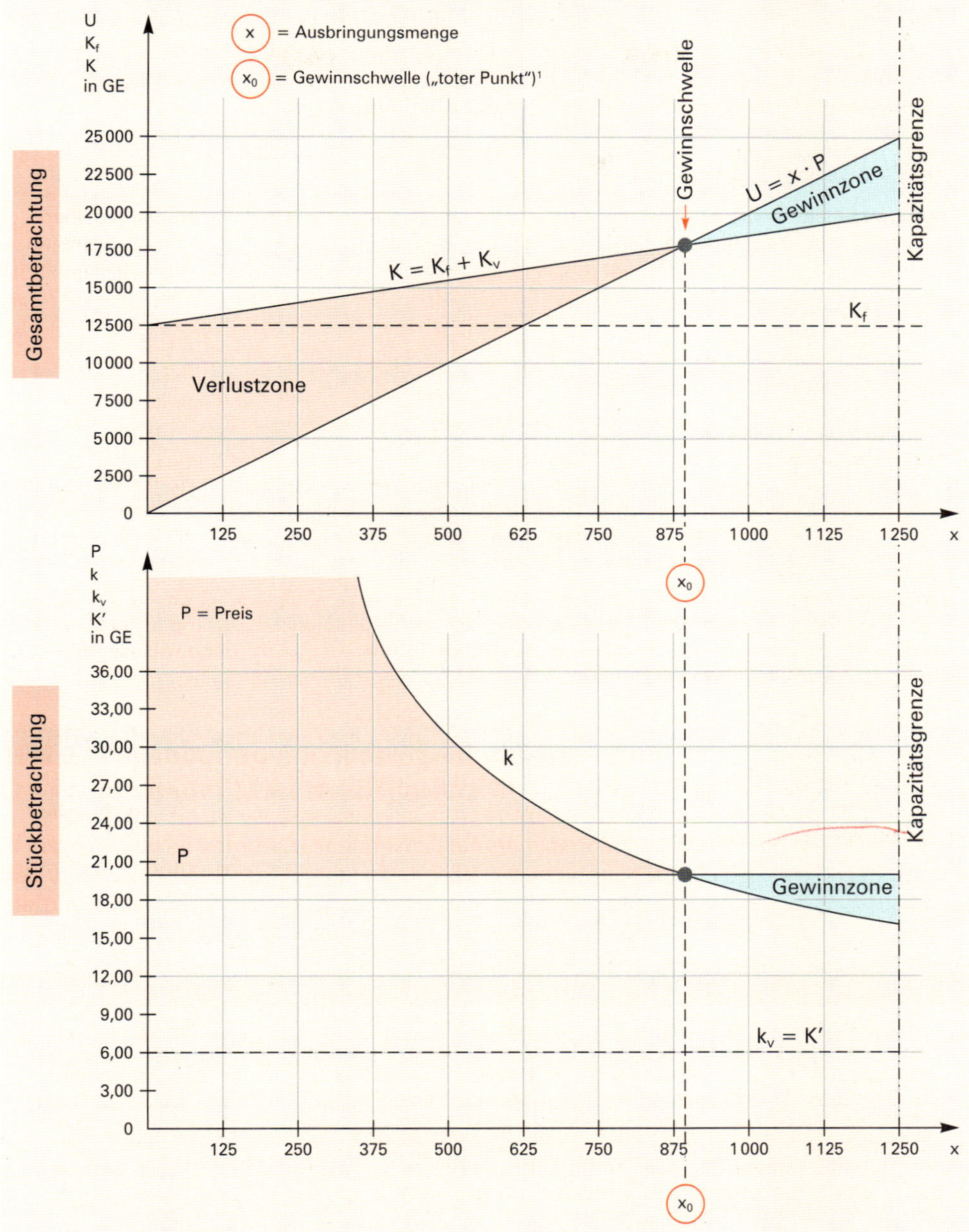

1 Rechnerisch lässt sich die Gewinnschwelle wie folgt berechnen:

$$K_f + K_v \cdot x = x \cdot P$$
$$12500 + 6x = 20x$$
$$14x = 12500$$
$$\underline{\underline{x = 893 \text{ Stück}}}$$

14.5.3.2 Preisuntergrenzen

Unter den Bedingungen der vollkommenen polypolistischen Konkurrenz[1] liegt die individuelle Angebotskurve stets an der Kapazitätsgrenze eines Einproduktunternehmens mit linearem Kostenverlauf, weil es dort seinen höchstmöglichen Gewinn erzielt (siehe auch das Zahlenbeispiel auf S. 46). Steigt z. B. der Preis, kann es kurzfristig sein Angebot nicht erhöhen. Sinkt der Preis, wird es sein Angebot nicht verringern, weil sein Gewinn sinkt (oder sein Verlust steigt, falls der Preis die Kosten nicht mehr deckt). Das Angebot ist folglich **vollkommen unelastisch.**

Preisunelastisches Angebot

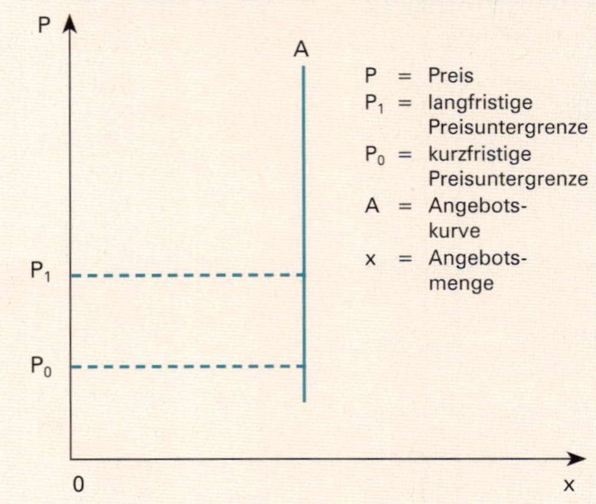

Die **kurzfristige Preisuntergrenze** wird durch die durchschnittlichen variablen Kosten bestimmt. Deckt der Preis auch die durchschnittlichen variablen Kosten nicht mehr, wird das Unternehmen die Produktion und damit sein Angebot einstellen. Der Verlust wird somit möglichst klein gehalten.

Die **langfristige Preisuntergrenze** bilden die durchschnittlichen Gesamtkosten (die Stückkosten): Das Unternehmen deckt seine gesamten Kosten und ist deswegen in der Lage, seine Produktion und sein Angebot aufrechtzuerhalten.

14.6 Gesamtangebot

14.6.1 Gesamtangebot und der Preis eines Guts

Zum Zweck der Ableitung des Gesamtangebots und der daraus folgenden Gesamtangebotskurve wird unterstellt, dass der Preis eines Guts für jeden Anbieter eine gegebene Größe (ein **Datum**) ist. Dabei ist es gleichgültig, ob es sich um Anbieter mit einem S-förmigen oder einem linearen Kostenverlauf handelt.

Um die **Gesamtangebotskurve** (Marktangebotskurve) zu erhalten, muss man die einzelnen individuellen Angebotskurven gedanklich zusammenfassen (= aggregieren).

Merke:

- Das **Gesamtangebot** für ein Gut ist das Angebot aller Betriebe für dieses Gut.
- Das Gesamtangebot für ein Gut ergibt sich aus der **Aggregation** (= Queraddition) aller individuellen Angebote.

1 Zur polypolistischen Konkurrenz siehe auch Band 1, S. 79 ff., sowie Kapitel 15.1, S. 57 ff.

Die **Lage der Gesamtangebotskurve** (Marktangebotskurve) hängt davon ab, ob es sich um eine kurz- oder langfristige Betrachtungsweise handelt. Die **kurzfristige** Gesamtangebotskurve geht von den absoluten Preisuntergrenzen der Anbieter aus. Bei der Konstruktion der **langfristigen Gesamtangebotskurve** wird hingegen unterstellt, dass die Anbieter zumindest Vollkostendeckung anstreben.

Beispiel:

Die Preisabhängigkeit des Angebots von drei Betrieben sei wie folgt festgelegt:

Preis in GE je Stück	Angebotene Mengeneinheiten (1 000 Stück Eier) je Zeiteinheit (je Woche) durch die Hühnerfarmen			Marktangebot von Eiern aller Anbieter (1) – (3)
	(1) Adler	(2) Specht	(3) Vogel	
0,00	–	–	–	–
0,10	4	–	–	4
0,20	4	3	–	7
0,30	4	3	2	9
0,40	4	3	2	9

Die absolute Preisuntergrenze von Adler beträgt 0,10 GE, die von Specht 0,20 GE und die von Vogel 0,30 GE.

Aggregation der individuellen Angebotskurven zur Gesamtangebotskurve

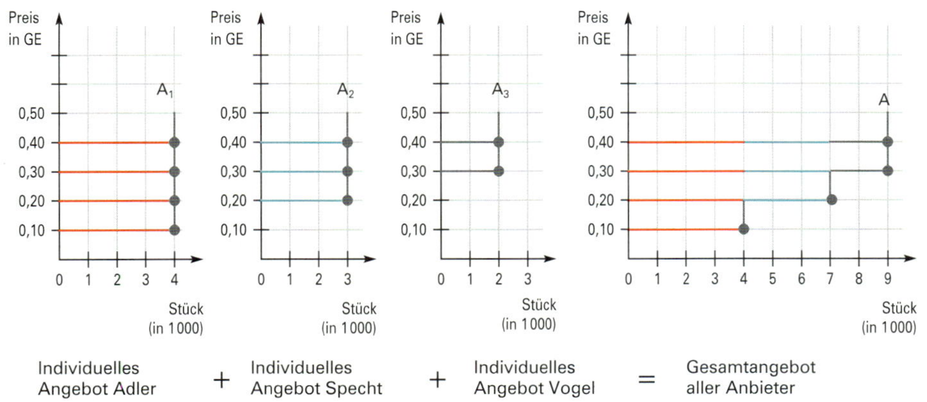

Im oben stehenden Beispiel wird die kurzfristige Marktangebotskurve abgeleitet. Die langfristige Angebotskurve liegt „höher", weil jede mögliche Angebotsmenge unter sonst gleichen Bedingungen zu höheren Absatzpreisen angeboten wird.

Aus der hier abgeleiteten Angebotskurve folgt, dass sich im Regelfall die angebotene Menge eines Guts mit steigendem Preis erhöht und mit sinkendem Preis verringert **(„Gesetz des Angebots")**.

4 Hartmann - ISBN 978-3-8120-0490-9

Aggregiert man die individuellen Angebotskurven einer sehr großen Zahl (streng genommen einer unendlich großen Zahl) von Anbietern, schwinden die „Treppen" in der **Gesamtangebotskurve** immer mehr: Man erhält eine geglättete Angebotskurve.

Merke:

Nach dem **„Gesetz des Angebots"** steigt das Angebot für ein Gut mit steigendem Preis und sinkt das Angebot mit sinkendem Preis dieses Guts (siehe auch S. 45).

Normale Gesamtangebotskurven

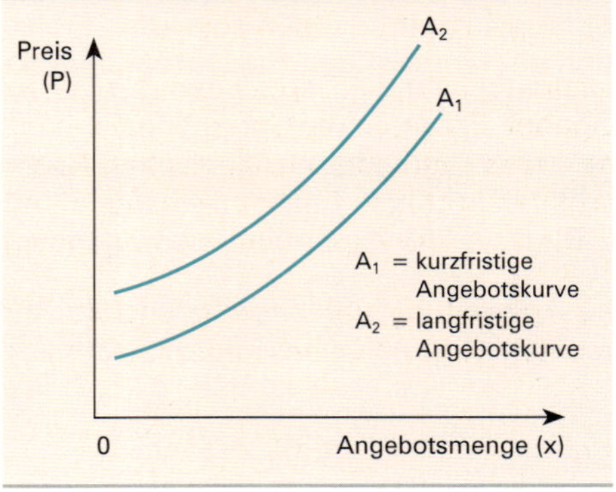

Das Gesamtangebot (Marktangebot) für ein Gut lässt sich auch in der Weise ableiten, dass man die einzelnen Anbieter nach ihrer individuellen Kostenhöhe ordnet.

In den Genuss der **Produzentenrente**[1] (besser: Anbieterrente) kommen alle Anbieter, die zu einem höheren Preis verkaufen können, als ihre Kosten betrugen.

Ein Betrieb, der gerade noch seine Kosten decken kann, heißt **Grenzbetrieb.** Anbieter, deren Stückkosten höher als der Absatzpreis sind, müssen längerfristig aus dem Markt scheiden.

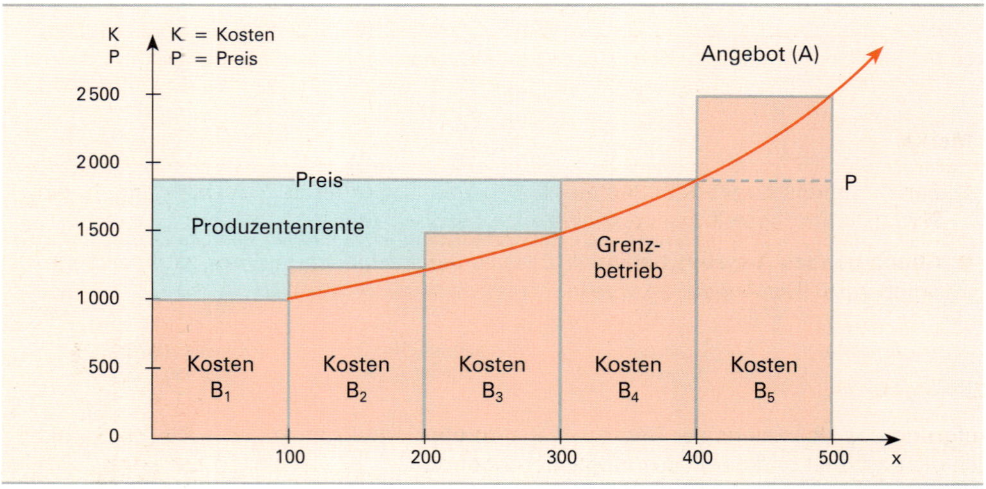

1 Zur Produzentenrente siehe auch Band 1, S. 88 ff.

14.6.2 Sonstige Bestimmungsfaktoren des Gesamtangebots

(1) Erwartungen der Anbieter

Kurzfristig sind die Kapazitäten der Unternehmen gegeben und damit auch das Gesamtangebot. Erwarten die Unternehmen in ihrer Mehrheit hingegen eine längerfristige Zunahme der in- und/oder ausländischen Nachfrage nach ihren Produkten, werden sie die Kapazitäten erhöhen. Rechnen sie jedoch mit einem nachhaltigen Rückgang der Nachfrage, werden sie ihre Kapazitäten verringern (z. B. Betriebsteile stilllegen).

Die Ausweitung der Kapazitäten führt zu einer **Verschiebung** der Angbeotskurve nach „rechts“. Aufgrund eines Kapazitätsabbaus verschiebt sich die Angebotskurve nach „links“.

Zunehmendes Angebot

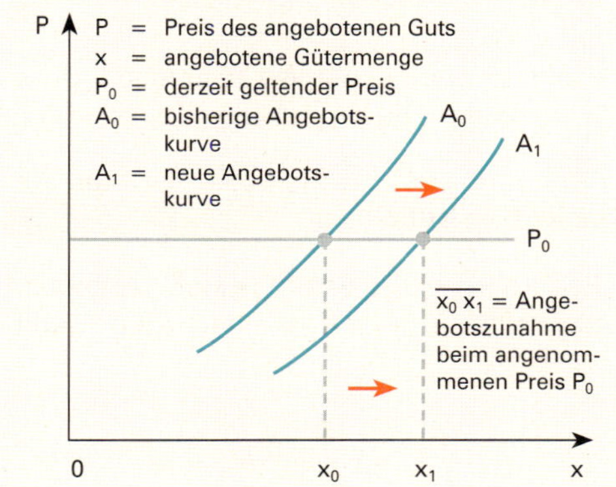

Abnehmendes Angebot

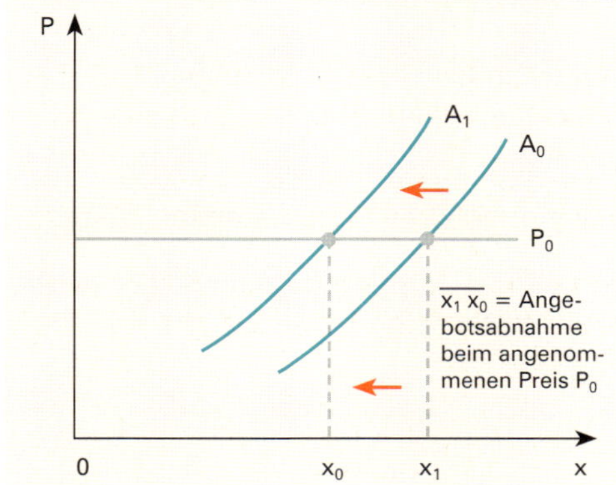

Merke:

- **Zunehmendes Angebot** bedeutet, dass zu jedem denkbaren Preis *mehr* angeboten wird. (Die Angebotskurve verschiebt sich nach „rechts“.)
- **Abnehmendes Angebot** bedeutet, dass zu jedem denkbaren Preis *weniger* angeboten wird. (Die Angebotskurve verschiebt sich nach „links“.)

(2) Technischer Fortschritt

Aufgrund des Übergangs der Betriebe auf automatisierte Produktionsverfahren erweitert sich die Kapazität und damit das mögliche Angebot.

Beispiel:

Massenangebot an technischen Geräten (z. B. Computer, Küchengeräte) mithilfe weitgehend automatisierten Fertigungsverfahren.

(3) Anzahl der Anbieter

Gleiches gilt, wenn sich die Anzahl der Anbieter eines Guts erhöht oder verringert. Steigt die Anzahl der Anbieter, nimmt das Gesamtangebot für ein Gut zu, sinkt die Anzahl der Anbieter, nimmt auch das Gesamtangebot für dieses Gut ab.

Beispiele:

- Weil der Spargelgenuss sehr in Mode gekommen ist, nimmt die Anzahl der Spargelanbauer ständig zu.
- Die 50 Jahre alte Festhalle einer Stadt ist zu klein geworden. Es wird eine neue erheblich größere Festhalle gebaut. Die Zahl der angebotenen Sitzplätze nimmt zu.
- Die Käufer der im Inland hergestellten Schuhe nehmen immer mehr ab, sodass eine inländische Schuhfabrik nach der anderen schließt.

(4) Faktorpreisänderungen

Steigen die Faktorpreise (z. B. Löhne, Rohstoffpreise), nimmt normalerweise das Angebot ab. Sinken die Faktorpreise, nimmt das Angebot zu.

Beispiel:

Steigen die Kosten (z. B. die Lohn- und Gehaltskosten), nehmen die Stückkosten zu. Der bisherige Grenzbetrieb E_4 muss längerfristig aus dem Markt ausscheiden.

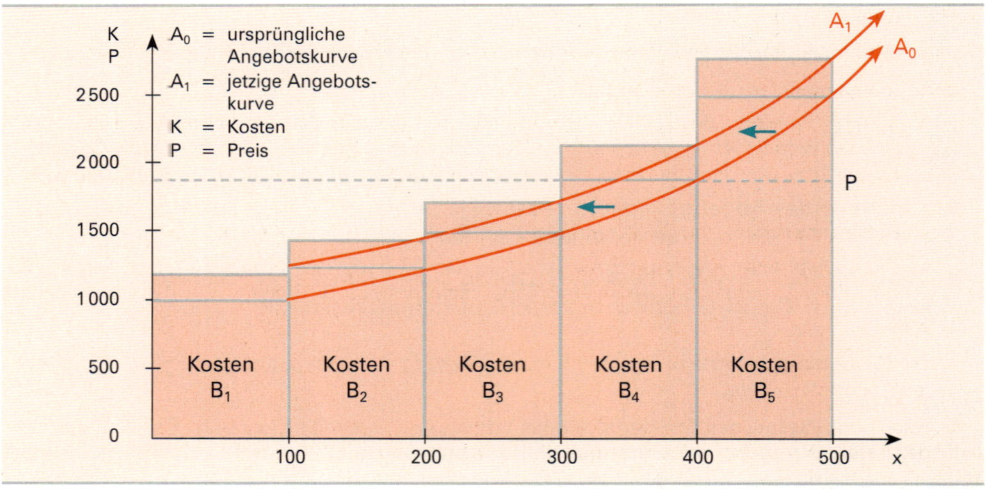

Zusammenfassung

- Der wichtigste **Bestimmungsfaktor des individuellen** als auch des **Gesamtangebots** von wirtschaftlichen Gütern (von Sachgütern, Dienstleistungen und Rechten) sind die Produktionskosten.
- Die **Kostentheorie** kennt u. a. den sogenannten **„S-förmigen" Gesamtkostenverlauf** und den **linearen Gesamtkostenverlauf.**
- Beim **S-förmigen Gesamtkostenverlauf** gilt Folgendes:
  - Je nach ihrem Verhalten bei Beschäftigungsgradänderungen ist zwischen **fixen Kosten** und **variablen Kosten** zu unterscheiden.
  - Die variablen Kosten sind in **überproportional variable** und **unterproportional variable Kosten** eingeteilt.
  - Bei Beschäftigungsänderungen sind folgende **kritische Kostenpunkte** festzustellen:
Grenzkostenminimum,
Betriebsminimum und
Betriebsoptimum.
  - Bezieht man den Absatzpreis des Produkts bzw. den Umsatz des Unternehmens in die Betrachtung mit ein, ergeben sich folgende **Kosten- und Leistungspunkte**:
Gewinnschwelle,
Gewinnmaximum und
Gewinngrenze.
  - Das **Gewinnmaximum** liegt bei dem Beschäftigungsgrad, bei dem der Unterschiedsbetrag zwischen Umsatz und Gesamtkosten *(Gesamtbetrachtung)* am größten ist bzw. bei dem der Absatzpreis den Grenzkosten gleich ist *(Stückbetrachtung).* **(Gewinnmaximierungsregel).**
  - Die **individuelle Angebotskurve** entspricht der Grenzkostenkurve des Unternehmens.
- Beim **linearen Gesamtkostenverlauf** gilt:
  - Es gibt nur einen **„kritischen Kostenpunkt"**, nämlich die **Gewinnschwelle.** Sie befindet sich bei dem Beschäftigungsgrad, bei dem der Umsatz genauso hoch ist wie die Gesamtkosten bzw. bei dem der Preis den durchschnittlichen Gesamtkosten (den Stückkosten) entspricht.
  - **Betriebsoptimum** und **Gewinnmaximum** befinden sich an der Kapazitätsgrenze.
  - Die **individuelle Angebotskurve** ist starr. Der Grund: Die Unternehmen erzielen ihr Gewinnmaximum, wenn sie an ihrer Kapazitätsgrenze produzieren.
- Allgemein gilt:
Die **Gesamtangebotskurve** ergibt sich aus der Aggregation (Gesamtaddition) aller individuellen Angebotskurven.
- Nach dem **„Gesetz des Angebots"** erhöht sich das Angebot mit steigendem Preis und verringert sich das Angebot mit sinkendem Preis des angebotenen Gutes.
- Es ist zwischen der **Bewegung auf einer Kurve** und der **Verschiebung einer Kurve** zu unterscheiden:
  - Wird bei steigendem Preis eines Gutes eine größere (kleinere) Menge dieses Gutes angeboten, findet eine Bewegung auf der Angebotskurve statt.
  - Wird bei gegebenem Preis eines Gutes mehr (weniger) angeboten, verschiebt sich die Angebotskurve nach rechts (links).

Abitraining

1. Die Kapazität eines Betriebs beträgt 900 Stück je Periode. Eine Produktionseinheit (PE) soll aus 100 Stück bestehen. Die Fixkosten belaufen sich auf 1000,00 €. Die variablen Kosten (K_v) verhalten sich wie folgt:

PE:	1	2	3	4	5	6	7	8	9
K_v in €:	1200,00	2000,00	2300,00	2500,00	2650,00	3000,00	3700,00	4800,00	6800,00

Aufgaben:

1.1 Stellen Sie eine Kosten-Leistungstabelle nach folgendem Muster auf, wenn der Stückpreis 7,50 € beträgt:

PE	K_f	K_v	k_v	K	k	K'	U	VuG	Kritische Punkte

Erklären und begründen Sie den Verlauf der Grenzkosten!

1.2 Erläutern Sie, warum eine Kostentabelle wie diese nicht die genaue Lage der kritischen Punkte wiedergibt!

1.3 Erstellen Sie aus den Werten der Tabelle ein Kurvendiagramm, das den Verlauf der Fixkosten, der Gesamtkosten und des Gesamtertrags (Erlös) enthält. Stellen Sie die genaue Lage der Ihnen bekannten kritischen Punkte fest!

Lösungshinweis: 1000,00 € = 1 cm; 1 PE = 1 cm.

1.4 Erstellen Sie aus den Werten der Tabelle ein Kurvendiagramm, das die Grenzkosten, die Stückkosten, die variablen Stückkosten und die Preisgerade enthält! Bestimmen Sie die genaue Lage der kritischen Punkte! 1 cm = 250,00 €.

1.5 Erläutern Sie die Bedeutung folgender kritischer Punkte!

1.5.1 Betriebsoptimum,

1.5.2 Betriebsminimum,

1.5.3 Gewinnschwelle (Nutzenschwelle = toter Punkt = Break-even-Point),

1.5.4 Gewinngrenze (Nutzengrenze) und

1.5.5 Gewinnmaximum.

1.6 Erläutern Sie, warum man das Gewinnmaximum als langfristiges Gleichgewicht des Betriebs bezeichnen kann!

1.7 Beschreiben Sie kurz, warum man das Betriebsminimum lediglich als kurzfristiges Gleichgewicht des Betriebs ansehen kann!

1.8 Formulieren und begründen Sie die sogenannte Gewinnmaximierungsregel! Gehen Sie anschließend darauf ein, warum man die genannte Regel bei linearem Gesamtkostenverlauf in dieser Form nicht anwenden kann!

1.9 Nennen Sie die Bedingungen, unter denen die Grenzkostenkurve gleichzeitig auch die Angebotskurve eines wirtschaftlichen Betriebs darstellt!

2. Nicht bei allen Gütern, die auf Märkten gehandelt werden, sind die Produktionskosten grundsätzlich ein Bestimmungsfaktor für den Angebotspreis. (Es sei hier nochmals darauf hingewiesen, dass unter Produktionskosten die Kosten für die Erstellung und Bereitstellung von wirtschaftlichen Gütern, also von Sachgütern, Dienstleistungen und Rechten zu verstehen sind.)

Aufgaben:

2.1 Überlegen Sie, bei welchen Gütern der Angebotspreis i. d. R. durch die Produktionskosten bestimmt wird! Nennen Sie Beispiele!

2.2 Nennen Sie Beispiele für Güter und Märkte, auf denen Güter angeboten werden, deren Angebotspreis überhaupt nicht oder nur indirekt mit den Produktionskosten zusammenhängen!

2.3 Zeichnen Sie

a) die kurzfristige und

b) die langfristige Angebotskurve eines Betriebs, der nachstehenden Gesamtkostenverlauf aufweist:

Produktions-einheiten (PE):	0	1	2	3	4	5	6	7	8	9	10	11	12
Gesamtkosten (K) in Geld-einheiten (GE):	20	27	32	36	39,5	42,5	46	50	55	62	70	82	98

2.4 Ein Orkan richtete in den Waldstücken von vier Forstwirten erheblichen Schaden an. Nur noch als Brennholz verwertbar sind 4000 Ster aus dem Wald des Forstwirts A, 5000 Ster aus dem Wald des Forstwirts B, 500 Ster aus dem Wald des Forstwirts C und 6000 Ster aus dem Wald des Forstwirts D. Die vier Forstwirte verhalten sich wie folgt:

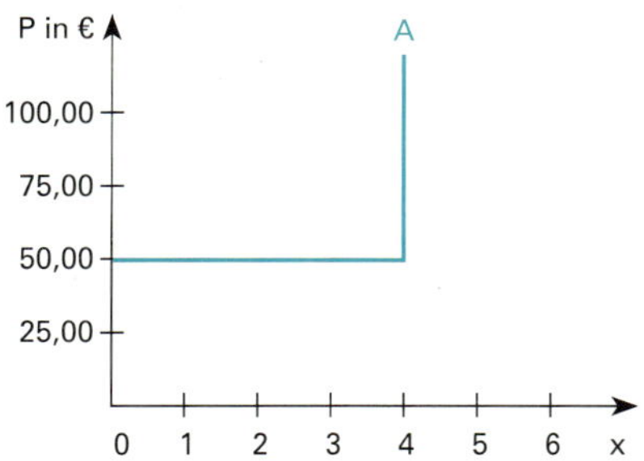

Forstwirt A

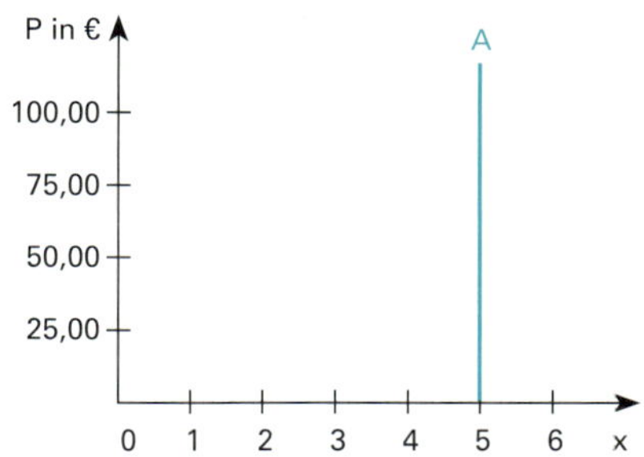

Forstwirt B

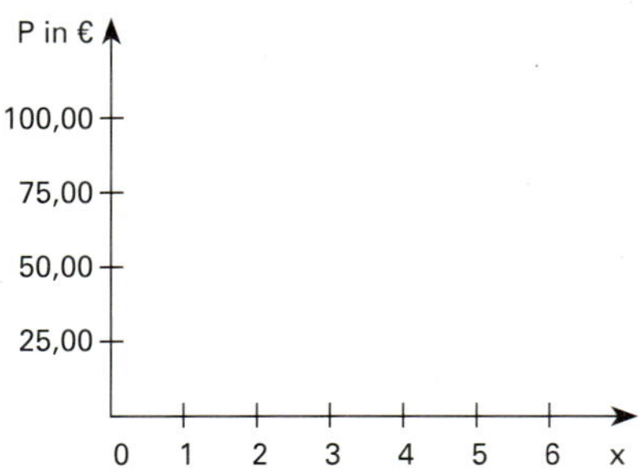

Forstwirt C

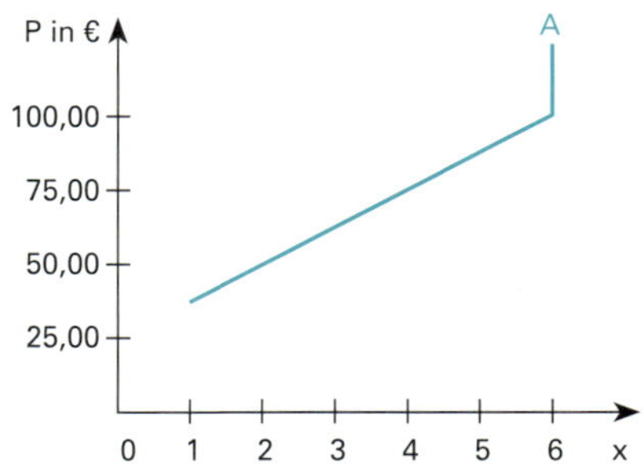

Forstwirt D

x = Brennholz in 1000 Ster

A = Angebotskurve

Interpretieren Sie das Marktverhalten der vier Forstwirte!

3. Der Absatzpreis für das Produkt eines Betriebs beträgt 25 GE. Die fixen Kosten belaufen sich auf 1500 GE je Periode, die proportional-variablen Kosten auf 10 GE je Stück.

Aufgaben:

3.1 Berechnen Sie, bei wie viel Stück die Gewinnschwelle liegt!

3.2 Angenommen, die Maximalkapazität beträgt 200 Stück je Periode. Ermitteln Sie für diesen Fall den Gesamtgewinn!

3.3 Berechnen Sie, bei welcher Produktionsmenge ein Gewinn in Höhe von 750 GE erzielt wird!

3.4 Ermitteln Sie die Gewinnschwelle, wenn die fixen Kosten um 20 % steigen!

3.5 Ermitteln Sie die Gewinnschwelle, wenn die fixen Kosten um 20 % fallen!

3.6 Ermitteln Sie, wie sich die Gewinnschwelle verschiebt, wenn die fixen Kosten um 20 % steigen, die variablen Kosten aber auf 8 GE je Stück gesenkt werden können!

3.7 Erläutern Sie, welcher wirtschaftliche Sachverhalt dem Fall 3.6 zugrunde liegen kann!

4. Der Absatzpreis (P) eines Anbieters beträgt 30 GE. Seine maximale Kapazität liegt bei 200 Stück (x) je Periode, seine fixen Kosten (K_f) bei 1 500 Geldeinheiten (GE) je Periode. Die proportional-variablen Kosten (K_v) belaufen sich auf 15 GE je Stück.

Aufgaben:

4.1 Ermitteln Sie, wie hoch der Gewinn des Anbieters wäre, wenn er nur 150 Stück zum Preis von 30 GE absetzen könnte!

4.2 Ermitteln Sie, wie hoch der Gewinn wäre, wenn 150 Stück zu 30 GE und 20 Stück zu 25 GE je Periode abgesetzt werden könnten! (Zweifache Preisdifferenzierung!)

4.3 Berechnen Sie, wie hoch der Gewinn wäre, wenn 150 Stück zu 30 GE, 30 Stück zu 25 GE und 20 Stück zu 16 GE abgesetzt werden könnten! (Dreifache Preisdifferenzierung!)

4.4 Ermitteln Sie, bei wie viel GE die absolute Preisuntergrenze liegt! Begründen Sie Ihre Antwort!

5. Auf einem Gütermarkt befinden sich 3 Anbieter. Ihre Gesamtkostenverläufe sind linear. Die Kapazität des Anbieters A beläuft sich auf 30 Produktionseinheiten, die des Anbieters B auf 20 PE und die des Anbieters C auf 15 PE.

Die langfristige Preisuntergrenze des Anbieters A beträgt 10 GE, die des Anbieters B 15 GE und die des Anbieters C 20 GE.

Aufgaben:

5.1 Erläutern Sie, wodurch die jeweilige Preisuntergrenze der Anbieter a) kurzfristig und b) langfristig bestimmt wird!

5.2 Nebenstehend wird die langfristige individuelle Angebotskurve des Anbieters A gezeigt.

5.2.1 Begründen Sie, warum die Angebotskurve in nebenstehender Abbildung vollkommen unelastisch ist!

5.2.2 Begründen Sie, warum die Angebotskurve in nebenstehender Abbildung erst bei 10 GE beginnt!

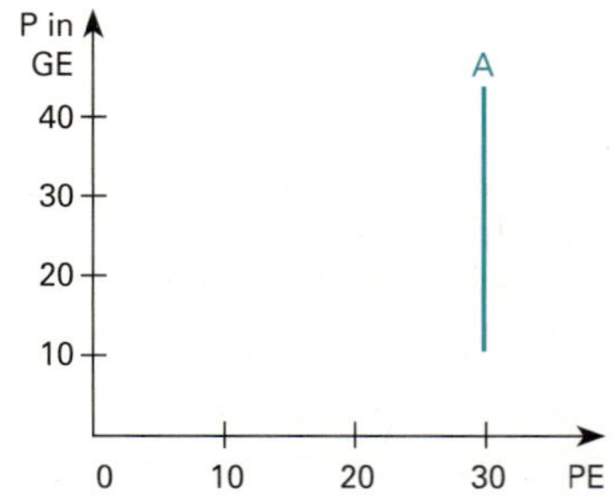

5.3 Zeichnen Sie die Angebotskurven der Anbieter A bis C und aggregieren Sie diese zur Gesamtangebotskurve!

15 Preisbildung auf verschiedenen Arten von Märkten

15.1 Preisbildung beim vollkommenen Polypol[1]

15.1.1 Der Gleichgewichtspreis bei gegebenen Angebots- und Nachfrageverhältnissen

Grundsätzliches zur Preisbildung beim vollkommenen Polypol haben Sie bereits kennengelernt. Ein **vollkommenes Polypol** – auch vollkommener Wettbewerb genannt – liegt vor, wenn folgende Voraussetzungen *(Prämissen)* gegeben sind: Die gehandelten Güter müssen *homogen*[2] sein, es muss sich um einen *Punktmarkt* handeln, Anbieter und Nachfrager (die Marktteilnehmer) müssen theoretisch *unendlich schnell* auf veränderte Marktgegebenheiten *reagieren*[3] können und weder Anbieter noch Nachfrager dürfen irgendwelche *Präferenzen*[4] haben. Dieser gedanklichen Konstruktion (dem „Modell") kommen vor allem die Waren- bzw. Rohstoff- und Wertpapierbörsen nahe.

Unter den genannten Bedingungen eines vollkommenen Polypols ergibt sich normalerweise ein Preis, der Angebot und Nachfrage zum Ausgleich bringt. Zu beachten ist jedoch, dass alle Anbieter, die zu einem höheren Preis als der Gleichgewichtspreis verkaufen wollen oder müssen (z. B. aus Kostengründen), und alle Nachfrager, die den für sie zu hohen Gleichgewichtspreis nicht bezahlen wollen oder können, nicht zum Zuge kommen. Bereits an diesem einfachen Modell lässt sich erkennen, dass der Preis eine objektive Größe darstellt. Der Preis kann daher auch nicht „gerecht" sein: Für manche Marktteilnehmer ist er zu hoch, für manche zu niedrig.

- Diejenigen Anbieter, die ursprünglich unter dem Gleichgewichtspreis verkaufen wollten, erzielen eine Anbieterrente, die auch als **Produzentenrente** bezeichnet wird.
- Alle Nachfrager, die einen niedrigeren Preis zahlen müssen als sie ursprünglich zu zahlen bereit waren, sind mit dem Marktpreis zufrieden. Sie kommen in den Genuss der sogenannten Nachfragerrente, auch **Konsumentenrente** genannt.

15.1.2 Anpassungsprozesse zum Gleichgewichtspreis

Märkte sind in Wirklichkeit nicht statisch,[5] sondern dynamisch,[6] d. h., die Angebots- und Nachfrageverhältnisse ändern sich mehr oder weniger schnell, wie das Beispiel der Börsen zeigt. Anders ausgedrückt: Die Angebots- und Nachfragekurven verschieben sich.

So mag es z. B. sein, dass die **Nachfrage** nach bestimmten Gütern und Dienstleistungen bei einem gegebenen Preis *zunimmt,* weil die Einkommen der Nachfrager gestiegen sind oder weil die Nachfrager künftige Preissteigerungen *erwarten.* Umgekehrt kann die Nachfrage zu einem bestimmten Preis *abnehmen,* weil die Einkommen gesunken sind (z. B. aufgrund von Arbeitslosigkeit) oder die Nachfrager Preissenkungen *erwarten.*

---

1 Zu den Grundlagen des Marktmodells (Marktformen, Bildung des Gleichgewichtspreises bei vollständiger Konkurrenz, Produzenten- und Konsumentenrente sowie Preisfunktionen siehe Band 1, S. 79 ff.

2 **Homogenität** (griech.) = Gleichartigkeit, Gleichheit. Homogen = (vollkommen) gleich.

3 **Reagieren** (lat.) = auf etwas ansprechen, Gegenwirkung zeigen. Agieren = handeln.

4 **Präferenzen** (lat.) = Vorzug, Bevorzugung, Präferieren = vorziehen, den Vorzug geben.

5 **Statisch** (lat.) = unverändert, fest.

6 **Dynamisch** (griech.) = schwunghaft, beweglich, energiegeladen, voll innerer Spannkraft. Siehe auch Dynamit = Sprengstoff und Dynamo = Strommaschine.

Eine Zunahme der Nachfrage wirkt sich in einer Verschiebung der Nachfragekurve nach „rechts" aus, eine Abnahme der Nachfrage in einer Verschiebung der Nachfragekurve nach „links".

(1) Zunehmende Nachfrage

Nimmt die Nachfrage zu, entsteht zunächst eine **Angebotslücke** (ein **Nachfrageüberhang**). Die entstandene Lücke wird von den Anbietern geschlossen, die bereit bzw. in der Lage sind, die Nachfrager zu bedienen, die neu auf dem Markt erscheinen und gewillt sind, einen höheren Marktpreis als den bisherigen zu bezahlen. Es entsteht ein neuer **höherer Gleichgewichtspreis,** d. h. ein Preis, bei dem alle Nachfrager zum Zuge kommen, die einen höheren Preis zu zahlen bereit sind, und alle Anbieter, die zu diesem oder zu einen niedrigeren Preis verkaufen würden. Alle Nachfrager, die mehr als den Gleichgewichtspreis bezahlen würden, erzielen eine *Konsumentenrente* (Nachfragerrente) und alle Anbieter, die auch zu einem niedrigeren Preis als den Gleichgewichtspreis verkaufen würden, eine *Produzentenrente* (Anbieterrente). Der Gleichgewichtspreis bringt somit den Markt zum Ausgleich, er „räumt" sozusagen den Markt.

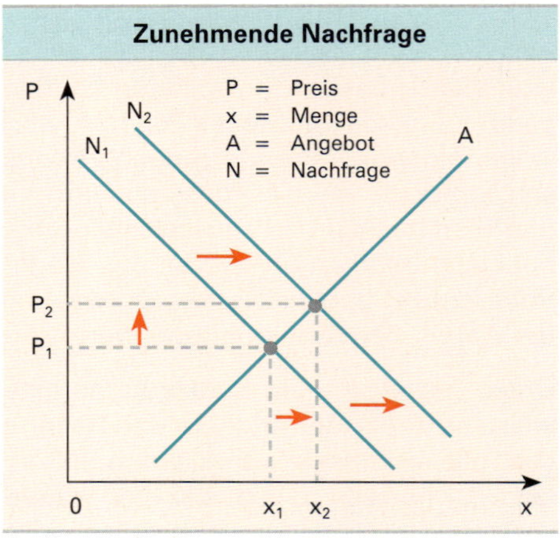

(2) Abnehmende Nachfrage

In diesem Fall ergibt sich eine **Nachfragelücke** (ein **Angebotsüberhang**). Die Folge: Alle Anbieter scheiden aus, die nicht in der Lage oder nicht willens sind, zu einem niedrigeren Preis anzubieten. Der neue Gleichgewichtspreis liegt **unter** dem bisherigen.

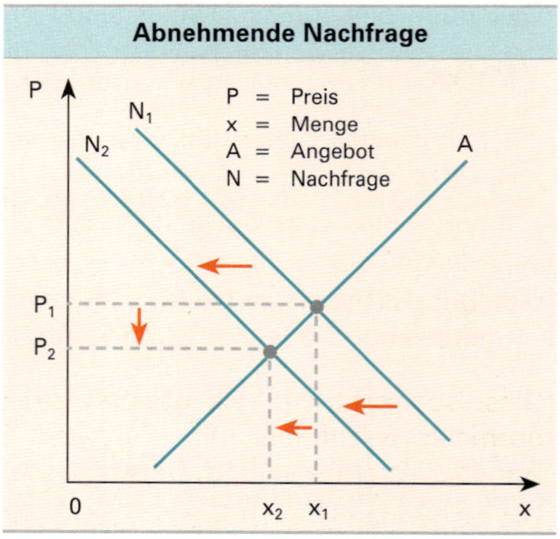

Merke:

Im Normalfall gelten auf vollkommenen polypolistischen Märkten folgende **„Preisgesetze"**:

- Bei gleichbleibendem Güterangebot führt die **Zunahme** der Nachfrage zu **steigenden** Preisen.
- Bei gleichbleibendem Güterangebot führt die **Abnahme** der Nachfrage zu **fallenden** Preisen.

Desgleichen kann der Fall eintreten, dass das **Angebot** bei einem bestimmten Preis und bei gleichbleibender Nachfrage zu- oder abnimmt. So geht z. B. das Angebot landwirtschaftlicher Produkte bei Missernten zurück, während es bei Rekordernten zunimmt.

Die Zunahme des Angebots wirkt sich in einer Verschiebung der Angebotskurve nach „rechts" aus, eine Abnahme des Angebots in einer Verschiebung der Angebotskurve nach „links".

Zunehmendes Angebot

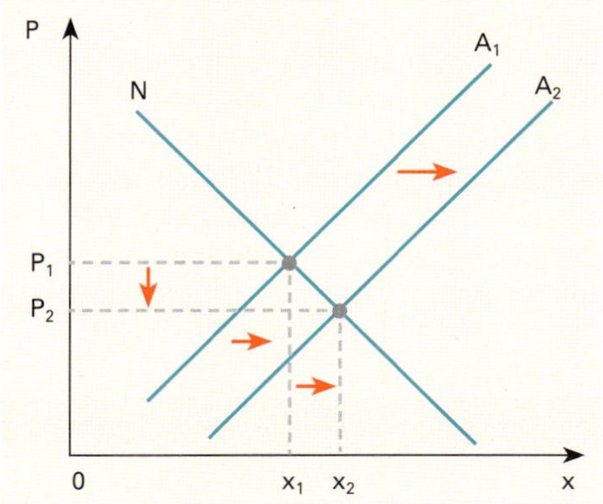

Abnehmendes Angebot

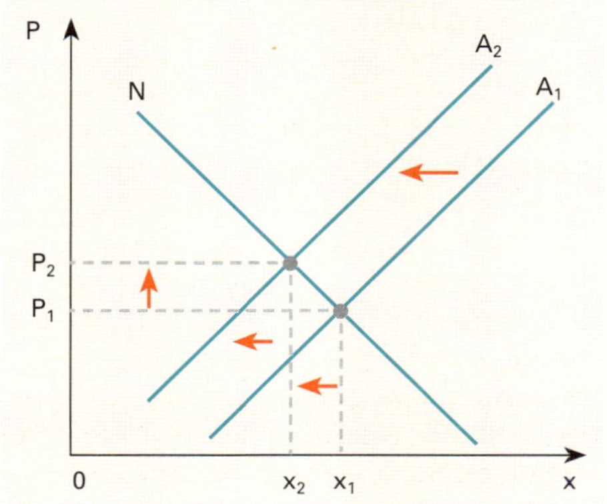

(3) Zunehmendes Angebot

Nimmt das Angebot zu, besteht zum Ausgangszeitpunkt eine **Nachfragelücke** (ein **Angebotsüberhang**). Die Lücke wird dadurch geschlossen, dass jetzt auch diejenigen Nachfrager zum Zuge kommen, die den bisherigen höheren Marktpreis nicht bezahlen wollten oder konnten. Der neue Gleichgewichtspreis liegt **unter** dem bisherigen.

(4) Abnehmendes Angebot

In diesem Fall ergibt sich eine **Angebotslücke** (nach **Nachfrageüberhang**); der neue Gleichgewichtspreis liegt **über** dem bisherigen.

Merke:

Im Normalfall gelten bei vollkommen polypolistischer Konkurrenz folgende **„Preisgesetze"**:

- Bei gleichbleibender Nachfrage führt die **Zunahme** des Angebots zu **sinkenden** Preisen.
- Bei gleichbleibender Nachfrage führt die **Abnahme** des Angebots zu **steigenden** Preisen.

Diese sogenannten **Preisgesetze** werden jedoch nur dann wirksam, wenn man von einer normalen Nachfragekurve (also vom Gesetz der Nachfrage) und von einer normalen Angebotskurve (also vom Gesetz des Angebots) ausgeht (siehe S. 12 und S. 58).

Die bisherigen Überlegungen zeigen, dass in einer freien Marktwirtschaft Preis, Angebot und Nachfrage die *Märkte* selbsttätig (automatisch) *steuern.* Was für die Güterpreise gilt, trifft im Modell auch auf die übrigen Märkte zu. So wird der Arbeitsmarkt über die Löhne (= Preise für die Arbeitskraft) reguliert. Ist das Arbeitsangebot hoch und die Arbeitsnachfrage niedrig, wird eben der Lohn so lange sinken, bis der „Markt geräumt" ist. Gleichermaßen werden die Kreditmärkte mithilfe des Zinsmechanismus gesteuert. Ist das Kreditangebot niedrig, die Kreditnachfrage hoch, wird der Zins so lange steigen, bis auch hier die Kreditnachfrage dem Kreditangebot entspricht. Somit erübrigen sich beim Modell der freien Marktwirtschaft jegliche staatliche Eingriffe in das Marktgeschehen.

15.2 Preisbildung beim unvollkommenen Polypol

15.2.1 Preisbildung bei verzögerter Angebotsreaktion

Der sogenannte **„Preismechanismus"** kann nur funktionieren, wenn alle Bedingungen des vollkommenen Marktes gegeben sind. Wenn diese Modellvoraussetzungen (Prämissen) nicht **ausnahmslos** gegeben sind, spricht man von einem **unvollkommenen (heterogenen) Polypol**[1]. Wird z. B. die Bedingung der *„unendlich schnellen Reaktionsfähigkeit der Marktteilnehmer"* aufgehoben, so nähert sich das Preisbildungsmodell etwas mehr der Realität,[2] denn in diesem Fall führen die Anpassungsprozesse vom anfänglichen durch Nachfrage- und/oder Angebotsverschiebungen entstandenen **Ungleichgewicht** nur unter bestimmten Bedingungen zum **Gleichgewicht.** Der Grund: In Wirklichkeit können in der Regel z. B. die Anbieter nicht sofort auf Nachfrageänderungen reagieren. Dies ist vor allem dann der Fall, wenn für die Bereitstellung der nachgefragten Güter längere Produktionszeiten und/oder Kapazitätsausweitungen erforderlich sind.

Beispiel:

Die Situation auf einem Schweinemarkt sei in einem bestimmten Jahr so, dass bei einem Angebot von 50 000 kg die gesamte Produktion zu einem Preis von 10 GE je kg aufgenommen wird (P_0 in der Abbildung auf S. 61). Aufgrund von Lohnerhöhungen steige die Nachfrage, was sich geometrisch in einer Verschiebung der Nachfragekurve ausdrückt (N_2). Bei vollkommener Konkurrenz müsste der Preis *sofort* auf 12,50 GE steigen. Da aber die Produzenten unverzüglich kaum mehr Fleisch als bisher auf den Markt bringen können, weil die Aufzucht von Schweinen etwa ein halbes Jahr in Anspruch nimmt, ist das Angebot zunächst praktisch vollkommen unelastisch. Der Preis erhöht sich nicht auf 12,50 GE, sondern auf 15 GE (P_1). Dieser hohe Preis regt nun auch Produzenten an, die bisher nicht angeboten haben **(latente[3] Anbieter),** Schweine aufzuziehen. Auch die übrigen Anbieter werden zu Neuinvestitionen schreiten, d. h. mehr Jungferkel kaufen, Ställe erweitern oder neu bauen, in der Erwartung, dass der Preis in Höhe von 15 GE erhalten bleibt. Sobald nach einem halben Jahr die Mehrproduktion auf den Markt kommt (in unserem Beispiel 20 000 kg), wird der Preis auf 11,25 GE sinken müssen, wenn die Gesamtproduktion von 70 000 kg gekauft werden soll. Die Grenzproduzenten werden bei diesem Preis aus dem Markt scheiden, weil ihre verhältnismäßig hohen Kosten nicht mehr gedeckt werden. Auch die übrigen Anbieter werden ihre nunmehr unrentable Produktion drosseln, bis lediglich ein Gesamtangebot von 55 000 kg auf dem Markt erscheint. Bei der gegebenen Nachfragestruktur wird diese Menge von den Käufern zu einem Preis von 13,75 GE (P_3) gekauft, was wiederum zu einer Angebotserhöhung führt. Der Prozess setzt sich so lange fort, bis nach theoretisch unendlich vielen, praktisch wenigen Perioden der Gleichgewichtspreis von 12,50 GE erreicht ist.

Das **Spinnwebtheorem**[4] wurde erstmals von *Hanau* nachgewiesen, der die Preisbewegungen auf den Schweinemärkten vor 1914 statistisch untersuchte („Schweinezyklus").[5] Wie sich die Zyklen entwickeln, hängt vom Verhältnis der Steigungen der Angebotskurven und Nachfragekurven zueinander ab (vgl. Abbildungen auf S. 61). Es ist durchaus möglich, dass ein Gleichgewichtspreis überhaupt nicht erreicht wird und die Preisschwankungen immer größer werden (**divergierendes**[6] oder **explodierendes**[7] Modell) oder fortlau-

1 **Heterogen** (griech.) = zusammengesetzt, unterschiedlich.
Weil immer wieder Verwechslungen auftreten, sei darauf hingewiesen, dass ein *vollständiger Markt* dann vorliegt, wenn sich theoretisch unendlich viel Anbieter und Nachfrager gegenüberstehen. Der *vollständige Markt* (das *Polypol*) kann *vollkommen (homogen)* oder *unvollkommen (heterogen)* sein.

2 **Realität** (lat.) = Wirklichkeit; real = wirklich vorhanden.

3 **Latent** (lat.) = versteckt, verborgen. (Der Möglichkeit nach vorhanden, aber nicht unbedingt hervortretend.)

4 **Theorem** (griech., lat. = Lehrsatz, kleine in sich geschlossene Theorie.

5 **Zyklus** (griech., lat.) = in bestimmten Zeitabständen immer wiederkehrende Erscheinung.

6 **Divergieren** (lat.) = auseinanderstreben, auseinandergehen.

7 **Explodieren** (lat.) = durch heftigen Druck auseinanderfliegen, platzen, bersten. Gegensatz: Implodieren (lat.) = (durch äußeren Druck) zusammenfallen.

fend um den Gleichgewichtspreis schwanken (**indifferentes**[1] oder **oszillierendes**[2] Modell). Dazu ist noch zu bemerken, dass sich das explodierende Modell auch in der Wirklichkeit antreffen lässt (vgl. Abbildung auf S. 62). Der Preisbildungsprozess kann sich jedoch nicht unendlich lange fortsetzen, weil negative Werte praktisch undenkbar sind.

Grafische Darstellung des Spinnwebtheorems (konvergierendes[3] Modell)

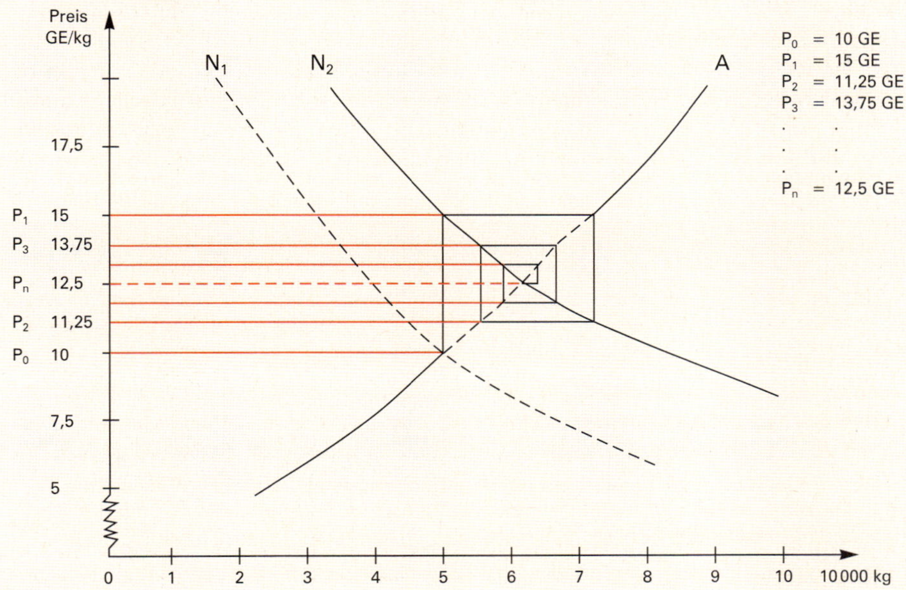

Konvergierendes (gedämpftes) Modell. Die Steigung der Angebotskurve (Winkel α) ist größer als die Steigung der Nachfragekurve (Winkel β).

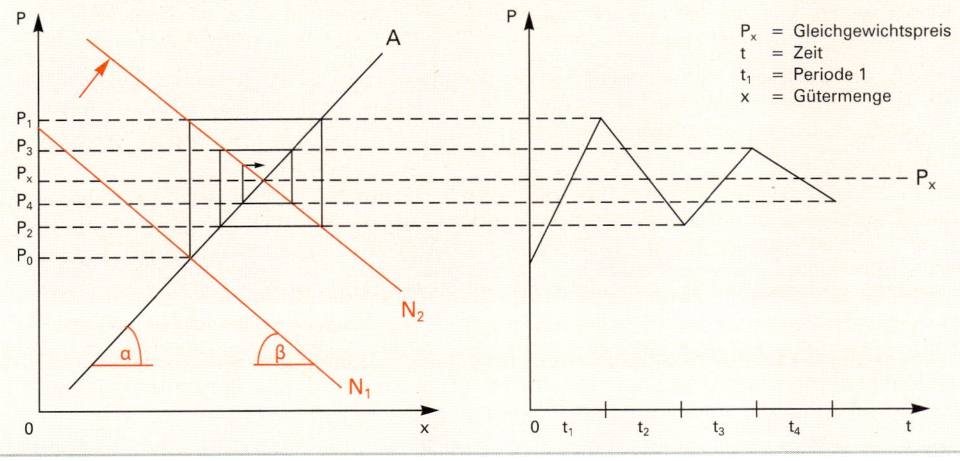

1 **Indifferent** (lat.) = unentschieden, schwankend.
2 **Oszillierend** (lat.) = schwankend, schwingen, schwanken.
3 **Konvergieren** (lat.) = zueinander streben, aufeinander zugehen.

Divergierendes (explosives) Modell. Die Steigung der Angebotskurve (Winkel α) ist kleiner als die Steigung der Nachfragekurve (Winkel β).

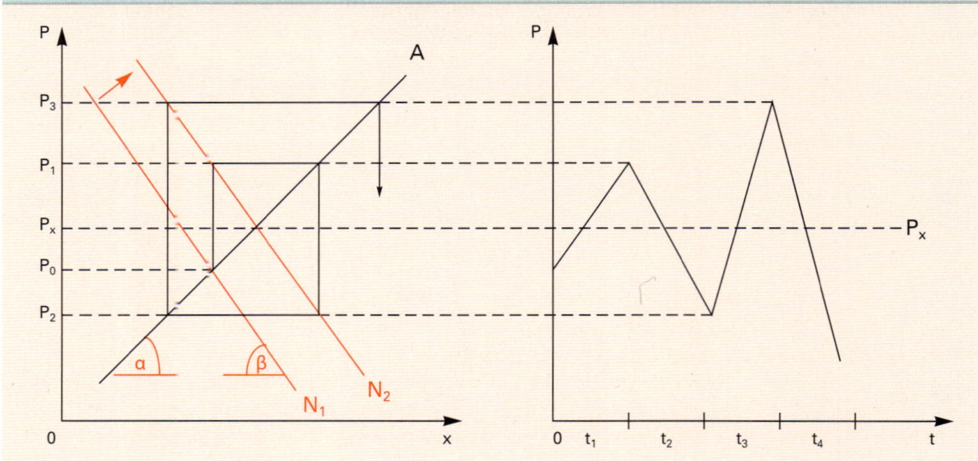

Das explosive Modell ist ein Beispiel für ein sogenanntes **Marktversagen.**[1]

Indifferentes (oszillierendes) Modell. Die Steigung der Angebotskurve (Winkel α) entspricht der Steigung der Nachfragekurve (Winkel β).

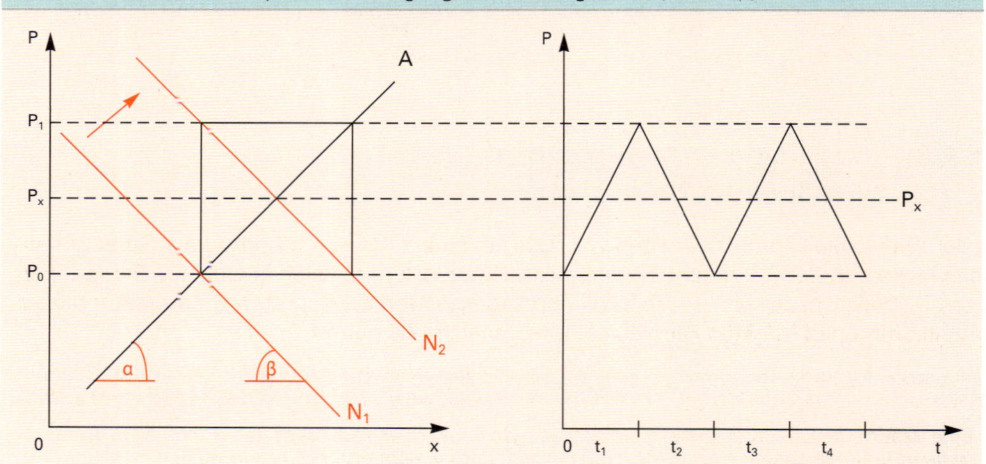

Außer dem Schweinezyklus hat man weitere Zyklen festgestellt, so z. B. einen Kaffee-, einen Wohnungsbau- und einen Schiffsbauzyklus. Ein weiteres Beispiel ist der Kartoffelzyklus in der Bundesrepublik Deutschland, der zudem ein Beispiel für ein explosives Modell darstellt.

1 Näheres zum Thema Marktversagen siehe Kapitel 15.3.

Der Preiszyklus bei Kartoffeln[1]

(Erzeugerpreis, DM/100 kg, frei Waggon, Handelsklassen I und II im Durchschnitt der Sortengruppen 2 und 3)

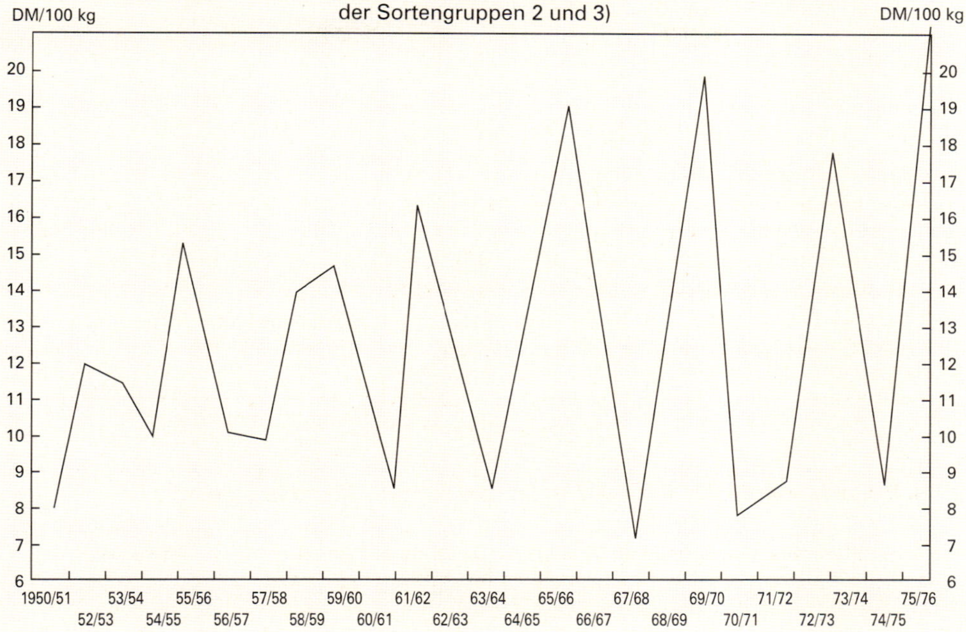

15.2.2 Preisbildung bei heterogenen Gütern und fehlender Markttransparenz

In der Wirklichkeit kommt es selten vor, dass auf einem Markt nur homogene Güter gehandelt werden. In der Regel gibt es zahlreiche Gütersorten, die sich in Qualität, Farben, Formen, Technik, Geschmack, Haltbarkeit und anderen Merkmalen unterscheiden. Auf diesen unvollkommenen Märkten kann es keinen Einheitspreis geben.

Beispiele:

Eine bestimmte Brotsorte kostet in verschiedenen Bäckereien nicht dasselbe; für eine bestimmte Weinsorte muss man in Geschäften und Lokalen unterschiedliche Preise bezahlen.

Die fast unüberschaubare Zahl eng verwandter Güter führt dazu, dass der Markt für die Nachfrager nur in Ausnahmefällen „vollkommen transparent" ist. Diese Tatsache allein erlaubt es den Anbietern bereits, ihre Preise innerhalb einer bestimmten Spanne festzusetzen, ohne bei Preiserhöhungen sofort alle Kunden an die Konkurrenz zu verlieren oder bei Preissenkungen alle Kunden gewinnen zu können. Deswegen ergibt sich bei zeichnerischer Darstellung des Angebots keine „Angebotskurve", sondern ein **„Angebotsband"**.[2]

1 Quelle: Badische Zeitung vom 1. Februar 1976, S. 4.

2 Vgl. Dahl, D.: Volkswirtschaftslehre, 2. Aufl. 1975, S. 179.

Dieses drückt aus, dass unter den Bedingungen der unvollkommenen polypolistischen Konkurrenz ein Anbieter in der Lage ist, eine bestimmte Gütermenge innerhalb bestimmter Grenzen zu unterschiedlichen Preisen anzubieten.

Umgekehrt besitzen auch die Nachfrager keine eindeutige Preisvorstellung. Die **Nachfrage** stellt sich ebenfalls als ein **„Band"** dar.

Beispiel:

Will eine Mutter ihrem Kind einen Pullover kaufen, hat sie die Vorstellung, dass sie „etwa" 40,00 € bis 50,00 € ausgeben möchte.

Die Abbildung zeigt, dass es bei unvollkommener Konkurrenz (auch wenn sie vollständig, d.h. polypolistisch ist) *keinen* einheitlichen Preis geben kann. Es gibt lediglich eine Preisunter- und eine Preisobergrenze. Je heterogener (z.B. je undurchschaubarer) ein Markt ist, desto größer ist der mögliche Preisspielraum. Es lassen sich lediglich Durchschnittspreise für ein bestimmtes Gut errechnen.

Auf unvollkommenen Märkten gibt es keinen Einheitspreis[1]

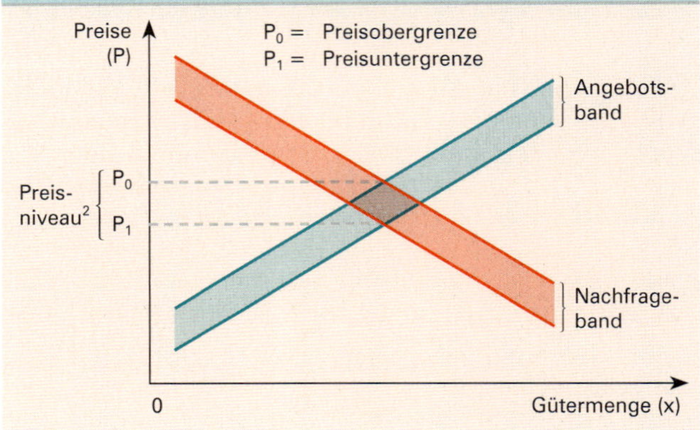

Die Darstellung der Preisbildung beim heterogenen Polypol mithilfe der Nachfrage- und Angebotsbänder ist ebenso ein Modell wie die Veranschaulichung der Preisbildung beim vollkommenen Polypol mit gekrümmten oder linearen (geraden) Nachfrage- und Angebotskurven. Dennoch ist das Modell von hohem anschaulichen Wert, weil es verständlich macht, dass die Preisgesetze tendenziell[3] auch bei heterogenen Gütern und fehlender Markttransparenz gelten.

Es erhebt sich die Frage, ob auf unvollkommenen polypolistischen Märkten die „Preisgesetze" außer Kraft gesetzt sind. Soweit normales Angebots- und Nachfrageverhalten der Marktteilnehmer vorausgesetzt werden kann, gelten auch hier die Preisgesetze, allerdings nicht in Form einer Entwicklung zum Gleichgewichtspreis, sondern lediglich in einer Tendenz zu einem Durchschnittspreisniveau für ein bestimmtes Gut.

1 Abbildung nach Dahl, D., a.a.O., S. 179.

2 **Niveau** (lat., franz.) = Höhenstufe.

3 **Tendenz** (lat.) = Entwicklungsrichtung. Tendenziell = der Entwicklungsrichtung entsprechend.

In der nebenstehenden Abbildung ist angenommen, dass sich das Angebot erhöht hat. Aufgrund dieser Tatsache entsteht bei dem zunächst noch hohen Preisniveau eine **Nachfragelücke.**[1] Im Zeitablauf merken die Anbieter, dass sie auf einem Teil ihrer Waren „sitzen bleiben". Verringern sie die bisher angebotene Gütermenge nicht, müssen sie die Preise senken, wenn sie ihre Lager räumen wollen.

Der Preisdruck bei Nachfragelücken

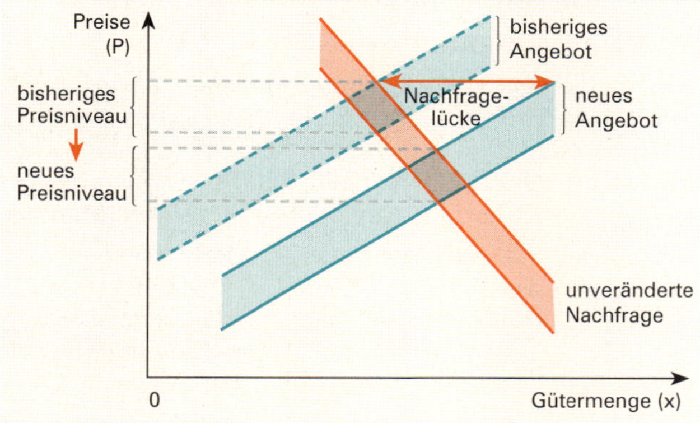

Merke:

Bei gegebener **Nachfragelücke** besteht auch auf unvollkommenen polypolistischen Märkten eine Tendenz zu **Preissenkungen.**

In der nebenstehenden Abbildung ist unterstellt, dass sich die Nachfrage erhöht hat. Es entsteht bei dem zunächst noch niedrigen Preisniveau eine **Angebotslücke.**[2] Im Zeitablauf merken die Anbieter, dass ihre Lagerbestände abnehmen und/oder dass sie mit ihren Lieferungen nicht mehr nachkommen. Die Ware wird ihnen sozusagen „aus den Händen gerissen". Sie werden folglich ihre Preise erhöhen.

Der Preisauftrieb bei Angebotslücken

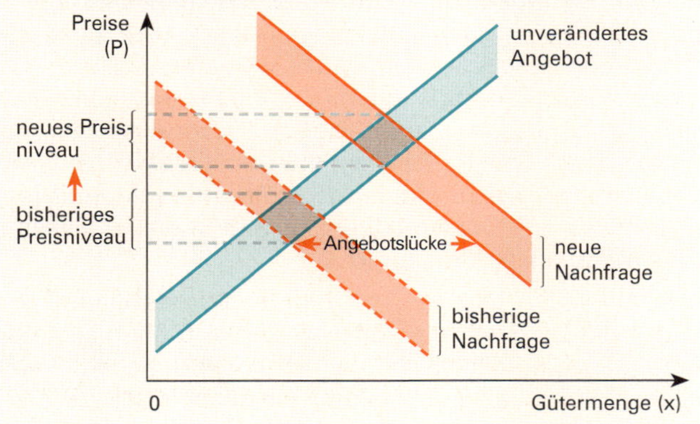

Merke:

Bei gegebener **Angebotslücke** besteht auch auf unvollkommenen polypolistischen Märkten eine Tendenz zu **Preissteigerungen.**

---

1 Beim geltenden Preis ist die Nachfrage zu gering bzw. das Angebot zu groß. Daher spricht man von einer „Nachfragelücke" oder von einem **„Angebotsüberhang"**.

2 Beim geltenden Preis ist die Nachfrage zu groß bzw. das Angebot zu gering. Daher spricht man von einer „Angebotslücke" oder von einem **„Nachfrageüberhang"**.

5 Hartmann - ISBN 978-3-8120-0490-9

15.3 Staatliche Markteingriffe

15.3.1 Notwendigkeit staatlicher Markteingriffe bei Marktversagen

(1) Begriff Marktversagen

In den folgenden Kapiteln wird beispielhaft gezeigt, auf welche Weise der Staat in die Wettbewerbsmärkte eingreift bzw. eingreifen kann. Die staatliche Marktsteuerung wird i.d.R. damit begründet, dass sich selbst überlassene Märkte („freie Märkte") häufig nicht in der Lage seien, die wirtschaftspolitisch angestrebten Ziele zu erreichen und möglicherweise auch zu unerwünschten Nebeneffekten[1] führen **(Marktversagen).**

Die Feststellung, ob im Einzelfall ein Marktversagen vorliegt, hängt somit weitgehend davon ab, von welchem Wirtschafts- und Sozialsystem der einzelne Beurteiler ausgeht. So werden die Anhänger einer *freien* Marktwirtschaft erheblich seltener von Marktversagen sprechen als die Vertreter einer *sozialen* Marktwirtschaft, schon allein deshalb, weil eine *soziale* Marktwirtschaft neben rein wirtschaftlichen auch zahlreiche weitere, die Gesellschaft betreffende Ziele, verfolgt. Zu diesen gesellschaftspolitischen Zielen gehören z.B. die Bereitstellung angemessenen und für die Bürger bezahlbaren Wohnraums (z.B. durch sozialen Wohnungsbau, Einführung einer gesetzlichen Mietpreisbremse), Sicherung kostendeckender Preise für die einheimische Landwirtschaft, Arbeitsplatzsicherung (z.B. Kündigungsschutz), Einführung von Mindestlöhnen, Förderung alternativer Energien (z.B. Solarenergie, Windenergie) und Monopolkontrolle.

(2) Ursachen von Marktversagen

Im Modell des vollkommenen und vollständigen Wettbewerbs (beim vollkommenen Polypol) verfügen die Marktteilnehmer über eine lückenlose Information bezüglich der gütemäßigen (qualitativen) Eigenschaften des gehandelten Produkts (vollkommene Markttransparenz). In der Wirklichkeit haben die Marktteilnehmer jedoch häufig nur sehr unvollständige Informationen über die Produktqualitäten und -preise. Diese Informationsdefizite[2] führen dazu, dass Produkte überteuert sein können oder eine schlechte, häufig die Gesundheit gefährdende Qualität aufweisen (siehe z.B. belastete und verdorbene Lebensmittel, Krebs erregende Stoffe in Baumaterialien, in Bekleidung und Gebrauchsgegenständen). Das Marktversagen ist in diesen Fällen auf sogenannte **asymmetrische[3] Informationen** zurückzuführen.

Marktversagen gibt es auch bei der **Bereitstellung von öffentlichen Gütern.** Das sind Güter, die der Staat allen Bürgern zur Verfügung stellt, gleichgültig, ob diese die Nutzung unmittelbar, mittelbar oder gar nicht bezahlt haben. Beispiele sind staatliche Schulen, Museen, Straßenbeleuchtung und innere und äußere Sicherheit. Man könnte einwenden, dass es sich hier nicht zwangsläufig um öffentliche Güter handelt. Die genannten Produkte könnten auch von privaten Unternehmen angeboten werden. Sicherlich ist das richtig. Aber: Viele Bürger wären nicht bereit oder überhaupt nicht in der Lage, die kostendeckenden Preise auf einem freien Markt zu zahlen, z.B. um ihre Kinder in die Schulen zu schicken oder den hohen Preis für Museumsbesuch zu entrichten. Möglicherweise gäbe es auch keine Straßenbeleuchtung. Damit also öffentliche Güter bereitgestellt und bezahlt werden können, muss der Staat Steuern erheben.

Vom Marktversagen wird auch gesprochen, wenn nicht alle Kosten, die bei der Leistungserstellung entstehen, vom Verursacher getragen werden. Es entstehen sogenannte **externe Effekte**,[4] die von der Allgemeinheit getragen werden müssen. Beispiel: Die Luft-

1 **Effekt** (lat.) = Wirkung, Folge.

2 **Defizit** (lat., franz.) = Mangel, Fehlbetrag.

3 **Asymmetrisch** (griech., lat.) = nicht spiegelbildlich, ungleich. Information (lat.) = Kenntnisstand.

4 **Externer Effekt** (lat.) = Außenwirkung, Nebenwirkung.

belastung in den Städten durch Kraftfahrzeuge aller Art führt zu Erkrankungen bei der Bevölkerung. Die Allgemeinheit muss die steigenden „Gesundheitskosten" und damit steigende Krankenkassenbeiträge bezahlen.

Ein weiteres Beispiel für Marktversagen sind die **Wettbewerbsbeschränkungen** durch Monopole und Oligopole, weil unter sonst gleichen Bedingungen bei höheren Preisen weniger umgesetzt wird als bei vollständiger Konkurrenz. (Näheres siehe Kapitel 15.4 und Kapitel 15.5.)

15.3.2 Marktkonforme Staatseingriffe

Merke:

Staatseingriffe, die den Preismechanismus nicht außer Kraft setzen, bezeichnet man als **marktkonform (systemkonform).**[1]

Marktkonforme Eingriffe liegen somit vor, wenn der Staat die Nachfrage und/oder das Angebot erhöht oder senkt, die Preisbildung aber dem Markt überlässt. Man spricht daher auch von **indirekter Preislenkung** oder **indirekter Preisadministration.**[2]

(1) Erhöhung der Nachfrage

Der Staat kann selbst als Nachfrager auftreten, wenn er z. B. eine unterbeschäftigte Wirtschaft aus der Depression[3] herausführen möchte. Zahlreiche Möglichkeiten sind gegeben: Erteilung zusätzlicher Forschungsaufträge, Aufträge an die Bauwirtschaft (Bau von Straßen, Krankenhäusern, Schulen, Kindergärten, Ausgaben für Kanalisation, für militärische Zwecke usw.) oder auch zusätzliche Einstellungen von Personal. Die Wirkung wird sein, dass die Beschäftigung zunimmt. Die Gefahr von Preis- und Lohnsteigerungen besteht (siehe Abbildung).

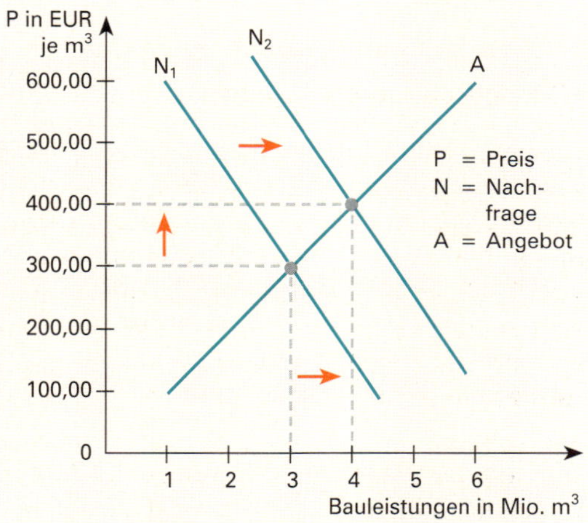

Der Staat erhöht die Nachfrage nach Bauleistungen um 1 Mio. m^3 umbauten Raums. Bei normalem Angebot und gleichbleibendem technischem Stand steigen Beschäftigung und Preise.

Wenn der Staat die Nachfrage erhöhen will, selbst aber nicht als Nachfrager auftreten möchte (z. B. weil er bestimmte Wirtschaftsgüter gar nicht braucht), kann er die möglichen Nachfrager subventionieren.[4] Auch hier gibt es in der Bundesrepublik Deutschland zahlreiche Beispiele: Wohngeld (Erhöhung der Nachfrage nach Neubauwohnungen), Zinssubventionen für Bauherren und Landwirte, Steuerermäßigungen (Abschreibungsmöglichkeiten für Unternehmer), Barsubventionen an Not leidende Unternehmen (Kohlebergbau, Werften), Förderung der Klein- und Mittelbetriebe (Mittelstandsförderung).

1 **Konform** sein (lat.) = in Einklang stehen mit etwas; marktkonforme Maßnahmen sind also solche, die mit der Idee der Marktwirtschaft in Einklang stehen.

2 **Administrieren** (lat.) = verwalten, anordnen, befehlen; administrative Preise sind folglich solche, die von den (staatlichen) Verwaltungen indirekt oder direkt beeinflusst werden.

3 **Depression** (lat.) = wörtl. Niedergeschlagenheit; hier: eine Wirtschaft, die unterbeschäftigt ist, z. B. Arbeitslosigkeit aufweist.

4 **Subvention** (lat.) = Zuschuss (von staatlichen Geldern).

(2) Senkung der Nachfrage

Will der Staat die Nachfrage (und damit die Preisentwicklung) dämpfen, kann er die Staatsnachfrage einschränken, indem er geplante Staatsaufträge streicht oder aufschiebt. Auch **Steuererhöhungen** wirken in die gleiche Richtung, weil in der Regel weniger gekauft wird, wenn die Nettoeinkommen sinken.

Weitere Möglichkeiten zur Verringerung der Nachfrage sind die Streichung von Subventionen und von Abschreibungsvergünstigungen.

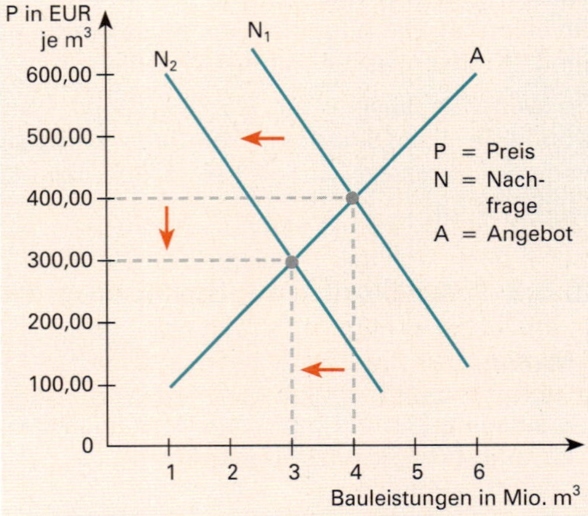

Der Staat verringert seine Nachfrage nach Bauleistungen um 1 Mio. m³ umbauten Raums. Bei normalem Angebot gehen Preise und Beschäftigung zurück.

(3) Erhöhung des Angebots

In seltenen Fällen hat der Staat die Möglichkeit, das Angebot unmittelbar zu erhöhen, dann nämlich, wenn er selbst Eigentümer wirtschaftlicher Betriebe ist. Hierher gehören z.B. erhöhte Leistungen öffentlicher Verkehrsbetriebe, staatlicher Forschungsanstalten oder städtischer Wohnungsbaugesellschaften. Der indirekten Einflussnahme auf das Angebot kommt jedoch größere Bedeutung zu. Beispiele sind: **Zollsenkungen,** um das Angebot ausländischer Waren auf dem Inlandsmarkt zu erhöhen, oder **Subventionen** an die Produzenten (z.B. an die Landwirte), damit diese in die Lage versetzt werden, Kostensteigerungen aufzufangen, d.h. zum gleichen Preis *mehr* anzubieten. Bei Kuppelprodukten[1] nimmt das Angebot aller Produkte zu, wenn auch nur eines subventioniert wird (z.B. die Milcherzeugung wird subventioniert, das Angebot von Milch, Rindfleisch und Rohleder erhöht sich).

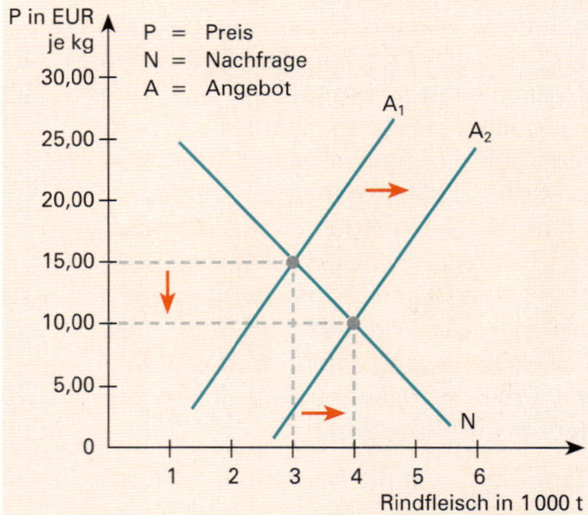

Das Angebot an Rindfleisch nimmt um 1000 Tonnen zu, weil die Landwirte Milchsubventionen erhalten. Die Versorgung der Bevölkerung nimmt bei sinkenden Preisen zu.

1 **Kuppelprodukte** sind Erzeugnisse, deren Herstellung an die Erzeugung weiterer Güter „gekoppelt" ist, z.B. Koks, Gas und Teer.

(4) Senkung des Angebots

Die Verringerung des staatlichen Angebots an Sachgütern und Dienstleistungen ist nur bei Staatsbetrieben möglich (z. B. Schließung von staatlichen Krankenhäusern, Beratungsstellen und Forschungsanstalten). Mittelbare Maßnahmen sind häufiger. Beispiele sind: **Zollerhöhungen,** um das Güterangebot im Inland zu verringern, **Streichung von Subventionen** an Produzenten oder **Erhöhung von Kostensteuern** (z. B. Verbrauchsteuern).

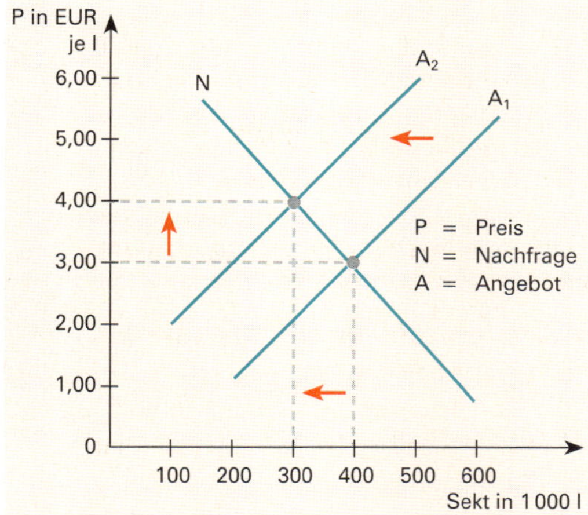

Der Staat erhöht die Sektsteuer um 1,00 EUR. Der Absatz nimmt bei steigenden Preisen ab.

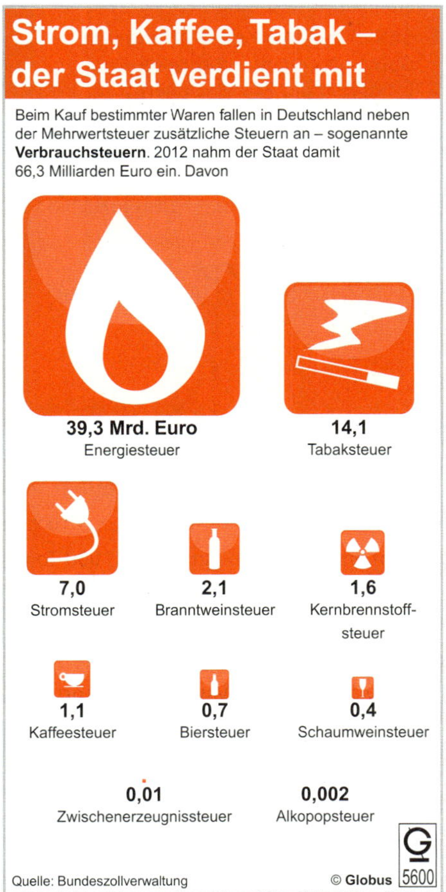

In Deutschland fallen beim Kauf oder Gebrauch von bestimmten Waren sogenannte Verbrauchsteuern an. Sie werden dann zusätzlich zur Mehrwert- bzw. Umsatzsteuer auf den Verkaufspreis geschlagen. Meist handelt es sich bei den betroffenen Produkten um Güter, die in der Vergangenheit einmal als Luxus galten. Insgesamt nahm die Bundesrepublik nach Angaben des Bundesfinanzministeriums im vergangenen Jahr 66,3 Milliarden Euro Verbrauchsteuern ein, rund 500 Millionen Euro weniger als 2011. Der größte Teil kommt mit rund 39 Milliarden Euro aus der Energiesteuer (früher Mineralölsteuer), die auf Mineralöl, Kohle und Koks erhoben wird. Zweitgrößter Posten war 2012 die Tabaksteuer mit 14,1 Milliarden Euro Steueraufkommen, gefolgt von der Stromsteuer mit sieben Milliarden Euro. Eingetrieben werden die Verbrauchsteuern vom Zoll. Ausgenommen von der Verbrauchsteuer sind lediglich Büsingen am Hochrhein und die Hochseeinsel Helgoland.

Überblick über mögliche marktkonforme Maßnahmen des Staates	
■ **Erhöhung der Nachfrage** 1. Erhöhung der Staatsnachfrage; 2. Steuersenkung (Wirtschaftssubjekte können mehr ausgeben); 3. Verbesserungen der Abschreibungsmöglichkeiten (Unternehmen werden angeregt, mehr Investitionsgüter nachzufragen); 4. Subventionen an Verbraucher (z. B. Wohngeld, Kindergeld). *Ziel:* Verbesserung der Beschäftigungslage (Abbau der Arbeitslosigkeit). *Gefahr:* Preissteigerungen (Inflation).	■ **Verringerung der Nachfrage** 1. Verringerung der Staatsnachfrage; 2. Steuererhöhungen (Wirtschaftssubjekte können weniger ausgeben); 3. Abbau der Abschreibungsvergünstigungen (die Investitionsgüternachfrage wird gebremst); 4. Streichung und/oder Kürzung von Subventionen an Verbraucher. *Ziel:* Dämpfung der Preissteigerungsraten (Inflationsbekämpfung). *Gefahr:* Unterbeschäftigung (Arbeitslosigkeit).
■ **Erhöhung des Angebots** 1. Erhöhung des Angebots der staatlichen Betriebe; 2. Subventionen an Produzenten; 3. Zollabbau (Erhöhung des Angebots von ausländischen Waren) *Ziel:* Dämpfung der Preissteigerungsraten (Inflationsbekämpfung). *Gefahr:* Überproduktion, falls Preissenkungen ausbleiben.	■ **Verringerung des Angebots** 1. Verringerung des Angebots der staatlichen Betriebe; 2. Streichung und/oder Kürzung von Subventionen an Produzenten; Erhöhung der Kostensteuern; 3. Zollerhöhungen (Verringerung des Angebots von ausländischen Waren). *Ziel:* Verhinderung der Überproduktion. *Gefahr:* Preissteigerungen und Unterbeschäftigung (Arbeitslosigkeit).

15.3.3 Marktkonträre Staatseingriffe

Der Preismechanismus wird dann außer Kraft gesetzt, wenn der Staat entweder die Produktions- bzw. Verbrauchsmengen durch Gesetz festlegt oder den Preis unmittelbar vorschreibt. Derartige Eingriffe *widersprechen* dem Wesen einer Marktwirtschaft.

Merke:

Staatseingriffe, die den Preismechanimus außer Kraft setzen, bezeichnet man als **marktkonträr[1] (systeminkonform).**

Marktkonträre Maßnahmen heißen auch **direkte Marktlenkung.** Werden die Produktionsmengen staatlich vorgeschrieben, spricht man von **Kontingentierung.**[2] Werden die Preise staatlich festgelegt, liegt eine **direkte Preislenkung** vor.

1 **Konträr** (lat.) = entgegengesetzt.

2 **Kontingent** (lat., franz.) = Zuteilungsmenge, Zuteilung, Anteil.

(1) Festsetzung von Produktionsmengen

Die staatliche Festsetzung von Produktionsmengen kann den Zweck haben, die Mindestversorgung der Bevölkerung zu sichern. Hierbei geht es der Regierung darum, die bisherigen Produktionsmengen möglichst zu erhalten oder zu *erhöhen.* Die Produzenten werden unter Strafandrohung gezwungen, ihre Produktionsmengen den entsprechenden staatlichen Behörden zu melden und an diese bzw. an die gesetzlich vorgeschriebenen Stellen abzuliefern.

Die staatliche Mengenpolitik kann auch zum Ziel haben, die Produktionsmengen zu *verringern.* Der Zweck ist, das Preisniveau zu erhöhen. Es sollen die Produzenten vor Überproduktion und damit vor einem Preisverfall geschützt werden.

(2) Festsetzung von Verbrauchsmengen

Setzt der Staat die Verbrauchsmengen fest, will er eine gleichmäßige Versorgung der Wiederverwender und/oder der Letztverbraucher sichern. Die Festsetzung von Verbrauchsmengen ist – wie die Festsetzung von Produktionsmengen auch – vor allem in Kriegswirtschaften und/oder Zentralverwaltungswirtschaften zu finden.

(3) Staatliche Preisfestsetzung

Die vom Staat vorgeschriebenen Preise können *Höchstpreise, Festpreise* oder *Mindestpreise* sein.

Höchstpreise	Höchstpreise liegen *unter* dem Preis, der sich bei freier Preisentwicklung ergeben würde. Sie dienen demnach dem Schutz des *Verbrauchers* (Beispiel: Höchstmieten im sozialen Wohnungsbau). Ist der Höchstpreis so niedrig, dass ein Teil der Produzenten nicht mehr kostendeckend anbieten kann, ist die Wirtschaft *unterversorgt.* Die Folge: Es entstehen „schwarze Märkte", auf denen die knappen Waren zu überhöhten Preisen gehandelt werden.
Mindestpreise	Mindestpreise liegen *über* dem Preis, der sich bei freier Preisentwicklung ergeben würde. Sie dienen demnach dem Schutz des *Produzenten.* Durch den Mindestpreis werden die Produzenten zur Mehrproduktion angeregt, die die Verbraucher aufgrund des hohen Preises nicht restlos aufnehmen wollen oder können. Der Mindestpreis ist nur haltbar, wenn der Staat die Überschussproduktion aufkauft. Mindestpreise werden daher auch als **Interventionspreise** bezeichnet. **Beispiel:** Zum Schutz der Landwirtschaft werden in der Europäischen Union[1] (EU) für Getreide Mindestpreise festgelegt. Liegt der Marktpreis unter dem Mindestpreis, muss die EU die Überproduktion aufkaufen, um die Preise zu stützen.
Festpreise	Festpreise können *über* oder *unter* dem Preis liegen, der sich bei freier Preisentwicklung ergeben würde. Liegt der Festpreis über dem Gleichgewichtspreis, wirkt er wie ein Mindestpreis; liegt er darunter, wirkt er wie ein Höchstpreis.

1 Mitgliedsländer sind Belgien, Bulgarien, Bundesrepublik Deutschland, Dänemark, Estland, Finnland, Frankreich, Griechenland, Großbritannien, Irland, Italien, Kroatien, Lettland, Litauen, Luxemburg, Malta, Niederlande, Österreich, Polen, Portugal, Rumänien, Schweden, Slowakei, Slowenien, Spanien, Tschechien, Ungarn und Zypern.

Beispiel für einen Höchstpreis:

Angenommen, die Regierung eines Landes führt einen Höchstpreis für Brot ein, um die Verbraucher vor den Folgen einer Inflation[1] zu schützen. Der Höchstpreis beträgt 2,00 GE je kg Brot. Aus der Abbildung lässt sich ablesen, dass beim Höchstpreis 5 Mio. Brote je Periode nachgefragt, wegen des niedrigen Preises aber nur 3 Mio. Brote angeboten werden. Es besteht eine **„Angebotslücke"** (ein **„Nachfrageüberhang"**) in Höhe von 2 Mio. Broten. Die Höchstpreisvorschrift verlangt vom Staat also weitere Maßnahmen. Entweder muss das Angebot zwangsweise vergrößert (die Produktionsmengen werden den Bäckereien vorgeschrieben) oder die Nachfrage verringert werden (Ausgabe von **Bezugsscheinen** für die Verbraucher = **Rationierung**).[2] Falls diese Maßnahmen nicht ergriffen werden, entstehen schwarze Märkte. Würde in unserem Beispiel der Brotpreis freigegeben, würde sich der Preis auf 2,80 GE je kg erhöhen (Gleichgewichtspreis).

Beim geltenden Preis ist das Angebot kleiner als die Nachfrage

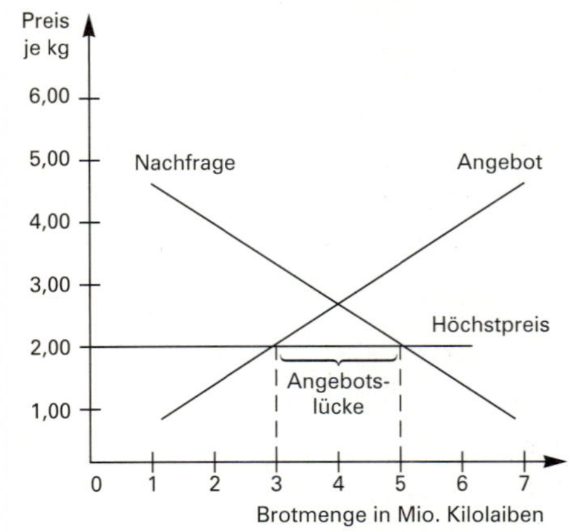

Beispiel für einen Mindestpreis:

Angenommen, die Regierung eines Landes setzt zum Schutz der einheimischen Kohle den Kohlepreis auf 40,00 GE je t fest. Die Abbildung zeigt, dass sich bei den gegebenen Angebots- und Nachfrageverhältnissen eine **„Nachfragelücke"** (ein **„Angebotsüberhang"**) in Höhe von 2 Mio. t ergeben muss. Erfolgen keine weiteren staatlichen Maßnahmen, sinkt der Preis entgegen den gesetzlichen Vorschriften auf den „natürlichen Preis", also den Marktpreis. Die Kohle wird billiger verkauft als der Staat vorschreibt **(grauer Markt)**. Will das der Staat verhindern, muss er entweder das Angebot verkleinern (z. B. durch Maßnahmen zur Stilllegung von Zechen) oder er muss die Nachfrage vergrößern (z. B. Elektrizitätswerke zwingen, Kohle statt Öl zur Elektrizitätserzeugung zu verwenden). Schließlich besteht noch die Möglichkeit, dass der Staat die Kohlenzechen subventioniert (bezuschusst), damit sie die Überschussproduktion in Höhe von 2 Mio. t je Periode „auf Halde" legen.

Beim geltenden Preis ist das Angebot größer als die Nachfrage

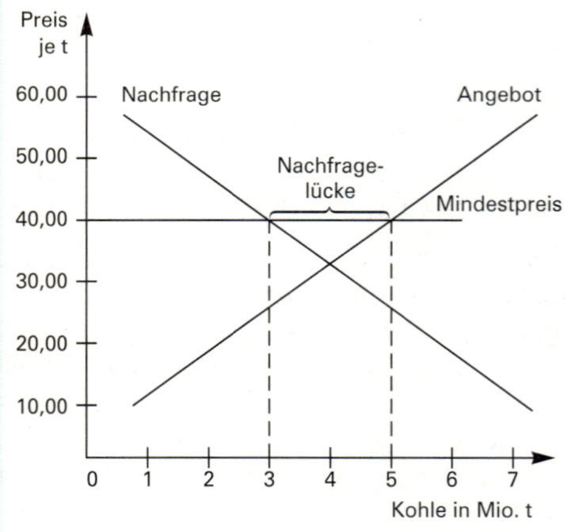

1 Inflation (lat.) = Aufblähung. Unter Inflation versteht man anhaltende Preissteigerungen.

2 Rationierung (lat.) = in Rationen (Anteile) einteilen, mengenmäßige Zuteilung.

Überblick über mögliche marktkonträre Maßnahmen des Staates

Formen direkter staatlicher Preispolitik

Höchstpreispolitik

- dient zum Schutz des Verbrauchers
- Höchstpreis in der Regel niedriger als Marktpreis

Folgen:

- Angebotslücke (= Nachfrageüberhang)
- schwarzer Markt
- Staat muss rationieren (= Gutscheine ausgeben)

Festpreispolitik

- Preis darf weder unter- noch überschritten werden

Zweck:

- (untaugliches) Mittel der Inflationsbekämpfung

liegt Festpreis unter dem Marktpreis → Folgen der Höchstpreispolitik

liegt Festpreis über dem Marktpreis → Folgen der Mindestpreispolitik

Mindestpreispolitik

- dient zum Schutz des Herstellers
- Mindestpreis in der Regel höher als Marktpreis

Folgen:

- Nachfragelücke (= Angebotsüberhang)
- Staat muss Überschuss aufkaufen, lagern, zweckentfremden, vernichten oder Kapazitäten stilllegen lassen

15.3.4 Wohlfahrtsverluste und -gewinne durch staatliche Eingriffe auf Wettbewerbsmärkten

15.3.4.1 Erhebung von Verbrauchsteuern[1]

In der Volkswirtschaftslehre versteht man in der Regel unter **Wohlfahrt** die Summe aus Konsumenten- und Produzentenrente. Sinken diese „Renten", spricht man von **Wohlfahrtsverlusten,** steigen sie, von **Wohlfahrtsgewinnen.**

Der Begriff Wohlfahrt ist die (nicht ganz richtige) Übersetzung des englischen Begriffs **welfare,** der im Deutschen in etwa „Wohlstand" bedeutet. Versteht man unter **Wohlstand** lediglich das **materielle** Wohlergehen eines Volkes, so lässt er sich zumindest theoretisch in Geld messen. Geht man jedoch von dieser recht engen Blickweise ab und bezieht in die Betrachtung weitere Maßstäbe wie z. B. Ausbildung, Sicherheit, medizinische Versorgung usw. für das Wohlergehen eines Volkes mit ein, kann man unter Umständen zu ganz anderen Urteilen bezüglich der Frage kommen, ob bestimmte staatliche Eingriffe in das Marktgeschehen die Wohlfahrt erhöhen oder vermindern. (Siehe hierzu auch die Ausführungen auf S. 75 f.)

Wie in den vorigen Kapiteln gezeigt wurde, verschieben sich durch marktkonforme Eingriffe Preise und Gleichgewichtsmenge eines gehandelten Gutes. Erhöht der Staat z. B. die Verbrauchsteuern, verschiebt sich die Angebotskurve nach links, d. h., das Angebot verteu-

1 **Verbrauchsteuern** sind Abgaben, die der Staat für den Verbrauch von Gütern erhebt und die von den Unternehmen in die Angebotspreise einkalkuliert (eingerechnet) werden. Es handelt sich also um **indirekte** *Steuern,* weil sie nicht unmittelbar (direkt) vom Verbraucher erhoben werden (wie z. B. die Einkommensteuer), sondern von den Unternehmen. Zu den Verbrauchsteuern gehören z. B. die Mineralöl-, Strom-, Tabak-, Bier- und Sektsteuer.

ert sich. Gewährt der Staat den Anbietern Subventionen,[1] bewegt sich die Angebotskurve nach rechts, d. h., das Angebot nimmt zu (siehe Abbildungen auf S. 75 und S. 76).

Bleiben wir zunächst bei den Verbrauchsteuern und untersuchen, welche wirtschaftlichen Auswirkungen die Einführung (oder Erhöhung) einer Verbrauchsteuer hat.

Beispiel:

Auf einem Markt mit vollkommener polypolistischer Konkurrenz wird das Gut X gehandelt. Angebot (A) und Nachfrage (N) verhalten sich wie folgt:

Preis (P) in GE	1,5	2,0	2,5	3,0	3,5	4,0	4,5	5,0	5,5	6,0	6,5
Angebot (A) in PE	0	0	1	2	3	4	5	6	7	8	9
Nachfrage (N) in PE	11	10	9	8	7	6	5	4	3	2	1

Wie die Tabelle zeigt, beträgt der Gleichgewichtspreis 4,5 GE bei einer Gleichgewichtsmenge von 5 PE. Gleichgewichtspreis und -menge lassen sich auch algebraisch (rechnerisch) ermitteln. Für die Angebotskurve (Angebotsfunktion) gilt: (1) $P = 2 + 0{,}5x$.

Die Gleichung für die Nachfragekurve (Nachfragefunktion) lautet: (2) $P = 7 - 0{,}5x$.

Die Gleichgewichtsmenge errechnet sich wie folgt:

$2 + 0{,}5x = 7 - 0{,}5x$
$\mathbf{x = 5}$

Der Gleichgewichtspreis ergibt sich, indem x in (1) eingesetzt wird:

$P = 2 + 0{,}5 \cdot 5$
$\mathbf{P = 4{,}5}$

Polypolmarkt vor Einführung einer Verbrauchsteuer

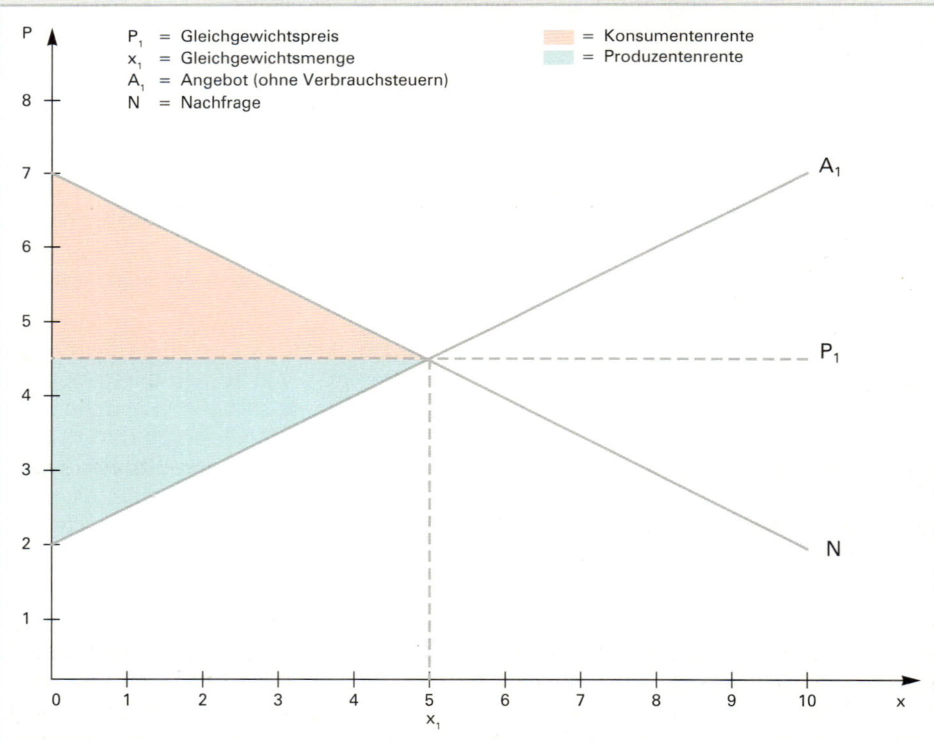

1 **Subventionen** (lat.) = Unterstützung, Zuschüsse aus öffentlichen Mitteln, um bestimmte Gruppen zu stützen.

Angenommen, die Regierung erhebt künftig eine Verbrauchsteuer (T_{ind})[1] in Höhe von 1 GE je Produktionseinheit. Damit verschiebt sich die Angebotskurve nach links, weil sich – unter sonst gleichen Bedingungen – der Angebotspreis um jeweils 1 GE erhöht. So verlangen z. B. die Anbieter, die bisher zu 4 GE zu verkaufen bereit waren, 5 GE. Diejenigen, die vor der Einführung der Steuer 3,5 GE verlangten, erhöhen ihren Angebotspreis auf 4,5 GE.

Die Einführung der Verbrauchsteuer führt zu einer Verminderung der Gleichgewichtsmenge, d. h., die Versorgung der Verbraucher nimmt ab. Gleichzeitig steigt der Gleichgewichtspreis von bisher 4,5 auf 5 GE. Sowohl die Konsumentenrente als auch die Produzentenrente nehmen ab. Es tritt also auf dem betroffenen Polypolmarkt ein „Wohlfahrtsverlust" ein.

Polypolmarkt nach Einführung einer Verbrauchsteuer

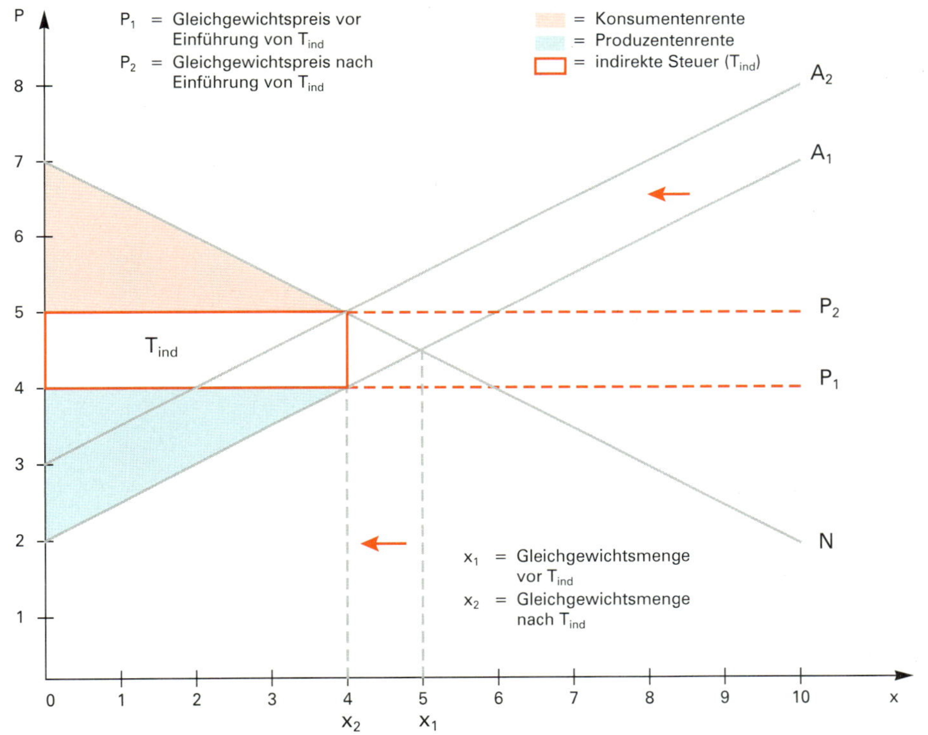

Berechnung der Gleichgewichtsmenge nach Einführung von T_{ind}:

$3 + 0{,}5x = 7 - 0{,}5x$

$\mathbf{x = 4}$

Berechnung des Gleichgewichtspreises nach Einführung von T_{ind}:

$P = 3 + 0{,}5 \cdot 4$

$\mathbf{P = 5}$

Es wäre nun falsch, aus der Abnahme der Konsumenten- und/oder Produzentenrente auf einen *gesamtwirtschaftlichen* Wohlfahrtsverlust zu schließen, denn dem Staat fließen Einnahmen in Höhe der erhobenen Verbrauchsteuer (T_{ind}) zu. Je nachdem, für welche Zwecke der Staat die Steuermittel verwendet, entstehen mehr oder weniger große Nutzengewinne für die Allgemeinheit oder bestimmte Gruppen. Die Bewertung allerdings, ob

1 T ist die Abkürzung für Tax (engl.) = Steuer.

der Gesamtnutzen gleich bleibt, zu- oder abnimmt, scheitert daran, dass der Nutzen nicht messbar ist. Staatskritisch eingestellte Wirtschaftler, d.h. die Anhänger einer weitgehend *freien* Marktwirtschaft, gehen allerdings davon aus, dass der Staat die erhobenen Steuermittel weniger wirksam einsetzt als die Privatwirtschaft.

15.3.4.2 Gewährung von Subventionen

Subventionen an die Produzenten (Z = Zuschüsse) wirken genau umgekehrt wie die Verbrauchsteuern: die Anbieter – vorausgesetzt, sie geben die Subventionen an die Nachfrager weiter – können aufgrund der Subventionszahlungen zu niedrigeren Preisen anbieten als bisher. Die Angebotskurve verschiebt sich nach rechts. Der Gleichgewichtspreis sinkt, während die Gleichgewichtsmenge zunimmt. Die Folge ist, dass Konsumenten- und Produzentenrente steigen. Es entsteht auf dem betroffenen Markt ein „Wohlfahrtsgewinn".

Polypolmarkt vor und nach der Einführung von Subventionen

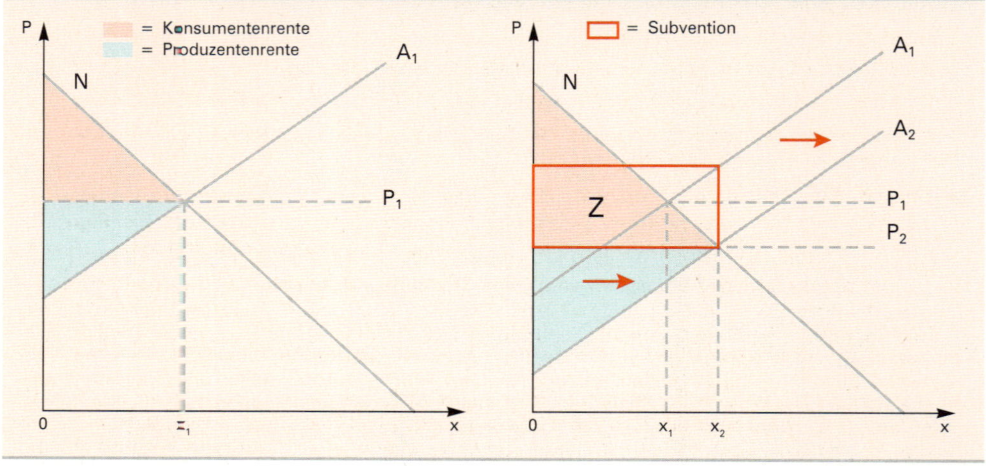

Der Wohlfahrtsgewinn auf den subventionierten Märkten ist nicht unbedingt auch ein gesamtwirtschaftlicher, denn die vom Staat ausgegebenen Mittel werden letztlich von den Steuerzahlern aufgebracht. Es kann durchaus sein, dass der Nutzenverlust der Zahler höher ist als der Wohlfahrtsgewinn der Zahlungsempfänger.

Subventionen stellen ebenso wie die Erhebung von Verbauchsteuern eine Verfälschung des Wettbewerbs dar. Sie werden deshalb auch weniger aus ökonomischer (wirtschaftlicher), sondern aus politischer Sicht begründet. Mithilfe von Subventionen soll die Verfolgung z. B. sozialer, strukturpolitischer und umweltpolitischer Ziele des Staates erleichtert werden.

Beispiele:

Die Subventionierung der Landwirtschaft soll u.a. der Versorgungssicherheit der Bevölkerung dienen. Subventionen sollen dazu beitragen, alternative Energien zu fördern. Dem Erhalt von Arbeitsplätzen dienen z. B. Subventionen an den Kohlebergbau.

Zusammenfassung

- Beim **vollkommenen Polypol** gelten folgende **Preisgesetze**:
  - Bei gleichbleibendem Güterangebot führt die Zunahme (Abnahme) der Nachfrage zu steigenden (sinkenden) Preisen.
  - Bei gleichbleibender Nachfrage führt die Zunahme (Abnahme) des Angebots zu sinkenden (steigenden) Preisen.
- Ein **unvollkommener Markt** liegt vor, wenn mindestens eine Voraussetzung (Prämisse) des vollkommenen Markts nicht gegeben ist:
  - Fehlt z. B. auf einem polypolistischen (vollständigen) Markt die sofortige Reaktionsfähigkeit der Anbieter, hängt es von den Angebots- und Nachfrageelastizitäten ab, ob sich aufgrund von Nachfrageänderungen ein neuer Gleichgewichtspreis herausbilden kann oder nicht.
  - Fehlt z. B. auf einem polypolistischen Markt die Markttransparenz der Nachfrage und sind die gehandelten Güter nicht homogen, kann sich kein Einheitspreis entwickeln. Es entwickelt sich eine Preisspanne (ein „Preisniveau").
- Die Notwendigkeit staatlicher Markteingriffe werden häufig mit **Marktversagen** begründet. Marktversagen kann z. B. zurückzuführen sein auf
  - asymmetrische Informationen,
  - die (politische) Notwendigkeit, öffentliche Güter bereitzustellen,
  - die Entstehung und Beseitigung negativer externer Effekte und
  - Verfolgung des wirtschaftspolitischen Ziels, Wettbewerbsbeschränkungen durch Monopole und Oligopole zu verhindern.
- Die **staatliche Preispolitik** besteht darin, den Marktpreis eines Gutes entweder mittelbar zu beeinflussen (ein **marktkonformer Eingriff**) oder vorzuschreiben (ein **marktkonträrer Eingriff**). Staatliche Eingriffe in die Marktpreisbildung werden auch als **Preisadministration** bezeichnet.
- Staatseingriffe, die den Preismechanismus nicht außer Kraft setzen, bezeichnet man als **marktkonform (systemkonform)**. Zu diesem Zweck beeinflusst der Staat die Nachfrage oder das Angebot durch **Steuern** und **Subventionen**. Außerdem kann der Staat selbst als Anbieter oder Nachfrager auftreten.
- Staatseingriffe, die den Preismechanismus außer Kraft setzen, bezeichnet man als **marktkonträr (systeminkonform)**. Zu diesem Zweck schreibt der Staat den Preis vor, kontingentiert die Produktionsmenge (Angebotsmenge) und/oder rationiert die Verbrauchsmenge (Nachfragemenge). Marktkonträre Staatseingriffe sind ferner Gebote und Verbote.
- Das Angebot kann der Staat mithilfe von **Steuern** und **Subventionen** beeinflussen. Führt der Staat z. B. eine Verbrauchsteuer ein oder erhöht er eine bereits vorhandene, verteuert sich das Angebot. Die Angebotskurve verschiebt sich nach links (man kann auch sagen „nach oben"). Der Marktpreis erhöht sich und die umgesetzte Gütermenge nimmt ab. Konsumenten- und Produzentenrente verringern sich. Es entstehen sogenannte **Wohlfahrtsverluste**.
- Gewährt der Staat den Produzenten (Anbietern) Subventionen oder erhöht er bereits bestehende Subventionen, verbilligt sich das Angebot. Die Angebotskurve verschiebt sich nach rechts (man kann auch sagen „nach unten"). Der Marktpreis sinkt und die umgesetzte Gütermenge nimmt zu. Konsumenten- und Produzentenrente werden größer. Es entstehen sogenannte **Wohlfahrtsgewinne**.

ABITRAINING

1. An einer internationalen Börse wird Gold gehandelt. Der Börsenpreis wird börsentäglich festgestellt und in USD[1] je Feinunze[2] angegeben.

Aufgaben:

1.1 Stellen Sie zunächst ganz allgemein anhand der Modellvoraussetzungen des vollkommenen Polypols die Abweichungen zwischen Modell und Realität anhand eines Beispiels fest!

1.2 Beschreiben Sie kurz die Eigenschaften des Gleichgewichtspreises!

1.3 Entscheiden Sie, welche Marktform vorliegt und begründen Sie Ihre Entscheidung!

1.4 Nennen Sie zwei Ursachen für eine Zunahme der Nachfrage nach Gold!

1.5 Erläutern Sie, welche Auswirkungen unter sonst gleichen Bedingungen die Zunahme der Goldnachfrage auf den Goldpreis hat!

1.6 Ermitteln Sie rechnerisch die Gleichgewichtsmenge und den Gleichgewichtskurs, wenn folgende Angebots- und Nachfragebedingungen vorliegen:

(a) Die Angebotsfunktion lautet: $P(x) = 600 + 1{,}5x$ und

(b) die Nachfragefunktion $P(x) = 2400 - 3x$.

P = Börsenpreis je Feinunze; x = möglicher Goldumsatz je hundert Tausend Feinunzen Gold.

1.7 Zeichnen Sie in ein Diagramm die Goldangebots- und die -nachfragekurve ein (x-Achse: 1 cm = 100 Tausend Feinunzen; y-Achse: 1 cm = 300 USD je Feinunze Gold) und geben Sie den Börsenpreis und die abgesetzte Goldmenge an!

1.8 Ermitteln Sie die Höhe des Tagesumsatzes!

1.9 Auch auf dem Goldmarkt stellt die Polypolpreisbildung einen Ausgleichsmechanismus zwischen den gegensätzlichen Interessen der Anbieter und Nachfrager dar.

1.9.1 Nennen Sie die gegensätzlichen Interessen der Anbieter und Nachfrager auf dem Goldmarkt!

1.9.2 Begründen Sie, warum es sich bei der Polypolpreisbildung um einen Mechanismus, d. h. um ein sich selbstständig regelndes System, handelt!

1.10 Im Kapitel 14.4.1 wurde die Nachfrageelastizität behandelt. Analog[3] hierzu gibt es auch die Angebotselastizität.

1.10.1 Definieren Sie die Angebotselastizität für Gold!

1.10.2 Erläutern Sie, warum die Angebotselastizitäten im Normalfall positiv sind!

2. Auf dem Spargelmarkt werden in Deutschland vor allem in den Monaten April bis Mitte Juni in- und ausländischer Spargel aus verschiedensten Regionen in Lebensmittelgeschäften und auf den Wochenmärkten angeboten.

Aufgaben:

2.1 Entscheiden Sie, welche Marktform vorliegt und begründen Sie Ihre Entscheidung!

2.2 Die Erntemengen steigen von April bis Mai an. Erläutern Sie, wie sich dies auf den Durchschnittspreis je kg Spargel auf den Märkten auswirkt!

2.3 Erläutern Sie, warum es auf dem Spargelmarkt keinen Einheitspreis geben kann!

---

1 USD = US-Dollar.

2 **Feinunze** = 31,1034768 g reines Gold.

3 **Analog** (griech., lat.) = entsprechend, gleichartig. Analogie = Entsprechung, Übereinstimmung. Analogieschluss = schlüssige Folgerung aus der Ähnlichkeit einer Erscheinung auf das Wesen einer zweiten (anderen) Erscheinung.

2.4 Angenommen, die Gesamtnachfrage nach Spargel nimmt unter sonst gleichen Bedingungen zu.

2.4.1 Nennen Sie zwei mögliche Gründe!

2.4.2 Erläutern Sie kurz, wie sich die Zunahme der Spargelnachfrage auf den durchschnittlichen kg-Preis auswirkt!

2.4.3 Stellen Sie in einer Skizze die unter 2.1 und 2.2 beschriebene Marktsituation in einem Preis-Mengen-Diagramm dar!

2.4.4 Begründen Sie, warum die „Preisgesetze" prinzipiell[1] auch auf einen unvollkommenen Polypolmarkt angewendet werden können!

2.5 Ein Kritiker schrieb u. a. zu dem im Kapitel 15.2.2 dargestellten Modell der Preisbildung auf einem unvollkommenen *polypolistischen* Markt:

„Bei der erwähnten Angebotskurve[2] soll es sich [. . .] vermutlich um die individuelle Angebotskurve eines einzelnen polypolistischen Anbieters handeln. Eine eindeutige Formulierung fehlt allerdings. Bei der Nachfragekurve[2] kann es sich dagegen nur um die Gesamtnachfragekurve aller Nachfrager auf diesem Markt handeln. Allein schon die Kombination einer individuellen Angebotskurve eines Polypolisten mit einer Gesamtnachfragekurve in ein und demselben Preis-Mengen-Diagramm ist undurchdacht und fehlerhaft. [. . .] Nach gewissenhafter Beschäftigung mit dem preistheoretischen Modell der Polypolpreisbildung auf dem vollkommenen Markt müsste aber klar sein, dass nie und nimmer mehrere Angebots- oder Nachfragekurven gleichzeitig existieren können. [. . .]"

Nehmen Sie zu dieser Kritik Stellung und begründen Sie Ihre Meinung!

2.6 Auf einem Polypolmarkt mit verzögerter Angebotsreaktion gibt es bei Nachfrageverschiebungen grundsätzlich drei Modelle: a) die Preisentwicklung konvergiert, b) sie oszilliert oder c) sie divergiert.

2.6.1 Erklären Sie die drei Modelle!

2.6.2 Angenommen, die Steigung der Nachfragekurve entspricht der Steigung der Angebotskurve. Entscheiden Sie, welches Modell in diesem Fall vorliegt!

3. Die Notwendigkeit staatlicher Markteingriffe wird häufig mit „Marktversagen" begründet.

Aufgaben:

3.1 Erläutern Sie am Beispiel der Bereitstellung öffentlicher Güter, was unter Marktversagen zu verstehen ist!

3.2 Angenommen, auf einem Polypolmarkt mit verzögerter Angebotsreaktion divergiert der Preis. Begründen Sie, warum dieser Fall ein Beispiel für Marktversagen ist!

3.3 Entscheiden Sie, ob es denkbar ist, dass auf einem Polypolmarkt sowohl Angebot als auch Nachfrage vorhanden sind und dennoch kein Gleichgewichtspreis bzw. kein Umsatz zustande kommt, also ein Marktversagen vorliegt! Wenn ja, zeichnen Sie eine solche Situation mithilfe einer Angebots- und einer Nachfragekurve!

3.4 Aus der Sicht einer sozialen Marktwirtschaft ist zwischen marktkonformen und marktkonträren Staatseingriffen zu unterscheiden. Erklären Sie den Unterschied!

3.5 Nennen Sie mindestens drei Möglichkeiten, wie der Staat auf einem Gütermarkt systemkonform eingreifen kann! Beschreiben Sie die Wirkungsrichtung dieser Eingriffe!

4. In vielen Ländern greift der Staat in die Wettbewerbsmärkte ein. Diese staatliche Marktsteuerung wird u. a. damit begründet, dass sich selbst überlassene Märkte häufig nicht in der Lage seien, die wirtschaftspolitisch angestrebten Ziele zu erreichen und möglicherweise auch unerwünschte Nebeneffekte auftreten.

---

1 Prinzipiell (lat.) = grundsätzlich. Prinzip = Grundsatz, Regel, Richtschnur.

2 Der Kritiker meint die Angebots- bzw. Nachfragebänder.

Aufgaben:

4.1 In nebenstehender Abbildung wird der Markt für Magermilchpulver dargestellt. Der Preis P_0 darf nicht unterschritten werden.

4.1.1 Entscheiden Sie, ob es sich um eine marktkonforme oder marktkonträre Maßnahme des Staates handelt! Begründen Sie Ihre Antwort!

4.1.2 Entscheiden Sie, welcher Art der Preis P_0 ist! (Antwort begründen!)

4.1.3 Erläutern Sie, welche Marktsituation vorliegt und welche Konsequenzen sich langfristig ergeben!

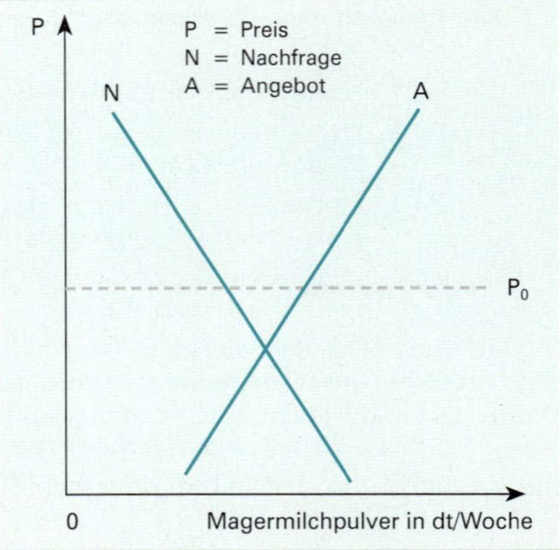

4.2 In einer Großstadt wird für Sozialwohnungen die Höchstmiete festgesetzt. Der Mietsatz P_0 darf nicht überschritten werden.

4.2.1 Entscheiden Sie, ob es sich um eine marktkonforme oder marktkonträre Maßnahme des Staates handelt! Begründen Sie Ihre Antwort!

4.2.2 Entscheiden Sie, welcher Art der Preis P_0 ist! (Antwort begründen!)

4.2.3 Erläutern Sie, welche Marktsituation vorliegt und welche Konsequenzen sich langfristig ergeben!

4.3 Beschreiben Sie das Wesen marktkonformer Staatseingriffe auf einem Gütermarkt!

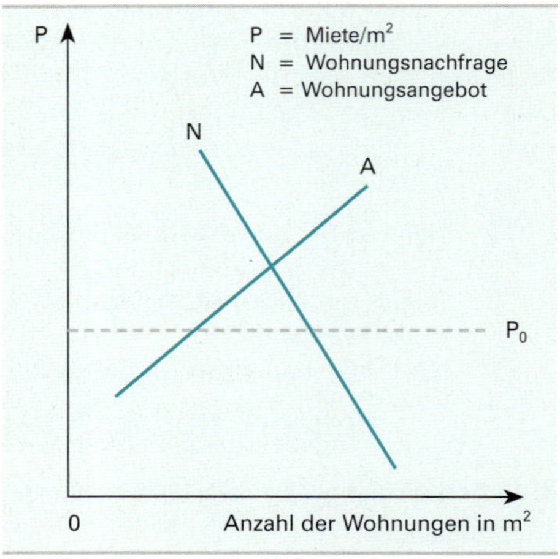

4.4 Es wird gesagt, dass z. B. die Erhebung von Verbrauchsteuern zu Wohlfahrtsverlusten führe.

4.4.1 Erläutern Sie, wie in diesem Zusammenhang der Begriff Wohlfahrt definiert wird!

4.4.2 Erklären Sie, unter welcher Bedingung durch die Steuererhebung auch die gesamtwirtschaftliche Wohlfahrt gemindert wird!

4.5 Begründen Sie, dass staatliche Subventionen die Wohlfahrt der Marktbeteiligten steigert! Legen Sie Ihrer Antwort den unter 4.4.1 definierten Wohlfahrtsbegriff zugrunde!

5. Ökosteuern und -abgaben,[1] Verbote und die Vorgabe von Grenzwerten sollen zu einem umweltverträglichen Wirtschaften beitragen.

Beispiele

a) Erhebung einer „Ausgleichsabgabe für Eingriffe in Natur und Landschaft", wie dies z. B. in Baden-Württemberg seit 1973 der Fall ist, und die 1990 verzehnfacht wurde. Seit 1990 wird für die Entnahme von Boden (etwa in Steinbrüchen und Kiesgruben) ein Mengenentgelt erhoben. Die Mittel fließen der baden-württembergischen Stiftung Naturschutz zu.

1 **Ökosteuern und -abgaben** sollen dazu beitragen, umweltschädliche Maßnahmen (z. B. Bauvorhaben) und Produkte zu verteuern.

Die **Ökologie** ist die Wissenschaft von den Wechselwirkungen zwischen den Lebewesen untereinander und ihren Beziehungen zur übrigen Umwelt. Die seit Beginn der siebziger Jahre entfachte Diskussion um die Gefährdung der Umwelt durch die Wirtschaftssysteme hat zur Gründung von sogenannten „Öko-Parteien" („Grünen Parteien") in mehreren westlichen Ländern geführt.

b) Mögliche Einführung von „Öko-Produktsteuern" z. B. für Batterien, normale Glühlampen, tropisches Holz, Waschmittel und Streusalz.
c) Verbot umweltschädlicher Produkte (z. B. umweltschädlicher Treibgase in Sprühdosen).
d) Einführung von Öko-Abgaben in der Landwirtschaft für Pestizide, Massentierhaltung und Futtermittelimporte.
e) Erhebung von Müllvermeidungssteuern für Einwegflaschen, Getränkedosen, Kunststoffbehälter und -flaschen, Aluminiumfolien und für Werbezwecke verwendetes Papier.
f) Rücknahmeverpflichtung für umweltbelastende Produkte, nachdem ihre Nutzungsdauer abgelaufen ist (z. B. Kühlschränke, Autos).
g) Vorgabe von Abgasgrenzwerten (z. B. für Kraftwerke, Autos).

Aufgaben:

5.1 Begründen Sie, welche der genannten Maßnahmen als marktkonform und welche als marktkonträr zu bezeichnen sind!

5.2 Angebot und Nachfrage nach einem umweltschädlichen Gut A verhalten sich normal. Das Gut A wird mit einer Ökosteuer belegt. Stellen Sie mithilfe der Angebots- und Nachfragekurve dar, wie sich Preis und Absatzmenge des Gutes A verändern!

5.3 Beurteilen Sie, ob die Einführung der Ökosteuer zu Wohlfahrtsverlusten führt!

5.4 Erläutern Sie, wie sich die Ökosteuer auf das Produkt A auf die Nachfrage nach dem Substitutionsgut B auswirken könnte!

5.5 Bilden Sie zwei eigene Beispiele für den unter 5.4 beschriebenen Substitutionseffekt!

6. Auf dem europäischen Markt herrscht für ein bestimmtes Agrarprodukt nachfolgende Angebots- und Nachfragesituation.

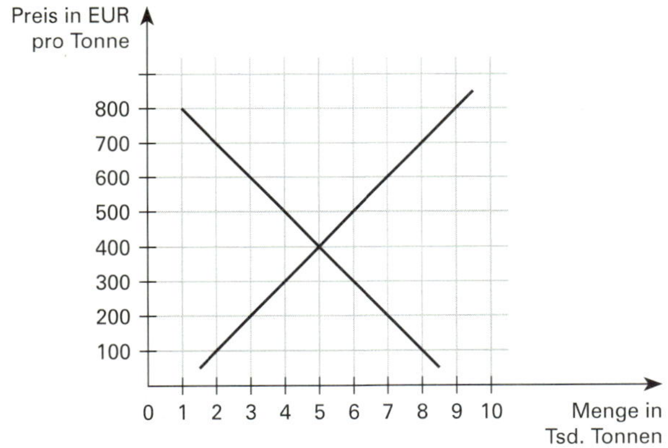

Die EU-Kommission setzt einen Mindestpreis fest, der pro Tonne um 300,00 EUR vom Gleichgewichtspreis entfernt ist.

Aufgaben:

6.1 Erläutern Sie kurz das Motiv, das die EU-Kommission zu dieser Intervention veranlasst haben könnte!

6.2 Ermitteln Sie, wie hoch der von der EU-Kommission festgesetzte Mindestpreis pro Tonne ist!

6.3 Ermitteln Sie den Aufwand der Europäischen Union, wenn diese die gesamte jährliche Angebotsmenge zum garantierten Mindestpreis aufkauft!

6.4 Berechnen Sie, wie hoch der Verlust der EU pro Jahr ist, wenn diese die auf dem europäischen Markt zum Gleichgewichtspreis absetzbare Menge zu eben diesem Preis verkauft und die dann noch vorhandenen Überschüsse auf dem Weltmarkt für 200,00 EUR pro Tonne absetzt!

6.5 Angenommen, der Europäischen Union gelänge es, durch die Einführung entsprechender Produktionskontingente den jährlichen Angebotsüberschuss des betrachteten Agrarproduktes um 2000 Tonnen abzusenken. Ermitteln Sie die unter den Annahmen der Aufgabenstellungen 6.2 bis 6.4 hieraus resultierende jährliche Ersparnis!

6.6 In Abwandlung der Aufgabenstellung 6.5 soll nunmehr davon ausgegangen werden, dass die EU-Kommission plant, die Reduzierung der Angebotsmenge um 2000 Tonnen jährlich durch die Einführung einer sogenannten Flächenstilllegungsprämie zu erreichen. Langjährigen Studien zufolge liegt der Ernteertrag pro Hektar bei durchschnittlich 0,5 Tonnen im Jahr. Berechnen Sie, wie hoch eine solche zur Produktionsreduzierung geplante Einmalzahlung pro Hektar an die Produzenten maximal ausfallen dürfte, wenn diese durch die Ersparnisse der ersten fünfzehn Folgejahre gegenfinanziert werden sollte!

6 Hartmann - ISBN 978-3-8120-0490-9

15.4 Preisbildung des Angebotsmonopols

15.4.1 Arten der Monopole[1]

(1) Individual- und Kollektivmonopole

Die Entstehung marktstarker Unternehmen wird als **Konzentration**[2] oder **Monopolisierung** bezeichnet.

Monopolisierung bedeutet in diesem Zusammenhang nicht unbedingt, dass am Ende des Konzentrationsprozesses nur *ein* Unternehmen **(= Einzelmonopol, Individualmonopol)**[3] bzw. nur eine Unternehmensgruppe **(= Kollektivmonopol)**[4] übrig bleibt. Vielmehr wird von Monopolisierung auch dann gesprochen, wenn der Konzentrationsprozess zur Marktbeherrschung eines Unternehmens bzw. eines Unternehmenszusammenschlusses führt. Mit anderen Worten: Mit Monopolisierung ist nicht nur die Entstehung von **„reinen Monopolen"**, sondern auch von **„Teilmonopolen"** gemeint. Ein Teilmonopol liegt vor, wenn ein starker Anbieter bzw. Nachfrager und einige schwache („kleine") Anbieter bzw. Nachfrager auf dem Markt auftreten.

(2) Ursachen der Konzentration

Ein **Individualmonopol** (Einzelmonopol) entsteht z. B.

- aufgrund einer bahnbrechenden Erfindung, die eine besondere Marktstellung sichert;
- aufgrund des Alleineigentums an seltenen Rohstoffen;
- aufgrund der Tatsache, dass ein Unternehmen (z. B. durch geschickte Unternehmensführung) *schneller* wächst als seine Konkurrenten, sodass es diese schließlich aus dem Markt verdrängt **(unternehmensinternes[5] Wachstum);**
- aufgrund von Aufkäufen der Konkurrenzunternehmen mit dem Ziel, diese entweder in das eigene Unternehmen einzugliedern oder aufzulösen;
- aufgrund eines Gesetzes, das einem Unternehmen (das sich häufig vollständig oder teilweise in staatlichem Eigentum befindet) eine Monopolstellung verschafft und sichert („Staatsmonopol").

Ein **Kollektivmonopol** entsteht, wenn ein *Unternehmenszusammenschluss* (= eine *Unternehmensverbindung*) zu einer *marktbeherrschenden Stellung* der beteiligten Unternehmen führt. Mit anderen Worten: Ein Kollektivmonopol liegt nur dann vor, wenn die kooperierenden Unternehmen *wie ein Einzelmonopol* oder *wie ein Teilmonopol* auf dem Markt auftreten können. Der Zusammenschluss kleiner Unternehmen auf einem mehr oder weniger polypolistischen Markt ist demnach kein „Kollektivmonopol".

---

1 **Monopol** (griech., lat.) = alleiniges Recht, besonders auf Herstellung und Verkauf von Produkten.

2 **Konzentration** (griech., lat.) = Zusammenballung wirtschaftlicher Macht.

3 **Individuum** (lat.) = „das Unteilbare", das Einzelwesen. Individualmonopol = Monopol, das aus einem einzigen Unternehmen besteht.

4 **Kollektiv** (lat.) = Gruppe (mit gemeinsamen Zielen).

5 **Intern** (lat.) = inwendig, aus sich selbst entwickelnd.

(3) Gründe für die Konzentration

Aus der Sicht der beteiligten Unternehmen sprechen z.B. folgende Gründe für die Konzentration:

Beschränkung des Wettbewerbs	Die Einschränkung der Konkurrenz ermöglicht es den monopolistischen Anbietern, ihre Preise so zu gestalten, dass Gewinne erzielt werden. Monopolistische Nachfrager können die Preise ihrer Zulieferer drücken, um ihre eigenen Gewinne zu erhöhen.
Beschaffungssicherung	Durch Verträge, Beteiligungen oder durch den Aufkauf von Zulieferbetrieben wird die Zulieferung von Rohstoffen und/oder Fertigteilen gesichert.
Absatzsicherung	Durch Verträge, Beteiligungen oder durch den Aufkauf von nachgelagerten Unternehmen lässt sich der Absatz der eigenen Erzeugnisse oder Waren sichern.
Absatzförderung	Der Absatz lässt sich z.B. durch gemeinsame Werbung, einheitliche Ausgestaltung von Verkaufsstätten sowie durch vereinheitlichte Qualität der angebotenen Produkte ausweiten.
Förderung der Forschung	Die Finanzierung kostspieliger Forschungsvorhaben wird erleichtert oder erst durch die gemeinsame Finanzierung (z.B. einer Forschungs-GmbH) ermöglicht.
Steigerung der Wirtschaftlichkeit	Durch Rationalisierungsmaßnahmen wie z.B. Typisierung, Normung und Spezialisierung lässt sich die Wirtschaftlichkeit erhöhen.
Kapazitätsauslastung	Durch die Übernahme von Großaufträgen, die die Leistungskraft der einzelnen Unternehmen übersteigen würden, lässt sich die Beschäftigung der zusammenarbeitenden (kooperierenden)[1] Unternehmen sichern. **Beispiele:** Mehrere europäische Unternehmen sind am Bau eines Flugzeugs beteiligt. – Mehrere Bauunternehmen erstellen in einer Arbeitsgemeinschaft ein Wasserkraftwerk.
Sicherung der Konkurrenzfähigkeit auf dem Weltmarkt	Die Absatzsicherung auf den internationalen Märkten kann z.B. durch gemeinsame Rationalisierungsmaßnahmen[2] mit dem Ziel der Kostensenkung, durch gemeinsame Werbung und/oder durch die Gründung gemeinsamer Absatzeinrichtungen (= Absatzsyndikate)[3] geschehen.
Ausschaltung der Konkurrenz	Das konkurrierende Unternehmen wird aufgekauft. Dessen Rechte (z.B. Patente), technisches Wissen (Know-how) und sein Ruf auf dem Markt (Firmenwert, Goodwill) gehen auf den Käufer über.
Gewinnabschöpfung	Die Anteilsmehrheit an einem gutgehenden Unternehmen wird erworben, dessen Gewinne müssen dann an die „Muttergesellschaft" abgeführt werden.

1 **Kooperieren** (lat.) = zusammenarbeiten. Kooperation = Zusammenarbeit, Hinzuwahl neuer Mitglieder in eine bereits bestehende Gruppe (z.B. Unternehmen, Vereine).

2 **Rationalisierung** (lat.) = vernünftig, kostengünstig gestalten. Ratio (lat.) = Vernunft.

3 **Syndikat** (lat.) = vom einzelnen Produzenten unabhängige Verkaufseinrichtung.

(4) Arten der Konzentration durch Unternehmenszusammenschlüsse

Unternehmenszusammenschlüsse (Unternehmensverbindungen) können auf *vertraglicher Basis* beruhen. Zu diesen sogenannten *Kooperationsformen* gehören z. B. Interessengemeinschaften, Arbeitsgemeinschaften, Konsortien,[1] Gemeinschaftsunternehmen („Joint Ventures")[2] und Kartelle.

Merke:

Kartelle sind vertragliche Zusammenschlüsse von rechtlich selbstständig bleibenden Unternehmen eines Wirtschaftszweigs, deren wirtschaftliche Selbstständigkeit im Hinblick auf das Ziel, Markt und Wettbewerb im Wege von Absprachen zu beeinflussen, mehr oder weniger stark eingeschränkt ist.

Unternehmenszusammenschlüsse, bei denen ein oder mehrere Partner ihre *wirtschaftliche* und/oder *rechtliche Selbstständigkeit* verlieren, bezeichnet das Aktiengesetz als **verbundene Unternehmen.** Zu ihnen gehören z. B. die Konzerne und die Trusts.

Verbundene Unternehmen und Trusts können *vertikal,*[3] *horizontal*[4] oder *anorganisch*[5] sein. Ein **vertikaler** Zusammenschluss liegt vor, wenn sich Unternehmen verschiedener Produktionsstufen zusammenschließen. Von **horizontalem** Zusammenschluss spricht man, wenn es sich um Unternehmen der gleichen Branche handelt. **Anorganisch** ist ein Zusammenschluss dann, wenn an ihm Unternehmen unterschiedlichster Branchen beteiligt sind.

Merke:

- **Konzerne** sind horizontale, vertikale oder anorganische Zusammenschlüsse von Unternehmen, die *rechtlich selbstständig* sind, ihre *wirtschaftliche Selbstständigkeit* aber aufgeben, indem sie sich einer *einheitlichen Leitung* unterstellen.[6]
- **Trusts** sind horizontale, vertikale oder anorganische Zusammenschlüsse mehrerer Unternehmen, die ihre rechtliche und wirtschaftliche Selbstständigkeit aufgeben.

Die Trust entstehen durch **Verschmelzung (Fusion).** Diese kann durch Aufkauf oder durch Neubildung erfolgen. Bei der Neubildung wird eine neue Gesellschaft gegründet, auf das die Vermögen der sich vereinigenden Unternehmen übertragen wird. Von Fusionen erhofft man sich u. a. **Synergieeffekte,**[7] d. h. Kosteneinsparungen durch Zusammenlegung von Abteilungen (z. B. Forschung, Marketing, Konstruktion, Vertrieb).

---

1 Das Wort Konsortium (Mehrzahl: Konsortien) hängt mit dem lateinischen Wort Konsorte = Genosse, Mitglied zusammen. Ein **Konsortium** ist ein vorübergehender, loser Zweckverband von Unternehmen zur Durchführung von Geschäften, die mit großem Kapitaleinsatz und hohem Risiko verbunden sind. So schließen sich z. B. Kreditinstitute zu Konsortien zusammen, um Aktien oder Obligationen großer Unternehmen zu platzieren, d. h. zu verkaufen.

2 **Joint Ventures** (engl. = Gemeinschaftsunternehmen) sind eine Form der wirtschaftlichen Zusammenarbeit zwischen zwei oder mehreren voneinander unabhängigen Unternehmen – der sogenannten Gesellschafterunternehmen –, die sich darin niederschlägt, dass ein rechtlich selbstständiges Unternehmen gemeinsam gegründet oder erworben wird mit dem Ziel, Aufgaben im gemeinsamen Interesse der Gesellschafterunternehmen auszuführen.

3 Beispiel: Forstwirt, Sägerei, Möbelfabrik, Möbelfachgeschäft.

4 Beispiel: Zusammenschluss mehrerer Möbelfabriken.

5 Beispiel: Sägerei, Brauerei, Lebensmittelfabrik, Maschinenfabrik.

6 Das herrschende Unternehmen kann auch eine **„Dachgesellschaft"** sein. Bei diesen sogenannten Dachgesellschaften **(Holding-Companies)** übertragen die Konzernunternehmen ihre Aktien (oder zumindest deren Mehrheit) auf eine übergeordnete Gesellschaft, die lediglich Aufgaben der Verwaltung und Finanzierung übernimmt.

7 **Synergie** (griech.) = Mitwirkung, Kräfte sparendes Zusammenwirken.

15.4.2 Preisbildung des vollkommenen Angebotsmonopols

(1) Das vollkommene Angebotsmonopol als theoretischer Grenzfall

Im Sprachgebrauch werden alle marktbeherrschenden Unternehmen bzw. staatlichen Betriebe als „Monopole" bezeichnet. Theoretisch liegt ein *Monopol* jedoch nur dann vor, wenn ein einziger Anbieter oder Nachfrager auf dem Markt ist.[1] Wir wollen uns im Folgenden auf das Angebotsmonopol beschränken.

Merke:

Ein **Angebotsmonopol** liegt vor, wenn einem einzigen Anbieter eine Vielzahl von Nachfragern gegenübersteht.

Ein **vollkommenes Angebotsmonopol** ist gegeben, wenn der Monopolist nur ein *homogenes* Gut anbietet und darüber hinaus **alle** sonstigen Bedingungen des vollkommenen Marktes gegeben sind. Das vollkommene Monopol ist somit ein theoretischer Grenzfall. Unter den Bedingungen des vollkommenen Marktes kann es nur **einen einheitlichen** Monopolpreis geben, ein Fall, der in Wirklichkeit nur äußerst selten anzutreffen sein wird. In der Regel sind nämlich die Angebotsmonopolisten in der Lage, Preisdifferenzierung zu betreiben, d.h. für ein und dasselbe Gut unterschiedliche Preise zu verlangen. (Näheres siehe Kapitel 15.4.3.)

(2) Monopolpreisbildung

Da der Angebotsmonopolist definitionsgemäß der alleinige Anbieter eines Gutes ist, vereinigt er die **Gesamtnachfrage** nach einem Gut auf sich. Dies bedeutet, dass er sich der Gesamtnachfragekurve (siehe Kapitel 14.3.1) gegenübersieht.[2] Diese Gesamtnachfragekurve wird auch als **Preis-Absatz-Kurve** bezeichnet, weil aus ihr ablesbar ist, welche **Gütermengen** die Käufer bei alternativen Monopolpreisen zu kaufen beabsichtigen.

In der Realität kennt der Monopolist das Nachfrageverhalten seiner Kunden nicht genau, wenngleich mithilfe der heutigen Marktforschungsmethoden Aussagen darüber gemacht werden können, wie die Nachfrager auf geplante Preis- oder Angebotsmengenänderungen eines Monopolisten voraussichtlich reagieren werden. Die Preis-Absatz-Kurve des Monopolisten heißt daher auch „konjekturale[3] Preis-Absatz-Kurve".

Im Gegensatz zum polypolistischen Anbieter, der aufgrund seiner verschwindend geringen Marktmacht den Absatzpreis als gegeben, d.h. als „Datum" hinnehmen muss, kann der Angebotsmonopolist den Absatzpreis für das von ihm angebotene Gut frei **(autonom)** bestimmen: Er kann **Preispolitik** betreiben.[4]

Natürlich ist für den Monopolisten auch **Mengenpolitik** möglich. Dann allerdings muss er den Preis hinnehmen, der sich auf dem Markt bildet. Die Festsetzung von Preis *und* Angebotsmenge zugleich ist nicht möglich.

1 Bei einem **Nachfragemonopol** sieht sich ein Nachfrager zahlreichen Anbietern gegenüber (z.B. Bundeswehr – Zuliefererbetriebe). Ein **zweiseitiges Monopol** (= bilaterales Monopol) weist nur einen Anbieter und einen Nachfrager auf (z.B. näherungsweise Arbeitgeber einerseits und Gewerkschaften andererseits).

2 In den folgenden Überlegungen unterstellen wir, dass sich die Gesamtnachfrage für ein Gut „normal" verhält.

3 **Konjektural** = vermutet.

4 Der Anbieter auf einem vollkommenen polypolistischen Markt kann keine Preispolitik betreiben. Er muss sich vielmehr mit seiner Absatzmenge so an den Preis anpassen, dass er einen möglichst hohen Gewinn (bzw. einen möglichst geringen Verlust) erzielt. Er ist „Mengenanpasser".

Beispiel:

Angenommen, die Erdöl exportierenden Staaten (OPEC) setzen den Preis für Erdöl, nicht aber die Fördermengen fest. In diesem Fall müssen sie abwarten, welche Mengen bei dem gegebenen Preis auf dem Weltmarkt absetzbar sind. Vereinbaren sie hingegen bestimmte Fördermengen, müssen sie die Preisbildung dem Weltmarkt überlassen. Unterstellt, sie würden Preis **und** Fördermengen (Angebotsmengen) festlegen. Dann ergeben sich zwei Möglichkeiten, wenn man von dem unwahrscheinlichen Fall absieht, dass sie den Preis getroffen haben, zu dem die Käufer genau die geförderten Mengen zu kaufen bereit sind. Fall 1: Der autonom festgelegte Monopolpreis ist in Bezug auf die geförderten (angebotenen) Mengen zu *hoch:* Die Erdölproduzenten bleiben auf einem Teil ihrer Fördermengen „sitzen". Wollen sie diese absetzen, müssen sie die überschüssigen Mengen auf freien Märkten (den „Spot-Märkten") zu niedrigeren Preisen verkaufen. Fall 2: Der gewählte Preis ist in Bezug auf die geförderten (angebotenen) Mengen zu niedrig. Es entsteht eine Angebotslücke, sodass der Weltmarktpreis auch ohne Zutun der Produzenten steigt. Soll eine Preissteigerung vermieden werden, muss die Fördermenge gesteigert werden.

Um feststellen zu können, welchen Preis ein Monopolist festlegen muss, um seinen Gewinn zu maximieren bzw. seinen Verlust zu minimieren, greifen wir zu einem vereinfachenden Beispiel. Folgende Voraussetzungen sollen gelten:

- Es herrschen die Bedingungen des vollkommenen Markts.
- Dem Monopolisten ist die Preis-Absatz-Kurve bekannt. Sie verläuft „normal" und linear.
- Es entstehen fixe und proportional variable Kosten.
- Der Monopolist richtet sich nach dem (kurzfristigen) Gewinnmaximierungsprinzip.
- Lager werden nicht gebildet (Produktionsmenge = Angebotsmenge).

Beispiel:

Die Preis-Absatz-Funktion eines vollkommenen Monopols lautet: $x = \frac{8000 - 2P}{1000}$

Dabei bedeuten x = hergestellte sowie angebotene Menge (Produktionseinheiten) und P = Preis. Die fixen Kosten belaufen sich auf 1500 Geldeinheiten (GE) je Periode, die proportional variablen Kosten auf 1000 GE je Produktionseinheit (x).

Ausbringungsmenge (x)	Preis (P) in GE	Umsatz (U = P · x) in GE	Gesamtkosten (K) in GE	Gewinn bzw. Verlust (U – K) in GE	Grenzkosten (K') in GE	Grenzumsatz (U') in GE	Kritische Punkte
0	4000	–	1500	– 1500			
					1000	3500	
1	3500	3500	2500	1000			Gewinnschwelle
					1000	2500	
2	3000	6000	3500	2500			
					1000	1500	
3	2500	7500	4500	3000			Gewinnmaximum
					1000	500	
4	2000	8000	5500	2500			
					1000	– 500	
5	1500	7500	6500	1000			Gewinngrenze
					1000	– 1500	
6	1000	6000	7500	– 1500			
					1000	– 2500	
7	500	3500	8500	– 5000			
					1000	– 3500	
8	–	–	9500	– 9500			

Kosten und Leistung des vollkommenen Angebotsmonopols in der Gesamt- und Stückbetrachtung

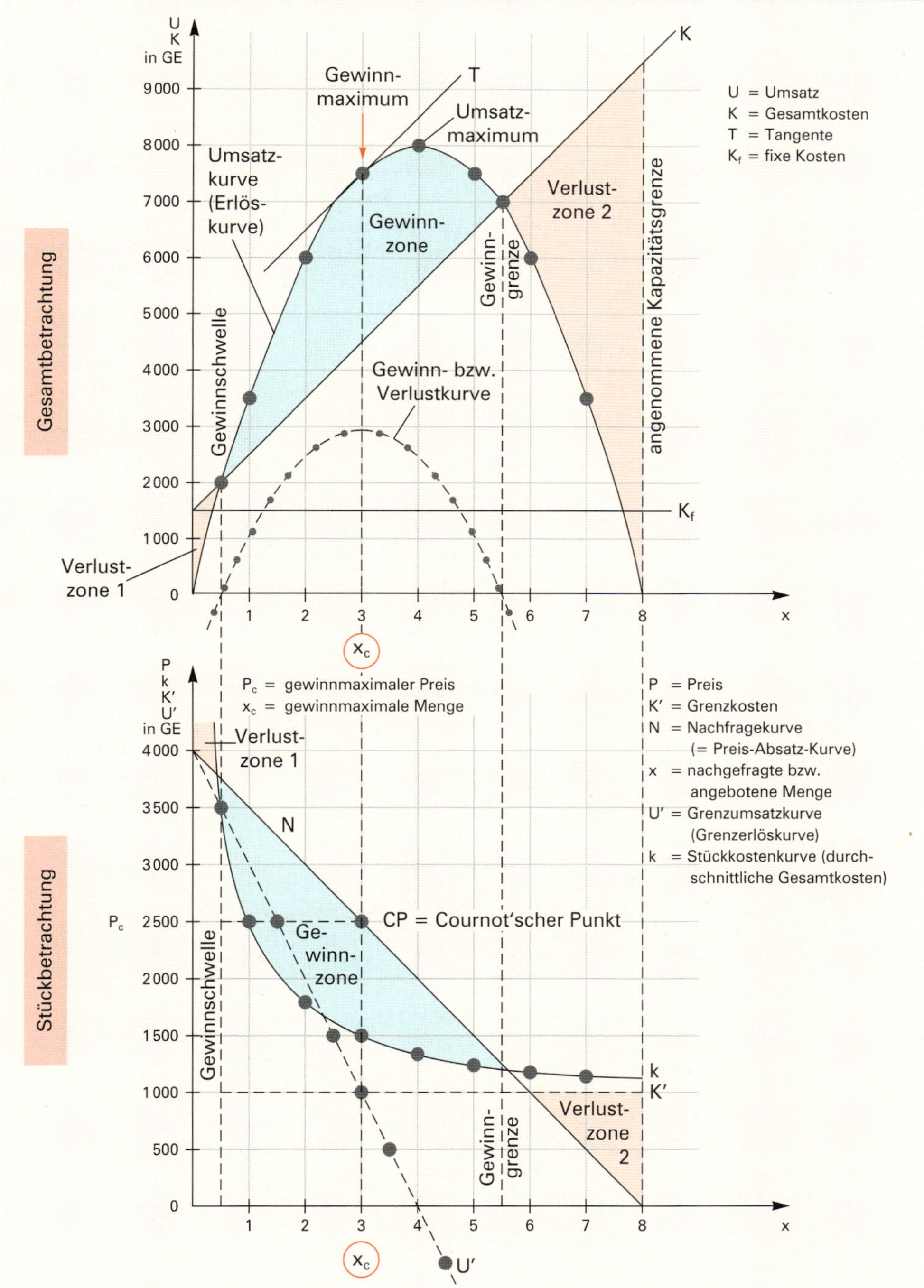

(3) Erläuterungen zur Tabelle auf S. 86 und zur Abbildung auf S. 87:

Unter den Bedingungen des vollkommenen Angebotsmonopols erhält man folgende Ergebnisse:

1. Variiert der Monopolist den Absatzpreis, hängt die Umsatzentwicklung von der jeweiligen Nachfrageelastizität[1] ab. Ist die Elastizität *größer* als 1, so führen Preissenkungen zu **steigenden** Umsätzen und Preiserhöhungen zu **sinkenden** Umsätzen. Ist die Elastizität hingegen kleiner als 1, so führen Preissenkungen zu *sinkenden* Umsätzen, Preiserhöhungen jedoch zu steigenden Umsätzen.[2] Das **Umsatzmaximum** ist erreicht, wenn die Elastizität der Nachfrage 1 beträgt.
2. Die **Umsatzkurve** ergibt sich, indem man den Absatzpreis (P) mit der bei diesem Preis nachgefragten Menge (x) multipliziert. Bei einer linearen Preis-Absatz-Kurve (Nachfragekurve) hat die Umsatzkurve die Gestalt einer Parabel (Gesamtbetrachtung).
3. Der **Grenzumsatz** ergibt sich, indem man den **Umsatzzuwachs** je Produktionseinheit errechnet.

   Merke:

   Der Grenzumsatz (Grenzerlös) ist der zusätzliche Erlös je Produktionseinheit.

4. Bei einer Ausbringungsmenge von 0,5 Produktionseinheiten erzielt der Monopolist Kostendeckung **(Gewinnschwelle).** Die Umsatzkurve schneidet die Gesamtkostenkurve (Gesamtbetrachtung).
5. Dehnt der Monopolist seine Beschäftigung (seine Ausbringungsmenge) weiter aus **oder** senkt er weiterhin seinen Absatzpreis, tritt er in die **Gewinnzone** ein. Hier ist der Umsatz höher als die Gesamtkosten (Gesamtbetrachtung).
6. Das **Gewinnmaximum** ist erreicht, wenn die Differenz zwischen Umsatz und Gesamtkosten am größten ist, im Beispiel also bei 3 Produktionseinheiten. Zeichnerisch ergibt sich das Gewinnmaximum dort, wo die Parallele (T) zur Gesamtkostenkurve gerade die Umsatzkurve (U) tangiert (Gesamtbetrachtung).
7. Die **Grenzkosten** erhält man, indem man den **Kostenzuwachs** je Produktionseinheit errechnet.

   Merke:

   Unter **Grenzkosten** sind die zusätzlichen Kosten zu verstehen, die dann entstehen, wenn die Beschäftigung des Betriebs um eine Produktionseinheit erhöht wird.

   Bei einem **linearen Gesamtkostenverlauf** sind die **variablen Stückkosten den Grenzkosten gleich.**

8. Aus der Stückbetrachtung lässt sich entnehmen, dass im Gewinnmaximum die **Grenzkosten** dem **Grenzumsatz** (Grenzerlös) gleich sein müssen.

   Dies ist leicht einzusehen. Ist der zusätzliche Umsatz **höher** als die zusätzlichen Kosten, muss bei weiterer Ausbringung der Gesamtgewinn **steigen.** Betragen z. B. der zusätzliche Umsatz (der Grenzumsatz) 1500 GE, die zusätzlichen Kosten (die Grenzkosten) jedoch nur 1000 GE, so nimmt der Gesamtgewinn um 500 GE zu (bzw. der Gesamtverlust

1 Siehe hierzu Kapitel 14.4.1.

2 Vgl. hierzu Kapitel Kapitel 14.3.1.

um 500 GE ab). Wird die Beschäftigung (die Ausbringung) weiter erhöht, steigt der Gesamtgewinn so lange, bis der Grenzumsatz den Grenzkosten gleich ist. Ist der zusätzliche Umsatz jedoch **niedriger** als die zusätzlichen Kosten, muss der Gesamtgewinn **sinken.**

Betragen z. B. der zusätzliche Umsatz (der Grenzumsatz) 500 GE und die zusätzlichen Kosten (die Grenzkosten) 1 000 GE, nimmt der Gesamtgewinn um 500 GE ab (bzw. der Gesamtverlust um 500 GE zu).

Merke:

Das **Gewinnmaximum** des vollkommenen Angebotsmonopols ist erreicht, wenn die Grenzkosten dem Grenzumsatz gleich sind **(Gewinnmaximierungsregel).**

9. Projiziert man den Schnittpunkt von Grenzumsatz- und Grenzkostenkurve auf die Preis-Absatz-Kurve, erhält man den **Cournot'schen Punkt.**[1] Der Cournot'sche Punkt (CP) ordnet den **gewinnmaximalen Preis** (P_c) der **gewinnmaximalen Ausbringungsmenge** (x_c) zu.

(4) Marktversorgung beim Monopol und beim Polypol

Das Modell des vollkommenen Monopols wird häufig dazu herangezogen, um zu erklären, dass

- der **Monopolpreis** im Regelfall **höher** ist als der Preis, der sich bei polypolistischer Konkurrenz ergibt, und dass demzufolge
- die **Versorgung der Nachfrager geringer** ist

als dies bei polypolistischer Konkurrenz der Fall wäre.

Dies ist jedoch nur unter der sehr einschränkenden Bedingung der Fall, dass die Angebotskurve mehrerer kleiner Anbieter der Grenzkostenkurve eines Monopolisten entspricht (was näherungsweise bei einem aus diesen Anbietern entstandenen Kollektivmonopol der Fall sein kann). Außerdem unterstellt das Modell, dass der Monopolist mit Grenzkosten kalkuliert.

Gleichgewichtspreis (Monopolpreis) und Gleichgewichtsmenge beim Monopol

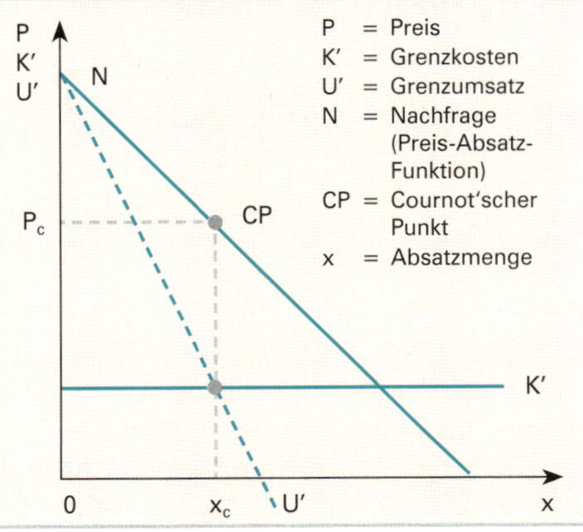

Gleichgewichtspreis und Gleichgewichtsmenge beim Polypol

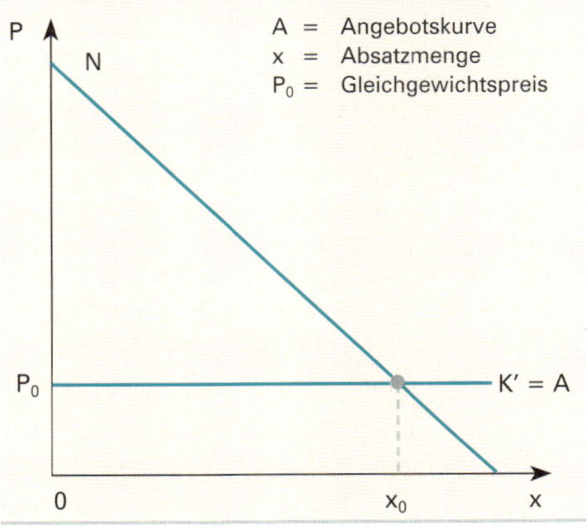

1 Antoine Augustin Cournot, 1801–1877, war französischer Wirtschaftswissenschaftler. Er gilt als wichtigster Begründer der mathematischen Schule der Volkswirtschaftslehre. Cournot untersuchte vor allem die Preisbildung des Monopols und Oligopols.

In Wirklichkeit kalkulieren die Unternehmen jedoch nur bei **zusätzlichen Aufträgen** mit Grenzkosten (= Teilkostenrechnung), sonst aber mit Stückkosten (= Vollkostenrechnung). Ist Letzteres der Fall, kommt in der Preisgestaltung der Großunternehmen, also bei Unternehmen mit monopolartiger Marktstellung, das **Gesetz der Massenproduktion** zur Geltung: Mit zunehmender Kapazitätsauslastung werden zunächst die Stückkosten sinken, falls der Markt die Mehrproduktion aufnimmt. Es kommt zu „inversen" (umgekehrten) Preisreaktionen: Mit zunehmender Nachfrage sinkt der Preis, mit abnehmender Nachfrage steigt der Preis **(= anomale Angebotskurve).**

Beispiel:

Angenommen, ein Industriebetrieb stellt Elektromotoren her. Die fixen Kosten je Monat betragen 200 000,00 GE, die proportional variablen Kosten je Stück 300,00 GE. Nachstehende Tabelle zeigt die Entwicklung der Stückkosten bei zunehmender bzw. abnehmender Produktion.

Stückzahl in GE	Fixe Kosten in GE	Variable Kosten in GE	Gesamtkosten in GE	Stückkosten in GE
2000	200 000,00	600 000,00	800 000,00	400,00
2100	200 000,00	630 000,00	830 000,00	395,00
2200	200 000,00	660 000,00	860 000,00	391,00
2300	200 000,00	690 000,00	890 000,00	387,00
2400	200 000,00	720 000,00	920 000,00	383,00
2500	200 000,00	750 000,00	950 000,00	380,00
2600	200 000,00	780 000,00	980 000,00	377,00
2700	200 000,00	810 000,00	1 010 000,00	374,00
2800	200 000,00	840 000,00	1 040 000,00	371,00
2900	200 000,00	870 000,00	1 070 000,00	369,00
3000	200 000,00	900 000,00	1 100 000,00	367,00

Nehmen wir weiterhin an, dass unser Industriebetrieb die Stückkosten als Preisuntergrenze ansieht. Dann muss er beispielsweise 400,00 GE je Stück verlangen, wenn er nur 2 000 Stück absetzen kann. Nimmt die Nachfrage jedoch um 1 000 Stück auf 3 000 Stück je Monat zu, kann er den Stückpreis auf 367,00 GE senken. Seine Angebotskurve entspricht in diesem Fall dem Verlauf der Stückkostenkurve.

Anomale Angebotskurve bei Stückkostenkalkulation

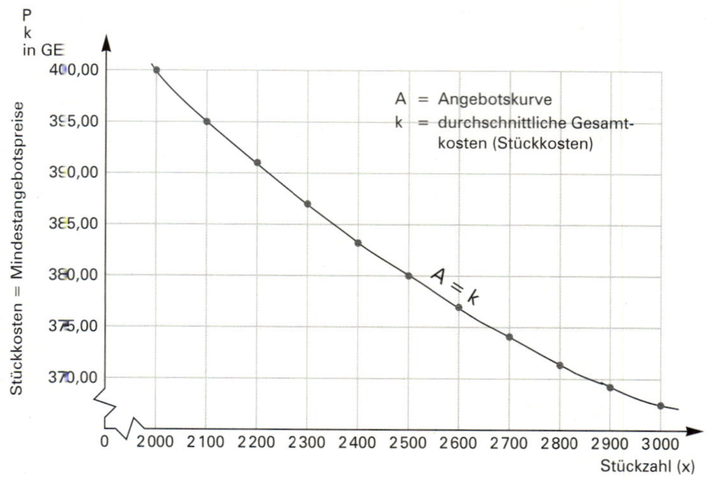

Das Beispiel auf S. 90 liefert *eine* mögliche Erklärung dafür, dass in hoch entwickelten Volkswirtschaften mit monopolistischen und oligopolistischen Märkten bei Nachfragerückgängen die Preise nicht sinken, sondern sogar steigen.

Umgekehrt erklärt sich auch, dass bei steigender Nachfrage die Preise bestimmter Massengüter im Laufe der Jahre absolut sinken.

Beispiele:

Kühlschränke, Smartphones, TV-Geräte, Waschmaschinen, Spülmaschinen, Personalcomputer, Laptops, Tablets.

15.4.3 Preisbildung des unvollkommenen Angebotsmonopols

Ebenso wie die polypolistischen Märkte sind auch die monopolistischen Märkte in der Regel **unvollkommen,** d.h., es fehlen eine oder mehrere Prämissen des vollkommenen Marktes.

Merke:

Ein **unvollkommenes Monopol** liegt vor, wenn das Monopolunternehmen in der Lage ist, **Preisdifferenzierung**[1] – auch **Preisdiskriminierung**[2] genannt – zu betreiben,[3] indem es die „Konsumentenrente" abschöpft.

Es können folgende Arten der Preisdifferenzierung unterschieden werden:

Arten	Kriterien	Beispiele
Sachliche Preisdifferenzierung	■ Nach dem Verwendungszweck des Gutes; ■ nach der gekauften Menge; ■ nach der Produktgestaltung.	■ Strom für private Haushalte – Strom für Industriebetriebe; ■ Staffelrabatte; ■ Preise für Standardmodelle – für Luxusmodelle bei Autos.
Persönliche Preisdifferenzierung	■ Nach den Einkommen der Kunden; ■ nach der Gruppenzugehörigkeit.	■ Differenzierte Arztrechnungen; ■ Niedrigere Eintrittspreise für Schüler, Studenten und Schwerbehinderte.
Räumliche Preisdifferenzierung	Nach der räumlichen Verteilung der Käufer.	Angebotspreise im Ausland niedriger als im Inland (Dumping); Zonenpreise (z.B. Benzinpreise).
Zeitliche Preisdifferenzierung	Nach der zeitlichen Verteilung der Nachfrage.	Tagstrom- und Nachtstromtarife; Sommer- und Winterpreise für Heizmaterial oder unterschiedliche Preise für Kinokarten je nach Wochentag.
Verdeckte Preisdifferenzierung	Nach den künstlich geschaffenen Meinungen bei den Käufern.	Vortäuschung von Produktunterschieden (z.B. durch Verwendung unterschiedlicher Markennamen für gleiche Güter).

1 **Differenzieren** (lat.) = abstufen, unterscheiden.

2 **Diskriminieren** (lat.) = unterschiedlich behandeln, herabsetzen.

3 Vgl. Woll, A., a.a.O., S. 150.

Beispiel:

Ein Angebotsmonopol sieht sich einer Nachfragekurve gegenüber, wie sie in den nachstehenden Abbildungen wiedergegeben wird.

Die Preisdifferenzierung (ein Produkt wird zu verschiedenen Preisen verkauft) setzt voraus, dass die Käufer voneinander entweder räumlich oder sachlich (Inländer – Ausländer, Endverbraucher – Wiederverkäufer) getrennt werden können. Falls es unserem Monopolisten gelingt, beispielsweise 3 Abnehmergruppen voneinander zu scheiden und seine Preise auf 1400 GE, 1200 GE und 1000 GE festzusetzen, so beträgt sein Umsatz 3 x 1400, 1 x 1200 und 1 x 1000 GE, zusammen also 6400 GE. Betragen seine Gesamtkosten bei einem Umsatz von 5 Produktionseinheiten 3600 GE, so macht er einen Gewinn von 2800 GE. Ohne Preisdifferenzierung würde der Monopolist lediglich einen Umsatz von 5000 GE erzielen (5 x 1000 GE). In diesem Fall beliefe sich sein Gesamtgewinn nur auf 1400 GE (siehe linke Abbildung).

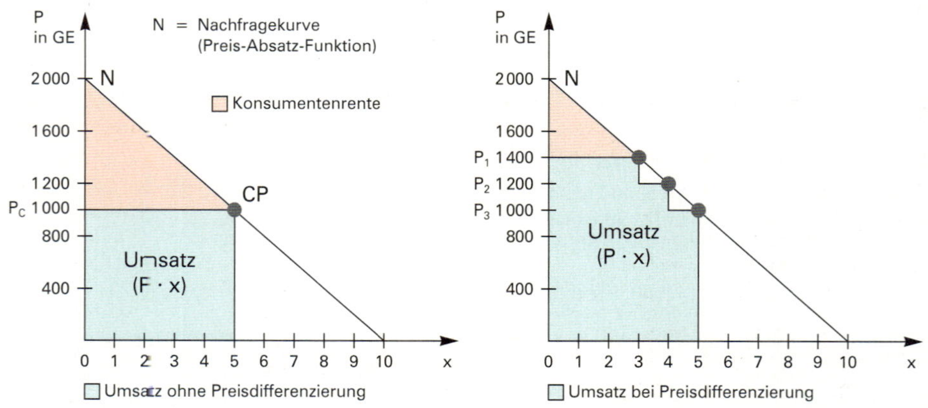

Je weiter die Preisdifferenzierung durchgeführt werden kann, desto größer ist der Gesamtgewinn. Die **absolute Preisuntergrenze** ist die Höhe der **Grenzkosten**: Jede weitere Produktionsausdehnung verursacht mehr zusätzliche Kosten als zusätzlich erlöst wird.

15.4.4 Der „monopolistische Preisspielraum“ eines einzelnen Anbieters auf polypolistischem Markt

Unter den Bedingungen des vollkommenen Polypols kann der einzelne Anbieter keine Preispolitik betreiben. Der Preis ist für ihn ein Datum. Würde er seinen Absatzpreis höher als den Marktpreis ansetzen, verlöre er sämtliche Kunden.

Anders ist die Situation des einzelnen Anbieters beim unvollkommenen Polypol. Hier haben die Nachfrager gegenüber den Anbietern und/oder deren Erzeugnissen bzw. Handelswaren bestimmte **Präferenzen** (z. B. räumliche Nähe des Anbieters, eine gute Meinung vom Service).

Hinzu kommt die fehlende **Markttransparenz,** die ebenfalls zur *Unvollkommenheit der Märkte* beiträgt, weil insbesondere die privaten Verbraucher nicht in der Lage sind, bei der Vielzahl der angebotenen Waren in den Besitz der notwendigen Informationen über Güte und Preise zu gelangen.

Die Summe aller möglichen Präferenzen verschmilzt in der Praxis zu einer Einheit, die als **akquisitorisches**[1] **Kapital** eines Unternehmens bezeichnet wird. Je stärker dieses akquisitorische Kapital ist, desto größer ist die Möglichkeit der Anbieter, Preispolitik zu betreiben. Die Unternehmen sind daher bemüht, mithilfe verschiedener absatzpolitischer Maßnahmen (= Marketingmaßnahmen) das akquisitorische Kapital zu erhöhen. Beispielsweise dient die **Werbung** u.a. dazu, die „Meinung" der Kunden zu beeinflussen. Mithilfe der **Produktgestaltung** (z.B. Qualitätsverbesserung, Formgebung, Verpackungsgestaltung, Einführung von Markenzeichen) sollen die sachlichen Präferenzen verstärkt werden. Durch die Wahl geeigneter **Absatzmethoden**[2] kann die Kundennähe vergrößert werden.

Aufgrund all dieser Maßnahmen enthält die Preis-Absatz-Kurve (Nachfragekurve) des polypolistischen Anbieters einen „monopolistischen Bereich" (daher auch „monopolistische Konkurrenz"), der ihm gestattet, innerhalb gewisser Grenzen eigene **Preispolitik** zu betreiben.

Beispiel:

Der Betreiber einer Hühnerfarm hat es verstanden, sich durch den Verkauf „naturfrischer" Eier einen guten Ruf zu schaffen, weil seine Legehennen auf eigenen Wiesen freien Auslauf haben. Seine Preis-Absatz-Kurve (Nachfragekurve) hat folgende Gestalt:

x (nachgefragte Eier in 1000 Stück)	**P** (Preis je Stück) in GE	**U** (Umsatz = P · x) in GE	**Grenzerlös** (Umsatzzuwachs gesamt) in GE	**Grenzerlös je Stück** in GE
0	0,30	–		
10	0,30	3000	3000	0,30
20	0,30	6000	3000	0,30
25	0,275	6875	875	0,175
30	0,25	7500	625	0,125
35	0,225	7875	375	0,075
40	0,20	8000	125	0,025
45	0,175	7875	– 125	– 0,025
50	0,15	7500	– 375	– 0,075
60	0,15	9000	1500	0,15
70	0,15	10500	1500	0,15

Erläuterungen:

1. Der **monopolistische Preisspielraum** des Anbieters liegt zwischen 0,30 GE und 0,15 GE. Würde er seinen Preis höher als 0,30 GE festsetzen, verlöre er alle Kunden an die Konkurrenz. Läge sein Absatzpreis unter 0,15 GE, gewänne er alle Kunden.
2. Den **Umsatz (Erlös)** erhält man, indem man die Absatzmenge mit dem Stückpreis multipliziert.
3. Der **Grenzerlös (Grenzumsatz)** ist der Umsatzzuwachs je Produktionseinheit (hier je 5000 bzw. 10000 Stück).

1 **Akquisitorisch** (lat.) = die Kundenwerbung betreffend, die Kunden anziehend, aufmerksam machend. Akquirieren = werben, anschaffend.

2 Die Absatzmethode fragt nach der für das Unternehmen günstigsten Absatzform (Absatz durch eigene oder fremde Organe), nach dem optimalen Absatzweg (direkter oder indirekter Absatz) und nach der geeigneten Absatzorganisation (z.B. zentraler oder dezentraler Absatz).

4. Der **Grenzerlös je Stück** ergibt sich, indem man den Grenzerlös durch die Anzahl der zusätzlich produzierten Stücke dividiert.
5. Grenzerlös und Grenzerlös je Stück sind Differenzwerte. Sie sind deshalb in der Tabelle auf S. 93 und in der nachstehenden Abbildung als **Zwischenwerte** eingetragen.

Aus den Werten der Tabelle auf S. 93 ergibt sich eine **„doppelt geknickte Nachfragekurve"**.

Doppelt geknickte Preis-Absatz-Kurve mit monopolistischem Preisspielraum

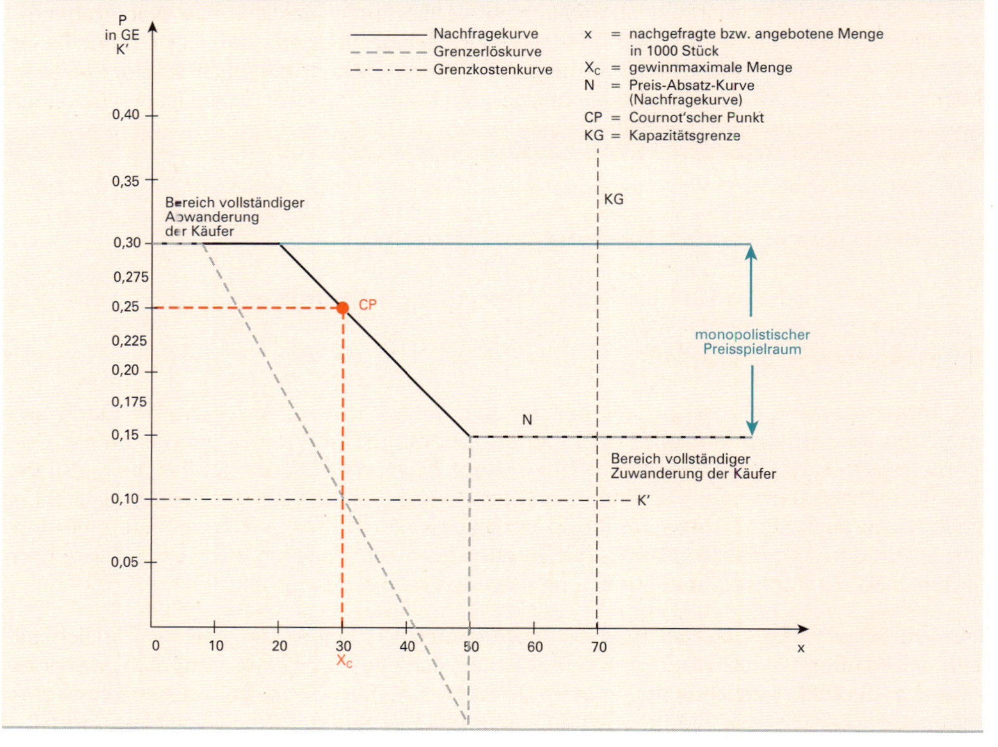

<u>**Erläuterungen zur Abbildung:**</u>

1. Die **„doppelt geknickte Nachfragekurve"** in der Abbildung bringt zum Ausdruck, dass der Polypolist bei heterogener Konkurrenz einen mehr oder weniger großen monopolistischen Spielraum besitzt, innerhalb dessen er Preispolitik betreiben kann, ohne dass seine Konkurrenten zu stark reagieren.
2. Nützt der Polypolist seinen monopolistischen Preisspielraum aus, liegt sein **Gewinnmaximum** bei der Ausbringungs- und Verkaufsmenge, bei der die **Grenzkosten dem Grenzerlös gleich** sind (Begründung hierzu siehe Kapitel 15.4.2).
3. In diesem Beispiel wird der polypolistische Anbieter einen Preis von ca. 0,25 GE verlangen, weil bei diesem Preis die Bedingung Grenzkosten (0,10 GE) gleich Grenzerlös (0,10 GE) erfüllt ist **(Cournot'scher Preis)**.

Die dargestellte „doppelt geknickte Nachfragekurve" ist ein theoretischer Grenzfall, weil in der Wirklichkeit weder die obere noch die untere Grenze des „monopolistischen Spielraums" eines polypolistischen Anbieters vollkommen elastisch ist (siehe Abb. S. 94). Wirklichkeitsnäher ist die Annahme, dass die Nachfragekurve oberhalb und unterhalb des „monopolistischen Preisspielraums" zumindest eine geringe Steigung aufweist. Das bedeutet, dass nicht alle bisherigen Kunden des Anbieters schon bei einer minimalen Preiserhöhung von über 0,30 GE sofort zur Konkurrenz abwandern. Ein Totalverlust nahezu aller Kunden tritt erst bei einer starken Angebotspreiserhöhung ein.

Die gleiche Überlegung gilt auch bei einer minimalen Senkung des Angebotspreises unter 0,15 GE. Die Nachfrage ist hier ebenfalls nicht vollkommen elastisch. Die Nachfragekurve weist also auch hier eine mehr oder weniger geringe Steigung auf. Der Grund: Es ist nicht zu erwarten, dass dem Anbieter bereits bei einem geringfügigen Unterschreiten des Stückpreises von 0,15 GE alle infrage kommenden Käufer „zulaufen". Dies ist erst bei einer erheblichen Preissenkung der Fall.

15.5 Preisbildung des Angebotsoligopols[1]

15.5.1 Preisbildung des vollkommenen Angebotsoligopols

(1) Kooperatives[2] Verhalten

Das Wesen des Angebotsoligopols besteht darin, dass wenige Anbieter den Markt beherrschen. Im Unterschied zum Polypol und Monopol müssen die Oligopolisten mit Gegenmaßnahmen der Konkurrenten rechnen, wenn sie am Markt absatzpolitische Maßnahmen (z.B. Preisänderungen) vornehmen. Deshalb bezeichnet man den oligopolistischen Wettbewerb auch als **zirkulare Konkurrenz**: Die Handlungen eines Oligopolisten werden einmal von den Aktionen der Konkurrenten bestimmt, zum anderen von den Erwartungen darüber, wie die Konkurrenten auf eigene Aktionen reagieren werden.

Beim vollkommenen Oligopol wird ein homogenes Gut angeboten, ein in Wirklichkeit kaum anzutreffender Fall. Als Beispiel könnte man sich etwa vorstellen, dass sich zwei oder mehr Braunkohlebrikettfabriken an einem Ort befinden, deren Erzeugnisse sich deswegen nicht unterscheiden, weil die Braunkohle aus derselben geologischen Schicht stammt.

Homogene Märkte können nur einen einheitlichen Preis aufweisen, wie bereits mehrfach bewiesen wurde, ebenso das homogene Oligopol. Würde ein Oligopolist versuchen, den Preis zu senken, gewänne er **alle** Kunden, falls seine Konkurrenten nicht nachzögen. Würde er den Preis erhöhen, verlöre er **alle** Kunden, falls die Konkurrenten nicht reagieren. Diese Tatsache erklärt bereits, dass auf oligopolistischen Märkten relative **Preisstarrheit** herrscht, weil *friedliches* und *kooperatives Verhalten* für alle Anbieter i. d. R. von Vorteil ist. Bei Kostensteigerungen werden die Oligopolisten **gemeinsam** ihre Preise erhöhen (abgestimmtes Verhalten), sei es durch vertragliche Abmachung **(Kartell)** oder stillschweigende Übereinkunft **(Quasikartell)**. Möglicherweise wird es auch einem **Preisführer** überlassen, an dessen preispolitischem Verhalten sich die Mitbewerber orientieren.

1 Zum Begriff Oligopol siehe Band 1, S. 81.

2 **Kooperativ** (lat.) = zusammenarbeitend, gemeinsam (vor allem auf wirtschaftlichem Gebiet).

(2) Nichtkooperatives Verhalten

Es kann jedoch durchaus die Situation eintreten, dass die Kapitalgeber und/oder die Geschäftsleitungen der Oligopolunternehmen mit ihrer Gewinnsituation nicht zufrieden sind. Unterstellt, die Oligopole haben den Markt aufgeteilt, d.h. ein **Quotenkartell**[1] gebildet. Für jeden einzelnen Oligopolisten wäre es günstiger, seine Produktion zu erhöhen, d.h. die Absprache zu unterlaufen. Der oder die Konkurrenten werden jedoch reagieren, indem sie ihre Produktion ebenfalls erhöhen, sodass sich letztlich jeder der Beteiligten schadet. Der Oligopolist befindet sich also in einer sogenannten **Dilemma-Situation.**[2]

Beim Vorliegen eines Anbieterdilemmas profitieren die beteiligten Unternehmen meistens nichts, verlieren mitunter sogar, wenn sie ihre Kooperation aufgeben. Gesamtwirtschaftlich kann sich jedoch die Wohlfahrt einer Volkswirtschaft erhöhen, da die Nachfrager durch niedrige Preise und eine bessere Versorgung einen Wohlfahrtsgewinn haben. Die staatliche Wettbewerbspolitik kann die positive Wohlfahrtswirkung dadurch fördern, dass sie die Kartellbildung verbietet.

Nichtkooperatives Verhalten kann für einen einzelnen Oligopolisten auch dann von Vorteil sein, wenn er kostengünstiger als seine Konkurrenten produziert und/oder die größeren finanziellen Reserven besitzt. Für ihn kann es langfristig von Nutzen sein, mit Niedrigpreisen **(Verdrängungspreisen, Kampfpreisen)** auf dem Markt aufzutreten, sich also gewissermaßen kriegerisch zu verhalten **(Verdrängungswettbewerb).** Gelingt es dem stärkeren Anbieter, seine Konkurrenten aus dem Markt zu drängen, weil diese aufgrund der niedrigen Preise nicht mehr in der Lage sind, ihre Kosten zu decken, vereinigt er die gesamte Nachfrage auf sein Produkt, wird also zum Monopolisten. Er kann nunmehr den Absatzpreis wieder erhöhen und seinen Gewinn maximieren.

15.5.2 Preisbildung des unvollkommenen Angebotsoligopols

Vollkommene Oligopole kommen – wenn überhaupt – sehr selten vor. Deswegen sind die von der Wirtschaftstheorie entwickelten Oligopolmodelle auch nur von beschränkter Aussagekraft. Die heutige Lehre wendet sich daher mehr und mehr von den Modellen ab und versucht, die Wirklichkeit[3] zu beobachten, typische[4] Verhaltensweisen festzustellen und daraus brauchbare allgemein gültige Aussagen zu gewinnen. Zum Zweck der Veranschaulichung sei dennoch ein Oligopolmodell vorgestellt, um das Wesen oligopolistischer Märkte zu veranschaulichen.

Die Aussagen über die möglichen Verhaltensweisen vollkommener Oligopole (kooperatives oder nicht kooperatives Verhalten) gelten gleichermaßen auch für die unvollkommenen Oligopole. Letztere unterscheiden sich von den vollkommenen Oligopolen vor allem dadurch, dass die Nachfrager gegenüber den Produkten der Oligopolunternehmen bestimmte *Präferenzen* haben, sodass der einzelne Oligopolist in der Lage ist, seine Absatzpreise innerhalb bestimmter Grenzen festzusetzen. Der Oligopolist hat also – ebenso wie die Anbieter auf einem unvollkommenen polypolistischen Markt – einen **„mono-**

1 Quote (lat.) = Anteil, der beim Aufteilen einer Sache auf den Einzelnen oder einer Gruppe entfällt.

2 Dilemma (griech., lat.) = Wahl zwischen zwei gleich unangenehmen Folgen einer Entscheidung. Entscheidet sich der Oligopolist für Vertragstreue, ist seine Gewinnlage unbefriedigend. Entscheidet er sich dagegen, kann er nur gewinnen, wenn die anderen nicht nachziehen. Aller Voraussicht nach werden diese sich jedoch anpassen, sodass das Kartell zu aller Schaden „platzt".

3 Die genaue Beobachtung der Wirklichkeit mit ihren Regelmäßigkeiten zur Gewinnung wissenschaftlicher Erkenntnisse bezeichnet man als **Empirie**. Empirisches Wissen ist Erfahrungswissen. Empirisch (griech.) = auf Erfahrung, auf Beobachtung beruhend.

4 Typisch (griech., lat.) = kennzeichnend, unverkennbar.

polistischen Preisspielraum" (siehe Kapitel 15.4.4). Bildlich gesprochen: Der Oligopolist sieht sich einer **doppelt geknickten Nachfragekurve**[1] gegenüber.

Beispiel:

Angenommen, in einer Volkswirtschaft teilen sich drei Autohersteller den Kraftfahrzeugmarkt mit drei verschiedenen Typen. Dem Produzenten A ist es gelungen, bei einem Teil der Käufer durch Reklame, Formgestaltung und Leistung die Vorstellung zu erwecken, dass sein Auto besonders robust, preiswert und wirtschaftlich sei. Sein Preis liegt bei 5000 GE.

Der zweite Anbieter B kann einen Preis von 6000 GE verlangen, weil er eine gehobene Käuferschicht davon zu überzeugen verstand, dass sein Autotyp auch verwöhnten Ansprüchen genügt.

Der dritte Anbieter C schließlich wendet sich mit seinem Produkt an die schwächeren Einkommensschichten und fordert einen Preis von 4000 GE.

Unter den gegebenen Bedingungen kann Anbieter A seinen Preis nicht höher als 6000 GE festsetzen, denn bei einem Preis von 6000 GE und darüber würde er alle seine Kunden verlieren, weil diese nunmehr den Wagen des Anbieters B kaufen.

Doppelt geknickte Nachfragekurve

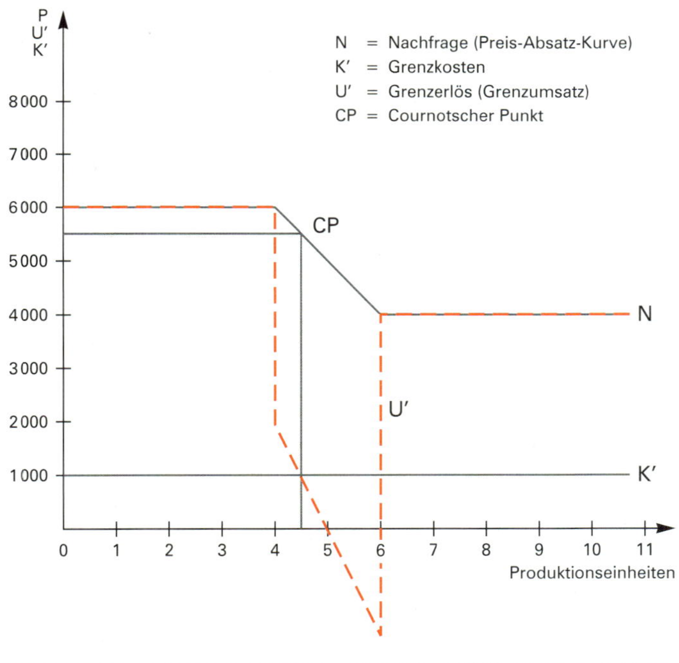

Senkt A seinen Preis auf 4000 GE, so gewinnt er alle Kunden des C, weil diese nun auch den (zumindest vermeintlich) besseren Wagen kaufen wollen. Bei Preisen von 4000 und 6000 GE befindet sich das Unternehmen A also in der Situation des Mengenanpassers. Zwischen diesen Preisen aber ist – behalten die Konkurrenzunternehmen ihre Preise bei – das Unter-

1 Der Verlauf der Nachfragekurve bei einem Preis von mehr als 6000 GE und weniger als 4000 GE ist in Wirklichkeit nicht vollkommen elastisch, sondern weist eine leichte Steigerung auf, weil der Oligopolist bei einer Preiserhöhung von über 6000 GE nur allmählich Kunden verliert und bei einer Preissenkung von unter 4000 GE nur allmählich Kunden hinzugewinnt.

7 Hartmann - ISBN 978-3-8120-0490-9

nehmen in seiner Preisgestaltung mehr oder weniger frei. Eine Preiserhöhung des Anbieters A von 5000 auf z. B. 5500 GE wird zwar einen Verlust an Kunden bringen, weil mancher sich jetzt entschließt, etwas mehr und länger zu sparen, um dann den Wagen des Unternehmens B zu kaufen. Senkt A seinen Preis von 5000 GE auf beispielsweise 4500 GE, können zwar Kunden gewonnen werden, aber nicht allzu viele, da der Preis von 4500 GE für die meisten Käufer des C-Typs immer noch zu hoch ist.

Der Zusammenhang wurde in der Abb. auf S. 97 grafisch dargestellt. Trägt man auf der y-Achse den Pkw-Preis und auf der x-Achse die absetzbaren Pkw-Einheiten ab, so zeigt sich, dass die Absatzkurve (Nachfragekurve) des Herstellers A einen monopolistischen Teilbereich zwischen den Preisen von 4000 und 6000 GE besitzt. Innerhalb dieser Spanne hat der Oligopolist nur mit den Reaktionen seines eigenen Kundenstamms zu rechnen. Liegen seine Grenzkosten z. B. bei 1000 GE, so wird er, falls er Gewinnmaximierung anstrebt, einen Preis in Höhe von 5500 GE wählen und 4,5 Pkw-Einheiten produzieren und absetzen (Cournotscher Punkt).

Diese Aussage gilt nur, wie bereits gesagt wurde, wenn die Konkurrenten des A ihre Preise unverändert lassen. Setzt nämlich B seinen Preis auf 5500 GE herunter, verliert A sämtliche Kunden an B, falls er seinen Preis nicht ebenfalls zurücknimmt. Weitere Preissenkungen von A und B müssten endlich auch den Anbieter C veranlassen, seinen Preis zu reduzieren, wenn er nicht seinerseits seine Kunden an A und B abgeben will.

15.6 Marktformen und Marktmacht

Die in den vorigen Kapiteln dargestellten Zusammenhänge zeigen, dass die Marktmacht der einzelnen Anbieter vor allem von der Marktform abhängig ist. Allgemein gilt: Je unvollkommener ein Markt ist, desto größer ist die Marktmacht der Anbieter. Wachsende Marktmacht führt zur Aufhebung der Preisgesetze.

	Zahl der Anbieter	Marktbeschaffenheit	Preisbildung
wachsende Marktmacht ↓	**viele**	vollkommene polypolistische Konkurrenz	Bildung eines Einheitspreises; der einzelne Anbieter bzw. Nachfrager hat keinen Einfluss auf den Preis
		unvollkommene polypolistische Konkurrenz	Es gibt mehrere Preise für ein Gut; der einzelne Anbieter hat einen geringen Spielraum bei der Preisfestsetzung
	wenige	vollkommene oligopolistische Konkurrenz	Bildung eines Einheitspreises durch abgestimmtes Verhalten der Oligopolisten
		unvollkommene oligopolistische Konkurrenz	Es gibt unterschiedliche Preise für eine Güterart; Oligopolisten müssen die Reaktion ihrer Konkurrenten bei Preisänderungen und/oder Produktänderungen berücksichtigen
	einer	vollkommenes Monopol	Der Monopolist kann nur einen Preis für ein Gut verlangen; er ist in der Preisbildung unabhängig
		unvollkommenes Monopol	Der Monopolist kann Preise differenzieren (z. B. Tag- und Nachtstromtarif)

Zusammenfassung

- Ein **vollkommenes Angebotsmonopol** liegt vor, wenn einem einzelnen Anbieter eines homogenen Produkts eine sehr große Zahl von Nachfragern gegenübersteht.
- Unterstellt man, dass der Monopolist nach dem Gewinnmaximierungsprinzip handelt, setzt er für sein Produkt einen Absatzpreis fest, bei dem der Grenzerlös den Grenzkosten gleich ist **(Gewinnmaximierungsregel).**
- Statt **Preispolitik** kann der Monopolist auch **Mengenpolitik** betreiben, d. h., er legt die Absatzmenge fest, bei der die Gewinnmaximierungsregel erfüllt ist.
- Die gewinnmaximale Menge und der gewinnmaximale Preis wird auf der Nachfragekurve des Monopolisten durch den **Cournotschen Punkt** gekennzeichnet.
- In der Regel kann man davon ausgehen, dass die **Marktversorgung** beim Polypol besser und der Marktpreis niedriger ist als beim Monopol.
- Ein unvollkommenes Monopol ist in der Lage, seine Absatzpreise zu differenzieren. Mithilfe der **Preisdifferenzierung** schöpft der Angebotsmonopolist einen Teil der Konsumentenrente ab.
- Ein **einzelner Anbieter auf einem unvollkommenen polypolistischen Markt** kann seine Absatzpreise innerhalb bestimmter Grenzen frei (autonom) festsetzen: Er besitzt einen **monopolistischen Preisspielraum.**
- Hat ein einzelner Anbieter auf einem Polypolmarkt einen gewissen Preisspielraum, sieht er sich einer **„doppelt geknickten Nachfragekurve"** gegenüber.
- Ein monopolistischer Preisspielraum für ein bestimmtes Produkt besteht immer dann, wenn die Nachfrager gegenüber dem Anbieter und/oder gegenüber dem Produkt bestimmte **Präferenzen** haben.
- Ein **Angebotsoligopol** liegt vor, wenn wenige Anbieter den Markt beherrschen.
- Die Oligopolunternehmen sind hinsichtlich ihrer Produkt- und Absatzpolitik voneinander abhängig. Sie müssen z. B. bei preis- oder mengenpolitischen Entscheidungen damit rechnen, dass ihre Mitbewerber ebenfalls reagieren, sodass ihre Lage nach ihrer Entscheidung schlechter ist als zuvor. Sie befinden sich in einer **Dilemma-Situation.**
- Ob und wie die Mitbewerber auf eine absatzpolitische Entscheidung eines Oligopolisten reagieren, ist diesem unbekannt. Deswegen verhalten sich Oligopolisten häufig **kooperativ.** Mengen- und preispolitische Entscheidungen werden nur im gegenseitigen Einvernehmen (stillschweigend oder durch Kartellvereinbarungen) vorgenommen.
- **Nicht kooperatives Verhalten** auf Oligopolmärkten ist vor allem dann zu beobachten, wenn ein markt- und finanzstarker Oligopolist Möglichkeiten sieht, auf längere Sicht z. B. seinen Marktanteil zu erhöhen oder seinen Gewinn zu maximieren, indem er versucht, seine Konkurrenten durch Kampfpreise oder durch Erhöhung seiner Angebotsmengen aus dem Markt zu drängen. Gelingt ihm das, gewinnt er eine Monopolstellung und kann seine Preise bzw. seine Absatzmengen optimieren.

ABITRAINING

1. Der europaweit agierende Tabakkonzern „Flavour Tobacco Limited" hat nach langjähriger Forschungs- und Entwicklungsarbeit eine „gesundheitsunschädliche" Zigarette entwickelt und diese durch ein weltweit gültiges Patent vor Nachahmung schützen lassen. Dieses Produkt – so zeigen unabhängige Studien verschiedener Unikliniken – setzt beim Konsum keine für die Gesundheit bedenklichen Stoffe frei und garantiert einen nahezu unverfälschten Tabakgenuss für „gesundheitsbewusste" Raucher. Der Tabakkonzern „Flavour Tobacco Limited" verfügt somit über ein Monopol für ein Produkt, das zwei wichtige und bisher scheinbar unvereinbare Eigenschaften zusammenführt: Diese Zigarette ermöglicht den Genuss am Rauchen, ohne dass sich hierbei erkennbare Schäden für die Gesundheit des Konsumenten ergeben.

Eine in Auftrag gegebene Marktforschungsstudie kommt zu dem Ergebnis, dass nachfolgende Absatzmengen in Abhängigkeit vom gewählten Preis am Zigarettenmarkt erzielt werden könnten.

Absetzbare Menge in Mio. Packungen	Preis je Packung in EUR	Umsatz in Mio. EUR	Fixe Kosten in Mio. EUR	Variable Kosten in Mio. EUR	Gesamtkosten in Mio. EUR	Verlust bzw. Gewinn in Mio. EUR
50	10,00	500	200	250	450	50
60	9,50		200			
70	9,00		200			
80	8,50		200			
90	8,00		200			
100	7,50		200			
110	7,00		200			
120	6,50		200			
130	6,00		200			
140	5,50		200			

Aufgaben:

1.1 Vervollständigen Sie die oben stehende Tabelle und bestimmen Sie die Preis-Absatz-Funktion des Monopolisten! Die variablen Kosten pro Stück (k_f) betragen 5,00 EUR.

1.2 Entscheiden Sie, welchen Verkaufspreis die „Flavour Tobacco Limited" wählen sollte, wenn sie

1.2.1 das Ziel der Gewinnmaximierung anstrebt,

1.2.2 das Ziel der Umsatzmaximierung verfolgt!

1.3 Erläutern Sie kurz, welcher Umstand es der „Flavour Tobacco Limited" ermöglicht, eine eigenständige Preispolitik zu betreiben!

1.4 Stellen Sie kurz dar, wie sich

1.4.1 eine Preissenkung auf den Umsatz auswirkt,

1.4.2 eine Preiserhöhung auf den Umsatz auswirkt!

1.5 Nennen Sie kurz die beiden Möglichkeiten, wie ein Monopolist auf Veränderungen seines Marktes reagieren kann!

1.6 Legen Sie kurz dar, warum der Gewinn auch dann abnehmen kann, wenn durch Preissenkungen ein höherer Absatz erzielt wird!

1.7 Angenommen, der weltweit einzige Anbieter von gesundheitsunschädlichen Zigaretten ermittelt mittels Marktforschung seine Preis-Absatz-Funktion $p = 30 - 0{,}5x$. Seine Gesamtkostenfunktion lautet $K(x) = 1\,500\,000{,}00 + x$. Der Monopolist strebt nach maximalem Gewinn.

1.7.1 Ermitteln Sie die kurzfristige Preisuntergrenze!

1.7.2 Erläutern Sie die Bedeutung der kurzfristigen Preisuntergrenze im Monopol!

2. 2.1 Definieren Sie Angebotsmonopol, Individualmonopol und Kollektivmonopol! Nennen Sie eigene Beispiele!

2.2. Erläutern Sie, warum das vollkommene Angebotsmonopol als ein theoretischer Grenzfall zu bezeichnen ist!

2.3 Die Preis-Absatz-Funktion eines Monopolisten hat folgenden Verlauf:

$$PE = \frac{10\,000 - 2\,P}{1\,000}$$

Dabei bedeuten PE = Produktionseinheiten und P = Preis.

2.3.1 Stellen Sie eine Wertetafel für P und PE auf!

2.3.2 Ermitteln Sie grafisch das Gewinnmaximum mithilfe der

2.3.2.1 Gesamtbetrachtung und

2.3.2.2 Stückbetrachtung, wenn die fixen Kosten 2000 GE und die variablen Kosten 2000 GE je PE betragen!

2.4 Erläutern Sie, warum der Angebotsmonopolist sein Gewinnmaximum dann erzielt, wenn der Grenzerlös (Grenzumsatz) den Grenzkosten entspricht!

3. Ein Monopolist sieht sich folgender Nachfragesituation gegenüber:

Absetzbare Menge:	0	1	2	3	4	5	6	7	8
Preis in Tausend:	4	3,5	3	2,5	2	1,5	1	0,5	0

Seine fixen Kosten betragen 2000 GE, seine variablen Kosten 1000 GE je Produktionseinheit.

Aufgaben:

Bestimmen Sie grafisch das Gewinnmaximum mithilfe der

3.1 Gesamtdarstellung und

3.2 Stückdarstellung!

3.3 Zeigen Sie mithilfe der Stückdarstellung, wie sich das Gewinnmaximum des Monopolisten verändert, wenn sich die variablen Kosten um 20 % erhöhen!

3.4 Hohe Monopolpreise führen in der Regel dazu, dass Substitutionskonkurrenz aufkommt. Dies aber bedeutet, dass die Nachfrage nach dem Monopolgut elastischer wird. Die Folge ist, dass die Marktmacht des Monopolisten abnimmt.

Interpretieren Sie diese Aussagen!

4. Die ursprüngliche Nachfragefunktion (Preis-Absatz-Funktion) eines Monopolisten hat die Gestalt $x(p) = 6 - 4\,P$. In der Folgeperiode nimmt die Nachfrage auf $x(p) = 8 - 4\,P$ zu, in der nächsten Periode auf $x(p) = 10 - 4\,P$.

x = Produktionseinheiten, z. B. 1000 Stück; p = Preis je Produktionseinheit.

Aufgaben:

4.1 Zeichnen Sie die drei Preis-Absatz-Funktionen in ein Koordinatensystem ein! (1 cm auf der y-Achse = 0,50 GE; 1 cm auf der x-Achse = 1 PE.)

4.2 Ermitteln Sie die jeweiligen Cournot'schen Punkte unter der Annahme, dass die Grenzkosten 0,50 GE betragen!

4.3 Bestimmen Sie die Angebotskurve (Reaktionskurve, Cournot'sche Kurve) des Monopolisten, indem Sie die Cournot'schen Punkte verbinden!

4.4 Prüfen Sie, ob die Preisgesetze (siehe S. 58f.) auch für das Angebotsmonopol gelten, sofern der Monopolist nach dem (kurzfristigen) Gewinnmaximierungsprinzip handelt!

4.5 Erläutern Sie, warum die Marktversorgung auf einem polypolistischen Markt i. d. R. besser als auf einem monopolistisch beherrschenden Markt ist!

5. Das Städtische Theater (800 Sitzplätze) in Neustadt hat unter Abzug der Subventionen im Durchschnitt fixe Kosten in Höhe von 10000,00 € je Theaterabend. (Die variablen Kosten sind so gering, sodass sie kostenrechnerisch vernachlässigt werden können.)

Die Theaterleitung erwartet, dass die Besucher auf Preisänderungen wie folgt reagieren werden:

Preis je Karte in €:	20,00	19,0	18,00	17,00	16,00	15,00	14,00
Zahl der verkauften Karten:	500	550	600	650	700	750	800

Aufgaben:

5.1 Angenommen, die Theaterleitung will die Karten zu einem Einheitspreis verkaufen und den abendlichen Gewinn maximieren. Ermitteln Sie rechnerisch den Preis je Abendkarte, der den gewinnmaximalen Kartenverkauf erbringt! Stellen Sie hierzu eine Kosten-Leistungs-Tabelle nach folgendem Muster auf:

Zahl der Besucher in €	Preis je Abendkarte in €	Umsatz in €	Kosten in €	Verlust bzw. Gewinn in €
500	20,00	10 000,00	10 000,00	–
550	19,00	10 450,00	10 000,00	+ 450,00
⋮	⋮	⋮	⋮	⋮

5.2 Geben Sie an, wie viel Karten unverkauft bleiben, wenn der gewinnmaximierende Einheitspreis (Monopolpreis) festgesetzt wird! (Begründung!)

5.3 Angenommen, die Theaterleitung handelt nicht nach dem Gewinnmaximierungsprinzip, sondern nach dem Kostendeckungsprinzip.

5.3.1 Geben Sie an, welchen Preis sie verlangen wird!

5.3.2 Erläutern Sie, wie viel Kunden dann keine Karte erhalten können und ob es sich in diesem Fall um eine Angebots- oder um eine Nachfragelücke handelt! (Begründen Sie Ihre Antwort!)

5.4 Erläutern Sie, warum in diesem Beispiel Gewinn- und Umsatzmaximum identisch sind!

5.5 Die Theaterleitung gelangt zur Ansicht, dass der Gewinn durch Preisdifferenzierung bei ausverkauftem Haus erhöht werden kann. Sie teilt die vorhandenen Plätze in drei Ränge ein. Für den Rang I (500 Plätze) verlangt sie 20,00 € je Karte, für den Rang II (200 Plätze) 16,00 € und für den Rang III (100 Plätze) 14,00 €.

5.5.1 Nehmen Sie Stellung dazu, ob alle Karten verkauft werden! (Begründen Sie Ihre Antwort!)

5.5.2 Berechnen Sie die Höhe des Gesamtgewinns!

5.6 Erläutern Sie, welche Art des Angebotsmonopols im Fall 5.5 vorliegt!

6. Ein Polypolist auf unvollkommenem Markt sieht sich folgender Preis-Absatz-Situation gegenüber:

a) Bei einem Absatzpreis von 120 GE je PE (Produktionseinheit) kann er maximal 12 PE absetzen. Erhöht er den Preis über 120 GE, verliert er alle Kunden an die Konkurrenz.

b) Bei einem Absatzpreis von 60 GE und darunter gewinnt er alle Kunden.

c) Der monopolistische Spielraum des Angebotspolypolisten liegt somit zwischen 120 GE und 60 GE. Die Nachfrage nach seinen Erzeugnissen verhält sich normal und ist linear:

Absatzpreis (P)	120*	110	100	90	80	70	60**
Nachgefragte Menge in Stück (PE)	12	16	20	24	28	32	36

* höchstens ** mindestens

d) Die proportional variablen Stückkosten (Grenzkosten) belaufen sich auf 30 GE.

e) Die fixen Kosten betragen 1 000 GE je Periode. Die Kapazitätsgrenze des Polypolisten liegt bei 44 Stück je Periode.

Aufgaben:

6.1 Erstellen Sie eine Tabelle mit folgenden Spalten:

(1) PE = Produktionseinheiten = produzierte und verkaufte Mengeneinheiten
(2) P = Absatzpreis
(3) U = Umsatz = Erlös
(4) U' = Grenzerlös je 4 PE
(5) U'/PE = Grenzerlös je Produktionseinheit
(6) K_f = fixe Kosten
(7) K_v = variable Kosten
(8) K'/PE = Grenzkosten je PE
(9) K = Gesamtkosten
(10) Gew/Verl = Gewinn bzw. Verlust

Lösungshinweis: Berechnen Sie die erforderlichen Werte jeweils für **4** Produktionseinheiten (PE), in der Spalte (1) also für 0, 4, 8, 12 usw. bis einschließlich **60** PE.

6.2 Zeichnen Sie die Preis-Absatz-Kurve, die Grenzumsatzkurve und die Grenzkostenkurve des Polypolisten!

Lösungshinweis: Teilen Sie die Koordinaten wie folgt ein:
x-Achse: 1 cm ≙ 6 PE; y-Achse: 1 cm ≙ 20 GE.

6.3 Stellen Sie die gewinnmaximale Absatzmenge und den gewinnmaximalen Absatzpreis fest!

6.4 Entscheiden Sie, für welchen Absatzpreis sich der Polypolist entscheiden wird, wenn er nach Umsatzmaximierung strebt! (Begründung!)

6.5 Erläutern Sie, wie die Preisentscheidung des Polypolisten ausfällt, wenn sein oberstes Unternehmensziel die Vollbeschäftigung (Erhaltung der Arbeitsplätze) ist! (Begründung!)

6.6 Angenommen, der Polypolist kann seine Kapazität unter sonst gleichbleibenden Bedingungen auf 60 PE ausweiten. Prüfen Sie, für welchen Absatzpreis er sich entscheiden wird, wenn er nach Gewinnmaximierung strebt! (Begründung!)

6.7 Erläutern Sie, von welchen Faktoren die Entscheidung eines nach Gewinnmaximierung strebenden Polypolisten abhängt, seinen monopolistischen Preisspielraum auszunutzen!

7. Angenommen, auf dem Markt für Universallexika befinden sich nur zwei Anbieter (Verlage), und zwar der Arnold-Verlag und der Brecht-Verlag. Die Nachfrage ist polypolistisch.

Der Arnold-Verlag kann zurzeit in einer Periode 3000 Lexika (1 Lexikon = 12 Bände) zu einem Preis von je 2500 GE verkaufen. Seine Grenzkosten (proportional variablen Kosten) betragen 1 000 GE je Lexikon.

Der Arnold-Verlag sieht sich zwei möglichen linearen Nachfragekurven gegenüber:

■ Preis-Absatz-Kurve, wenn der Brecht-Verlag auf Preisänderungen des Arnold-Verlags entsprechend reagiert		
Preis	3750 GE	1250 GE
Lexika	1 500 Stück	4 500 Stück

■ Preis-Absatz-Kurve, wenn der Brecht-Verlag auf Preisänderungen des Arnold-Verlags nicht reagiert		
Preis	3000 GE	1500 GE
Lexika	2000 Stück	5000 Stück

7.1 Zeichnen Sie die beiden möglichen Preis-Absatz-Kurven des Arnold-Verlags, die dazugehörigen Grenzerlöskurven (Grenzumsatzkurven) sowie die Grenzkostenkurve!

Lösungshinweis:
x-Achse: 1 cm ≙ 1000 Lexika (= 1 PE, d.h. Produktionseinheit);
y-Achse: 1 cm ≙ 500 GE.

7.2 Der Arnold-Verlag muss damit rechnen, dass der Brecht-Verlag seinen Absatzpreis stabil hält, wenn er seinen Absatzpreis anhebt. Andererseits muss der Arnold-Verlag davon ausgehen, dass bei einer eigenen Preissenkung der Brecht-Verlag in gleicher Weise reagiert.

7.2.1 Begründen Sie die vermuteten Entscheidungen des Brecht-Verlags!

7.2.2 Zeichnen Sie die „geknickte Preis-Absatz-Kurve" des Arnold-Verlags!

7.3 Beim Arnold-Verlag sind die proportional variablen Kosten (Grenzkosten) um 50 % gestiegen. Erläuterm Sie, wie der Arnold-Verlag entscheiden wird, wenn sein oberstes Unternehmensziel die Gewinnmaximierung ist und der Brecht-Verlag nicht reagiert!

7.4 Angenommen, der Arnold-Verlag hat die Absicht, seinen Konkurrenten (den Brecht-Verlag) vom Markt zu verdrängen. Er will notfalls auf die Deckung seiner fixen Kosten verzichten, unter keinen Umständen jedoch auf die Deckung seiner variablen Kosten, die sich zurzeit auf 1 250 GE belaufen.

7.4.1 Geben Sie an, für welchen Absatzpreis sich der Arnold-Verlag entscheiden wird, wenn er unter den oben genannten Bedingungen einen möglichst hohen Marktanteil „erobern" möchte und der Brecht-Verlag auf seine Maßnahme entsprechend reagiert!

7.4.2 Ermitteln Sie, wie viel Exemplare der Arnold-Verlag unter den oben genannten Bedingungen absetzen könnte, wenn der Brecht-Verlag nicht reagieren würde!

7.5 Erklären Sie, warum auf oligopolistischen Märkten i.d.R. Ruhe an der „Preisfront" herrscht!

7.6 Erläutern Sie die Begriffe Preisführerschaft und Verdrängungswettbewerb!

16 Notwendigkeit und Ziele der Wirtschaftspolitik

16.1 Wirtschaftsschwankungen

16.1.1 Saisonale und konjunkturelle Schwankungen

Das Phänomen[1] ist dem Menschen seit jeher bekannt: Die wirtschaftliche Entwicklung vollzieht sich nicht regelmäßig, sondern in „Schwankungen". Selbst die Bibel berichtet von den „sieben fetten und den sieben mageren Jahren".

Je nach der Dauer der wirtschaftlichen Schwankungen, die in der Regel an der Entwicklung des Bruttoinlandsprodukts gemessen werden, unterscheidet man langfristige (strukturelle[2]), mittelfristige (konjunkturelle[3]) und kurzfristige (saisonale[4]) Wirtschaftsschwankungen.

Saisonale Schwankungen	Die jahreszeitlich wiederkehrenden saisonalen Schwankungen haben ihre Ursachen in erster Linie im Klimawechsel der Jahreszeiten. So ist beispielsweise die Bau-, Land-, Forst- und Transportwirtschaft im Winter mehr oder weniger stark betroffen. Die Jahreszeiten beeinflussen ferner die Bekleidungs- und Getränkeindustrie sowie den Brennstoffhandel. Auch die Lage besonderer Festtage (Ostern, Weihnachten) sowie die traditionellen Ferienzeiten beeinflussen den Umsatz (die Beschäftigung) vieler Wirtschaftsbereiche (z. B. Einzelhandel, Reiseveranstalter).
Konjunkturelle Schwankungen	Mittelfristige Wirtschaftsschwankungen werden als Konjunkturschwankungen bezeichnet. Man rechnet heute mit einer Zyklendauer von rund 5 bis 8 Jahren.
Strukturelle Schwankungen	Im Jahre 1926 stellte der Russe N. D. KONDRATIEFF die Theorie auf, dass sich die kapitalistische (marktwirtschaftliche) Wirtschaft in Form „langer Wellen" fortentwickle, wobei die Dauer dieser Wellen rund 50 bis 60 Jahre beträgt. Die Ursachen dieser sogenannten **„Kondratieff-Wellen"** liegen in tief greifenden strukturellen Wandlungen der Wirtschaft, die durch technische Neuerungen hervorgerufen werden (Dampfmaschine, Eisenbahn, Flugzeuge, Raumfahrt, Computer, Internet).

16.1.2 Merkmale des Konjunkturverlaufs

Kein Konjunkturzyklus ist dem anderen gleich, denn die sozialen, technischen und wirtschaftlichen Bedingungen sind laufenden Änderungen unterworfen. Dennoch gibt es besonders hervorstechende Gemeinsamkeiten (= typische Merkmale), die im Folgenden kurz erläutert werden.

(1) Trend, Wachstumspfad und Kapazitätsausnutzung

Konjunkturschwankungen kann man auffassen als Abweichungen vom **Trend.**[5] Dabei versteht man unter Trend eine (gedachte) wirtschaftliche Auf- oder auch Abwärtsbewegung *langfristiger* Natur.

1 **Phänomen** (lat.) = Erscheinung.

2 **Struktur** (lat.) = Gefüge, Bau, Aufbau, innere Gliederung. Eine strukturelle Änderung liegt z. B. vor beim Übergang von einer Agrar-(Ackerbau-)Gesellschaft zu einer Industriegesellschaft.

3 **Konjunktur** = Wirtschaftslage, -entwicklung. Das Wort stammt aus dem Lateinischen *conjungere* = verbinden.

4 **Saison** (franz.) = Hauptbetriebszeit, Hauptgeschäftszeit.

5 **Trend** (engl.) = Grundrichtung einer statistisch erfassten Entwicklung.

Wenn man will – hierüber wird allerdings unter den Volkswirten gestritten –, kann man die Kondratieff-Wellen als „Trend“ ansehen. Der Trend zeigt nämlich an, wie die normale Kapazität einer Volkswirtschaft **langfristig** wächst, stagniert (gleich bleibt) oder gar sinkt. Deswegen wird der Trend auch als **Wachstumspfad** bezeichnet. Ist die tatsächliche **Kapazitätsausnutzung** der Wirtschaft höher als normal, herrscht **Überbeschäftigung.** Es werden z. B. Überstunden geleistet, Hausfrauen und -männer für Halbtagsbeschäftigungen geworben, Schüler und Studenten mit „Ferienjobs“ beschäftigt und ausländische Arbeitskräfte eingestellt. Liegt hingegen die tatsächliche Kapazitätsausnutzung unter der Normalbeschäftigung, liegt **Unterbeschäftigung** vor (Arbeitslosigkeit, brachliegende Fabrikanlagen usw.).

(2) Konjunkturphasen

Ein lang anhaltender wirtschaftlicher Tiefstand wird als **Depression**[1] bezeichnet. Die Depression ist keine konjunkturelle Erscheinung, sondern Ausdruck einer tief greifenden strukturellen Krise.[2]

Idealtypischer[3] Konjunkturzyklus

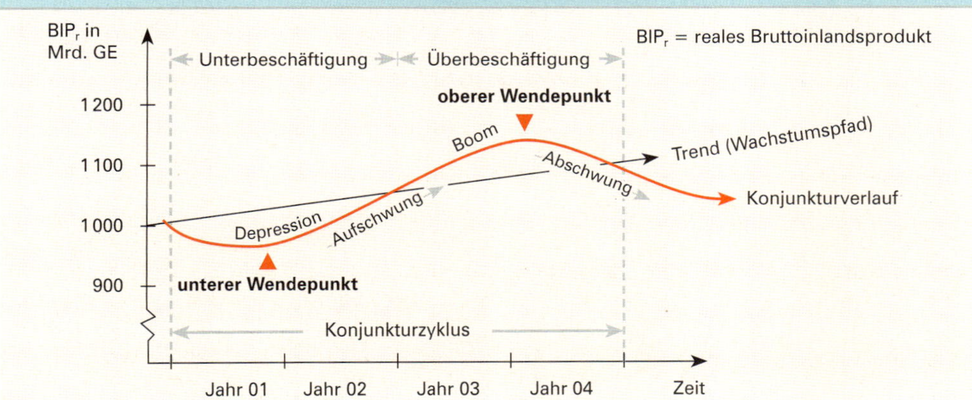

Erläuterungen:

Unterer Wendepunkt	Kommt der Abschwung zum Stillstand und beginnt sich die Konjunktur wieder zu erholen, nimmt die Nachfrage also wieder zu, ist der untere Wendepunkt – die sogenannte „Talsohle“ – überschritten.
Aufschwung	Der konjunkturelle Aufschwung ist durch zunehmende Kapazitätsauslastung gekennzeichnet. Da die Unternehmen jetzt mit sinkenden Stückkosten arbeiten,[4] bleibt trotz steigender Nachfrage nach Konsum- und Investitionsgütern das Preisniveau noch verhältnismäßig stabil, sofern nicht Materialpreise und/oder Löhne überproportional steigen. Da die Käufer von Aktien steigende Unternehmensgewinne erwarten, klettern auch die Aktienkurse in die Höhe (Hausse).[5] Zu Beginn des Aufschwungs ist der Kreditmarkt auch noch flüssig, d. h., die Kreditinstitute

1 **Depression** (lat.) = wörtl. Niedergeschlagenheit, traurige Stimmung.

2 **Krise,** auch Krisis (griech., lat.) = Entscheidungssituation, in der sich die Lage zum Guten oder auch zum Schlechten entwickeln kann. Im Sprachgebrauch wird unter Krise i. d. R. eine schlechte, nicht zufriedenstellende Lage bezeichnet.

3 **Idealtypisch** (griech.-lat.) = ein nur in der Vorstellung vorkommendes Modell bestimmter sich ähnelnder oder sich wiederholender Ereignisse oder Merkmale. So gab es z. B. bei den verschiedenen Konjunkturzyklen der Bundesrepublik Deutschland stets Aufschwünge, Hochkonjunkturen, Abschwünge (Rezessionen) und Tiefpunkte (untere Wendepunkte), die sich jedoch im Hinblick auf ihre Verläufe (Stärke, Dauer) unterschieden.

4 Siehe Kapitel 15.4.2, S. 90 („Gesetz der Massenproduktion“).

5 **Hausse** (franz., gesprochen: oss) = stark steigende Börsenkurse.

	besitzen genügend Überschussreserven. Somit bleiben die Zinsen auch noch verhältnismäßig niedrig, es sei denn, die Notenbank greift bremsend ein. Im Aufschwung entspannt sich zwar der Arbeitsmarkt; die Arbeitslosenzahl bleibt jedoch hoch, weil die Unternehmen während des Abschwungs Rationalisierungsmaßnahmen ergriffen haben.
Oberer Wendepunkt	Versäumen es Regierungen und Notenbanken, den Aufschwung unter Kontrolle zu halten, tritt die Situation der **Konjunkturüberhitzung** ein, die als **Boom**[1] oder **Hochkonjunktur** bezeichnet wird. Auf den Kreditmärkten werden die Mittel knapp. Die Zinsen steigen. Damit beginnen die Wertpapierkurse zu sinken. Die Preissteigerungsraten erhöhen sich. Ebenso steigen die Löhne verhältnismäßig schnell, weil die beschäftigten Arbeitnehmer nicht um ihre Arbeitsplätze fürchten müssen: Die Gewerkschaften haben eine starke Stellung. Infolge der erhöhten Kosten nehmen die Unternehmergewinne ab. Die Investitionsgüternachfrage geht zurück, während die Nachfrage nach Konsumgütern noch steigt. Im Investitionsgüterbereich finden die ersten Betriebsstilllegungen und Entlassungen statt. Die Konjunktur „kippt um“ (oberer Wendepunkt), der Abschwung wird eingeleitet.
Abschwung	Die allgemeine Grundhaltung der Verbraucher und Unternehmer ist pessimistisch. Die allseits zu beobachtende Kaufzurückhaltung führt zu Umsatzeinbußen, zu weiteren Betriebsstilllegungen oder zu Insolvenzen.[2] Die Arbeitslosenzahl steigt. Die abnehmende Kreditnachfrage führt zu sinkenden Zinssätzen. Der früher zu beobachtende kräftige Rückgang des Preisniveaus während der **Rezession,**[3] wie heute der Abschwung auch bezeichnet wird, ist heute in der Regel nicht mehr gegeben, weil viele Faktoren einen generellen Preisrückgang verhindern.[4] So steigen z. B. die Stückkosten, die Rohstoffpreise und die Löhne (auch in Zeiten der Unterbeschäftigung pflegen die Gewerkschaften Lohnerhöhungen durchzusetzen, wenngleich die Steigerungsraten i. d. R. niedriger als in Zeiten der Vollbeschäftigung sind).

Konjunkturzyklen in der Wirklichkeit

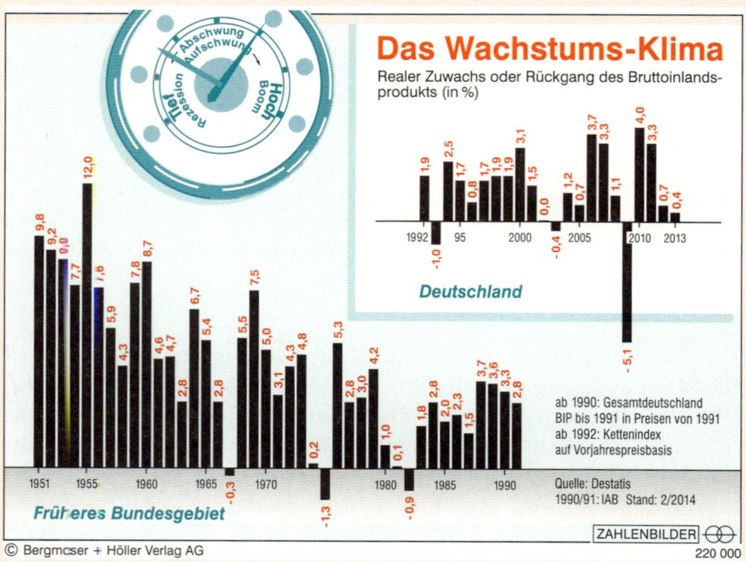

1 **Boom** (engl.) = überschäumende Nachfrage, Hochkonjunktur.

2 **Insolvenz** (lat.) = Zahlungsunfähigkeit. Solvenz = Zahlungsfähigkeit. Solvent = zahlungsfähig.

3 **Rezession** (lat.) = wörtl. das Zurückgehen, Konjunkturrückgang, Abschwung.

4 Siehe S. 90 f.

Überblick über die Konjunkturphasen								
Konjunkturphasen	**Auftragsbestände/ Produktion**	**Konjunkturelle Arbeitslosigkeit**	**Lohnentwicklung**	**Zinsen**	**Wertpapierkurse**	**Preisentwicklung**	**Sparneigung**	**Zukunftserwartungen**
unterer Wendepunkt (Talsohle)	auf niedrigem Niveau verharrend	hoch	mäßige Lohnerhöhungen; geringe übertarifliche Leistungen	niedrig	hoch	geringere Preissteigerungsraten; Kosteninflation (Stagflation) jedoch möglich	hoch	abwartend oder vorsichtiger Optimismus
Aufschwung	steigend	noch hoch	mäßige Lohnerhöhungen	noch niedrig	hoch	geringe Preissteigerungsraten	sinkend	optimistisch
Boom (= Hochkonjunktur, Überkonjunktur, Überbeschäftigung)	bei Konsumgütern noch steigend; bei Investitionsgütern stagnierend oder sinkend	sinkend	kräftige Lohnerhöhungen	steigend	sinkend	hohe Preissteigerungsraten	niedrig	optimistisch
oberer Wendepunkt (Konjunkturgipfel)	bei Konsumgütern stagnierend; bei Investitionsgütern sinkend	gleichbleibend	kräftige Lohnerhöhungen („Lohnlag")	hoch	niedrig	hohe Preissteigerungsraten	niedrig	abwartend bis pessimistisch
Abschwung (= Rezession, Niedergang)	sinkend	steigend	mäßige Lohnerhöhungen (Inflationsausgleich); u. U. Abbau übertariflicher Leistungen	langsam sinkend	langsam steigend	abnehmende Preissteigerungsraten (auf polypolistischen Märkten u. U. sinkende, auf oligopolistischen und monopolistischen Märkten weiter steigende Preise)	steigend	pessimistisch

16.1.3 Konjunkturindikatoren

Wirtschaftliche Schwankungen werden üblicherweise in erster Linie an der Entwicklung des **realen Bruttoinlandsprodukts** gemessen.[1] Das wirtschaftliche Auf und Ab lässt sich jedoch mithilfe weiterer Größen messen. Bestimmte wirtschaftliche Erscheinungen lassen sogar Rückschlüsse auf die künftige Entwicklung zu, dienen also der Konjunkturprognose.[2]

Merke:

Daten, die den Konjunkturverlauf messen und/oder Voraussagen (Prognosen) für künftige Entwicklungen zulassen, werden als **Konjunkturindikatoren**[3] bezeichnet.

1 Zum Begriff und zur Berechnung des Bruttoinlandsprodukts (BIP) siehe Band 1, S. 119ff.

2 **Prognose** (griech., lat.) = Voraussage, Vorausschau.

3 **Indikator** (lat.) = Anzeiger.

(1) Realwirtschaftliche Konjunkturindikatoren

Realwirtschaftliche[1] Konjunkturindikatoren beziehen sich vor allem auf die Güter- und Arbeitsmärkte:

Entwicklung der Arbeitslosenzahlen und offenen Stellen	Steigende Arbeitslosenzahlen und sinkende offene Stellen zeigen an, dass die Wirtschaft unterbeschäftigt ist. Die Unternehmen werden sich bei den Investitionen zurückhalten, weil sie eine stagnierende oder gar zurückgehende Konsumgüternachfrage erwarten. Die umgekehrte Reaktion tritt ein, wenn die Bundesagentur für Arbeit eine steigende Zahl offener Stellen meldet und wenn die Arbeitslosenzahlen zurückgehen.
Entwicklung der Konsumgüternachfrage	Steigt der private Konsum (angezeigt durch steigende Einzelhandelsumsätze), ist eine positive Entwicklung des wirtschaftlichen Geschehens zu erwarten, weil in der Folge die Großhandelsumsätze und schließlich die Umsätze der Herstellerbetriebe steigen werden. Ist die Wirtschaft vollbeschäftigt, werden Preissteigerungen eintreten. Stagnierende oder sinkende Einzelhandelsumsätze bewirken das Gegenteil.
Entwicklung der Investitionsgüternachfrage	Steigt die Investitionsgüternachfrage (angezeigt durch steigende Umsätze und/oder Auftragsbestände in der Investitionsgüterindustrie), kann eine Erhöhung der Beschäftigung erwartet werden, die auch nicht ohne Einfluss auf die Arbeitsnachfrage bleiben wird. Bei Vollbeschäftigung können steigende Preise (zunächst in der Investitionsgüterindustrie) und steigende Löhne vorausgesagt werden. Sinkende Investitionsgüternachfrage lässt den gegenteiligen Schluss zu.
Entwicklung des Außenhandels	Nimmt der Export schneller als der Import zu, ist auf eine Belebung der Konjunktur zu schließen. Eine vollbeschäftigte Wirtschaft muss mit Preissteigerungen rechnen, weil die Gesamtnachfrage (Auslands- und Inlandsnachfrage) das Gesamtangebot der Volkswirtschaft übersteigt. Steigen die Importe indessen schneller als die Exporte, ist der gegenteilige Effekt wahrscheinlich.
Entwicklung der Staatsausgaben und -einnahmen	Aus dem Staatshaushaltsplan kann entnommen werden, in welchem Verhältnis die Staatsausgaben zu den Staatseinnahmen stehen werden. Strebt der Staat große zusätzliche Konsum- oder Investitionsvorhaben an, ohne die Steuern zu erhöhen, ist eine Belebung der Wirtschaftstätigkeit wahrscheinlich. Auch in diesem Fall sind Preiserhöhungen zu erwarten, wenn die Wirtschaft vollbeschäftigt ist. Voraussichtliche Steuererhöhungen indessen können die Investitionstätigkeit der Unternehmen vermindern.
Entwicklung der Lagerbestände	Steigen die Lagerbestände der Unternehmen über das saisonal übliche Maß, so liegt offenbar Überproduktion vor. Es kann der Schluss gezogen werden, dass die Unternehmen ihre Produktion drosseln werden, was einen Konjunkturabschwung bewirken kann. Nehmen die Lagerbestände ab, ist das Gegenteil der Fall. Diese Aussage gilt jedoch nicht uneingeschränkt. Es mag nämlich sein, dass die Unternehmen ihre Lagerbestände bewusst abbauen, weil sie sinkende Umsatzzahlen erwarten, und ihre Lagerbestände aufstocken, weil ein Konjunkturanstieg eingesetzt hat.
Kapazitätsauslastung und Auftragsbestände	Steigende Auftragsbestände kündigen einen Konjunkturaufschwung an. Die Auslastung der Kapazität folgt der Entwicklung der Auftragsbestände.
Vertrauensindikatoren	Für die Beurteilung zukünftiger Entwicklungen spielen die Erwartungen der Unternehmen und der Verbraucher eine große Rolle. Nimmt das Vertrauen in eine (positive) wirtschaftliche Entwicklung zu, ist mit einer steigenden Konsum- und Investitionsgüternachfrage zu rechnen.

1 **Real** = wirklich; von lat. res = Sache.

(2) Finanzwirtschaftliche Konjunkturindikatoren

Geldpolitik	Als Konjunkturindikator zählt auch die (vermutete) künftige Geldpolitik einer Zentralbank. Aufgrund von Zinssenkungen kann die Konjunktur belebt, aufgrund von Zinserhöhungen ein „Überschäumen" der Konjunktur verhindert werden (siehe Kapitel 17.8).
Wechselkurse	Steigende Wechselkurse (Mengennotierung) verteuern die Binnenwährung. Der Export in Fremdwährungsländer wird gebremst, die Konjunktur wird negativ beeinflusst. Sinken die Wechselkurse, wird die Binnenwährung für die Devisenausländer billiger. Es ist zu erwarten, dass die Exporte steigen und die Konjunktur angekurbelt wird.

(3) Bedeutung

Heftige Konjunkturausschläge sind wegen ihrer negativen Auswirkungen (siehe Übersicht S. 107) gesellschaftlich und wirtschaftlich unerwünscht. Daher erwarten die privaten Haushalte und Unternehmen von den Regierungen, dass sie dazu beitragen, die Konjunkturschwankungen so gering wie möglich zu halten, d. h. ein möglichst störungsfreies Wachstum einer Volkswirtschaft anzustreben. Dabei wird unter „Wirtschaftswachstum" eine fortlaufende (kontinuierliche) Zunahme des Bruttoinlandsprodukts verstanden. Um dieses volkswirtschaftliche Gleichgewicht zu erreichen, bedarf es nicht nur der Analyse des jeweiligen Zustands der Volkswirtschaft, sondern auch der Voraussagen über mögliche Entwicklungen, also der Konjunkturprognose.

Merke:

Nur wenn die Informationen über die mutmaßliche Konjunkturentwicklung vorliegen, können die Regierungen ihre konjunkturpolitischen Entscheidungen – vorausgesetzt, die Prognosen stimmen – rechtzeitig treffen.

Es muss aber an dieser Stelle auf die **Problematik** derartiger Voraussagen hingewiesen werden. Denn wenn, wie häufig angenommen wird, die Konjunktur einen streng zyklischen Verlauf hat, braucht man keine Konjunkturvoraussagen. Andererseits ist klar, dass Vorhersagen die Wirtschaftssubjekte veranlassen, ihre Dispositionen zu ändern. Die Folge ist, dass der vorhergesagte Verlauf nicht eintreten kann, eben *weil* sich die Grundlagen der Vorhersage geändert haben.

In bestimmten Situationen kann eine Prognose auch dazu führen, dass die vorausgesagte Entwicklung durch die Prognose selbst verstärkt wird (eine sogenannte **Selffulfilling Prophecy**[1]). Prophezeit ein Institut z. B. steigende Preise, wird die Inflation geradezu herbeigeredet, weil die Wirtschaftssubjekte veranlasst werden, jetzt zu relativ niedrigen Preisen mehr nachzufragen, wodurch die Preise erst zu steigen beginnen. Pessimistische Voraussagen können sich deshalb bewahrheiten, weil durch die Voraussage der allgemeine Pessimismus erst hervorgerufen wird. Sagt z. B. ein Institut zunehmende Arbeitslosigkeit voraus, werden die Arbeitnehmer mehr sparen, um sich einen Notgroschen zurückzulegen: Die Konsumgüternachfrage stagniert oder geht zurück. Die Unternehmen investieren nur zögernd – ein Verhalten, das als „Attentismus"[2] bezeichnet wird –, weil sie ihre Absatzmöglichkeiten pessimistisch beurteilen.

1 **Selffulfilling Prophecy** (engl.) = eine sich selbst erfüllende Prophezeiung, d. h., die Vorhersage selbst führt dazu, dass der vorausgesagte Sachverhalt eintritt.

2 **Attentismus** = abwartende Haltung (franz. attendre = warten, abwarten).

16.2 Wirtschaftspolitische Ziele

16.2.1 Stabilitätsgesetz

In der Bundesrepublik Deutschland wurde bereits 1967 das Gesetz zur Förderung der Stabilität und des Wachstums der Wirtschaft (StabG = Stabilitätsgesetz) geschaffen.

(1) Ziele des Stabilitätsgesetzes

Das **Leitziel (Oberziel)** des Stabilitätsgesetzes ist das **gesamtwirtschaftliche Gleichgewicht.**

Die im Stabilitätsgesetz genannten Mittel zur Erreichung wirtschaftspolitischer Ziele beziehen sich einmal auf die Einnahmenpolitik, zum anderen auf die Ausgabenpolitik. So schreibt der § 1 StabG vor, dass der Bund und Länder bei ihren wirtschafts- und finanzpolitischen Maßnahmen die Erfordernisse des gesamtwirtschaftlichen Gleichgewichts zu beachten haben. Die Maßnahmen sind so zu treffen, dass sie im Rahmen der marktwirtschaftlichen Ordnung gleichzeitig

- zur **Stabilität des Preisniveaus,**
- zu einem **hohen Beschäftigungsstand** und
- **außenwirtschaftlichen Gleichgewicht**
- bei **stetigem und angemessenem Wirtschaftswachstum**

beitragen.

Die **gleichzeitige** Verfolgung dieser Ziele ist sehr schwierig. Deshalb wird im Hinblick auf die komplexen Zielbeziehungen auch von einem **„magischen Viereck“** gesprochen. (Näheres hierzu siehe Kapitel 16.2.3.)

(2) Inhalte des Stabilitätsgesetzes

Jahresbericht der Bundesregierung [§ 2 StabG]	Die Bundesregierung muss dem Bundestag und dem Bundesrat jedes Jahr im Januar einen Jahreswirtschaftsbericht vorlegen, in welchem die wichtigsten wirtschaftspolitischen Ziele für das laufende Jahr darzulegen sind (Jahresprojektion)[1]. Die Jahresprojektion bedient sich der Mittel und der Form der volkswirtschaftlichen Gesamtrechnung (VGR), gegebenenfalls mit Alternativrechnungen.[2] Des Weiteren muss die Regierung die geplante Wirtschafts- und Finanzpolitik darlegen.
Konzertierte Aktion [§ 3 StabG]	Im Falle der Gefährdung eines der Ziele des magischen Vierecks stellt die Regierung für ein abgestimmtes Verhalten (konzertierte Aktion) den Gebietskörperschaften, Gewerkschaften und Unternehmensverbänden Orientierungsdaten zur Verfügung, die vor allem die gesamtwirtschaftlichen Zusammenhänge der gegebenen Situation enthalten.
Außenwirtschaftliche Störungen [§ 4 StabG]	Können Störungen des außenwirtschaftlichen Gleichgewichts nicht durch binnenwirtschaftliche Maßnahmen oder nur durch Beeinträchtigung der übrigen Ziele des magischen Vierecks abgewehrt werden, hat die Bundesregierung alle Möglichkeiten der internationalen Koordination[3] zu nutzen.

1 **Projektion** (lat. proiectum = das nach vorn Geworfene). Hier: Entwurf, Planung, Vorhaben.

2 **Alternativ** (lat.) = weitere Möglichkeiten. Näheres zur VGR siehe Band 1, S. 119ff.

3 **Koordinieren** (lat.) = in ein Gefüge einbauen, aufeinander abstimmen. Koordination = Abstimmung.

Eingehen von Verpflichtungen [§ 5 I StabG]	Im Bundeshaushalt sind Umfang und Zusammensetzung der Ausgaben und der Ermächtigungen zum Eingehen von Verpflichtungen (Kreditaufnahmen) so zu bemessen, wie es zur Erreichung der Ziele des magischen Vierecks erforderlich ist.
Mittelfristige Finanzplanung [§ 9 StabG]	Der Haushaltswirtschaft des Bundes ist eine fünfjährige Finanzplanung zugrunde zu legen. Der Finanzplan, der die voraussichtliche Einnahmen- und Ausgabenentwicklung aufgrund der zu erwartenden Wirtschaftsdaten enthält, muss jährlich an die jeweilige Situation angepasst werden.
Konjunkturrat [§§ 18, 22 StabG]	Bei der Bundesregierung ist ein Konjunkturrat für die öffentliche Hand zu bilden. Dem Rat gehören die Bundesminister für Wirtschaft und Finanzen, je ein Vertreter eines jeden Bundeslandes und vier Gemeindevertreter an. Der Konjunkturrat ist insbesondere zu den konjunkturpolitischen Maßnahmen nach den §§ 15, 19 und 20 StabG zu hören.
Subventionsbericht [§ 12 StabG]	Bundesmittel, die für bestimmte Zwecke außerhalb der Bundesverwaltung gegeben werden, insbesondere Finanzhilfen (= Subventionen), sollen so gewährt werden, dass es den Zielen des § 1 StabG nicht widerspricht. Über die Art der Finanzhilfen hat die Bundesregierung dem Bundestag und dem Bundesrat zusammen mit dem Entwurf des Bundeshaushaltsplans alle zwei Jahre eine zahlenmäßige Übersicht über die laufenden Finanzhilfen (Subventionsbericht) vorzulegen.
Antizyklische Finanzpolitik[1]	Das Stabilitätsgesetz setzt eine antizyklische Finanzpolitik voraus: ■ **Konjunkturdämpfung.** Bei einer die volkswirtschaftliche Leistungsfähigkeit übersteigenden Nachfrageausweitung, also in der Hochkonjunktur, sollen Mittel zur Tilgung von Schulden oder zur Zuführung an eine Konjunkturausgleichsrücklage verwendet werden [§ 5 II StabG]. Die Konjunkturausgleichsrücklage ist bei der Deutschen Bundesbank anzusammeln [§ 7 I StabG]. Ferner kann die Bundesregierung bestimmte geplante Baumaßnahmen verschieben, um die Güternachfrage zu dämpfen [§ 6 I StabG]. ■ **Konjunkturförderung.** Bei einer Abschwächung der allgemeinen Wirtschaftstätigkeit, d. h. im Fall eines Konjunkturabschwungs, sollen die erforderlichen Mittel für konjunkturfördernde Maßnahmen zunächst der Konjunkturausgleichsrücklage entnommen werden [§ 5 III StabG]. Darüber hinaus kann die Bundesregierung bestimmen, dass zur Förderung der Wirtschaft zusätzliche Ausgaben geleistet werden [§ 6 II StabG].

(3) Bedeutung des Stabilitätsgesetzes

Das Stabilitätsgesetz enthält wirtschaftspolitische Grundsätze, die durchaus in allen marktwirtschaftlich orientierten Ländern Anwendung finden könnten, aber nicht beachtet werden. Auch in der Bundesrepublik Deutschland werden zahlreiche Vorschriften des Stabilitätsgesetzes seit Jahren nicht mehr angewendet. Der Hauptgrund: Regierungen und Parlamente haben es versäumt, in „guten Zeiten" (in der Hochkonjunktur) vorhandene Schulden zu tilgen und Konjunkturausgleichsrücklagen zu bilden. Wahltaktisch zahlt es sich besser aus, Steuersenkungen zu beschließen und Unterstützungszahlungen (Subventionen) zu gewähren. Die in der Hochkonjunktur erforderliche Sparpolitik ist hingegen unpopulär (d. h. bei den Wählern unbeliebt) und daher schwer durchsetzbar.

1 Anti (griech.) = dagegen, entgegengesetzt. Antizyklische Finanzpolitik = dem Konjunkturzyklus entgegenwirkende Finanzpolitik (Näheres siehe Kapitel 18).

Das Ergebnis fortdauernder **Defizitpolitik** ist, dass die **Staatsverschuldung** und damit die Zinslast von Jahr zu Jahr steigt. In der Folge kann ein hoch verschuldeter Staat nur mit Schwierigkeiten neue Kredite aufnehmen, und wenn, dann nur zu steigenden Zinsen mit dem Ergebnis, dass sein „Schuldenberg" noch weiter steigt und die Zahlungsunfähigkeit droht. Den Regierungen überschuldeter Staaten bleibt im Wesentlichen nur die Möglichkeit zu sparen, um die Zahlungsunfähigkeit zu vermeiden. Staatliches Sparen bedeutet, Ausgaben zu kürzen (z.B. Staatsbedienstete zu entlassen, Renten abzusenken, staatliche Investitionen zu kürzen, Subventionen zu streichen). Staatliches Sparen bedeutet aber auch, Einnahmen zu erhöhen (z.B. Steuersätze und Gebühren anzuheben, Staatseigentum zu verkaufen). Alle diese Maßnahmen würgen die Konjunktur ab bzw. verstärken eine bereits bestehende Rezession. Die Folgen: Streiks, Unruhen, politische Instabilität und Währungszerfall.

16.2.2 Stabilitätspakt

(1) Entstehung des Stabilitätspakts

Die Schaffung einer europäischen Einheitswährung, der Euro (€), wurde 1991 von den Staats- und Regierungschefs der Mitgliedsländer der **E**uropäischen **U**nion **(EU)**[1] in **Maastricht** (Niederlande) beschlossen. Der Maastricht-Vertrag trat 1992 in Kraft.

Das einheitliche Währungsgebiet, die **E**uropäische **W**irtschafts- und Währungs**u**nion **(EWU),** wurde in mehreren Stufen verwirklicht. Im Juni 1998 wurde die **E**uropäische **Z**entral**b**ank **(EZB)** mit Sitz in Frankfurt a.M. errichtet, die ihre Funktionen seit dem 1. Januar 1999 wahrnimmt.

Anfang 1998 entschieden die Staats- und Regierungschefs der EU über die Teilnahme der Länder von Beginn der Währungsunion an. Die Teilnehmer hätten nach dem Maastricht-Vertrag folgende Kriterien (auch **„Maastricht-Kriterien"** oder **„Konvergenzkriterien"**[2] genannt) genügen sollen:

- Preisanstieg höchstens 1,5 Prozentpunkte über dem Preisanstieg der drei stabilsten Länderwährungen.
- Haushaltsdefizit höchstens 3 % der Wirtschaftsleistung.
- Staatsverschuldung nicht höher als 60 % der Wirtschaftsleistung.
- Langfristiger Zinssatz höchstens 2 Prozentpunkte über dem durchschnittlichen Zinssatz der drei preisstabilsten Länder.

Obwohl die „Maastricht-Kriterien" von vielen EU-Ländern nicht vollständig erfüllt wurden, hat die Europäische Kommission Anfang des Jahres 1998 elf Länder zur Teilnahme an der EWU empfohlen. Diese Länder waren Belgien, Deutschland, Finnland, Frankreich, Irland, Italien, Luxemburg, Niederlande, Österreich, Portugal und Spanien.

Dänemark, Großbritannien und Schweden wollen nicht teilnehmen. Griechenland durfte wegen seines zu hohen Defizits des Staatshaushalts nicht teilnehmen, trat aber zum 1. Januar 2001 der EWU bei. Am 1. Januar 2007 wurden Slowenien, am 1. Januar 2008 Malta und Zypern und am 1. Januar 2009 die Slowakei in den Währungsverbund aufgenommen. Zum 1. Januar 2011 traten Estland, Anfang 2014 Lettland und zum 1. Januar 2015 Litauen der EWU bei, sodass sich die Zahl der Mitgliedsländer im Euro-Währungsverbund auf nunmehr 19 Staaten erhöht hat.

1 Zur Europäischen Union (EU) siehe Kapitel 20.4.2.

2 **Konvergenz** (lat.) = Annäherung.

Die nicht teilnehmenden EU-Länder werden als „Outs"[1] bezeichnet. Zwischen den Euro-Ländern und den Outs bleibt das Europäische Währungssystem, das als **W**echsel**k**urs**m**echanismus II (WKM II) bezeichnet wird, erhalten.[2]

Anfang 1999 begann eine weitere Stufe der EWU mit der Einführung der europäischen Währung in „non-cash-form".[3] Das bedeutete, dass das ehemalige Bargeld in den Teilnehmerländern zunächst noch erhalten blieb.

Am 1. Januar 2002 wurden die Banknoten und Münzen der Euro-Währung eingeführt. Damit verloren die nationalen Noten und Münzen in den EWU-Ländern ihre Gültigkeit.[4]

(2) Ziele des Stabilitätspakts

Die Aufnahme in die dritte Stufe der Europäischen Wirtschafts- und Währungsunion und damit in den Euro-Währungsclub war mehr oder weniger an die Maastricht-Kriterien gebunden. Es bedurfte aber noch der Klarstellung, wie die Stabilität der gemeinsamen Währung auf Dauer gesichert werden kann. Dazu hat der Europäische Rat auf seiner Tagung in Dublin am 13./14. Dezember 1996 die Grundzüge eines **Stabilitäts- und Wachstumspakts** beschlossen.

(3) Bedeutung des Stabilitätspakts

Der Stabilitätspakt in seiner ursprünglichen Form hätte verhindern sollen, dass die Euroländer über ihre Verhältnisse leben und die gemeinsame Währung gefährden. Manchen Staaten erschienen die Vorgaben in Krisenzeiten jedoch als zu starr. Deshalb wurde im Jahr 2005 der Stabilitätspakt aufgeweicht. Bis dahin mussten alle EU-Länder, die gegen das Defizit-Kriterium verstießen, zumindest mit einem „blauen Brief" (einer Warnung) aus Brüssel (von der EU-Kommission) rechnen, eventuell sogar mit einer hohen Geldstrafe. Das betraf vor allem die großen Länder wie z. B. Italien, Frankreich oder Deutschland.

Die sogenannte „Stabilitätspakt-Reform" sah nunmehr bei Verstößen gegen das Defizit-Kriterium zahlreiche mildernde Umstände vor, sodass praktisch kein Verstoß mehr zu bestrafen war. Die „mildernden (straffrei bleibenden) Umstände" zur Überschreitung des Defizit-Kriteriums sind vor allem (a) ein länger anhaltendes **schwaches Wirtschaftswachs-**

1 **Outs** (engl.) = draußen Gebliebene, Außenstehende.

2 Zum WKM siehe Kapitel 20.3.2.1.

3 **Non-cash-form** (engl.) = unbare (nicht bare) Form.

4 Auch über diesen Zeitpunkt hinaus tauschen die Hauptverwaltungen der Deutschen Bundesbank die DM-Banknoten und -Münzen in Euro um.

8 Hartmann - ISBN 978-3-8120-0490-9

tum und (b) **länderspezifische** (auf die Lage der einzelnen Länder bezogene) **Rechtfertigungsgründe.** Deutschland macht z. B. die Vereinigungskosten und die hohen Zahlungen an die EU geltend, Frankreich das Militär und die Entwicklungshilfe. Absetzbar ist zudem eine üppige Forschungsförderung.

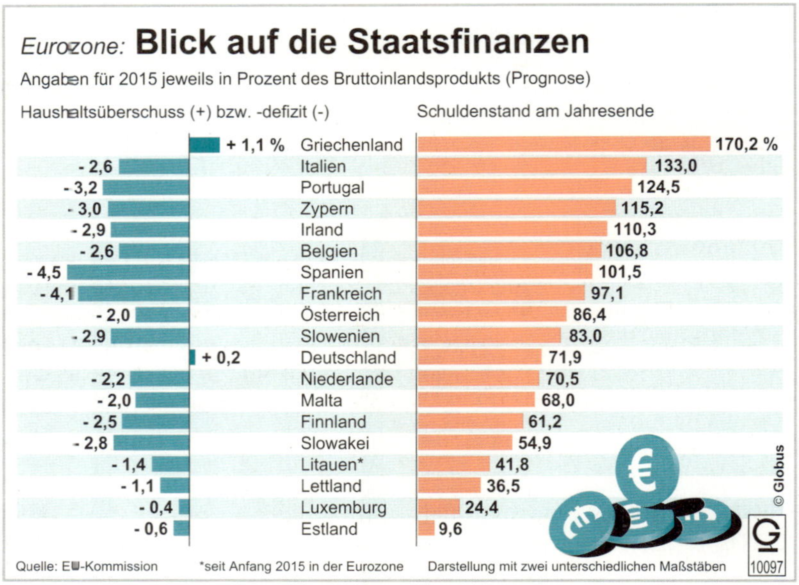

Die EU-Kommission hat ihre Prognose für das Jahr 2015 nach oben korrigiert: Statt 1,1 Prozent Wachstum für die Eurozone erwartet die Kommission nun 1,3 Prozent. Möglich machen dies der niedrige Ölpreis und der schwache Euro, der dem Export gut tut. Allerdings gibt es beim Blick auf die Staatsfinanzen auch 2015 viele Sorgenkinder: Griechenland bleibt mit einer Schuldenquote von 170 Prozent seiner Wirtschaftsleistung weiterhin das Land mit der größten Schuldenlast (2014: 176,3 Prozent). Allerdings könnte das Land der jüngsten Prognose zufolge 2015 sogar einen Haushaltsüberschuss in Höhe von gut einem Prozent erwirtschaften. Dabei setzt die EU-Kommission aber voraus, dass der Kurs aus Reformen und Haushaltsdisziplin weiter eingehalten wird. Größte Defizitsünder werden voraussichtlich Spanien und Frankreich sein. Dort liegen die Haushaltsdefizite über der Vier-Prozent-Marke.

Der Stabilitätspakt in seiner „aufgeweichten" Form hat sich nicht bewährt. Die meisten EU-Länder haben die vorgeschriebenen Defizit- und Schuldengrenzen nicht eingehalten, sodass das Vertrauen der Kreditgeber, d. h. der Käufer von Staatsanleihen (z. B. Banken, Versicherungen, Investmentfonds, Pensionsfonds und private Anleger), in die Sicherheit ihrer Anlagen zunehmend schwand. Es wurde für die „Defizitsünder" laufend schwieriger, frisches Geld auf den Finanzmärkten zu erhalten. Die Schuldner mussten immer höhere Zinsen (sogenannte „Risikoaufschläge") zahlen, um überhaupt noch Geld zu erhalten, das dringend benötigt wurde und wird, um alte Schulden mit neuen Schulden zu tilgen.

Um in Zukunft einen solchen Teufelskreis zu durchbrechen, wurde der Stabilitätspakt erneuert und vor allem verschärfet.

Zukünftig werden schon dann, wenn die EU-Kommission eine Überschreitung des 3 %-Grenzwertes feststellt, **automatisch Sanktionszahlungen** ausgelöst, die nur mit einer qualifizierten Mehrheit abgelehnt werden können. Das betroffene Land hat bei dieser Entscheidung kein Stimmrecht.

Außerdem wurde vertraglich die Schuldenstandregel dahingehend verschärft, dass die Mitgliedstaaten die Differenz zwischen ihrem tatsächlichen Schuldenstand und dem Grenzwert von **60 % jährlich** um ein Zwanzigstel abbauen müssen.

16.2.3 Weitere Ziele staatlicher Wirtschaftspolitik

Der **Ordnungsrahmen** einer Wirtschafts- und Gesellschaftsordnung gibt zugleich die Ziele und Instrumente der staatlichen **Ablaufpolitik** (Prozesspolitik) vor. Diese hat die Aufgabe, die Wirtschaftsabläufe so zu lenken, dass die gesetzten wirtschaftspolitischen Ziele erreicht werden können.

(1) Oberziel

In Deutschland sind wichtige wirtschaftspolitische Ziele im Gesetz zur Förderung der Stabilität und des Wachstums der Wirtschaft vom 8. Juni 1967 („Stabilitätsgesetz" = StabG) verankert (siehe Kapitel 16.2.1). Das anzustrebende **gesamtwirtschaftliche Gleichgewicht** liegt vor, wenn die Produktionsfaktoren voll beschäftigt sind und sich Angebot und Nachfrage auf allen Märkten (z. B. den Arbeits-, Kredit-, Gütermärkten) ausgleichen.

(2) Unterziele

Aus diesem Oberziel leitet das Stabilitätsgesetz [§ 1 II] vier quantitative[1] Unterziele ab, nämlich Stabilität des Preisniveaus, hoher Beschäftigungsstand, außenwirtschaftliches Gleichgewicht und stetiges und angemessenes Wirtschaftswachtum. Gesetzlich nicht genannte qualitative[2] Ziele sind eine sozial verträgliche Einkommens- und Vermögensverteilung sowie die Erhaltung einer lebenswerten Umwelt (Naturschutz). Sie ergänzen die Vorschriften des Stabilitätsgesetzes.

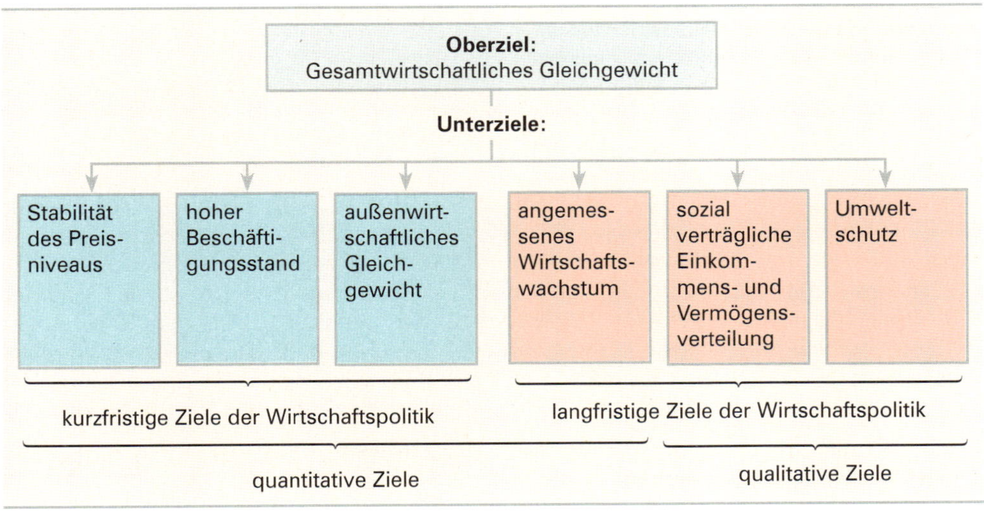

1 Quantität (lat.) = Menge, Größe. Quantitativ = mengenmäßig. Quantitative Ziele können zahlenmäßig angegeben werden.

2 Qualität (lat.) = Güte, Beschaffenheit. Qualitativ = der Beschaffenheit nach. Qualitative Ziele können nicht zahlenmäßig vorgegeben werden.

(3) Mögliche Zielkonflikte

Bei der Verfolgung wirtschaftspolitischer Ziele kann **Harmonie**[1] oder **Indifferenz**[2] bestehen; es können aber auch **Konflikte**[3] auftreten.

- Wirtschaftspolitische **Zielharmonie** ist gegeben, wenn zwei oder mehrere wirtschaftspolitische Ziele mit einer Maßnahme bzw. mit einem Maßnahmenbündel erreicht werden können.
- **Zielindifferenz** liegt vor, wenn durch die Verfolgung eines wirtschaftspolitischen Ziels die Verfolgung anderer wirtschaftspolitischer Ziele weder positiv noch negativ beeinflusst wird.
- Von einem **Zielkonflikt** wird gesprochen, wenn bei der Verfolgung eines wirtschaftspolitischen Ziels die Erreichung anderer wirtschaftspolitischer Ziele beeinträchtigt wird.

Die wirtschaftlichen **Ziele** können kurz- oder langfristiger Natur sein (Abbildung S. 115). Die traditionellen (= althergebrachten) Ziele der kurzfristigen Wirtschaftspolitik sind: **Preisniveaustabilität, hoher Beschäftigungsstand** und **außenwirtschaftliches Gleichgewicht.** Die **gleichzeitige** Verfolgung dieser Ziele ist nicht nur sehr schwierig, sie ist häufig sogar widersprüchlich. So können z. B. stabile Preise die Unternehmen daran hindern, weitere Investitionen vorzunehmen und zusätzliche Arbeitskräfte nachzufragen. Erst die Erwartung steigender Preise (und damit steigender Gewinne) kann unter bestimmten Bedingungen bewirken, dass die Arbeitslosigkeit abnimmt. Steigende Preise und Löhne können wiederum dazu führen, dass die Exportchancen verringert werden, was wiederum die Vollbeschäftigung und das außenwirtschaftliche Gleichgewicht (Ausgewogenheit von Export und Import) gefährdet. Die drei genannten traditionellen wirtschaftspolitischen Ziele werden daher auch als das **magische**[4] **Dreieck der Wirtschaftspolitik** bezeichnet. Der bestehende **Zielkonflikt** wird in der praktischen Wirtschaftspolitik dadurch zu lösen versucht, dass immer das Ziel Vorrang hat, das im Augenblick am stärksten gefährdet ist.

Zusätzliche Zielkonflikte können eintreten, wenn die Wirtschaftspolitik eines Landes ein weiteres Ziel, nämlich ein **angemessenes** und **stetiges Wachstum,** postuliert **(magisches Viereck).**

Magisches Dreieck der Wirtschaftspolitik

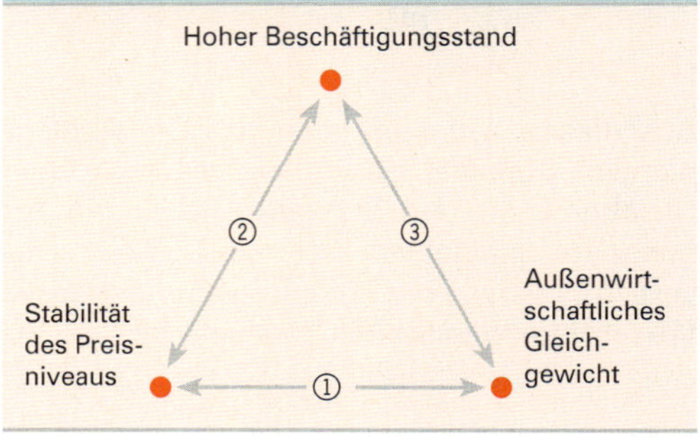

Magisches Viereck der Wirtschaftspolitik

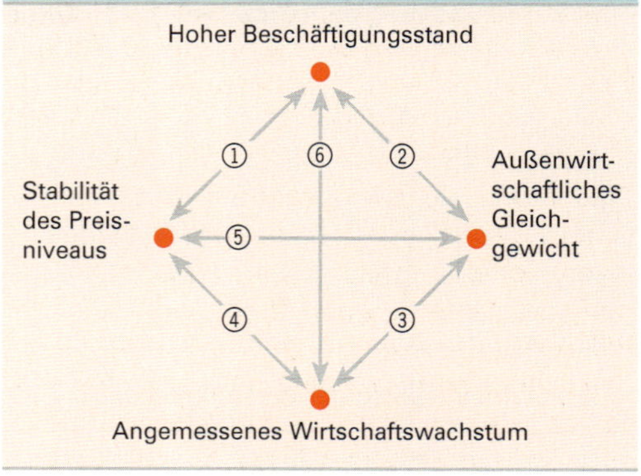

(Die Pfeile bedeuten mögliche Zielkonflikte)

1 **Harmonie** (griech., lat.) = Einklang, Eintracht.

2 **Indifferenz** (lat.) = Gleichgültigkeit, Nichtbeeinflussung.

3 **Konflikt** (lat.) = wörtlich: „Zusammenstoß“, Streit, Widerspruch, Widerstreit.

4 **Magisch** (pers., griech., lat.) = zauberhaft. Es müsste ein Zauberer (Magier) sein, der es fertigbringt, die Ziele gleichzeitig zu erreichen.

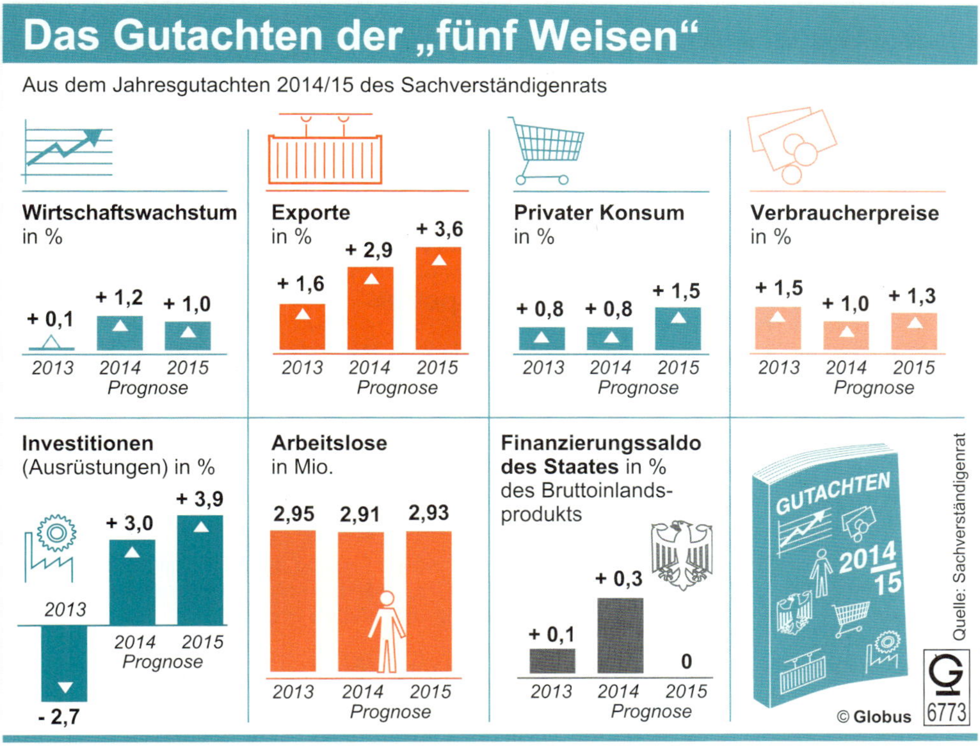

Die „fünf Wirtschaftsweisen“ haben ihre Prognose für das deutsche Wirtschaftswachstum deutlich nach unten korrigiert. Statt 1,9 Prozent erwarten sie für das laufende Jahr 2014 nur noch ein Plus von 1,2 Prozent. Und für das Jahr 2015 erwarten sie nur noch ein Wachstum von einem Prozent. Weltweite Krisen wie beispielsweise der Russland-Ukraine-Konflikt, aber auch die schlechte Wirtschaftslage im Euroraum haben die Konjunktur ausgebremst. Vier der fünf Ökonomen kritisieren zudem die Wirtschaftspolitik der großen Koalition, vor allem mit Blick auf das Rentenpaket (abschlagsfreie Rente ab 63 sowie Ausweitung der Mütterrente) und den gesetzlichen Mindestlohn. Die Experten gehen davon aus, dass die Konjunkturdelle aber keine negativen Auswirkungen auf den Arbeitsmarkt haben wird. Sie rechnen mit durchschnittlich 2,93 Millionen Arbeitslosen 2015 (2014: 2,91 Millionen). Verbraucher können sich darauf einstellen, dass auch im kommenden Jahr die Preise nur moderat steigen werden (1,3 Prozent nach 1,0 Prozent im Jahr 2014).

Wachstum ist bei gegebenem technischem Stand nur bei positiven Nettoinvestitionen möglich. Die Investitionsneigung der Unternehmen steigt, wenn eine Politik des „leichten Geldes“, d. h. des billigen Geldes betrieben wird. Dies aber führt zu Preissteigerungen, was wiederum das außenwirtschaftliche Gleichgewicht stört (Exportrückgang) und zum Verlust von Arbeitsplätzen führen kann. Während bei drei wirtschaftspolitischen Zielen nur **drei** Spannungsfelder bestehen, sind es bei vier Zielsetzungen bereits **sechs.**

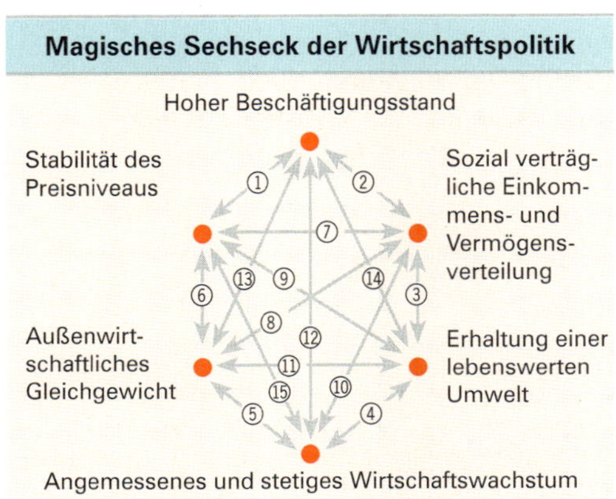

Den Zielen des magischen Vierecks treten zwei weitere Hauptziele hinzu, nämlich die Wünsche nach **sozial verträglicher Einkommensverteilung** und nach **Erhaltung einer lebenswerten Umwelt (magisches Sechseck).**

16.3 Notwendigkeit, Träger und Bereiche der Wirtschaftspolitik

16.3.1 Notwendigkeit der Wirtschaftspolitik

Politik[1] ist zielgerichtetes Handeln. Die Ziele, die sich der Staat setzt, hängen davon ab, welche Wirtschafts- und Gesellschaftsordnung als richtig angesehen wird, welche Ziele also anzustreben sind.

- Verfechter der **sozialistischen Planwirtschaft** (der Zentralverwaltungswirtschaft) sind der Meinung, dass der Staat die Wirtschaftsabläufe zu planen, zu steuern und zu kontrollieren hat, um das Ziel der sozialen Gerechtigkeit zu erreichen, wobei unter Gerechtigkeit meistens Gleichheit verstanden wird.
- Anhänger einer **freien Marktwirtschaft** gehen hingegen davon aus, dass die freien Kräfte des Marktes allein in der Lage sind, die bestmögliche Marktversorgung selbsttätig zu garantieren. Der Staat soll ihrer Meinung nach so wenig wie möglich in das Wirtschaftsgeschehen eingreifen.
- Die Vertreter einer **sozialen Marktwirtschaft** schließlich befinden sich auf einer „mittleren Position"[2] zwischen den beiden extremen[3] Anschauungen und damit im Spannungsverhältnis zwischen den Zielen „soviel Freiheit wie möglich und so wenig staatliche Eingriffe wie nötig."

Eine Festlegung, ob ein staatlicher Eingriff (eine Intervention)[4] nötig ist oder nicht, kann nur dann erfolgen, wenn ein Staat oder eine Staatengemeinschaft konkrete[5] Ziele festlegt. Dann kann man eine Aussage darüber machen, ob das freie Spiel der Kräfte (z. B. ein bestimmter Gütermarkt) in der Lage ist, dieses Ziel zu erreichen. Wird das Ziel nicht erreicht, liegt – immer im Vergleich mit dem vorgegebenen Ziel – ein **Marktversagen** vor.

Wirtschaftspolitische Ziele kann man nicht isoliert[6] formulieren. Sie stehen in einem mehr oder weniger engen Zusammenhang mit anderen politischen Zielen eines Staates.

---

1 Das Wort **Politik** wurde im 17. Jahrhundert aus dem gleichbedeutenden französischen Wort *politique* entlehnt, das auf das lateinische Wort *politice* (Staatskunst) zurückgeht. Das lateinische Wort ist wiederum aus dem Griechischen *politike* übernommen (Kunst der Staatsverwaltung). Es hängt unmittelbar mit den griechischen Wörtern *polites* (Stadtbürger, Staatsbürger) und *polis* (Stadt) zusammen.

2 Siehe Band 1, S. 93ff.

3 **Extrem** (lat.) = weit auseinanderliegend, an beiden äußersten Enden, äüßerst.

4 **Intervention** (lat., franz.) = Dazwischentreten, Eingriff. Intervenieren = eingreifen.

5 **Konkret** (lat.) = wörtl. „zusammengehäuft". Im Sprachgebrauch bedeutet konkret anschaulich, etwas ganz Bestimmtes, genau Beschriebenes. Ein konkretes Ziel liegt z. B. vor, wenn die EU vorschreibt, dass die jährliche Staatsverschuldung nicht mehr als 3 % des Bruttoinlandsprodukt betragen darf.

6 **Isoliert** (lat., franz.) = vereinzelt, abgesondert, für sich allein. Isolieren = absondern. Isolation = Absonderung, Getrennthaltung.

Beispiel:

Die Verfolgung wirtschaftlicher Ziele beeinflusst gleichzeitig mehr oder weniger steuerpolitische, bildungspolitische, gesundheitspolitische, außenpolitische, finanzpolitische und geldpolitische Ziele.

Diese Zusammenhänge müssen bei der Beurteilung der Frage berücksichtigt werden, ob im Einzelfall ein staatlicher Eingriff in das Wirtschaftsgeschehen *notwendig* und *richtig* ist oder nicht. Alle Maßnahmen des Staates, die der Erreichung eines bestimmten Ziels dienen (z. B. Vollbeschäftigung), werden als **Prozesspolitik** bezeichnet.

Jede Wirtschafts- und Gesellschaftsordnung benötigt, wenn sie funktionieren soll, vorformulierte Ziele, Spielregeln (Normen)[1] und Maßnahmen, die die *Rahmenbedingungen* für den längerfristigen Wirtschaftsablauf festlegen. Hierher gehört die Ausstattung der verschiedenen wirtschaftlichen Teilordnungen wie z. B. die Eigentumsordnung, die Regelung des Berufswesens, das Unternehmensrecht, das Wettbewerbsrecht, die Mitbestimmung sowie die Befugnisse der staatlichen **Träger der Wirtschafts- und Geldpolitik.** Die Gestaltung der Rahmenbedingungen ist Aufgabe der **Ordnungspolitik.**

16.3.2 Träger der Wirtschaftspolitik

(1) Parlament und Regierung

Wichtigster Träger der Wirtschaftspolitik ist der „Staat". In demokratischen Wirtschafts- und Gesellschaftsordnungen ist seine politische Entscheidungsbefugnis auf die staatlichen Organe **Parlament** (Legislative), **Regierung** mit nachgeordneter Verwaltung (Exekutive) und **Rechtsprechung** (Judikative) verteilt.

Die Regierung wird von der Regierungsfraktion getragen und von der Opposition kontrolliert.

In einem **Bundesstaat** (einem föderalistischen Staat) tritt der Zentralstaat (der „Bund") Teile seiner Entscheidungsbefugnis an die Bundesländer ab, die einen Teil ihrer politischen Macht wiederum an Gemeinden, Gemeindeverbände und Kreise delegieren (weitergeben). In der Bundesrepublik Deutschland werden die Länder über eine eigene Kammer, den **Bundesrat,** an der Willensbildung des Bundes beteiligt.

(2) Regierungsunabhängige Institutionen

Außerdem wird von der Bundesrepublik Deutschland politische Macht an regierungsunabhängige (autonome) staatliche und überstaatliche (supranationale) Institutionen abgetreten. Solche zur sogenannten mittelbaren Staatsverwaltung zählenden öffentlichen Körperschaften sind z. B. die Deutsche Bundesbank, die Bundesagentur für Arbeit, die Rentenversicherungsträger, die gesetzlichen Krankenkassen, die Industrie- und Handelskammern und die Handwerkskammern.

Eine besondere Stellung nimmt die **Europäische Zentralbank (EZB)**[2] ein, weil sie als **Zentralbank** das alleinige Recht zur Schaffung von Notengeld besitzt. Sie ist in ihren geldpolitischen Entscheidungen weitgehend autonom (unabhängig). Ihre wichtigste Aufgabe ist die Erhaltung der Geldwertstabilität.

---

1 **Norm** (griech., lat.) = Richtschnur des Handelns aller Beteiligten, Maßstab, Regel.

2 Näheres zur Europäischen Zentralbank siehe Kapitel 17.7.2.

(3) Nichtstaatliche Organisationen (Verbände)

Nichtstaatliche Organisationen oder Nichtregierungsorganisationen (engl. **N**on-**g**overnmental **O**rganizations (**NGOs**) sind alle Verbände, die nicht von Regierungen oder sonstigen staatlichen Stellen abhängig sind. Sie vertreten gemeinsame Interessen ohne unmittelbare Gewinnabsicht (z. B. Gewerkschaften, Sportvereine, Hilfsorganisationen) und versuchen, Einfluss auf Regierungsentscheidungen zu nehmen. Heute hat sich der Begriff NGOs vor allem für solche Vereinigungen durchgesetzt, die sich international auf gesellschaftlichem Gebiet einsetzen (z. B. Entwicklungspolitik, Umweltschutz, Globalisierungskritik, Menschenrechtsfragen, Tier- und Pflanzenschutz).

Wie geschieht nun die Einflussnahme der Verbände auf staatliche Entscheidungen? Der klassische Adressat der Verbandstätigkeit ist das Parlament.[1] In der Bundesrepublik Deutschland haben die Verbandsvertreter die Möglichkeit, ihre Vorstellungen (Ziele, Interessen) in den Bundestagsausschuss einzubringen, in dem gemäß § 73 III der Geschäftsordnung des Deutschen Bundestags in sogenannten **„Hearings"** neben Sachverständigen auch Interessenvertreter (z. B. der deutschen Wirtschaft) gehört werden können. Daneben werden natürlich zahlreiche informelle Kontakte zwischen den Verbandsvertretern und Abgeordneten gepflegt.

Darüber hinaus lassen die Verbände ihre Vertreter (z. B. Vertreter des Mittelstands, der Heimatvertriebenen, der Landwirtschaft, der Unternehmer) von den politischen Parteien aufstellen und in die Parlamente (den Deutschen Bundestag und die Länderparlamente) wählen.

Schließlich nehmen die Verbände Einfluss auf die Ministerialverwaltungen, indem sie Informationen liefern, die der Staat benötigt, um sinnvolle Entscheidungen treffen zu können.

(4) Ausland

Wirtschaftspolitische Entscheidungen reichen über die Landesgrenzen hinaus, man denke z. B. an die Erhöhung oder Senkung von Zöllen, die Einführung oder Aufhebung der Devisenzwangswirtschaft, die Inflations- oder Deflationspolitik, die Erhöhung oder Senkung von Rüstungsausgaben usw. In jedem Fall wirken sich derartige wirtschaftspolitische Eingriffe des Auslands auf die Binnenwirtschaft aus. Gegenmaßnahmen werden dann erforderlich, wenn die Eingriffe des Auslands den eigenen wirtschaftspolitischen Zielen entgegenstehen.

Unmittelbar an der Entscheidungsbildung der Regierung und der übrigen Träger der Wirtschaftspolitik sind **internationale Organisationen** beteiligt, wie z. B. die WTO (World Trade Organization) und der Internationale Währungsfonds (IWF).

---

1 Die Verbandsvertreter werden als **Lobbyisten** bezeichnet. Der Ausdruck stammt aus den USA und bezeichnet diejenigen Interessenvertreter, die im 19. Jahrhundert in der Wandelhalle des Parlaments (in der „Lobby") die Abgeordneten in ihrem Sinne zu beeinflussen suchten. Das Wort geht auf das lateinische Wort lobia („Laube") zurück.

16.3.3 Bereiche der Wirtschaftspolitik

Wir haben gesehen, dass die staatliche Wirtschaftspolitik in zwei große Bereiche gegliedert werden kann, nämlich die **Ordnungspolitik**[1] einerseits und die **Ablaufpolitik (Prozesspolitik)** andererseits. Während die Ordnungspolitik den Rahmen und die Ziele der angestrebten Wirtschaftsordnung angibt und bestimmte wirtschaftspolitische Maßnahmen empfiehlt, greift die Prozesspolitik in den Wirtschaftsablauf ein, um die vorgebenen Ziele soweit wie möglich zu erreichen. Hierzu dienen in einer Marktwirtschaft vor allem die geld- und fiskalpolitischen[2] Instrumente (siehe Kapitel 17 und Kapitel 18). Die Geldpolitik ist Aufgabe der Zentralbanken, in der EU also der Europäischen Zentralbank (siehe Kapitel 17.8). Die Fiskalpolitik obliegt den Regierungen. Zuständig sind vor allem die Finanz- und Wirtschaftsminister.

Bei den ablaufpolitischen Maßnahmen ist zu unterscheiden, ob die von der Politik zu beeinflussenden bzw. beeinflussten wirtschaftlichen Prozesse kurz- bzw. mittelfristiger oder langfristiger Natur sind. Zu den kurzfristigen Abläufen gehört vor allem die **Konjunktur,** zu den langfristigen das **Wirtschaftswachstum** und die **Strukturveränderungen** (Kapitel 17.6). Dementsprechend lässt sich die Fiskalpolitik in **Konjunkturpolitik** einerseits und **Wachstums- und Strukturpolitik** andererseits einteilen (siehe Kapitel 19 und Kapitel 20). Beide Bereiche der Wirtschaftspolitik haben die Aufgabe, zu einem möglichst störungsfreien und angemessenen Wirtschaftswachstum beizutragen.

Wirtschaftspolitik

Ordnungspolitik	**Prozesspolitik**
z. B. Wettbewerbspolitik Ordnung des Geldwesens	z. B. Konjunkturpolitik Wachstums- und Strukturpolitik

Zusammenfassung

- Mittelfristige Wirtschaftsschwankungen von rund fünf bis acht Jahren werden als **konjunkturelle Schwankungen** bezeichnet. Die Zeitspanne zwischen zwei sich ähnelnden konjunkturellen Situationen (z. B. zwischen zwei oberen Wendepunkten oder zwischen zwei Abschwungphasen) wird als **Konjunkturzyklus** bezeichnet.
- Das langfristige Wachstum einer Volkswirtschaft wird als **Trend** bezeichnet. Der Trend wird an der Veränderung des realen Bruttoinlandsprodukts je Periode (i. d. R. je Jahr) gemessen.
- Es sind folgende Konjunkturphasen zu unterscheiden: **Aufschwung, oberer Wendepunkt, Abschwung** (Rezession) und **unterer Wendepunkt.**
- Daten, die den Konjunkturverlauf messen und/oder Voraussagen (Prognosen) für den künftigen Konjunkturverlauf zulassen, bezeichnet man als **Konjunkturindikatoren.** Man unterscheidet zwischen realwirtschaftlichen und finanzwirtschaftlichen Konjunkturindikatoren.

---

1 Wesentlichster Bestandteil der Ordnungspolitik ist die Wettbewerbspolitik. Sie wurde im Band 1, S. 101 ff. behandelt.

2 Unter **„Fiskus"** versteht man heute den Staat schlechthin, insoweit er es mit den Staatseinnahmen (vor allem Steuern), den Staatsausgaben oder dem Staatsvermögen zu tun hat („Einheit von Fiskus und Staat"). Das Wort Fiskus kommt aus dem Lateinischen und bedeutet Korb, Geldkorb, Kasse. Fiskalpolitik ist somit Wirtschaftspolitik mit Geldmitteln aus der „Staatskasse".

- Das Leitziel (Oberziel) des Stabilitätsgesetzes ist das **gesamtwirtschaftliche Gleichgewicht.**
- Unterziele des Stabilitätsgesetzes sind die **Stabilität des Preisniveaus, ein möglichst hoher Beschäftigungsstand, außenwirtschaftliches Gleichgewicht** und **stetiges angemessenes Wirtschaftswachstum** (das „magische Viereck der Wirtschaftspolitik").
- Ein wichtiges Mittel zur Erreichung der Ziele des „magischen Vierecks" ist die **antizyklische Finanzpolitik.**
- Der **Europäische Stabilitäts- und Wachstumspakt** wurde geschaffen, um die Regierungen der EU-Mitgliedsländer anzuhalten, ihre Haushalte so zu gestalten, dass wirtschaftspolitische Ziele wie Stabilität des Preisniveaus und stetiges Wirtschaftswachstum nicht gefährdet werden.
- Der Stabilitätspakt sollte vor allem entstehende Defizite verhindern. Es wurden u. a. folgende Grenzwerte entsprechend dem Maastricht-Vertrag festgelegt: Ein Defizit (eine Neuverschuldung) in Höhe von höchstens 3 % des Bruttoinlandsprodukts und 60 % für das Verhältnis zwischen dem Staatsschulden und dem Bruttoinlandsprodukt.
- Die großen **Bereiche der Wirtschaftspolitik** sind die **Ordnungspolitik** einerseits und die **Prozesspolitik (Ablaufpolitik)** andererseits.
- Die wirtschaftspolitischen **Ziele des magischen Sechsecks** sind Stabilität des Preisniveaus, hoher Beschäftigungsstand („Vollbeschäftigung"), außenwirtschaftliches Gleichgewicht, angemessenes Wirtschaftswachstum, sozialverträgliche Einkommens- und Vermögensverteilung („gerechte Einkommensverteilung") und Erhaltung einer lebenswerten Umwelt.
- **Träger der Wirtschaftspolitik** sind die Parlamente und die Regierungen, regierungsunabhängige Organisationen wie z. B. die Zentralbank, nichtstaatliche Organisationen (NGOs, Verbände), ausländische Parlamente und Regierungen, überregionale Organisationen (z. B. die Europäische Union), internationale Organisationen wie z. B. die WTO (World Trade Organization) und der IWF (Internationaler Währungsfonds).

ABITRAINING

1. In der Bundesrepublik Deutschland wurde bereits 1967 das Gesetz zur Förderung der Stabilität und des Wachstums der Wirtschaft (StabG = Stabilitätsgesetz) geschaffen. Das Oberziel dieses Gesetzes ist es, das gesamtwirtschaftliche Gleichgewicht des Landes zu erreichen.

Die Maßnahmen zur Erreichung dieses Ziels sind so zu treffen, dass sie im Rahmen der marktwirtschaftlichen Ordnung gleichzeitig unter anderem zur Stabilität des Preisniveaus und zu einem hohen Beschäftigungsstand führen.

Aufgaben:

1.1 Beschreiben Sie kurz jeweils drei Gründe, warum

1.1.1 die Inflation und

1.1.2 die Arbeitslosigkeit

bekämpft werden sollten!

1.2 Nennen Sie jeweils eine wirtschaftspolitische Maßnahme zur Erreichung der Ziele Preisniveaustabilität und Vollbeschäftigung!

1.3 Erläutern Sie den Zielkonflikt zwischen den beiden Zielen Preisniveaustabilität und Vollbeschäftigung!

1.4 Erläutern Sie, was man unter „sozialer Gerechtigkeit" versteht! Überprüfen Sie dabei auch kritisch die Frage, inwiefern tatsächlich alle Parteien das Gleiche meinen, wenn sie von mehr sozialer Gerechtigkeit sprechen!

1.5 Entwickeln Sie eigenständig für jedes einzelne Ziel des „magischen Sechsecks" jeweils zwei mögliche wirtschaftspolitische Maßnahmen, die zu einem höheren Zielerreichungsgrad beitragen könnten!

1.6 Beschreiben Sie eigenständig die Wirtschaftsschwankungen als Konjunkturzyklus, unterscheiden Sie dabei vor allem deren Phasen!

1.7 Erläutern Sie vier mögliche Ursachen für die Wirtschaftsschwankungen!

1.8. **Projektvorschlag mit regionalem Bezug:**

Entwickeln Sie gemeinsam einen möglichen Fragenkatalog zur künftigen (wirtschaftlichen) Entwicklung Ihrer Region (z. B. Kreis, Stadt)! Zur Aufstellung dieses Fragenkatalogs könnten mögliche inhaltliche Themenschwerpunkte von arbeitsteiligen Gruppen zusammengestellt, der Klasse vorgetragen und dann zu einem endgültigen Arbeitspapier zusammengeführt werden.

2. Die wirtschaftliche Entwicklung einer Volkswirtschaft vollzieht sich nicht regelmäßig, sondern in „Schwankungen". Selbst in der Bibel wird schon von den „sieben fetten und den sieben mageren Jahren" berichtet.

Aufgaben:

2.1 Unterscheiden Sie saisonale, konjunkturelle und strukturelle Wirtschaftsschwankungen!

2.2 In nebenstehender Abbildung sind die wesentlichen Phasen (Abschnitte) des typischen Konjunkturverlaufs mit den Ziffern I bis V versehen. Benennen Sie diese Phasen!

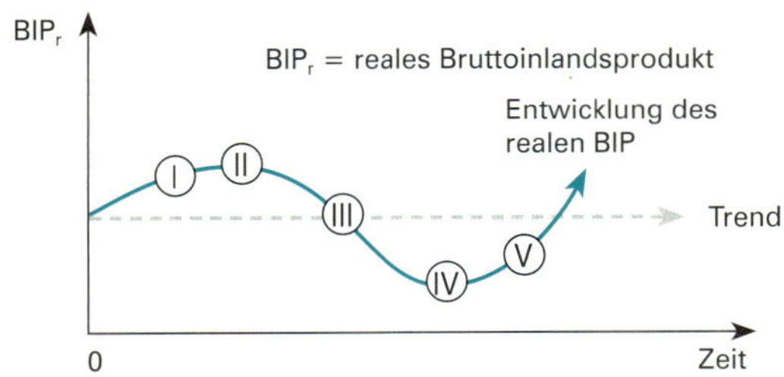

2.3 Erläutern Sie, welche Merkmale die von Ihnen zu Aufgabe 2.2 genannten Konjunkturphasen aufweisen!

2.4 Nennen Sie mindestens vier wichtige Konjunkturindikatoren! Erläutern Sie anschließend, welche Rückschlüsse sich aus den von Ihnen genannten Indikatoren ziehen lassen! Begründen Sie Ihre Antworten!

2.5 Betrachten Sie zunächst die beiden folgenden Konjunkturindikatoren:

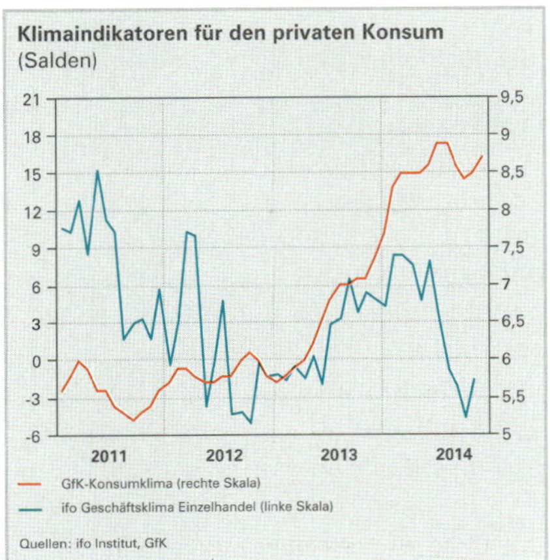

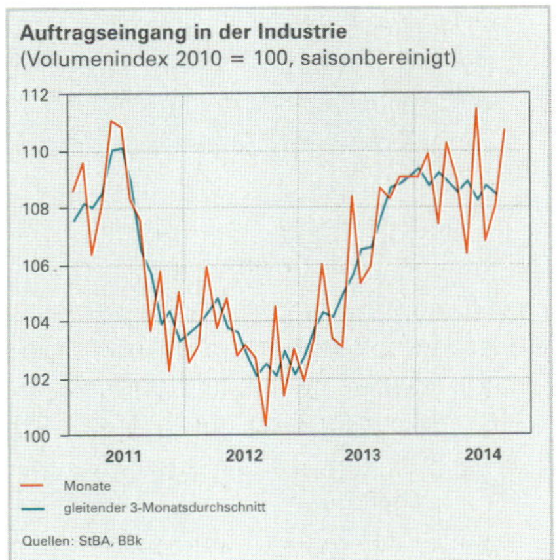

Quelle: Monatsbericht des BMWI, Januar 2015.

2.5.1 Bestimmen Sie, ob es sich hierbei um real- oder finanzpolitische Konjunkturindikatoren handelt!

2.5.2 Nehmen die dargestellten Konjunkturindikatoren den kommenden Konjunkturverlauf vorweg (sogenannte Frühindikatoren), beschreiben sie den augenblicklichen Stand der Konjunktur (sogenannte Präsenzindikatoren) oder „hinken" sie der konjunkturellen Entwicklung hinterher (sogenannte Spätindikatoren)?

2.6 In den folgenden Teilaufgaben sind mithilfe wichtiger Konjunkturindikatoren (Preise, Zinsen, Beschäftigung, Nachfrage, Angebot, Wertpapierkurse, Einkommen) bestimmte konjunkturelle Situationen beschrieben. Ordnen Sie diese Situationen den entsprechenden Konjunkturphasen zu!

2.6.1 „Der Preisindex für die Lebenshaltung ist im vergangenen Halbjahr um knapp 3 Punkte angestiegen. Das reale Nettoinlandsprodukt nahm um 0,5 % ab. Zugleich stieg die Arbeitslosenquote von 9,5 auf 9,8 % an. Die Kreditinstitute waren flüssig, das Zinsniveau demzufolge niedrig…"

2.6.2 „Aufgrund zunehmender Exportüberschüsse stieg im vergangenen Halbjahr das reale Nettoinlandsprodukt um 2 %, während sich die Zahl der Arbeitslosen kaum veränderte. Die Zahl der Kurzarbeiter nahm sogar noch zu, obwohl die Nettoinvestitionen um 3 % stiegen. Die Preissteigerungsraten hielten sich in Grenzen (+ 1,8 %). Die Einkommen der Unselbstständigen erhöhten sich nominell um 5 %…"

2.6.3 „Obwohl im Euro-Währungsgebiet immer noch eine Arbeitslosenquote von knapp 10 % bestand, erhöhte die Europäische Zentralbank den Refinanzierungssatz von 3 auf 3,5 %. Die Inflationsrate hat die 3 %-Grenze überschritten. Das Arbeitnehmerentgelt nahm brutto um 8 %, die Gewinne (vor Steuern) um 5 % zu. Auf den Kreditmärkten zeigten sich erste Verknappungserscheinungen. Für Grundkredite müssen bereits durchschnittlich 8 % Zinsen bei allerdings 100 %iger Auszahlung bezahlt werden. Die Kurse festverzinslicher Wertpapiere sind um durchschnittlich 1,5 % zurückgegangen. Die Binnennachfrage nach vor allem langlebigen Konsumgütern stieg um rund 4 %…"

3. Die Forderung, dass die Wirtschaftspolitik gleichzeitig alle vier im Stabilitätsgesetz genannten Ziele erreichen soll, ist leicht zu erheben. Im Rahmen der praktischen Wirtschaftspolitik muss man jedoch feststellen, dass dies nicht so ohne Weiteres realisierbar ist, da zwischen den einzelnen Zielen unterschiedliche Beziehungen existieren.

Aufgaben:

3.1 Erklären Sie, was unter Zielkonflikt, Zielindifferenz und Zielharmonie zu verstehen ist! Bringen Sie jeweils ein selbst gewähltes Beispiel!

3.2 Erläutern Sie, welche Zusammenhänge die nachfolgenden Abbildungen ausdrücken!

Zielbeziehungen

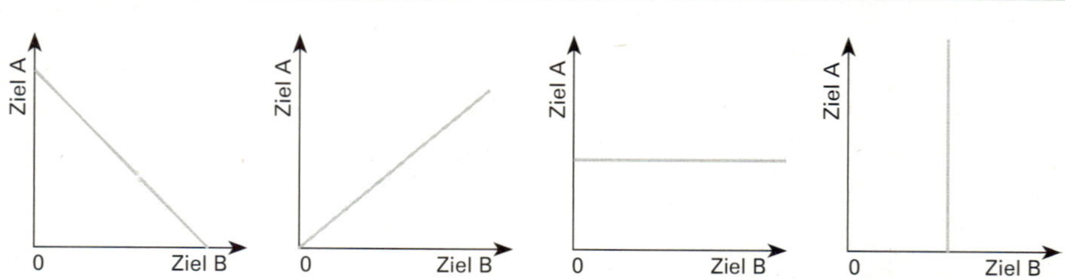

Abb. 1 Abb. 2 Abb. 3 Abb. 4

3.3 Beurteilen Sie, ob in den nachstehenden Fällen Zielharmonie, Zielindifferenz oder Zielkonflikt besteht!

3.3.1 In einer Volkswirtschaft wirkt das „Gesetz der Massenproduktion". Die Wirtschaft ist unterbeschäftigt. Die Regierung beschließt, die Staatsausgaben (bei gleichbleibenden Einnahmen) zu erhöhen. Ihre vorrangigen wirtschaftspolitischen Ziele sind zurzeit die Vollbeschäftigung und die Preisniveaustabilität.

3.3.2 In einer mit dem Ausland stark verflochtenen Volkswirtschaft übersteigen die Exporte seit längerer Zeit die Importe. Die Wirtschaft ist unterbeschäftigt. Die Regierung beschließt die Senkung der Importzölle und die Aufhebung bisheriger Exportförderungsmaßnahmen. Ihre vorrangigen wirtschaftspolitischen Ziele sind zurzeit außenwirtschaftliches Gleichgewicht, Preisniveaustabilität und Vollbeschäftigung.

3.3.3 In einer vollbeschäftigten Volkswirtschaft steigen die Preise jährlich um ca. 10 %. Es bestehen laufende Exportüberschüsse. Das Wirtschaftswachstum beträgt im kommenden Jahr voraussichtlich 3 %. Der Grad der Umweltverschmutzung ist sehr hoch, sodass die Lebenserwartung der Bevölkerung zu sinken beginnt. Die derzeitige Einkommens- und Vermögensverteilung wird als „gerecht" empfunden.

Die Regierung beschließt, die Grenzen weiter zu öffnen, um die Importe zu steigern. Die sechs magischen Ziele der Wirtschaftspolitik werden von der Regierung als gleichrangig betrachtet.

3.4 Nennen Sie die wichtigsten Träger der Wirtschaftspolitik in der Bundesrepublik Deutschland und zeigen Sie deren Zusammenwirken an einem selbst gewählten Beispiel auf!

3.5 Unterscheiden Sie zwischen „quantitativen" und „qualitativen" Zielen staatlicher Wirtschaftspolitik!

4. Im Land A wurde seit Jahren eine Defizitpolitik betrieben, d. h., die Staatsschulden stiegen von Haushaltsperiode zu Haushaltsperiode. Inzwischen befindet sich das Land in finanziellen Schwierigkeiten, sodass es weitere Kredite nur noch zu hohen Zinsen erhalten kann.

Aufgaben:

4.1 Erläutern Sie, warum es für die Regierung schwierig ist, die Staatsverschuldung wieder abzubauen!

4.2 Stellen Sie fest, gegen welche finanzwirtschaftliche Grundregel, die sich auch im deutschen Stabilitätsgesetz findet, das Land A verstoßen hat!

4.3 Die Regierung beschließt, zunächst einmal das Staatsdefizit von 10 % auf 6 % abzubauen.

4.3.1 Erklären Sie die Begriffe Defizit und Staatsverschuldung!

4.3.2 Erläutern Sie, wie sich die Senkung des Defizits auf den Schuldenstand des Landes auswirkt!

4.4 Die Regierung beschließt ein drastisches Sparprogramm, das z. B. Lohnkürzungen im öffentlichen Dienst, Rentenkürzungen, Erhöhung des Rentenalters, Steuererhöhungen und die Verschiebung staatlicher Investitionsvorhaben umfasst. Erläutern Sie mögliche Folgen des Sparprogramms auf die Konjunktur! Begründen Sie Ihre Antwort!

4.5 Eine Tageszeitung schreibt: „Die Regierung des Landes A befindet sich in einem Dilemma: Entweder verfolgt sie ihre Sparpolitik weiter und das Land steht vor Streiks, Protestaktionen und vor einer schweren Rezession. Oder sie nimmt weiterhin teure Kredite auf, um die alten Schulden zu bezahlen." Stellen Sie fest, in welchem wirtschaftspolitischen Zielkonflikt sich das Land A befindet! Begründen Sie Ihre Aussage!

4.6 Das Land B hat hingegen einen ausgeglichenen Staatshaushalt. Während der vergangenen Hochkonjunktur hat es eine Konjunkturausgleichsrücklage angelegt.

4.6.1 Nennen Sie drei mögliche Maßnahmen, wie die Konjunktur „angekurbelt" werden kann!

4.6.2 Erläutern und begründen Sie, mit welchem weiteren wirtschaftspolitischen Ziel Zielharmonie besteht!

17 Geldtheorie und Geldpolitik

17.1 Handelsvolumen

In jeder Volkswirtschaft werden Güter erzeugt, deren Preise in einer sozialen Marktwirtschaft teils vom Markt her, teils durch den Staat bestimmt werden. Zur Vereinfachung unserer Überlegungen unterstellen wir, dass alle hergestellten Güter auch umgesetzt, d. h. verkauft werden. Außerdem nehmen wir an, dass sich die Importe und Exporte von Gütern wertmäßig die Waage halten.

In einer Geldwirtschaft gibt es ebenso viele Preise, wie es Güter gibt. Will man nun den **Wert** aller in einer Periode (z. B. in einem Jahr) hergestellten und umgesetzten (verkauften) Güter feststellen, muss man jedes umgesetzte Gut mit seinem jeweiligen Preis vervielfachen. Möchte man feststellen, ob die umgesetzte (angebotene und verkaufte) Gütermenge im Folgejahr gleich geblieben, gestiegen oder gesunken ist, muss man mit den alten Preisen *(„konstanten Preisen“)* rechnen, denn bei Preisveränderungen ergäbe sich sonst ein falsches Bild. (Die Gütermenge an sich kann nicht festgestellt werden, denn die verschiedenartigen Güter sind nicht addierbar.) Das Jahr, dessen Güterpreise man wählt, bezeichnet man als **Basisjahr.**[1]

Merke:

Die Summe aller während einer Periode umgesetzten Güter, bewertet zu **konstanten** Preisen, bezeichnet man als **Handelsvolumen (= H).**

Beispiel:

Angenommen, in einer Volkswirtschaft werden nur fünf Güterarten erzeugt und umgesetzt. Sie werden zu den Preisen eines Ausgangsjahrs (= Basisjahr) bewertet. Nur so lässt sich feststellen, wie sich die Gütermenge von Jahr zu Jahr entwickelte.

In der Volkswirtschaft erzeugte und umgesetzte Güter	Jahr 00 (Basisjahr)			Jahr 01			Jahr 02		
	Umgesetzte Gütermengen (in Mio. Einheiten)	Preise je Einheit in GE	Wert der umgesetzten Güter (in Mio. GE)	Umgesetzte Gütermengen (in Mio. Einheiten)	Konstante Preise (Basisjahr) in GE	Wert der umgesetzten Güter zu konstanten Preisen (in Mio. GE)	Umgesetzte Gütermengen (in Mio. Einheiten)	Konstante Preise (Basisjahr) in GE	Wert der umgesetzten Güter zu konstanten Preisen (in Mio. GE)
Kohle	10 t	400	4000	10 t	400	4000	11 t	400	4400
Stahl	20 t	750	15000	20 t	750	15000	22 t	750	16500
Getreide	50 t	500	25000	50 t	500	25000	60 t	500	30000
Kleidung	200 Stück	100	20000	200 Stück	100	20000	250 Stück	100	25000
Bauten	60 m^3	600	36000	60 m^3	600	36000	73,5 m^3	600	44100
	Handelsvolumen →		100000	**Handelsvolumen →**		100000	**Handelsvolumen →**		120000

Das Beispiel zeigt, dass die Gütermenge (das Handelsvolumen) im Jahr 01 gegenüber dem Jahr 00 konstant (gleich geblieben) ist, während sie im Jahr 02 gegenüber dem Vorjahr um **20 % zunahm.**

1 **Basis** (griech., lat.) = Grundlage; hier: Ausgangszeitpunkt.

17.2 Nachfragewirksame Geldmenge

Auch hier müssen wir vereinfachen, um zu einem eindeutigen Ergebnis zu gelangen. Wenn im vorigen Beispiel im Jahre 02 das Handelsvolumen 120 000 GE betrug, wurde zum Kauf dieser Güter auch die **Geldmenge** in Höhe von 120 000 GE benötigt, falls wir unterstellen, dass das gesamte Handelsvolumen in einem Zuge nachgefragt und gekauft wurde. Diese sogenannte **nachfragewirksame Geldmenge** ist in der Regel nicht mit der **Gesamtgeldmenge** der Wirtschaft gleichzusetzen, weil die Wirtschaftssubjekte einen Teil ihrer Einnahmen nicht wieder ausgeben, sondern sparen. Von der Gesamtgeldmenge ist also die Ersparnis (die dem Geldkreislauf entzogene Sparsumme) abzusetzen.

Nun entspricht es aber nicht der Wirklichkeit, dass die gesamte Gütermenge, die in einem Jahr erzeugt wird, auf **ein** Mal umgesetzt wird. Vielmehr verteilen sich die Umsätze über das ganze Jahr hinweg.

Beispiel:

Lassen wir einmal die Umsätze zwischen den Unternehmen außer Acht. Vergessen wir auch, dass es einen Staatshaushalt gibt und dass die Haushalte sparen. Nehmen wir unter diesen Bedingungen an, dass die privaten Haushalte im Jahr 120 000 GE verdienen und dass ihnen dieses Geld nur *ein* Mal im Jahr ausbezahlt wird, wird tatsächlich eine Geldmenge (Buch- und Giralgeld) in Höhe von 120 000 GE benötigt: Den privaten Haushalten fließen ein Mal im Jahr 120 000 GE zu, die sie im gleichen Jahr zum Kauf von Gütern bei den Unternehmen verwenden. Die **Umlaufgeschwindigkeit des Geldes** ist **1**.

Wenn wir unterstellen, dass die Löhne und Gehälter im Jahr **zwei Mal** ausbezahlt werden, kommt die Wirtschaft mit 60 000 GE aus. Der Grund: Mit der ersten Gehaltszahlung kaufen die privaten Haushalte Güter im Werte von ebenfalls 60 000 GE. Der gleiche Vorgang wiederholt sich danach im zweiten Halbjahr, weil die privaten Haushalte die zweite Lohnzahlung wiederum zum Kauf von Gütern im Werte von 60 000 GE verwenden. Mit einer Geldmenge von 60 000 GE wird somit ein jährlicher Umsatz von 120 000 GE getätigt. Die **Umlaufgeschwindigkeit des Geldes** ist also **2**.

Würden die Gehälter und Löhne z. B. **12-mal** im Jahr ausbezahlt und wieder ausgegeben, könnte man mit einer Geldmenge von 10 000 GE einen jährlichen Umsatz von 120 000 GE bewirken. Die **Umlaufgeschwindigkeit des Geldes** beträgt dann **12**.

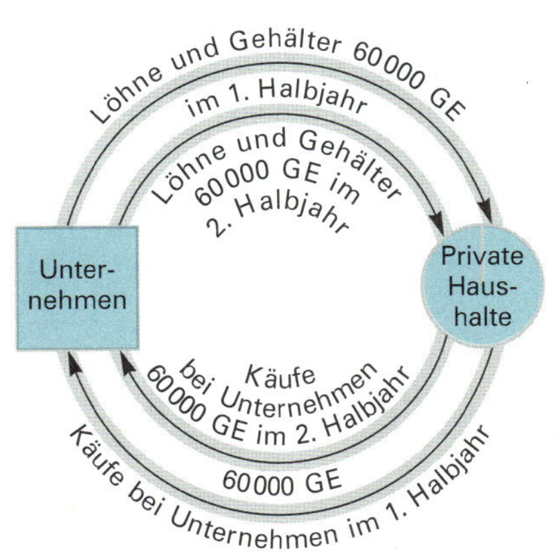

Mit einer Geldmenge von 60 000 GE werden im Jahr Umsätze von 120 000 GE bewirkt. Die Umlaufgeschwindigkeit des Geldes ist 2.

Die nachfragewirksame Geldmenge setzt sich aus dem für Kaufzwecke bereitgestellten Bar- und Giralgeld, multipliziert mit seiner Umlaufgeschwindigkeit, zusammen.

Nachfragewirksame Geldmenge = Geldmenge (M) · Umlaufgeschwindigkeit (U)

17.3 Preisniveau

Beispiel:

Angenommen, im Jahr 01 sei die nachfragewirksame Geldmenge von 100 000 GE auf 120 000 GE gestiegen, während die zu konstanten Preisen gemessene Gütermenge unverändert blieb. Man sagt, dass sich das **reale** (wirkliche) Handelsvolumen nicht verändert hat. *Ein* möglicher Grund hierfür ist, dass die Wirtschaft vollbeschäftigt ist, sodass aufgrund der gestiegenen Nachfrage nicht mehr angeboten werden *kann*.

Die Folge der gestiegenen Nachfrage (Geldmenge) bei Vollbeschäftigung ist, dass die Unternehmen ihre Preise solange anheben, bis auf den Märkten wieder Gleichgewicht herrscht.[1]

Der Faktor, um den sich die Preise **aller** Güter im Durchschnitt verändern müssen, lässt sich leicht errechnen, indem man die nachfragewirksame Geldmenge durch das zu konstanten Preisen gemessene Handelsvolumen teilt:

$$\text{Veränderungsfaktor des Preisniveaus (P)} = \frac{120\,000}{100\,000} = \underline{\underline{1{,}2}}$$

Allgemein:

$$\mathbf{P = \frac{M \cdot U}{H}}$$

Die Zahl für P = 1,2 bedeutet, dass sich gegenüber dem Vorjahr das **Preisniveau** um das 1,2-fache oder um 20 % erhöht hat. Wäre die nachfragewirksame Geldmenge (M · U) z. B. um 50 % auf 150 000 GE gestiegen, ergäbe sich eine Preissteigerungsrate von 50 %, sofern das Handelsvolumen konstant geblieben ist.

Steigt im Jahr 02 die Geldmenge z. B. auf 150 000 GE und das Handelsvolumen (zu konstanten Preisen) auf 120 000 GE, ergibt sich:

$$P = \frac{150\,000}{120\,000} = \underline{\underline{1{,}25}}$$

Dies sagt aus, dass sich im Jahr 02 das Preisniveau gegenüber dem Jahr 00 (Basisjahr) um das 1,25-fache oder um 25 % erhöht hat.

Merke:

- Die Entwicklung des Preisniveaus (die Höhe der Güterpreise) hängt weitgehend von der Entwicklung der nachfragewirksamen Geldmenge ab.
- Steigt die nachfragewirksame Geldmenge schneller als das Handelsvolumen (die Menge der zu konstanten Preisen bewerteten Güter), steigt in einer freien Wirtschaft das Preisniveau, sofern diese vollbeschäftigt ist.
- Steigt die nachfragewirksame Geldmenge in gleichem Maße wie das Handelsvolumen, wird das Preisniveau gleich bleiben.

Eine **Umkehrung** der letzten beiden Sätze ist jedoch nicht möglich. Eine Verringerung der nachfragewirksamen Geldmenge wird in der heutigen Wirtschaft nur selten und dann nur auf Teilmärkten zu **Preissenkungen** führen. Hierfür gibt es viele Gründe.

1 Dies ist natürlich nur in einer freien Wirtschaft möglich. Werden vom Staat Höchstpreise vorgeschrieben, können die Preise nicht im erforderlichen Umfang steigen. Es entsteht Übernachfrage, sodass der Staat rationieren muss.

Zum einen *steigen* bei zurückgehender Produktion die Stückkosten der Betriebe, sodass die Betriebe, falls sie marktstark genug sind, sogar die Preise erhöhen können. Zum anderen gibt es viele Kosten, die trotz schwindender Nachfrage nicht sinken. Hierzu gehören einige Steuern (z. B. Grundsteuer, Kfz-Steuer), die tariflich festgelegten Mindestlöhne der Arbeitskräfte oder die Importpreise der Rohstoffe **(institutionelle Starrheiten).** Sinkt also die nachfragewirksame Geldmenge, wird nicht das Preisniveau fallen, sondern das Güterangebot abnehmen. Somit entsteht **Unterbeschäftigung** (Arbeitslosigkeit).

17.4 Kaufkraft

Mit steigendem Preisniveau sinkt die Kaufkraft, denn mit einer Geldeinheit kann man jetzt **weniger** Güter kaufen als zuvor.

Beispiel:

Angenommen, vom Jahr 00 bis zum Jahr 01 steigt die nachfragewirksame Geldmenge von 100 000 GE auf 150 000 GE, während das Handelsvolumen von bisher 100 000 GE konstant bleibt. Die Veränderung des Preisniveaus beträgt 50 %:

$$P = \frac{M \cdot U}{H} = \frac{150\,000}{100\,000} = \underline{\underline{1{,}5}}$$

Die Kaufkraft hat sich gegenüber dem Vorjahr wie folgt verändert:

$$K = \frac{H}{M \cdot U} = \frac{100\,000}{150\,000} = \underline{\underline{\frac{2}{3}}}$$

Dies besagt, dass man sich im Jahr 01 mit einer Geldeinheit nur noch $^2/_3$ der Gütermenge des Jahres 00 kaufen konnte. Die Kaufkraft des Geldes ist also um $^1/_3$ (= $33^1/_3$ %) gesunken.

Merke:

Der Veränderungsfaktor der **Kaufkraft** ist der **reziproke** (umgekehrte) Wert des Veränderungsfaktors des **Preisniveaus.**

Steigen die Preise z. B. um 100 % (Preisveränderungsfaktor 2), beträgt die Kaufkraft einer Geldeinheit nur noch 50 % (Veränderungsfaktor der Kaufkraft $^1/_2$).

Aus der Formel zur Berechnung des Veränderungsfaktors des Preisniveaus lässt sich die **Fishersche Verkehrsgleichung des Geldes**[1] (auch **Quantitätsgleichung** genannt) ableiten, indem man die ganze Gleichung mit H (= Handelsvolumen) multipliziert:

$$\mathbf{P \cdot H = M \cdot U}$$

Die Quantitätsgleichung ist eine Definitionsgleichung, d. h., sie enthält keinerlei Aussagen über die Beziehungen der einzelnen Größen. Die **Quantitätstheorie**[2] ist hingegen eine Lehrmeinung, nach der zwischen Preisniveau und der nachfragewirksamen Geldmenge (M · U) ein unmittelbarer Zusammenhang besteht. Danach führt eine Erhöhung der Geldmenge zu einer Erhöhung des Preisniveaus.

1 Die Verkehrsgleichung stammt von IRVING FISHER: „The purchasing power of money" (1911).

2 Die **Neo-Quantitätstheorie** ist eine moderne monetaristische Inflationstheorie im Sinne einer Weiterentwicklung der klassischen Quantitätstheorie. Sie ersetzt die Annahme der Konstanz der Umlaufgeschwindigkeit des Geldes durch eine empirisch prüfbare Annahme, nach der die Umlaufgeschwindigkeit keine Konstante ist. Hierdurch wird der von der älteren Quantitätstheorie behauptete streng proportionale Zusammenhang zwischen Geldmenge und Preissteigerungen zwar gelockert, aber nicht komplett aufgehoben.

9 Hartmann - ISBN 978-3-8120-0490-9

17.5 Preisindizes[1]

17.5.1 Verbraucherpreisindex (VPI)

Den einzelnen Verbraucher interessiert es weniger, wie sich das *allgemeine* Preisniveau verändert. Selbst die Preissteigerungen bei bestimmten Luxusgütern kümmern den durchschnittlichen Verbraucher nicht: Ihm ist es gleichgültig, ob irgendein Luxusauto nunmehr statt 90000,00 € stolze 100000,00 € kostet. Selbst bei den Gütern des täglichen Bedarfs wirken sich Preissteigerungsraten bei den einzelnen Gütern unterschiedlich auf das Budget (das „Haushaltsgeld") eines privaten Haushalts aus. Steigen z. B. die Preise für eine Streichholzschachtel von 0,50 € auf 1,00 €, also um 100 %, ist dies für den Einzelnen wenig bedeutsam. Steigen indessen die Preise für Strom und Benzin um 100 %, trifft dies die einzelnen Bürger recht empfindlich.

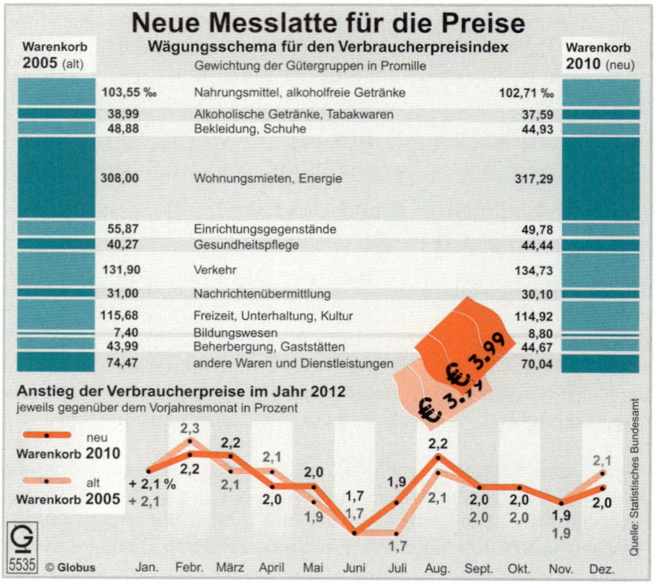

Um ermitteln zu können, wie sich die Preisveränderungen der Konsumgüter auf die privaten Haushalte auswirken, hat das Statistische Bundesamt in Wiesbaden neben vielen anderen Indizes den **Verbraucherpreisindex** entwickelt. Dieser Preisindex erfasst die Preisänderungen bei 600 Gruppen von Sachgütern und Leistungen **(„Warenkorb")**, die vom privaten Haushalt gekauft werden. Da nicht alle Güter das gleiche Gewicht im Warenkorb besitzen, musste das Statistische Bundesamt ein **„Wägungsschema"** erstellen, das von Zeit zu Zeit den neuen Verbrauchsstrukturen angepasst werden muss. Die Waren nämlich, die von einem durchschnittlichen Haushalt heute gekauft werden, sind nicht mehr die gleichen wie die im Jahr 2005 oder im Jahr 2010. Man braucht hier nur an Konsumgüter wie z. B. Blue-ray-Discs, das Telefonieren mit Smartphones, Mikrowellenherde oder Mikrofaserkleidung, Heimsportgeräte, Digitalkameras, DVD-Player, Tablets, Espresso-Maschinen oder die Internetnutzung zu denken. Außerdem verschiebt sich der prozentuale Anteil bestimmter Ausgaben zugunsten anderer. So gab z. B. der durchschnittliche private Haushalt 1970 noch 33,3 % seines Einkommens für Nahrungs- und Genussmittel aus. Im Jahr 2014 betrug dieser Anteil nur noch rund 14 %.

Das Wägungsschema wird entwickelt, indem man für ein Basisjahr die durchschnittlichen Ausgaben eines durchschnittlichen Haushalts für verschiedene Güter und Leistungen in Prozenten seiner Gesamtausgaben ermittelt.

1 **Index** (lat.) = Anzeiger. Indizes = Mz. von Index.

Beispiel:

Um den Vorgang der Preisindexberechnung deutlich zu machen, sei ein sehr vereinfachtes Wägungsschema zugrunde gelegt (5 statt 700 Positionen):

Warenkorb	Wägungsschema Jahr 00		Preise		
			01	02	03
1. Nahrungsmittel	615,00 GE	41 %	615,00 GE	615,00 GE	615,00 GE
2. Kleidung	600,00 GE	40 %	600,00 GE	660,00 GE	660,00 GE
3. Wohnung	150,00 GE	10 %	200,00 GE	200,00 GE	200,00 GE
4. Brennstoffe	60,00 GE	4 %	60,00 GE	60,00 GE	180,00 GE
5. Dienstleistungen	75,00 GE	5 %	75,00 GE	75,00 GE	75,00 GE
Gesamtausgaben	1 500,00 GE	100 %	1 550,00 GE	1 610,00 GE	1 730,00 GE

Die Indexzahlen werden wie folgt ermittelt:

Das Basisjahr 00 wird mit 100 Punkten angesetzt. Die angenommene Verteuerung der Wohnungsausgaben um 50,00 GE im Jahr 01 (= $33^1/_3$ %) bewirkt bei Konstanz aller anderen Preise eine Erhöhung der Lebenshaltungskosten um 3,3 Punkte auf 103,3.[1]

Steigen im Jahr 02 z. B. die Preise für Kleidung um 10 %, erhöhen sich die Lebenshaltungskosten um 4 Punkte auf 107,3 Punkte.[1]

Die angenommene Steigerung der Brennstoffkosten um 200 % im Jahr 03 bewirkt allein eine Steigerung der Lebenshaltungskosten auf 115,3 Punkte.

Insgesamt gilt also, dass Preissteigerungen bei bestimmten Waren und Diensten sich auf den Verbraucherpreisindex umso stärker auswirken, je größer ihr prozentualer Anteil (ihr „Gewicht") an den Gesamtausgaben eines durchschnittlichen Haushalts ist.

Der Verbraucherpreisindex für die Bundesrepublik Deutschland entwickelte sich wie folgt (Basisjahr 2010):

Jahr	2005	2006	2007	2008	2009	2010	2011	2012	2013	2014
Verbraucherpreisindex	92,5	93,9	96,1	98.6	98,9	100	102,1	104,1	105,7	106,6

Quelle: Monatsberichte der Deutschen Bundesbank, mehrere Jahrgänge.

Mithilfe des Verbraucherpreisindex lässt sich das reale Bruttoinlandsprodukt berechnen:

$$\mathbf{BIP_r = \frac{BIP_n \cdot 100}{Preisindex}}$$

Die Europäische Zentralbank bezeichnet die Preisindizes als Deflatoren,[2] weil sie den „Abschlag" wiedergeben, mit dessen Hilfe das nominelle Bruttoinlandsprodukt bereinigt werden muss, um das reale Bruttoinlandsprodukt zu erhalten.

1 Berechnung: 1 500,00 GE (00) ≙ 100 Punkte; 1 550,00 GE (01) ≙ x Punkte

$$x = \frac{100 \cdot 1550}{1500} = \underline{\underline{103{,}3 \text{ Punkte}}}$$

1 500,00 GE (00) ≙ 100 Punkte; 1 610,00 GE (02) ≙ x Punkte

$$x = \frac{100 \cdot 1610}{1500} = \underline{\underline{107{,}3 \text{ Punkte}}}$$

2 **Deflator** (lat.) = Abschlag, Zusammenziehung, Minderung.

Beispiel:

Jahr	Nominelles Bruttoinlandsprodukt	Preisänderung gegenüber Vorjahr (Jahr 00 ≙ 100 %)	Deflatoren	Reales Bruttoinlandsprodukt
01	2 109,44 GE	2,4 %	102,40	2 060,00 GE
02	2 204,20 GE	2,5 %	104,96	2 100,00 GE
03	2 269,68 GE	2,0 %	107,06	2 120,00 GE
04	2 397,78 GE	1,8 %	108,99	2 200,00 GE

17.5.2 Harmonisierter Verbraucherpreisindex (HVPI)

Vom Statistischen Bundesamt wird zusätzlich zum VPI der **Harmonisierte Verbraucherpreisindex (HVPI)** erstellt. Wichtigste Aufgabe des HVPI ist der Vergleich der Preisveränderungsraten zwischen den Mitgliedsländern der Europäischen Union (EU). Die Europäische Union hat verbindliche Regeln für die Berechnung des HVPI aufgestellt, deren Einhaltung vom Statistischen Amt der Europäischen Union (Eurostat) überwacht wird. Aufgrund der nationalen Harmonisierten Verbraucherpreisindizes berechnet Eurostat die Harmonisierten Verbraucherpreisindizes für die Europäische Union, die Europäische Währungsunion (EWU) und den Europäischen Wirtschaftsraum (EWR).[1]

Der HVPI für das Euro-Währungsgebiet weist folgende Kennzahlen aus (Basisjahr 2005):

Jahr	2005	2006	2007	2008	2009	2010	2011	2012	2013	2014
HVPI	100	102,2	104,4	107,8	108,1	109,8	112,8	115,6	117,3	117,7

Quelle: Monatsberichte der Europäischen Zentralbank, mehrere Jahrgänge.

17.6 Reallohn

Die Entwicklung eines Preisindex lässt im Allgemeinen keine Aussage darüber zu, ob sich der **Lebensstandard** der Arbeitnehmer (und Arbeitgeber) verbessert oder verschlechtert hat. Neben der Qualitätsverbesserung der angebotenen Güter muss vor allem die Entwicklung des *Nettolohns* berücksichtigt werden.

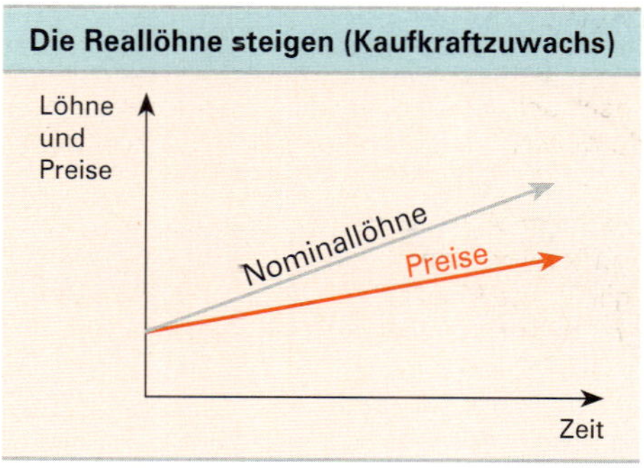

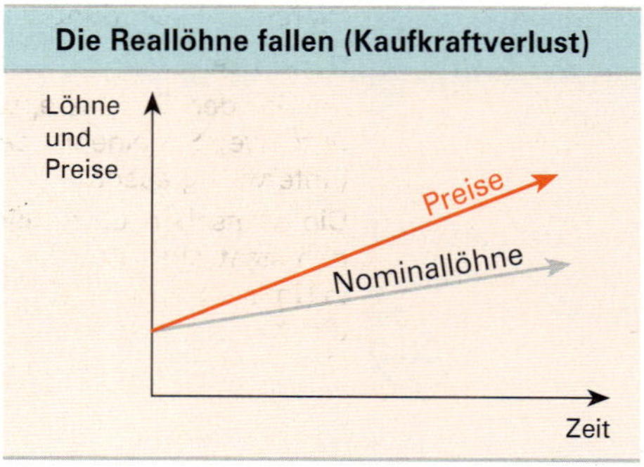

1 Dem **Europäischen Wirtschaftsraum** gehören neben den EU-Ländern noch Island, Liechtenstein und Norwegen an.

Was der Arbeitnehmer am Monatsende ausbezahlt erhält, nennt man **Nettolohn.** Dieser Nettolohn entspricht längst nicht dem, was der Arbeitgeber für die Arbeitskraft aufzuwenden hat. Zu berücksichtigen ist nämlich, dass der Arbeitgeber i. d. R. die Hälfte der Sozialversicherungsbeiträge zu tragen hat. Zieht man von dem Betrag, den der Arbeitgeber insgesamt für den Arbeitnehmer aufzuwenden hat, den Arbeitgeberanteil ab, erhält man den **Bruttolohn.** Dieser erscheint auf der Lohnabrechnung des Arbeitnehmers. Vom Bruttolohn werden die Sozialversicherungsbeiträge (der sog. Arbeitnehmeranteil), die Lohnsteuer und gegebenenfalls Kirchensteuer abgezogen.

Beispiel: [1]

Vom Arbeitgeber aufzubringender Betrag (tatsächliche Lohnkosten)	3000,00 €
– Arbeitgeberanteil an der Sozialversicherung ca.	370,00 €
– sonstige Personalnebenkosten (z. B. 13. Monatsgehalt, Urlaubsgeld, Entgeltfortzahlung im Krankheitsfall)	750,00 €
Bruttolohn	1880,00 €
– Arbeitnehmeranteil an der Sozialversicherung ca.	370,00 €
– Lohnsteuer, Solidaritätszuschlag und ggf. Kirchensteuer	220,00 €
Nettolohn	**1290,00 €**

Der in der Lohn- bzw. Gehaltsabrechnung „genannte" Lohn ist der **Nominallohn.**[2] Aus der Sicht des Arbeitnehmers ist dies sein **Nettolohn.**

Der Nominallohn sagt nichts darüber aus, wie viel sich ein Arbeitnehmer dafür kaufen kann. Steigt z. B. der Nominallohn *schneller* als das Preisniveau, nimmt der Lebensstandard trotzdem *zu.* Mit anderen Worten: Der **Reallohn** (real = wirklich) ist gestiegen. Steigen Preise und Nettolohn in gleichem Maße, hat sich der Reallohn *nicht* verändert. Steigen indessen die Nominallöhne schwächer als die Preise, nimmt der Reallohn (die Kaufkraft) ab.

17.7 Europäische Zentralbank (EZB)

17.7.1 Geldmengenbegriffe der Europäischen Zentralbank

Es sind folgende Geldmengenbegriffe (Geldarten) zu unterscheiden:

Bargeld	Hierunter fallen Münzen und Banknoten. ■ **Münzen** Die in der Bundesrepublik Deutschland umlaufenden Euro-Münzen sind durchweg Scheidemünzen, weil ihr Materialwert niedriger als ihr Nennwert ist (unterwertig ausgeprägte Münzen). Die deutschen Euro-Münzen werden im Auftrag der Bundesregierung von den staatlichen Prägeanstalten geprägt und von der Deutschen Bundesbank in Umlauf gebracht. (Das Gleiche gilt für die Münzen der übrigen EWU-Länder, die von den Regierungen geprägt und von den nationalen Zentralbanken in Umlauf gebracht werden.)

1 Die Zahlen sind gerundet und beziehen sich auf einen ledigen, kirchensteuerpflichtigen Arbeitnehmer.

2 „Nominal" kommt von „nominell", d. h. dem Namen nach, dem Nennwert nach.

	■ **Banknoten** Das alleinige Recht zur Ausgabe von Banknoten besitzt die Europäische Zentralbank. Sie ist daher **„Trägerin der Geldpolitik"**.
Sichteinlagen	Hierunter versteht man die Summe aller täglich fälligen Einlagen der privaten Haushalte, der Unternehmen (Nichtbankenunternehmen) und des Staates bei den Geldinstituten.

Die Summe aus **Bargeldumlauf** und **täglich fälligen Einlagen** bezeichnet die EZB mit dem Symbol **M1.**[1] Die Geldmenge M1 ist das am engsten gefasste monetäre Aggregat.[2]

M1 = Bargeldumlauf + täglich fällige Einlagen

Die Geldmenge M1 wird in der Literatur auch als **Zentralbankgeldmenge** bezeichnet.

Indem man zur Geldmenge M1 die **kurzfristigen Einlagen,** d. h., die Einlagen mit vereinbarter Laufzeit von bis zu zwei Jahren und die Einlagen mit vereinbarter Kündigungsfrist von bis zu drei Monaten hinzuzählt, erhält man die Geldmenge M2.

M2 = M1 + kurzfristige Einlagen

Die weitgefasste Geldmenge M3 ergibt sich, indem man zu M2 bestimmte **marktfähige Verbindlichkeiten des Bankensektors**[3] (z. B. Schuldverschreibungen mit einer Laufzeit von weniger als zwei Jahren, Geldmarktpapiere wie z. B. Bankakzepte und Repogeschäfte)[4] hinzurechnet.

M3 = M2 + sonstige marktfähige Verbindlichkeiten des Bankensektors

Die Geldmenge M3 wird als **Zentralbankmenge** bezeichnet. Die Geldmengenentwicklung wird seit 1988 an M3 gemessen. M3 ist die Steuerungsgröße der Geldpolitik der Zentralbank.

17.7.2 Aufgaben und Aufbau der Europäischen Zentralbank

Verantwortlich für die Geldpolitik (**Steuerung der Geldmenge** und der **Zinssätze**) in den Mitgliedstaaten der **E**uropäischen **W**ährungs**u**nion **(EWU)** ist die **E**uropäische **Z**entral**b**ank **(EZB).** Die Organe der EZB sind das Direktorium, der EZB-Rat und der Erweiterte EZB-Rat. Aufbau und Aufgaben der EZB sind in Art. 3 der **ESZB-Satzung**[5] **und der EZB** in den Art. 127 ff. AEUV[6] festgelegt.

1 M ist das Symbol für money (engl. = Geld). Monetär (lat.) = geldlich, geldmäßig.

2 **Aggregieren** (lat.) = zusammenfassen, zusammenzählen. Aggregat = Zusammenfassung.

3 Der Fachausdruck für Bankensektor heißt Sektor der **m**onetären **F**inanz**i**nstitute **(MFI-Sektor)**. Er umfasst vor allem die nationalen Zentralbanken, die EZB, Kreditinstitute und andere Finanzinstitute. Der MFI-Sektor wird auch als „Geldschöpfungssektor" bezeichnet. Das Gegenstück des MFI-Sektors ist der Nichtbankensektor (Nicht-MFI-Sektor). Er ist der „Geldhaltungssektor". Zu ihm gehören z. B. die privaten Haushalte, alle Unternehmen, die keine Bankgeschäfte betreiben und – mit gewissen Ausnahmen – der Staat.

4 Die Kreditinstitute können sich beim ESZB finanzielle Mittel beschaffen, indem sie beleihungsfähige Wertpapiere an das ESZB für eine bestimmte Zeit verkaufen. Diese Geschäfte bezeichnet man als **Pensions-** oder **Repogeschäfte.** Repo ist die Abkürzung für Repurchase (engl. Rückkauf). Das „o" am Ende hat sich wegen der Aussprache durchgesetzt. (Näheres zu den Pensionsgeschäften des ESZB siehe S. 152 ff.)

5 Zur ESZB (System der Europäischen Zentralbanken) siehe Kapitel 17.7.3.

6 AEUV = Vertrag über die Arbeitsweise der Europäischen Union (EU).

Die europäische Zentralbank hat folgende **Organe:**[1]

Direktorium	Das Direktorium besteht aus dem Präsidenten, dem Vizepräsidenten und vier weiteren Mitgliedern. Dem Direktorium obliegt die Geschäftsführung, d. h., ■ es führt die vom EZB-Rat beschlossene Geldpolitik aus, ■ verwaltet die Währungsreserven der Mitgliedstaaten, ■ führt Devisengeschäfte[2] durch und ■ sorgt für funktionierende Zahlungssysteme.
Europäischer Zentralbankrat	Der Europäische Zentralbankrat (EZB-Rat) setzt sich aus dem **Direktorium** und den Präsidenten der **nationalen Notenbanken** der EWU-Mitgliedstaaten zusammen. Der EZB-Rat trifft mit einfacher Stimmenmehrheit die geldpolitischen Entscheidungen und erlässt Weisungen und Leitlinien für die Zentralbanken der Teilnehmer.
Erweiterter EZB-Rat	Dem Erweiterten EZB-Rat gehören der **EZB-Rat** und die **Zentralbank-Präsidenten** der Staaten der Europäischen Union (EU) an, die (noch) nicht Mitglieder der EWU sind.

Damit die EZB ihre Aufgaben erfüllen kann, ist sie mit einer dreifach gesicherten **Unabhängigkeit (Autonomie)** ausgestattet:

- Sie ist **institutionell unabhängig.** Nach Art. 129 AEUV darf weder die EZB noch eine nationale Zentralbank noch ein Mitglied ihrer Beschlussorgane Weisungen von EU-Organen oder von den Regierungen der Mitgliedstaaten einholen oder entgegennehmen. Dennoch steht die EZB in Krisenzeiten stets unter Druck der Politik. Gefordert wird, dass die EZB nicht mehr allein der Geldwertstabilität verpflichtet sein sollte, sondern z. B. auch dem Ziel einer möglichst hohen Beschäftigung (siehe auch Kapitel 17.11).
- Sie ist **personell unabhängig.** Der Präsident und die übrigen geschäftsführenden Direktoren der EZB werden von den Regierungen, vertreten durch die Staats- bzw. Regierungschefs der Mitgliedstaaten, für i. d. R. acht Jahre gewählt. Eine Amtsenthebung kann nur durch den Europäischen Gerichtshof erfolgen. Die im EZB-Rat vertretenen Präsidenten der nationalen Zentralbanken werden für eine Amtszeit von mindestens fünf Jahren berufen.
- Sie ist **operativ unabhängig.** Die EZB entscheidet autonom über ihre geldpolitischen Maßnahmen.

17.7.3 Europäisches System der Zentralbanken (ESZB)

(1) Aufbau und Aufgaben des ESZB

Das **E**uropäische **S**ystem der **Z**entral**b**anken **(ESZB)** besteht aus der Europäischen Zentralbank und den nationalen Zentralbanken der Mitgliedstaaten der Europäischen Union. Nach Art. 127 AEUV sowie der Satzung des ESZB ist das vorrangige Ziel des ESZB die Preisstabilität. Insoweit die Erreichung dieses Ziels nicht beeinträchtigt wird, unterstützt das ESZB die Wirtschaftspolitik der EU-Länder. Ebenso wie die EZB im Einzelnen ist das ESZB im Ganzen von Weisungen politischer Instanzen unabhängig.

1 **Organ** (giech.) = Körperteil. Hier: Personen, die gesetzlich oder satzungsgemäß befugt sind, für eine Körperschaft oder ein Unternehmen zu handeln.

2 **Devisen** (lat., franz.) = Zahlungsmittel in Fremdwährung. Für den Euroraum sind z. B. auf US-Dollar oder Yen lautende Zahlungsmittel (z. B. Schecks), Wechsel, Zahlungsanweisungen) Devisen.

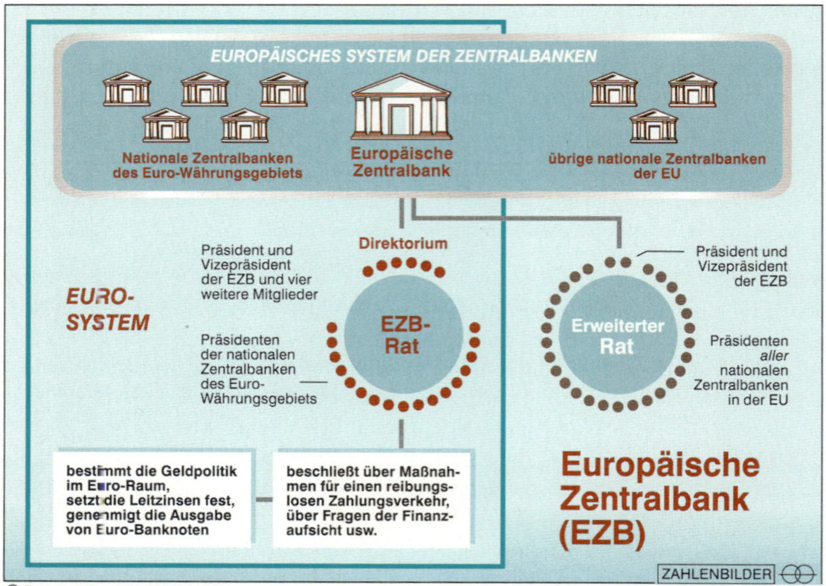

Das Eurosystem wird von den Beschlussorganen der Europäischen Zentralbank, das heißt vom EZB-Rat und vom Direktorium geleitet. Der **EZB-Rat** bestimmt die Geldpolitik im Euro-Währungsgebiet. Die Umsetzung der im Eurosystem gefassten operativen[1] Beschlüsse erfolgt durch die nationalen Zentralbanken der Eurozone.

(2) Stabilitätsziel

Nach der Definition der EZB liegt Preisniveaustabilität (kurz: Preisstabilität) vor, wenn der Anstieg des **H**ar**m**onisierten **V**erbraucher**p**reis**i**ndex[2] **(HVPI)** der EWU **unter 2 %** gegenüber dem Vorjahr beträgt. Zur Preisstabilität gehört aber auch die Vermeidung einer Deflation. Deswegen wird von der EZB eine Inflationsrate (Preissteigerungsrate) von jährlich weniger als 1 % als problematisch angesehen.

(3) Zwei-Säulen-Strategie[3]

Um mögliche Gefahren für die Preisstabilität rechtzeitig feststellen und die notwendigen Maßnahmen zur Abwehr ergreifen zu können, untersucht der EZB-Rat regelmäßig die wirtschaftliche Lage von zwei Seiten her. An erster Stelle steht eine breit angelegte **wirtschaftliche Analyse** zur Ermittlung der kurz- und mittelfristigen Risiken für die Preisstabilität. Die sich daraus ergebenden Inflationsanzeichen werden in einem zweiten Schritt anhand der **monetären Analyse** aus mittel- und langfristiger Perspektive ermittelt.

1 **Operation** (lat.) = Eingriff. Operative Beschlüsse sind solche, die in den Geldkreislauf eingreifen wie z. B. Offenmarktkäufe.

2 **Index** (lat.) = Anzeiger, Indizes = Mehrzahl von Index. „Harmonisierter" Preisindex deswegen, weil die statistischen Methoden zur Ermittlung der Preisveränderungsraten u. a. in den Mitgliedsländern der WWU aufeinander abgestimmt sind. Näheres siehe Kapitel 17.5.2.

3 **Strategie** (griech.-lat.) = genauer Plan des eigenen Vorgehens, um ein militärisches, politisches, wirtschaftliches oder ein anderes Ziel zu erreichen, indem man diejenigen Faktoren, die in die eigene Aktion hineinspielen könnten, von vornherein einzukalkulieren versucht. Wenn von strategischen Zielen die Rede ist, sind meistens langfristig zu erreichende Ziele gemeint.

Ein wichtiger Bestandteil dieser Analyse ist die Bewertung der Geldmengenentwicklung.[1] Richtschnur zur längerfristigen Beurteilung des Geldmengenwachstums ist der sogenannte **Referenzwert,**[2] der in längeren Zeitabständen von der EZB überprüft wird. Der Referenzwert wird in Prozent der Geldmenge M3 ausgedrückt.[3]

Beispiel:

Der EZB-Rat legt für das Jahr 20.. den Referenzwert für das Geldmengenwachstum M3 nach folgendem Schema fest:

1.	Wachstum des realen Bruttoinlandsprodukts (BIP_r) = Handelsvolumen (H)	2,0 %
2.	Höchstzulässiger Preisanstieg des HVPI	$\leqq$ 2,0 %
3.	Zuschlag für die Verminderung der Umlaufgeschwindigkeit des Geldes bzw. Abschlag für die Erhöhung der Umlaufgeschwindigkeit des Geldes (U)	+ 0,5 %
=	Referenzwert (angestrebtes Geldmengenwachstum)	4,5 %

Die Umlaufgeschwindigkeit (siehe Kapitel 17.2) wird auf der Basis der Quantitätsgleichung (Verkehrsgleichung) des Geldes (siehe Kapitel 17.4) berechnet:

$$H \cdot P = M \cdot U$$

Das Produkt aus H · P entspricht dem nominellen Bruttoinlandsprodukt ($BIP_r \cdot P = BIP_n$). Setzen wir für M (Geldmenge) zum Beispiel die Geldmenge M3, so erhalten wir folgende Rechnung:

$$BIP_n = M3 \cdot U \text{ oder } U = \frac{BIP_n}{M3}$$

Beträgt das nominelle Bruttoinlandsprodukt in einem Quartal z. B. 1500 Mrd. Euro und beläuft sich die Geldmenge M3 auf 5000 Mrd. Euro, errechnet sich eine Umlaufgeschwindigkeit von 0,3 je Quartal (1500 Mrd. Euro : 5000 Mrd. Euro) bzw. 1,2 je Jahr.

Die Geldumlaufgeschwindigkeit geht seit längerer Zeit langsam zurück. Dies wird damit erklärt, dass im Vergleich zum Wachstum des Bruttoinlandsprodukts immer mehr Geld in Vermögensanlagen investiert, d. h. dem Geldkreislauf entzogen wird. Der Rückgang der Umlaufgeschwindigkeit des Geldes wird von der EZB durch einen Zuschlag zur Geldmenge M3 ausgeglichen.

17.7.4 Aufgaben der Deutschen Bundesbank im ESZB

Die währungspolitischen Entscheidungen des EZB-Rats werden i. d. R. dezentral durch die nationalen Zentralbanken – in der Bundesrepublik Deutschland durch die Deutsche Bundesbank – umgesetzt. Nur wenn der EZB-Rat Ermessensspielräume zulässt, hat eine nationale Zentralbank wie z. B. die Deutsche Bundesbank gestalterische Möglichkeiten der Umsetzung.

Die Deutsche Bundesbank ist wie die übrigen nationalen Zentralbanken der EU integraler Bestandteil[4] des ESZB. Sie wirkt an der Erfüllung seiner Aufgaben mit dem vorrangigen Ziel mit, die Preisniveaustabilität zu gewährleisten. Sie verwaltet die Währungsreserven der Bundesrepublik Deutschland, sorgt für die bankmäßige Abwicklung des Zahlungsverkehrs im Inland und mit dem Ausland und trägt zur Stabilität der Zahlungs- und Verrechnungssysteme bei (§ 3 BBankG).

1 Zum Begriff Geldmenge siehe Kapitel 17.2 und Kapitel 17.7.1.

2 **Referenz** (franz. référence, engl. reference) = Empfehlung, Referenzwert = empfohlener Wert.

3 Zur Geldmenge M3 siehe Kapitel 17.7.1.

4 **Integraler Bestandteil** = vollständig eingegliederter Bestandteil. Integrieren (lat.) = eingliedern. Integration = (vollständige) Eingliederung.

Leitendes **Organ der Deutschen Bundesbank** ist der **Vorstand.** Er leitet und verwaltet die Bank (§ 7 I BBankG) und vertritt die Deutsche Bundesbank gerichtlich und außergerichtlich (Näheres siehe § 11 BBankG). Der Vorstand besteht aus dem Präsidenten und dem Vizepräsidenten sowie vier weiteren Mitgliedern, die alle eine besondere fachliche Eignung haben müssen (§ 7 II BBankG). Die Mitglieder des Vorstands werden vom **Bundespräsidenten** bestellt. Die Bestellung des Präsidenten und des Vizepräsidenten sowie eines weiteren Mitglieds erfolgt auf Vorschlag der **Bundesregierung,** die der übrigen Mitglieder auf Vorschlag des **Bundesrats** im Einvernehmen mit der Bundesregierung (§ 7 III BBankG).

Der Vorstand fasst seine Beschlüsse mit einfacher Mehrheit der abgegebenen Stimmen. Bei Stimmengleichheit gibt die Stimme des Vorsitzenden den Ausschlag (§ 7 V BBankG).

Die Deutsche Bundesbank hat 9 **Hauptverwaltungen,** die jeweils von einem dem Vorstand der Deutschen Bundesbank unterstehenden **Präsidenten** geleitet werden (§ 8 I, II BBankG). Bei jeder Hauptverwaltung besteht ein **Beirat,** der regelmäßig mit dem Präsidenten der Hauptverwaltung zusammentrifft und mit ihm über die Durchführung der in seinem Bereich anfallenden Arbeit berät (Näheres siehe § 9 BBankG).

Die Deutsche Bundesbank darf **Filialen** unterhalten, die der zuständigen Hauptverwaltung unterstehen [§ 10 BBankG].

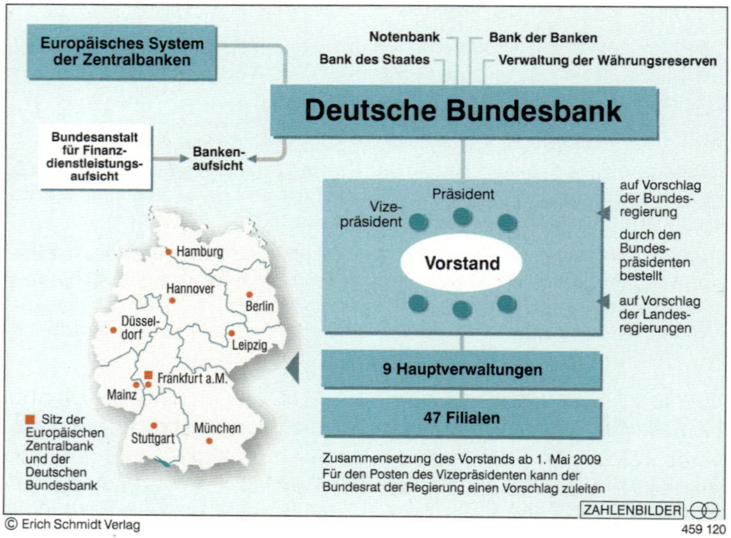

Die Hauptverwaltungen sind zuständig für folgende Gebiete [§ 8 I BBankG]:

1. Baden-Württemberg,
2. Bayern
3. Berlin und Brandenburg,
4. Bremen, Niedersachsen und Sachsen-Anhalt,
5. Hamburg, Mecklenburg-Vorpommern und Schleswig-Holstein,
6. Hessen,
7. Nordrhein-Westfalen,
8. Rheinland-Pfalz und Saarland sowie
9. Sachsen und Thüringen.

Die Deutsche Bundesbank ist bei der Ausübung ihrer Befugnisse von Weisungen der Bundesregierung unabhängig. Soweit dies unter Wahrung ihrer Aufgabe als Bestandteil des ESZB möglich ist, unterstützt die Deutsche Bundesbank die allgemeine Wirtschaftspolitik der Bundesregierung (§ 12 BBankG).

17.8 Geldpolitik

17.8.1 Geldschöpfung und Geldvernichtung der Zentralbank

Zentralbanken sind Banken, die das alleinige Recht zur Banknotenausgabe besitzen. Sie werden deshalb auch als Notenbanken bezeichnet. Beispiele für Zentralbanken sind das Federal Reserve Board (die „Fed") in den USA, die Bank of England in Großbritannien oder die Europäische Zentralbank (EZB) in der EWU. Die nationalen Zentralbanken der EWU-Länder sind keine Zentralbanken (Notenbanken) in diesem Sinne. Sie sind lediglich ein Bestandteil des Europäischen Systems der Zentralbanken (ESZB).

Merke:

- Zentralbanken schöpfen (produzieren) Noten- bzw. Buchgeld, indem sie Aktiva (z. B. Gold, Devisen, Wertpapiere) erwerben oder beleihen.
- Umgekehrt vernichten die Zentralbanken Geld, wenn sie Aktiva verkaufen. Geld wird auch vernichtet, wenn Schuldner der Zentralbanken (i. d. R. Kreditinstitute) ihre Verbindlichkeiten tilgen.

(1) An- und Verkauf von Wertpapieren

Durch den Ankauf von Wertpapieren (z. B. Schuldverschreibungen von Kreditinstituten, Industrie- und Handelsunternehmen sowie der öffentlichen Hand) schöpft eine Zentralbank Geld, durch den Verkauf vernichtet sie Geld.

Der Kauf bzw. Verkauf von Wertpapieren wird von einer Zentralbank im Rahmen der sogenannten Offenmarktpolitik[1] eingesetzt (Näheres siehe Kapitel 17.10.1).

(2) Ausgabe von Wertpapieren

Verkauft (emittiert)[2] eine Zentralbank eigene Schuldverschreibungen, verringert sie die umlaufende Geldmenge; sie schöpft – wie man sagt – Liquidität[3] ab. Tilgt sie die Schuldverschreibungen oder kauft sie diese vor Fälligkeit zurück, nimmt die umlaufende Geldmenge zu. Mit anderen Worten: Die Zentralbank stellt mehr Liquidität bereit.

(3) Beleihung von Wertpapieren

Eine Zentralbank kann ihren Geschäftspartnern (i. d. R. Kreditinstitute) verschiedene Kreditmöglichkeiten (Fazilitäten)[4] gegen refinanzierungsfähige Sicherheiten anbieten. Sicherheiten sind vor allem Schuldverschreibungen, Aktien und aus Handelsgeschäften stammende Wechsel (Handelswechsel), die an die Zentralbank verpfändet werden. (Die Verpfändung erfolgt a) durch **Einigung** zwischen dem Kreditinstitut [dem Schuldner] und der Zentralbank [dem Gläubiger] darüber, dass dem Gläubiger das Pfandrecht zustehen

1 Der Begriff **Offenmarktpolitik** ist geschichtlich zu verstehen. Er stammt aus England, wo es den offenen Markt für Staatsanleihen gab, auf dem die englische Zentralbank im Rahmen der „open market policy" mit jedermann handelte.

2 **Emittieren** = herausgeben.

3 **Liquidität** (lat.) = wörtl. Flüssigkeit, hier: Zahlungsmittel, Kaufkraft.

4 **Fazilität** (lat.) = Möglichkeit. **Fazilität** (eigentlich „Kreditfazilität") bedeutet die Möglichkeit, einen Kredit aufnehmen zu können. Einlagenfazilität ist die Möglichkeit, Geld bei einer Zentralbank anlegen zu können (Näheres siehe Kapitel 17.10.2).

soll und b) durch **Übergabe** des Pfands [z.B. der Wertpapiere]. Eigentümer des Pfands bleibt der Schuldner, Besitzer wird der Gläubiger.)[1]

Durch die Inanspruchnahme von Fazilitäten bei der Zentralbank wird die Geldmenge vermehrt, durch die Tilgung wird sie vermindert.

(4) An- und Verkauf von Gold und Devisen

Durch den Ankauf von Gold oder Devisen schöpft eine Zentralbank Geld, durch den Verkauf vernichtet sie Geld.

Eine Zentralbank muss Devisen in Binnenwährung umtauschen, weil die Exporteure des Währungsgebiets die aus den Ausfuhren erlösten Devisen bei den Geschäftsbanken in Binnenwährung (z.B. Euro) eintauschen, um ihre Verpflichtungen (z.B. Lohnzahlungen, Steuerzahlungen, Liefererrechnungen) in der Binnenwährung erfüllen zu können. Die Geschäftsbanken refinanzieren sich bei der Zentralbank. Wird in Binnenwährung fakturiert,[2] ergibt sich letztlich der gleiche Effekt: Die gebietsfremden Importeure tauschen ihre Devisen (z.B. US-$) in Binnenwährung um (z.B. Euro), um ihre Rechnungen begleichen zu können.

Der umgekehrte Vorgang ergibt sich, wenn Waren in das eigene Währungsgebiet eingeführt (importiert) werden. In diesem Fall brauchen die Importeure Devisen, die sie sich bei den Kreditinstituten beschaffen. Diese wiederum kaufen die erforderlichen Devisen bei der Zentralbank. Wird in Binnenwährung (z.B. Euro) fakturiert, tauschen die ausländischen Exporteure ihre Erlöse in die ausländische Währung (z.B. US-$) um, um ihren Verpflichtungen nachkommen zu können.

Beispiel:

Die Bilanz einer Zentralbank weist auf der Aktivseite ihr Vermögen und auf der Passivseite den Banknotenumlauf, ihr Eigenkapital (Grundkapital und Rücklagen) sowie ihre Schulden (Verbindlichkeiten) aus.

Vereinfachte Bilanz einer Zentralbank (in Mrd. GE)

Aktiva		Passiva	
Gold	14	Banknotenumlauf	235
Devisen und sonstige Währungsreserven	115	Einlagenfazilitäten	56
Fazilitäten	62	Grundkapital und Rücklagen	12
Wertpapiere	150	Sonstige Passiva	47
Sonstige Aktiva	9		
	350		350

Der Vorgang der Geldschöpfung einer Zentralbank wird im Folgenden anhand stark vereinfachter Geschäftsfälle und Buchungen dargestellt. Die Vereinfachung besteht vor allem darin, dass die Gutschriften der Zentralbank unmittelbar in Banknoten abgerufen werden.

1 Ein Kredit, der gegen Hinterlegung von Pfändern gewährt wird, heißt **Lombardkredit**. Das Wort Lombard stammt aus Italien, weil in der Lombardei bereits im Mittelalter derartige Geschäfte getätigt wurden. (Oberitalien war im Mittelalter Zentrum des europäischen Handels.)

2 **Fakturieren** (lat.) = in Rechnung stellen. Faktura = Rechnung.

Beispiel:

① Eine neu gegründete Zentralbank kauft Gold im Wert von 2,8 Mrd. GE. (Buchung: Konto Gold an Konto Notenumlauf 2,8 Mrd. GE.)

Aktiva		Zentralbankbilanz	Passiva
Gold	2,8	Banknoten-umlauf	2,8

② Die Zentralbank kauft Devisen im Wert von 3 Mrd. GE, die aus Exporterlösen der Unternehmen stammen. (Buchung: Konto Devisen an Konto Notenumlauf 3 Mrd. GE.)

Aktiva		Zentralbankbilanz	Passiva
Gold	2,8	Banknoten-umlauf	5,8
Devisen	3,0		

③ Die Zentralbank kauft Wertpapiere im Wert von 4 Mrd. GE. (Buchung: Konto Wertpapiere an Konto Notenumlauf 4 Mrd. GE.)

Aktiva		Zentralbankbilanz	Passiva
Gold	2,8	Banknoten-umlauf	9,8
Devisen	3,0		
Wertpapiere	4,0		

④ Die Zentralbank verkauft Wertpapiere im Wert von 0,7 Mrd. GE. (Buchung: Konto Notenumlauf an Konto Wertpapiere)

Aktiva		Zentralbankbilanz	Passiva
Gold	2,8	Banknoten-umlauf	9,1
Devisen	3,0		
Wertpapiere	3,3		

⑤ Die Zentralbank beleiht Wertpapiere im Wert von 1,5 Mrd. GE. (Buchung: Konto Forderungen an Konto Notenumlauf 1,5 Mrd. GE.)

Aktiva		Zentralbankbilanz	Passiva
Gold	2,8	Banknoten-umlauf	10,6
Devisen	3,0		
Wertpapiere	3,3		
Forderungen	1,5		

Merke:

- **Geldproduzenten** sind der **Staat** (Münzen), die **Europäische Zentralbank** (Noten- und Giralgeld) und die **Kreditinstitute.**
- Die Europäische Zentralbank **schöpft Geld,** indem sie Aktiva erwirbt; sie **vernichtet Geld,** indem sie Aktiva verkauft.

17.8.2 Geldschöpfung der Geschäftsbanken

Geschäftsbanken sind Unternehmen, die regelmäßig Kredite[1] gewähren (Kreditinstitute). Während eine Zentralbank in der Lage ist, Notengeld *und* Giralgeld (Buchgeld, Kreditgeld) zu produzieren, können die Geschäftsbanken lediglich Giralgeld schöpfen.

Die Giralgeldschöpfung durch die Geschäftsbanken wird dadurch ermöglicht, dass sie erfahrungsgemäß nur einen Teil der Sichteinlagen[2] (Geldeinlagen der Bankkunden auf Girokonten) als *Reserve in bar* halten müssen. Den Rest, die sogenannte **Überschussreserve,** können sie wieder ausleihen. Fließen die im Wege des Kredits ausgeliehenen Gelder wieder in das Geschäftsbankensystem zurück, entstehen neue Einlagen, die zum größten Teil wieder ausgeliehen werden können.

Im Folgenden wird vereinfachend angenommen, dass die ausgeliehenen Gelder wieder *vollständig* bei den Banken einbezahlt werden **(Modell des vollständigen Bargeldrückflusses).**

Beispiel:

Angenommen, ein Bankkunde legt bei seiner Bank A eine Einlage in Höhe von 125 000,00 GE ein. Unter der Bedingung (Prämisse), dass *alle* Banken eine *Liquiditätsreserve* (Barreserve) in Höhe von 20 % ihrer Sichteinlagen halten, die Geldnachfrager alle von den Banken angebotenen Gelder in Anspruch nehmen und die erhaltenen Kredite auch vollständig wieder bei den Banken einbezahlt werden, ergibt sich folgender Prozess (Verlauf), falls sich die Zentralbank jeglicher Einflussnahme enthält:

Die Geschäftsbank, nennen wir sie Bank A, hat nach der Einzahlung nachstehende Bilanz:

Aktiva	Bilanz Bank A		Passiva
Kasse	125 000,00	Sichteinlagen	125 000,00

Unter der Voraussetzung einer 20 %igen Liquiditätsreserve (Barreserve) kann die Bank A nunmehr einen Kredit in Höhe von 100 000,00 GE neu schaffen („schöpfen"), da sie eine **Überschussreserve** in dieser Höhe besitzt. Wird dieser Kredit tatsächlich von den Bankkunden in Anspruch genommen, sieht die Bilanz der Bank A wie folgt aus:

Aktiva	Bilanz Bank A		Passiva
Kasse	25 000,00	Sichteinlagen	125 000,00
Forderungen	100 000,00		
	125 000,00		125 000,00

1 **Kredit** (lat., franz.) = einem Unternehmen kurz- oder langfristig zur Verfügung stehende fremde Geld- oder Sachgüter (Geld- bzw. Sachmittelkredit). Das Wort hängt mit dem lateinischen **„Kredo"** = „ich glaube" zusammen. Der Gläubiger (Kreditgeber) glaubt daran, dass der Schuldner (Kreditnehmer) den Kredit vereinbarungsgemäß zurückzahlen wird.

2 **Sichteinlagen** sind Gelder, die bei Abruf durch den Bankkunden („bei Sicht") fällig sind. Die Sichteinlagen befinden sich auf den Girokonten. Eine allgemein bekannte Form des Girokontos ist das „Gehaltskonto", das die meisten Arbeitnehmer bei einem Kreditinstitut besitzen. Über das Girokonto kann mit Überweisung, Scheck oder Auszahlungsschein jederzeit – eben „bei Sicht" – verfügt werden. (Siehe auch Kapitel 17.7.1.)

Wenn wir annehmen, dass der Betrag von 100 000,00 GE abgehoben wird und vollständig bei einer anderen Bank einbezahlt wird **(totaler Bargeldrückfluss),** bietet sich bei der nächsten Bank folgendes Bild:

Aktiva	Bilanz Bank B		Passiva
Kasse	100 000,00	Sichteinlagen	100 000,00

Hiervon kann die Bank B wiederum 80 % ausleihen:

Aktiva	Bilanz Bank B		Passiva
Kasse	20 000,00	Sichteinlagen	100 000,00
Forderungen	80 000,00		
	100 000,00		100 000,00

Diesen Prozess einer fortschreitenden (multiplen) Geldschöpfung (Kreditschöpfung) könnte man nun theoretisch in unendlich vielen Perioden verfolgen, wie die Darstellung des Prozessverlaufs zeigt:

Periode	**Überschussreserve**	**Neue Kredite (Geldschöpfung)**	**Liquiditätsreserve-zuwachs**
1	100 000,00	100 000,00	25 000,00
2	80 000,00	80 000,00	20 000,00
3	64 000,00	64 000,00	16 000,00
4	51 200,00	51 200,00	12 800,00
5	40 960,00	40 960,00	10 240,00
⋮	⋮	⋮	⋮
Ergebnis nach n Perioden	0,00 (Grenzwert)	500 000,00 (Summe)	125 000,00 (Summe)

Der **Geldschöpfungsmuliplikator** leitet sich wie folgt ab:

$$100\,000 + 100\,000 \cdot \frac{4}{5} + 100\,000 \cdot \left(\frac{4}{5}\right)^2 + 100\,000 \cdot \left(\frac{4}{5}\right)^3 + \ldots$$

Die Summe dieser unendlich geometrischen Reihe ist:

$$100\,000 \cdot \frac{1}{1 - \frac{4}{5}} = 100\,000 \cdot \frac{1}{\boxed{\frac{1}{5}}} = 100\,000 \cdot \boxed{5} = 500\,000 \text{ GE}$$

Geldschöpfungsmultiplikator (→ 5)

Liquiditätsreservesatz (Barreservesatz) (→ $\frac{1}{5}$)

Der Nenner des Bruchs zeigt nichts anderes als den Liquiditätsreservesatz in Höhe von $^1/_5$ (= 0,2 = 20 %). Damit können wir sagen, dass der **Geldschöpfungsmultiplikator (Kreditschöpfungsmultiplikator)** bei vollständigem Bargeldrückfluss **gleich dem reziproken Wert des Liquiditätsreservesatzes (Barreservesatzes)** ist:

$$\frac{1}{\frac{1}{5}} = \frac{1}{20\,\%} = \frac{1}{0{,}2} = 5$$

Bezeichnen wir den **Barreservesatz** mit **R** und die **Überschussreserve** mit **Ü**,[1] so ergibt sich die gesamte **Geldschöpfungsmöglichkeit (Kreditschöpfungsmöglichkeit)** des Bankenapparats **(Kr)** aus:

$$Kr = 100\,000 \cdot \frac{1}{0{,}2} = \frac{100\,000}{0{,}2} = \frac{Ü}{R}$$

Ist z. B. R = 10 %, so beträgt die gesamte Geldschöpfungsmöglichkeit (ein Geldschöpfungsspielraum) in unserem Beispiel 112 500 GE[2] · 10 = 1 125 000 GE. Bei einem Barreservesatz von R = 25 % beläuft sich die Geldschöpfungsmöglichkeit auf 93 750 GE[3] · 4 = 375 000 GE.

Von **Geldschöpfungsmöglichkeit** (vom Geldschöpfungsspielraum) wird gesprochen, weil die Kreditinstitute nur dann Geld schöpfen können, wenn die entsprechende Geldnachfrage (Kreditnachfrage) besteht.

Merke:

- Je höher die Liquiditätsreservehaltung (Barreservehaltung) der Geschäftsbanken ist, desto geringer sind ihre Geldschöpfungsmöglichkeiten.
- Je niedriger die Liquiditätsreservehaltung (Barreservehaltung) der Geschäftsbanken ist, desto größer sind ihre Geldschöpfungsmöglichkeiten.
- Die Geschäftsbanken schöpfen Giralgeld, indem sie Überschussreserven ausleihen. Das Giralgeld wird vernichtet, wenn die Kreditnehmer die von den Geschäftsbanken gewährten Kredite tilgen oder die von ihnen gewährten Kredite kündigen.

Die **Bedeutung des Giralgeldschöpfungsmodells** liegt nicht nur darin, dass es auf anschauliche Weise zeigt, wie die Banken Giralgeld schaffen, sondern wie sie es auch vernichten können, nämlich dann, wenn sie die von ihnen gewährten Kredite kündigen. Eine Welle der **Geldvernichtung** kann auch ausgelöst werden, wenn ein Kreditinstitut – nennen wir es Bank A – Geld an unsichere Kunden ausgeliehen hat und sich herausstellt, dass diese ihren Verpflichtungen nicht nachkommen können. Die Bank A gerät in finanzielle Schwierigkeiten, denn die Gläubiger der Bank A (Geldinstitute, Versicherungen, Handels- und Industrieunternehmen, Private) werden ihr Geld zurückverlangen. Da die von der Bank A gewährten Kredite jedoch wenig oder überhaupt keinen Gegenwert besitzen, müssen die Gläubiger der Bank A – nennen wir sie Gläubigergruppe B – ihre Forderungen teilweise oder vollständig abschreiben. Ihre Kreditwürdigkeit nimmt ebenfalls ab. Kredite sind für sie kaum mehr zu erhalten, und wenn nur zu hohen Zinssätzen. Schlimmer noch: Die Gläubiger der Gruppe B werden – soweit dies vertraglich möglich ist – Kredite kündigen, sodass wieder Unternehmen der Gruppe B zahlungsunfähig werden. Kurz: Es entsteht ein Dominoeffekt,[4] der durch die leichtsinnige Kreditgewährung eines Geldinstituts (oder einer Gruppe von Geldinstituten) verursacht wurde. Ein wirtschaftlicher Niedergang (eine Rezession) ist die Folge.

1 Beträgt der Barreservesatz 20 % und beläuft sich die Überschussreserve auf 100 000 GE (≙ 80 %), errechnet sich eine Sichteinlage von 125 000 GE (≙ 100 %), wie auch aus den Bankbilanzen auf S. 142f. zu entnehmen ist.

2 Beläuft sich der Barreservesatz unter sonst gleichen Bedingungen auf nur 10 %, errechnet sich die Überschussreserve wie folgt: 125 000 GE (≙ 100 %) – 12 500 GE (≙ 10 %) = 112 500 GE (≙ 90 %).

3 Beträgt der Barreservesatz 25 %, ergibt sich unter sonst gleichen Bedingungen eine Überschussreserve von 125 000 GE (≙ 100 %) – 31 250 GE (≙ 25 %) = 93 750 GE (≙ 75 %).

4 Seinen Namen hat der **Dominoeffekt** vom „Dominospiel", einem Geschicklichkeitsspiel, bei dem die Spielsteine in einer Reihe hochkant so aufgestellt werden, dass beim Umwerfen des ersten Steins dieser den zweiten Stein, dieser den dritten Stein usw. umwirft, bis alle Steine zum Liegen gekommen sind. (Domino = lat. Herr. Im 18. Jahrhundert durfte sich der Sieger des Anlegespiels als „Herr" bezeichnen.)

17.9 Inflation und Deflation

17.9.1 Inflation[1]

(1) Begriff Inflation

In manchen Geschichtsbüchern findet sich folgender Satz: „Als die große Inflation, die 1923 ihren Höhepunkt fand, hereinbrach …". Dieser Satz ist falsch, denn Inflationen sind keine Naturereignisse, sondern sie werden von Menschen gemacht, und zwar am allerwenigsten „von den Leuten", sondern vor allem von den für Wirtschaft und Politik Verantwortlichen.

Merke:

Unter **Inflation** versteht man ein anhaltendes Steigen des Preisniveaus.

Steigen hin und wieder die Preise einzelner Güter bzw. Gütergruppen, so liegt noch keine Inflation vor. Im Winter steigen beispielsweise die Preise für landwirtschaftliche Produkte, weil – bei gleichbleibender Nachfrage – das Angebot abnimmt.

(2) Arten der Inflation

Nach der **Erkennbarkeit:**

Art	Erläuterungen	Beispiele
offene Inflation	Hier steigt das Preisniveau „offen" gemäß den Marktbedingungen. Der Staat schreibt weder Fest- noch Höchstpreise vor bzw. passt diese laufend an die Marktgegebenheiten an.	Die große deutsche Inflation von 1914 bis 1923 war eine offene Inflation. Sie war auf eine unmäßige Geldmengenvermehrung durch die damalige Regierung zurückzuführen. Folgende Zahlen geben einen Eindruck: Der Dollarkurs betrug Ende April 1923 29 800,00 Mark, Ende Mai 70 000,00 Mark, Ende Juli 1 100 000,00 Mark, acht Tage später 4 869 000,00 Mark; am 9. Oktober wurde die Milliardengrenze überschritten. Am 20. November belief sich der Dollarkurs[2] auf rund 4,2 Billionen Mark.

1 Inflation = lat. Aufblähung; hier: Aufblähung der nachfragewirksamen Geldmenge. Zur Berechnung von Preisniveau, Kaufkraft und Preisindizes siehe Kapitel 17.3, Kapitel 17.4 und Kapitel 17.5, S. 128ff.

2 Unter „Kurs" versteht man hier den Preis für ausländisches Geld. Für 1 US-$ musste man also 4,2 Billionen Mark bezahlen.

10 Hartmann - ISBN 978-3-8120-0490-9

Art	Erläuterungen	Beispiele
verdeckte Inflation	In diesem Fall schreibt der Staat Höchst- und/oder Festpreise vor, ohne diese an die tatsächlichen Marktverhältnisse anzupassen. Das Preisniveau wird verhältnismäßig stabil gehalten. Die Leute können aber mit ihrem „Geld" wenig anfangen, weil das Güterangebot zu gering ist. Der Staat muss rationieren[1] (z. B. Lebensmittelmarken ausgeben).	Eine verdeckte (gestoppte) Inflation herrschte in Deutschland von 1939 bis 1948. Preise und Löhne waren vom Staat vorgeschrieben (Preis- und Lohnstopp). Verdeckte Inflationen sind daran erkennbar, dass „schwarze Märkte" entstehen, auf denen die knappen Waren gesetzeswidrig zu Wucherpreisen gehandelt werden.

Nach der **Schnelligkeit der Geldentwertung**:

Art	Erläuterungen	Beispiele
schleichende Inflation	Diese Art der Inflation ist durch **verhältnismäßig niedrige, aber lang anhaltende Preissteigerungen** gekennzeichnet. Von schleichender Inflation kann man sprechen, wenn die Preissteigerungsrate **nicht höher** ist als der **Zinssatz für Spargelder**.	Die Wirtschaft der Europäischen Wirtschafts- und Währungsunion (WWU) ist durch eine schleichende Inflation gekennzeichnet (siehe Kennzahlen auf S. 132).
galoppierende Inflation	Liegt die Preissteigerungsrate im Durchschnitt über dem Zins für langfristige Geldanlagen (etwa über **6 bis 8 %**), liegt eine galoppierende Inflation vor. Bei jährlichen Preissteigerungsraten von **mehr als 50 %** spricht man von **Hyperinflation**.	Die deutsche Inflation von 1923 war eine Hyperinflation. – In Simbabwe stiegen die Preise im Oktober 2007 gegenüber dem Vormonat um 14 840 Prozent.

Nach **Anzahl und Art der in die Geldwertmessung einbezogenen Güter**:

Art	Erläuterungen	Beispiele
Gesamtinflation	In diesem Fall werden die Preissteigerungsraten der in den Warenkörben der amtlichen Statistiken enthaltenen Güter ermittelt, gleichgültig, ob die Preisveränderungen vorübergehender oder nachhaltiger Natur sind.	Der Preisanstieg bei Lebensmitteln, deren Angebotsmengen und/oder Qualitäten von der Jahreszeit (Saison) sowie von der Witterung abhängen. – Energiepreise (Strompreise, Heizölpreise).
Kerninflation	Bei der Berechnung der Kerninflationsraten werden die (voraussichtlich) **vorübergehenden** Preisschwankungen aus den Gesamtinflationsraten (z. B. dem HVPI) **herausgerechnet**. (Eine allgemein gültige Verfahrensweise gibt es allerdings nicht.)	

Nach der **Wahrnehmung durch die Verbraucher**:

Art	Erläuterungen	Beispiele
offizielle Inflation	Hierunter versteht man die Inflationsarten, die von den statistischen Ämtern (z. B. dem Statistischen Bundesamt oder von Eurostat) ermittelt und veröffentlicht werden (siehe Kapitel 17.5).	Seit der Euro-Bargeldeinführung haben viele Menschen in Deutschland das Gefühl, dass „alles" viel teurer geworden sei. Der Euro ist jedoch kein „Teuro".

1 **Rationieren** = „Rationen" einteilen, d. h. Mengenzuteilungen vornehmen.

gefühlte Inflation	Mit diesem Begriff wird zum Ausdruck gebracht, dass die Verbraucher in bestimmten Situationen die Preissteigerungen als viel stärker empfinden als die amtlichen Statistiken ausweisen. Dies liegt vor allen Dingen daran, dass zahlreiche Waren und Dienstleistungen, die im täglichen Leben gekauft werden (müssen), in den offiziellen „Warenkörben" nur eine geringe Bedeutung (Gewichtung) haben.	Die durchschnittliche jährliche Preissteigerungsrate betrug nach Einführung des Euro-Bargelds bis Ende 2014 nur 1,6 %. Zur Zeit der DM waren es hingegen noch jährlich 2,6 %.

(3) Ursachen der Inflation

Falls die Zentralbank eines Landes der Wirtschaft jede gewünschte Geldmenge zur Verfügung stellt, kann man folgende wichtige Inflationsursachen nennen:

Geldmengeninflation

Aus der Quantitätsgleichung (siehe S. 129) zog man früher den Schluss, dass die Vermehrung der Geldmenge (M · U) zwingend zur Erhöhung des Preisniveaus führt **(Quantitätstheorie).**[1] Die Quantitätsgleichung ist jedoch eine Definitionsgleichung, d.h., sie enthält keinerlei Aussagen über die Beziehungen der einzelnen Größen. Die **Neo-Quantitätstheorie**[2] hingegen, deren Hauptvertreter *Friedman*[3] war, führt die Quantitätstheorie weiter, indem sie feststellt, dass die Entwicklung der nachfragewirksamen Geldmenge weitgehend Umfang und Richtung der wirtschaftlichen Entwicklung (Wachstum des Handelsvolumens und des Preisniveaus) bestimmt. Die Neo-Quantitätstheorie bildet die Grundlage der monetaristischen[4] Geldpolitik, deren Vertreter als Monetaristen bezeichnet werden (Näheres siehe Kapitel 18.1.2).

Anspruchsinflation

Hier steigen die Ansprüche der Wirtschaftssubjekte schneller als das Handelsvolumen wächst.

Nachfrageinflation	Die privaten Haushalte, die Unternehmen und vor allem der Staat sparen zu wenig und/oder nehmen Kredite auf, um ihre Ansprüche zu finanzieren.
Kosteninflation	Die Gewerkschaften setzen überhöhte Lohnforderungen durch, der Staat erhöht die Steuern oder ausländische Rohstofflieferer erhöhen ihre Rohstoffpreise. Die Unternehmen erhöhen die Preise, um die gestiegenen Kosten zu decken (Lohn-Preis-Spirale).
Gewinninflation	Die Unternehmen besitzen eine starke Marktstellung (Oligopole und Monopole), sodass sie ihre Absatzpreise auf Kosten der Verbraucher erhöhen können, um ihre Gewinne zu steigern.

1 Quantität (lat.) = Menge.

2 Neo (gr.) = neu.

3 Milton Friedman (1912–2006) war ein US-amerikanischer Volkswirtschaftler (Ökonom) und Nobelpreisträger (1976).

4 Der Ausdruck „Moneten" für Geld geht auf die römische Haupt- und Staatsgöttin Juno zurück. Die Münzstätte befand sich auf dem Kapitol im Tempel der Juno Moneta = Juno der „Mahnerin". (Quelle: Was so nicht im Lexikon steht, Verlag F.A. Brockhaus GmbH, 1996, S. 228).

Außennachfrageinflation

Laufende Exportüberschüsse gegenüber Fremdwährungsgebieten führen zu Deviseneinnahmen, die nicht wieder für Importzwecke benötigt werden. Die Exporteure tauschen die Devisen bei den Banken in Binnenwährung um, sodass die Geldmenge steigt. Die dieser Geldmenge gegenüberstehenden „Gütermengen" wurden indessen in Fremdwährungsgebiete exportiert, sodass also letztlich das Preisniveau im eigenen Währungsgebiet steigen muss. Da Exportüberschüsse gegenüber Fremdwährungsgebieten in der Regel vor allem dann entstehen, wenn dort die Inflationsraten *höher* als im eigenen Währungsgebiet sind (die Exportwaren werden für die gebietsfremden Importeure relativ billiger), spricht man von **importierter Inflation.** (Die Inflation wird sozusagen vom Fremdwährungsgebiet ins eigene Währungsgebiet „hereingetragen".)[1]

Die Inflationen kann man auch danach einteilen, ob sie „angebotsinduziert",[2] wie die Kosten- und die Gewinninflation, oder „nachfrageinduziert", wie die Binnennachfrageinflation oder die importierte Inflation[3], sind.

Angebotsinflation

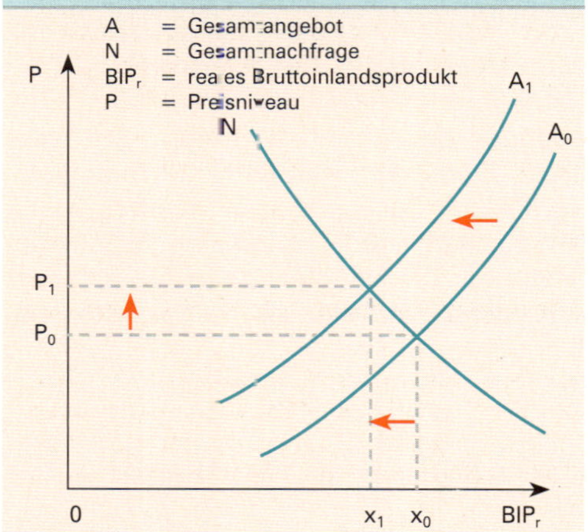

Erläuterung:

Bei unverändertem normaler Gesamtnachfrage nimmt die umgesetzte Gütermenge bei steigenden Preisen ab (zunehmende Arbeitslosigkeit bei steigenden Preisen).

Ist die Nachfrage vollkommen unelastisch (oder nimmt sie entsprechend der Angebotsverschiebung zu), steigen die Preise bei unverändertem mengenmäßigem Umsatz (Stagflation).

Nachfrageinflation

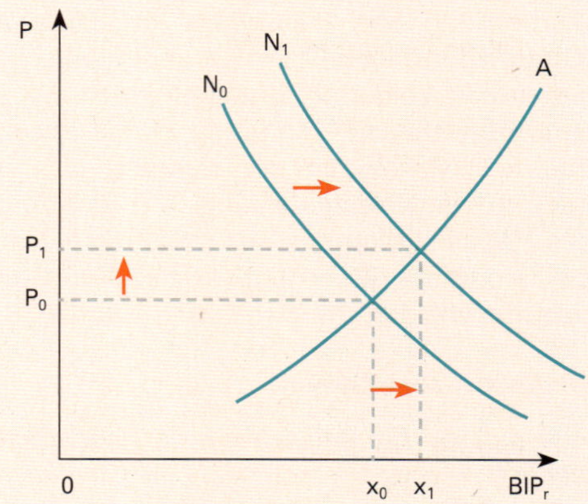

Erläuterung:

Bei unverändertem normalem Gesamtangebot nimmt die umgesetzte Gütermenge bei steigenden Preisen zu, sofern die Wirtschaft nicht vollbeschäftigt ist (abnehmende Arbeitslosigkeit bei steigenden Preisen).

Ist die Wirtschaft vollbeschäftigt, steigen die Preise bei unverändertem mengenmäßigem Umsatz (Vollbeschäftigung mit Inflation).

---

1 Als Gegenstück zur importierten Inflation wird in den Zeitungen häufig die **„hausgemachte" Inflation** genannt. Hausgemachte Inflationen liegen z. B. vor, wenn der Staat die Steuern erhöht, die Staatsausgaben über den Staatseinnahmen liegen, die Löhne schneller als das Handelsvolumen steigen oder die Unternehmen ihre Marktmacht ausnutzen.

2 **Induzieren** = beeinflussen, auslösen.

3 Die importierte Inflation ist deshalb eine nachfrageinduzierte Inflation, weil sie auf überhöhter Nachfrage des Auslands nach inländischen Gütern beruht.

(4) Wirkungen der Inflation

Die Wirkungen der Inflation sind im Wesentlichen als negativ zu beurteilen. Die wohl schlimmste Folge ist die **Stagflation,** d.h. Stagnation mit Inflation. Sie entsteht z.B. dadurch, dass in einer Wirtschaft mit Außenhandel die Unternehmen die gestiegenen Kosten aus Konkurrenzgründen nicht mehr voll auf die Preise überwälzen können, sodass ihre Gewinne sinken bzw. ihre Verluste größer werden. Dies führt dazu, dass die zusätzlichen Investitionen (Nettoinvestitionen) sinken: Die Güterproduktion stagniert und es entsteht Arbeitslosigkeit bei steigenden Preisen.

Weitere **Folgen der Inflation** sind:

- **Schuldner werden begünstigt,** weil der reale Wert der Kreditaufnahme im Laufe der Zeit sinkt. Dies gilt insbesondere dann, wenn die Inflationsraten (= jährliche Preissteigerung in Prozent) höher als der Kreditzinssatz sind. Umgekehrt werden die Gläubiger (Sparer) geschädigt.
- **Besitzer von Sachvermögen** (u.U. auch Besitzer von Grundstücken, Unternehmen usw.) **können** im Gegensatz zu den Geldbesitzern (Kontensparern) ihr **Vermögen erhalten**. Geht man davon aus, dass die Arbeitnehmer i.d.R. ihre Ersparnisse auf Sparbüchern oder in festverzinslichen Wertpapieren[1] anlegen, während die Selbstständigen und die Unternehmen ihr Vermögen in Sachwerten investiert haben, verschiebt sich die Vermögensverteilung zugunsten der Selbstständigen und der Unternehmen. Die **soziale Ungleichheit** wird also durch die Inflation vergrößert.
- Inflation löst **„Flucht in die Sachwerte"** aus. Die Angst vor weiterer Geldentwertung führt in der Anfangsphase der Inflation zu steigender Nachfrage, was wiederum die Inflation anheizt („Inflationsmentalität").
- Soziale Gruppen, die nicht von starken Interessenverbänden vertreten werden, hinken mit ihren Einkommen hinter der allgemeinen Preis- und Lohnentwicklung her.
- Die **Angst vor Arbeitslosigkeit** lässt die Sparquote ansteigen, sodass auch die Konsumgüternachfrage stagniert oder gar zurückgeht.
- In der Anfangsphase der Inflation steigen die Steuereinnahmen der öffentlichen Körperschaften (des „Staates"). Dies verführt die Parlamente dazu, **staatlichen Ausgabensteigerungen** zuzustimmen. Die gesetzlich fixierten Ausgaben können kaum mehr zurückgenommen werden, sodass im Laufe der Zeit immer **größere Haushaltsdefizite** entstehen, die dann durch Steuererhöhungen ausgeglichen werden müssen.

17.9.2 Deflation[2]

(1) Begriff Deflation

Die Deflation ist gewissermaßen das **„Gegenteil"** der Inflation: Die Preise sinken (die Kaufkraft steigt). Man könnte nun glauben, dass dies gerade für die Verbraucher ideal sei. Wie zu zeigen sein wird, ist das Gegenteil der Fall.

Sinkendes Preisniveau bewirkt, dass Unternehmen und private Haushalte mit ihren Käufen eine abwartende Haltung einnehmen, ganz einfach deshalb, weil sie weiter sinkende Preise erwarten: sie *sparen.* Arbeitsplätze gehen verloren, die Einkommen sinken.

1 Zu den festverzinslichen Wertpapieren rechnen z.B. Industrieobligationen, Pfandbriefe, Anleihen des Bundes, der Länder und der Gemeinden.

2 Deflation (lat.) = Zusammenziehung.

Merke:

Unter **Deflation** versteht man ein anhaltendes Sinken des Preisniveaus, verbunden mit zunehmender Arbeitslosigkeit.

Beispiel:

Die deutsche Deflation von 1930 bis 1932 brachte dem Deutschen Reich rund 6 Millionen Arbeitslose. Sie wurde im Wesentlichen dadurch erzeugt, dass der damalige Reichskanzler Brüning den Staatshaushalt an das durch Exportrückgänge geschrumpfte Handelsvolumen laufend anpasste, indem er die Staatsausgaben drastisch senkte.

(2) Ursachen der Deflation

- Kürzungen der Staatsausgaben (z.B. um die in den Vorjahren vorgenommenen Haushaltsdefizite auszugleichen).
- Pessimistische Zukunftserwartungen der Wirtschaftssubjekte, die z.B. durch Sparmaßnahmen des Staates oder politische Instabilität ausgelöst werden können. Die Folgen sind:
  - Kaufzurückhaltung (überhöhtes Sparen),
  - fehlende Investitionsneigung der Unternehmen und
  - sinkende Umlaufgeschwindigkeit des Geldes.

Beispiel:

Der „Schwarze Freitag"

Nach kräftigen Aktienspekulationen kam es im Oktober 1929 an der New Yorker Wall Street zu einem Börsenkrach, der als „Schwarzer Freitag" in die Geschichte einging. Innerhalb kurzer Zeit weitete sich der Crash, bei dem die Aktienkurse bis März 1933 um 80 % fielen, zu einer Weltwirtschaftskrise aus. In Deutschland zum Beispiel sanken die Preise zwischen 1929 und 1932 um insgesamt 22 %, das reale Bruttoinlandsprodukt schrumpfte um 16 %, die Zahl der Arbeitslosen verdoppelte sich von rund 3 auf 6 Millionen.

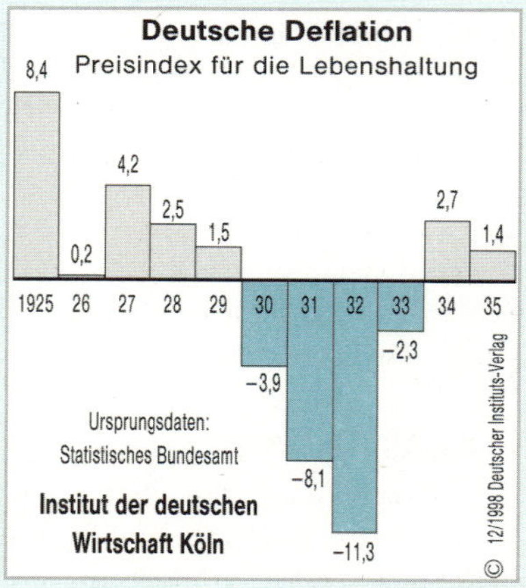

Dass sich die Depression in Deutschland ausbreiten konnte, hatte mehrere Gründe. Zum einen lief die Konjunktur schon seit Jahren schlecht. Seit Mitte der zwanziger Jahre stagnierte der Konsum, die Investitionen gingen zurück und die Arbeitslosigkeit stieg – ein idealer Nährboden für Deflation. Zum anderen hatten die Amerikaner wegen des Börsenkrachs massive Liquiditätsprobleme und zogen deshalb in großem Stil Kapital aus Deutschland ab.

Schließlich reagierte auch noch die deutsche Wirtschaftspolitik falsch: Um die wachsenden Haushaltslöcher zu stopfen und vermeintliche Inflationsgefahren einzudämmen, kürzte die Regierung Brüning die Staatsausgaben und erhöhte Steuern und Zinsen. Ein Paket, das die bestehende Krise vollends verschärfte.

Quelle: iwd vom 19. März 1998, S. 4.

17.10 Geldpolitische Instrumente der Europäischen Zentralbank

17.10.1 Offenmarktpolitik

Die Offenmarktpolitik spielt eine wichtige Rolle in der Geldpolitik der Europäischen Zentralbank bzw. des Systems der Europäischen Zentralbanken. Offenmarktgeschäfte werden eingesetzt, um **Zinssätze** und **Liquidität** (die Geldmenge) am Markt zu steuern und um **Signale** zu setzen.

17.10.1.1 Instrumente der Offenmarktpolitik

Es stehen **fünf Arten** von Instrumenten zur Durchführung von Offenmarktgeschäften zur Verfügung:

- definitive Käufe von Schuldverschreibungen,
- befristete Transaktionen,
- Emissionen von Schuldverschreibungen,
- Devisenswapgeschäfte und
- Hereinnahme von Termineinlagen.

(1) Definitive Käufe und Verkäufe von Wertpapieren

Der definitive[1] Kauf oder Verkauf von Wertpapieren[2] ist ein mögliches Instrument einer Zentralbank zur Beeinflussung der Geldmenge und des Zinsniveaus.

Die definitiven Käufe von Wertpapieren rechnet die EZB zu den sogenannten **„strukturellen Operationen"**. Sie finden unregelmäßig, d.h. bei Bedarf statt.

Durch den Kauf bzw. Verkauf von Wertpapieren beeinflusst die Zentralbank die Zinssätze. Technisch geschieht das in der Weise, dass die Zentralbank vom Marktzinssatz abweichende Abgabe- und Annahmesätze (Verkaufs- und Ankaufssätze) fixiert (festlegt) und es den Kreditinstituten überlässt, wie viele Papiere sie bei der Zentralbank kaufen bzw. an sie verkaufen wollen. Ist z.B. der Kreditmarkt flüssig, kann die Zentralbank die Abgabesätze über den Marktzinssatz hinaus erhöhen. Für die Kreditinstitute ist es dann vorteilhaft, überschüssige Mittel nicht auf dem Markt anzubieten, sondern in Wertpapieren anzulegen. Der Geldmarkt „verknappt sich" und der Zinssatz steigt.

Merke:

- **Verkauf von Wertpapieren.** Ist die Wirtschaft vollbeschäftigt und besteht Inflationsgefahr, verkauft die Zentralbank Wertpapiere am offenen Markt. Dem Kreditmarkt wird Liquidität entzogen. Die Überschussreserven der Kreditinstitute und damit das Kreditangebot verringern sich. Zusätzliche Nachfrage kann nicht finanziert werden. Es ist zu erwarten, dass die inflationäre Entwicklung gebremst wird.
- **Kauf von Wertpapieren.** Ist die Wirtschaft unterbeschäftigt, kauft die Zentralbank Wertpapiere am offenen Markt. Dem Kreditmarkt wird Liquidität zugeführt. Die Überschussreserven der Kreditinstitute erhöhen sich und damit das Kreditangebot. Zusätzliche Kreditnachfrage kann also finanziert werden.

1 Definitiv (lat.) = wörtl. bestimmt. Hier: Ein endgültiger Kauf ohne Nebenbedingungen wie z.B. Rücknahmevereinbarungen.

2 Zu den Offenmarktpapieren siehe Kapitel 17.8.1.

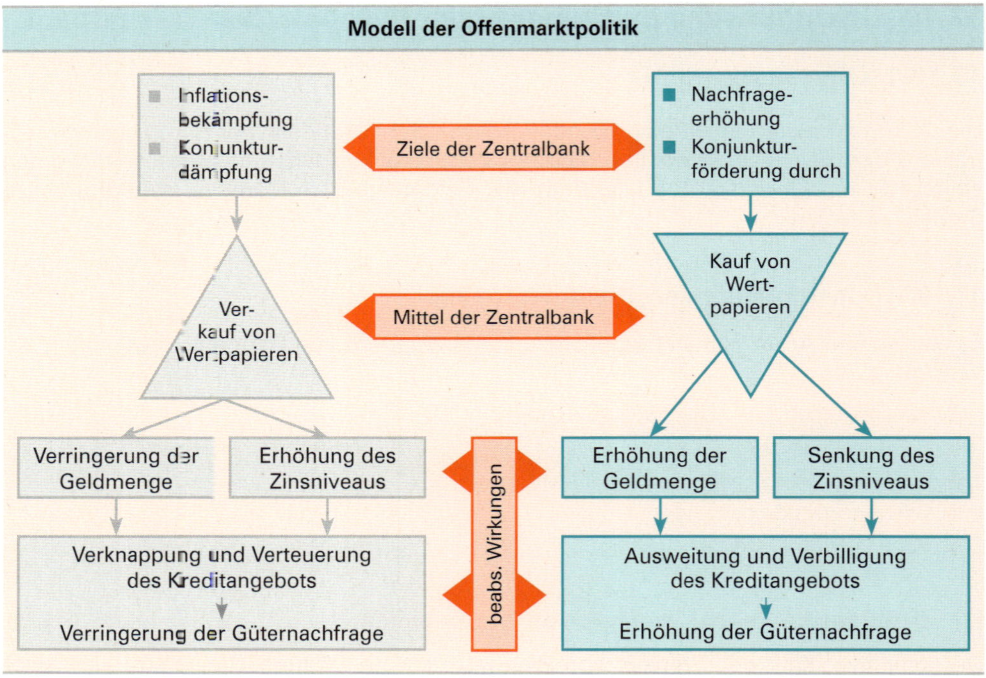

(2) Befristete Transaktionen

Befristete Transaktionen werden vom **Eurosystem** in Form von Pensionsgeschäften und Pfandkrediten durchgeführt. Das Eurosystem setzt sich aus der EZB und den nationalen Zentralbanken der EU-Mitgliedstaaten, die bereits den Euro eingeführt haben, zusammen (siehe auch Kapitel 17.7.3).

a) Pensionsgeschäfte

Pensionsgeschäfte sind Offenmarktgeschäfte *auf Zeit* (daher der Begriff „befristete Transaktionen"), weil den Kreditinstituten nur für eine im Voraus feststehende Zeit Zentralbankgeld (Sichtguthaben oder Bargeld) zur Verfügung gestellt wird. Von Pensionsgeschäften spricht man deshalb, weil das Eurosystem Wertpapiere mit der Maßgabe kauft, dass die Kreditinstitute die Papiere nach Ablauf einer bestimmten Zeit (z. B. nach 28 Tagen) wieder zurückkaufen. Die Papiere werden von den Kreditinstituten beim Eurosystem sozusagen „in Pension" gegeben. Die Pensionsgeschäfte unterscheiden sich also von den definitiven Käufen durch die **Rücknahmevereinbarung** zwischen dem Kreditnehmer und dem Eurosystem. Sie werden deswegen auch als **Repogeschäfte**[1] bezeichnet.

1 Siehe Fußnote 4 auf S. 134.

Praktisch vollzieht sich ein Pensionsgeschäft wie folgt:

Die Kreditinstitute verkaufen Wertpapiere an das Eurosystem. Da die Pensionsgeschäfte i.d.R. von den nationalen Zentralbanken durchgeführt werden, verkaufen z.B. die deutschen Kreditinstitute Wertpapiere an die Deutsche Bundesbank gegen Gutschrift auf dem Konto der Hauptverwaltung mit der Verpflichtung, diese Papiere zu einem späteren festgelegten Zeitpunkt wieder zurückzukaufen. Die Verzinsung besteht darin, dass das Eurosystem den Rückkaufbetrag höher festlegt als den Ankaufbetrag.

Wertpapierpensionsgeschäft

Das Eurosystem bietet Pensionsgeschäfte an: Laufzeit 20 Tage, Pensionssatz 3 %. Bank A verkauft Wertpapiere für 3 Mio. €.

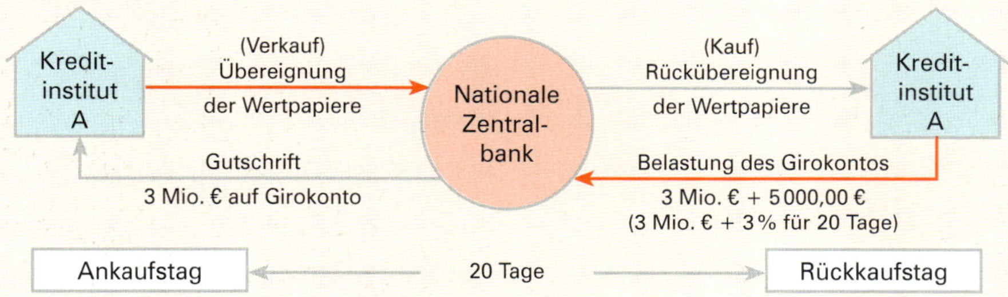

Die Kreditvergabe erfolgt im **Tenderverfahren.**[1] Es ist zwischen Mengen- und Zinstender zu unterscheiden.

Mengentender[2]

Beim Mengentender legt eine Zentralbank den Zinssatz fest. Die bietenden Kreditinstitute nennen in ihren Geboten die Kreditbeträge, die sie bei ihr aufnehmen wollen. Die Zentralbank setzt einen internen Höchstbetrag für das gesamte Kreditvolumen fest. Bei Überzeichnung (die Kreditinstitute wollen mehr Kredite aufnehmen als die Zentralbank zur Verfügung stellen will) wird anteilig zugeteilt (repartiert).

Beispiel:

Angenommen, das Ausschreibungsvolumen einer Zentralbank beträgt 20 Mrd. GE. Die Gebote der Kreditinstitute belaufen sich auf 25 Mrd. GE. Sie erhalten daher 80 % ihrer Gebote zugeteilt.

Durch das Herauf- bzw. Heruntersetzen des **Mindestbietungssatzes (Pensionssatzes)** wird das gesamte Zinsniveau (gewissermaßen der gewogene Durchschnitt aller Zinssätze) beeinflusst, weil die Zinssätze interdependent, d.h. gegenseitig abhängig sind.

Beispiel:

Steigt der Zins für kurzfristige Kredite von 6 auf 8 % und verharrt der Zinssatz für langfristige Kredite noch auf beispielsweise 7 %, so werden kurzfristige Kredite durch langfristige ersetzt, d.h., langfristige Kredite werden so lange nachgefragt, bis auch auf den Kapitalmärkten die Zinssätze steigen.

1 Das Wort **Tender** hängt mit dem englischen Wort „to tend" (Kurzform von „to attend") und dem lateinischen Wort attendere (vgl. franz. attendre) zusammen. Es bedeutet so viel wie aufpassen, Sorge tragen für etwas, auf etwas achten. Beim Mengentender wird also in erster Linie die Menge (Kreditmenge) beachtet, beim Zinstender steht die Zinsfindung (genauer: der Zinssatz) im Vordergrund.

2 Von Mitte 2000 bis Oktober 2008 wurde das Mengentenderverfahren von der EZB nicht angewendet.

Merke:

- **Erhöhung des Pensionssatzes.** Setzt eine Zentralbank den Pensionssatz herauf, steigt das Zinsniveau. Die Kreditinstitute geben die gestiegenen Refinanzierungskosten an ihre Kunden (vor allem Unternehmen und private Haushalte) weiter, indem sie ihre Sollzinsen erhöhen. Die Geldnachfrage geht zurück, weil
  - gestiegene Zinssätze geplante Investitionsvorhaben der Unternehmen unrentabel („uninteressant") machen können und weil
  - für manche privaten Haushalte die Kreditaufnahme für Konsumzwecke zu teuer wird.

  Die Zinserhöhung verringert also die Nachfrage nach Investitions- und Konsumgütern, sodass die Konjunktur gedämpft und eine bestehende Inflationsgefahr verringert wird.

- **Senkung des Pensionssatzes.** Setzt eine Zentralbank den Pensionssatz herab, sinkt das Zinsniveau. Die Kreditinstitute geben die gesunkenen Refinanzierungskosten an ihre Kunden weiter, indem sie die Sollzinssätze senken.

  Die Zentralbank hofft, dass die Kreditnachfrage zunimmt, weil die gesunkenen Zinssätze
  - kreditfinanzierte Investitionsvorhaben rentabler machen und
  - den privaten Haushalten Anreize geben, mehr Konsumgüter auf Kredit zu kaufen.

  Die Zinssenkung – so wird erwartet – erhöht die Nachfrage nach Investitions- und Konsumgütern, sodass die Konjunktur „angekurbelt" wird.

  Durch das Herauf- bzw. Herabsetzen des Pensionssatzes gibt eine Zentralbank dem Bankensystem und der gesamten Wirtschaft ein **Signal** (Zeichen).

  Mit einer Zinserhöhung wird signalisiert, dass die Zentralbank weitere Preissteigerungen (ein Steigen der Inflationsrate) nicht hinnehmen möchte. Die Kreditinstitute werden das Signal verstehen und ihre Zinssätze erhöhen, denn sie wissen, dass andernfalls der Zentralbank weitere restriktive Maßnahmen wie z. B. eine Erhöhung der Mindestreservesätze zur Verfügung stehen.

  Mit einer Zinssenkung wird signalisiert, dass die Zentralbank die Geldwertstabilität als gesichert ansieht und ihren Teil zur Förderung der Konjunktur und des Wirtschaftswachstums beitragen möchte.

Zinstender

Der Zinstender ist dadurch gekennzeichnet, dass die Kreditinstitute neben dem Bietungsbetrag auch noch den *Zinssatz* nennen. Das zur Verfügung stehende Kreditvolumen wird von der Zentralbank festgelegt.

Beim Zinstender gibt es zwei **Zuteilungsmethoden:**

- Beim **holländischen Verfahren** (i. d. R. mit einem Mindestbietungssatz) berechnet eine Zentralbank allen bietenden Banken den Pensionssatz, der sich aus dem Gebot des Kreditinstituts ergibt, das mengenmäßig gerade noch zum Zuge kommt.

Beispiel:

Das Eurosystem möchte 10 Mrd. GE zuteilen. Es bieten die Bankengruppen A bis E:

Kreditinstitute	Bietungsbeträge	Bietungssätze	Zuteilung
A	2,5 Mrd. GE	4,00 %	2,5 Mrd. GE
B	3,0 Mrd. GE	3,95 %	3,0 Mrd. GE
C	3,0 Mrd. GE	3,90 %	3,0 Mrd. GE
D	4,0 Mrd. GE	3,85 %	1,5 Mrd. GE
E	2,0 Mrd. GE	3,80 %	–

Der Pensionssatz wird einheitlich auf 3,85 % festgelegt.

- Beim **amerikanischen Verfahren** wird zu den individuellen Bietungssätzen der Kreditinstitute abgerechnet. Das amerikanische Verfahren wurde vom **Eurosystem** bis 15. Oktober 2008 angewendet.

Beispiel:

Das Eurosystem möchte 10 Mrd. € zuteilen. Es bieten die Bankengruppen A bis E:

Kreditinstitute	Bietungsbeträge	Bietungssätze	Zuteilung
A	2,5 Mrd. €	4,00 %	2,5 Mrd. € zu 4,00 %
B	2,0 Mrd. €	3,95 %	2,0 Mrd. € zu 3,95 %
C	3,0 Mrd. €	3,90 %	3,0 Mrd. € zu 3,90 %
D	5,0 Mrd. €	3,85 %	2,5 Mrd. € zu 3,85 %
E	3,0 Mrd. €	3,80 %	–

Bei beiden Verfahren gilt, dass die Gebote, die über dem niedrigsten zum Zuge kommenden Pensionssatz liegen, voll zugeteilt werden. Die Gebote zum niedrigsten Pensionssatz (in den Beispielen 3,85 %) müssen erforderlichenfalls repartiert werden.

Hinsichtlich des zeitlichen Rahmens ist zwischen Standardtender und Schnelltender zu unterscheiden.

- **Standardtender** werden innerhalb 24 Stunden von der Tenderankündigung an bis zur Bestätigung des Zuteilungsergebnisses durchgeführt (wobei zwischen dem Ablauf der Gebotsfrist und der Bekanntgabe des Zuteilungsergebnisses etwa zwei Stunden liegen).
- **Schnelltender** werden i. d. R. innerhalb einer Stunde von der Tenderankündigung bis zur Bestätigung des Zuteilungsergebnisses durchgeführt.

b) Verpfändung refinanzierungsfähiger Sicherheiten

In diesem Fall hinterlegen die Kreditinstitute bei einer nationalen Zentralbank Sicherheiten (Pfänder), die von dieser befristet beliehen werden können. (Siehe auch Kapitel 17.8.1.)

(3) Emission von Schuldverschreibungen

Die Emission (Ausgabe) von Schuldverschreibungen durch das Eurosystem zählt ebenfalls zu den strukturellen Operationen. Die Schuldverschreibungen stellen eine Verbindlichkeit des Eurosystems gegenüber dem Inhaber der Schuldverschreibung dar. Sie werden stückelos[1] begeben und bei Zentralverwahrern[2] im Euro-Währungsraum verwahrt.

Die Schuldverschreibungen werden in abgezinster Form emittiert, d.h. zu einem Kurs, der unter dem Nennwert liegt, und bei Fälligkeit zum Nennwert eingelöst.

Die geschäftliche Abwicklung erfolgt über die nationalen Zentralbanken. Ebenso wie die definitiven Verkäufe und Käufe von Wertpapieren beeinflusst die Ausgabe von Wertpapieren die Geldmenge und das Zinsniveau.

Merke:

- **Verkauf von Schuldverschreibungen.** Besteht Inflationsgefahr, emittiert die EZB über die nationalen Zentralbanken Schuldverschreibungen. Dem Geldmarkt wird Liquidität entzogen. Die Überschussreserven der Kreditinstitute verringern sich und damit das Geldangebot. Zusätzliche Nachfrage kann nicht finanziert werden. Es ist zu erwarten, dass die Inflation gebremst wird.

  Da das Geldangebot abnimmt, steigt das Zinsniveau.

- **Tilgung von Schuldverschreibungen.** Durch die Tilgung von Schuldverschreibungen wird dem Geldmarkt Liquidität zugeführt. Die Überschussreserven der Kreditinstitute erhöhen sich und damit das Geldangebot. Zusätzliche Geldnachfrage kann also finanziert werden. Unter sonst gleichen Bedingungen führt das zunehmende Geldangebot zu einem sinkenden Zinsniveau.

  Die liquiditätszuführende Wirkung von Tilgungsleistungen kann geldpolitisch unerwünscht sein. Die EZB kann diese Wirkung durch eine weitere oder erhöhte Ausgabe von Schuldverschreibungen kompensieren (ausgleichen) oder überkompensieren.

(4) Devisenswapgeschäfte[3]

Mithilfe der Devisenswapgeschäfte (man spricht auch von der Swapsatzpolitik oder Swappolitik) will die EZB den Geldexport fördern (inflationsdämpfende Maßnahme) oder erschweren (konjunkturfördernde Maßnahme). Devisenswapgeschäfte werden i.d.R. dezentral von den nationalen Zentralbanken durchgeführt.

Ein Swapgeschäft ist eine Kombination zwischen einem Devisenkassageschäft[4] und einem Devisentermingeschäft.[5] Besitzen die Kreditinstitute überschüssige Mittel und wollen sie diese in Fremdwährung anlegen, so hat das Eurosystem die Möglichkeit, den Kreditinstituten die entsprechenden Devisen (z.B. US-$) zu verkaufen (Kassageschäft) und *zugleich* per Termin (z.B. nach 3 Monaten) zum gleichen Kurs (Kassakurs) abzüglich eines Deports (Abschlags) oder zuzüglich eines Reports (Aufschlags) zurückzukaufen (Termingeschäft).

1 Stückelos heißt, dass keine Wertpapiere gedruckt werden.

2 **Zentralverwahrer** in Deutschland ist die Deutsche Börse Clearing AG (vormals Deutscher Kassenverein). Sie ist die zentrale Verwaltungsstelle für girosammelverwahrte Wertpapiere und Trägerin des Effektengirosystems.

3 To swap (engl.) = tauschen. Ein Swapgeschäft ist ein (Devisen-)Tauschgeschäft.

4 **Kassageschäft** = ein Geschäft, das „per Kasse", also zum Zeitpunkt des Abschlusses, abgewickelt wird.

5 **Termingeschäft** = ein Geschäft, das „per Termin", also zu einem späteren Zeitpunkt, abgewickelt wird. (Verpflichtungsgeschäft und Erfüllungsgeschäft fallen zeitlich auseinander.)

Beispiel:

Angenommen, die Kreditinstitute im Euro-Raum könnten bei einer Geldanlage in US-$ für Dreimonatsgeld netto 4 %,[1] bei einer Geldanlage im Euro-Raum jedoch nur $3^1/_2$ % Zinsen erzielen. Will das Eurosystem den Geldexport verhindern, bietet es den Kreditinstituten einen Report von mehr als $^1/_2$ % an, sodass die Anlage im Inland günstiger wird.

Berechnet das Eurosystem hingegen einen Report von weniger als $^1/_2$ % bzw. einen Deport, so wird der Kauf der US-$ günstiger.

Merke:

- **Einschränkung bzw. Verhinderung des Geldexports.** Die Geldanlage erfolgt im eigenen Währungsgebiet. Es erfolgt kein Druck auf das Zinsniveau, sondern es sind eher Zinssenkungen zu erwarten. Die Konjunktur wird gefördert.
- **Förderung des Geldexports.** Die Geldanlagen erfolgen nicht im eigenen, sondern in einem fremden Währungsgebiet. Der Geldmarkt wird „verknappt". Die Zinssätze steigen (Liquiditätsabschöpfung).

Die „Devisenswaps" sind befristete Transaktionen, die unregelmäßig und nicht standardisiert erfolgen. Sie dienen der Feinsteuerung des Geldmarkts und werden über Schnelltender oder als bilaterale[2] Geschäfte durchgeführt.

(5) Hereinnahme von Termineinlagen

Das Eurosystem kann den Geschäftspartnern die Hereinnahme verzinslicher Termineinlagen bei der nationalen Zentralbank des Mitgliedstaates anbieten, in dem sich die Niederlassung des Kreditinstituts befindet. Termineinlagen werden hereingenommen, um Liquidität am Markt abzuschöpfen, d. h. das Geldangebot zu verringern.

Der gegenteilige Effekt tritt ein, wenn die Termineinlagen fällig sind und nicht mehr verlängert werden.

Ebenso wie die Devisenswapgeschäfte stellen die Hereinnahmen von Termineinlagen befristete Transaktionen dar, die der Feinsteuerung dienen. Sie sind nicht standardisiert, erfolgen unregelmäßig über Schnelltender oder als bilaterale Geschäfte.

17.10.1.2 Kategorien der Offenmarktpolitik

Die Offenmarktgeschäfte können hinsichtlich ihrer Zielsetzung, der Abstände, in denen sie stattfinden, und der angewandten Verfahren in **vier Kategorien** (Gruppen) unterteilt werden:

- Hauptrefinanzierungsinstrument,
- längerfristige Refinanzierungsgeschäfte,
- Feinsteuerungsoperationen und
- strukturelle Operationen.

1 Abzüglich der Umtausch- und Kreditsicherungskosten.

2 **Bilateral** = zweiseitig. Bilaterale Verfahren sind Geschäfte zwischen dem Eurosystem und einem bzw. mehreren Kreditinstituten.

Kategorien	Erläuterungen
Hauptrefinanzierungsinstrument	Die Hauptrefinanzierungsoperationen sind die wichtigsten Offenmarktgeschäfte des Eurosystems. Es sind liquiditätszuführende Transaktionen, die regelmäßig jede Woche durchgeführt werden. Sie haben i. d. R. eine Laufzeit von zwei Wochen. Der von der EZB festgelegte Zinssatz für die Hauptrefinanzierung **(Refi-Satz)** ist der entscheidende **Leitzins** in der EWU. Von Leitzins spricht man deshalb, weil sich nach ihm alle übrigen Zinssätze, wie z. B. der Zinssatz für Übernacht-Kredite bzw. Übernacht-Einlagen (Näheres siehe Kapitel 17.10.2), richten. Die Spanne zwischen der Zinssatz-Obergrenze für Übernacht-Kredite und der Zinssatz-Untergrenze für Übernacht-Einlagen wird als **Zinsband,** als **Zinskorridor** oder als **Zinskorsett** bezeichnet.
Längerfristige Refinanzierungsgeschäfte	Bei den längerfristigen Refinanzierungsgeschäften handelt es sich um regelmäßige Refinanzierungsgeschäfte mit dreimonatiger Laufzeit. Gewöhnlich wird bei diesen Geschäften die Form des Zinstenders gewählt. Das Eurosystem ist, wie der Fachausdruck heißt, Zinsnehmer. Längerfristige Refinanzierungsgeschäfte werden regelmäßig monatlich von den nationalen Zentralbanken über Standardtender durchgeführt.
Feinsteuerungsoperationen	Das Eurosystem kann Feinsteuerungsmaßnahmen in Form von befristeten Offenmarkttransaktionen durchführen, um unerwartete Liquiditätsschwankungen auszugleichen. Feinsteuerungsoperationen finden unregelmäßig statt. Ihre Laufzeit ist nicht standardisiert (einheitlich festgelegt). Sie werden i. d. R. dezentral durch die nationalen Zentralbanken vorgenommen.[1]
Strukturelle Operationen	Strukturelle Operationen sind liquiditätszuführende Operationen, die sowohl regelmäßig als auch unregelmäßig stattfinden können, wobei die Laufzeit nicht von vornherein standardisiert ist. Strukturelle Operationen werden dezentral von den nationalen Zentralbanken durchgeführt.

17.10.2 Ständige Fazilitäten[2]

Ständige Fazilitäten umfassen

- Kreditbereitstellungen des Eurosystems, die von den Kreditinstituten jederzeit bei Bedarf in Anspruch genommen werden können **(Spitzenrefinanzierungsfazilität)** und
- die Bereitschaft des Eurosystems, Einlagen der Kreditinstitute entgegenzunehmen **(Einlagenfazilität).**

(1) Spitzenrefinanzierungsfazilität

Die Spitzenrefinanzierungsfazilität dient der Abdeckung von am Tagesende bestehenden (i. d. R. durch den Zahlungsverkehr entstandenen) Sollsalden der Kreditinstitute. Der Kredit des Eurosystems erfolgt „über Nacht" gegen refinanzierungsfähige Sicherheiten (z. B. Wertpapiere, Wechsel). Der Zinssatz wird von der EZB festgelegt und bildet die Obergrenze des Tagesgeldzinssatzes.[3]

1 Der EZB-Rat entscheidet, ob in Ausnahmefällen bilaterale befristete Transaktionen zur Feinsteuerung von der EZB durchgeführt werden können.

2 Zum Begriff Fazilität siehe Fußnote 4 auf S. 139.

3 Zinssatz, der für täglich fälliges Geld zu zahlen ist.

Die nationalen Zentralbanken (z.B. die Deutsche Bundesbank) können im Rahmen der Spitzenrefinanzierungsfazilität den Kreditinstituten Liquidität (Geld) in Form von **Übernacht-Pensionsgeschäften** oder als **Übernacht-Pfandkredite** zur Verfügung stellen. Beim Pfandkredit wird vom Kreditnehmer (Schuldner) dem Eurosystem (dem Gläubiger) ein Sicherungsrecht an den hinterlegten Pfändern[1] (z.B. Wertpapieren) eingeräumt, wobei der Schuldner das Eigentum an den Pfändern behält.

(2) Einlagenfazilität

Die Einlagenfazilität ist gewissermaßen das Gegenteil der Spitzenrefinanzierungsfazilität, denn hier ermöglicht das Eurosystem den Kreditinstituten, Übernachtliquidität (in der Regel durch den Zahlungsverkehr entstandene Habensalden) bei den nationalen Zentralbanken anzulegen. Die Einlagen werden zu einem im Voraus festgelegten Zinssatz verzinst, der im Allgemeinen die Untergrenze des Tagesgeldzinssatzes bildet.

Der Zugang zur Einlagenfazilität wird nur gemäß den Zielen und allgemeinen geldpolitischen Erwägungen der EZB gewährt. Die EZB kann die Bedingungen der Fazilität jederzeit ändern oder sie aufheben, z.B. in Zeiten konjunktureller Schwäche, in denen keine Liquiditätsabschöpfung erwünscht ist.

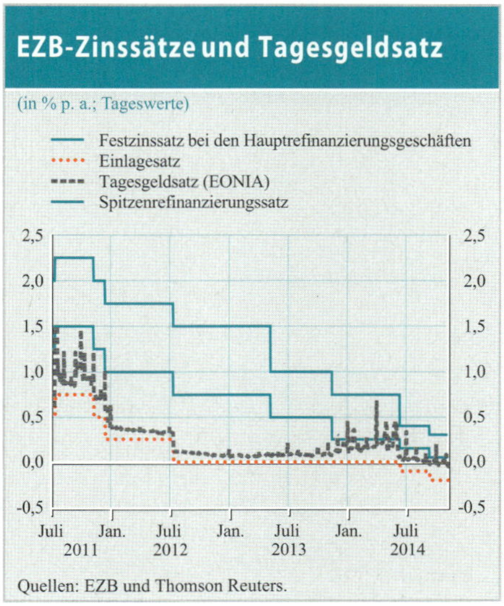

Quelle: Monatsbericht der EZB, November 2014, S. 34.

17.10.3 Mindestreserven

Merke:

Mindestreserven sind Geldbeträge, die die Kreditinstitute gegen eine geringe Verzinsung oder auch unverzinslich bei der Europäischen Zentralbank einzahlen müssen.[2]

Die Mindestreservepflicht der Kreditinstitute bemisst sich nach der Höhe ihrer Verbindlichkeiten gegenüber Nichtbanken aus täglich fälligen Einlagen (Sichteinlagen), Einlagen mit vereinbarter Laufzeit, Einlagen mit vereinbarter Kündigungsfrist, Repo-Geschäften,[3] ausgegebenen Schuldverschreibungen und ausgegebenen Geldmarktpapieren. Die Mindestreservesätze sind der prozentuale Anteil der Mindestreserven am Wert der genannten Verbindlichkeiten. Sie können je nach Art der Verbindlichkeiten unterschiedlich hoch sein.

Zum Verständnis des Zusammenhangs genügt es, wenn wir die Mindestreserven für Sichteinlagen betrachten. Dabei ist es wichtig zu wissen, dass die Kreditinstitute zwar kein Bargeld (Münz- und Notengeld), wohl aber Giralgeld schaffen (schöpfen) können, weil sie **mehr** Geld ausleihen können als sie Einlagen besitzen. Der Grund: Es ist kaum zu erwarten, dass **alle** Bankkunden gleichzeitig ihr Geld abheben wollen. Es genügt vielmehr, wenn die Banken eine verhältnismäßig geringe Bargeldsumme zur Auszahlung bereithalten.

1 Die Kreditinstitute können beim Eurosystem Pfänder hinterlegen, um bei Bedarf z.B. die Übernacht-Pfandkredite in Anspruch nehmen zu können. Die hinterlegten Sicherheiten werden als **Pfanddepot** bezeichnet.

2 Zurzeit beträgt der Mindestreservesatz für täglich fällige Einlagen mit vereinbarter Laufzeit und Kündigungsfrist von bis zu zwei Jahren, Schuldverschreibungen und Geldmarktpapiere 1 %, für Verbindlichkeiten mit vereinbarter Laufzeit und Kündigungsfrist von über zwei Jahren, Repogeschäfte und Schuldverschreibungen 0 %.

3 Vgl. Fußnote 4, S. 134.

Beispiel:

Angenommen, ein Bankkunde zahlt auf sein Girokonto 10 000,00 € ein. Der Mindestreservesatz der EZB beträgt 1 %. Ferner pflegt die Bank 20 % der Sichteinlagen als Barreserve (Kassenreserve für Auszahlungszwecke) zu halten. Die Bank – nennen wir sie Bank A – kann nunmehr 7 900,00 € ausleihen, falls sich ein Kreditnachfrager findet.

Erhöht die EZB den Mindestreservesatz auf beispielsweise 2 %, muss die Bank A bei einer Einlage von 10 000,00 € eine Barreserve von 2 000,00 € und eine Mindestreserve von 200,00 € halten, sodass sich ihre Giralgeldschöpfungsmöglichkeit auf 7 800,00 € vermindert.

Aus dem Beispiel folgt:

- Je **höher** die Mindestreservesätze, desto **geringer** sind die Geldschöpfungsmöglichkeiten der Kreditinstitute.
- Je **niedriger** die Mindestreservesätze, desto **höher** sind die Geldschöpfungsmöglichkeiten der Kreditinstitute.

Somit lässt sich Folgendes festhalten:

Mindestreservesätze	
Erhöhung: Ist die Wirtschaft vollbeschäftigt und besteht Inflationsgefahr, erhöht die EZB die Mindestreservesätze. Die Kreditinstitute können **weniger** Giralgeld anbieten. Kaufwünsche der Wirtschaftssubjekte können nur in geringerem Umfang erfüllt werden. Die Nachfrage nach Sachgütern und Dienstleistungen wird gebremst, die Inflationsgefahr verringert.	Ist die Wirtschaft unterbeschäftigt und herrscht Preisstabilität, senkt die EZB die Mindestreservesätze. Die Kreditinstitute können mehr Giralgeld anbieten. Kaufwünsche der Wirtschaftssubjekte können erfüllt werden. Die Nachfrage nach Gütern wird gefördert. Die EZB hofft, dass die Wirtschaft angekurbelt wird. **Senkung**

Modell der Mindestreservepolitik

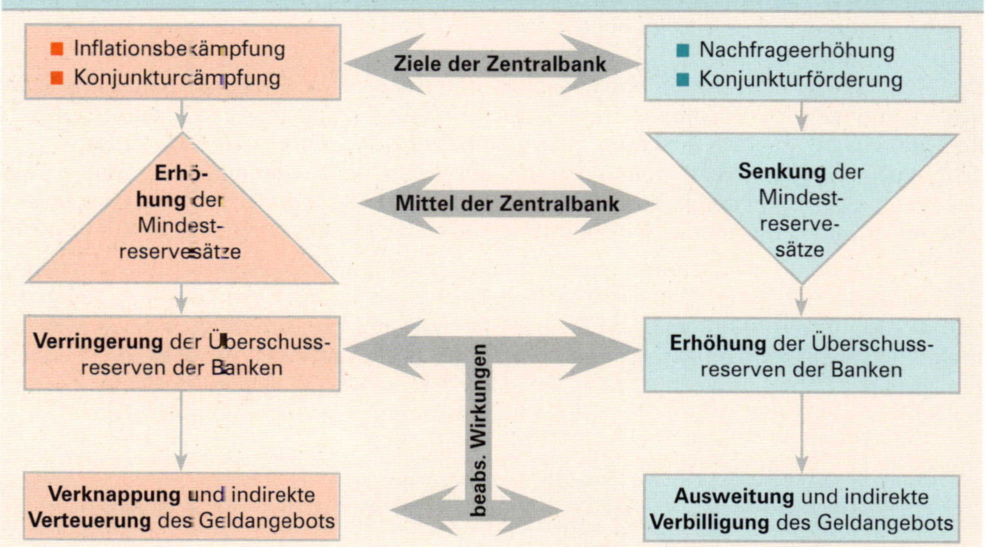

17.11 Probleme und Grenzen der Geldpolitik

Es wird häufig gesagt, dass die Geldpolitik ein Schwert mit einer stumpfen und einer scharfen Seite ist. Die scharfe Seite ist die restriktive[1] Geldpolitik. Erhöht z.B. die EZB die Mindestreservesätze, stehen den Banken weniger Überschussreserven zur Verfügung als sie bräuchten, um die Kreditnachfrage zu befriedigen. Das Wachstum der Güternachfrage der Unternehmen und der privaten Haushalte wird gedämpft, denn wo kein Geld ist, ist auch keine Güternachfrage. Weiterhin hat die EZB die Möglichkeit, das Geldmengenwachstum durch definitive Wertpapierverkäufe und/oder die Erhöhung verschiedener Leitzinssätze zu beschränken. Es ist zu erwarten, dass steigende Zinslasten manche Verbraucher und Investoren davon abhalten, kreditfinanzierte Konsum- bzw. Investitionsgüterkäufe vorzunehmen.

Senkt hingegen die EZB die Mindestreservesätze, kauft sie Wertpapiere und/oder senkt sie die Leitzinssätze, so zeigt sich die „stumpfe Seite der Waffe": Das Geldangebot ist zwar da, aber weder Unternehmen noch Haushalte können gezwungen werden, mehr Güter nachzufragen. Denn die Güternachfrage hängt nicht vom Geldangebot und nicht zwingend von der Höhe der Zinssätze ab, sondern in starkem Maße von der tatsächlichen und/oder der erwarteten Einkommensentwicklung der Arbeitnehmerhaushalte.

Grenzen findet die **Politik des billigen Geldes** auch dadurch, dass künstlich gesenkte Zinsen den Produktionsfaktor Kapital gegenüber dem Faktor Arbeit verbilligen. Wenn die Reallöhne nicht im gleichen Maße wie die Kapitalkosten (Zinsen) sinken, werden die Unternehmen Arbeit vermehrt durch Kapital ersetzen. So kann die **Niedrigzinspolitik** vor allem in Volkswirtschaften mit wenig flexiblen Löhnen die Arbeitslosigkeit sogar erhöhen, obwohl sie eigentlich das Gegenteil bewirken soll.[2]

Schließlich gilt es zu bedenken, dass die Niedrigzinspolitik einem Subventionieren nicht marktfähiger Leistungen gleichkommt. Zinssenkungen ermöglichen es weniger erfolgreichen Unternehmen im Markt zu bleiben. Die „Auslesefunktion" des Marktes wird nicht ausreichend erfüllt, sodass das volkswirtschaftliche Wachstum gebremst werden kann.[2]

Zu den genannten Schwierigkeiten kommt, dass die Mitgliedstaaten der EU keineswegs eine einheitliche Wirtschafts- und Steuerpolitik betreiben. Zudem halten die meisten Euroländer die Vorgaben des Stabilitätspakts nicht ein und nehmen zum Teil hohe Defizite ihrer öffentlichen Haushalte und die damit verbundenen inflationären Tendenzen in Kauf (siehe Kapitel 16.2.2). So können aus geldpolitischen Gründen z.B. in einem Land mit hohen Teuerungsraten hohe Zinsen erforderlich sein, während in einem Land mit Unterbeschäftigung niedrige Zinsen angebracht wären. Die EZB muss jedoch für das gesamte Euro-Währungsgebiet einheitliche Zinssätze festlegen.

Ein weiteres Problem ist, dass die EZB nach Art. 129 des Vertrags über die Arbeitsweise der Europäischen Union [AEUV] für die Geldwertstabilität zuständig ist (siehe Kapitel 17.7.2). Dennoch steht die EZB in Krisenzeiten stets unter dem Druck der Politik. Gefordert wird, dass die EZB nicht mehr allein der Geldwertstabilität verpflichtet sein sollte, sondern z.B. auch den wirtschaftspolitischen Zielen einer möglichst hohen Beschäftigung und eines störungsfreien Wirtschaftswachstums.

---

1 **Restriktiv** (lat.) = einschränkend, einengend.

2 Vgl. Polleit, Th. und L.H. Dierks: Geldpolitik a la Keynes, in: Börsenzeitung vom 26. Oktober 2006.

11 Hartmann - ISBN 978-3-8120-0490-9

Unter hohem Druck seitens der Politik steht die EZB auch seit Beginn der **Finanzkrise** im Jahr 2007. Finanzinstitute gerieten in den USA und in der EU in Zahlungsschwierigkeiten, vor allem, weil sie hohe Spekulationsverluste sowie Wertverluste bei den von ihnen erworbenen Staatsschuldverschreibungen der Schuldnerstaaten erlitten. Die Finanzkrise wurde zur **Schuldenkrise.**[1]

Um das Bankensystem der EWU vor dem Zusammenbruch zu retten, musste die EZB ihre Leitzinsen gegen null senken. Ab 2009 kaufte die EZB Staatsschuldverschreibungen auf, um den Markt mit weiterem Geld zu versorgen. Als 2010 die Schuldenkrise begann, sah sich die EZB gezwungen, den Banken auch staatliche Anleihen überschuldeter EU-Staaten abzukaufen (z. B. griechische, spanische und irische Papiere), was nach Meinung vieler Fachleute ein Verstoß gegen den AEU-Vertrag ist. Nach Artikel 123 AEUV ist es der EZB und den EU-Zentralbanken verboten, den EU-Mitgliedstaaten Kredite zu gewähren.

Sowohl die Politik des billigen Geldes als auch der Kauf von Staatsanleihen führen zur Geldmengenvermehrung und nach aller Erfahrung über kurz oder lang zur Inflation. Da die EZB aber vorrangig für die Geldwertstabilität zu sorgen hat, müsste sie bei den ersten Anzeichen einer beginnenden Inflation die Zinssätze erhöhen, was politisch nicht gewünscht wird: Steigende Zinsen bremsen das Wirtschaftswachstum und damit die Beschäftigung. Die EZB befindet sich somit in einem **Dilemma.**[2] Hält sie an der Niedrigzinspolitik fest, wird die Geldwertstabilität gefährdet. Erhöht sie die Leitzinssätze, wird der wirtschaftliche Aufschwung gebremst bzw. eine bestehende Rezession verstärkt. Arbeitsplätze gehen verloren und die Steuereinnahmen sinken, sodass die Staatsverschuldung nicht abgebaut werden kann.

Zusammenfassung

- Das **Handelsvolumen** (H) ist die Summe aller während einer Periode umgesetzten Güter, bewertet zu konstanten Preisen.
- Die **nachfragewirksame Geldmenge** (M · U) ist das von Wirtschaftssubjekten für Nachfragezwecke bereitgestellte Bar- und Giralgeld, multipliziert mit seiner Umlaufgeschwindigkeit.
- Unter **Preisniveau** versteht man den gewogenen Durchschnitt aller Güterpreise.
- Die **Kaufkraft** drückt aus, wie viel Gütereinheiten man für eine Geldeinheit kaufen kann.
- Die Kaufkraft ist der **reziproke Wert** der Veränderung des Preisniveaus:
  - Steigt das Preisniveau, nimmt die Kaufkraft einer Geldeinheit ab.
  - Sinkt das Preisniveau, nimmt die Kaufkraft einer Geldeinheit zu.
- Die **Verkehrsgleichung** des Geldes lautet:

$$P \cdot H = M \cdot U$$

- Die Verkehrsgleichung darf nicht mechanistisch angewendet werden, um die Ursachen von Geldwertschwankungen zu erklären. Sie definiert lediglich, dass der Wert des Handelsvolumens zu tatsächlichen Preisen der nachfragewirksamen Geldmenge gleich ist.

1 Mit Schuldenkrise ist hier die Gefahr für die Stabilität des Euro gemeint, die ihre Ursache in der Überschuldung der sogenannten PIIGS-Staaten (Portugal, Italien, Irland, Griechenland und Spanien) hat. Diese EU-Mitgliedsländer können sich am Kapitalmarkt nur zu sehr hohen Zinsen („Risikoaufschlägen") oder überhaupt nicht mehr finanzieren und stehen am Rande der Zahlungsunfähigkeit, also des Staatsbankrotts.

2 **Dilemma** (griech.) = Zwangslage, Wahl zwischen zwei Übeln, „Zwickmühle".

- Bei der Berechnung eines **Preisindex** wird das Preisniveau des Basisjahrs mit 100 Prozent („Punkten") angesetzt. Steigt das Preisniveau gegenüber dem Basisjahr, liegt der Preisindex über 100 Prozent („Punkten"); sinkt das Preisniveau gegenüber dem Basisjahr, liegt der Preisindex unter 100 Prozent („Punkten").
- Der **Verbraucherpreisindex** ist der wichtigste Maßstab für die Veränderungen des Binnenwerts des Geldes.
- Die **Preissteigerungsrate** (Inflationsrate) sagt aus, um wie viel Prozent die Preise gegenüber dem *Vorjahr* gestiegen sind.
- Der **Nominallohn** ist der Lohn, den ein Arbeitnehmer tatsächlich ausbezahlt bekommt (Nettolohn).
- Der **Reallohn** drückt aus, welche Gütermenge ein Arbeitnehmer für seinen Nettolohn tatsächlich kaufen kann.
- Die **Europäische Wirtschafts- und Währungsunion (EWU)** ist ein einheitliches Währungsgebiet. Gesetzliches Zahlungsmittel in den Mitgliedsländern ist der Euro (€). Die Notenbank des Eurosystems ist die **Europäische Zentralbank (EZB)**.
- Die EZB arbeitet mit folgenden **Geldmengenbegriffen**:
  - Zentralbankgeldmenge M1 = Bargeldumlauf + täglich fällige Einlagen;
  - M2 = M1 + kurzfristige Einlagen;
  - M3 = M2 + sonstige marktfähige Verbindlichkeiten des Bankensektors.
- **Geldproduzenten** sind neben der EZB die Geschäftsbanken und der Staat.
- Die EZB schöpft Noten- bzw. Buchgeld, indem sie Aktiva erwirbt oder beleiht. Die Geschäftsbanken schöpfen dadurch Buchgeld, dass sie Überschussreserven ausleihen.
- Im Modell des vollständigen Bargeldrückflusses ergibt sich der **Giralgeldschöpfungsmultiplikator** aus dem reziproken Wert des Barreservesatzes.
- Unter **Inflation** versteht man ein anhaltendes Steigen des Preisniveaus.
- Eine **Deflation** liegt vor, wenn das Preisniveau anhaltend sinkt.
- Die Europäische Zentralbank und die nationalen Zentralbanken der EU-Mitgliedstaaten sind im **Europäischen System der Zentralbanken (ESZB)** zusammengefasst. Vorrangiges Ziel des ESZB ist die Preisstabilität.
- Das ESZB sowie die EZB sind von Weisungen politischer Instanzen **unabhängig**.
- Die von der Europäischen Zentralbank verfolgte geldpolitische Strategie wird als **„Zweisäulenstrategie"** bezeichnet, weil sie sowohl die allgemeinen wirtschaftlichen Risiken und Chancen abschätzt als auch die Geldmengenentwicklung untersucht.
- Die wichtigsten geldpolitischen Instrumente der EZB sind vor allem die **Offenmarktpoltik** und die **ständigen Fazilitäten**.
- Die **Grenzen und Probleme der Geldpolitik der EZB** sind:
  - Die EWU ist zwar ein einheitliches Währungsgebiet. Es fehlt indessen eine einheitliche Wirtschafts-, Finanz- und Sozialpolitik.
  - Nur die restriktive Geldpolitik besitzt Zwangscharakter. Die expansive Geldpolitik hat lediglich Angebotscharakter.
  - Die Unabhängigkeit der EZB ist einem ständigen Druck seitens der Politik ausgesetzt.

Abitraining

1. Professor Theo Rettisch lehrt Volkswirtschaftslehre und ist immer bemüht, die wissenschaftlichen Theorien auch praktisch umzusetzen. Seine Tochter Leonie, die zurzeit noch eine Fachoberschule besucht, ist ebenfalls an ökonomischen Fragen sehr interessiert. Damit die jährlichen Verhandlungen zwischen Vater und Tochter bezüglich der Taschengelderhöhung etwas problemloser verlaufen, haben beide Folgendes vereinbart:

Leonie erhält eine Erhöhung ihres Taschengeldes in der Höhe der gestiegenen Preise der Güter und Dienstleistungen in ihrem „Warenkorb", d.h. der Güter und Dienstleistungen, die sie monatlich konsumiert. Sie erhält diese Erhöhung jedoch nicht automatisch, sondern sie muss jedes Jahr „berichten", um wie viel Prozent ihre Ausgaben gestiegen sind. Dabei bedient sie sich folgenden Schemas:

„Warenkorb" von Leonie	**Preis je Einheit im Basisjahr P_0**	**Menge im Basisjahr Q_0**	**Wert im Basisjahr $P_0 \cdot Q_0$**	**Preis je Einheit im Berichtsjahr 1 P_1**	**Wert im Berichtsjahr 1 $P_1 \cdot Q_0$**	**Preis je Einheit im Berichtsjahr 2 P_2**	**Wert im Berichtsjahr 2 $P_2 \cdot Q_0$**
Zeitschriften	7,50	2		8,00		8,20	
Schokolade	1,00	20		1,10		1,20	
Handy	1,50	30		1,40		1,60	
Kosmetik	1,00	30		1,10		1,20	
Kino	6,00	2		6,00		6,50	
Wert des „Warenkorbs"							

Verbraucherpreisindex	**100**		
Preissteigerung/ Taschengelderhöhung	–		

Quelle: In Anlehnung an Geld & Geldpolitik, Deutsche Bundesbank, Frankfurt am Main 2006.

Formel zur Berechnung des Verbraucherpreisindexes:

$$\frac{\sum P_n \cdot Q_0}{\sum P_0 \cdot Q_0} \cdot 100 \qquad n = \text{jeweiliges Berichtsjahr}$$

Aufgaben:

1.1 Ermitteln Sie den Wert des „Warenkorbs" von Leonie und somit die Höhe des Taschengeldes im Basisjahr!

1.2 Angenommen, die Mengen in Leonies „Warenkorb" verändern sich nicht, d.h., dass Leonie in den beiden Berichtsjahren die gleiche Menge der Güter und Dienstleistungen konsumiert wie im Basisjahr. Ermitteln Sie den Wert des „Warenkorbs" für Leonies Berichtsjahre 1 und 2!

1.3 Geben Sie an, wie hoch der Verbraucherpreisindex im Berichtsjahr 1 ist!

1.4 Ermitteln Sie, wie hoch die Preissteigerung bzw. Taschengelderhöhung für Berichtsjahr 1 gegenüber dem Basisjahr ist!

1.5 Berechnen Sie, wie hoch der Verbraucherpreisindex im Berichtsjahr 2 ist!

1.6 Ermitteln Sie, wie hoch die Preissteigerung bzw. Taschengelderhöhung für Berichtsjahr 2 gegenüber dem Berichtsjahr 1 ist!

1.7 Berechnen Sie die Veränderung der Kaufkraft für das Berichtsjahr 2 gegenüber dem Berichtsjahr 1!

2. Ein Wirtschaftslexikon definiert die Tauschgleichung (Quantitätsgleichung) wie folgt:

„Die Tauschgleichung beschreibt das Gleichgewicht der Transaktionen einer mit Geld operierenden Tauschwirtschaft (Geldwirtschaft). Sie setzt an einer bestimmten Stelle des Güter-Geld-Kreislaufs (bei der Güterausbringung der Unternehmen) an und stellt die Tatsache heraus, dass in einer abgegrenzten Periode der Gesamtwert der im Güterkreislauf übertragenen Güter dem Gesamtwert der im Geldkreislauf dagegen eingetauschten Geldeinheiten entspricht. Die Tauschgleichung ist daher eine Identitätsgleichung. Im Naturaltausch gehandelte und unternehmensintern verrechnete Güter sind in der Tauschgleichung nicht berücksichtigt."

Quelle: Wirtschaftslexikon, hrsg. von A. Woll, 6. Aufl. 1992, S. 661.

Aufgaben:

2.1 Leiten Sie die Quantitätsgleichung (Verkehrsgleichung) des Geldes für eine Volkswirtschaft ab, in der es nur **ein** Gut gibt!

2.2 Erklären Sie folgende Begriffe:

2.2.1 Handelsvolumen,

2.2.2 nachfragewirksame Geldmenge und

2.2.3 Preisniveau!

2.3 Erläutern Sie kurz, welche Güter in der Quantitätsgleichung nicht berücksichtigt sind!

2.4 Bescheiben Sie, inwiefern die Entwicklung des Preisniveaus von der Entwicklung der nachfragewirksamen Geldmenge einerseits und der Entwicklung des Handelsvolumens andererseits abhängen kann! Zeigen Sie die Zusammenhänge anhand selbst gewählter Zahlenbeispiele!

2.5 Beurteilen Sie den Aussagewert der Quantitätsgleichung (Verkehrsgleichung) des Geldes!

2.6 Geben Sie einige Gründe dafür an, dass in der heutigen Wirtschaft das Preisniveau in der Regel nicht sinkt, meistens jedoch ständig steigt!

2.7 Berechnen Sie die fehlenden Größen:

Veränderungsrate des Preisniveaus (Preissteigerungs- bzw. -senkungsrate	+ 4 %		+ 7 %	– 1 %	
Kaufkraftzu- bzw. -abnahme		– 5 %			+ 2 %

3. 3.1 Berechnen Sie in nachstehender Tabelle die fehlenden Werte!

Jahr	Handelsvolumen (in Preisen des Jahres 00)	nachfragewirksame Geldmenge (M · U)	Veränderungsfaktor des Preisniveaus gegenüber dem Jahr 00	Handelsvolumen zu tatsächlichen Preisen	Preisindex	Preissteigerungsrate
00	100 000,00 GE	100 000,00 GE	–	100 000,00 GE	100	–
01	120 000,00 GE	120 000,00 GE				
02	140 000,00 GE	154 000,00 GE				
03	140 000,00 GE	168 000,00 GE				
04	130 000,00 GE	162 500,00 GE				
05	150 000,00 GE	200 000,00 GE				

3.2 Berechnen Sie mithilfe der in Aufgabe 3.1 angegebenen Zahlen

3.2.1 den jährlichen Kaufkraftverlust gegenüber dem Jahr 00,

3.2.2 den jährlichen Kaufkraftverlust gegenüber dem jeweiligen Vorjahr und

3.2.3 den Kaufkraftverlust seit dem Jahr 00!

3.3 **Zeitungsmeldung**

Die Deutschen haben im vergangenen Jahr unter dem Strich mehr verdient als noch ein Jahr zuvor. Die Reallöhne, also das Einkommen unter Berücksichtigung der Inflation, stiegen 2010 durchschnittlich um 1,5 Prozent, wie das Statistische Bundesamt mitteilte. Nominal betrug das Einkommensplus demnach um 2,7 Prozent, während die Inflationsrate bei 1,1 Prozent lag.

3.3.1 Erläutern Sie, warum der Berechnung des Reallohns nicht der Bruttolohn, sondern der Nettolohn zugrunde gelegt werden muss!

3.3.2 Beschreiben Sie, wie sich der Reallohn errechnet!

4. Die Europäische Zentralbank (EZB) ist die Notenbank der Europäischen Union (EU).

Aufgaben:

4.1 Nennen Sie die Hauptaufgaben der EZB!

4.2 Nennen Sie die Geldmengenbegriffe der EZB sowie deren Zusammensetzung!

4.3 Erklären Sie, was unter dem Europäischen System der Zentralbanken zu verstehen ist!

4.4 Nennen Sie die Geldproduzenten der EWU! Welche Geldformen können von diesen geschöpft werden!

4.5 Unterstellen wir, dass die vereinfachte Bilanz der EZB folgendes Aussehen hat (Zahlen in Mrd. EUR):

Aktiva	EZB-Bilanz		Passiva
Gold und Devisen	90	Banknotenumlauf	75
Wertpapiere	20	Sichteinlagen der Kreditinstitute	60
Forderungen	15	Sonstige Passiva	20
Sonstige Aktiva	30		
	155		155

Erstellen Sie die Zwischenbilanz (den Zentralbankausweis), nachdem Sie folgende Transaktionen („Geschäftsfälle") gebucht haben:

a) Die EZB verkauft Devisen im Wert von 8 Mrd. EUR gegen eigene Banknoten (bar).

b) Die EZB gewährt Kredite in Höhe von 2 Mrd. EUR (bar).

c) Die Kreditinstitute rufen Notengeld in Höhe von 3 Mrd. EUR ab.

d) Die Kreditinstitute legen überschüssige Mittel bei der EZB bar ein (1 Mrd. EUR).

e) Die EZB kauft Gold im Wert von 4 Mrd. EUR (bar).

f) Die Kreditinstitute rufen Notengeld in Höhe von 5 Mrd. EUR bar ab.

g) Die EZB erwirbt von den Kreditinstituten Wertpapiere im Wert von 6 Mrd. EUR und schreibt diesen den Gegenwert gut.

5. Angenommen, ein Bankkunde zahlt bei seiner Bank A 172500 GE auf sein Girokonto ein. Die von der Bank A gehaltene Sicherheitsreserve beträgt 15 %.

Aufgaben:

5.1 Erstellen Sie die Bilanz der Bank A unter der Bedingung, dass sich die Notenbank jeglicher geldpolitischer Maßnahmen enthält und die übrigen Aktiva und Passiva der Bank A außer Ansatz bleiben!

5.2 Berechnen Sie die Überschussreserve der Bank A, wenn sie eine Liquiditätsreserve (auch Bar- oder Sicherheitsreserve genannt) hält!

5.3 Berechnen Sie den Giralgeldschöpfungsmultiplikator bei vollständigem Geldrückfluss, wenn alle Geschäftsbanken eine Liquiditätsreserve von 15 % halten!

5.4 Ermitteln Sie die Giralgeldschöpfungsmöglichkeit des Bankensystems!

5.5 Erläutern Sie, welcher Zusammenhang zwischen der Höhe der Liquiditätsreservehaltung der Kreditinstitute und dem Geldschöpfungsspielraum des Bankensystems besteht!

6. Textauszug:

„**Theorien über die Ursachen der Inflation** sind so zahlreich wie Sand am Meer oder kaum weniger häufig wie Menschen, die sich zu diesem Problem geäußert haben. So macht einer den Krieg in irgendeinem Erdteil, ein zweiter kauflustige Hausfrauen, ein dritter die Besteuerung von Dienstleistungen, ein vierter übermäßige Ansprüche an das Bruttoinlandsprodukt verantwortlich – eine Liste, die sich beliebig verlängern ließe. Welche Erklärungen, Umstände und Motivationen man im Einzelnen auch heranziehen mag: Der Wissenschaftler muss daran festhalten, dass Preisniveausteigerungen nur eintreten können, wenn die aufgezeigten Inflationsbedingungen erfüllt sind. ... Stets muss gezeigt werden, warum die Determinanten des Preisniveaus sich so ändern, dass eine Inflation hinreichend und notwendig begründet ist. ... Alle Erklärungen, die die Komponenten des Preisniveaus nicht tangieren, sind – unter den angegebenen Prämissen – wirtschaftswissenschaftlich irrelevant und allenfalls psychologisch aufschlussreich.

Die wissenschaftlich relevanten Inflationstheorien lassen sich unter verschiedene Oberbegriffe subsumieren. ...“

Quelle: Woll, A.: Allgemeine Volkswirtschaftslehre, 11. Aufl. 1993, S. 517.

Aufgaben:

6.1 Definieren Sie den Begriff Inflation!

6.2 Unterscheiden Sie die Inflationen nach

6.2.1 der Schnelligkeit der Inflation,

6.2.2 der Erkennbarkeit!

6.3 Bestimmen Sie, welche Determinanten (Bestimmungsgründe) des Preisniveaus (Inflationsbedingungen) im oben zitierten Text angesprochen werden!

6.4 Erläutern Sie kurz die Ihnen bekannten „wissenschaftlich relevanten Inflationstheorien“!

6.5 Vor noch nicht allzu langer Zeit hat man die Inflation als „Preis für Vollbeschäftigung“ bezeichnet. Nehmen Sie Stellung!

6.6 „Es gibt Leute, Gruppen und Institutionen, die aus der Inflation Nutzen ziehen.“ Nehmen Sie zu dieser Aussage Stellung!

6.7 Erläutern Sie, welche gesamtwirtschaftlichen Nachteile die Inflation hat! Begründen Sie Ihre Feststellungen!

6.8 Beschreiben Sie, welche sozialen und politischen Auswirkungen extreme Inflationen mit sich bringen können!

7. Textauszug:

... In der operativen[1] Geldpolitik agiert die EZB hauptsächlich mit Offenmarktinstrumenten in Form von Repo-Geschäften. Sie haben sich bei allen nationalen Zentralbanken als marktgerechtes und effektives Instrument durchgesetzt. Auch die deutschen Kreditinstitute sind in der Form der wöchentlichen Wertpapierpensionsgeschäfte damit schon seit langem vertraut. Eine sogenannte Hauptrefinanzierungsfazilität soll wöchentlich mit einer Laufzeit von zwei Wochen abgeschlossen werden. Daneben werden von dem ESZB längerfristige Refinanzierungsgeschäfte angeboten. Entsprechend dem Charakter einer Basisfinanzierung ist der Kreis der teilnahmeberechtigten Geschäftspartner breit gezogen. Für die Vertenderung ist allerdings ein monatlicher Rhythmus vorgesehen. Damit kann dieses Instrument zur Verstetigung des Geldmarkts sowie zur Dispositionssicherheit insbesondere bei kleineren Banken beitragen.

Um unerwarteten Liquiditäts- und damit auch Zinsschwankungen angemessen begegnen zu können, kann das ESZB auf ein breites Spektrum von Feinsteuerungsoperationen wie z. B. Devisenswaps zurückgreifen.

Als ständige Fazilitäten, deren Inanspruchnahme auf Initiative der Geschäftspartner erfolgt, wird es eine Spitzenrefinanzierungsfazilität und eine Einlagenfazilität geben. Die Spitzenrefinanzierungsfazilität ist in erster Linie ein Sicherheitsventil bei kurzfristigen Liquiditätsengpässen im Bankensystem und begrenzt so auch die Ausschläge der Geldmarktsätze nach oben. ....

Quelle: Tietmeyer, H.: Nach einer Rede vom 8. Juli 1998, zitiert in Deutsche Bundesbank, Auszüge aus Presseartikeln vom 10. Juli 1998, S. 3f.

Aufgaben:

7.1 Erläutern Sie die im Text unterstrichenen Begriffe!

7.2 Geben Sie an, welche Instrumente der Offenmarktpolitik im obigen Text nicht angesprochen werden! Erläutern Sie diese Instrumente!

7.3 Verdeutlichen Sie am Beispiel des effektiven Kaufs bzw. Verkaufs von Wertpapieren durch eine Zentralbank die Wirkungsweise der Offenmarktpolitik!

7.4 Erläutern Sie, inwieweit die Offenmarktpolitik eine Doppelwirkung hat!

7.5 Beschreiben Sie, in welcher Situation es für die Kreditinstitute günstiger sein wird, Wertpapiere von einer Zentralbank beleihen zu lassen als sie an die Zentralbank effektiv zu verkaufen!

7.6 Im Text wird gesagt, dass die Spitzenrefinanzierungsfazilität auch dazu dient, Ausschläge der Geldmarktsätze (Geldmarktzinssätze) nach oben zu begrenzen. Begründen Sie diese Aussage!

7.7 Erläutern Sie, wie die Inanspruchnahme der Einlagenfazilität durch die Kreditinstitute auf die Geldmarktzinssätze wirkt!

7.8 Der Text spricht von „Vertenderung". Damit ist die Anwendung eines Tenders bei der Vergabe von Krediten durch eine Zentralbank gemeint.

7.8.1 Erläutern Sie, was unter Mengentender zu verstehen ist!

7.8.2 Erklären Sie die beiden Zuteilungsmethoden beim Zinstender!

1 Operation (lat.) = Eingriff. Operative Maßnahmen der EZB sind Eingriffe in den Geldmarkt.

7.9 Angenommen, eine Zentralbank möchte 12 Mrd. GE zuteilen. Es bieten die Bankengruppen A 4,5 Mrd. GE, B 4,2 Mrd. GE, C 50,1 Mrd. GE, D 2,7 Mrd. GE und E 1,5 Mrd. GE.

Es wird ein Tenderverfahren angewandt.

7.9.1 Angenommen, es wird der Mengentender eingesetzt. Bestimmen Sie, wie viel Kredit jede Bankengruppe erhält!

7.9.2 Angenommen, es wird das holländische Tenderverfahren eingesetzt. Die Bankengruppen bieten folgende Zinssätze: Bankengruppe A 3,80 %, Bankengruppe B 3,75 %, Bankengruppe C 3,70 %, Bankengruppe D 3,65 % und Bankengruppe E 3,60 %.

Ermitteln Sie, welche Bankengruppen zum Zuge kommen und wie hoch der jeweilige Zuteilungsbetrag ist!

7.9.3 Erläutern Sie, worin sich das holländische Tenderverfahren vom amerikanischen unterscheidet!

7.9.4 Bestimmen Sie, wie der Oberbegriff über die in den Aufgaben 7.9.2 und 7.9.3 genannten Tenderverfahren lautet!

8. Angenommen, der einheitliche Mindestreservesatz einer Zentralbank (Notenbank) beträgt 10 %. Dieser wird um 10 % gesenkt.

Vor der Mindestreservesatzsenkung hat die aggregierte Bilanz der Geschäftsbanken folgendes Aussehen (Zahlen in Mrd. GE):

Aktiva	Bilanz der Geschäftsbanken		Passiva
Kasse	3600	Sichteinlagen	4000
Zentralbankguthaben	400	Sonstige Passiva	20000
Sonstige Aktiva	20000		
	24000		24000

Das Bankensystem hält zusätzlich zur Mindestreserve durchschnittliche Barreserven in Höhe von 20 % der Sichteinlagen. (Modellannahme: ausgeliehene Gelder fließen zu 100 % ins Bankensystem zurück.)

Aufgaben:

8.1 Ermitteln Sie, wie hoch der Kreditschöpfungsspielraum des Bankensektors *nach* der 10 %igen Senkung des Mindestreservesatzes ist!

8.2 Angenommen, die Zentralbank erhöht den (einheitlichen) Mindestreservesatz um 2,5 Prozentpunkte auf 12,5 %. Berechnen Sie, um wie viel Prozent sich der Kreditschöpfungsspielraum der Banken gegenüber der Ausgangssituation verändert! (Alle anderen Bedingungen bleiben gleich!)

8.3 Erläutern Sie, was die Zentralbank mit der Erhöhung des Mindestreservesatzes bezweckt!

8.4 Beschreiben Sie einen möglichen Zielkonflikt!

18 Wirtschaftspolitische Konzeptionen[1] zur Wachstumsförderung und Konjunkturstabilisierung

18.1 Angebotsorientierte Wirtschaftspolitik

18.1.1 Ziele angebotsorientierter Wirtschaftspolitik

(1) Wirtschaftswachstum

Die angebotsorientierte Wirtschaftspolitik ist auf längere Sicht angelegt. Sie versucht, das Wirtschaftswachstum mithilfe der **Fiskalpolitik**[2] einerseits und der **Geldpolitik** andererseits zu sichern, wobei unter Wirtschaftswachstum die **prozentuale Zunahme des realen Bruttoinlandsprodukts je Zeitabschnitt** (in der Regel je Kalenderjahr) verstanden wird.

Das materielle Wirtschaftswachstum kann auf eine reine Vermehrung des Einsatzes der verfügbaren Produktionsfaktoren als auch auf eine Erhöhung der Qualität der Produktionsfaktoren (z.B. auf den technischen Fortschritt, auf eine Verbesserung von Bildung und Ausbildung) zurückzuführen sein. In beiden Fällen erhöht sich das Potenzial,[3] also die Leistungsfähigkeit der Volkswirtschaft. **Wirtschaftswachstum** kann man demnach auch definieren als **Zunahme des Leistungspotenzials** einer Volkswirtschaft.

- Bei rein **mengenmäßiger Erhöhung des Faktoreinsatzes,** also bei gleichbleibendem technischem Stand, bedeutet Wirtschaftswachstum mehr Beschäftigung *aller* Produktionsfaktoren, also auch der menschlichen Arbeit. Insofern dient das (materielle) Wirtschaftswachstum auch der Sicherung und Vermehrung der Arbeitsplätze. Die **Arbeitsproduktivität,**[4] d.h. die Leistung je Arbeitskraft, bleibt gleich (konstant).
- Ist das Wirtschaftswachstum jedoch auf die **qualitative Verbesserung des Faktoreinsatzes** zurückzuführen, ändert sich an der Zahl der vorhandenen Arbeitsplätze nichts: Die Wirtschaft „wächst", weil die Arbeitsproduktivität gestiegen ist, d.h., weil die bereits beschäftigten Menschen mehr produzieren als in den Vorperioden.

Wirtschaftswachstum führt demnach insgesamt nur dann zu mehr Beschäftigung des Produktionsfaktors Arbeit, wenn die Wachstumrate höher ist als die Produktivitätssteigerung.

(2) Preisniveaustabilität

Ein weiteres Ziel angebotsorientierter Wirtschaftspolitik ist die Preisniveaustabilität (kurz: Preisstabilität), ein Ziel, über das sich nahezu alle heutigen Wirtschaftswissenschaftler, gleichgültig welcher Richtung, einig sind, keineswegs aber alle Politiker. Ein störungsfreies Wirtschaftswachstum setzt Preisstabilität voraus, denn Wachstum ist nur möglich, wenn die Ersparnisse und die Sachinvestitionen im Gleichgewicht sind. (Ein extremes Beispiel: Eine Volkswirtschaft, die alles verbraucht, was sie erzeugt, kann nicht wachsen. Sie ist stationär.[5] Herrscht Inflation, werden die Menschen nicht sparen, sondern möglichst schnell ihr verdientes Geld wieder ausgeben, weil sie mit weiter steigenden Preisen rechnen müssen. Die Wirtschaft „boomt", die Geldnachfrage der Unternehmen ist groß.

1 **Konzeption** (lat.) = gedanklicher Entwurf, Plan. Konzipieren = verfassen, entwerfen.

2 Unter **„Fiskus"** versteht man heute den Staat schlechthin, insoweit er es mit den Staatseinnahmen (vor allem Steuern), den Staatsausgaben oder dem Staatsvermögen zu tun hat („Einheit von Fiskus und Staat"). Das Wort „Fiskus" kommt aus dem Lateinischen und bedeutet Korb, Geldkorb, Kasse. Fiskalpolitik ist demnach Wirtschaftspolitik mit Geldmitteln für die Staatskasse und aus der Staatskasse.

3 **Potenzial** (lat.) = Leistungsvermögen, mögliche, nicht unbedingt in Anspruch genommene Leistungsfähigkeit.

4 **Produktivität** (lat.) = Verhältnis von Leistung (Ausbringung, engl. Output) zu Faktoreinsatz (Einbringung, engl. Input).

5 **Stationär** (lat.) = stillstehend, in einer Situation verharrend, sich nicht fortbewegend.

Da die Kreditinstitute (die Geschäftsbanken) in der Lage sind, Giralgeld zu schöpfen, übersteigt das Kreditangebot das Sparen. In dem Maße aber, wie sich die Überschussreserven der Banken verringern, erhöht sich das Zinsniveau. Ursprünglich günstig erscheinende Investitionen werden unrentabel und abgebrochen, sodass es zu Entlassungen, also zu steigender Arbeitslosigkeit kommt. Die Konjunktur „kippt" um.

Ebenso wie die Inflation muss auch die Deflation vermieden werden. Die Folgen der Deflation für Wachstum und Beschäftigung sind aus dem Kapitel 17.9.1 bekannt.

18.1.2 Grundannahmen angebotsorientierter Wirtschaftspolitik

(1) Angebot als Motor der Wirtschaft

Die Anhänger der angebotsorientierten Wirtschaftspolitik gehen davon aus, dass die Angebotsseite – also die Unternehmen – der wichtigste Motor der wirtschaftlichen Entwicklung ist. Die erwarteten Wirkungen der angebotsorientierten Wirtschaftspolitik lassen sich mithilfe der gesamtwirtschaftlichen Angebotskurve und der gesamtwirtschaftlichen Nachfragekurve darstellen.

In der nebenstehenden Abbildung wird unterstellt, dass sich das gesamtwirtschaftliche **Angebot normal** verhält. Da Kostensenkungen zu einer Verschiebung der Angebotskurve nach „rechts" führen (siehe S. 50 ff.), nehmen bei unverändertem Nachfrageverhalten das reale Bruttoinlandsprodukt und damit die Beschäftigung zu. Umgekehrt führen steigende Produktionskosten zu einer Verschiebung der Angebotskurve nach „links". Das reale Bruttoinlandsprodukt (das Gesamtangebot) und damit die Beschäftigung nehmen ab.

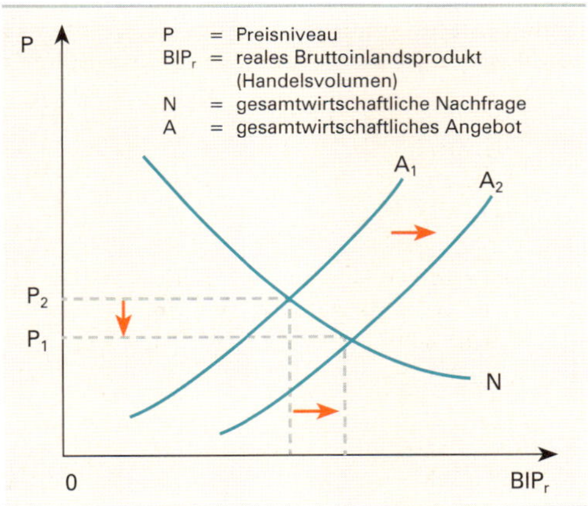

Zu ähnlichen Ergebnissen führt auch die Annahme, dass sich das gesamtwirtschaftliche **Angebot anomal** verhält, weil in den entwickelten Volkswirtschaften das „Gesetz der Massenproduktion" gilt (siehe S. 90). Sinken die Produktionskosten, führen sie zu einer Verschiebung der Angebotskurve nach „links", d. h., jede denkbare Gütermenge wird zu einem niedrigeren Preis als bisher angeboten. Bei unverändertem Nachfrageverhalten nehmen das reale Bruttoinlandsprodukt und damit die Beschäftigung zu. Umgekehrt bewirken steigende Produktionskosten eine Verschiebung der Angebotskurve nach „rechts". Das reale Bruttoinlandsprodukt (das Gesamtangebot) und damit die Beschäftigung nehmen ab.

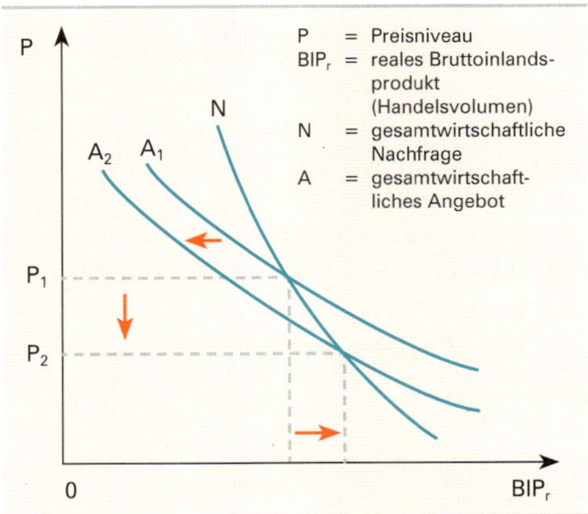

(2) Geldmenge als Bestimmungsfaktor des Wirtschaftswachstums

Eine weitere Grundannahme der Vertreter einer angebotsorientierten Wirtschaftspolitik ist die Behauptung der sogenannten **Monetaristen,** dass eine enge Beziehung zwischen der Entwicklung des Bruttoinlandsprodukts einerseits und der Geldmenge andererseits besteht **(Neo-Quantitätstheorie)**:

- Steigt die Geldmenge, wird über die zusätzlich finanzierte Nachfrage die Wirtschaft angekurbelt; das Bruttoinlandsprodukt (Handelsvolumen) steigt, die Arbeitslosigkeit nimmt längerfristig ab.
- Wird das Geldmengenwachstum gestoppt, kann die mögliche zusätzliche Nachfrage nicht finanziert werden; die Preissteigerungsraten werden geringer; das Bruttoinlandsprodukt (Handelsvolumen) stagniert oder geht zurück. Die Arbeitslosigkeit nimmt zu.

Aus diesen beiden Thesen[1] folgt, dass eine Verstetigung des Geldmengenwachstums auch zu einem störungsfreien Wirtschaftswachstum führen muss. Die maßgebliche Rolle in der Wachstumspolitik kommt danach der Zentralbank einer Volkswirtschaft bzw. einer Währungsunion zu, indem sie die Geldmenge stetig entlang dem mittelfristigen **Wachstumspfad**[2] (der Zunahme des **Leistungspotenzials** der Wirtschaft) ausweitet. Man spricht in diesem Zusammenhang von der **potenzialorientierten Geldpolitik.**[3]

Beispiel:

Man kann sich vom Inhalt dieser recht abstrakten Aussage ein „Bild" machen, indem man sich einen Stausee vorstellt, in dem genügend Wasser vorhanden ist und in den auch genügend Wasser nachfließt. Je größer der Durchmesser eines Abflussrohrs ist, desto mehr Wasser schießt ins Tal, um z. B. Turbinen zur Stromerzeugung anzutreiben. Die Monetaristen sagen also, dass man das Rohr (die der Wirtschaft zur Verfügung stehende Geldmenge) lediglich erweitern muss, um die Leistungsfähigkeit des Kraftwerks (das volkswirtschaftliche Potenzial) zu erhöhen.

Die Geldpolitik der Zentralbank kann durch eine **angebotsorientierte Wirtschaftspolitik der Regierung** unterstützt werden, indem diese die Staatseinnahmen und -ausgaben nicht nach der augenblicklichen wirtschaftlichen Lage, sondern ebenso wie die Geldpolitik am Wachstumspfad der Volkswirtschaft ausrichtet **(potenzialorientierte Fiskalpolitik).**

18.1.3 Ansatzpunkte angebotsorientierter Wirtschaftspolitik

Um das Angebot gezielt zu beeinflussen und das Wirtschaftswachstum zu fördern, muss der Staat zunächst die Angebotsbedingungen (die Rahmenbedingungen) für die Anbieter verändern. Dazu gehören

- **ordnungspolitische Maßnahmen** zur Stärkung des Wettbewerbs wie z. B. Verhinderung monopolistischen Machtmissbrauchs (Kartellgesetzgebung, Zusammenschlusskontrolle, Missbrauchsaufsicht).
- **Beseitigung von Investitionshemmnissen** (z. B. von langen Genehmigungszeiten).
- **Bürokratieabbau,**[4] d. h. Abschaffung überflüssiger Regeln. (In Deutschland muss man z. B. bei der Gründung eines Industrie- oder Handelsunternehmens neun Voraussetzungen erfüllen,

1 **These** (griech., lat., franz.) = aufgestellter Leitsatz oder Lehrsatz, der als Ausgangspunkt für weitere Argumentationen (Beweisführungen, Begründungen) dient.

2 Siehe Kapitel 16.1.

3 Orientiert sich die Geldpolitik einer Zentralbank an der augenblicklichen wirtschaftlichen Lage, um bestimmten Fehlentwicklungen entgegenzusteuern, spricht man von **diskretionärer** (auf die jeweilige Lage „Rücksicht nehmende") **Geldpolitik.**

4 Unter **Bürokratie** (franz.) versteht man in diesem Zusammenhang die Aufstellung und Durchsetzung überflüssiger und Kosten verursachender Vorschriften.

in Finnland und Schweden lediglich drei. Die Dauer des Genehmigungsverfahrens beträgt in Deutschland 45 Tage, in Finnland nur 14, in Schweden 16 Tage).

- **Förderung privater Investitionsbereitschaft und -tätigkeit.**
- **Senkung der Unternehmenssteuern** und der **Lohnkosten.**
- **Flexibilisierung der Arbeit** (z. B. Lockerung des Kündigungsschutzes, Arbeitszeiten mit längerem Ausgleichszeitraum.
- **Förderung der Leistungsgerechtigkeit** (nicht der Verteilungsgerechtigkeit), denn eine zu weit gehende Einkommensumverteilung (hohe Belastung der Leistungsträger mit Steuern und Sozialabgaben, hohe Sozialleistungen) verringert die Leistungsanreize.
- **Abbau der Staatsverschuldung,** sodass der Staat auch in der Lage ist, ausreichend in die Förderung der Qualität der Produktionsfaktoren wie z. B. Bildung und Ausbildung, Forschung und Entwicklung sowie in die Infrastruktur[1] zu investieren, statt einen Großteil der Staatseinnahmen für den Schuldendienst (Tilgung und Zinszahlung) auszugeben.

18.1.4 Grenzen angebotsorientierter Wirtschaftspolitik

Die Angebotspolitik bzw. der Monetarismus finden ihre Grenzen aus folgenden Gründen:

- Der Monetarismus geht davon aus, dass eine Vermehrung der Geldmenge in jedem Fall das Wirtschaftswachstum (das Angebot) fördert. Dies muss jedoch nicht der Fall sein. Schlägt sich die Geldmengenerhöhung nicht in einem erhöhten Angebot nieder (z. B. weil die Unternehmen nicht in ausreichendem Maße Zusatzinvestitionen vornehmen wollen oder können), führt die Geldmengenvermehrung lediglich zur Inflation (steigende Nachfrage bei gleichbleibendem oder nicht in gleichem Maße steigendem Angebot). Die monetaristische Theorie, so wird spöttisch gesagt, gehe davon aus, dass man dicker werde, wenn man den Gürtel lockerer schnalle, nicht aber davon, dass man den Gürtel lockerer schnallen müsse, wenn man dicker wird.
- Der Monetarismus in Verbindung mit der angebotsorientierten Wirtschaftspolitik zeigt erst auf mittlere Sicht Auswirkungen. Die Begrenzung des Geldmengenwachstums zum Zweck der Inflationsbekämpfung führt dazu, dass unrentable Unternehmen ausscheiden müssen und dadurch die Arbeitslosigkeit erhöht wird. Dies aber führt zu Protesten politischer Parteien und Gewerkschaften, denen sich die Regierungen aufgrund der kurzen Wahlperioden (i. d. R. 4 Jahre) nicht entziehen können. Die angebotsorientierte Wirtschaftspolitik sei daher aus sozialpolitischen Gründen nicht wünschenswert und aus politischen Gründen nicht durchsetzbar.
- Die angebotsorientierte Wirtschaftspolitik begünstigt einseitig die Unternehmen und ihre Anteilseigner zulasten der Arbeitnehmer. (Schlagwort: „Umverteilung[2] von unten nach oben".)

18.2 Nachfrageorientierte Wirtschaftspolitik

18.2.1 Ziele nachfrageorientierter Wirtschaftspolitik

Die nachfrageorientierte Wirtschaftspolitik hat zum Ziel, mithilfe der Einnahmen- und Ausgabenpolitik die Konjunkturausschläge abzufangen, ihre Folgen zu mildern und damit die Beschäftigung zu sichern. Weil hier der Staat seine Einnahmen- und Ausgabengestaltung bewusst in den Dienst der Wirtschaftspolitik stellt, spricht man von **Fiskalpolitik.**[3]

1 **Infrastruktur** (lat.) = notwendiger Unterbau einer Volkswirtschaft, z. B. Straßen, Hafenanlagen, Eisenbahnnetz.

2 Zur Umverteilung des Volkseinkommens siehe Kapitel 19.3.

3 Siehe Fußnote 2 auf S. 170.

Wichtige wirtschaftspolitische Ziele wurden bereits im Kapitel 16.2.3 besprochen. Zur Wiederholung und Ergänzung seien hier nochmals kurz die Ziele des magischen Vierecks (S. 115 ff.) beschrieben.

Preisstabilität	Die Vertreter nachfrageorientierter Wirtschaftspolitik sind der Auffassung, dass weniger die Zentralbank, sondern vor allem der Staat sein Möglichstes tun muss, für die Preisstabilität zu sorgen.
Hoher Beschäftigungsstand	Unterbeschäftigung heißt, dass Produktionsfaktoren (z. B. der Faktor Arbeit) nicht voll ausgelastet sind. Nicht ausgenutzte Kapazitäten bedeuten Verschwendung. Trifft die Unterbeschäftigung die Arbeitskräfte, bedeutet dies geringere Einkommen, geringeres soziales Ansehen der Betroffenen, Resignation, Unzufriedenheit. Der Staat muss also ein Interesse daran haben, einen möglichst hohen Beschäftigungsstand anzustreben.
Außenwirtschaftliches Gleichgewicht	Die Bundesrepublik Deutschland ist ein exportabhängiges und ein rohstoffabhängiges Land. Wie im Kapitel 20 noch zu zeigen sein wird, wirken sich Störungen des Außenhandels sowohl auf die Entwicklung des Preisniveaus (z. B. importierte Inflation) als auch auf die Beschäftigung (z. B. aufgrund von Exportrückgängen) aus. Der Staat wird also versuchen, mithilfe geeigneter Maßnahmen ein außenwirtschaftliches Gleichgewicht zu erreichen.
Stetiges und angemessenes Wirtschaftswachstum	Die wirtschaftlichen Verhältnisse ändern sich laufend. Aufgrund neuer Erfindungen werden die Produktionsverfahren geändert, neue Produkte werden entwickelt, die Bedürfnisse nach bestimmten Erzeugnissen gehen zurück, andere Bedürfnisse entstehen. Erzeugnisse aus billiger produzierenden Ländern drängen auf den Inlandsmarkt; bisher vollbeschäftigte Industriezweige (in der Bundesrepublik Deutschland z. B. die Textilindustrie oder der Schiffbau) werden konkurrenzunfähig. Die durch solche Strukturveränderungen freigesetzten (arbeitslos gewordenen) Arbeitskräfte können aber nur neue Beschäftigung finden, wenn die Wirtschaft „wächst", d. h., wenn neue Betriebe entstehen oder konkurrenzfähige Betriebe erweitert werden. Der Staat wird also versuchen, eine die Wachstumspolitik unterstützende Strukturpolitik zu betreiben, denn Wachstum bedeutet auch Schaffung neuer Arbeitsplätze. Um die Entstehung konjunktureller Arbeitslosigkeit zu vermeiden, wird ein **störungsfreies** (stetiges) Wachstum angestrebt. Während die Strukturpolitik langfristig angelegt ist, ist die Konjunkturpolitik kurzfristiger Natur.

18.2.2 Grundannahmen nachfrageorientierter Wirtschaftspolitik

Die Vertreter der nachfrageorientierten Wirtschaftspolitik gehen davon aus, dass die Nachfrage die entscheidende Triebfeder der Wirtschaft ist. Sie ist im Wesentlichen die Anwendung des von John Maynard **Keynes**[1] verbreiteten Gedankenguts. Nach Keynes und seinen Anhängern ist die Fiskalpolitik das Hauptmittel, mit dem man erfolgreich lenkend in den Konjunkturverlauf eingreifen kann **(Fiskalismus)**. Die Fiskalpolitik ist daher eine Form der **Prozesspolitik**.

1 John Maynard Keynes, britischer Volkswirtschaftlicher (1883–1946), legte in seinem Hauptwerk „Die allgemeine Theorie der Beschäftigung, des Zinses und des Geldes" die Grundlagen der Fiskalpolitik. Die Weiterentwicklung – manchmal auch Verfälschung – der keynesschen Geld- und Beschäftigungstheorie wird als **Keynesianismus** bezeichnet.

Durch die Steigerung der Staatsausgaben und/oder durch Steuersenkungen ist der Staat in der Lage, die Wirtschaft aus einem konjunkturellen Tal herauszuführen und die Arbeitslosigkeit zu bekämpfen. Auf der anderen Seite sehen die Fiskalisten in einer Verringerung der Staatsausgaben und/oder in Steuererhöhungen Möglichkeiten, inflationäre Tendenzen zurückzudrängen.

Die erhofften Wirkungen der nachfrageorientierten Wirtschaftspolitik (kurz auch **„Nachfragepolitik"** genannt) lassen sich auch grafisch darstellen.

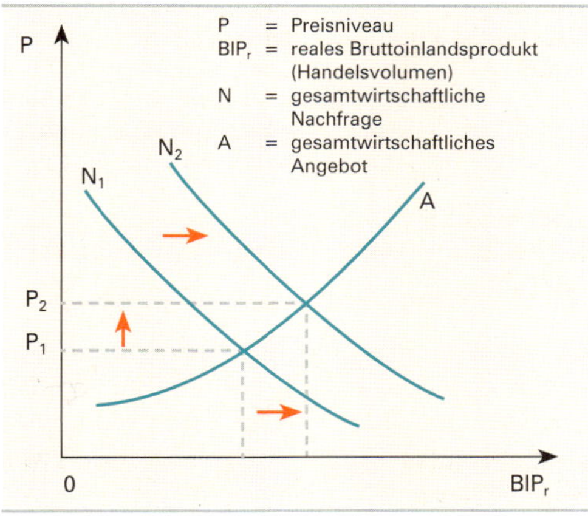

Es wird unterstellt, dass sich das gesamtwirtschaftliche **Güterangebot,** gemessen am realen Bruttoinlandsprodukt, **normal** verhält. Erhöht der Staat seine Konsum- und/oder Investitionsausgaben, verschiebt sich die gesamtwirtschaftliche Nachfragekurve nach „rechts". Bei unverändertem Angebotsverhalten nehmen das reale Bruttoinlandsprodukt und damit die Beschäftigung zu. Allerdings steigt auch das Preisniveau. Umgekehrt führen sinkende Staatsausgaben zu einer Verschiebung der Nachfragekurve nach „links". Das reale Inlandsprodukt (das Gesamtangebot) und damit die Beschäftigung nehmen ab. Inflationäre Tendenzen werden gestoppt.

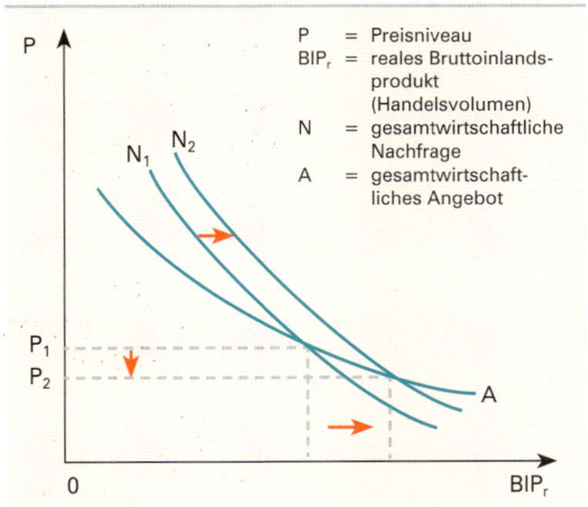

Zu anderen Ergebnissen kommt man, wenn man annimmt, dass sich das gesamtwirtschaftliche **Güterangebot** – z. B. aufgrund des Gesetzes der Massenproduktion – **anomal** verhält. Die Erhöhung der staatlichen Konsum- und/oder Investitionsausgaben trägt ebenfalls zur Erhöhung des Bruttoinlandsprodukts und der Beschäftigung bei. Die Zunahme der Gesamtnachfrage führt in diesem Fall jedoch theoretisch zu sinkenden Preisen, wirkt in der Wirklichkeit zumindest nicht preistreibend. Dies ist auch leicht zu verstehen: Überall wo das Gesetz der Massenproduktion gilt und Unterbeschäftigung herrscht, sehen die Unternehmen (die Anbieter) keinen Grund, bei zunehmender Nachfrage die Preise zu erhöhen. Umgekehrt führen sinkende Staatsausgaben zu einer Verschiebung der Nachfragekurve nach „links". Das reale Inlandsprodukt und die Beschäftigung nehmen ab. Es besteht die Gefahr, dass die Preise steigen, weil die Unternehmen versuchen, die Absatzverluste durch höhere Preise auszugleichen. Die Erscheinung, dass die Preise trotz abnehmender Beschäftigung steigen, ist in der Wirklichkeit häufig anzutreffen. Man spricht in diesem Zusammenhang von **Reflation** (Rezession mit Inflation).

18.2.3 Ansatzpunkte nachfrageorientierter Wirtschaftspolitik

Im Rahmen einer nachfrageorientierten Wirtschaftspolitik kann der Staat vor allem folgende Maßnahmen ergreifen:

(1) Erhöhung der Staatseinnahmen und Senkung der Staatsausgaben

Besteht Inflationsgefahr, kann der Staat die Steuern erhöhen und die zusätzlichen Einnahmen bei der Deutschen Bundesbank stilllegen **(Konjunkturausgleichsrücklage)**. Dem Wirtschaftskreislauf wird Geld entzogen, die Inflation wird gebremst.

Die Kürzung von Staatsausgaben (z. B. Einstellungs- und Beförderungsstopp im öffentlichen Dienst, Verringerung der Staatsausgaben für öffentliche Investitionen) wirkt in die gleiche Richtung: Die nachfragewirksame Geldmenge wird geringer, der Preisauftrieb wird gedämpft.

(2) Senkung der Staatseinnahmen und Erhöhung der Staatsausgaben

Ist die Wirtschaft unterbeschäftigt, kann der Staat die Steuern senken und den Einnahmeausfall durch **Auflösung der Konjunkturausgleichsrücklage** und/oder durch **Kreditaufnahmen** decken. Dem Wirtschaftskreislauf wird zusätzliches Geld zugeführt. Der Staat hofft, mit diesen Maßnahmen dem Ziel der **Vollbeschäftigung** näher zu kommen. Er erwartet also, dass die Nachfrage nach Konsum- und Investitionsgütern steigt und so die Arbeitslosigkeit abgebaut wird. Die Politik des bewussten Schuldenmachens durch den Staat zum Zwecke der Konjunkturförderung wird als **Deficit-Spending** bezeichnet.[1]

In die gleiche Richtung wirkt die Ausweitung der Staatsausgaben, die der Staat mit Krediten finanziert. Fragt der Staat z. B. mehr Bauleistungen nach, erhöht sich die Beschäftigung in der Bauindustrie. Diese wiederum kann mehr Baumaterialien, mehr Maschinen, mehr Kraftfahrzeuge und mehr Arbeitskräfte nachfragen (Multiplikatorwirkung zusätzlicher Staatsausgaben).

18.2.4 Grenzen nachfrageorientierter Wirtschaftspolitik

Problematisch ist diese Form der Fiskalpolitik, die auch als **antizyklische Finanzpolitik**[2] bezeichnet wird, wenn sich die Wirtschaft im Zustand der Stagflation befindet. Wird die nachfragewirksame Geldmenge erhöht, steigen die Preise noch stärker, ohne dass eine Garantie dafür besteht, dass auch die Beschäftigung zunimmt. Wird auf eine Erhöhung der nachfragewirksamen Geldmenge verzichtet, ist zwar die Inflationsgefahr geringer; dafür ist aber auch kein Abbau der Arbeitslosigkeit zu erreichen (Zielkonflikt).

Ein Zielkonflikt kann auch zwischen den Zielen „Preisniveaustabilität" einerseits und „stetigem Wirtschaftswachstum" andererseits bestehen, weil die Einschränkung staatlicher produktiver Ausgaben für Bildung, Forschung und Infrastruktur[3] wachstumshemmend ist.

---

1 **Deficit** (engl.) = Defizit, Fehlbestand. Deficit-Spending = einen Fehlbetrag (Schulden) herbeiführen.

2 **Anti** = dagegen; antizyklisch deshalb, weil dem Konjunkturzyklus entgegengesteuert wird.

3 **Infrastruktur** = Gesamtheit aller privaten und öffentlichen Einrichtungen eines Wirtschaftsraums, die der Allgemeinheit (also auch den Wirtschaftsbetrieben) zur Verfügung stehen (z. B. Straßen, Eisenbahnlinien, Hafenanlagen, Kanäle usw.).

Eine wirkungsvolle staatliche Konjunkturpolitik setzt auch die Bewältigung einer Reihe von **Abstimmungsproblemen** (Koordinierungsproblemen) voraus. So müssen z. B. Bund, die Europäische Zentralbank, Länder und – wenn möglich – die Gemeinden „am gleichen Strang" ziehen, d. h. die der jeweiligen konjunkturellen Situation entsprechenden Maßnahmen ergreifen. Auch zeitliche Abstimmungsprobleme dürfen nicht zu spät erfolgen. Häufig ist es in der Praxis jedoch so, dass von der Beschlussfassung bis zur Realisierung geraume Zeit verstreicht, sodass konjunkturfördernde Maßnahmen erst dann wirksam werden, wenn man sie eigentlich nicht mehr bräuchte, konjunkturdämpfende Maßnahmen erst dann greifen, wenn sich die Konjunktur bereits im Abschwung befindet.

Die antizyklische Finanzpolitik im Modell (Idealfall)

BIP = Bruttoinlandsprodukt; A = Staatsausgaben;
E = Staatseinnahmen
------- (gedachte) Linie eines ausgeglichenen Staatshaushalts

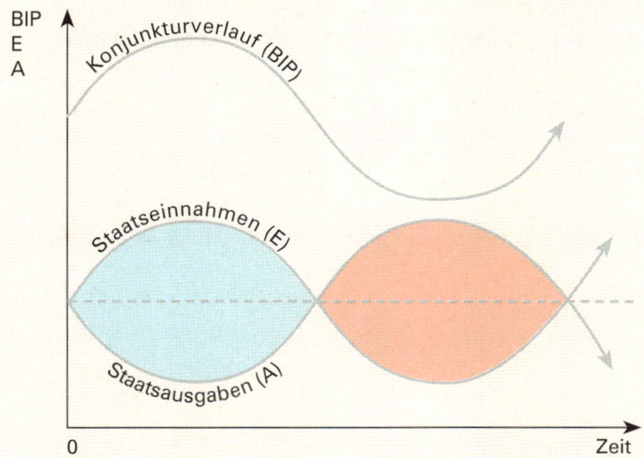

Bildung von Konjunkturausgleichsrücklagen; Schuldentilgung; Haushaltsüberschuss.	Auflösung von Konjunkturausgleichsrücklagen; Kreditaufnahmen; Haushaltsdefizit.

Weiterhin ist zu bemerken, dass die Möglichkeiten der staatlichen Konjunkturförderung von der Ausgabenseite her begrenzt sind, weil die meisten Staatsausgaben gesetzlich oder durch internationale Vereinbarungen festgelegt sind (z. B. Ausgaben für Löhne und Gehälter der Staatsbediensteten, für die soziale Sicherung, für die Verteidigung). Werden in Zeiten der Hochkonjunktur bestehende Schulden nicht getilgt und keine Konjunkturausgleichsrücklagen gebildet, nehmen die Staatsschulden von Konjunkturrückgang zu Konjunkturrückgang zu. Die staatliche Konjunkturpolitik besteht dann nur noch aus einem immer umfangreicher werdenden Deficit-spending. Der wachsende Schuldendienst (Zins- und Tilgungszahlungen) verkleinert dann zunehmend die finanzielle Manövriermasse, die zur Konjunkturförderung eingesetzt werden kann, sodass eine wirksame Konjunktur- und Wachstumspolitik nicht mehr möglich ist.

Grenzen findet der Fiskalismus auch aus folgenden Gründen:

- Konjunktursteuerungsmaßnahmen der Regierungen erfolgen in aller Regel zu spät. Wird im **Aufschwung** gebremst, tritt die dämpfende Wirkung erst ein, wenn der Abschwung bereits im Gang ist. Die Konjunkturdämpfungsmaßnahmen verschärfen somit noch die Rezession. Wird im **Abschwung** die Konjunktur gefördert, treten die anregenden Wirkungen erst dann ein, wenn der Aufschwung bereits eingesetzt hat. Die Konjunkturförderungsmaßnahmen verstärken somit den Boom und die Inflation.
- Die **„Stop-and-go-Politik"** der Fiskalisten richtet auch deswegen mehr Schaden an als sie Gutes bewirkt, weil die bei jedem Konjunkturzyklus erforderlichen Bremsmaßnahmen Unternehmen zum Aufgeben zwingen, also volkswirtschaftliche Kapazitäten und damit Arbeitsplätze vernichten.

12 Hartmann - ISBN 978-3-8120-0490-9

- Für die Regierungen ist es leichter, die öffentlichen Ausgaben zu erhöhen als sie einzuschränken. Die Folge ist, dass die im Abschwung entstandene **Staatsverschuldung** nicht mehr oder nicht in vollem Umfang abgebaut wird.
- Die erforderlichen Kreditaufnahmen durch die verschuldeten öffentlichen Haushalte erhöhen die Gesamtkreditnachfrage und damit das Zinsniveau. Die Investitionsneigung der Unternehmen nimmt ab, die Arbeitslosigkeit nimmt zu.

18.3 Einsatz und Wirkungen wirtschaftspolitischer Instrumente

(1) Kombinierter Einsatz wirtschaftspolitischer Instrumente

„Der amerikanische Nobelpreisträger Paul Samuelson hat vor Jahrzehnten das vielleicht berühmteste ökonomische Diktum formuliert: „Gott gab den Ökonomen zwei Augen, damit sie Angebot und Nachfrage betrachten." Diese Weisheit schien lange Zeit vergessen. Zunächst dachten die Keynesianer, das Wirtschaftswachstum lasse sich durch eine staatliche Manipulation der gesamtwirtschaftlichen Nachfrage steuern, ohne auf die Angebotsbedingungen zu achten. Die ihnen nachfolgende Gegenbewegung formulierte ganz anders, aber nicht weniger radikal: In der ökonomischen Debatte der vergangenen zwanzig Jahre war fast ausschließlich von Angebotspolitik die Rede. Wer schüchtern auf die Bedeutung der Nachfrage für den Wirtschaftsprozess hinwies, wurde als verstaubtes Fossil dargestellt oder einfach ausgelacht. . ."[1]

Zwischenzeitlich hat sich jedoch mehrheitlich die Auffassung durchgesetzt, dass sowohl die Angebotspolitik als auch die Nachfragepolitik Instrumente besitzt, die gleichzeitig eingesetzt (kombiniert) werden können, um bestimmte wirtschaftspolitische Ziele zu erreichen.

Beispiel:

In einer Volkswirtschaft herrscht hohe Arbeitslosigkeit und die Kapazitäten der Unternehmen sind nicht voll ausgelastet. Die Regierung beschließt eine Verbesserung der Ausbildung und Weiterbildung der Arbeitnehmer, den Ausbau des Bildungswesens und stellt weitere Mittel für Forschung und Entwicklung bereit. Diese langfristig angelegte Maßnahme zur Qualitätssteigerung der Produktionsfaktoren Arbeit und Bildung ist ein Instrument der **angebotsorientierten Wirtschaftspolitik**. Kurzfristig wird jedoch die Beschäftigungslage (die Konjunktur) nicht wesentlich beeinflusst. Vielmehr muss die Regierung, wenn sie den Zielen eines möglichst hohen Beschäftigungsstands **und** eines möglichst stetigen (störungsfreien) Wirtschaftswachstums näherkommen will, die Nachfrage mithilfe **nachfrageorientierter Instrumente** stärken. Dazu gehören z. B. Erhöhung der Staatsausgaben für Sachinvestitionen und Personal und die Senkung der Sozialabgaben. Erst die sinnvolle **Kombination mehrerer wirtschaftspolitischer Instrumente** macht es möglich, dass die Regierung ein von ihr gesetztes wirtschaftspolitisches Ziel erreichen kann.

Aus dem Kapitel 16.2.3 ist bekannt, dass wirtschafts- und sozialpolitische Ziele häufig nicht gleichzeitig erreichbar sind, und dass die Verfolgung eines Ziels oft zulasten der Erreichung eines anderen Ziels oder weiterer Ziele geht **(Zielkonflikte)**.

1 Quelle: Braunberger, G., Die Ökonomik der OECD, in: FAZ vom 7. August 1998.

Beispiel:

Der im vorigen Beispiel genannte kombinierte Einsatz wirtschaftspolitischer Instrumente steht dann im Widerspruch zum Ziel eines langfristig ausgeglichenen Staatshaushalts, wenn es die Regierungen versäumt haben, in den Jahren der Hochkonjunktur Rücklagen zu bilden oder wenigstens Schulden zu tilgen. Außerdem trägt die steigende Kreditnachfrage dazu bei, die Zinssätze in die Höhe zu treiben, sodass sogar dem Vollbeschäftigungsziel entgegengesetzte Wirkungen eintreten: Steigende Zinsen können unter bestimmten Bedingungen dazu führen, dass geplante Investitionen nicht durchgeführt oder aufgeschoben werden.

Vor allem dann, wenn Zielkonflikte vorliegen, müssen **Kompromisse** geschlossen werden.

Beispiel:

Erstrebenswert sind sowohl ein hoher Beschäftigungsgrad als auch eine gerechte Einkommensverteilung. Von verschiedenen Seiten wird der gesetzliche Mindestlohn gefordert. In einem marktwirtschaftlichen System ist jedoch die Einführung von Mindestlöhnen weder **zielnoch systemkonform** (marktkonform), weil der Marktmechanismus teilweise außer Kraft gesetzt wird (siehe auch Kapitel 15.3.3). Da der Mindestlohn über dem Marktlohn liegen muss (andernfalls wäre er überflüssig), erhöht er die Arbeitslosigkeit.

Quelle: Braunberger, G., Die Ökonomik der OECD, in: FAZ vom 7. August 1998.

(2) Wechselwirkungen wirtschaftspolitischer Maßnahmen

Beispiel:

Angenommen, die Regierung eines Landes setzt die Einkommensteuersätze herauf, um die Staatseinnahmen zu erhöhen. Die Rechnung dieses Ursache-Wirkungsdenkens („höhere Steuersätze bringen dem Staat mehr Geld") geht nicht auf: Die Steuereinnahmen steigen nicht. Sie nehmen sogar ab, weil die Konsumenten weniger Geld zur Verfügung haben, sodass die Konsumausgaben sinken. Die Beschäftigung im Handel in der Konsumgüterindustrie geht zurück. Letztere wiederum stellt ihre Investitionsvorhaben zurück, sodass die Kapazitätsauslastung in der Investitionsgüterindustrie sinkt. Die Steuererhöhung hat das Gegenteil dessen bewirkt, was sie eigentlich wollte.

Das Beispiel zeigt, dass die Wirkungen wirtschaftspolitischer Maßnahmen meistens nicht richtig beurteilt werden können, wenn einfache „lineare" Denkmuster zugrunde gelegt werden. Das Denken in „Wenn-dann-Beziehungen" (Ursache-Wirkungsbeziehungen) führt deswegen zu ungenauen, manchmal sogar falschen Ergebnissen, weil neben den *unmittelbaren (direkten) Beziehungen eines Systems*[1] auch die *mittelbaren (indirekten)* Beziehungen, die außerdem *zeitverzögert* eintreten können, berücksichtigt werden müssen. Außerdem sind *Rückkopplungen,* d.h. in diesem Falle also Rückwirkungen bestimmter staatlicher Maßnahmen, zu berücksichtigen *(feedback).* Darüber hinaus können sich staatliche Eingriffe auf die gesamte Wirtschaft (das In- und Ausland) auswirken. Beispiele sind die Auswirkungen von Zollerhöhungen oder -senkungen auf den Außenhandel und die Beschäftigung, von Umweltschutzmaßnahmen auf die Investitionstätigkeit inländischer

1 **System** (griech.) = ein aus zahlreichen Elementen (Einzelteilen) zusammengesetztes Ganzes, bei dem jedes einzelne Element mit jedem anderen mittelbar oder unmittelbar zusammenhängt. Ein einfaches Beispiel für ein System ist das Mobile. Gleichgültig, welches Einzelteil auch angestoßen wird, es werden sich – oft auf nicht vorhersehbare Weise – alle anderen Elemente bewegen und mit einer gewissen Zeitverzögerung auch auf die Bewegung des ursprünglich angestoßenen Teils Einfluss nehmen.

und ausländischer Investoren oder der Zulassung oder Nichtzulassung von genmanipulierten[1] Futter- und Nahrungsmitteln auf die in- und ausländische Landwirtschaft und die Gesundheit der Bevölkerung.

Das Fundament des „Denkens in Systemen" (des „vernetzten Denkens") bildet die **Kybernetik.**[2] Hierunter versteht man die Wissenschaft vom Aufbau und inneren Zusammenhang komplexer[3] Systeme.

Beispiel:

Ein einfaches Beispiel für ein kybernetisches System ist eine durch einen Thermostat[4] gesteuerte Heizung. Der Thermostat misst die Raumtemperatur mithilfe eines Sensors[5] und vergleicht den gemessenen Wert (Isttemperatur) mit einem vorgegebenen Sollwert. Abweichungen vom Sollwert veranlassen den Thermostaten, über den Effektor die Heizung so zu regulieren, dass der Istwert wieder den Sollwert erreicht. Das Ergebnis der Steuerung wird wieder an den Sensor zurückgemeldet (Rückkopplung).

Das Denken in Systemen beinhaltet nicht nur die Beachtung der Wechselbeziehungen *innerhalb eines Systems* (z. B. innerhalb des Wirtschaftssystems), sondern es berücksichtigt auch die Zusammenhänge *zwischen verschiedenen Systemen* wie sie z. B. zwischen Wirtschaft und Gesellschaft (Sozialordnung, Rechtsordnung, Religionen) oder zwischen Wirtschaft und dem Ökosystem der Erde (z. B. Energieerzeugung einerseits und Klimaveränderung andererseits) bestehen.

18.4 Wachstums- und Konjunkturpolitik in Deutschland

18.4.1 Zielerreichung und Zielkonflikte

(1) Vollbeschäftigung

Die Erfolge der deutschen Wachstums- und Konjunkturpolitik müssen differenziert[6] beurteilt werden. Hier sind zunächst die Ziele des „magischen Vierecks" zu nennen. So wurde z. B. das **Vollbeschäftigungsziel** seit Jahren nicht erreicht. Die Arbeitslosigkeit in Höhe von mehr als 2,8 Mio. Menschen (das entsprach einer Arbeitslosenquote von 6,7 %) blieb auch 2014 weit vom Ziel der Vollbeschäftigung entfernt. Von Vollbeschäftigung spricht man, wenn die Arbeitslosenquote unter 2 % liegt.

(2) Außenwirtschaftliches Gleichgewicht

Darüber, ob das Ziel des **außenwirtschaftlichen Gleichgewichts** erreicht wurde, lässt sich streiten. Als erstrebenswert gilt ein positiver Außenbeitrag[7] in Höhe von 2–3 % des nominellen Bruttoinlandsprodukts. 2014 belief sich der deutsche Außenbeitrag auf 189,5 Mrd. € (= 6,5 % des Bruttoinlandsprodukts).

1 Gen (griech.) = Erbfaktor. Genmanipulation = künstliche Veränderung der Erbfaktoren.

2 Kybernetik (griech.) = Steuermannskunst.

3 Komplex (lat.) = vielfältig, verflochten, miteinander verbunden, voneinander abhängig.

4 Thermostat (griech., lat.) = Temperaturregler.

5 Sensor (lat.) = Fühler, Messfühler.

6 Differenziert (lat.) = unterschiedlich, aus verschiedenen Blickwinkeln heraus betrachtet.

7 Der **Außenbeitrag** ist der Unterschiedsbetrag zwischen Export und Import.

Vor allem im Ausland wurden in letzter Zeit immer wieder Stimmen dahingehend laut, dass Deutschland auf Kosten seiner Handelspartner lebe und in Deutschland die Löhne zu niedrig seien, sodass die privaten Haushalte zu wenig konsumierten und somit auch zu wenig Waren eingeführt würden.

Das Handelsblatt schrieb zu diesem Thema unter der Überschrift *„Deutschland bringt Europa aus dem Gleichgewicht"*:

Deutschland hat durch seine Leistungsbilanzüberschüsse[1] über Jahre Forderungen gegenüber den am wenigsten wettbewerbsfähigen Ländern angehäuft. Deutschen Überschüssen standen hohe Defizite und damit Schulden von Ländern wie Griechenland, Portugal oder Spanien gegenüber. Unterm Strich blieb die Leistungsbilanz der Eurozone damit in etwa ausgeglichen. Das Problem für Deutschland: Seine Forderungen bergen ein hohes Verlustrisiko. Kein Land kann sich permanente Defizite leisten – ansonsten wird die Zinslast irgendwann zu hoch. Als Auswege bleiben dann nur Währungsabwertung[2] und Notenpresse – oder ein Schuldenschnitt[3], bei dem die Gläubiger auf einen Teil ihrer Forderungen verzichten. Die Forderungen und Schulden eines Landes gegenüber dem Ausland sind sehr eng mit seiner Bonität[4] am Anleihemarkt verknüpft: Bis auf wenige Ausnahmen zahlen Länder mit Auslandsforderungen wie Deutschland, die Niederlande und Finnland vergleichsweise niedrige Risikoaufschläge für ihre Schuldscheine – Länder mit Auslandsschulden wie Spanien oder Griechenland dagegen hohe."

Quelle: www.handelsblatt.com vom 15. 12. 2011.

(3) Preisniveaustabilität

Seit Einführung der Gemeinschaftswährung hat die deutsche Wirtschaftspolitik nur einen geringen Einfluss auf die Entwicklung des Preisniveaus, denn es ist in erster Linie Aufgabe der Europäischen Zentralbank (EZB), für **Preisniveaustabilität** in der Europäischen Währungsunion zu sorgen. Wie bereits im Kapitel 16.2.3 gesagt, liegt nach der Definition der EZB Preisniveaustabilität vor, wenn die jährliche Preissteigerungsrate unter 2 % liegt. Von 2002 bis 2006 waren die Inflationsraten zwar niedriger als 2 %. In den Jahren 2007 und 2008 sowie 2011 wurde jedoch das Stabilitätsziel wieder verfehlt. Die geringen Preissteigerungen in den Jahren 2009 und 2010–2014 waren eine Folge der europaweiten Rezession.

(4) Angemessenes Wirtschaftswachstum

Das langfristige Ziel des Stabilitätsgesetzes ist ein möglichst stetiges und **angemessenes Wirtschaftswachstum.** Betrachtet man die letzten Jahre, kann von einem „stetigen" Wirtschaftswachstum kaum die Rede sein. Als „angemessen" wird in Deutschland allgemein ein Wachstum von jährlich 2–3 % angesehen. Betrachtet man die Entwicklung des realen Bruttoinlandsprodukts (siehe Abb. auf S. 106), sieht man, dass die jährlichen Wachstumsraten (bezogen auf den Vorjahreswert) erheblich schwankten, zumeist aber unter den angestrebten 3 % lagen.

---

1 Unter **Leistungsbilanz** ist der Unterschiedsbetrag zwischen Export (Forderungen gegenüber dem Ausland) und Import (Schulden an das Ausland) zu verstehen.

2 Eine **Währungsabwertung** (Verbilligung der eigenen Währung) ist der Regierung eines Landes nur möglich, wenn das Land eine eigene Währung besitzt (Näheres siehe Kapitel 20.3.3).

3 Schuldenschnitt ist ein anderes Wort für Schuldennachlass.

4 **Bonität** (franz.) = Zahlungsfähigkeit, Zuverlässigkeit eines Schuldners. Die Einschätzung der Bonität von Unternehmen und Staaten erfolgt durch sogenannte Ratingagenturen. To rate bedeutet englisch einschätzen, einordnen, benoten.

(5) Angemessene Einkommensverteilung

<table>
<tr><th>Aspekt</th><th>Erläuterungen</th></tr>
<tr><td>Verteilungsprinzipie</td><td>Neben den sogenannten quantitativen Zielen des „magischen Vierecks" stehen auch die qualitativen Ziele zur Diskussion (siehe auch Kapitel 16.2.3). Betrachten wir zunächst die Frage nach der angemessenen Einkommens- und Vermögensverteilung. Woran aber kann man ersehen, ob die Einkommensverteilung in einer Volkswirtschaft angemessen oder unangemessen, „gerecht" oder „ungerecht" ist?

Anschauungen darüber gibt es viele. Nach dem Gleichheitsprinzip gilt z. B.: „Jedem das Gleiche". Das Leistungsprinzip verlangt: „Jedem nach seiner Leistung". Das Solidaritätsprinzip[1] schließlich fordert: „Jedem nach seinen Bedürfnissen".[2]

Eine eindeutige Antwort darauf, welche Einkommens- und Vermögensverteilung gerecht oder ungerecht ist, kann es nicht geben. Den Grad der „Gerechtigkeit" kann man auch nicht zahlenmäßig erfassen (Näheres siehe Kapitel 19.3). Man kann allenfalls sagen, ob die Einkommens- und Vermögensverteilung in einem Land im Zeitablauf gleichmäßiger oder ungleichmäßiger geworden ist.</td></tr>
<tr><td>Einkommensverteilung</td><td>Bei der Einkommensverteilung können z. B. die Lohn- und die Gewinnquote helfen, zu einem Urteil zu kommen. Unter Lohnquote versteht man den prozentualen Anteil des Arbeitnehmerentgelts am Volkseinkommen. Der prozentuale Anteil des Unternehmens- und Vermögenseinkommens am Volkseinkommen wird als Gewinnquote (Profitquote) bezeichnet. In Deutschland entwickelten sich die Lohn- und Gewinnquoten wie folgt:

<table>
<tr><th>Jahr</th><th>2012</th><th>2013</th><th>2014</th></tr>
<tr><td>Arbeitnehmerentgelt (Mrd.€)</td><td>1 375,6</td><td>1 417,0</td><td>1 481,7</td></tr>
<tr><td>Unternehmens- und Vermögenseinkommen (Mrd. €)</td><td>647,4</td><td>695,3</td><td>694,2</td></tr>
<tr><td>Lohnquote</td><td>68,0 %</td><td>67,1 %</td><td>68,1 %</td></tr>
<tr><td>Gewinnquote</td><td>32,0 %</td><td>32,9 %</td><td>31,9 %</td></tr>
</table>

Die Statistik zeigt, dass sich die Lohnquote in den letzten Jahren kaum verändert hat.</td></tr>
<tr><td>Vermögensverteilung</td><td>Zur Frage der Vermögensverteilung verlangt § 2 des Gesetzes über die Bildung eines Sachverständigenrats zur Begutachtung der gesamtwirtschaftlichen Entwicklung von 1963, dass die Gutachter (die sogenannten „fünf Weisen") in ihren Jahresgutachten auch „die Verteilung von Einkommen und Vermögen" einbeziehen.

Um die Vermögensverteilung beurteilen zu können, benötigt man ebenfalls statistische Größen, die Aufschluss darüber geben, ob das Ziel einer sozial ausgewogenen Vermögensverteilung eher erreicht oder verfehlt wurde. Nach Berechnungen des Deutschen Instituts für Wirtschaftsforschung (DIW) lag das Bruttovermögen der volljährigen Personen in Deutschland 2012 bei rund 7,4 Billionen €. Davon betrug der Haus- und Grundbesitz 5,1 Billionen €. Die Verbindlichkeiten der privaten Haushalte beliefen sich 2012 auf gut 1,1 Billionen €, sodass sich ein Nettovermögen von 6,3 Billionen € ergibt.</td></tr>
</table>

1 **Prinzip** (lat.) = Grundsatz. Solidarität (lat.) = Gemeinschaftssinn.

2 Näheres zur Einkommensverteilung siehe Kapitel 19.3.

Durchschnittlich 83000 Euro Nettovermögen hatte jeder Erwachsene im Jahr 2012 in Deutschland. Das geht aus einer Studie des Deutschen Instituts für Wirtschaftsforschung (DIW) hervor. Dabei ist das Nettovermögen von insgesamt 6,3 Billionen Euro immer noch sehr ungleich verteilt. Auf der einen Seite verfügt das reichste Prozent der Bevölkerung über ein durchschnittliches privates Vermögen im Wert von rund 817000 Euro pro Kopf. Auf der anderen Seite hat jeder fünfte Erwachsene gar kein Vermögen. Bei sieben Prozent sind die Schulden sogar größer als der Besitz. Deutliche Vermögensunterschiede zeigen sich immer noch zwischen Ost und West. Erwachsene in Westdeutschland verfügen über doppelt so viel Vermögen wie Ostdeutsche. Einen deutlichen Anstieg gab es bei der Verschuldung. Im Jahr 2002 waren 27,5 Prozent aller Erwachsenen verschuldet, zehn Jahre später lag der Anteil bei 32 Prozent.

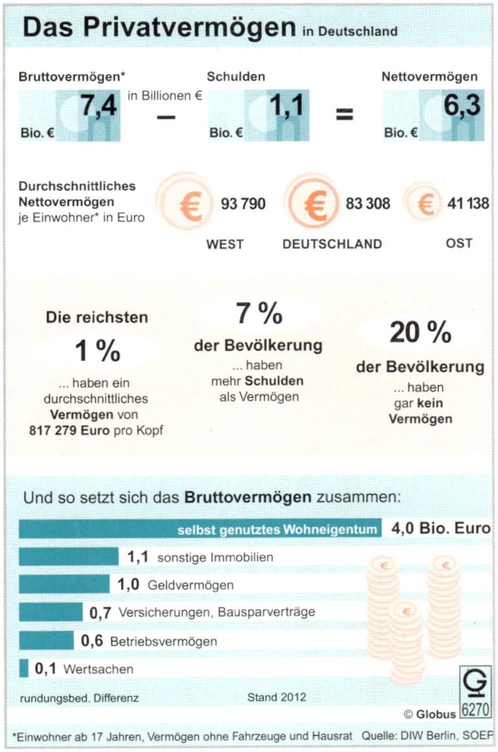

(6) Erhaltung einer lebenswerten Umwelt[1]

Der Art. 20a GG (Grundgesetz) sagt Folgendes: „Der Staat schützt auch in Verantwortung für die künftigen Generationen die natürlichen Lebensgrundlagen und die Tiere im Rahmen der verfassungsmäßigen Ordnung durch die Gesetzgebung ..." Tatsächlich kann die deutsche Umweltpolitik im Hinblick auf den Klimaschutz durchaus Erfolge aufweisen. Der Ausstoß von Treibhausgasen wie Kohlendioxid, Lachgas und Methan sank von Jahr zu Jahr. Umgerechnet in Kohlendioxid-Äquivalente[2] wurden im Jahr 1990 noch 1,2 Milliarden Tonnen Treibhausgase emittiert.[3] Im Jahr 2012 gelangten nach neusten Schätzungen schon 23,8 Prozent weniger Klimagase in die Atmosphäre, nämlich nur knapp mehr als 900 Millionen Tonnen. Die Ziele der Bundesregierung sind weiter gesteckt. Sie hat sich verpflichtet, in den nächsten Jahrzehnten, aber spätestens bis zum Jahr 2050 die Emissionen um 80 Prozent im Vergleich zu 1990 zu senken.[4]

Weniger erfolgreich sind z.B. die staatliche Förderung von wenig effizienten[5] Solardächern. Der Plastikabfall aus der „gelben Tonne" bzw. dem „gelben Sack" wird kaum noch recycelt, sondern verbrannt. Auch die staatlich geförderte Einführung des sogenannten

---

1 Näheres siehe Kapitel 19.

2 Das **Äquivalent** (lat.) = Gleichwertigkeit, von gleicher Bedeutung. (Beispiel: 1 Tonne des Stoffes A sei doppelt so schädlich wie 1 Tonne des Stoffes B. Das bedeutet, dass die Schädlichkeit von 2 Tonnen des Stoffes B einer Tonne des Stoffes A entspricht. Eine Tonne des Stoffes B hat also die A-Äquivalenz 0,5).

3 **Emission** (lat.) = Ausstoß, Abgabe von Rauch, Gasen, Ruß, Staub usw. in die Luft. Emittieren = ausstoßen.

4 Quelle: In Anlehnung an Globus-Grafik.

5 **Effizient** (lat.) = wirksam, leistungsfähig.

„Biosprits“ ist umstritten, da zu dessen Herstellung auf riesigen Flächen nur noch Mais und Raps wächst und Tiereund Pflanzen vertrieben bzw. ausgerottet werden. Und wie bei allen Monokulturen[1] verbreiten sich Schädlinge, gegen die mit Schädlingsbekämpfungsmitteln vorgegangen wird. Die sogenannte „Ökobilanz“ ist negativ (der Schaden für die Umwelt ist größer als der Nutzen). Schließlich führt die verfehlte Nutzung von landwirtschaftlichen Anbauflächen im In- und Ausland zu steigenden Lebensmittelpreisen. Ob Elektroautos eine positive Ökobilanz aufweisen, ist heftig umstritten. (Dabei kommt es natürlich auch auf die Stromherstellung an.) Die auf Druck der EU gesetzlich erzwungenen Energiesparlampen sind ebenfalls kein Fortschritt auf dem Weg zu einer umweltfreundlicheren Produktionsweise: Sie enthalten umwelt- und gesundheitsschädliches Quecksilber.

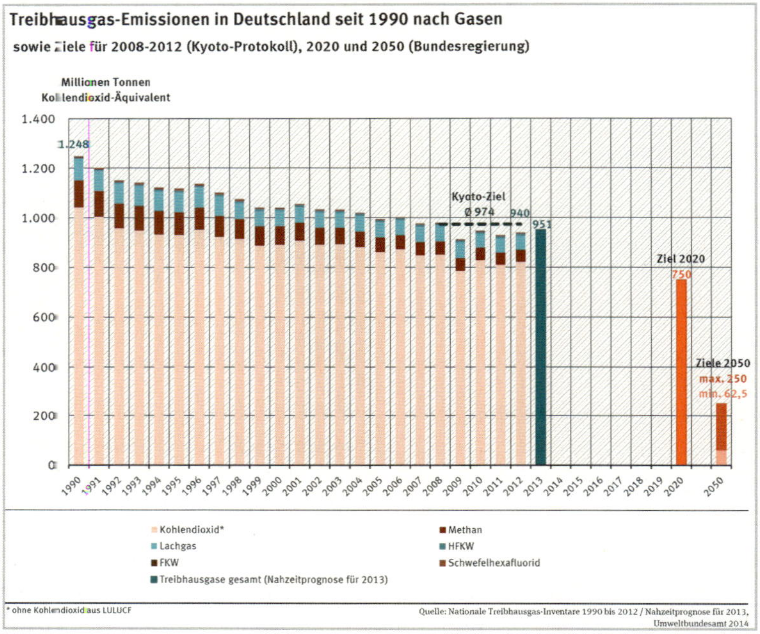

Quelle: Umweltbundesamt

(7) Aktuelle Zielkonflikte[2]

Ein aktueller Konflikt besteht derzeit zwischen dem Ziel eines außenwirtschaftlichen Gleichgewichts und dem Vollbeschäftigungsziel. Das außenwirtschaftliche Ungleichgewicht würde möglicherweise beseitigt, wenn die Löhne in Deutschland kräftiger stiegen. Der Import würde sich erhöhen. Der Export würde jedoch leiden, weil die Exportwirtschaft die gestiegenen Lohnkosten auf die Preise abwälzen würde. Die deutsche Politik hat jedoch auf das Lohnniveau wenig Einfluss, denn die Löhne werden weitestgehend von den Gewerkschaften und den Arbeitgebern ausgehandelt. Was die Politik tun kann, ist, die Arbeitnehmer von Steuern und Abgaben zu entlasten, um zusätzliche Nachfrage zu schaffen. Allerdings besteht hier ebenfalls ein Konflikt mit dem Ziel eines ausgeglichenen Staatshaushalts, es sei denn, die Entlastung der unteren und mittleren Einkommen würde durch eine höhere Besteuerung der hohen Einkommen und Vermögen ausgeglichen, eine Maßnahme, die die Einkommensungleichheit in Deutschland verringern würde.

1 Mono (griech.) = Allein. Monokultur = eine (große) Fläche, auf der nur eine einzige Pflanzenart angebaut wird (z. B. Fichten, Kirschbäume, Raps, Mais).

2 Im Kapitel 16.2.3 wurden die Zielkonflikte zwischen den Zielen des magischen Vierecks bzw. Sechsecks besprochen.

18.4.2 Staatsverschuldung

(1) Folgen der Staatsverschuldung[1]

In Deutschland erreichten die **Schulden der öffentlichen Haushalte** (Bund, Länder und Gemeinden) im Jahr 2014 über 2 Billionen €. Rein statistisch entfällt somit auf jeden Einwohner Deutschlands ein Betrag von knapp 25 000,00 €.

Vom Begriff Staatsverschuldung ist der Begriff **Staatsdefizit (Haushaltsdefizit)** zu unterscheiden (siehe Kapitel 16.2.2). Das Staatsdefizit zeigt an, wie viel zusätzliche Schulden eine Regierung im vergangenen Haushaltsjahr aufgenommen hat, also wie hoch die „Nettoverschuldung" (Neuverschuldung) war.

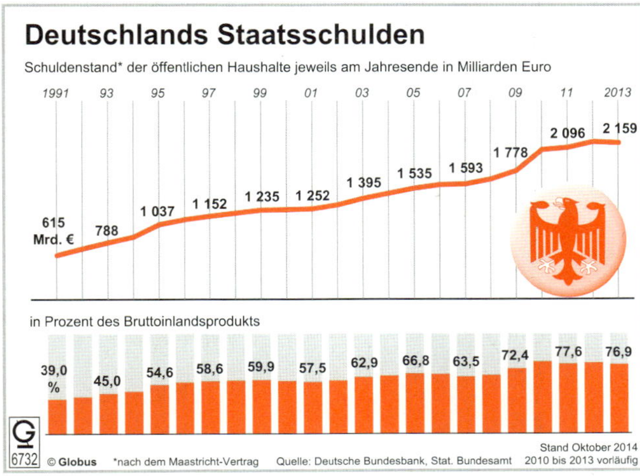

Hohe Staatsschulden und übermäßige Staatsdefizite sind für eine Volkswirtschaft gefährlich. Sie führen dazu, dass die Gläubiger (die Käufer der Staatsanleihen) immer mehr befürchten müssen, dass ein hochverschuldeter Staat künftig nicht mehr in der Lage sein wird, seine Schulden zurückzuzahlen (siehe auch die Ausführungen auf S. 114). Der **Schuldnerstaat** muss deshalb immer höhere Zinsen für neue Kredite aufwenden. Die Rendite für die Geldanleger (sogenannte „Investoren") steigt. Damit setzt die Spekulation[2] *gegen* einen Schuldnerstaat ein. Um sich gegen Zahlungsausfälle abzusichern, bedienen sich die Investoren z. B. der **Kreditausfallversicherungen** (**C**redit **D**efault **S**waps = CDS). Sollten die Gläubiger einem Schuldnerland einen Schuldennachlass gewähren, gleichen die Versicherungsgeber den Zahlungsausfall aus.

Die CDS können auch gekauft werden, ohne dass der Käufer Forderungen an einen Schuldner hat. Rechnen z. B. Spekulanten damit, dass sich die Zahlungsfähigkeit (die Liquidität) eines Schuldnerstaats weiter verschlechtert, kaufen sie CDS. Die Folge ist, dass der Preis der CDS steigt, eben weil das Risiko eines teilweisen oder vollständigen Zahlungsausfalls des Schuldners zunimmt. Die Spekulanten haben also aus der sinkenden Kreditwürdigkeit eines Landes profitiert. Ein weiterer Effekt steigender CDS-Kurse ist, dass sie eine abnehmende Zahlungsfähigkeit (Bonität) eines Schuldnerlandes signalisieren (anzeigen). Für den Schuldnerstaat wird es daher immer schwieriger, sich auf den Finanzmärkten neue Kredite zu beschaffen, die sie dringend benötigen, um ihre fällig werdenden Schulden zu tilgen.

Die Einschätzung der Bonität eines Schuldners wird durch **Ratingagenturen** vorgenommen. Eine Ratingagentur (**C**redit **r**ating **a**gency = **CRA**) ist ein gewinnorientiertes privates Unternehmen, das gewerbsmäßig die Kreditwürdigkeit von Unternehmen und Staaten bewertet und mit einer Buchstaben- und Zeichenkombination benotet.

Wichtige Ratingagenturen sind z. B. Moody's, Standard & Poor's (S&P) und Fitch, deren Notengebung sich wenig unterscheidet.

---

1 Zum Problem der Staatsverschuldung siehe auch Kapitel 16.2.1 und Kapitel 16.2.2.

2 **Spekulation** (lat.) = Geschäfte, die darauf abzielen, aus erwarteten Preisveränderungen Gewinne zu erzielen.

Einschätzung der Bonität eines Schuldners	Moody's	S&P	Fitch
Höchste Bonität. Sehr geringes Ausfallrisiko.	Aaa	AAA	AAA
Sichere Anlage mit leichtem Ausfallrisiko.	Aa1 Aa2 Aa3	AA+ AA AA–	AA+ AA AA–
Sichere Anlage, falls keine unvorhersehbaren Ereignisse eintreten (z. B. Konjunktureinbrüche).	A1 A2 A3	A+ A A–	A+ A A–
Durchschnittlich gute Anlage. Bei Verschlechterung der Gesamtwirtschaft ist jedoch mit Problemen zu rechnen.	Baa1 Baa2 Baa3	BBB+ BBB BBB–	BBB+ BBB BBB–
Risikobehaftete Anlage. Bei Verschlechterung der Wirtschaftslage (z. B. Finanzkrisen) ist mit Ausfällen zu rechnen.	Ba1 Ba2 Ba3	BB+ BB BB–	BB+ BB BB–
Hochriskante Anlage. Bei Verschlechterung der Lage sind Ausfälle wahrscheinlich.	B1 B2 B3	B+ B B–	B+ B B–
Sehr hohes Risiko. Die Wahrscheinlichkeit eines Zahlungsausfalls ist sehr groß.	Caa1 Caa2 Caa2 Ca	CCC+ CCC CCC– CC C	CCC
Zahlungsausfall.	C	D	DDD DD D

(2) Euro-Rettungsschirme

Im Zusammenhang mit der Schuldenkrise in Mitgliedstaaten des Eurosystems wurde ein **europäischer Rettungsschirm** eingeführt, um eine drohende Zahlungsunfähigkeit eines Mitgliedstaates zu verhindern. Dieser Rettungsschirm, der neben dem Europäischen Stabilitätsmechanismus (ESM) bestehen soll, hat ein Volumen von **750 Mrd. EUR** und besteht aus **drei Pfeilern**:

	Europäischer Finanzstabilisierungsmechanismus (EFSM)	Europäische Finanzstabilisierungsfazilität (EFSF)	Beteiligung des Internationalen Währungsfonds (IWF)
Umfang	**60 Mrd. EUR**	**440 Mrd. EUR**	Mindestens die Hälfte des Beitrags der EU: 60 Mrd. EUR EFSM + 440 Mrd. EUR EFSF = 500 Mrd. EUR : 2 = **250 Mrd. EUR**
Aufgabe	Einsatz bei Spannungen an den europäischen Finanz- und Anleihemärkten wegen des drohenden Ausfalls von Euroländern.		
Instrument	Übernahme von **Ausfallgarantien.** Voraussetzungen für die Kreditgewährung ist die Befolgung strikter Auflagen zur Sicherung der Finanzstabilität im Euroraum.		
Dauer	Bis zur Einführung des Europäischen Stabilitätsmechanismus (ESM), danach entfällt dieser vorübergehende Rettungsschirm vollständig. Die Beteiligung des IWF an den Stützungsoperationen soll bei dem ESM weiter bestehen bleiben.		

18.4.3 Aktuelle konjunkturelle und strukturelle Probleme

(1) Konjunkturelle Probleme

Konjunkturprobleme sind mehr oder weniger kurzfristige Erscheinungen. Anfang 2015 hatte Deutschland keine auffallenden konjunkturell bedingten Schwierigkeiten zu lösen.

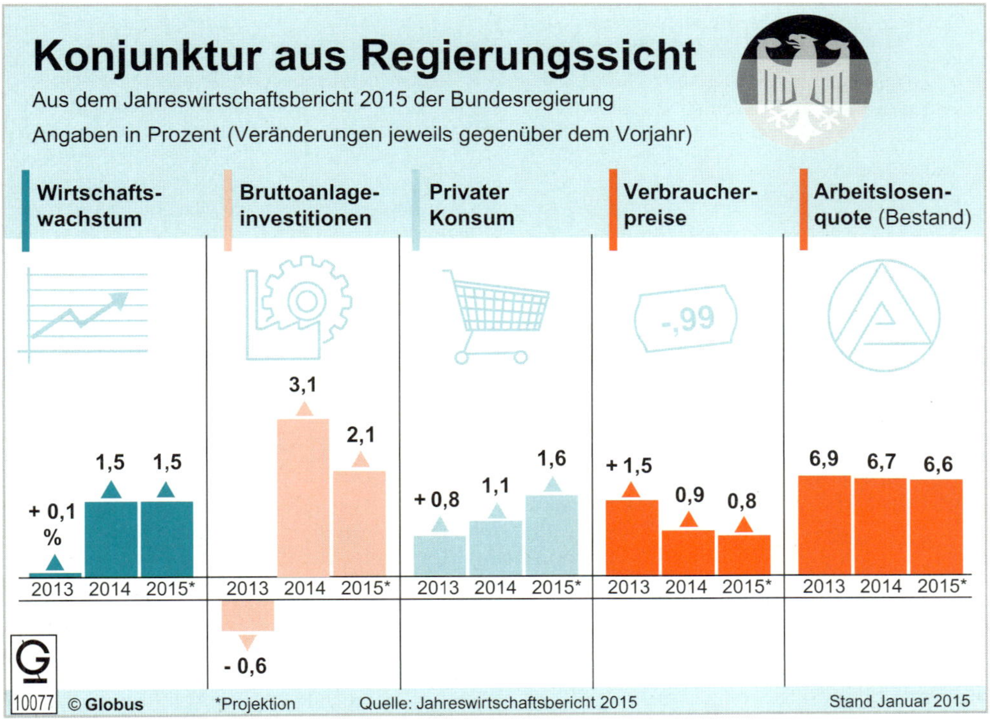

(2) Strukturelle Probleme

Im Gegensatz zu den konjunkturellen Problemen sind **strukturelle Ungleichgewichte**[1] langfristiger Natur. Sie liegen vor, wenn die einzelnen Wirtschaftsbereiche nicht ausreichend aufeinander abgestimmt sind (z. B. Überproduktion von Lebensmitteln, Rohstoffen, Überkapazitäten, Mangel an Facharbeitskräften).

Strukturelle Ungleichgewichte entstehen z. B. aufgrund der technischen Entwicklung, teilweise aber auch durch staatliche Eingriffe wie z. B. steuerpolitische Maßnahmen, Subventionszahlungen oder preispolitische Vorschriften (z. B. gesetzliche Mindestpreise).

Wichtige strukturelle Ungleichgewichte gibt es in Deutschland in den Bereichen der Steuer-, Subventions- und Arbeitsmarktpolitik.

1 Strukturell (lat.) = die Struktur betreffend. Struktur = (innerer) Aufbau.

Strukturelle Ungleichgewichte	
Steuersystem	Im Aufschwungjahr 2011 hätte die schon angekündigte *Steuerreform* durchgeführt werden müssen, denn die Staatsschulden steigen nach wie vor. Eine Steuerreform in Form von Steuererleichterungen ist daher nicht möglich. Was eine Steuerreform jedoch anstreben muss, ist eine Steuervereinfachung sowie eine gerechtere Besteuerung der Einkommen. Die Steuerprogression bei mittleren Einkommen muss abgeflacht, höhere und höchste Einkommen hingegen stärker besteuert werden. Die schon lange diskutierte Reform der **Umsatzsteuer** steht immer noch aus, denn allein das heutige Umsatzsteuersystem kostet den Staat jährlich rund 20 Mrd. €. Der gespaltene Umsatzsteuersatz (derzeit 19 % und 7 %) ist in vielen Fällen unsinnig. So sind z. B. beim Kauf eines Rennpferdes 7 %,[1] beim Kauf von Babywindeln jedoch 19 % Umsatzsteuer zu entrichten. Wachteleier kosten den ermäßigten Satz, Mineralwasser hingegen den vollen Steuersatz. Für Hundefutter oder Trüffel sind 7 % Umsatzsteuer zu zahlen, für Babynahrung hingegen 19 %.
Subventionspolitik	Die *Subventionen* müssen daraufhin untersucht werden, ob sie überhaupt noch wirtschaftlich oder finanzpolitisch sinnvoll sind (z. B. Subventionen für den Mais- und Rapsanbau, für die Kohle, für die Stilllegung landwirtschaftlicher Betriebe, ermäßigte Stromsteuer für das produzierende Gewerbe und der Forstwirtschaft). Der deutsche Staat verzichtet auf Einnahmen in Höhe von jährlich rund 36 Mrd. €[2] aufgrund der Gewährung von über 100 direkten[3] und indirekten[4] Subventionen.
Arbeitsmarkt	Auch der **Arbeitsmarkt** ist nicht im Gleichgewicht. Von politischer Seite wird die Lage auf dem Arbeitsmarkt günstiger dargestellt als sie in Wirklichkeit ist. So erholt sich die Zahl der Vollzeitbeschäftigten nur langsam. Der Anstieg der Beschäftigtenzahl in den vergangenen Jahren ist zu einem großen Teil auf die Zunahme der Teilzeitbeschäftigung („Leiharbeit") und befristeter Arbeitsverträge zurückzuführen. Hinzu kommt, dass Leiharbeiter oft nur rund die Hälfte der Vollzeitbeschäftigten (der „Stammbelegschaft") verdienen. Bei der Zeitarbeit (Leiharbeit, Arbeitnehmerüberlassung) werden von sogenannten Leiharbeitsunternehmen angestellte Arbeitskräfte an andere Unternehmen „verliehen". Die Zeitarbeit gehört wie z. B. die „Minijobs" und die befristeten Arbeitsverträge zu den sogenannten **„prekären"[5] Arbeitsverhältnissen.** Geschlossen werden sollte auch die **Lohnlücke** zwischen Frauen und Männern. Nach Angaben des Statistischen Bundesamts liegt bei vergleichbarer Arbeit und Ausbildung das Arbeitsentgelt der Frauen um rund 8 % unter dem der Männer. Insgesamt liegt der Bruttoverdienst der Frauen um 23 % unter dem der Männer.

1 Aufgrund eines Urteils des Europäischen Gerichtshofs (EuGH) hat der Bundestag im März 2012 beschlossen, den begünstigten Umsatzsteuersatz für Geschäfte mit Pferden aufzuheben. Ab 1. Juli 2012 sind Umsätze mit Pferden mit 19 % zu versteuern.

2 Vgl. Handelsblatt: Die 101 unsinnigsten Subventionen (www.handelsblatt.com) vom 4. Juni 2010.

3 **Direkte Subventionen** sind unmittelbare Zuschüsse, also ausgezahlte Gelder.

4 **Indirekte Subventionen** werden nicht bar ausgezahlt, sondern werden durch Steuerermäßigungen oder -befreiungen gewährt.

5 **Prekär** (franz.) = misslich, schwierig, unsicher. Die prekären Arbeitsverhältnisse werden auch atypische Arbeitsverhältnisse genannt.

Ein weiteres Problem des deutschen Arbeitsmarktes ist einerseits der **Mangel an Facharbeitskräften** und die immer noch zu hohe Zahl der **Langzeitarbeitslosen.** Diese sogenannte **Sockelarbeitslosigkeit** ist unter anderem darauf zurückzuführen, dass die Arbeitgeber bei hoher Arbeitslosigkeit (z. B. bedingt durch Konjunkturrückgänge) bei der Einstellung neuer Arbeitskräfte immer anspruchsvoller werden. Die Wiederbeschäftigungschancen der weniger qualifizierten Personen werden entsprechend geringer. Die Folge ist, dass sich bei diesen Personen die Zeit der Arbeitslosigkeit verlängert. Je länger die Arbeitslosigkeit dauert, desto mehr lässt die Leistungsfähigkeit der Arbeitslosen nach, weil sie nicht laufend trainiert wird. Im Gegensatz zur konjunkturellen Arbeitslosigkeit ist die Dauerarbeitslosigkeit in erster Linie eine **strukturelle Arbeitslosigkeit.**

Zusammenfassung

- **Angebotsorientierte Wirtschaftspolitik** („Angebotspolitik“) ist langfristig angelegt. Ihre Hauptziele sind das langfristige *Wachstum des volkswirtschaftlichen Potenzials* und die *Preisstabilität.*
- Die Vertreter der angebotsorientierten Wirtschaftspolitik gehen davon aus, dass
  - das **Angebot** der maßgebende Motor der wirtschaftlichen Entwicklung ist und dass
  - das Wachstum der **Geldmenge** das Wirtschaftswachstum und die Preissteigerungsrate (Inflationsrate) bestimmt. Die Anhänger der Angebotspolitik werden deshalb als **Monetaristen** bezeichnet.
- **Instrumente des Monetarismus** sind z. B. *ordnungspolitische Maßnahmen* (Förderung des Wettbewerbs, Zurückdrängung des Staates, Privatisierung, Entbürokratisierung), *Senkung der Unternehmenssteuern* und der von den Unternehmen mitgetragenen *Sozialkosten,* Förderung der *Leistungsgerechtigkeit* und *Abbau der Staatsverschuldung.*
- Die **Angebotspolitik** findet ihre Grenzen in der Tatsache, dass sie oft politisch nur schwer durchsetzbar oder überhaupt nicht durchsetzbar ist, weil sie das Ziel einer angemessenen Einkommensverteilung vernachlässigt.
- **Nachfrageorientierte Wirtschaftspolitik** („Nachfragepolitik“) ist kurz- und mittelfristig angelegt. Ihre Hauptziele sind die *Ziele des magischen Vierecks,* insbesondere die Ziele eines möglichst *hohen Beschäftigungsstands* und eines *stetigen Wirtschaftswachstums.* Nachfragepolitik ist in erster Linie *Konjunkturpolitik.*
- **Grundannahmen der nachfrageorientierten Wirtschaftspolitik** sind, dass
  - die **Nachfrage** die Triebfeder der volkswirtschaftlichen Entwicklung ist und dass
  - der Staat mithilfe seiner Einnahmen- und Ausgabenpolitik (Fiskalpolitik) die Konjunktur erfolgreich steuern kann. Die Vertreter der Nachfragepolitik werden deshalb als **Fiskalisten** bezeichnet.
- **Instrumente des Fiskalismus** sind *Erhöhung der Staatsausgaben* und *Senkung der Staatseinnahmen* bei Unterbeschäftigung und schwachem Wirtschaftswachstum (z. B. Erhöhung der staatlichen Konsum- und Investitionsausgaben, Steuersenkungen) und *Kürzung der Staatsausgaben* und *Erhöhung der Staatseinnahmen* in der Hochkonjunktur (z. B. Kürzung bzw. Streichung von Subventionen, Steuererhöhungen). Der Staatshaushalt braucht nicht kurzfristig sein, wohl aber auf längere Sicht *(antizyklische Finanzpolitik).*
- Der **Fiskalismus** hat seine **Grenzen** vor allem in der Tatsache, dass die angestrebten Ziele je nach wirtschaftlicher Situation *Zielkonflikte* in sich bergen, sodass *Kompromisse* geschlossen werden müssen.

- Die Mehrheit der Wirtschaftswissenschaftler ist heute der Meinung, dass die Wirtschafts- und Geldpolitik sowohl die *Angebotsseite* als auch die *Nachfrageseite* berücksichtigen muss, wenn sie erfolgreich sein soll. **Wirtschaftspolitische Maßnahmen** sollten in einer sinnvollen **Kombination** eingesetzt werden.
- Die derzeit dringendsten Aufgaben der deutschen Konjunktur-, Wachstums- und Strukturpolitik sind
  - Bekämpfung der Sockelarbeitslosigkeit,
  - Verringerung der Einkommensungleichheit und
  - Abbau der Staatsverschuldung.

ABITRAINING

1. Im Zentrum der wirtschaftspolitischen Diskussion in den meisten westlichen Industrieländern steht seit mehr als einem Jahrzehnt die Frage, wie die Arbeitslosigkeit wirksam bekämpft werden kann. Im Zuge dieser Auseinandersetzung werden vor allem zwei unterschiedliche Strategien bei der Wirtschaftspolitik vorgeschlagen: die nachfrage- und die angebotsorientierte Wirtschaftspolitik. Die zentralen Unterschiede beider Ansätze bestehen letztlich darin, welcher Marktseite – also Nachfrage oder Angebot – die größere Bedeutung für die gesamtwirtschaftliche Entwicklung beizumessen ist, und in der Auffassung, welche Funktion dem Staat dabei zukommt.

Aufgaben:

1.1 Entscheiden Sie, welche der nachstehenden wirtschafts- und geldpolitischen Maßnahmen primär „angebotsorientiert" und welche vorwiegend „nachfrageorientiert" sind:

1.1.1 Ausrichtung des Geldmengenwachstums am langfristigen realen Wirtschaftswachstum, um die Inflationsraten zurückzuführen.

1.1.2 Senkung der Steuerlastquote (prozentualer Anteil der Steuern am Einkommen der Wirtschaftssubjekte), besonders der Investoren.

1.1.3 Staatliches Beschäftigungsprogramm, um die Arbeitslosigkeit zu bekämpfen.

1.1.4 Abbau administrativer Hemmnisse (z. B. Vorschriften im Baubereich, Ladenschlusszeiten, Kündigungsvorschriften).

1.1.5 Kürzung von Subventionen.

1.1.6 Tilgung von Staatsschulden, um das Zinsniveau nicht in die Höhe zu treiben.

1.1.7 Senkung der Einkommen- und Körperschaftsteuer.

1.1.8 Staatliche Unterstützung bei Existenzgründungen.

1.1.9 Erhöhung der Umsatzsteuer.

1.1.10 Aufstockung der staatlichen Mittel für Bildung und Forschung.

1.2 Erklären Sie, was unter Konjunkturpolitik zu verstehen ist!

1.3 1.3.1 Entscheiden Sie, welche Möglichkeit staatlicher Konjunkturpolitik in nebenstehender Abbildung veranschaulicht wird!

Begründen Sie Ihre Feststellung!

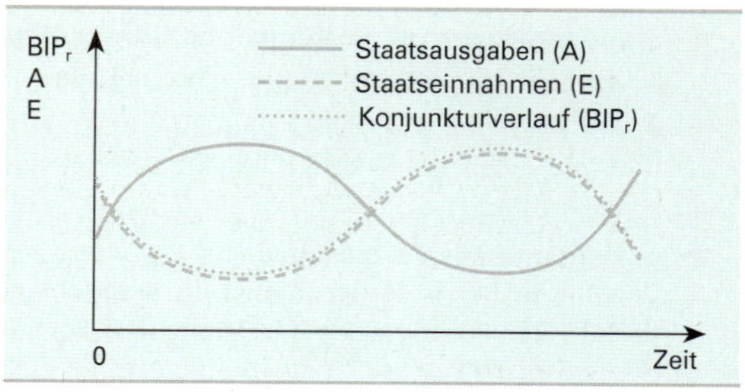

1.3.2 Vielfach wird gefordert, dass der Staat die in nebenstehender Abbildung dargestellte Fiskalpolitik verfolgen sollte.

1.3.2.1 Begründen Sie die Forderung nach einer derart gestalteten Finanzpolitik!

1.3.2.2 Die unter 1.3.1 dargestellte Finanzpolitik setzt in der Praxis voraus, dass der Staat „Deficit-Spending" betreibt, wenn er die Konjunktur ankurbeln möchte. Nehmen Sie hierzu Stellung!

1.3.2.3 Während der Hochkonjunktur soll der Staat Konjunkturausgleichsrücklagen bilden oder Staatsschulden vorzeitig tilgen (zurückzahlen). Erläutern Sie, welche Auswirkungen auf den Konjunkturverlauf diese Rücklagenpolitik haben kann! Begründen Sie Ihre Feststellungen!

1.3.2.4 Der Staat hat die Möglichkeit, die Konjunktur mithilfe der Erhöhung bzw. Senkung der Abschreibungssätze zu beeinflussen.

Erläutern Sie, wie über die Variation der Abschreibungssätze Konjunkturpolitik betrieben werden kann!

1.4 Angenommen, die Regierung senkt im Rahmen ihrer antizyklischen Finanzpolitik die Staatsausgaben. Die Staatseinnahmen sollen unverändert bleiben.

1.4.1 Erläutern Sie, wie sich die Ausgabenkürzung auf Beschäftigung und Preisniveau auswirkt, wenn unterstellt wird, dass sich das gesamtwirtschaftliche Angebot normal verhält! Begründen Sie Ihre Aussage!

1.4.2 Erläutern Sie, wie sich die Ausgabenkürzung auf Beschäftigung und Preisniveau auswirkt, wenn unterstellt wird, dass sich das gesamtwirtschaftliche Angebot anomal verhält! Begründen Sie Ihre Aussage!

1.4.3 Führen Sie mögliche Gründe für die Annahme an, dass sich das gesamtwirtschaftliche Angebot normal verhält, und welche für ein anomales gesamtwirtschaftliches Angebot sprechen!

1.5 In einem Industrieland herrscht hohe Arbeitslosigkeit. Die Regierung möchte das Wirtschaftswachstum anregen und die Arbeitslosigkeit verringern. Sie beschließt daher, die Ausgaben für Bildung, Forschung und Entwicklung erheblich aufzustocken. Um die zusätzlichen Ausgaben zu finanzieren, erhöht sie die Umsatzsteuer um 18,75 %. Der bisherige Umsatzsteuersatz betrug 16 %.

1.5.1 Prüfen Sie, ob die genannten Maßnahmen der Regierung ziel- und systemkonform sind!

1.5.2 Ermitteln Sie, um wie viel Prozentpunkte der Umsatzsteuersatz erhöht wurde!

2. Textauszug:

„Manche Fragen der Volkswirtschaftstheorie hören sich für den Praktiker so an, wie wenn jemand wissen will, ob der linke oder aber der rechte Schuh wichtiger ist. Für einen Menschen mit zwei Beinen sind selbstverständlich beide Schuhe gleich wichtig. Keine der beiden Möglichkeiten ist von vornherein völlig unwichtig, wenn man **Angebotspolitik** und **Nachfragepolitik** vergleicht und dabei die sachlogische innere Verknüpfung bedenkt. Wie es überhaupt dazu kommen konnte, die Alternativen als unvereinbar wie Feuer und Wasser zu sehen, ist unter zwei Blickrichtungen verständlich. Zum Ersten tendieren Theoretiker von Berufs wegen dazu, alles auf ein Entweder-oder hin zu analysieren... Zum Zweiten bringt jede Vereinfachung, die bei den ökonomisch Oberflächlichen zur einseitigen Übertreibung gerät, notwendigerweise nach einer gewissen Zeit einen überbetonten Gegenstandpunkt zum Vorschein.

Die Interdependenz nachfrageseitiger und angebotsseitiger Störungen oder Schwächen des Wachstumsprozesses ist nur sehr schwer exakt zu modellieren. Man macht also mit starken Worten und eingängigen Schlagworten auf Sachverhalte aufmerksam, die dabei zu wenig bedacht werden. Um das Jahr 1980 herum geschah dies, um einer verbreiteten Verengung des Blickes auf die aus Keynesschen Kreislaufüberlegungen oberflächlich abgeleiteten Politikempfehlungen entgegenzuwirken. Obwohl eigentlich stets Nachfrage und Angebot bei wirtschaftspolitischen Konzeptionen der Wachstumspolitik berücksichtigt werden wollen, mussten die „Fünf Weisen"[1] bereits 1981 mit den folgenden Ausführungen für eine stärkere Hinwendung zur sogenannten **„Angebotspolitik"** werben: ‚Am meisten Skepsis begegnet die Angebotspolitik in Zeiten sehr schwacher Gesamtnachfrage. Warum sollte aufgrund verbesserter Angebotsbedingungen

1 Mit „die fünf Weisen" wird umgangssprachlich der *Sachverständigenrat zur Begutachtung der geamtwirtschaftlichen Entwicklung* bezeichnet. Der Rat wird vom Bundespräsidenten auf Vorschlag der Bundesregierung für fünf Jahre berufen. Er hat die Aufgabe, alle wirtschaftlich verantwortlichen Instanzen zu beraten. Zu diesem Zweck wird ein jährliches Gutachten erstellt.

Produktion und Investition zunehmen, wenn es allgemein an Nachfrage mangelt? Die Nachfrage ist freilich keine Größe, die gegeben ist oder unabhängig vom Angebot entsteht. Es wird leicht aus den Augen verloren, dass in entwickelten Marktwirtschaften die Nachfrage keineswegs auch nur normalerweise einen Vorlauf gegenüber dem Angebot hat. Im Gegenteil, zu großen Teilen entwickeln sich Angebot und Nachfrage im Gleichschritt und in wichtigen Teilen des Marktgeschehens hat das Angebotshandeln einen Vorlauf. Das Angebot, das Produzieren, schafft über das Einkommen, das dabei erzielt wird, kaufkräftige Nachfrage. Im Vorlauf ist Angebotshandeln überall dort, wo investiert, also künftige Produktion vorbereitet wird, oder wo für künftigen Bedarf Lager gehalten werden. Hier ist erwartete Nachfrage, nicht die aktuelle, in der Führungsrolle. Und es ist nicht die erwartete Nachfrageexpansion als Teil künftiger allgemeiner Nachfrageexpansion, die zählt. Es genügt, dass das einzelne Unternehmen darauf setzt, sich im Produkt- und Preiswettbewerb zusätzliche Nachfrage sichern zu können (Sachverständigenrat 1981, S. 143)."

Quelle: WAGNER, A.: Volkswirtschaft für jedermann. Die marktwirtschaftliche Demokratie, dtv, o. Jg., S. 127 f.

Aufgaben:

2.1 Erläutern Sie, welche Wirkungen das Angebot auf die Nachfrage, welche Wirkungen die Nachfrage auf das Angebot ausüben kann!

2.2 Erläutern Sie, wie der Verfasser bzw. der Sachverständigenrat den Gegensatz zwischen der Angebots- und der Nachfragepolitik begründet!

2.3 Im obigen Text wird gefragt, warum aufgrund verbesserter Angebotsbedingungen Produktion und Investition zunehmen sollen, wenn es allgemein an Nachfrage mangelt. Versuchen Sie eine Antwort auf diese Frage zu geben!

2.4 Die Überschrift einer Zeitungsmeldung vom März 2012 lautete: **„Lohnlücke zwischen den Geschlechtern ist stabil"**.

2.4.1 Interpretieren Sie, was diese Überschrift aussagt!

2.4.2 Erläutern Sie, wie sich die große „Lohnlücke" zwischen Frauen und Männern erklärt! (Zu den statistischen Werten siehe S. 188).

3. In Deutschland hat sich in den letzten 20 Jahren ein Wandel vom „Industrieland" in Richtung „Dienstleistungsland" vollzogen. Nahezu drei Viertel aller Erwerbstätigen arbeiten im Dienstleistungsbereich. Dazu gehören z. B. Banken, Versicherungen, Handel, Friseursalons, Rechtsanwaltsbüros und Gaststätten. Der Anteil der Industriearbeitsplätze nahm laufend ab und betrug 2010 nur noch knapp ein Fünftel.

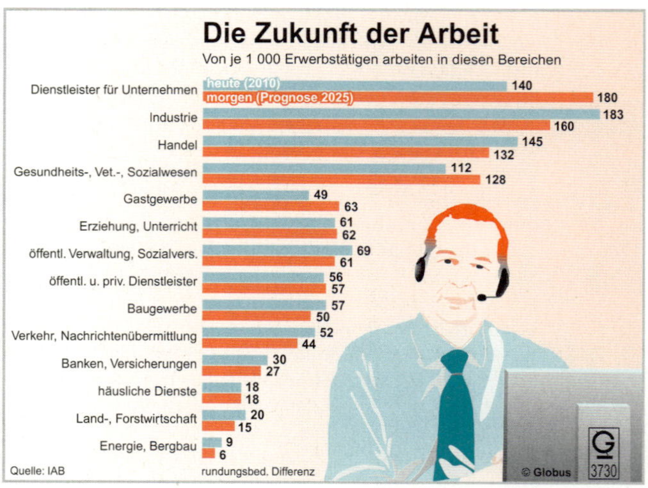

Aufgaben:

3.1 Führen Sie mögliche Gründe an, die erklären, dass die Industriearbeitsplätze in den letzten 20 Jahren ständig abgenommen haben, während die Arbeitsplätze im Dienstleistungsgewerbe stark zugenommen haben!

3.2 Erläutern Sie, wie sich erklärt, dass die landwirtschaftliche Produktion Deutschlands in den letzten 20 Jahren trotz sinkender Beschäftigtenzahl gestiegen ist!

19 Aktuelle Problemfelder der Wirtschaftspolitik

19.1 Spannungsverhältnis zwischen Ökonomie und Ökologie – Umweltpolitik

19.1.1 Begriff und Arten des Wirtschaftswachstums

(1) Abgrenzung des Begriffs Wirtschaftswachstum

Der Begriff Wirtschaftswachstum wurde bereits in mehreren Kapiteln angesprochen. Dabei wurde auch gesagt, dass das Wirtschaftswachstum an den Schwankungen des **realen Bruttoinlandsprodukts** gemessen wird und dass es üblich ist, das wirtschaftliche Wachstum als **langfristige** durchschnittliche Entwicklung des realen Bruttoinlandsprodukts anzusehen. In diesem Sinne wächst eine Wirtschaft, wenn das Bruttoinlandsprodukt Zuwachsraten aufweist. Verändert sich das Bruttoinlandsprodukt in einer Folgeperiode (z. B. im Folgejahr) nicht, stagniert[1] die Wirtschaft. Man spricht von „Nullwachstum".[2] Nimmt das Bruttoinlandsprodukt ab, liegt ein wirtschaftlicher Niedergang vor.

Für die Statistiker und Wirtschaftspolitiker ist es im Einzelfall sehr schwierig, positive und negative „Wachstumsraten" als Konjunktur- und/oder Wachstumserscheinung zu interpretieren.[3] In den Medien[4] und im Sprachgebrauch der Politiker wird daher meistens *jede* Zunahme des realen Bruttoinlandsprodukts als „Wachstum" bezeichnet. Von einem Wirtschaftswachstum dürfte man jedoch nur dann sprechen, wenn die **Leistungsfähigkeit** der Wirtschaft (das Potenzial) zunimmt. Solange eine Wirtschaft unterbeschäftigt ist, d. h. Arbeitslosigkeit herrscht und/oder Kapazitäten brachliegen, spiegelt die Zunahme des realen Bruttoinlandsprodukts lediglich einen Konjunkturaufschwung wider. (Siehe auch Kapitel 16.1.2).

Die Wachstumsrate sagt nichts darüber aus, wie viel der Einzelne von der gesamtwirtschaftlichen Leistung bzw. deren Zuwachs erhält. Einen ersten groben Durchschnittswert liefert das Bruttoinlandsprodukt je Einwohner. (Zu ähnlichen Vergleichswerten gelangt man, wenn man das Nettoinlandsprodukt zu Herstellungspreisen, also das **Volkseinkommen je Einwohner,** als Maßstab verwendet.) Ein weiterer Durchschnittswert ist die Aufteilung des Volkseinkommens in das Arbeitnehmerentgelt einerseits und die Unternehmens- und Vermögenseinkommen andererseits **(Einkommensverteilung)**.

(2) Wachstumsarten

Das am realen Bruttoinlandsprodukt gemessene Wirtschaftswachstum ist ein **quantitatives Wachstum,** weil es die Veränderung der allgemeinen Lebensumstände der Bevölkerung – die sogenannte *„Lebensqualität"* – nicht oder nur unzureichend misst. Um ein **qualitatives Wachstum** zu beschreiben, bedarf es weiterer Indikatoren wie z. B. die Einkommensverteilung, der Bildungsgrad, die Lebenserwartung und der Umfang der Umweltbelastung.

---

1 Stagnieren (lat.) = stillstehen. Stagnation = Stillstand.

2 Der Ausdruck „Nullwachstum" ist zwar üblich geworden, ist jedoch in sich widersinnig. Kein Wachstum heißt Stagnation (Stillstand). Ebenso ist der Begriff „negatives Wachstum" im Grunde falsch, weil hier eben kein Wachstum (kein „Größerwerden"), sondern ein Schrumpfungsprozess vorliegt.

3 Interpretieren (lat.) = deuten, erklären. Interpretation = Auslegung, Deutung (auch von Statistiken, Texten u. a.).

4 Mit Medien (lat.), Mehrzahl von Medium, sind hier Mittel gemeint, mithilfe derer Nachrichten verbreitet werden (z. B. Hörfunk, Fernsehen, Internet, Zeitungen und Zeitschriften). Die gedruckten Medien werden als Printmedien bezeichnet (von to print [franz., engl.] = drucken).

13 Hartmann - ISBN 978-3-8120-0490-9

19.1.2 Grenzen des quantitativen Wirtschaftswachstums

Je nach der Entwicklung der Zuwachsraten des realen Bruttoinlandsprodukts lassen sich theoretisch verschiedene Wachstumsarten unterscheiden:

Zyklisches Wachstum	In diesem Fall ist das Wirtschaftswachstum durch mehr oder weniger starke Konjunkturschwankungen bei einem positiven Trend (Potenzialwachstum, Wachstum der volkswirtschaftlichen Kapazität) gekennzeichnet.
Lineares[1] Wachstum	Das Wirtschaftswachstum weist in jeder Periode (z.B. von Jahr zu Jahr) einen gleich hohen Betrag aus. Die Wachstumsraten sinken somit von Periode zu Periode (theoretischer Grenzfall).
Exponentielles Wachstum	Die Wachstumsraten des realen Bruttoinlandsprodukts sind von Periode zu Periode gleich hoch (theoretischer Grenzfall).
Organisches[2] Wachstum	Hier handelt es sich um ein Wachstum, wie es überall in der belebten Natur (Pilze, Pflanzen, Tiere, Menschen) vorkommt. Beim Wirtschaftswachstum scheint die Entwicklung einen ähnlichen Verlauf zu nehmen. In der ersten Phase nimmt das BIP progressiv, in der zweiten degressiv zu. In der dritten Phase stagniert das Wachstum, d.h. die Wachstumsgrenzen sind erreicht.

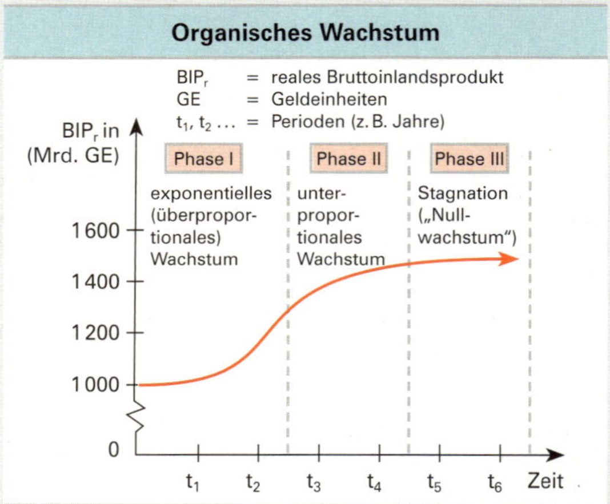

Dem quantitativen Wirtschaftswachstum sind vor allem deswegen Grenzen gesetzt, weil

- die Rohstoffvorkommen (Ressourcen)[3] immer knapper und damit teurer werden,
- die Umwelt von Jahr zu Jahr stärker durch Industrieabfälle und Abgase belastet wird,
- die Steigerung der industriellen Produktion zu steigenden Einkommen der Bevölkerung führt, was sich z.B. im höheren Ge- und Verbrauch von Autos, Treibstoffen, Einwegverpackungen (Plastikverbrauch), Fleischkonsum usw. niederschlägt.

1 Linear (lat.) = linienförmig, auf gerader Linie verlaufend.

2 Organ (griech.) = Körperteil. Organisch = auf einen (gesamten) Körper bezogen.

3 **Ressouce** (franz.) = Quelle, Erwerbsquelle, Vorrat (vor allem an Rohstoffen).

Die Gefahren, die der Menschheit aus dem **Spannungsverhältnis zwischen quantitativem Wirtschaftswachstum (der „Ökonomie")[1] und der Vernichtung der Umwelt („Ökologie")[2]** drohen, beschrieben bereits 1972 Dennis Meadows und seine Mitautoren in ihrem Buch „Die Grenzen des Wachstums, Bericht des Club of Rome zur Lage der Menschheit". Die Grundaussage dieses Werks war: Wenn die Menschheit nichts gegen die fortschreitende Umweltverschmutzung und -zerstörung unternimmt, drohen nicht nur Stagnation, sondern letztlich auch der Zusammenbruch.

Der Anstoß für diese Veröffentlichung war eine Einladung des italienischen Unternehmers Aurelio Becci an dreißig Persönlichkeiten verschiedener Nationalitäten (Wissenschaftler und Praktiker)) aus verschiedenen Berufen und Disziplinen (Fachrichtungen), um die Gefahren zu diskutieren, denen die Menschheit in der Zukunft durch ungehemmtes Wirtschaftswachstum ausgesetzt ist. Aus dieser Versammlung entstand der **„Club of Rome"**.

Zwanzig Jahre später veröffentlichten die Autoren des Club of Rome. „Die neuen Grenzen des Wachstums. Die zwischenzeitlich gewonnenen Erkenntnisse und Daten (z. B. die mittlerweile eingetretenen Klimaverschlechterungen) wurden in ihren neuen Computersimulationen berücksichtigt. An den getroffenen Aussagen von 1972 hat sich im Wesentlichen nichts geändert.

2004 veröffentlichten die Autoren das „30-Jahre-Update". Die Daten von 1992 wurden auf den neusten Stand gebracht. Wie schon 1972 vorausgesagt, ergab sich auch bei den neusten Szenarien[3], dass ein „Weiter so" wie in den letzten 30 Jahren zum Zusammenbruch ab 2030 führen wird.

2012 erschien der neue Bericht des Club of Rome mit dem Titel „2052 – eine globale Vorausschau". Danach wird das materielle Wirtschaftswachstum (das Wachstum des realen Bruttoinlandsprodukts) bis 2030 vor allem in den alten Industriestaaten zu Ende sein. Die Gründe sollen die Abnahme der Bevölkerung und vor allem die Erderwärmung (der „Klimawandel") sein.

Ebenfalls 2012 mahnte die **Internationale Energieagentur (IEA)** die Regierungen aller Staaten der Erde an, mehr zu tun, um endlich den in Gang gesetzten Prozess der Erderwärmung zu stoppen. Die IEA sagte voraus, dass die Kohlendioxid-Emissionen bis 2020 um ein Drittel ansteigen und sich bis 2050 verdoppeln werden. Das entspricht einer Klimaerwärmung um rund 6 Grad, was z. B. bedeuten würde, dass Südeuropa zur Wüste (vergleichbar z. B. mit der Sahara) würde.

19.1.3 Ursachen und Ausmaß der Umweltprobleme

Unter **Umweltproblemen** versteht man die vom Menschen verursachten Schädigungen der natürlichen Umwelt wie z. B.

- Ausrottung der Pflanzen- und Tierarten,
- Verseuchung der Gewässer und der Böden,
- Ausbeutung der nicht mehr regenerierbaren[4] Bodenschätze und
- die Belastung der Luft mit Stäuben und Abgasen.

1 **Ökonomie** (griech.) = Wirtschaftswissenschaft, Wirtschaft.

2 **Ökologie** (griech.) = eigentlich die Lehre von den Beziehungen und Abhängigkeiten der Lebewesen untereinander. Hier ist mit Ökologie in erster Linie die Lehre von der Erhaltung des natürlichen Gleichgewichts gemeint.

3 **Szenario** (it.) = Entwurf, Vorausschau auf eine zukünftige Entwicklung aufgrund gegebener Daten.

4 **Generieren** (lat.) = schaffen, schöpfen, hervorbringen. Regenerieren = wieder schaffen, neu schaffen.

(1) Landwirtschaft und Fischfang

Zu den durch landwirtschaftliche Eingriffe verursachten Umweltschäden und -zerstörungen gehört vor allem das rücksichtslose **Abholzen und Niederbrennen der Urwälder.** Ein Drittel aller Urwälder ist bereits vernichtet, und zwar nicht in erster Linie wegen des Holzes, sondern um Land für die Rinderzucht zu gewinnen. Falls es nicht gelingen sollte, den Raubbau an den Urwäldern zu stoppen, werden bis 2050 – so wird geschätzt – zusätzlich 230 Mio. Hektar Wald (eine sieben mal größere Fläche als Deutschland) verloren gehen.

Die Rinderzucht ist für sich allein schon umweltschädlich, so die mehrheitliche Meinung. Denn Rinder, aber auch Ziegen und Schafe, entwickeln in ihren Verdauungsorganen das Treibhausgas Methan (CH_4)[1], das sie an die Umwelt abgeben. **Treibhausgase** sind alle Gase in der Atmosphäre[2], die die Wärmerückstrahlung von der Erde ins Weltall verhindern, sodass sich durch die Sonneneinstrahlung die Temperatur auf der Erde – ähnlich wie die Luft in einem Treibhaus – ständig erhöht.

Umweltschädigend sind auch die **Monokulturen,** die erdweit immer häufiger angelegt werden (siehe S. 184). Die Folgen sind z. B. Verarmung der Böden und die Ausrottung der Tierwelt (in Deutschland z. B. bestimmte Vogelarten, Feldhamster, Hasen). In Monokulturen breiten sich Unkraut, Pflanzenkrankheiten und Schadinsekten schneller aus als in Mischkukturen, was eine erhöhte Ausbringung von Unkrautvertilgungsmitteln (Herbiziden) und Mitteln zur Pilzbekämpfung (Fungiziden) erfordert. Hinzu kommt die Ausbringung von Insektengiften (Insektiziden). Diese tragen z. B. zum sogenannten Bienensterben bei. Bienen sind aber zur Befruchtung der Blüten der für die menschliche Ernährung wichtigen Kulturpflanzen (z. B. Obstbäume) wichtig. („Je weniger Bienen, desto weniger Obst").

Umweltprobleme schafft auch der **Fischfang.** Fische sind eine wichtige Nahrungsquelle der Menschen. Jährlich werden weltweit 145 Mio. t Fisch verzehrt. Moderne Fangmethoden tragen jedoch zur Vernichtung der Fischvorkommen bei. Rund 85 % der Fischbestände gelten als bis an die Grenze befischt bzw. als bereits zusammengebrochen.

(2) Industrie

Vor allem die Energiewirtschaft (z. B. Kohlekraftwerke) gibt bei der **Verbrennung fossiler[3] Energieträger** (Steinkohle, Braunkohle und Erdöl) große Mengen an Kohlendioxid (CO_2) in die Umwelt ab. CO_2 entsteht ferner bei der unvollständigen Verbrennung in Motoren und Feuerungsanlagen. Kohlendioxid gilt als das gefährlichste Treibhausgas.

Bei Verbrennungsvorgängen entstehen auch Stickstoffoxide (NO_1 und NO_2) durch Oxidation des Stickstoffs, der in den Brennstoffen und in der zur Verbrennung nötigen Luft enthalten ist. Stickstoffverbindungen führen zur Versauerung der Böden und der Gewässer. Die Gase steigen auch in höhere Luftschichten. Der entstehende „saure Regen" ist eine der Ursachen des Waldsterbens.

Bei der Verbrennung fossiler Stoffe entsteht noch ein weiteres umweltschädigendes Gas, nämlich Schwefeldioxid (SO_2). Der Grund: Die fossilen Energieträger besitzen einen natürlichen Schwefelgehalt.

Eine der für die Umwelt größten Gefahren geht von den **Atomkraftwerken (Kernkraftwerken)** aus, die aus radioaktiven Rohstoffen wie z. B. Uran elektrische und thermische[4] Energie gewinnen. Das Gefährliche an dieser Technologie ist, dass bei Beschädigungen

1 Methan ist ein Kohlenwasserstoff. Es kommt bei Erd- und Grubengas vor und entsteht bei Fäulnisprozessen (Sumpfgas, Darmgas, auf Reisfeldern). Methan wird auch freigesetzt, wenn bei Tiefseebohrungen Lecks entstehen.

2 **Atmosphäre** (griech.) = Lufthülle.

3 **Fossil** (lat.) = urzeitlich. Ein Fossil ist ein urzeitlicher Überrest.

4 **Thermisch** (griech.) = warm. Thermische Energie = Wärmeenergie, die z. B. in Heizkraftwerken gewonnen wird.

der Atomanlagen radioaktive Strahlung in die Luft gelangt und austretendes radioaktives Kühlwasser Land, Flüsse und/oder Meere kontaminiert.[1] Massive Beschädigungen an den Atomkraftwerken können z. B. durch defekte Leitungssysteme, Flugzeugabstürze, Erdbeben oder Tsunamis[2] hervorgerufen werden, sodass radioaktive Strahlung freigesetzt wird. Je nach ihrer Stärke ist radioaktive Strahlung für alle Lebewesen (Menschen, Tiere und Pflanzen) gefährlich. Zellen im Körper werden zerstört, das Erbgut wird verändert, die Lebenserwartung verkürzt. Die bisher größten Atomunglücke ereigneten sich 1986 in Tschernobyl (Ukraine) und 2011 in Fukushima (Japan).

Unsicher sind auch der Transport des radioaktiven Materials sowie die Lagerung der atomaren Abfälle (des „Atommülls").

Ein weiteres Umweltproblem ist die Ausbeutung der Bodenschätze (Bergbau und Erdölförderung zu Land und auf dem Meeresboden).

Beispiele:

- Im Amazonas-Gebiet werden Urwälder gerodet, vor allem um Gold zu fördern. Große Unternehmen fördern mit Riesenbaggern das Gestein, das kleine Mengen Gold enthält. Das Gestein wird maschinell zerkleinert. Auch die kleinste Menge Gold wird mit wasserlöslichem Zyanid[3] aus dem Gestein gelöst. Die Zyanidbrühe bleibt in Sammelbecken zurück. Häufig läuft sie aus und vergiftet ganze Landstriche und das Wasser der Flüsse.
- Ein anderes Verfahren ist die Gewinnung von Gold mithilfe von Quecksilber (Hg)[4]. Das Gold wird aus dem Flusssand gewaschen. Das Quecksilber zieht den im Sand enthaltenen Goldstaub an. Anschließend wird das Quecksilber verdampft. Die Arbeiter und die Menschen in der Umgebung atmen die Luft ein und werden krank. Ein Teil des Quecksilberdampfes gelangt auch in die höheren Luftschichten und wird dort global verteilt. Auf diesem Weg und über das Flusswasser gelangt das Quecksilber in die Nahrungskette der Menschen, von denen es dann aufgenommen wird.

(3) Verkehr

Der Straßenverkehr trägt ebenfalls in erheblichem Umfang zur Luftverschmutzung bei. Durch die Verbrennungsvorgänge in Kraftfahrzeugmotoren entsteht Kohlenmonoxid (CO), ein giftiges geruch- und geschmackloses Gas. Hohe Konzentrationen wie z. B. ein laufender Automotor in einer geschlossenen Garage oder Werkstatt lösen Erstickungsanfälle aus. Außerdem stößt der Straßenverkehr Stickstoffoxide aus und trägt neben der Industrie zur **Feinstaubbelastung** bei. Feinstaub entsteht z.B. durch Dieselmotoren, Reifen- und Bremsenabrieb (auch im Schienenverkehr) sowie im Flugverkehr. Hohe Feinstaubkonzentrationen wie z. B. in Großstädten können zu Allergien, asthmatischen Anfällen, Herz-Kreislauf-Erkrankungen und Lungenkrebs führen.

Heute zählt auch der **Lärm** zur Umweltverschmutzung. Man spricht von „akustischer Umweltverschmutzung". Nach einer dauerhaften Online-Befragung des Umweltbundesamts nach der Lärmbelästigung der Bevölkerung fühlen sich 36 Prozent der Deutschen durch den Straßenverkehr mittel bis äußerst stark belästigt.[5]

---

1 **Kontaminieren** (lat.) = verseuchen (meist im Sinne von radioaktiv verunreinigen).

2 **Tsunami** (jap.) = Hochwasser, große Flut. Ein Tsunami ist eine von Seebeben (Beben des Meers) ausgelöste und sich mit hoher Geschwindigkeit ausbreitende Flutwelle mit verheerenden Auswirkungen an den betroffenen Küsten.

3 Zyanid (auch Cianid geschrieben) ist vom griechischen Wort kyanos (blau) abgeleitet. Zyanide sind meist hochgiftige (toxische) Verbindungen wie z. B. Zyankali.

4 Hg (Quecksilber) gehört zu den Schwermetallen. Die Abkürzung Hg ist auf das griechische Wort Hydrargrym zurückzuführen. Quecksilber ist ein Nervengift und führt z. B. zu Erbschäden und Missbildungen.

5 Vgl. dpa-Infografik Nr. 4314 vom 16. Juni 2011.

(4) Private Haushalte

Die Heizungsanlagen der privaten Haushalte belasten ebenfalls die Umwelt mit Kohlendioxid, Kohlenmonoxid, Stickstoffoxiden und Schwefeldioxid. Hinzu kommt der Haushaltsmüll.

Fast 37 Millionen Tonnen Haushaltsabfälle wurden im Jahr 2013 in Deutschland eingesammelt. Das waren durchschnittlich 453 Kilogramm je Einwohner und damit etwa drei Kilogramm weniger als 2012. Die Menge getrennt gesammelter Wertstoffe betrug im Schnitt 143 Kilogramm pro Kopf. Im Ländervergleich sind die Recyclingquoten von Baden-Württemberg und Sachsen gleichauf, der Anteil getrennt gesammelter Wertstoffe liegt bei den beiden Spitzenreitern bei 38 Prozent. Schlusslicht ist Hamburg mit einer Quote von 26,5 Prozent: Von den insgesamt 452 Kilogramm Hausmüll je Einwohner wurden in der Hansestadt 120 Kilogramm Wertstoffe fürs Recycling getrennt gesammelt.

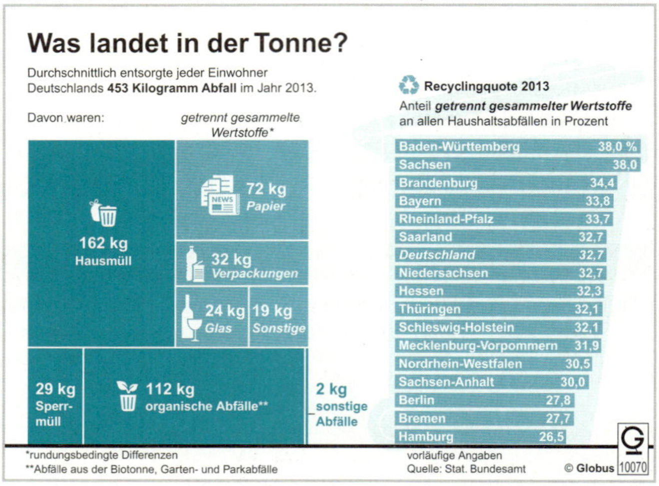

19.1.4 Ziele und Probleme der Umweltpolitik

19.1.4.1 Notwendigkeit der Umweltpolitik

Die meisten Wissenschaftler sind sich darüber einig, dass die Erderwärmung eine Folge der im vorigen Kapitel genannten menschlichen Aktivitäten (Tätigkeiten) ist oder doch zumindest mitverursacht wurde und wird. Die Folgen des „Klimawandels“ kann man überall auf der Erde beobachen: Verheerende Wirbelstürme in Europa, Amerika (Hurrikane) und in Ostasien (Taifune), gewaltige Überschwemmungen, lang anhaltende Dürreperioden, Ausdehnung der Wüsten, das Abschmelzen der Gletscher und des Polareises sowie der Rückgang der Permafrostböden.[1]

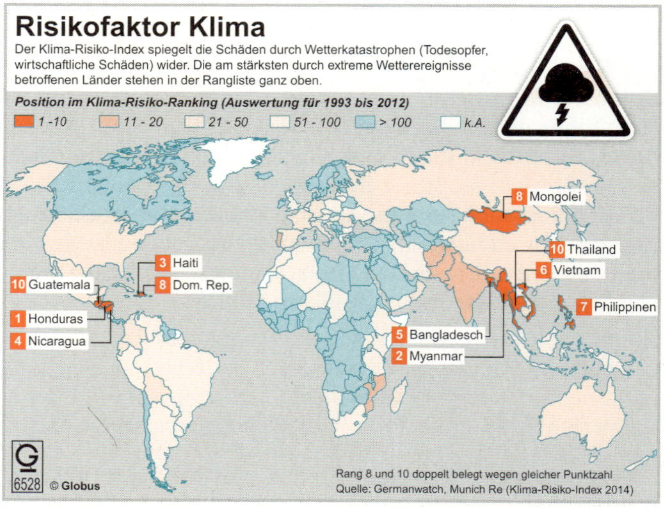

---

1 **Perma** (lat.) = Abkürzung von permanent (dauerhaft). Permafrostböden sind Dauerfrostböden, die im Sommer allenfalls an der Oberfläche auftauen. Dauerfrostböden gibt es in den Hochgebirgen (z. B. in den Alpen, Nordkanada, Alaska, Grönland und Ostsibirien) sowie am Meeresboden (z. B. im Polarmeer).

Dürreperioden und die Ausdehnung der Wüsten bedeutet für die betroffenen Menschen Mangel an Trinkwasser und Nahrungsmitteln. Übrig bleibt ihnen nur die Flucht in weniger betroffene Regionen.

In Permafrostböden ist u.a. Methan gebunden. Tauen die Dauerfrostböden auf, entweichen große Mengen Methan in die Atmosphäre. Methan ist ein Gas, dessen Treibhauswirkung rund 25-mal so groß wie die von Kohlendioxid ist.

Das Abschmelzen des Polareises in den Polarregionen lässt den Meeresspiegel steigen, sodass niedrig gelegene Küstengebiete überschwemmt werden. Mit dem Rückzug der Gletscher verschwinden riesige Trinkwasserreserven. Schließlich tauen auch die Permafrostböden in den Hochgebirgen auf. Das durch das Eis bisher zusammengehaltene Gestein löst sich und es kommt zu Felsstürzen: Straßen, Eisenbahnlinien, Häuser, Felder und Waldgebiete werden zerstört.

Alle bisher genannten Auswirkungen der Erderwärmung sind nur Beispiele von vielen. Sie zeigen jedoch, wie notwendig es ist, politische Maßnahmen zu ergreifen, um zu einer umweltverträglichen Wirtschaftsweise zu gelangen.

19.1.4.2 Voraussetzungen und Prinzipien der Umweltpolitik

(1) Schaffung eines Umweltbewusstseins

Eine der wichtigsten **Voraussetzungen** für eine umweltschonende Wirtschaftspolitik ist die **Veränderung des Bewusstseins** zumindest der Mehrheit der Bevölkerung. Solange z.B. noch Schüler Behältnisse aller Art ungeniert auf die Schulhöfe werfen, Touristen ihre Abfälle an den Park- und Rastplätzen hinterlassen, Autofahrer ihre Motoren im Stand laufen lassen, private Verbraucher oft aufwendig verpackte Lebensmittel kaufen, Motorrad- und Autofahrer an Sonn- und Feiertagen Hunderte von Kilometern fahren, Familienväter den Hausmüll im nächstgelegenen Bach oder Wald „entsorgen", Landwirte ihre Spritz- und Düngemittel nach dem Motto „viel bringt viel" ausbringen, Betriebsleiter giftige Abwässer in die Flüsse leiten lassen, solange also jeder, ob Privater, Unternehmer, Angestellter, Arbeiter, Beamter, Soldat oder Rentner, Auszubildender, Schüler oder Student, den Umweltschutz den „anderen" überlässt, solange ist es um eben dieses Umweltbewusstsein schlecht bestellt.

Die Veränderung des Bewusstseins muss zu einem **Wirtschafts- und Gesellschaftsmodell** führen, das alle wirtschaftlichen Ziele und Handlungen dann als **richtig** begreift, wenn sie umweltschonend sind, und alle diejenigen als **falsch** (als schädlich) ansieht, wenn sie die Umwelt schädigen.

(2) Verursacherprinzip

Das Verursacherprinzip verlangt, dass alle Kosten denjenigen Leistungen zuzurechnen sind, auf die diese Kosten zurückzuführen sind. Auf die Umweltpolitik übertragen bedeutet dies, dass derjenige die Kosten zur Vermeidung, Beseitigung oder zum Ausgleich einer Umweltbelastung zu tragen hat, der für ihre Entstehung verantwortlich gemacht werden kann. Die Durchsetzung des Verursacherprinzips dient der Internalisierung[1] von Kosten.

1 Intern = innerlich, von innen. **Internalisierung** von Kosten heißt, dass solche Kosten von denjenigen getragen werden müssen, die sie verursacht haben und die bisher auf die Allgemeinheit abgewälzt wurden. Die von der Allgemeinheit zu zahlenden Kosten heißen **„externe Kosten"**. (Extern = äußerlich, außen.)

Beispiele:

Die Verpackungsverordnung [VerpV] sieht eine Entsorgungspflicht für Verpackungen vor. So sind Hersteller, Großhändler und Einzelhändler verpflichtet, ihre Verpackungen entweder erneut zu verwenden oder zu entsorgen (z.B. durch das Duale System). Dadurch ist es ihnen nicht möglich, die Entsorgungskosten zu „externalisieren", d.h. von der „Außenwelt" (der Gesellschaft) tragen zu lassen. Mit der gesetzlichen Entsorgungspflicht werden die Kosten „internalisiert", d.h., die Kosten erscheinen in den Kalkulationen der Unternehmen.

(3) Vorsorgeprinzip

Dieser Grundsatz der Umweltpolitik verlangt, dass Umweltgefahren **vorausschauend** erkannt und vorbeugend vermieden werden.

Beispiel:

Bereits in der Planungsphase privater und öffentlicher Maßnahmen (z.B. Bauplanungen) prüfen staatliche Behörden, ob bei den zu genehmigenden Projekten schädliche Immissionen (Einwirkungen auf Pflanzen, Tiere und Menschen) zu erwarten sind **(Umweltverträglichkeitsprüfung)**.

(4) Kooperationsprinzip

Neben dem Verursacher- und dem Vorsorgeprinzip stellt das Kooperationsprinzip eine weitere Säule der Umweltpolitik dar. Das Kooperationsprinzip verlangt das enge Zusammenwirken (Kooperieren) von Unternehmen, privaten Haushalten, staatlichen Stellen und Verbänden in Angelegenheiten des Umweltschutzes.

Beispiel:

Ein großer Brillengestellhersteller verzichtet seit einiger Zeit auf die Herstellung von Brillen mit Schildpatt-Fassungen – ein konsequenter Schritt hin zum Artenschutz der Schildkröten. – Eine Kaufhausgruppe hat 2000 Artikel aus Umweltgründen ausgetauscht oder völlig ausgelistet, zum Beispiel alle Sprays mit Treibmitteln. – Ein bekannter Kosmetikhersteller verzichtet ebenfalls auf den Vertrieb derartiger Sprays. – Eine Lebensmittelgruppe appelliert in einem offenen Brief an ihre Lieferer, auf unnötige Verpackungen zu verzichten. Warum dies alles? Die Marketing-Strategen haben erkannt, dass sich das **„Öko-Marketing"** auszahlt, weil es die Mitarbeiter motiviert und weil die Zahl der umweltbewussten Kunden zunimmt.

Hinzu kommt das **„Öko-Sponsoring"**, d.h. die Leistung von Spenden für Wiederherstellungsmaßnahmen (z.B. Wiederaufforstung) und/oder Zahlungen an Umweltverbände [z.B. GREENPEACE; ROBIN WOOD; World Wildlife Fund (WWF), Bund für Umwelt und Naturschutz Deutschland (BUND) und der Deutsche Bund für Vogelschutz (DBV)]. Diese Verbände nehmen in der Regel Spenden nur dann an, wenn umweltschädigende Produkte in großem Umfang vom Markt genommen werden.

Käme es zusätzlich noch zu einer **Verlagerung des Konsums** hin zu den umweltverträglichsten Produkten, dann wäre der Umweltschutz in einigen Jahren **ohne** langwierige und oft lückenhafte Gesetzgebung ein großes Stück vorangekommen, ein unbestreitbarer Vorteil des Kooperationsprinzips im Rahmen der sozialen Marktwirtschaft.

(5) Prinzip der Nachhaltigkeit[1]

Das Prinzip der Nachhaltigkeit stammt ursprünglich aus der vor allem in Deutschland betriebenen Forstwirtschaft. Danach darf der jährliche Holzeinschlag nicht größer sein als

1 Quelle: VOSS, G.: Wirtschaftswachstum und Umwelt, hrsg. von der Bundesarbeitsgemeinschaft Schule/Wirtschaft, Köln, 1995, S. 15f.

die nachwachsende Holzmenge. Dieses Prinzip ließe sich z. B. ohne Weiteres auch auf die Fischerei- oder Jagdwirtschaft anwenden.

Bezüglich der nicht erneuerbaren Ressourcen lässt sich das Nachhaltigkeitsprinzip im ursprünglichen Sinne nicht anwenden, denn wirtschaftliche Tätigkeiten sind meistens auch mit dem Verbrauch nicht erneuerbarer Ressourcen (z. B. Erdöl, Kohle, Mineralien usw.) verbunden.

Konkret gelten deshalb folgende Nutzungsregeln des Prinzips der Nachhaltigkeit:

Sustainable yield	Bei erneuerbaren Ressourcen darf die Abbaurate die Regenerationsrate (die Nachwuchsrate) nicht überschreiten (siehe Forst- und Fischereiwirtschaft).
Sustainable waste disposal	Abfallmengen oder Schadstoffemissionen dürfen die Assimilationskapazität[1] der Natur nicht übersteigen.
Quasi-Nachhaltigkeit[2]	Der Verbrauch nicht erneuerbarer Ressourcen muss ausgeglichen werden (z. B. durch entsprechende Zunahme der Nutzung erneuerbarer Energien, Effizienzsteigerung [Steigerung der Wirksamkeit] erschöpfbarer Ressourcen).
Finanzierungsregel	Die steuerlichen Gewinne aus dem Einsatz der nicht erneuerbaren Ressourcen sind für die Entwicklung alternativer Technologien zu verwenden, die (ausschließlich oder vorrangig) auf erneuerbare Ressourcen zurückgreifen.

19.1.4.3 Instrumente der Umweltpolitik

(1) Ordnungsrechtliche Instrumente

Gesetzliche Normen, die die Rahmenbedingungen einer Wirtschaftsordnung verändern, sind ordnungspolitischer Natur. Dazu gehören **Verbote** und die Vorgabe von **Grenzwerten.**

Verbote

Verboten werden sollten grundsätzlich alle umweltschädlichen Produkte, die vollständig durch ungefährliche Stoffe ersetzt werden können. Seit Jahren darf z. B. das giftige Pestizit E 604 nicht mehr angeboten und verwendet werden. In der EU wurden bereits die sogenannten „Glühbirnen" verboten. Zudem hat die EU Ende 2014 für das Vorhaben gestimmt, den **Plastiktüten-Verbrauch** zu begrenzen. Die Staaten sollen nun entweder Gebühren oder Steuern auf die Beutel erheben oder konkrete Ziele zur Verminderung beschließen. Auch Verbote wären möglich. Europaweit soll der Jahresverbrauch leichter Plastiktüten schon bis 2019 um mehr als die Hälfte zurückgehen, von derzeit 200 auf 90 Tüten pro Kopf. Im Jahr 2025 sollen es dann nur noch 40 Stück sein. Alternativ könnten die Länder Plastiktüten verpflichtend mit einem Preis belegen. Das Ziel soll für jedes Land einzeln gelten.

Der Nachteil der Verbote ist, dass sie wenig nützen, wenn ihre Einhaltung nicht kontrolliert wird.

Beispiel:

Das Insektizit E 605 ist in Deutschland seit Jahren verboten. Dennoch gibt es Handelsbetriebe, die E 605 und andere verbotene Spritzmittel an Landwirte verkaufen. Laut Greenpeace finden sich immer wieder Rückstände verbotener Spritzmittel in Lebensmitteln deutscher Herkunft.[3]

1 **Assimilation** (lat.) = Aufnahmefähigkeit, (problemlose) Ausgleichsfähigkeit.

2 Quasi (lat.) = als ob, gleichsam, gewissermaßen, quasi-Nachhaltigkeit: Dem Prinzip der Nachhaltigkeit ersatzweise durchzuführende Maßnahmen.

3 Vgl. www.vetcontact.com vom 22. April 2012.

Grenzwerte

Die Herstellung bzw. Verwendung von Schadstoffen, die mit technischen Mitteln auf einen bestimmten Stand reduziert (verringert) werden können, kann mithilfe von *Grenzwerten* (Höchstwerten) herabgesetzt werden (z.B. Schadstoffe in Autoabgasen). Das Problem der Vorgabe von Grenzwerten ist, dass sie oft auch unterboten werden könnten, die Wirtschaftssubjekte jedoch nicht einsehen, dass sie die Kosten für eine weitere Verringerung von Schadstoffen tragen sollen, wenn dies nicht gesetzlich geboten ist.

(2) Marktbezogene Instrumente

Von marktbezogenen Maßnahmen spricht man, weil sie den Marktmechanismus nicht außer Kraft setzen. Zu den marktbezogenen Instrumenten gehören die sogenannten **Ökosteuern** und die **Emissionszertifikate** (auch Umweltzertifikate oder Verschmutzungsrechte genannt).

Ökosteuer

Der Begriff **Ökosteuer** umfasst nicht nur die Steuern i.e.S., sondern auch Gebühren und Zölle. Man spricht daher auch von **Ökoabgaben.** Mit ihrer Hilfe sollen als umweltschädlich erkannte Produktionsverfahren und Produkte so stark belastet werden, dass in absehbarer Zeit sowohl Nachfrage als auch Angebot reagieren werden. Umgekehrt sollen alle als umweltschonend erkannten Produktionsverfahren und Produkte so stark entlastet (notfalls auch subventioniert) werden, dass sich Angebot und Nachfrage in die gewünschte Richtung bewegen.

Emissionszertifikate[1]

Betreiber von Anlagen, die CO_2 ausstoßen (z.B. Kraftwerke, Stahlwerke, Raffinerien, Zementwerke) benötigen seit 2005 sogenannte Emissionszertifikate. Ein Zertifikat berechtigt zur Freisetzung von einer Tonne CO_2.

Mithilfe der Zertifikate soll eine zu starke Beanspruchung der natürlichen Umwelt verhindert werden. Die Ausgabe der Zertifikate erfolgt durch eine staatliche Behörde. Die Summe der Nutzungsrechte wird von Staats wegen so gewählt, dass in einer Region ein bestimmtes Immissionsvolumen[2] je Periode nicht überschritten wird. Die Nutzungsrechte (Zertifikate) werden börsenmäßig an der Energiebörse EEX in Leipzig gehandelt. Der Preis ergibt sich aufgrund von Angebot und Nachfrage.

- Als **Anbieter** treten solche Betriebe auf, denen es bei dem Preis, den sie für ihre Zertifikate am Markt erzielen können, rentabler erscheint, ihre Emissionen durch Einbau von emissionsmindernden Maßnahmen zu verringern (z.B. durch Einbau von Filtern, Abgasreinigungsanlagen, Katalysatoren, Bau von Kläranlagen usw.).
- Als **Nachfrager** erscheinen die Betriebe, deren Vermeidungskosten höher sind als die Kosten des Zertifikatkaufs. Es kann sich hierbei um Betriebe mit veralteter Technik handeln. Zusatzbedarf an Nutzungsrechten kann auch bei Betriebserweiterungen oder Neugründungen entstehen.

Umweltzertifikate haben gegenüber der Festlegung von Grenzwerten den Vorteil, dass die Wirtschaft eines Staates oder die einer ganzen Staatengruppe auf marktkonforme Weise

1 Emission (lat.) = Ausstoß (z.B. Rauch, Abgase, Abwässer, Staub).

2 Immission (lat.) = Einleitung. Immissionsvolumen = Umfang der (zugelassenen) Schadstoffeinleitung in die Umwelt.

zu einem von Jahr zu Jahr sinkenden Gesamtausstoß von umweltschädlichen Stoffen gelenkt wird.

In der ersten Phase des EU-Emissionshandels (2005–2007) wurden in Deutschland die Zertifikate kostenlos abgegeben, wobei die Bundesregierung den Unternehmen einen jährlichen Kohlendioxidausstoß von 499 Mio. t zugestand. Da tatsächlich nur 474 Mio. t emittiert wurden, waren die Zertifikate praktisch folgen- und damit wertlos.

Für die zweite Handelsphase (2008–2012) wurde daher die erlaubte Gesamtmenge der CO_2-Emissionen auf 452 Mio. t verringert. Außerdem wurde ein Teil der Emissionszertifikate nicht mehr kostenlos abgegeben, sondern versteigert.

Aber auch in der zweiten Handelsphase war der Preis der Zertifikate zu niedrig: Er sank 2013 auf unter 3,00 €. Aber erst bei einem Preis von etwa 20,00 € lohnt es sich für die Produzenten eher, in klimafreundliche Techniken zu investieren, um CO_2 zu sparen, als sich Zertifikate zu kaufen. Aus diesem Grund wird das System in der dritten Handelsphase (2013 bis 2020) EU-weit geändert. Die Menge der ausgegebenen sowie der Anteil der kostenlos abgegebenen Zertifikate wird weiter jährlich verringert. Durch diese Maßnahme stieg der Preis im Jahr 2014 zumindest wieder auf über 6,00 €.

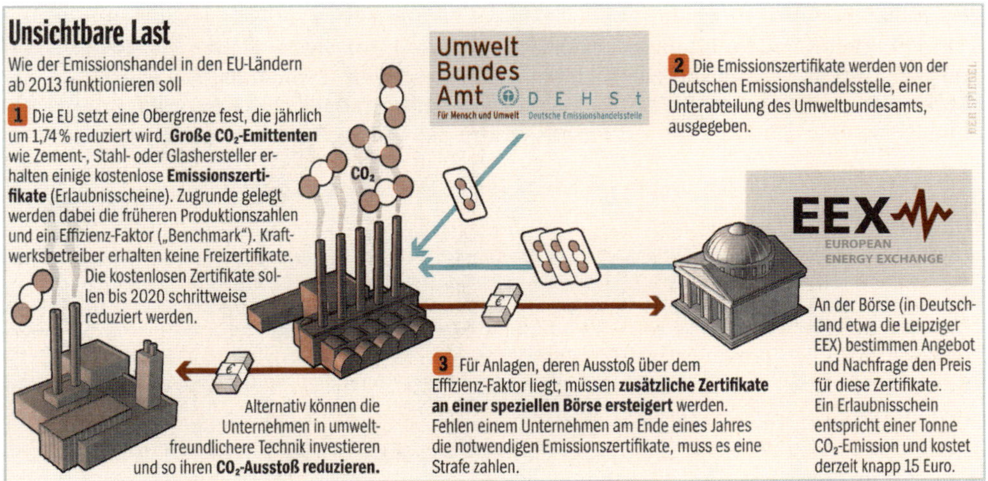

Quelle: Der Spiegel 52/2010.

Vorteile des Emissionhandels	Nachteile des Emissionshandels
■ Es handelt sich um ein marktkonformes Instrument, das die Entwicklung neuer umweltfreundlicher Technologien fördert.	■ Länder, in denen der Emissionshandel eingeführt ist, haben wirtschaftliche Nachteile gegenüber nicht teilnehmenden Ländern.
■ Der Schadstoffausstoß wird verringert.	■ Mögliche Verlagerung von Industrien ins Ausland.
■ Die Einführung des Emissionshandels ist ein Beitrag zum Umwelt- und Klimaschutz.	■ Für viele Unternehmen ist es aufgrund der zum Teil kostenlosen Ausgabe oder eines zu niedrigen Preises günstiger, Emissionsrechte einzukaufen, als ihren Schadstoffausstoß zu verringern.

19.1.4.4 Aktuelle Entwicklungen und Probleme der Umweltpolitik

Die nationale Umweltpolitik hat ihre Grenzen, denn die Anstrengungen einzelner Länder, die Umweltbelastungen zu verringern, bleiben erdweit (global) umso bedeutungsloser, je geringer ihr Anteil dieser Länder an der Gesamtleistung der „Weltwirtschaft“ ist. Die Umweltverschmutzung macht an den Staatsgrenzen nicht halt. Sowohl die *Luft* als auch die *Meere* befördern die Schadstoffe rund um die Erde. Deswegen befassen sich bereits seit den siebziger Jahren des vorigen Jahrhunderts die **Vereinten Nationen**[1] mit länderübergreifenden Umweltbelastungen. In den letzten Jahren sind weitere Probleme hinzugekommen, unter anderem der Abbau der *Ozonschicht*[2] und die *globale Erwärmung (Klimapolitik).*

Die Vereinten Nationen sind die Initiatoren[3] der **Klimarahmenkonvention**[4], die 1992 nach langen Verhandlungen in Rio de Janeiro unterzeichnet wurde. Diese Konvention enthält lediglich eine allgemeine Verständigung über die Ziele des Klimaschutzes. Die Entwicklung möglicher Instrumente zur Erreichung dieser Ziele sind den **UN-Klimakonferenzen** überlassen, die auch als Weltklimagipfel, Weltklimakonferenzen oder COP (**C**onferences **o**f the **p**arties = Vertragsstaatenkonferenzen) bezeichnet werden. Bei der dritten Klimakonferenz (COP 3) verpflichteten sich 1997 die meisten Industriestaaten in Kyoto (Japan), den weltweiten Ausstoß von sechs Treibhausgasen bis 2012 um rund 5 Prozent unter das Niveau von 1990 zu senken. Diese Verpflichtungserklärungen wurden im sogenannten **Kyoto-Protokoll** festgehalten. Das Protokoll trat erst 2005 mit dem Beitritt Russlands in Kraft.[5]

Die folgenden Klimakonferenzen brachten entweder keine wesentlichen Ergebnisse oder nur ergänzende Beschlüsse zur Ausgestaltung des Kyoto-Protokolls. So wurde auf der Klimakonferenz (COP 16) in Cancún (Mexico) vereinbart, dass ein Hilfsfonds für Entwicklungsländer und Maßnahmen zur Verbesserung des Waldschutzes eingerichtet wird.

Uno-Klimatagung in Lima: Die heimliche Veränderung der Welt

Von Axel Bojanowski

Am Ende herrscht Entsetzen: Die Uno-Klimatagung in Peru hat sich nicht auf konkrete Schritte zur Minderung der Treibhausgase einigen können. Und doch hat sie die Welt entscheidend verändert.

Lima/Hamburg - Nur noch 362 Tage bleiben. In 362 Tagen will die Gemeinschaft aller Staaten in Paris einen Vertrag schließen, der die erwartete Erwärmung des Klimas bremsen soll. Die entscheidenden Voraussetzungen dafür sollten in der peruanischen Hauptstadt Lima in den vergangenen zwei Wochen geschaffen werden. Doch nun herrscht Entsetzen.

Nach dem Ende der Uno-Klimakonferenz von Lima, die sogar noch um zwei Tage verlängert werden musste, haben manche die Hoffnung aufgegeben: „Wir rasen mit Vollgas in eine vier Grad wärmere Welt“, schimpft etwa ein Vertreter der Südseeinsel Tuvalu angesichts des Gipfelbeschlusses.

„Die Lima Konferenz war eine Verschwendung von Zeit und Energie“, sagt Regine Günther vom WWF. „Mit solchen Beschlüssen werden wir den Klimawandel nicht eindämmen“, sagte der BUND-Vorsitzende Hubert Weiger. Kaum ein Staat befände sich auf dem Weg in eine klimafreundliche Zukunft. „Lima setzt ein falsches Signal: Alle können die Atmosphäre ungestört weiter aufheizen“, kommentiert er ...

Die wichtigsten Ergebnisse von Lima sind:

- Die Staaten werden aufgefordert, in den kommenden Monaten darzulegen, wie viel Treibhausgase sie ab 2020 einsparen wollen.
- Sie werden ermuntert, Maßnahmen vorzustellen, die bereits ab 2015 zum Klimaschutz beitragen können.
- Klimaschutzmaßnahmen sollen transparent werden, damit geprüft werden kann, ob die CO2-Einsparungen gerecht verteilt sind.

1 **Vereinte Nationen** (United Nations = UN, mitunter auch United Nations Organization = UNO) sind ein zwischenstaatlicher Zusammenschluss von 193 Staaten. Die wichtigsten Aufgaben sind die Sicherung des Weltfriedens, die Einhaltung des Völkerrechts, der Schutz der Menschenrechte und die Förderung der internationalen Zusammenarbeit.

2 **Ozon** ist ein Sauerstoffgas (O_3). Die **Ozonschicht** befindet sich in 15–50 km Höhe und schützt die Erde vor der gefährlichen UV-Strahlung.

3 **Initiator** (lat.) = Urheber, Anstifter. Initiieren = den Anstoß geben, einleiten.

4 **Konvention** (lat., franz.) = Abkommen, internationale Vereinbarung.

5 Die USA sind dem Kyoto-Protokoll bis heute nicht beigetreten.

- Die entwickelten Staaten werden gedrängt zu erklären, wie ihre Finanzhilfen beim Klimaschutz für arme Länder anwachsen sollen.
- Alle Staaten werden ermuntert, Beiträge zum Klimaschutz zu leisten.

Damit hat die Lima-Konferenz ihr entscheidendes Ziel verfehlt: Eigentlich sollten präzise Umrisse eines Weltklimavertrags für Paris entstehen. Deutlich werden sollte, mit welchen Maßnahmen der Treibhausgasausstoß bis 2030 seinen Höhepunkt erreichen kann.

Stattdessen ist das Lima-Dokument allenfalls eine Einladung, sich konkrete Beiträge zum Klimaschutz zu überlegen. Die schwierigen Entscheidungen wurden nach Paris verschoben ...

Kampf gegen die Klimaerwärmung verloren?

Und was geschehen soll, wenn die Klimaschutzbeiträge der Länder nicht ausreichen, um die globale Erwärmung unter der vereinbarten Grenze von zwei Grad Celsius zu halten, bleibt auch nach Lima unklar. Ist der Kampf gegen die Klimaerwärmung jetzt verloren?

„Alles im grünen Bereich", beruhigt Reimund Schwarze, Klimaökonom vom Helmholtz-Zentrum für Umweltforschung UFZ, ein langjähriger Beobachter der Klimapolitik. Die Ergebnisse von Lima seien auf den ersten Blick zwar dürftig. Aber unterschwellig habe sich Erstaunliches getan. Und tatsächlich: Bei genauerer Betrachtung hat sich in Lima in gewisser Weise die Welt verändert.

Das Lima-Dokument ermöglicht den Industrienationen Unterstützung: Es wird nicht mehr strikt unterschieden zwischen Industrie- und Entwicklungsländern- damit wird nun angedeutet, dass alle Staaten zum Klimaschutz beitragen sollten.

Die Industriestaaten ließen sich aber nicht darauf ein, einen konkreten Plan für das Aufstocken der Zahlungen für Klimaschutzmaßnahmen zu erstellen. Auch eine historische Schuld aufgrund ihrer CO2-Emissionen seit Beginn der Industrialisierung gegenüber der weniger entwickelten Welt bleibt unerwähnt.

„Entscheidendes bewegt"

Wirtschaftsmächte wie China oder Indien, die auf Klimakonferenzen weiterhin als Entwicklungsstaaten gelten, gehören mittlerweile zu den größten CO2-Verursachern. Die „schematische Unterscheidung zwischen Industrie- und Entwicklungsländern" müsse aufhören, hatte Bundesumweltministerin Barbara Hendricks in Lima gefordert.

„In dieser Hinsicht hat sich in Lima tatsächlich Entscheidendes bewegt", meint Klimaökonom Schwarze. Die scharfe Trennung der Welt sei gebröckelt, nicht mehr nur Industrieländer würden sich zum Klimaschutz bekennen. „Die alten Lager sind obsolet geworden", sagt der Experte. Tatsächlich haben die wichtigsten Schwellenländer China, Brasilien, Indien und Indonesien erklärt, erhebliche Anstrengungen gegen die erwartete Klimaerwärmung unternehmen zu wollen.

Die Gruppen jener Länder, die auf einer Zweiteilung der Welt beharrten, gingen erheblich geschwächt aus Lima heraus, betont Schwarze. Die finale Fehde in Lima zwischen den USA und China sieht er als taktisches Manöver: China wolle das Vertrauen der Entwicklungsländer nicht verspielen, deren Anführer es immer war.

Verständnis der Bedrohten

Selbst die vom Klimawandel wohl am meisten bedrohten Staaten der flach über dem Meeresspiegel liegenden Inselstaaten stimmten in Lima frühzeitig für die Vorschläge der Industrienationen. Sie vertrauen in ein zweigleisiges Programm: Dass 2015 in Paris eine konsequente Minderung der CO2-Emissionen beschlossen wird. Und dass 2016 Kompensationszahlungen für Umweltschäden wieder auf die Tagesordnung kommen - das heikle Thema war 2013 vertagt worden, um Abstimmungen zu vereinfachen.

Gleichwohl versuchten in Lima drei Gruppen die Zweiteilung der Welt aufrechtzuhalten: Eine Sammlung afrikanischer Staaten, die „am wenigsten entwickelten Staaten" und die „Gruppe der Gleichgesinnten". Bis zum Schluss forderten sie Entschädigungen der Industrienationen für angebliche Schäden durch den Klimawandel. Vergeblich.

Am härtesten kämpften sie dafür, dass die Klimafonds aufgestockt werden. 100 Milliarden Euro pro Jahr sollen ab 2020 fließen, um Folgen des Klimawandels abzumildern. Bislang sind erst zehn Milliarden zusammengekommen, was in Lima regelrechte Wutausbrüche bei Delegierten von Entwicklungsländern auslöste.

Quelle: Spiegel-Online vom 14.12.2014.

Ein Problem der globalen Umweltpolitik ist, dass sich die USA nach wie vor weigern, das Kyoto-Protokoll bzw. dessen Fortschreibung zu ratifizieren.[1] Ein zweites Problem stellt die Forderung der Entwicklungsländer[2] dar, nicht durch Klimaschutzverpflichtungen in ihrer wirtschaftlichen Entwicklung behindert zu werden.

Die heutige Entwicklungspolitik versucht daher, den Forderungen des Klimaschutzes und den berechtigten Anliegen der Entwicklungsländer dadurch zu entsprechen, dass sie diesen beim Aufbau umweltfreundlicher Produktionsweisen (z. B. Land- und Forstwirtschaft, Fischwirtschaft, Handwerk und Industrie, Energiegewinnung) mit der Weitergabe (dem Transfer) des entsprechenden technischen Wissens (dem Know-how)[3] hilft.

---

1 **Ratifizieren** (lat.) = anerkennen (z. B. einen völkerrechtlich verbindlichen Vertrag). Ratifizierung = Anerkennung.

2 **Entwicklungsländer** = Länder mit niedrigerem Pro-Kopf-Einkommen, nicht ausreichender Ernährung, schlecht ausgebautem Schulwesen, wirtschaftlicher Anfälligkeit und geringer Exportfähigkeit.

3 **Know-how** (engl.) = wörtl. „wissen wie", technisches Wissen.

Die **Globale Umweltfazilität**[1] (**G**lobal **E**nvironment **F**acility = **GEF**) fördert seit 1991 Projekte in Entwicklungsländern, die dem globalen Umweltschutz zugute kommen. Die **Weltbank**, das **Entwicklungsprogramm der Vereinten Nationen (UNDP)** und das **Umweltprogramm der Vereinten Nationen (UNEP)** agieren als Durchführungsorganisationen und sind dem GEF-Rat gegenüber verantwortlich.

Zusammenfassung

- Das **quantitative Wirtschaftswachstum** wird i.d.R. anhand der *Entwicklung des realen Bruttoinlandsprodukts* gemessen.
- Man unterscheidet folgende **Formen des quantitativen Wachstums:**
  - zyklisches Wachstum,
  - lineares Wachstum,
  - exponentielles Wachstum und
  - organisches Wachstum.
- Das **quantitative Wirtschaftswachstum** findet seine **Grenzen** allein schon dadurch, dass die *Ressourcen der Erde endlich* sind. Hinzu kommt, dass sich die negativen Folgen des ungebremsten quantitativen Wirtschaftswachstums auf die Wirtschaft selbst auswirken *(Rückkopplung)*.
- Wichtige **Prinzipien** einer umweltschonenden Wirtschaftspolitik sind:

Verursacherprinzip	**Vorsorgeprinzip**	**Kooperationsprinzip**	**Prinzip der Nachhaltigkeit**
Leitsatz, nach dem derjenige die Kosten der Umweltbelastung tragen muss, der sie *verursacht* hat.	Mögliche Umweltschäden sind *vorausschauend* zu erkennen, damit sie vermieden werden können.	Staat, Unternehmen, Verbände und private Haushalte sollen beim Umweltschutz *zusammenarbeiten.*	Beispiel: Von erneuerbaren Ressourcen darf *nicht mehr* verbraucht werden *als nachwächst.*

- Die **Ursachen der Umweltbelastung** bzw. -zerstörung sind z.B.:
  - Ausbeutung der Rohstoffvorräte der Erde,
  - Zerstörung der Wälder,
  - Wasserverunreinigung und -vergiftung durch Industrie- und Haushaltsmüll,
  - Verbrennungsvorgänge in der Industrie, im Verkehr und in den privaten Haushalten,
  - Feinstäube.
- Eine **Folge der Umweltbelastung** ist die **Klimaerwärmung** (der „Klimawandel") mit ihren negativen Wirkungen auf die Wirtschaft:
  - Ernteausfälle in den sich ausbreitenden Dürregebieten. Die Zahl der Klimaflüchtlinge steigt.
  - Felsstürze in den Hochgebirgen, Zerstörung von Straßen und Häusern aufgrund der auftauenden Permafrostböden.
  - Viele Küstengebiete sind gefährdet, sodass die Deiche verstärkt werden müssen. Andere werden überflutet, sodass fruchtbares Land zerstört und nicht mehr landwirtschaftlich genutzt werden kann.
  - Die Zahl und die Heftigkeit der Unwetter nehmen ständig zu und damit die Kosten des Wiederaufbaus.
- **Ziele der Umweltpolitik** sind:
  - Schaffung eines Umweltbewusstseins,

---

1 **Fazilität** (lat.) = Kreditmöglichkeit, d.h. Möglichkeit, einen Kredit zu erhalten.

- Verhinderung des Raubbaus an der Natur,
- Verringerung des Schadstoffausstoßes der Unternehmen und der privaten Haushalte, um die weitere Erderwärmung zu bremsen.

- Die **Instrumente der Umweltpolitik** können ordnungsrechtliche oder marktbezogene Instrumente eingeteilt werden. *Ordnungsrechtliche Instrumente* verändern die Rahmenbedingungen einer Wirtschaftsordnung (z. B. das Eigentumsrecht, Freiheitsrechte, die Produktionsfreiheit). *Marktbezogene Instrumente* sollen sowohl die Produktion als auch die Nachfrage z. B. mithilfe von Abgaben *(„Ökosteuern")* oder Emissionszertifikaten in eine umweltfreundlichere Richtung lenken. In den Marktmechanismus wird nicht eingegriffen.
- Um die erdweiten Umweltbelastungen zu verringern oder zumindest zu begrenzen, müssen **länderübergreifende Vereinbarungen** getroffen und **konkrete Maßnahmen** ergriffen werden. Internationale Vereinbarungen sind z. B. die **Klimarahmenkonvention** der Vereinten Nationen (UN) und das **Kyoto-Protokoll.** Eine konkrete Maßnahme ist z. B. die Einführung des **Emissionshandels.**

Abitraining

1. Ein wirtschaftspolitisches Ziel ist die Erhaltung einer lebenswerten Umwelt, also der Umweltschutz.

Aufgaben:

1.1 Zwischen dem Ziel der Erhaltung einer lebenswerten Umwelt und dem Wachstumsziel besteht ein Konflikt. Nennen Sie zwei Beispiele!

1.2 Beschreiben Sie drei Ursachen der Umweltprobleme!

1.3 Nennen Sie Beispiele für die Folgen der Umweltbelastung!

1.4 Eine die gesamte Erde betreffende Folge der Umweltbelastung ist die Erderwärmung. Sie ist – so die Meinung der meisten Wissenschaftler – auf die sogenannten Treibhausgase zurückzuführen. Nennen Sie drei Beispiele für Treibhausgase!

1.5 Nennen Sie Beispiele für die Ziele der Umweltpolitik!

1.6 Der Umweltpolitik liegen bestimmte Prinzipien zugrunde. Nennen Sie und beschreiben Sie kurz diese Prinzipien!

1.7 Erläutern Sie an zwei selbst gewählten Beispielen, warum der Umweltschutz auch für jeden Einzelnen von Bedeutung ist!

1.8 Es gibt Umweltbelastungen, die vorwiegend im eigenen Land, machmal sogar lokal bewältigt werden können und müssen. Nennen Sie drei Beispiele aus Ihrem eigenen Umfeld!

1.9 Begründen Sie, warum eine globale Umweltpolitik erforderlich ist!

1.10 Die Umweltpolitik bedient sich einiger Instrumente. Dabei wird zwischen ordnungsrechtlichen und marktbezogenen Instrumenten unterschieden. Nennen Sie je zwei Beispiele für diese Instrumente!

1.11 Bei der 20. Klimakonferenz in Lima wurde auch über das Kyoto-Protokoll gesprochen. Erläutern Sie das wichtigste Ziel dieses Protokolls!

2. Das Land A beschließt die Einführung einer Ökosteuer auf das giftige und gesundheitsschädigende Spritzmittel „Fungopan". Mithilfe einer Ökosteuer soll der Gesamtabsatz des Mittels je Periode um mindestens 15 % gesenkt werden. Die Angebots- und die Nachfragekurve verlaufen linear. Bei einem Preis von 45 GE je Liter wird das Mittel überhaupt nicht nachgefragt. Bei einem Preis von 10 GE beträgt die Nachfrage 700 hl. Bei einem Preis von 10 GE beträgt das Angebot 300 hl, bei einem Preis von 30 GE hingegen 700 hl. Die Ökosteuer wird auf 5 GE festgelegt.

Aufgaben:

2.1 Zeichnen Sie die Nachfrage- und die Angebotskurve vor der Einführung der Ökosteuer! (Preis je Liter: 5 GE = 1 cm; Angebotsmenge: bei einem Literpreis von 10 GE: 100 hl = 1 cm). Stellen Sie den Gleichgewichtspreis und die Gleichgewichtsmenge fest!

2.2 Zeichnen Sie die Angebotskurve nach Einführung der Ökosteuer in Ihr Diagramm ein und stellen Sie fest, um wie viel Prozent der Absatz des Spritzmittels gesunken ist!

19.2 Beschäftigungs- und Arbeitsmarktpolitik

19.2.1 Begriff, Ausmaß und Struktur der Arbeitslosigkeit

(1) Begriffe Arbeitslosigkeit und Beschäftigung

Als arbeitslos gilt, wer trotz Arbeitsfähigkeit und Arbeitswilligkeit nicht in einem Beschäftigungsverhältnis steht. Die Bundesagentur für Arbeit rechnet zu den Arbeitslosen alle Personen, die das 15., aber noch nicht das 65. Lebensjahr[1] vollendet haben, die beschäftigungslos sind oder nur eine kurzzeitige Beschäftigung (zz. weniger als 15 Stunden je Woche) ausüben und ein versicherungspflichtiges, mindestens 15 Wochenstunden umfassendes Beschäftigungsverhältnis suchen. Als arbeitslos gilt außerdem nur, wer sich persönlich bei der Bundesagentur für Arbeit oder einem Träger der Grundsicherung[2] arbeitslos gemeldet hat, der Arbeitsvermittlung zur Verfügung steht und nicht arbeitsunfähig erkrankt ist.

Arbeitslosigkeit ist nicht unbedingt identisch (gleichbedeutend) mit dem Begriff „Unterbeschäftigung". Misst man nämlich die Beschäftigung an der Ausnutzung der in einer Volkswirtschaft zur Verfügung stehenden Produktionsmittel (dem Sachkapital), so ist eine Wirtschaft unterbeschäftigt, wenn Kapazitäten brachliegen. Eine Wirtschaft kann dann vollbeschäftigt sein, obwohl es Arbeitslose gibt, ganz einfach deshalb, weil im Verhältnis zu den gegebenen Arbeitsplätzen zu viel Arbeitskräfte vorhanden sind. Umgekehrt mag es möglich sein, dass eine Wirtschaft alle Arbeitskräfte beschäftigt und außerdem noch offene Stellen besitzt. In diesem Fall sind die sachlichen Produktionsfaktoren unterbeschäftigt. Die vollständige Ausnutzung ist nur durch die Einstellung ausländischer Arbeitskräfte möglich.

Im Allgemeinen misst man die Beschäftigungslage einer Volkswirtschaft an der Zahl der Arbeitslosenzahlen **und** der offenen Stellen.

- Von **Vollbeschäftigung** spricht man, wenn die Arbeitslosenquote nicht mehr als 2 % beträgt.
- **Überbeschäftigung** liegt vor, wenn die Zahl der offenen Stellen erheblich über der Zahl der Arbeitslosen liegt (vgl. in der Tab., S. 210 das Jahr 1966),
- **Unterbeschäftigung,** wenn die Arbeitslosenquote höher als 2 % ist und die Zahl der offenen Stellen niedriger als die Arbeitslosenzahl ist.

Eine einheitliche Berechnungsformel für die Arbeitslosenquote gibt es nicht. Die Bundesagentur für Arbeit verwendet in Anlehnung an die Berechnung der EU-Arbeitslosenquote folgende Berechnungsmethode:

1 In dem Gesetz zur Anpassung der Regelaltersgrenze an die demografische Entwicklung und zur Stärkung der Finanzierung der gesetzlichen Rentenversicherung wurde eine sukzessive Anhebung der Regelaltersgrenze von 65 auf 67 Jahre beschlossen. Beginnend im Jahr **2012** wird die Altersgrenze zunächst sukzessive um einen Monat pro Geburtsjahrgang und dann ab **2024** sukzessive um **zwei** Monate pro Geburtsjahrgang bis zur Regelaltersgrenze von 67 Jahren angehoben. Für alle ab 1964 Geborenen gilt die Regelaltersgrenze von 67 Jahren.

Seit 1. Juli 2014 können **langjährig Rentenversicherte,** die **45 Beitragsjahre** in die Rentenversicherung eingezahlt haben, schon mit 63 Jahren ohne Abschläge in Rente gehen. Dieses abschlagsfreie Renteneintrittsalter steigt jedoch ab dem Geburtsjahrgang 1953 bis zum Geburtsjahr 1964 um 2 Monate pro Jahr auf maximal 65 Jahre an. Neben Pflichtbeitragszeiten aus Beschäftigung werden für diese langjährig Rentenversicherten auch Zeiten der Arbeitslosigkeit angerechnet, in denen Lohnersatzleistungen bezogen wurden. Das sind zum Beispiel Arbeitslosengeld I, Schlechtwettergeld oder Kurzarbeitergeld.

Um einen Missbrauch von Zeiten der Arbeitslosigkeit zu verhindern, wird ein sogenannter **„rollierender Stichtag"** eingeführt. Wenn man bis zu zwei Jahre vor dem möglichen Renteneintritt mit 63 (später 65) arbeitslos wird, werden diese Zeiten nicht mehr eingerechnet. Einzige Ausnahme: der Betrieb geht in die Insolvenz oder das Geschäft wird aufgegeben.

Die Datenaufbereitungsverfahren und Veröffentlichungen der Statistik sind auf die feste Altersgrenze von 65 Jahren ausgelegt und werden – wo nötig – an die oben beschriebene flexible Altersgrenze angepasst. In allen betroffenen Statistiken werden Personen bis zur neuen flexiblen Regelaltersgrenze erfasst. Anpassungen sind insbesondere für die Arbeitslosenstatistik notwendig.

2 Die Grundsicherung ist im Sozialgesetzbuch (SGB) geregelt. Sie umfasst die Grundsicherung für Arbeitsuchende (SGB II), die Sozialhilfe für nicht erwerbsfähige Hilfebedürftige (SGB XII) und die Grundsicherung im Alter und bei Erwerbsminderung (SGB XII).

$$ALQ = \frac{\text{Arbeitslosenzahl} \cdot 100}{\text{Anzahl der Erwerbspersonen}}$$

Unter **Erwerbspersonen** sind die selbstständigen und die unselbstständigen Erwerbspersonen **zuzüglich der Arbeitslosen** zu verstehen. Demnach besteht die Zahl der abhängigen Erwerbspersonen aus den abhängig Beschäftigten *und* den Arbeitslosen.

(2) Ausmaß der Arbeitslosigkeit

77,1 Prozent aller Bundesbürger im Alter von 20 bis 64 Jahren gingen im Jahr 2013 einer Erwerbstätigkeit nach. Damit hat Deutschland die zweithöchste Erwerbstätigenquote in der Europäischen Union. Nur Schweden hatte mit einer Quote von 79,8 Prozent mehr Erwerbstätige. Den geringsten Anteil gab es in Kroatien und Griechenland mit 53,9 bzw. 53,2 Prozent. Der EU-Durchschnitt lag bei 68,3 Prozent. Nachdem dieser von 2002 bis 2008 von 66,7 auf 70,3 Prozent gestiegen war, sank er nach Eurostat-Angaben in der Finanzkrise auf 68,9 Prozent im Jahr 2009. Seitdem ist er kontinuierlich gesunken. Ziel der sogenannten „Europa 2020 Strategie", einer Wachstumsstrategie für die EU-Länder, ist es, bis zum Jahr 2020 eine Erwerbstätigenquote von mindestens 75 Prozent zu erreichen.

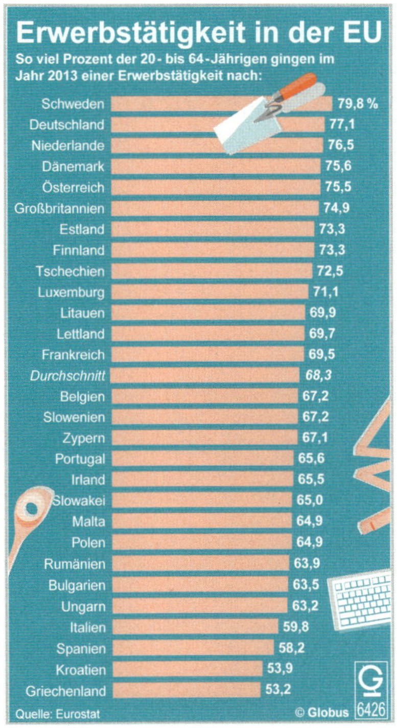

Über das internationale Ausmaß der Arbeitslosigkeit können nur die Statistiken Auskunft geben, obwohl zu beachten ist, dass die verschiedenen Staaten und Organisationen den Begriff Arbeitslosigkeit unterschiedlich definieren. So kommt es in den Statistiken zu nicht vergleichbaren Arbeitslosenquoten.

In der Statistik der Bundesagentur für Arbeit (BA) erscheinen zudem nicht alle Arbeitsuchenden (sogenannte verdeckte Arbeitslosigkeit). Nicht erfasst werden z. B. Personen,

- die sich nicht bei der Bundesagentur für Arbeit oder einem Träger der Grundsicherung gemeldet haben (z. B. einen Arbeitsplatz durch Zeitungsanzeigen, im Internet oder mithilfe privater Arbeitsvermittler suchen).
- die nicht mindestens 15 Stunden je Woche arbeiten können (z. B. aufgrund von Krankheit) oder
- an Maßnahmen der Arbeitsförderung (z. B. Fort- und Weiterbildungskurse, Trainingsmaßnahmen) teilnehmen.

Auch national ist das Ausmaß der Arbeitslosigkeit unterschiedlich. Dabei spielen die verschiedensten Ursachen eine Rolle wie z. B. der Ausbau der Infrastruktur, der Altersaufbau, die Zusammensetzung der Bevölkerung (Ausbildung, Herkunft) und die Qualität des Schul- und Hochschulwesens.

14 Hartmann - ISBN 978-3-8120-0490-9

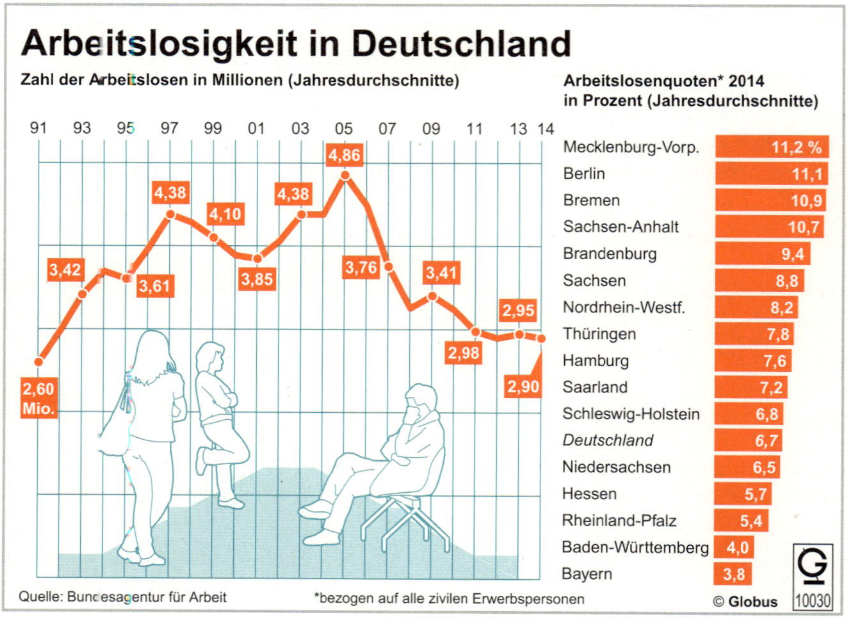

Arbeitsmarktdaten der Bundesrepublik Deutschland (ab 1994 Gesamtdeutschland) (Zahlen in Tausend)			
Jahr	**Arbeitnehmer**	**Arbeitslose**	**Offene Stellen**
1966	21 870	161	539
1974	22 152	582	315
1980	22 986	889	308
1984	21 980	2 202	234
1988	24 364	2 242	189
1994	31 385	3 698	294
1998	33 560	4 279	422
2002	34 577	4 061	452
2006	34 500	4 487	564
2010	41 020	3 239	359
2012	42 033	2 897	478
2014	42 652	2 898	490

Quelle: Monatsberichte der Deutschen Bundesbank, mehrere Jahrgänge; iwd.

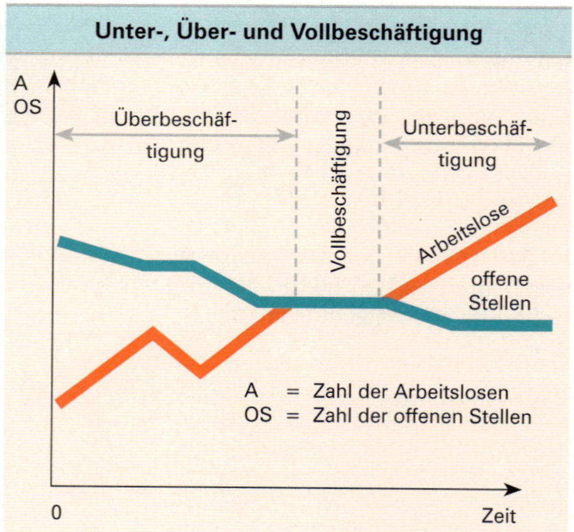

Zur Beurteilung der Beschäftigungslage einer Volkswirtschaft kann auch die **Erwerbsquote** herangezogen werden.

Merke:

Unter **Erwerbsquote** versteht man den prozentualen Anteil der Erwerbspersonen an der Gesamtbevölkerung.

Eine steigende (sinkende) Erwerbsquote ist ein möglicher Hinweis auf eine zunehmende (abnehmende) Beschäftigung. Sie sagt jedoch nicht unbedingt etwas über eine abnehmende (zunehmende) Arbeitslosigkeit aus.

Die Arbeitslosenquote, die Zahl der offenen Stellen und die Erwerbsquote sind Hilfsgrößen zur Beurteilung der Beschäftigungslage einer Wirtschaft. Wie wir eingangs gesehen haben, müsste die Beschäftigung *aller* Produktionsfaktoren untersucht werden. Dies ist jedoch aus verschiedenen Gründen nicht möglich. Einmal fehlt ein gemeinsamer Nenner, zum anderen liegen keine Kriterien für die Gewichtung der einzelnen Produktionsfaktoren vor. Die Theorie begnügt sich daher damit, das **Volkseinkommen** als Maßstab für Beschäftigungsänderungen zu verwenden. Eine Erhöhung des Volkseinkommens zu konstanten Preisen bedeutet dann eine Verbesserung der Beschäftigungslage, während die Verminderung des Volkseinkommens auf eine Verschlechterung hinweist.

(3) Struktur der Arbeitslosigkeit

Insbesondere in Deutschland haben **ältere Arbeitsuchende** auf dem Arbeitsmarkt geringere Chancen als jüngere, weil sie von den Arbeitgebern für weniger produktiv und flexibel gehalten werden als jüngere. Der zunehmende Mangel an Nachwuchskräften aufgrund des seit Jahren anhaltenden Geburtenmangels (der sogenannte „demografische Wandel") führt dazu, dass die Unternehmen zunehmend auf die Kenntnisse und die Erfahrung älterer Arbeitnehmer zurückgreifen.

Die Chancen für ältere Arbeitnehmer auf dem Arbeitsmarkt haben sich in den letzten Jahren deutlich verbessert. Waren im Jahr 2000 beispielsweise rund 56 Prozent der 55- bis 59-Jährigen beschäftigt, so waren es 13 Jahre später fast 76 Prozent. Bei den 60- bis 64-Jährigen hat sich die sogenannte Erwerbstätigenquote sogar mehr als verdoppelt; sie kletterte von 19,6 Prozent (2000) auf fast 50 Prozent (2013). Die positive Entwicklung, dass mehr ältere Arbeitnehmer einen Job haben, hat mehrere Gründe. So sorgt die demografische Entwicklung – also die Überalterung der Gesellschaft – dafür, dass die Chancen der Älteren auf dem Arbeitsmarkt zunehmen. Dank der guten wirtschaftlichen Entwicklung der letzten Jahre wurden außerdem neue Arbeitsplätze geschaffen. Der Gesetzgeber hat zudem die Möglichkeiten erschwert, vorzeitig aus dem Erwerbsleben auszuscheiden und in Rente oder Vorruhestand zu gehen. Und schließlich haben auch viele Unternehmen erkannt, dass sie auf das Wissen und die Erfahrung älterer Kolleginnen und Kollegen nicht verzichten können.

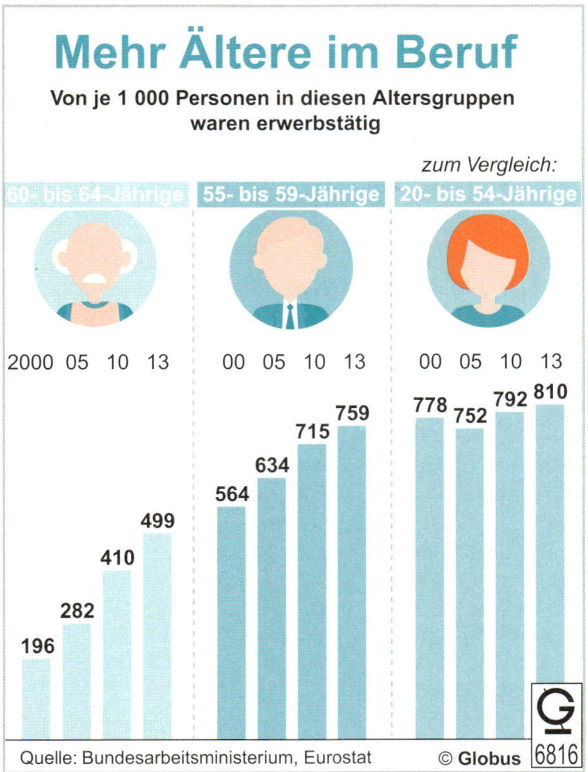

Auch die Ausbildung der Arbeitsuchenden ist mit maßgebend für die Struktur der Arbeitslosigkeit in einem Gebiet oder in einem Staat. Je besser und gründlicher die Ausbildung ist, desto geringer ist die Gefahr, arbeitslos zu bleiben bzw. lange zu bleiben.

Eine gute Ausbildung bietet den besten Schutz vor Arbeitslosigkeit. Das belegt eine Untersuchung des Nürnberger Instituts für Arbeitsmarkt- und Berufsforschung (IAB). Im Jahr 2012 erreichte die Arbeitslosenquote durchschnittlich 6,8 Prozent. Deutlich stärker waren Personen ohne Ausbildung von Arbeitslosigkeit betroffen; ihre Quote lag bei 19,0 Prozent. Das heißt: Fast jeder fünfte Ungelernte war arbeitslos. Ganz anders die Erwerbstätigen mit qualifiziertem Abschluss: Ihre Arbeitslosenquote lag bei 4,4 Prozent; unter den (Fach-)Hochschulabsolventen waren sogar nur 2,5 Prozent ohne Arbeit. Die besser Ausgebildeten haben nicht nur ein geringeres Risiko, arbeitslos zu werden; ihre Chancen sind auch größer, wenn es darum geht, wieder einen neuen Job zu finden. Die Arbeitslosenquote der Erwerbstätigen mit abgeschlossener Ausbildung hat sich von 2005 (8,6 Prozent) bis 2012 praktisch halbiert. Die Unqualifizierten konnten im selben Zeitraum weitaus weniger von der Erholung auf dem Arbeitsmarkt profitieren: Ihre Quote ging nur um ein Viertel zurück (von 26,0 auf 19,0 Prozent).

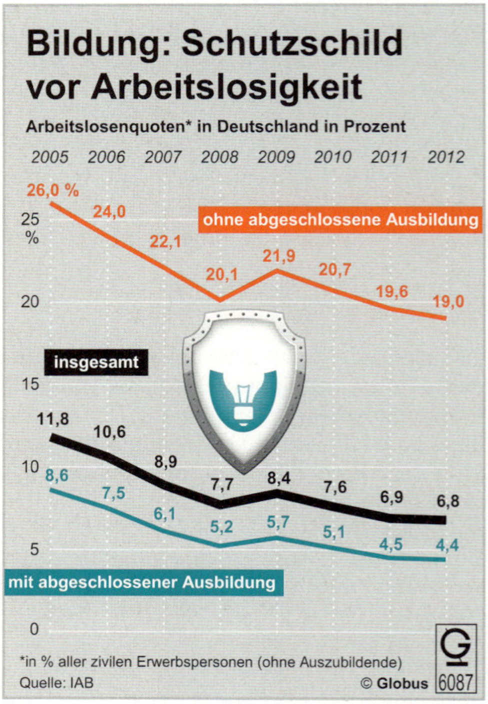

19.2.2 Arbeitslosigkeit als wirtschaftliches und soziales Problem

19.2.2.1 Wirtschaftliche Probleme der Arbeitslosigkeit

Die Arbeitslosigkeit hat zahlreiche unmittelbare und mittelbare finanzielle (wirtschaftliche) Folgen, von denen hier nur die wichtigsten genannt werden können. Zunächst muss das **Arbeitslosengeld** von der Arbeitslosenversicherung (der Bundesanstalt für Arbeit) aufgebracht werden. Je höher die Arbeitslosigkeit ist, desto höher müssen die Beiträge der Arbeitenden sein. Die Folge ist, dass – unter sonst gleichen Bedingungen – die Massenkaufkraft der Arbeitenden sinkt, sodass deren Konsum abnimmt. Dies wiederum hat sinkende Steuereinnahmen zur Folge, weil die Gewinne der Handelsunternehmen sinken. Die Konkurrenz verschärft sich, **weitere Entlassungen** finden statt.

Arbeitslosengeld wird nur für eine bestimmte Zeitdauer bezahlt.[1] Befindet sich eine arbeitslose Person in einer finanziellen Notlage, tritt anstelle des Arbeitslosengelds das Arbeitslosengeld II.

1 Die Bezugsdauer des Arbeitslosengelds beträgt grundsätzlich 12 Monate, für über 50-Jährige bis zu 15 Monate, für über 55-Jährige bis zu 18 Monate und für über 58-Jährige bis zu 24 Monate (Näheres siehe § 127 II SGB III).

Eine weitere Säule im System der sozialen Sicherung in der Bundesrepublik Deutschland ist die **Sozialhilfe.** Sie wird in den Fällen gewährt, in denen trotz Selbsthilfe und vorrangiger anderer Leistungen (z. B. Wohngeld, Kindergeld, Arbeitslosengeld, Arbeitslosengeld II) ein Einzelner oder eine Familie in existenzielle Not geraten. Die Hauptaufgabe der Sozialhilfe liegt in der Sicherung des Lebensunterhalts und in der Hilfe in besonderen Lebenslagen, vor allem bei Krankheit, Behinderung und besonderen sozialen Schwierigkeiten.

Die Sozialhilfe ist von den Gemeinden zu bezahlen. Nimmt die Zahl der Sozialhilfeempfänger zu, sind in der Folge die Gemeinden gezwungen, ihre Steuern und Gebühren zu erhöhen (z. B. Gewerbesteuer, Gebühren für Wasser, Abwasser, Müllabfuhr usw.), sodass die verfügbaren Einkommen der Haushalte (die der Arbeitslosen *und* der Beschäftigten) weiter sinken.

Mit der Arbeitslosigkeit steigen aufgrund der gesunkenen Einkommen auch andere Sozialleistungen des Staates, wie z. B. das **Wohngeld.**

Der aufgrund der Arbeitslosigkeit zurückgehende Konsum bedeutet **geringere Steuereinnahmen.** Einmal zahlen die Arbeitslosen i. d. R. keine direkten Steuern (z. B. Lohn- bzw. Einkommensteuer). Zum anderen bewirkt der insgesamt gebremste Konsum, dass die Verbrauchsteuern (z. B. Mineralölsteuer) und die Verkehrsteuern (z. B. Umsatzsteuer) nicht in dem Maße eingehen, wie sie bei geringerer Arbeitslosigkeit zu erwarten sind.

Schließlich führt die zunehmende Arbeitslosigkeit nicht nur bei der Arbeitslosenversicherung, sondern auch bei den übrigen Sozialversicherungsträgern zu **sinkenden Beitragseinnahmen.** Rentenversicherung, Krankenkassen und Unfallversicherungen müssen ihre Beiträge erhöhen. Die Folge: Unter sonst gleichen Bedingungen geht die Konsumgüternachfrage weiter zurück.

Um Beitragserhöhungen zu vermeiden, können die Sozialversicherungsträger durch **Bundeszuschüsse** subventioniert werden. Ist der Staat bereits verschuldet, muss er entweder weitere Kredite oder zum Mittel der **Steuererhöhung** (z. B. auf Erhöhung der Umsatz- oder der Mineralölsteuer) greifen.

Mit der zusätzlichen Kreditaufnahme wird das Problem nur zeitlich verschoben: Wird die Verschuldungsgrenze des Staates erreicht, müssen *zukünftig* Steuern erhöht und/oder Staatsausgaben gekürzt werden. Werden die Steuern sofort erhöht, geht die Nachfrage *gegenwärtig* zurück, weil weniger Geld in den Portemonnaies der privaten Haushalte verbleibt.

Mit der Arbeitslosigkeit nimmt auch die Bedeutung der **Schattenwirtschaft** zu. Wenn man davon ausgeht, dass der Wert der **Schwarzarbeit** in der Bundesrepublik Deutschland jährlich rund 340 Mrd. € beträgt[1] und wenn man mit einer Steuer- und Abgabenquote von rund 40 % rechnet, lässt sich der durch die Schwarzarbeit verursachte Ausfall an Steuern und Abgaben auf mindestens 136 Mrd. € veranschlagen. Um sich ein Bild zu machen: Das entspricht in etwa dem Betrag, den der Bund jährlich für die soziale Sicherung ausgibt.[2]

Eine weitere Folge der Arbeitslosigkeit ist, dass ein Teil des Arbeitspotenzials[3] ungenutzt bleibt. Das bedeutet, dass das reale Inlandsprodukt niedriger ist, als es bei Vollbeschäf-

1 Quelle: www.faz.net vom 24. Januar 2012.

2 Näheres zur Schattenwirtschaft und Schwarzarbeit siehe Kapitel 19.2.3.

3 Potenzial (lat.: Potential) = mögliche Leistungsfähigkeit.

tigung wäre. Hinzu kommt die Belastung der öffentlichen Kassen. Sie beträgt – einfach gerechnet – rund 20 000,00 € jährlich je arbeitslose Person. Bei einer Arbeitslosenzahl von rund 2,8 Mio. sind das rund 56 Mrd. € jährlich. Dies entspricht etwa dem Doppelten der jährlichen Nettokreditaufnahme des Bundes.

Weiterer wirtschaftlicher Schaden entsteht auch dadurch, dass das ungenutzte Arbeitspotenzial veraltet. Das „Humankapital"[1] verringert sich. Der Grund: Im Verlauf der Arbeitslosigkeit veralten das vorhandene Fachwissen und die von der Arbeitswelt verlangten Fertigkeiten und Fähigkeiten. Dazu kommt, dass ein Teil des Fachwissens verloren geht und Fertigkeiten und Fähigkeiten abnehmen (siehe hierzu auch das folgende Kapitel).

19.2.2.2 Soziale Probleme der Arbeitslosigkeit

Normalerweise ist eine Entlassung einer Arbeitskraft eine **Einzelentlassung.** Sie wird von den entlassenen Personen als mit- oder gar selbstverschuldet erlebt, „weil – im Vergleich zu jenen, die nicht entlassen werden – Leistungsfähigkeit, Qualifikation usw. scheinbar nicht ausreichen."[2] Die der Entlassung folgende Arbeitslosigkeit geht häufig mit einer Stigmatisierung[3] einher: Die Arbeitslosen werden von vornherein als weniger qualifiziert eingeschätzt. Bei der Suche nach einem neuen Arbeitsplatz müssen sie begründen, warum sie entlassen worden sind.[4] „Dauert die Arbeitslosigkeit länger, setzt außerdem eine zunehmende Isolierung ein. Die Öffentlichkeit nimmt vom Einzelfall kaum Notiz. Parallel vollzieht sich damit zugleich ein Entsolidarisierungsprozess, der nicht selten auf eine gesellschaftliche Ausgrenzung der Arbeitslosen hinausläuft. Neben mangelnder Leistungsfähigkeit und unzureichender Qualifikation unterstellt man ihnen nun auch noch Missbrauch der Sozialleistungen, Arbeitsunwilligkeit und dergleichen mehr."[5]

Eine andere Wirkung als Einzelentlassungen haben **Massenentlassungen** infolge von Insolvenzen und Rationalisierungsmaßnahmen (z. B. Betriebsstilllegungen, Betriebsverlagerungen). Da der Verlust der Arbeitsplätze *gemeinsam* erlebt wird, muss die Arbeitslosigkeit nicht vom Einzelnen gerechtfertigt werden, weil allgemein bekannt ist, dass man „schuldlos" entlassen worden ist.[6]

Wenngleich die auf Massenentlassungen zurückzuführende Arbeitslosigkeit für den Einzelnen scheinbar oder tatsächlich leichter als eine Einzelentlassung zu ertragen ist: Wer arbeitslos wird, fällt zunächst in eine tiefe Leere. Ein Gefühl der Verzweiflung tritt ein. **Einkommenseinbußen** führen – je nach Vermögensverhältnissen – zu existenziellen Sorgen.[7] Sofern der oder die Entlassene eine oder mehrere Personen zu versorgen hat, können Konflikte entstehen. Wird z. B. ein Familienvater arbeitslos, geraten zunächst eingespielte Abläufe durcheinander. „Plötzlich mischt sich der Vater in die Erziehung ein,

1 Unter **„Humankapital"** (Human Capital, Arbeitskapital) versteht man den Wert aller für den Produktionsprozess und damit zur Erzielung von Einkommen einsetzbaren menschlichen Fähigkeiten eines Einzelnen, einer Personengruppe oder aller Erwerbspersonen einer Volkswirtschaft.

2 Osterland, M.: Einzelentlassung und Massenentlassung als kollektive Erfahrung, in: Dressel, W. u. a. (Hrsg.): Lebenslauf, Arbeitsmarkt und Sozialpolitik, Nürnberg 1990, S. 139 f., zitiert in Kontrovers, Arbeitsmarktpolitik, a. a. O., S. 54.

3 **Stigmatisierung** (gr.) = Brandmarkung, Kennzeichnung.

4 Vgl. Osterland, M., a. a. O., S. 54.

5 Osterland, M., a. a. O., S. 54.

6 Vgl. Osterland, M., a. a. O., S. 55.

7 Vgl. Kachler, R.: Der Arbeitslose fällt in eine tiefe Leere, in: Esslinger Zeitung vom 5./6. Februar 1994, S. 5, zitiert in: Kontrovers, Arbeitsmarktpolitik, a. a. O., S. 55.

in die Hausaufgaben der Kinder, in den Haushalt. Die Verunsicherung kann sich in einer gespannten, oft aggressiven Atmosphäre äußern. Kleinigkeiten können sich zu großen Konflikten entzünden, bis zur Gewalt in der Familie."[1]

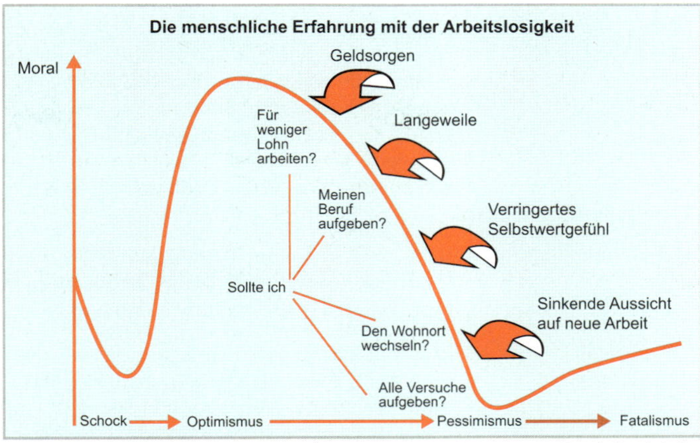

Quelle: Bundesanstalt für Arbeit (Hrsg.): Überlegungen II zu einer vorausschauenden Arbeitsmarktpolitik, 1978, S. 209.

19.2.3 Ursachen der Arbeitslosigkeit

Die Gründe für die Arbeitslosigkeit sind so vielfältig, dass man sie nicht auf wenigen Seiten erfassen kann. Einige Ursachen wurden in den Kapitel 16.1.2, Kapitel 16.2, Kapitel 16.2.3 und Kapitel 18.4.3 genannt. Die Arbeitslosigkeit kann nach verschiedenen Gesichtspunkten eingeteilt werden. Einteilungsgesichtspunkte sind z. B. ihre durchschnittliche Dauer oder ihre Ursachen, die statistische Erfassbarkeit (verdeckte bzw. offene Arbeitslosigkeit). Im Folgenden werden die Formen der Arbeitslosigkeit nach ihren Ursachen und nach ihrer Dauer unterschieden.

(1) Friktionelle[2] Arbeitslosigkeit

Durch Wechsel des Arbeitsplatzes, Umstrukturierungen in den Unternehmen und durch die oft zeitaufwendige Suche nach einer angemessenen Beschäftigung bleibt auch in Zeiten der Vollbeschäftigung eine niedrige Arbeitslosenquote erhalten. Die Tatsache, dass Leute eine Arbeit aufgegeben und eine andere noch nicht aufgenommen haben, führt sozusagen zu „Reibungsverlusten" auf dem Arbeitsmarkt.

(2) Nachfragebedingte Arbeitslosigkeit

Die Ursachen der rein **nachfragebedingten Arbeitslosigkeit** sind die Schwankungen bzw. der Rückgang der wirtschaftlichen Aktivität, nämlich Saison- und Konjunkturschwankungen[3] sowie die Sättigung der Nachfrage.

Kurz- und mittelfristige Nachfrageschwankungen können die Zahl der Arbeitslosen erhöhen oder verringern. Kurzfristige Nachfrageschwankungen sind i. d. R. saisonal,[4] mittelfristige i. d. R. konjunkturell bedingt. Man unterscheidet deshalb auch zwischen saisonaler (saisoneller) und konjunktureller Arbeitslosigkeit.

1 Kachler, R., a. a. O., S. 57.

2 Friktio (lat.): Reibung.

3 Siehe auch Kapitel 16.1.

4 Saison (frz.): Hauptbetriebszeit.

Saisonale Arbeitslosigkeit	Als saisonale Arbeitslosigkeit werden die durch den Wechsel der Jahreszeiten hervorgerufenen Beschäftigungsrückgänge bezeichnet. Wirtschaftszweige, die unter saisonaler Arbeitslosigkeit leiden, sind z. B. das Baugewerbe, die Landwirtschaft und die Gewerbe, die vom Tourismus abhängig sind (z. B. das Hotel- und Gaststättengewerbe). Um die wahre Entwicklung auf dem Arbeitsmarkt beurteilen zu können, müssen die Arbeitslosenzahlen um die saisonal bedingten Einflüsse bereinigt werden.
Konjunkturelle Arbeitslosigkeit	Die konjunkturelle Arbeitslosigkeit ist, soweit sie auf „normale" konjunkturelle Ausschläge zurückzuführen ist, wirtschaftspolitisch verhältnismäßig unproblematisch, weil sie im Laufe eines Konjunkturaufschwungs mehr oder weniger „automatisch" abgebaut wird.
Sättigungstendenzen	In den sechziger und siebziger Jahren des vorigen Jahrhunderts konnte man noch davon ausgehen, dass Hochkonjunktur zugleich Vollbeschäftigung bedeutete. Aber schon in der Hochkonjunktur 1979 sank die Arbeitslosenquote nicht mehr unter 5,4 %. Selbst beim Wiedervereinigungsboom von 1990 betrug die Arbeitslosenquote 8,3 %. Die Ursache der hohen Wachstumsraten in den sechziger und siebziger Jahren ist – unter vielen anderen – auch in den Entwicklungen zu suchen, die vom kräftigen Wirtschaftswachstum nach dem Ende des zweiten Weltkriegs ausgingen. Europa war weitgehend zerstört und musste wieder aufgebaut werden. Die Masseneinkommen nahmen schnell zu und damit auch der Massenkonsum. Immer mehr private Haushalte waren in der Lage, sich mit langlebigen Konsumgütern wie Waschmaschinen, Kühlschränken, Spülmaschinen, Elektrogeräten aller Art, Fernsehgeräten und Autos auszustatten. Die Industrie wuchs entsprechend der Nachfrage. Seit den achtziger Jahren machten sich zunehmend Sättigungstendenzen bemerkbar, sodass die Nachfrage nicht mehr im gleichen Maße wuchs und wächst.

(3) Angebotsbedingte Arbeitslosigkeit

Die angebotsbedingte Arbeitslosigkeit hat viele Ursachen, von denen hier nur einige Die angebotsbedingte Arbeitslosigkeit hat viele Ursachen, von denen hier nur einige genannt werden können. Letztlich handelt es sich um Einflussfaktoren, die unmittelbar oder mittelbar die Kosten der Unternehmen negativ beeinflussen.

Lohnkostenbedingte Arbeitslosigkeit	Die Löhne und Gehälter sowie die Lohnzusatzkosten sind auf vielen Teilmärkten des Arbeitsmarkts (z. B. für gering qualifizierte Arbeit) so hoch, dass sie von Unternehmen und Behörden nicht mehr bezahlt werden können **(lohnkostenbedingte Arbeitslosigkeit)**. Andererseits wird einfache Arbeit von manchen Arbeitsuchenden nicht angenommen, weil sie als nicht lohnend und als unattraktiv angesehen wird **(„freiwillige Arbeitslosigkeit")**. Die lohnkostenbedingte Arbeitslosigkeit ist umso größer, je höher der Mindestlohn über dem Marktlohn liegt. (Der Marktlohn ist der Lohn, der sich auf einem freien Arbeitsmarkt bilden würde.)
Durch sonstige Produktionskosten verursachte Arbeitslosigkeit	Die im Vergleich zum Ausland zu hohen Kosten (Steuerkosten, Kosten des Umweltschutzes) veranlassen zahlreiche Unternehmen, im Ausland produzieren zu lassen **(„Global Sourcing")**.[1] Die Folge der **Globalisierung der Märkte** ist, dass vor allem in den Hochlohnländern die Arbeitslosigkeit zunimmt. Schlagwortartig wird vom Arbeitsplatzexport gesprochen.

1 **Global Sourcing:** wörtl. „Erdausschöpfung", d. h. erdweit die (günstigsten) Quellen nutzen (Global: erdweit, source: Quelle).

Gesetzliche und administrative Hemmnisse	Staatliche Regulierungen wie z. B. strenge **Kündigungsvorschriften** halten zahlreiche Unternehmen von Neueinstellungen ab. Bei Nachfragebelebungen werden vielmehr Überstunden geleistet. Viele Unternehmen würden mehr Arbeitskräfte einstellen, wenn die gesetzlichen Kündigungsfristen weniger rigide[1] wären. Die **bürokratische Regelungsdichte** ist vor allem in Deutschland und in Frankreich so hoch, dass viele unternehmerische Vorhaben nur langsam, gar nicht oder in einem fremden Land mit weniger Bürokratie durchgeführt werden.
Geringe Flexibilität	Die Arbeit ist in Deutschland im Gegensatz zu beispielsweise den USA oder den Niederlanden wenig flexibel (beweglich) organisiert. Es fehlt z. B. an Teilzeitarbeitsplätzen, an Möglichkeiten, unbezahlten Urlaub zu nehmen oder in auftragsstarken Zeiten mehr und in auftragsarmen weniger zu arbeiten usw.
Managementfehler	Managementfehler führen und führten zu Arbeitsplatzverlusten, weil versäumt wurde, die Fertigungsverfahren und die Produkte rechtzeitig an die sich ändernden Marktbedingungen anzupassen.
Mangelnde Risikobereitschaft	Die Schaffung neuer zukunftsträchtiger Arbeitsplätze wird beeinträchtigt, weil große Teile der Gesellschaft zu Recht oder zu Unrecht Angst vor den Auswirkungen der technologischen Entwicklung haben. So wird z. B. der Bau von Straßen, Brücken, Kanälen, Hochgeschwindigkeitszügen, Fabriken und Flugplätzen aus politischen und/oder aus Umweltschutzgründen behindert, verhindert oder verzögert.
Außenwirtschaftliche Bedingungen	Die Wechselkursentwicklung beeinflusst die Beschäftigung nachhaltig. Je niedriger der Kurs ist, desto billiger sind die Exporterzeugnisse für in Fremdwährungsgebieten ansässige Käufer. Je höher der Kurs, desto teurer sind die Exporterzeugnisse für die Importeure in den Fremdwährungsländern. Steigt also der Kurs, nehmen die Exportchancen ab und damit die Beschäftigung in der Exportwirtschaft. Sinkt der Kurs, nimmt die Beschäftigung zu.
Wirtschaftspolitische Entscheidungen	■ **Staatsverschuldung** Die Schuldenpolitik vieler Staaten führt und führte zu einer so hohen Belastung der Staatshaushalte mit Zins- und Tilgungszahlungen, dass für beschäftigungsfördernde Staatsausgaben keine Mittel mehr übrig bleiben. Im Gegenteil: Um den Staatshaushalt auszugleichen, müssen die Staatsausgaben weiter gesenkt und die Abgaben weiter erhöht werden. ■ **Schlanker Staat** Die staatlichen Sparmaßnahmen beeinflussen nicht nur die Gesamtnachfrage negativ, sondern unmittelbar auch die Beschäftigung. Die Beschäftigtenzahl in Deutschland ist bei Bund, Ländern und Gemeinden in den letzten Jahren sukzessive zurückgegangen. ■ **Subventionspolitik** Strukturelle Ungleichgewichte entstehen z. B., wenn der Staat nicht mehr konkurrenzfähige Wirtschaftszweige durch Subventionen am Leben hält. Mit zunehmender Staatsverschuldung nimmt der Zwang zum Sparen zu. Subventionen müssen mehr oder weniger kurzfristig gestrichen werden.

1 **Rigid,** rigide (lat.): streng, starr, unnachgiebig.

	Statt einer langfristigen Anpassung veralterter Wirtschaftszweige erfolgt die Schließung nicht mehr konkurrenzfähiger Betriebe, sodass schlagartig weitere Arbeitskräfte freigesetzt, d. h. entlassen werden müssen. Die Subventionierung veralterter Wirtschaftszweige bewirkt außerdem, dass der Anschluss der Volkswirtschaft an konkurrierende Volkswirtschaften mit zukunftsträchtigen und Arbeitsplatz schaffenden Technologien verpasst wird.
Zinspolitik der Zentralbank	Hält die Zentralbank eines Wirtschaftsgebiets die Zinssätze hoch (um z. B. das Preisniveau stabiler zu halten), sind die Finanzierungskosten für Investitionen hoch. Die Unternehmen halten sich mit ihren Investitionen zurück, sodass weniger Arbeitsplätze ersetzt werden bzw. neu entstehen, als dies bei einem niedrigen Zinsniveau der Fall wäre.
Steigende Arbeitsproduktivität	Der Produktivitätsanstieg ist vor allem auf den **technischen Fortschritt** zurückzuführen, der sich in der Substitution von menschlicher Arbeit durch Maschinenarbeit äußert, also den Verlust von Arbeitsplätzen bewirkt **(technologische Arbeitslosigkeit).** Der technische Fortschritt als „Jobkiller" sollte indessen nicht überschätzt werden. Empirische Untersuchungen zeigen, dass gerade innovationsfreudige Unternehmen und Branchen eine günstige Beschäftigung aufweisen. Technologischer Wandel und Rationalisierungsinvestitionen erhöhen die Produktivität und ermöglichen somit Kostensenkungen. Sie erhöhen die Flexibilität der Unternehmen, führen zur Verbesserung vorhandener Produkte sowie zu neuen Produkten. Die neuen Maschinen, Automaten und Produktionsanlagen ihrerseits müssen erst einmal produziert werden; dadurch werden Arbeitsplätze geschaffen oder erhalten.
Unzureichende Ausbildung	Der Mangel an qualifizierten Mitarbeitern ist ein Hinderungsgrund für Neueinstellungen. Knapp die Hälfte aller Langzeitarbeitslosen in Deutschland haben **keine abgeschlossene Berufsausbildung.** Die Arbeitsplätze für einfache Arbeiten wurden (und werden) vor allem in der Industrie weitgehend wegrationalisiert. Anders ausgedrückt: Der **Produktivitätsfortschritt** kostete (und kostet) vor allem weniger anspruchsvolle Arbeitsplätze. 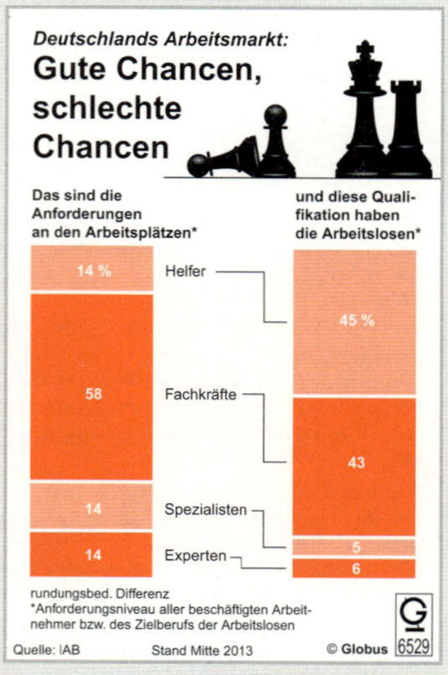 Fast jeder zweite Arbeitslose in Deutschland kann wegen fehlender Qualifikation nur Helfertätigkeiten ausüben, auf dem Arbeitsmarkt entspricht aber nur jede siebte Stelle diesem Qualifikationsniveau. Das ist das Ergebnis einer Untersuchung des Nürnberger Instituts für Arbeitsmarkt- und Berufsforschung (IAB). Arbeitsplätze, die keine besondere Qualifikation erfordern, sind in den vergangenen Jahrzehnten massiv abgebaut worden - mit der Folge, dass gering qualifizierte Arbeitnehmer besonders von Arbeitslosigkeit betroffen sind. Selbst wenn einfachere Arbeitsplätze zu besetzen sind, wird oft ein Berufsabschluss als Zeichen für eine hohe Leistungsfähigkeit erwartet, stellen die Nürnberger Arbeitsmarktforscher fest. Auch wenn die betroffenen Arbeitnehmer bereit sind, in anderen Regionen der Republik einen Arbeitsplatz anzunehmen, hilft das bei der Suche nach einer Festanstellung kaum, da es im Helferbereich praktisch überall genügend Bewerber gibt. Eine Verbesserung gibt es nur, wenn sich das Bildungsniveau bessert. Dazu gehört nicht nur gezielte Fort- und Weiterbildung, sondern auch, dass möglichst wenige junge Menschen die Schule oder die Ausbildung abbrechen.

Als ein möglicher Lösungsansatz zur Beseitigung des auf unzureichender Qualifikation basierenden Fachkräftemangels in Deutschland wird immer wieder eine Erhöhung der Einwanderung angeführt, also die Zunahme von Migration[1].

Unter **Migration** versteht man ganz allgemein Wanderungsbewegungen von Menschen (Arbeitskräften) zwischen Staaten oder administrativen Untereinheiten eines Staates (Binnenwanderung), die zu einem längerfristigen oder dauernden Wechsel des ständigen Aufenthaltsortes der daran beteiligten Personen führen. Migration wird häufig durch politische, soziale oder wirtschaftliche Not der sogenannten Migranten hervorgerufen.

Einer neuen Studie des Instituts der Deutschen Wirtschaft folgend, unterstützt eine aktive Förderung der kulturellen Vielfalt nach Überzeugung vieler Unternehmen die Fachkräftesicherung und fördert die betriebliche Innovationskraft. So sehen viele Unternehmen in der Förderung der kulturellen Vielfalt in ihrem Haus eine Chance, die Kreativität und Bildungsvielfalt zu erhöhen und damit Innovationen zu unterstützen. Knapp jedes zweite Unternehmen möchte darüber hinaus seine Chancen zur Fachkräftesicherung verbessern. Bei größeren Unternehmen sind es sogar über 70 Prozent.

Allerdings zeigen andere Studien und Statistiken auch, dass Zuwanderer und ihre Nachkommen insgesamt in **geringerem** Maße am deutschen Arbeitsmarkt teilnehmen als die Bevölkerung ohne Migrationshintergrund. Dies verdeutlicht ein Blick auf die Erwerbs- bzw. auf die Erwerbstätigenquote dieser Bevölkerungsgruppe. Besonders Frauen sind hier betroffen. Daneben gibt es auch Besonderheiten einzelner Herkunftsgruppen. So ist beispielsweise bei polnischstämmigen Migranten festzustellen, dass sie relativ häufig erwerbstätig, nicht aber sozialversicherungspflichtig beschäftigt sind, was u.a. auf Werkvertrags- und Saisonarbeit zurückgeführt werden kann.

Bei der beruflichen Stellung zeigt sich allgemein ein Wandel hin zu Angestelltentätigkeiten im Dienstleistungssektor, der besonders stark bei jüngeren (weiblichen) Beschäftigten mit Migrationshintergrund zu beobachten ist. Die Stellung als Arbeiter oder Arbeiterin im verarbeitenden oder im Baugewerbe verliert demgegenüber an Bedeutung.

---

1 Das Statistische Bundesamt hat im Jahr 2005 den Themenkomplex **Migration und Integration** neu in das Erhebungsprogramm des Mikrozensus aufgenommen. Diese Kategorien ersetzen die bisherige Unterscheidung nach Deutschen und Ausländern, die wegen der inzwischen großen Zahl von (Spät-) Aussiedlern und Eingebürgerten als immer weniger aussagekräftig angesehen wurde. Die hier verwendete Abgrenzung der Bevölkerung mit Migrationshintergrund berücksichtigt den Wunsch, den Blick bei Migration und Integration nicht nur auf die Zuwanderer selbst – das heißt die eigentlichen Migranten – zu richten, sondern auch bestimmte ihrer **in Deutschland geborenen** Nachkommen einzuschließen.

Zur Bevölkerung mit Migrationshintergrund zählen alle, die nach 1949 auf das heutige Gebiet der Bundesrepublik Deutschland zugezogen sind, alle in Deutschland geborenen Ausländer/-innen und alle in Deutschland mit deutscher Staatsangehörigkeit Geborene mit zumindest einem zugezogenen oder als Ausländer in Deutschland geborenen Elternteil. Der Migrationsstatus einer Person wird somit sowohl aus ihren persönlichen Merkmalen zu Zuzug, Einbürgerung und Staatsangehörigkeit wie auch aus den entsprechenden Merkmalen der Eltern abgeleitet.

Dies bedeutet, dass in Deutschland geborene Deutsche einen Migrationshintergrund haben können, sei es als Kinder von Spätaussiedlern, als Kinder ausländischer Elternpaare oder als Deutsche mit einseitigem Migrationshintergrund. Nach den heutigen ausländerrechtlichen Vorschriften in Deutschland umfasst diese Definition üblicherweise Angehörige der 1. bis 3. Migrantengeneration (das heißt Zuwanderer, Kinder von Zuwanderern und Enkel von Zuwanderern). Zur besseren Vergleichbarkeit im Zeitablauf wird zwischen der Bevölkerung mit Migrationshintergrund im engeren und im weiteren Sinn unterschieden.

Zur Bevölkerung mit **Migrationshintergrund im engeren Sinne** gehören alle Zugewanderte und alle in Deutschland geborene Ausländer/-innen. Von den Deutschen mit Migrationshintergrund, die ihre deutsche Staatsangehörigkeit seit Geburt besitzen, haben nur jene einen Migrationshintergrund im engeren Sinne, die mit ihren Eltern oder einem Elternteil im selben Haushalt leben, weil nur dann die für die Zuordnung entscheidende Elterninformation vorliegt.

Zur Bevölkerung mit **Migrationshintergrund im weiteren Sinne** zählen zusätzlich jene Deutsche mit Migrationshintergrund, die ihre deutsche Staatsangehörigkeit seit Geburt besitzen und nicht (mehr) mit den Eltern im selben Haushalt leben. Für Vergleiche im Zeitablauf eignet sich nur die Bevölkerung mit Migrationshintergrund im engeren Sinne.

	Die Bevölkerung mit Migrationshintergrund ist jedoch nach wie vor in deutlich höherem Maße (etwa doppelt so hohe Quoten) von Erwerbs- bzw. Arbeitslosigkeit betroffen als die Bevölkerung ohne Migrationshintergrund. Auch der Anteil der Langzeitarbeitslosen ist bei den ausländischen Beschäftigten höher.
Berufliche und räumliche Immobilität	Im Grenzfall kann es sein, dass in einer Periode das gesamte Arbeitsangebot der gesamten Arbeitsnachfrage entspricht und dennoch Arbeitslosigkeit besteht. Dies kann darauf zurückzuführen sein, dass in einer Region die Arbeitsnachfrage das Arbeitsangebot übersteigt, während in einer anderen die umgekehrte Situation vorliegt. Das Beschäftigungsproblem muss auch unter dem Blickwinkel der **qualitativen (beruflichen) Mobilität** gesehen werden, denn es gibt im Grunde ebenso viele Arbeitsmärkte, wie es Berufe gibt. Klaffen qualitative Arbeitsnachfrage und qualitatives Arbeitsangebot auseinander, ist „der" Arbeitsmarkt im Ungleichgewicht.
Unternehmensübernahmen	Aufkäufe von Unternehmen haben neben vielen anderen Gründen auch den Zweck, sogenannte **Synergieeffekte**[1] freizusetzen. Einsparungen sind z. B. durch die Zusammenlegung von ganzen Abteilungen (z. B. der Forschungs- und Entwicklungsabteilung) oder von Fertigungsstätten (z. B. Einzelteilefertigung) und die damit verbundene „Freisetzung" von Arbeitnehmern zu erzielen. Mitunter werden Unternehmen auch von großen, meist ausländischen Konzernen aufgekauft, um sie zunächst finanziell auszunutzen, dann ihr technisches Know-how zu übernehmen und sie anschließend in die Insolvenz (Zahlungsunfähigkeit) zu entlassen.
Schattenwirtschaft	Zur Schattenwirtschaft (Untergrundwirtschaft, Hidden Economy) rechnen alle wirtschaftlichen Betätigungen, für die legal oder illegal keine Steuern entrichtet und keine Sozialversicherungsabgaben abgeführt werden. Die Bereiche der Schattenwirtschaft werden statistisch nur als Schätzgröße erfasst (z. B. Hausarbeit, Lieferungen und Leistungen durch Gewerbetreibende ohne Rechnung).

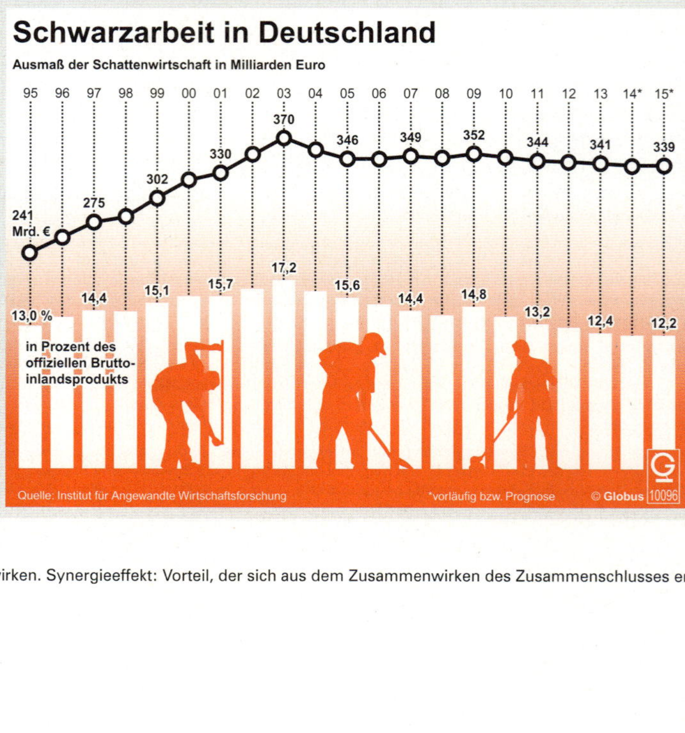

1 Synergie (griech.): Zusammenwirken. Synergieeffekt: Vorteil, der sich aus dem Zusammenwirken des Zusammenschlusses ergibt.

Beispiel:

- Zum **legalen** Bereich der Schattenwirtschaft gehören die Tätigkeiten der Hobbygärtner, die Selbstversorgung, die Nachbarschaftshilfe sowie die ehrenamtlichen Tätigkeiten in Hilfsorganisationen und nicht wirtschaftlichen Vereinen.
- **Illegale** Bereiche der Schattenwirtschaft sind Schwarzarbeit, die illegale Beschäftigung von Ausländern oder kriminelle Aktivitäten wie z.B. Drogenhandel.

Die **Schwarzarbeit** ist nicht zuletzt die **Folge** einer von der Bevölkerung als **zu hoch** empfundenen **Belastung** mit direkten Steuern (Einkommen- bzw. Lohnsteuer, Kirchensteuer, Solidaritätszuschlag) und Sozialversicherungsabgaben. Sie ist aber zugleich auch eine **Ursache** steigender Arbeitslosigkeit, weil sie an die Stelle der legalen Arbeit tritt. In der Folge sinken die Staatseinnahmen aus direkten Steuern und die Einnahmen der Sozialversicherungsträger. Der Staat muss die Steuersätze anheben (meist werden die indirekten Steuern wie z.B. Umsatzsteuer und/oder Mineralölsteuer erhöht), um die Einnahmeausfälle auszugleichen. Ein **sich selbst verstärkender Prozess** ist in Gang gesetzt: Die steigenden Abgaben erhöhen den Anreiz zur Schwarzarbeit, sodass diese weiter zunimmt.

(4) Strukturelle Arbeitslosigkeit

Die auf den wirtschaftlichen und technischen Wandel zurückzuführende Arbeitslosigkeit bezeichnet man als **strukturelle Arbeitslosigkeit.** Betroffen sind vor allem die Beschäftigten solcher Branchen (Wirtschaftszweige), die

- an wirtschaftlicher Bedeutung verlieren,
- die neue und arbeitssparende Techniken einführen und
- die langfristige Anpassungsschwierigkeiten erleiden.

Die Lehren aus der Vergangenheit

Strukturwandel. Obwohl Deutschland seine Rolle als Top-Industriestandort verteidigt hat, sind Branchen wie der Steinkohlenbergbau und die Textilindustrie nahezu von der Bildfläche verschwunden. Und wenn das Land nicht aufpasst, droht demnächst den energieintensiven Branchen ein ähnliches Schicksal.

Anders als beispielsweise Frankreich und das Vereinigte Königreich hat Deutschland in den vergangenen zwei Jahrzehnten seine Stellung als Industrieland gehalten. Der Anteil des Verarbeitenden Gewerbes an der Bruttowertschöpfung ist nur minimal geschrumpft – von 22,6 Prozent im Jahr 1995 auf 22,2 Prozent im Jahr 2013.

Hinter diesen Zahlen verbirgt sich allerdings ein immenser Strukturwandel – mit unterschiedlichen Folgen für die betroffenen Regionen:

Der Steinkohlenbergbau hat seine frühere Bedeutung als Energielieferant für den Standort D verloren. Andere Länder, die wie Russland oder die USA Kohle über Tage abbauen können, liefern billiger. Dementsprechend hat sich die Zahl der Mitarbeiter hierzulande unter und über Tage seit 1990 von 130 000 auf zuletzt 13 000 reduziert.

Der Braunkohleabbau zählte 1990 ebenfalls 130 000 Beschäftigte und konnte sich mittlerweile bei gut 20 000 stabilisieren. Die Braunkohleverstromung profitiert derzeit noch vom Atomausstieg, sie dürfte im Rahmen der CO_2-Vermeidung aber bald zurückgefahren werden.

Die Stahlindustrie hat viele Hütten dichtgemacht – seit 1980 gingen so 200 000 Jobs verloren. Allerdings sind die neuen Hochöfen und Elektroschmelzen leistungsfähiger als frühere Modelle und produzierten 2013 rund 43 Millionen Tonnen Stahl – nicht viel weniger als ihre Vorgänger im Jahr 1980. Deutschland ist damit immer noch der siebtgrößte Stahlerzeuger der Welt.

Sicher wäre die Aufgabe von Kohlegruben oder die Stilllegung von Stahlwerken einfacher zu managen gewesen, wenn die sich nicht in einzelnen Regionen geballt hätten. So aber wurden diese – wie beispielsweise das Ruhrgebiet – in eine wirtschaftliche Krise gestürzt.

Die Textilindustrie war früher in Deutschland eher flächendeckend vertreten. Die Schließung einzelner Fabriken war kein Todesurteil für eine ganze Region, denn es gab immer noch genügend andere prosperierende Branchen.

Die Gründe für den Niedergang sind schnell erzählt. Gegen die günstigen Arbeitskosten in Asien oder Osteuropa konnten die heimischen Textilbetriebe schlichtweg nicht mehr konkurrieren. Allerdings gibt es Ausnahmen. Dort, wo sich Firmen spezialisiert haben, konnten sie überleben.

Ein ähnliches Schicksal wie der Textilbranche droht jetzt den energieintensiven Industrien in Deutschland, die mit massiven Preissteigerungen im Zuge der Energiewende zurechtkommen müssen.

Quelle: iw-dienst, Nr. 43, 27. November 2014, Seite 4.

Die strukturelle Arbeitslosigkeit ist im Gegensatz zur saisonalen oder konjunkturellen Arbeitslosigkeit langfristiger Natur und wird auch im wirtschaftlichen Aufschwung überhaupt nicht oder nur geringfügig abgebaut **(Sockelarbeitslosigkeit).** Der Arbeitsmarkt befindet sich dauerhaft im Ungleichgewicht. Das Arbeitsangebot ist größer als die Arbeitsnachfrage. Die strukturelle Arbeitslosigkeit wird deswegen auch als **Mismatch-Arbeitslosigkeit**[1] bezeichnet.

Die Sockelarbeitslosigkeit ist dadurch gekennzeichnet, dass sie sich von Konjunkturrückgang zu Konjunkturrückgang – so jedenfalls die bisherige Entwicklung – verstärkt. Dies ist u. a. damit zu erklären, dass bei hoher Arbeitslosigkeit die Arbeitgeber bei der Einstellung neuer Arbeitskräfte immer anspruchsvoller werden. Die **Wiederbeschäftigungschancen** für **weniger qualifizierte** Personen werden entsprechend geringer. Die Folge ist, dass sich bei diesen Personen die Zeit der Arbeitslosigkeit verlängert **(Langzeitarbeitslosigkeit).**

19.2.4 Instrumente der Beschäftigungs- und Arbeitsmarktpolitik

19.2.4.1 Kurzfristig wirksame Instrumente (Beispiele)

Kurzfristige nachfrageorientierte Maßnahmen des Staates zur Bekämpfung der Arbeitslosigkeit sind z. B. die Erhöhung der Staatsausgaben und die Senkung der Staatseinnahmen im Rahmen der antizyklischen Finanzpolitik (siehe Kapitel 18.2).

Die staatliche Wirtschaftspolitik kann durch die Geld- und Währungspolitik der Zentralbank unterstützt werden, indem diese z. B. die Zinssätze senkt, die Mindestreservesätze herabsetzt und/oder Offenmarktkäufe tätigt (Kapitel 17.10.1). Konflikte zwischen einer (unabhängigen) Zentralbank und einer Regierung ergeben sich dann, wenn die Zentralbank aus Stabilitätsgründen die Zinssätze hoch halten möchte, während die Regierung ein niedriges Zinsniveau wünscht, um die Investitionstätigkeit anzuregen und damit die Beschäftigung zu fördern.

Besonders in der EWU sind **Konflikte zwischen den Regierungen einzelner EWU-Länder** und der **Europäischen Zentralbank** nicht auszuschließen, weil es nur einen **einheitlichen** Leitzinssatz für **alle** Mitgliedsländer geben kann. Länder mit hoher Arbeitslosigkeit benötigen jedoch ein niedriges Zinsniveau, während in Ländern mit inflationären Tendenzen ein hohes Zinsniveau angebracht ist. (Näheres siehe Kapitel 17.11.)

1 Mismatch-Arbeitslosigkeit (engl. mis: falsch; match: Gleiches, Ebenbürtiges). Ein deutsches Wort für Mismatch-Arbeitslosigkeit gibt es nicht. Ein englisches Wörterbuch liefert folgende Erklärung: Mismatch: a failure to correspond or match a discrepancy: a huge mismatch between supply and demand.

In diesem Zusammenhang sind auch die sogenannten **staatlichen Beschäftigungsprogramme** zu nennen. Hierbei handelt es sich um einmalige Ausgaben für solche Wirtschaftszweige, von denen starke nachfragewirksame Impulse[1] auf die Gesamtwirtschaft ausgehen. Eine solche „Schlüsselindustrie" ist z. B. die Bauwirtschaft. Die Wirkung solcher zusätzlichen „Konjunkturspritzen" ist jedoch zweifelhaft. Kritiker meinen, dass sie allenfalls ein Strohfeuer auslösen. Sie sind sogar von Nachteil, wenn der Staat verschuldet ist. (Siehe auch Kapitel 18.2.4.)

Die Beschäftigungspolitik wird durch die **Arbeitsmarktpolitik** der Bundesagentur für Arbeit (BA) ergänzt (zur BA siehe S. 236 und 239). Dabei wird zwischen *passiver* und *aktiver Arbeitsmarktpolitik* unterschieden. Erstere hat die Aufgabe, die negativen materiellen Folgen der von der Arbeitslosigkeit betroffenen Personen und ihren Familien zu mildern (z. B. durch die Zahlung von Arbeitslosengeld).

Die **aktive Arbeitsmarktpolitik** versucht, durch gezielte Maßnahmen das **Entstehen** von Arbeitslosigkeit zu **verhindern** (z. B. durch die Zahlung von Kurzarbeitergeld) oder die bestehende Arbeitslosigkeit zu **verringern** (z. B. durch Förderung der beruflichen Fortbildung, Umschulungsmaßnahmen, Zahlung eines Gründungszuschusses für arbeitslose Arbeitnehmer, die ihre Arbeitslosigkeit durch Aufnahme einer selbstständigen Tätigkeit beenden wollen).

19.2.4.2 Langfristig wirksame Instrumente (Beispiele)

(1) Senkung der Lohnnebenkosten (Lohnzusatzkosten)

Der Staat kann dazu beitragen, die Arbeitskosten zu senken, indem er dafür sorgt, dass die *gesetzlichen Lohnnebenkosten* (z. B. die Sozialversicherungsbeiträge der Arbeitgeber) gesenkt werden.

(2) Kombilöhne[2] an Arbeitnehmer

Liegen die Marktlöhne *unter dem Niveau der sozialen Grundsicherung,* können an die Arbeitgeber **Lohnkostenzuschüsse** aus den staatlichen Kassen bezahlt werden. Man erwartet aufgrund der sinkenden Lohnkosten eine Zunahme der Nachfrage nach Arbeitskräften.

Eine weitere Form des Kombilohns ist die unmittelbare **Aufstockung von Niedriglöhnen** mit Mitteln aus öffentlichen Kassen: Wenn das Einkommen von Erwerbstätigen nicht ausreicht, ihren Grundbedarf zu decken, haben sie Anspruch auf Arbeitslosengeld II bis zur Höhe der Grundsicherung (siehe Kapitel 19.3.3.2).[3]

(3) Förderung öffentlicher Beschäftigung

Mit der Förderung öffentlicher Beschäftigung finanziert die Allgemeinheit (durch den Staat) die Einstellung von Arbeitskräften, die ohne diese Hilfe keinen Arbeitsplatz erhalten können. Dazu gehören z. B. die Arbeitsgelegenheiten mit Mehraufwandsentschädigung und Arbeitsverhältnisse, die durch Zuschüsse zum Arbeitsentgelt gefördert werden.

---

1 **Impuls** (lat.) = Anstoß, Anreiz.

2 **Kombilöhne** = Abkürzung von Kombinationslohn. Kombination (lat.) = Zusammenstellung.

3 Die betroffenen Personen werden als „Aufstocker" bezeichnet.

Arbeitsgelegenheiten mit Mehraufwandsentschädigung [§ 16 d SGB II]	**Erwerbsfähige Leistungsberechtigte** können zur Erhaltung oder Wiedererlangung ihrer Beschäftigungsfähigkeit, die für eine Eingliederung in Arbeit erforderlich ist, in **Arbeitsgelegenheiten zugewiesen** werden, wenn die darin verrichteten Arbeiten zusätzlich sind, im öffentlichen Interesse liegen und wettbewerbsneutral sind. Arbeiten sind **zusätzlich,** wenn sie ohne Förderung nicht, nicht in dem vorgesehenen Umfang oder erst zu einem späteren Zeitpunkt durchgeführt würden. Arbeiten liegen im **öffentlichen Interesse,** wenn das Arbeitsergebnis der Allgemeinheit dient. Arbeiten sind **wettbewerbsneutral,** wenn durch sie eine Beeinträchtigung der Wirtschaft infolge der Förderung nicht zu befürchten ist. Den erwerbsfähigen Leistungsberechtigten ist während einer solchen Arbeitsgelegenheit zuzüglich zum Arbeitslosengeld II von der Agentur für Arbeit eine **angemessene Entschädigung für Mehraufwendungen** zu zahlen.
Arbeitsverhältnisse durch Zuschüsse zum Arbeitsentgelt [§ 16 e SGB II]	**Arbeitgeber** können für die Beschäftigung von zugewiesenen erwerbsfähigen Leistungsberechtigten **durch Zuschüsse zum Arbeitsentgelt gefördert** werden, wenn zwischen dem Arbeitgeber und der erwerbsfähigen leistungsberechtigten Person ein **Arbeitsverhältnis begründet** wird. Der Zuschuss richtet sich nach der Leistungsfähigkeit des erwerbsfähigen Leistungsberechtigten und beträgt **bis zu 75 % des berücksichtigungsfähigen Arbeitsentgelts.** Eine Förderung ist u. a. ausgeschlossen, wenn zu vermuten ist, dass der Arbeitgeber die Beendigung eines anderen Beschäftigungsverhältnisses veranlasst, um eine Förderung im o. g. Sinne zu erhalten.

19.2.5 Nichtstaatliche Maßnahmen zur Bekämpfung der Arbeitslosigkeit

Wie wir in den vorigen Kapiteln gesehen haben, hängt das Angebot von Arbeitsplätzen u. a. auch von dem **Lohnniveau** ab. Deshalb haben in Deutschland nicht nur der Staat, sondern auch die **Tarifverbände,** nämlich die Gewerkschaften einerseits und die Arbeitgeber bzw. ihre Verbände andererseits, Einfluss auf die jeweilige Beschäftigungslage. Während für Beamte, Richter und Soldaten der Staat die Lohnhöhe festlegt, haben in Deutschland die Tarifverbände (Tarifpartner, Sozialpartner) das Recht, die Arbeitsbedingungen (z. B. Tarifverträge, Arbeitszeit) in ihren *Tarifverträgen* unabhängig von staatlicher Beeinflussung abzuschließen **(Tarifautonomie).**

Wichtige Ziele der Gewerkschaften sind, zum einen den Anteil der Arbeitnehmer am Volkseinkommen (die Lohnquote) zu sichern oder zu erhöhen[1] und zum anderen die Arbeitslosigkeit zu bekämpfen.

(1) Produktivitätsorientierte Lohnpolitik

Soll die bisher erreichte Lohnquote erhalten bleiben, werden sich die Gewerkschaften zum Ziel setzen, Lohnerhöhungen in Höhe der jährlichen Produktivitätssteigerung der Volkswirtschaft (zuzüglich eines Inflationsausgleichs) durchzusetzen. Die produktivitätsorientierte Lohnpolitik hat folgende Vorteile: Die Verteilung des Volkseinkommens ändert sich nicht, der materielle Lebensstandard der Arbeitnehmer steigt entsprechend der volkswirtschaftlichen Gesamtleistung und die Preise bleiben unter sonst gleichen Bedingungen stabil. Eine Gefahr für die Arbeitsplätze besteht von dieser Seite her deswegen nicht, weil die Konsumgüternachfrage entsprechend der Mehrproduktion (des Produktivitätsfortschritts) steigen kann.

1 Zur Verteilung des Volkseinkommens siehe Kapitel 19.3.

Beispiel:

Angenommen, eine Volkswirtschaft produziert mit einem Kapitalstock von 5000 Mrd. GE und mit 25 Mio. unselbstständigen Arbeitskräften Güter im Wert von 500 Mrd. GE. Die Ersparnis und die Nettoinvestition sei null. Wenn wir eine Lohnquote von 50 % voraussetzen, entfallen vom Volkseinkommen in Höhe von 500 Mrd. GE je 250 Mrd. GE auf die Arbeitnehmer und die Unternehmen bzw. die Unternehmerhaushalte. Steigt aufgrund von Verbesserungsinvestitionen das reale Volkseinkommen auf 550 Mrd. GE, so bedeutet dies bei gleichem Einsatz von Arbeitskräften eine Produktivitätssteigerung von 10 %. (Vor der Produktivitätserhöhung betrug die Produktivität 500 Mrd. GE : 25 Mio., nunmehr 550 Mrd. : 25 Mio.)

Um die bisherige Lohnquote in Höhe von 50 % zu halten, müssen die Löhne ebenfalls um 10 % angehoben werden, d.h. auf 275 Mrd. GE. Dies ist allein schon zur Erhaltung der Vollbeschäftigung notwendig, falls die Unternehmen bzw. die Unternehmerhaushalte nicht die Mehrproduktion allein aufkaufen, was unwahrscheinlich ist. Andernfalls bleiben die Unternehmen auf ihrer Mehrproduktion „sitzen" und sehen sich zu Produktionseinschränkungen oder Preissenkungen gezwungen.

Sind indessen die Preise aus irgendwelchen Gründen bei gleicher Ausbringung um 10 % gestiegen, oder mit anderen Worten: ist das nominelle Volkseinkommen bei Konstanz des realen Volkseinkommens gestiegen, so bleibt zwar der **Nominallohn** erhalten (250 Mrd. GE), die **Reallöhne** aber sinken: Die Arbeitnehmer nämlich können nunmehr statt bisher 50 % nur noch 45,5 % der gesamtwirtschaftlichen Leistung kaufen. Soll also die Lohnquote und damit der Reallohn erhalten bleiben, müssen die Löhne um ebenfalls 10 % auf 275 Mrd. GE erhöht werden.

Merke:

Die produktivitätsorientierte Lohnpolitik trägt unter sonst gleichen Bedingungen zur Sicherung der Beschäftigung bei.

(2) Expansive Lohnpolitik

Erstreben die Gewerkschaften hingegen eine Erhöhung der Lohnquote, müssen sie eine expansive Lohnpolitik betreiben, d.h., sie müssen Lohnerhöhungen durchsetzen, die über den Produktivitätszuwachs und die Preissteigerungsrate hinausgehen. Haben sie Erfolg, so muss unterschieden werden, ob die Wirtschaft vollbeschäftigt ist oder nicht. Ist die Wirtschaft unterbeschäftigt, werden die Gewerkschaften ihre Forderungen kaum durchsetzen können. Kräftige Lohnsteigerungen würden zu weiteren Arbeitsplatzverlusten führen. Ist die Wirtschaft vollbeschäftigt und steigen die Löhne schneller als die Preise und der Produktivitätszuwachs, sind aus diesem Grunde zwar keine Arbeitsplätze in Gefahr; jedoch nimmt die Konsumgüternachfrage schneller als das Angebot von Gütern und Leistungen zu, sodass die Preise steigen. Die Inflation frisst sozusagen die Lohnsteigerungen wieder auf.

Beispiel:

Das lässt sich mithilfe des vorigen Zahlenbeispiels verdeutlichen. Beträgt das Volkseinkommen im Ausgangszeitpunkt 500 Mrd. GE und ist die Lohnquote 50 %, steigt bei einer 20 %-igen Lohnerhöhung das Arbeitnehmereinkommen kurzfristig auf 300 Mrd. GE an. Beläuft sich der Produktionszuwachs jedoch nur auf 10 % und geben die Arbeitnehmer ihr gesamtes Zusatzeinkommen – was vereinfachend unterstellt sein soll – wieder aus, werden die Unternehmer ihre Preise um 10 % erhöhen. Das Volkseinkommen ist um real 50 Mrd. GE, nominell aber um 100 Mrd. GE gestiegen. Nach Ablauf einer bestimmten Zeit ist die alte Einkommensverteilung wieder hergestellt.

15 Hartmann - ISBN 978-3-8120-0490-9

Nicht ganz so leicht fallen Preiserhöhungen, wenn entweder das zusätzliche Arbeitnehmereinkommen teilweise gespart wird, oder aber wenn billigere Auslandswaren importiert werden. Dann nämlich würden die Preissteigerungen nicht mit der Lohnentwicklung Schritt halten und die Einkommensverteilung würde sich zugunsten der Arbeitnehmer verschieben. In diesem Fall entsteht jedoch ein neues Problem: Die höheren Lohnkosten ziehen stagnierende oder gar abnehmende Gewinne nach sich. Dies aber bewirkt, dass die Unternehmen ihre Investitionspläne überprüfen und Investitionsvorhaben streichen. Unter Umständen führt das dazu, dass das Volkseinkommen real nicht mehr wächst, während Löhne und Preise weiter steigen (Stagnation bei Inflation oder kurz **„Stagflation"** genannt). Falls die Nettoinvestitionen zurückgehen, ist sogar mit zunehmender Arbeitslosigkeit zu rechnen.

Merke:

- Ziel der expansiven Lohnpolitik ist, die Lohnquote (den prozentualen Anteil des Arbeitnehmerentgelts) zu erhöhen.
- Bei Unterbeschäftigung führt die (erfolgreiche) expansive Lohnpolitik zu Arbeitsplatzverlusten.
- Die expansive Lohnpolitik kann bei Vollbeschäftigung eine Lohn-Preis-Spirale auslösen, sodass auf längere Sicht ebenfalls Arbeitsplätze gefährdet sind. (Näheres siehe Kapitel 17.9.1.)

(3) Arbeitszeitverkürzung

Die Gewerkschaften in vielen Ländern Europas haben in den letzten Jahrzehnten erhebliche Verkürzungen der Arbeitszeiten (vor allem kürzere Wochenarbeitszeiten, mehr Urlaub) durchgesetzt. Die These: Das Arbeitsangebot wird verknappt, die Durchsetzung von Lohnforderungen wird erleichtert und die Arbeitslosigkeit verringert. Die Arbeitszeitverkürzung kann jedoch nur unter bestimmten Bedingungen zum Abbau der Arbeitslosigkeit beitragen, nämlich dann, wenn die Arbeitszeitverkürzung mit einer entsprechenden Lohnkürzung einhergeht und auf dem Arbeitsmarkt genügend geeignete Bewerber zur Verfügung stehen. Muss jedoch der gleiche Lohn für weniger Arbeit gezahlt werden *(Arbeitszeitverkürzung bei vollem Lohnausgleich),* werden die Unternehmen die teuer gewordene Arbeit durch den Einsatz von Maschinen ersetzen.

Wird die Arbeitszeit in Berufsfeldern verkürzt, bei denen nicht genügend Arbeitsuchende vorhanden sind, muss die vorhandene Belegschaft die Arbeit z. B. durch intensiveren Einsatz oder durch Mehrarbeit übernehmen. Ein möglicherweise vorhandener Mangel an Fachkräften verstärkt sich. Die Unternehmen werden gezwungen, den Arbeitskräfteausfall durch Personal aus dem Ausland zu ersetzen. Die Arbeitslosigkeit wird nicht verringert.

(4) Öffnung der Tarifverträge

Noch vor wenigen Jahren waren die meisten Tarifverträge *starr,* d. h., sie galten für jedes tarifgebundene Unternehmen, gleichgültig, in welcher wirtschaftlichen Lage es sich befand. Angesichts der hohen Arbeitslosigkeit wurden die Tarifverträge zunehmend flexibler (beweglicher) gestaltet: Tariföffnungsklauseln sollen es den Betrieben, denen es nicht besonders gut geht, ermöglichen, ihre Belegschaft für eine bestimmte Zeit (z. B. für ein Jahr) bis zu einem vereinbarten Prozentsatz unter Tarif zu bezahlen *(Entgeltkorridor).* Die konkreten Vereinbarungen zu dieser sogenannten *Härteklausel* werden dann zwischen Betriebsrat und Arbeitgeber ausgehandelt.

19.3 Verteilungs- und Sozialpolitik

19.3.1 Primärverteilung[1] des Volkseinkommens

Rein wirtschaftlich gesehen ist der Lohn als wichtigste Einkommensart zwar der „Preis für menschliche Arbeit" (für den Produktionsfaktor Arbeit). Dennoch ist er mehr: Er versetzt den Einzelnen nämlich in die Lage, menschenwürdig zu leben, sofern die Lohnhöhe ausreichend ist. Daher verwundert es nicht, dass immer wieder nach dem „gerechten" Lohn (nach gerechter Einkommensverteilung) gefragt wird.

Merke:

Enthält sich der Staat jeder Einflussnahme auf die Verteilung der Einkommen oder erhebt er allenfalls indirekte Steuern, ergibt sich die **Primärverteilung** des Volkseinkommens.

Bei der Primärverteilung des Volkseinkommens unterscheidet man die **funktionelle** und die **personelle** Einkommensverteilung.

19.3.1.1 Funktionelle Einkommensverteilung[2]

Die funktionelle Einkommensverteilung gibt Antwort auf die Frage, welchen Produktionsfaktoren die Anteile am Volkseinkommen zugeflossen sind.

(1) Einkommensarten nach funktionellen Gesichtspunkten

- **Arbeitseinkommen (Arbeitnehmerentgelt)**

Sie sind die Einkommen der Unselbstständigen (= Arbeiter, Angestellte, Beamte, Richter, Soldaten) aus ihrer Arbeitstätigkeit.

- **Bodeneinkommen**

Wie jedes knappe Gut hat der Boden seinen Preis, und zwar in Form eines Pachtzinses, eines Kaufpreises oder eines Nutzungsgewinns wie z. B. in der Landwirtschaft. Das Bodeneinkommen wird in der Volkswirtschaftslehre als **Bodenrente** oder **Grundrente** bezeichnet.

- **Kapitaleinkommen**

Das Entgelt für die Überlassung von Kapital ist der **Zins.**

ursprünglicher (originärer) Zins	Der ursprüngliche (originäre) Zins ist das Einkommen, das einem Kapitaleigentümer zufällt, wenn er sein Geldkapital im eigenen Unternehmen zu produktiven Zwecken einsetzt, also investiert. Der originäre Zins ist demnach der Zins für Kapital im volkswirtschaftlichen Sinne („Kapitalzins", „realer Zins").
Leihzins	Der Leihzins ist der Zins, der sich auf den Kreditmärkten (= Geld- und Kapitalmärkte) aufgrund von Angebot und Nachfrage bildet. Man spricht deshalb auch vom „Kreditzins" oder „Geldzins".

1 Primär (lat.) = zuerst, erstrangig; „Primärverteilung" deshalb, weil sich diese Verteilung vor staatlicher Einflussnahme ergibt.

2 „Funktionelle" Einkommensverteilung deshalb, weil das Volkseinkommen entsprechend den Aufgaben (Funktionen) der einzelnen Produktionsfaktoren verteilt wird.

Durchschnittlicher Kapitalzins und durchschnittlicher Leihzins sind selten gleich hoch. Dennoch sind ihre Durchschnittshöhen interdependent (= voneinander abhängig). So wird ein Unternehmer beispielsweise nur so lange investieren, wie seine Rendite (Verzinsung aus der Investition) mindestens so hoch ist wie der Geldzinssatz. Steigende Absatzpreise erhöhen somit – unter sonst gleichen Bedingungen – die Rentabilität des Sachkapitals (das Kapitaleinkommen) und umgekehrt.

Unternehmenseinkommen

Das Unternehmenseinkommen stellt eine **Restgröße** dar, weil die „Unternehmer" (alle Selbstständigen und alle Unternehmen mit eigener Rechtspersönlichkeit) erst *nach* Ablauf einer Rechnungsperiode (z. B. nach einem Geschäftsjahr) feststellen können, ob sie einen Gewinn erzielt oder Verlust gemacht haben.

Das Unternehmenseinkommen enthält mehrere Einkommensbestandteile, nämlich den **Unternehmerlohn,** die **Kapitalverzinsung** und die **Risikoprämie.** Der Unternehmerlohn ist die kalkulierte Vergütung für die routinemäßige Arbeitsleistung des Unternehmers in seinem Betrieb. Die Kapitalverzinsung ist das kalkulierte Entgelt für das investierte Kapital. Die Risikoprämie stellt das Entgelt für das Wagnis dar, das der Unternehmer mit der Gründung seines Betriebs und dem Einsatz seiner finanziellen Mittel eingegangen ist. Ein eventuell noch verbleibender Rest ist der **eigentliche Unternehmergewinn.**

Die **Entstehung eines Unternehmergewinns** kann auf mehrere Ursachen zurückzuführen sein, z. B. auf einen günstigen Standort gewerblicher Unternehmen (sie erzielen eine Lagerente), auf guten Boden bei landwirtschaftlichen Unternehmen (Bodenrente), auf besondere persönliche Leistungen des Unternehmers (z. B. neue Ideen) oder auf die Marktstellung (z. B. Monopolgewinn).

	Ertrag
–	Aufwand
–	Kapitalverzinsung
–	Risikoprämie
–	Unternehmerlohn
=	Unternehmergewinn

(2) Problem der Verteilungsgerechtigkeit

Man könnte nun der Auffassung sein, dass eine Einkommensverteilung dann „gerecht" ist, wenn das Volkseinkommen den einzelnen Produktionsfaktoren entsprechend ihrer Beiträge zur gesamtwirtschaftlichen Leistung zufließt. Indessen ist es in einer arbeitsteiligen Gesellschaft unmöglich, den einzelnen Produktionsfaktoren ihren Beitrag zum Volkseinkommen *zuzurechnen,* ganz abgesehen davon, dass eine Einkommensverteilung nach funktionalen Gesichtspunkten die Leistungsschwachen und -unfähigen unberücksichtigt lassen würde (z. B. Kinder, in der Ausbildung Stehende, Kranke, Alte). Das Problem der „gerechten" Einkommensverteilung muss daher politisch gelöst werden.[1]

19.3.1.2 Personelle Einkommensverteilung

Die Verteilung des Volkseinkommens auf verschiedene soziale Gruppen (Personengruppen) bezeicnet man als **personelle Einkommensverteilung.**

Teilt man z. B. die privaten Haushalte einer Volkswirtschaft in „Einkommensgruppen" ein, lässt sich mithilfe der **Lorenz-Kurve** die Einkommensverteilung grafisch veranschaulichen. (Lorenz war ein amerikanischer Statistiker.)

1 Siehe Kapitel 16.2.3, Kapitel 18.4.1 (S. 182 und Abb. auf S. 183) sowie Kapitel 19.3.4.

Beispiel:

Angenommen, in einer Gesellschaft mit 360 000 Haushalten ergeben sich folgende Einkommensschichten:

Anzahl der Haushalte	% der Haushalte	% kumuliert	Einkommen bis ... GE	Gesamteinkommen in Mio. GE	% des Einkommens	% kumuliert
80 000	22,4	22,4	1 500	120	12,5	12,5
70 000	19,2	41,6	2 000	140	14,6	27,1
60 000	16,7	58,3	2 500	150	15,6	42,7
50 000	13,9	72,2	3 000	150	15,6	58,3
40 000	11,1	83,3	3 500	140	14,6	72,9
30 000	8,3	91,6	4 000	120	12,5	85,4
20 000	5,6	97,2	4 500	90	9,4	94,8
10 000	2,8	100,0	5 000	50	5,2	100,0
360 000	100,0	–	–	960	100,0	–

Ergibt sich bei dieser Berechnung eine „45°-Linie", so bedeutet das, dass die Einkommen völlig gleich verteilt sind. Im vorliegenden Beispiel ist die Einkommensverteilung ungleich (z. B. entfallen auf 2,8 % der privaten Haushalte 5,2 % des Volkseinkommens und auf 8,3 % der Haushalte 12,5 % des Volkseinkommens). Je stärker der „Bauch" der Lorenz-Kurve ist, desto ungleicher ist die Einkommensverteilung.

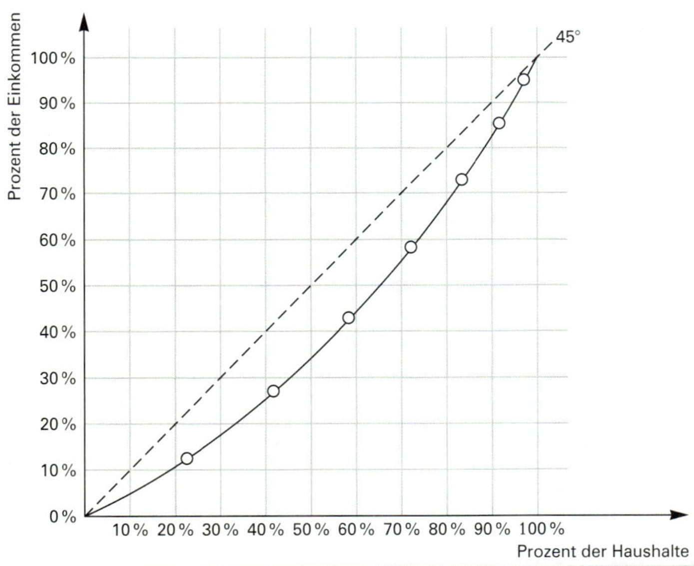

Die personelle Einkommensverteilung lässt sich nach den verschiedensten Gruppierungen vornehmen, z. B. nach Regionen (Kreisen, Bundesländern, Ost- und Westdeutschland) oder nach der Erwerbstätigkeit (Nichterwerbstätige, Arbeiter, Angestellte, Beamte und Selbstständige).

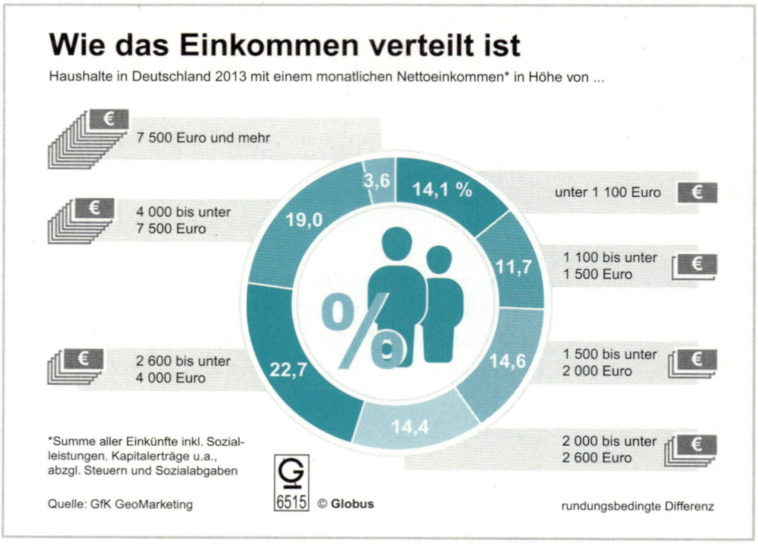

19.3.1.3 Einkommens- und Vermögensverteilung in Deutschland

Das Statistische Bundesamt geht bei der Ermittlung der Einkommensverteilung in der Bundesrepublik Deutschland einen Mittelweg zwischen funktioneller und personeller Betrachtungsweise. Es unterscheidet zwischen dem **Arbeitnehmerentgelt** (dem Einkommen der Unselbstständigen) und dem **Unternehmens- und Vermögenseinkommen** (Boden- und Kapitaleinkommen sowie Unternehmensgewinne). Damit reduziert sich die Frage nach der Verteilung des Volkseinkommens auf das Verteilungsproblem zwischen den Produktionsfaktoren **„Arbeit"** einerseits und **„Kapital"** andererseits (vgl. Tabelle auf S. 182).

Gleichgültig, ob man die Einkommensverteilung unter funktionalen oder personellen Gesichtspunkten betrachtet: Sie ist im marktwirtschaftlichen System von der **Leistungsfähigkeit** und der **Leistungsbereitschaft** der wirtschaftenden Personen (der „Wirtschaftssubjekte") abhängig. Sie wird weiterhin dadurch bestimmt, *welche* sozialen Gruppen **Eigentümer** von **Grund und Boden** bzw. des **Kapitals** (der **Produktionsmittel**) sind. Den Eigentümern fließt – falls der Staat nicht eingreift – das Besitzeinkommen zu.

Die **Vermögensverteilung** in Deutschland ist ungleich.[1] Zahlen über die Verteilung des Gesamtvermögens (Geld- und Sachvermögen) sind allerdings Schätzungen, die häufig Jahre zurückliegen.

Besteht das wirtschafts- und sozialpolitische Ziel, die Einkommen gleichmäßiger zu verteilen, müssen auch die *Eigentumsverhältnisse* geändert werden. Nach sozialistischem Standpunkt hat dies durch Verstaatlichung der Produktionsmittel (einschließlich des Grund und Bodens) zu geschehen. Für die Vertreter marktwirtschaftlich orientierter Wirtschaftsordnungen kommt dieser Weg nur in Ausnahmefällen infrage, weil gerade das Streben der Menschen nach Einkommen und Vermögen der wichtigste „Motor" einer florierenden[2] Wirtschaft ist. Man versucht vielmehr, durch Besteuerung der Vermögen (z. B. Grundsteuer,

1 Siehe S. 183.

2 Florieren (lat.) = blühen, gut gedeihen, gut vorankommen.

Vermögensteuer),[1] Beteiligung der Arbeitnehmer am Produktivvermögen (z. B. Zertifikate, Belegschaftsaktien) und Förderung der Vermögensbildung (durch direkte und indirekte Subventionen) auf längere Sicht zu einer Umschichtung der Eigentumsverhältnisse und damit letztlich auch der Einkommensverteilung zu gelangen.

Die primäre personelle Einkommensverteilung hängt ferner vom Umfang der **Marktmacht** der einzelnen sozialen Gruppen ab, und zwar auf zweierlei Weise. Wird die Wirtschaft im Wesentlichen von starken Oligopolen und Monopolen beherrscht, können diese ihre Preise höher ansetzen als dies bei polypolistischer Konkurrenz möglich wäre. Infolgedessen steigen die Gewinne (die Unternehmenseinkommen) zulasten des Arbeitnehmerentgelts. Zum Zweiten ist die Höhe des Arbeitnehmerentgelts abhängig von der Marktstellung der Arbeitnehmer einerseits und der Arbeitgeber andererseits auf dem Arbeitsmarkt. Sind die Arbeitnehmer nicht organisiert, werden regelmäßig die Arbeitsentgelte niedriger sein als in Wirtschaftsordnungen, in denen den Arbeitgeberverbänden mächtige Gewerkschaften gegenüberstehen.

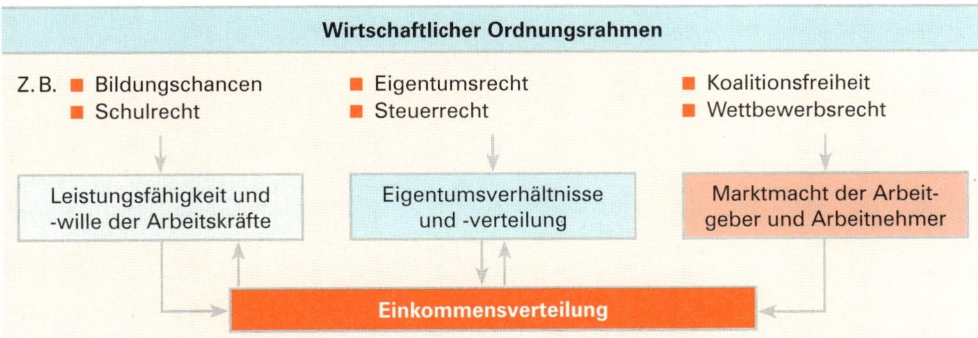

19.3.1.4 Ziele der Sozial- und Verteilungspolitik

Sobald Verbände und Staat in den Verteilungsprozess eingreifen, müssen sie bestimmte **Verteilungsprinzipien** verfolgen, sich also eine Vorstellung darüber machen, wie es um das endgültige Verteilungsergebnis bestellt sein soll. Es ist einleuchtend, dass die Anschauungen darüber, wie eine „gerechte" Einkommensverteilung aussehen soll, sehr unterschiedlich sind. Sie hängen von der Interessenlage der jeweiligen Regierung bzw. der Verbände sowie von der vorherrschenden Weltanschauung (z. B. Individualismus, Personalismus, christliche Soziallehre oder Kollektivismus) ab.

Im Wesentlichen lassen sich folgende Verteilungsprinzipien unterscheiden:

Prinzip der Einkommensnivellierung[2] („Verteilungsgerechtigkeit")	■ Dieses Prinzip **(„Jedem das Gleiche!")** wird damit begründet, dass alle Menschen gleich seien. Deshalb hätten sie auch Anspruch auf den gleichen Anteil am Volkseinkommen. ■ Das Prinzip der Einkommensnivellierung hat den **Vorteil,** dass Unzufriedenheit, Neid und Missgunst abgebaut werden. ■ Der **Nachteil** ist, dass für den Einzelnen kein Leistungsanreiz besteht, sodass das Volkseinkommen niedriger ist, als es bei Anstrengung aller Kräfte sein könnte.

1 In Deutschland wird zz. keine Vermögensteuer erhoben.

2 **Nivellierung** = gleichmachen, einebnen. (Von Niveau [franz.] = waagerechte Fläche auf einer bestimmten Höhenlage).

	■ In Deutschland wird das Gleichheitsprinzip zwar nicht in seiner extremen Ausbildung verfochten; wohl aber ist es ein wirtschafts- und gesellschaftspolitisches Ziel der Regierung und der Gewerkschaften, eine **sozialverträgliche** (gleichmäßigere, „gerechtere“) Einkommensverteilung herbeizuführen.
Bedarfsprinzip („Bedarfsgerechtigkeit“)	■ Das Bedarfsprinzip verlangt, die Einkommen nach einem von bestimmten Institutionen (z. B. Regierung, Parlament, Behörden) festzustellenden Maßstab zu verteilen (**„Jedem nach seinen Bedürfnissen!“**). Eine bedarfsgerechte Verteilung liegt z. B. vor, wenn die Einkommen nach Familienstand, Berufstätigkeit (Schwerarbeit, Bürotätigkeit) oder Kinderzahl differenziert (= abgestuft) werden. So ist in der Bundesrepublik Deutschland z. B. die Staffelung der Löhne nach Altersgruppen, Betriebszugehörigkeit und/oder Familienstand ein Element des Bedarfsprinzips. ■ Der **Vorteil** des Bedarfsprinzips ist, dass auch soziale Gesichtspunkte bei der Einkommensverteilung berücksichtigt werden können. ■ Der **Nachteil** ist, dass *niemand* – auch keine Partei und keine Behörde – in der Lage ist, den tatsächlichen Bedarf der Mitglieder einer Gesellschaft festzustellen. Der Bedarf ist vielmehr eine subjektive Größe.
Leistungsprinzip („Leistungsgerechtigkeit“)	■ Nach dem Leistungsprinzip soll jeder nach seinem Beitrag zum Volkseinkommen entlohnt werden (**„Jedem nach seiner Leistung!“**). Das Leistungsprinzip verlangt, dass für gleiche Leistung auch der gleiche Lohn bezahlt wird. Es setzt voraus, dass für alle die gleichen Startbedingungen gegeben sind („Chancengleichheit“). Ein Mindereinkommen ist nach dieser Auffassung auf mangelnde Leistung zurückzuführen. ■ Der **Vorteil** des Leistungsprinzips ist, dass ein Anreiz zur Mehrarbeit und zum persönlichen Einsatz besteht. ■ Der **Nachteil** ist (neben der Unmöglichkeit, den Beitrag des Einzelnen zum Volkseinkommen objektiv zu ermitteln), dass das Leistungsprinzip unsozial sein kann, selbst wenn die Chancengleichheit gegeben wäre. Es berücksichtigt z. B. nicht, dass Minderleistung auch *unverschuldet* sein kann (z. B. Arbeitsunfall, Krankheit), zum anderen Mehrleistung auch auf Ausbeutung, Rücksichtslosigkeit, Betrug und Bestechung zurückgeführt werden kann. Außerdem berücksichtigt das Leistungsprinzip die Personen nicht, die nicht oder noch nicht (Alte und Jugendliche) im Produktionsprozess stehen.

Die **Frage nach der gerechten Einkommensverteilung** ist also nicht objektiv beantwortbar. Die Antwort hängt vielmehr von der **Einstellung** des Einzelnen oder der jeweiligen Interessengruppen (Gewerkschaften, Regierungen, Parteien, Arbeitgebern usw.) ab.

Etwas anders stellt sich die Frage, ob und in welchem Umfang die Arbeitnehmer am Produktivitätsfortschritt (siehe auch Kapitel 19.2.5) teilhaben sollen. Diese Frage ist nicht nur aus gesellschaftspolitischen, sondern auch aus wirtschaftspolitischen Gründen zu bejahen.

Gesellschaftspolitisch gilt, dass jeder Arbeitnehmer das Empfinden haben muss, gerecht behandelt und entlohnt zu werden. Wirtschaftspolitisch gilt, dass das Mehrprodukt auch gekauft werden muss, wenn wirtschaftliche Störungen vermieden werden sollen:

- Steigen die Einkommen und damit die nachfragewirksame Geldmenge in gleichem Maße wie die Erzeugung der Volkswirtschaft, besteht weder Inflations- noch Deflationsgefahr (siehe hierzu Kapitel 17.9).
- Steigen die Löhne (die Arbeitsentgelte) hingegen schneller als die Produktivität, werden entweder die Preise steigen („Lohn-Preis-Spirale“) oder die Investitionen zurückgehen, weil die Gewinne geschmälert werden, sodass Arbeitsplätze gefährdet werden.

19.3.2 Sekundärverteilung[1] des Volkseinkommens

19.3.2.1 Verteilungspolitik als Bestandteil der Sozialpolitik

Dem Ordnungsentwurf der sozialen Marktwirtschaft entspricht eine Synthese[2] von wettbewerbspolitisch zu sichernden wirtschaftlichen Freiheitsrechten einerseits und sozialer Bindung der wirtschaftlich tätigen Menschen und ihren Organisationen (den „Wirtschaftssubjekten") andererseits. Um diesen zweiten Aspekt realisieren zu können, bedarf es gestaltender Maßnahmen des Staates, die als **Sozialpolitik** bezeichnet werden. (Der Begriff Sozialpolitik ist unscharf und hat sich im Laufe der Geschichte mehrfach gewandelt. Er wird sich z. B. je nach wirtschaftlicher, technischer, politischer und demografischer[3] Entwicklung im Umfang und in der Zielrichtung weiter ändern.) Das Ergebnis aller sozialpolitischen Entscheidungen und Maßnahmen bezeichnet man als **Sozialordnung**.

Für die Bundesrepublik Deutschland stellt Art. 20 I GG fest: *„Die Bundesrepublik Deutschland ist ein demokratischer und sozialer Bundesstaat."* Verwirklicht wird dieses **„Sozialstaatspostulat"**[4] des Grundgesetzes durch ein Netz sozialer Sicherungsmaßnahmen. Hierzu gehören vor allem

- die Beschäftigungspolitik (Kapitel 19.2.4),
- die Verteilungspolitik,
- die Politik zum Schutz der Arbeitskräfte,
- die Politik zur Absicherung von Arbeitsrisiken und ergänzende Maßnahmen.

Sozialpolitische Aktivitäten des Staates im Rahmen der sozialen Marktwirtschaft

Beschäftigungspolitik	Verteilungspolitik	Arbeitsschutzpolitik	Politik zur Absicherung von Arbeitsrisiken	Sonstige sozialpolitische Maßnahmen
■ Maßnahmen zur Erreichung eines möglichst hohen Beschäftigungsstands ■ Erhaltung und Schaffung von Arbeitsplätzen ■ Berufs- und Arbeitsmarktberatung ■ Ausbildungs- und Arbeitsvermittlung ■ Förderung der beruflichen Bildung und Weiterbildung	Einkommens- und Vermögensumverteilung durch ■ Steuerpolitik ■ Vermögenspolitik ■ Familienpolitik (z. B. Kindergeld) ■ sonstige Sozialleistungen (Transferzahlungen wie z. B. Wohngeld, Sozialhilfe, BAföG, Altershilfe für Landwirte) ■ Preispolitik (siehe Kapitel 15.3)	■ Schutz der materiellen Rechte durch Arbeitsvertrags-, Berufsbildungs-, Tarifvertrags- und Mitbestimmungsrecht (= Arbeitsrecht i. e. S.) ■ Sozialer Arbeitsschutz (z. B. Arbeitszeitgesetz, Mutterschutzgesetz, Jugendarbeitsschutzgesetz, Kündigungsschutzgesetz) ■ Schutz des Lebens und der Gesundheit durch menschengerechte Gestaltung der Arbeit, technischen Arbeitsschutz und Unfallversicherung	■ Gesetzliche Krankenversicherung ■ Soziale Pflegeversicherung ■ Gesetzliche Rentenversicherung ■ Gesetzliche Arbeitsförderung (Arbeitslosenversicherung) ■ Gesetzliche Unfallversicherung	■ Umweltschutzpolitik ■ Gesundheitspolitik ■ Strukturpolitik ■ Bevölkerungspolitik ■ Bildungspolitik

1 **Sekundär** (lat., franz.) = in zweiter Linie, zweit. . . Sekundärverteilung = Zweitverteilung.

2 **Synthese** (griech., lat.) = Zusammenfügung einzelner Teile.

3 **Demografie** (griech.) = Bevölkerungsstatistik; demografische Entwicklung = die durch die Statistik aufgezeigte Bevölkerungsentwicklung.

4 **Postulat** (lat.) = Forderung. Sozialstaatspostulat = Forderung, einen Sozialstaat zu errichten bzw. zu erhalten.

19.3.2.2 Verteilungspolitische Maßnahmen des Staates

Bereits an anderer Stelle haben wir gesagt, dass das Marktergebnis nicht „gerecht" sein kann. Die Marktpreise der Produktionsfaktoren, also die auf sie entfallenden Einkommen, sind das Ergebnis von Angebot und Nachfrage. Setzt sich nun der Staat, wie dies in einer sozialen Marktwirtschaft der Fall ist, zum Ziel, die Einkommen gleichmäßiger zu verteilen, muss er die Einkommen der gut Verdienenden beschneiden und diese Mittel den sozial Schwachen zuführen.

Die **Umverteilung** durch den Staat (Redistribution)[1] geschieht in erster Linie mithilfe der **direkten Steuern**. Mit ihrer Hilfe werden die Einkommen *unmittelbar* besteuert. Die wichtigsten direkten Steuern sind die Körperschaftsteuer, die Einkommensteuer und die Lohnsteuer. Steuerähnlichen Charakter haben die **Sozialversicherungsabgaben** der Versicherungspflichtigen (Beiträge zur Kranken-, Pflege-, Renten- und Arbeitslosenversicherung). Auch diese Beiträge werden umverteilt, weil die zurzeit Verdienenden für die nicht oder nicht mehr im Arbeitsleben stehenden Leistungsempfänger (Arbeitslose, Rentner und Pensionäre) aufkommen müssen. Die Einkommen der Leistungsempfänger werden daher als **Transfereinkommen, abgeleitete Einkommen** oder auch als **Sozialeinkommen** bezeichnet.

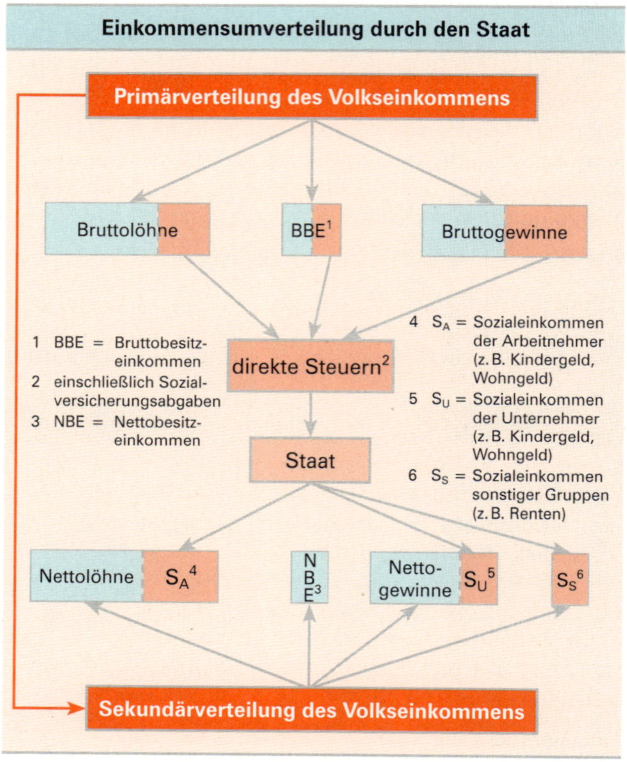

Zu den Sozialeinkommen zählen nicht nur Arbeitslosengeld, Renten und Pensionen, sondern z. B. auch Arbeitslosengeld II, Sozialhilfe an Bedürftige, Kindergeld, Wohngeld, Ausbildungsförderung oder Elterngeld. Zu diesen *direkten Sozialleistungen* des Staates kommen noch weitere *indirekte* hinzu wie z. B. Ehegattensplitting und Kinderfreibeträge. In Deutschland belaufen sich die direkten und indirekten Sozialleistungen des Staates auf rund 30 % des Bruttoinlandsprodukts.

1 **Redistribution** (lat.) = wörtl. Wiederverteilung, Neuverteilung. Hier: Umverteilung.

19.3.2.3 Grenzen und Probleme der Umverteilungspolitik

Das Institut der deutschen Wirtschaft (iwd)[1] schreibt zum Thema *Soziale Marktwirtschaft, Wettbewerb und Leistung:*

> Wenn man bedenkt, dass über die Hälfte des Arbeitsertrags eines Durchschnittsverdieners an den Staat geht, kann etwas nicht in Ordnung sein.
>
> Die **Sozialausgaben** erreichen ein Rekordniveau. Die staatlichen Institutionen wenden mittlerweile jährlich rund 800 Milliarden Euro für die soziale Sicherung auf. Die Folge ist, dass sich ein riesiger **Schuldenberg** aufgehäuft hat, der immer noch – zwar verlangsamt – wächst. Kommende Generationen werden ungerecht belastet. Wenn diese Entwicklung (immer höhere Transfereinkommen einerseits und immer höhere Steuern und Schulden andererseits) gebremst werden oder gar umgekehrt werden soll, müssen allein schon von dieser Seite her gesehen dem Wachstum der Sozialausgaben Grenzen gezogen werden.

Hinzu kommt die durch den seit Jahrzehnten anhaltenden Geburtenrückgang gekennzeichnete **Bevölkerungsentwicklung.** Gleichzeitig nahm und nimmt die Lebenserwartung der Menschen in Deutschland zu **(„demografischer Wandel").** Das Verhältnis der Jüngeren (unter 20 Jahren) und der erwerbsfähigen Bevölkerung (20 bis unter 60 Jahren) zu den Älteren (60 Jahre und älter) verschiebt sich immer mehr in Richtung der älteren Generation. Heute zählen 25 Prozent der Einwohner zu den „Senioren", 2050 werden es bereits 40 Prozent sein. Das bedeutet, dass eine immer kleiner werdende Anzahl Erwerbstätiger für eine immer größere Zahl nicht erwerbstätiger Personen mit Steuern und Sozialabgaben aufkommen muss.

„Außerdem sorgen **hohe Tansfers** für gravierende[2] **Fehlanreize** und die Zerstörung von Jobs, die ein Einkommen unterhalb oder nicht weit genug oberhalb des Transferanspruchs vermitteln. Aus einer falsch verstandenen Fürsorgehaltung heraus gewährt der Staat einen Grundeinkommensanspruch, der es Menschen mit einfachen Qualifikationen fast unmöglich macht, zu produktivitätsgerechten Löhnen tätig zu sein. Zu den Löhnen, zu denen sich Arbeit für sie lohnen würde, stellt sie niemand ein, und zu den Löhnen, zu denen sie beschäftigt werden könnten, lohnt sich Arbeit für sie nicht."[3]

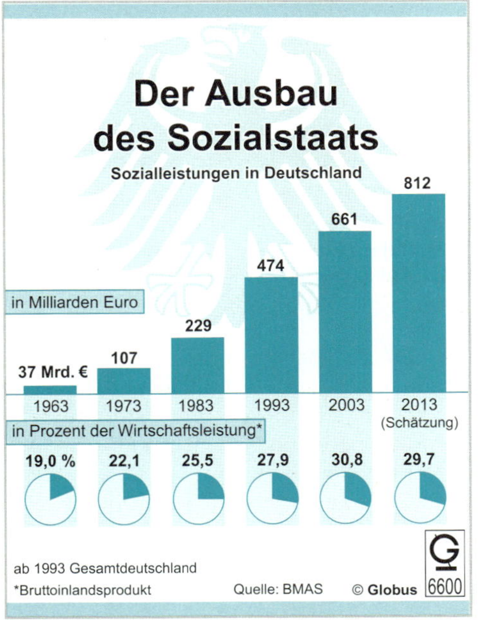

Der Versuch, die steigenden Sozialausgaben durch immer höhere Steuern, Sozialabgaben oder höhere Schulden zu finanzieren, stößt ebenfalls an Grenzen. Der Anreiz, sich Wissen anzueignen und etwas zu leisten, nimmt ab. Reiche Steuerzahler legen ihr Kapital im Ausland an oder ziehen überhaupt in Länder mit niedrigeren Steuersätzen. Unternehmen verlagern ihre Produktion nicht nur wegen niedrigerer Löhne und Sozialstandards, sondern auch wegen geringerer Steuersätze ins Ausland.

1 Vgl. Larmann, W.: Soziale Marktwirtschaft (I): Wettbewerb und Leistung, in: Wirtschaft und Unterricht, Informationen aus dem Institut der deutschen Wirtschaft Köln für Pädagogen, Nr. 9/2006.

2 Gravierend (lat.) = schwerwiegend, gewichtig.

3 Schneider, H.: Kann den Armen nur ein starker Staat helfen? In: Badische Zeitung vom 25. Oktober 2006.

19.3.3 Systeme der sozialen Sicherung in Deutschland (Überblick)

19.3.3.1 Aufbau und Aufgaben der Sozialversicherung

Das deutsche Sozialversicherungssystem beruht auf fünf Säulen:

Die fünf Säulen der Sozialversicherung

Gesetzliche Krankenversicherung	Soziale Pflegeversicherung	Gesetzliche Rentenversicherung	Gesetzliche Arbeitsförderung	Gesetzliche Unfallversicherung
Träger: – Allgem. Ortskrankenkassen – Betriebskrankenkassen – Innungskrankenkassen – Ersatzkassen – Deutsche Rentenversicherung Knappschaft-Bahn-See (als Träger der Krankenversicherung) – Landwirtschaftliche Krankenkassen	Träger: Pflegekassen (verwaltet von den Krankenkassen)	Träger: – Deutsche Rentenversicherung Bund – Deutsche Rentenversicherung Knappschaft-Bahn-See – Regionalträger der Deutschen Rentenversicherung – Landwirtschaftliche Alterskassen	Träger: – Bundesagentur für Arbeit in Nürnberg mit den Regionaldirektionen und örtlichen Agenturen für Arbeit	Träger (Bsp.): – Gewerbliche Berufsgenossenschaften – Landwirtschaftliche Berufsgenossenschaften – Feuerwehrunfallkassen – Staatliche Ausführungsbehörden – Gemeindeunfallversicherungsverbände
Gesetzliche Krankenkassen	**Pflegekassen**	**Deutsche Rentenversicherung**	**Bundesagentur für Arbeit**	**Berufsgenossenschaften u. Unfallversicherungsträger d. öffentlichen Hand**

Träger der Sozialversicherung

Die gesetzlichen Regelungen zur Sozialversicherung finden sich vor allem im **Sozialgesetzbuch.**

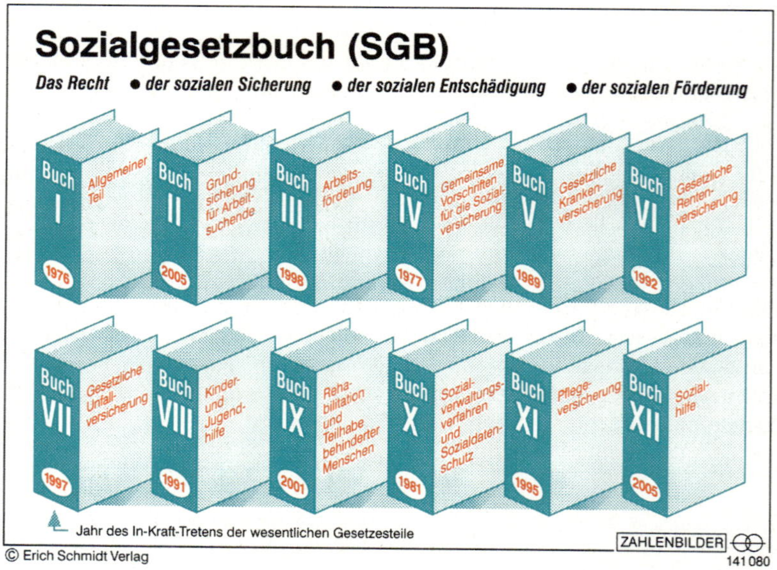

 141 080

(1) Gesetzliche Krankenversicherung

Seit 2009 besteht Krankenversicherungspflicht für alle, sei es in der gesetzlichen oder in der privaten Krankenversicherung. In der gesetzlichen Krankenversicherung (GKV) sind z. B. alle Auszubildenden, Jugendliche ohne Ausbildungsplatz (JoA) sowie Angestellte versicherungspflichtig. Man kann zwischen verschiedenen gesetzlichen Krankenkassen wählen, beispielsweise zwischen der Allgemeinen Ortskrankenkasse (AOK), der Barmer GEK, der Deutschen Angestelltenkrankenkasse (DAK) oder der Technikerkrankenkasse (TK).

Für die Versicherungspflichtigen kann es lohnend sein, sich die Tarifangebote der verschiedenen gesetzlichen Krankenkassen zu besorgen, zu vergleichen und sich für die Kasse und den Tarif zu entscheiden, der ihnen am günstigsten erscheint: Die gesetzlichen Krankenkassen dürfen ihren Versicherten freiwillige Wahltarife anbieten, z. B. Tarife mit Kostenerstattung (Kostenerstattungstarife), mit Selbstbehalt (Selbstbehaltstarife), kostengünstige Tarife bei Nichtinanspruchnahme bestimmter Leistungen und Therapien sowie Rückerstattungstarife, bei denen die Versicherten am Ende des Jahres Geld zurückbekommen, wenn sie keine Leistungen in Anspruch nehmen.

Die **Versicherungspflicht** umfasst z. B. alle Angestellten, Arbeiterinnen und Arbeiter, wenn sie monatlich nicht mehr als 4575,00 € brutto verdienen,[1] alle Auszubildenden, die Bezieher von Renten aus der Rentenversicherung, Empfänger von Arbeitslosengeld und bestimmte Selbstständige [§ 5 SGB V]. Seit 1. April 2007 sind ehemals in der gesetzlichen Krankenversicherung (GKV) Versicherte ohne Versicherungsschutz verpflichtet, sich bei ihrer ehemaligen Krankenkasse zu versichern (sog. „Rückkehrpflicht"). Beamte sowie Beamtenanwärter sind nicht sozialversicherungspflichtig. Sie müssen sich bei einer privaten Krankenkasse (PKV) versichern (Näheres siehe §§ 6ff. SGB V).

(2) Gesetzliche Pflegeversicherung

Aufgabe der Pflegeversicherung ist es, im Fall der Pflegebedürftigkeit des Versicherten Sach- und/oder Geldleistungen zur Verbesserung der häuslichen oder stationären[2] Pflege zu erbringen. **Pflegebedürftig** sind Personen, die wegen einer körperlichen, geistigen oder seelischen Krankheit (z. B. Lähmungen, Antriebs-, Gedächtnisstörungen, Störung der Sinnesorgane) oder Behinderung für die gewöhnlichen und regelmäßig wiederkehrenden Verrichtungen im Ablauf des täglichen Lebens (z. B. Waschen, Aufstehen, An- und Auskleiden, Einkaufen, Kochen, Reinigen der Wohnung) auf Dauer in erheblichem oder höherem Maße der Hilfe bedürfen.

Die **Versicherungspflicht** in der sozialen Pflegeversicherung besteht für alle (also auch für freiwillige) Mitglieder einer gesetzlichen Krankenkasse, ihre nicht berufstätigen Ehepartner und Kinder. Privatversicherte wie z. B. Beamte müssen eine private Pflegeversicherung bei ihrer Krankenkasse abschließen. Es gilt der **Grundsatz: „Die Pflegeversicherung folgt der Krankenkasse".**

1 Stand: 1. Januar 2015.

2 Stationär (von lat. Station = fester Standort) = an einen festen Standort gebunden. Hier: Behandlung in einem Krankenhaus.

(3) Gesetzliche Rentenversicherung

Die gesetzliche Rentenversicherung ist ebenfalls eine Pflichtversicherung, in die grundsätzlich alle Arbeiter und Angestellten, darüber hinaus auch Bezieher von Arbeitslosengeld und bestimmte Selbstständige einbezogen sind. Durch die Zahlung von Renten an die Versicherten und deren Hinterbliebenen bietet die Rentenversicherung Schutz gegen die wirtschaftlichen Risiken des Alters und/oder der Invalidität.[1]

Auf der Grundlage des sogenannten **Generationenvertrags** erfolgt eine Umverteilung von Einkommen der jüngeren Beitragszahler zu den älteren nicht mehr arbeitsfähigen Versicherten.

■ Renten wegen Alters

Hier sind z. B. folgende **Renten** zu unterscheiden [§§ 33 – 42, 50ff., 236 – 254a SGB VI]:

Regelaltersrente	Versicherte haben Anspruch auf Altersrente, wenn sie die frühestens mit Vollendung des 67. Lebensjahres eintretende **Regelaltersgrenze** erreicht und die **allgemeine Wartezeit** von **5 Jahren** erfüllt haben (Näheres siehe §§ 35, 50f., 54ff., 235 SGB VI).
Altersrente für langjährig Versicherte	Voraussetzungen sind, dass der Versicherte das 67. Lebensjahr[2] vollendet und eine Wartezeit von 35 Jahren erfüllt hat. Für eine nach Vollendung des 63. Lebensjahres mögliche vorzeitige Inanspruchnahme dieser Rente erfolgt ein Rentenabschlag von 3,6 % pro Jahr (0,3 % je Monat) (Näheres siehe z. B. §§ 33 II, 36, 50 IV, 77 SGB VI).

■ Renten wegen verminderter Erwerbsfähigkeit

Sie werden an Versicherte bis zur Vollendung des 65. Lebensjahrs bezahlt, die in ihrer Arbeitskraft eingeschränkt sind (Näheres siehe § 43 SGB VI).

Rente wegen voller Erwerbsminderung	Sie erhalten Versicherte, die außerstande sind, unter den üblichen Bedingungen des allgemeinen Arbeitsmarkts mindestens drei Stunden am Tag zu arbeiten.
Rente wegen teilweiser Erwerbsminderung	Diese steht Versicherten zu, die außerstande sind, unter den üblichen Bedingungen des Arbeitsmarkts mindestens sechs Stunden am Tag zu arbeiten.

■ Renten wegen Todes

Renten an Hinterbliebene werden als kleine oder große **Witwen- bzw. Witwerrenten,** als **Erziehungsrente** (bei Tod des geschiedenen Ehegatten, wenn ein eigenes oder ein Kind des geschiedenen Ehegatten erzogen wird) und als **Waisenrente** bezahlt. Die allgemeine Wartezeit beträgt 5 Jahre [§ 50 I SGB VI].

1 **Invalidität** (franz.) = Arbeitsunfähigkeit, Erwerbsunfähigkeit.

2 Für langjährig Versicherte, die vor dem 1. Januar 1964 geboren sind, beträgt die Altersgrenze weiterhin 65 Jahre. Für die Versicherten, die nach dem 31. Dezember 1948 geboren sind, wird die Altersgrenze von 65 Jahren stufenweise angehoben (Näheres siehe § 236 SGB VI). **Besonders langjährig Versicherte,** die eine Wartezeit von 45 Jahren erfüllt haben, haben einen Anspruch auf Altersrente, wenn sie das 65. Lebensjahr vollendet haben [§ 38 SGB VI].

(4) Gesetzliche Arbeitsförderung (Arbeitslosenversicherung)

Die Arbeitslosenversicherung ist eine Pflichtversicherung für alle Arbeiter, Angestellten und Auszubildenden ohne Rücksicht auf die Höhe des Arbeitsentgelts. Nicht versichert sind Selbstständige (Unternehmer, freiberuflich Tätige) und Beamte. Die Versicherten haben einen Anspruch auf Arbeitslosengeld bei Arbeitslosigkeit. **Anspruchsvoraussetzung** ist, dass sich der arbeitslose Arbeitnehmer bei der Agentur für Arbeit arbeitslos gemeldet und die Anwartschaft erfüllt hat. Wer einen Arbeitsplatz ohne wichtigen Grund aufgibt, kann erst nach 12 Wochen Arbeitslosengeld beziehen. Überhaupt kein Arbeitslosengeld erhält, wer einen von der Agentur für Arbeit vermittelten zumutbaren Arbeitsplatz auf Dauer ablehnt.

Die **Höhe des Arbeitslosengelds** beträgt für Arbeitnehmer mit Kind 67 Prozent, für Arbeitnehmer ohne Kind 60 Prozent des durchschnittlichen Nettoarbeitsentgelts der letzten 52 Wochen.

Die **Dauer des Anspruchs auf Arbeitslosengeld** hängt von der Dauer des Versicherungsverhältnisses und dem Lebensalter der arbeitslosen Person bei der Entstehung des Anspruchs ab. Das Arbeitslosengeld wird **in der Regel 12 Monate** gezahlt.

- Nach 30 Beitragsmonaten und Vollendung des 50. Lebensjahres wird Arbeitslosengeld für 15 Monate gewährt,
- nach 36 Beitragsmonaten und 55 Lebensjahren für 18 Monate und
- nach 48 Beitragsmonaten und 58 Lebensjahren 24 Monate.

Während des Bezugs von Arbeitslosengeld entrichtet die Agentur für Arbeit für den Arbeitslosen die Beiträge zur Kranken-, Pflege- und Rentenversicherung.

Wenn der Anspruch auf Arbeitslosengeld erloschen ist, folgt das **Arbeitslosengeld II.** Dieses ist keine Versicherungsleistung, sondern eine steuerfinanzierte Fürsorgeleistung des Bundes. (Siehe auch Abb. auf S. 240.)

(5) Gesetzliche Unfallversicherung

Die Aufgabe der gesetzlichen Unfallversicherung besteht darin, Arbeitsunfälle, Berufskrankheiten und arbeitsbedingte Gesundheitsgefahren zu verhüten, für wirksame Erste Hilfe zu sorgen, Versicherte, die von einem Arbeitsunfall oder einer anerkannten Berufskrankheit betroffen sind, bei der Wiederherstellung ihrer Gesundheit und Leistungsfähigkeit zu unterstützen. Finanzielle Hilfe wird auch ihren Angehörigen oder Hinterbliebenen gewährt. Bei Arbeitsunfällen finanzert die gesetzliche Unfallversicherung die Heilbehandlung und notwendige Rehabilitationsmaßnahmen,[1] leistet Hilfe zur Wiedereingliederung ins Erwerbsleben, zahlt Verletztengeld für die Dauer der Arbeitsunfähigkeit, Übergangsgeld während der beruflichen Rehabilitation, Verletztenrente bei einer längeren Minderung der Erwerbsfähigkeit um mindestens 20 % und im Todesfall Sterbegeld und Hinterbliebenenrenten.

In der gesetzlichen Unfallversicherung pflichtversichert sind alle Arbeiter, Angestellten und Auszubildenden, ferner Heimarbeiter, Hausgewerbetreibende, Landwirte, Küstenschiffer und -fischer, Pflegepersonen und Personen, die sich als Katastrophenhelfer, Unfallretter, Blutspender usw. für andere einsetzen. Auch Kinder in Kindertagesstätten sowie Schüler und Studenten sind versichert. Auch nicht versicherungspflichtige Unternehmer können sich versichern.

1 **Rehabilitation** (lat., franz.) = Wiedereingliederung (in das Berufsleben).

19.3.3.2 Grundsicherung

Die Grundsicherung ist eine aus Steuergeldern finanzierte Sozialleistung des Staates und ergänzt die gesetzliche Sozialversicherung. Sie besteht aus folgenden Bereichen:

- Grundsicherung für Arbeitsuchende,
- Sozialhilfe i. e. S.,
- Grundsicherung im Alter und bei Erwerbsunfähigkeit sowie
- Leistungen an Asylbewerber.

© Erich Schmidt Verlag 174 001

19.3.3.3 Weitere Sozialleistungen

In Deutschland gibt es neben den genannten großen sozialen Sicherungssystemen noch viele kleinere wie z. B. das Wohngeld, die Ausbildungsförderung, das Elterngeld, die Beamtenpensionen und -beihilfen sowie das Kindergeld (siehe Abbildung). Alle Sozialleistungen zusammengenommen erreichten im Jahr 2013 über 800 Mrd. €. Das entspricht ungefähr einem Drittel des gesamten Bruttoinlandsprodukts.

Das „soziale Netz" beinhaltet z. B. auch die Leistungen der privaten Kranken- und Pflegeversicherung, der Lebensversicherungen, der privaten Rentenversicherungen und der privaten Unfallversicherungen.

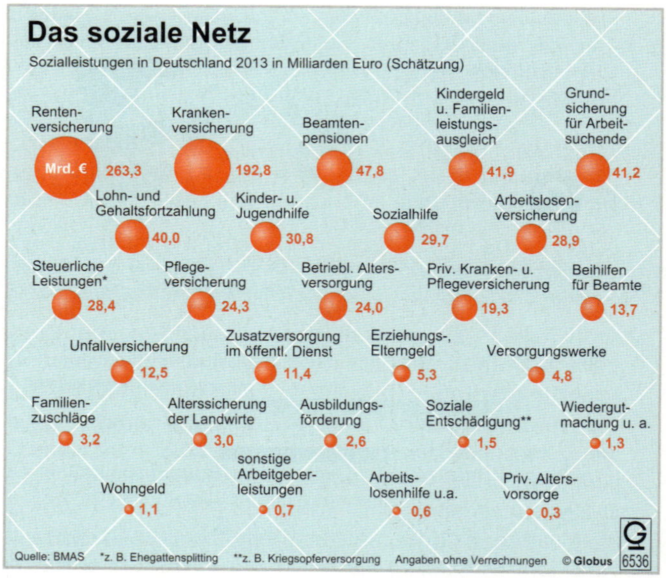

Personen, deren Einkommen die Versicherungspflichtgrenze der gesetzlichen Krankenversicherung übersteigt, können sich ebenso wie Selbstständige, Beamte, Richter und Soldaten bei einer privaten Krankenversicherung gegen Krankheit versichern lassen.

19.3.4 Probleme der sozialen Sicherung in Deutschland

Das System der sozialen Sicherung in Deutschland steht vor einem ganzen Bündel von Problemen, die wegen der vielen widerstreitenden Interessenlagen und politischen Einstellungen nur schwer zu lösen sein werden.

(1) Interdependenz politischer Maßnahmen

Es besteht eine Interdependenz (gegenseitige Abhängigkeit) von wirtschafts- und sozialpolitischen Maßnahmen. Einerseits hat jede **wirtschaftspolitische** Aktivität einen mehr oder weniger großen Einfluss auf die soziale Lage des Einzelnen und der Gruppen (z.B. Unternehmen, Verbände). Andererseits beeinflusst jede *sozialpolitische* Entscheidung den Wirtschaftsablauf.

Beispiele:

- Angenommen, der Staat erhöht die Umsatzsteuer. Die Preise steigen, sodass die privaten Haushalte real weniger kaufen können. Der materielle Lebensstandard (die „Wohlfahrt") der privaten Haushalte nimmt ab.
- Eine Regierung subventioniert einen nicht mehr konkurrenzfähigen Wirtschaftszweig bzw. ein insolventes (zahlungsunfähiges) Großunternehmen, um Arbeitsplätze zu erhalten. Dadurch nimmt die Staatsverschuldung zu und/oder die Staatseinnahmen müssen erhöht werden. Die Last trägt in jedem Fall der Steuerzahler.

(2) Integrationsproblem[1] der Sozialpolitik

Die Maßnahmen und der Umfang sozialpolitischer Aktivitäten müssen in die gewollte Wirtschafts- und Gesellschaftsordnung so eingefügt werden, dass möglichst wenig Widersprüche entstehen. Sozialordnung und Wirtschaftsordnung müssen „zusammenpassen", „konform" sein. Einerseits sollten wirtschaftspolitische Entscheidungen das Sozialsystem nicht negativ beeinflussen. Andererseits sind sozialpolitische Maßnahmen so anzulegen, dass sie die gesamtwirtschaftliche Entwicklung nicht gefährden.

Beispiel:

Die Einführung von Festpreisen für Mieten und/oder Nahrungsmittel ist marktinkonform (marktkonträr). Sie mag sozialpolitisch zwar erwünscht sein (Schutz der wirtschaftlich schwächeren Verbraucher), ist aber nicht mit der marktwirtschaftlichen Lenkung kompatibel.

Wirtschafts- und sozialpolitische Maßnahmen müssen daher stets einer **Konformitätsprüfung**[2] unterzogen werden, wobei eine objektive Antwort auf die Frage, ob eine bestimmte Maßnahme noch konform ist oder nicht, häufig nicht möglich ist, sodass **Kompromisse** zwischen den politischen Entscheidungsträgern geschlossen werden müssen. Ferner sind wirtschafts- und sozialpolitische Entscheidungen und Maßnahmen so zu gestalten, dass sie keine **Fehlanreize**[3] bieten, also das Gegenteil dessen erreichen, was eigentlich gewollt war.

(3) Höhe der Sozialabgaben

Die Sozialabgaben in Deutschland sind sehr hoch. Und es besteht die Gefahr, dass sie noch weiter steigen werden, vor allem die Krankenversicherungs- und Rentenversiche-

1 **Integration** (lat.) = Anpassung, Eingliederung, Herstellen eines Ganzen.

2 **Konform** (lat.) = übereinstimmen, in Einklang stehen.

3 Siehe Kapitel 19.3.2.3.

16 Hartmann - ISBN 978-3-8120-0490-9

rungsbeiträge. Die hohen Abgaben haben in zweierlei Hinsicht negative Auswirkungen auf die Wirtschaft: Einmal verschlechtert sich die Position des Wirtschaftsstandorts Deutschland, weil die hohen Arbeitskosten die Wettbewerbsfähigkeit der deutschen Industrie beeinträchtigen. Zum anderen geht bei den Arbeitenden die Motivation verloren, mehr zu lernen, in legalen Arbeitsverhältnissen mehr zu arbeiten und damit mehr zu verdienen. Die Menschen weichen der hohen Belastung z. B. durch Schwarzarbeit aus. (Siehe auch Kapitel 19.2.2.1 S. 212f.)

(4) Arbeitslosigkeit

Weitere Probleme für das Sozialsystem bringt die hohe Arbeitslosigkeit mit sich, wie im Kapitel 19.2.2 gezeigt wurde. Zum einen steigen die Sozialausgaben und damit die Schuldenlast. Staatliche Investitionen, die für die Erhaltung und Verbesserung des Bildungssystems, öffentlicher Einrichtungen, Forschung usw. dringend notwendig wären, müssen unterbleiben. Andererseits sinken die Einnahmen der Sozialversicherungsträger, die letztlich gezwungen werden, entweder ihre Leistungen zu kürzen oder die Beiträge weiter zu erhöhen.

(5) Bevölkerungsentwicklung (demografischer Wandel)

Ein großes Problem der Sozialversicherungssysteme (vor allem der gesetzlichen Krankenkassen und der gesetzlichen Rentenversicherung) ist der Geburtenrückgang und die Verlängerung der Lebenserwartung.

Die **Geburtenentwicklung** in Deutschland ist seit den 70er-Jahren des vorangegangenen Jahrhunderts tendenziell rückläufig. Unter der Annahme einer annähernden Konstanz der Entwicklung der letzten 15 bis 20 Jahre verharrt die Geburtenziffer auch in den kommenden Jahrzehnten auf dem Niveau von knapp 1,4 Kindern je Frau.

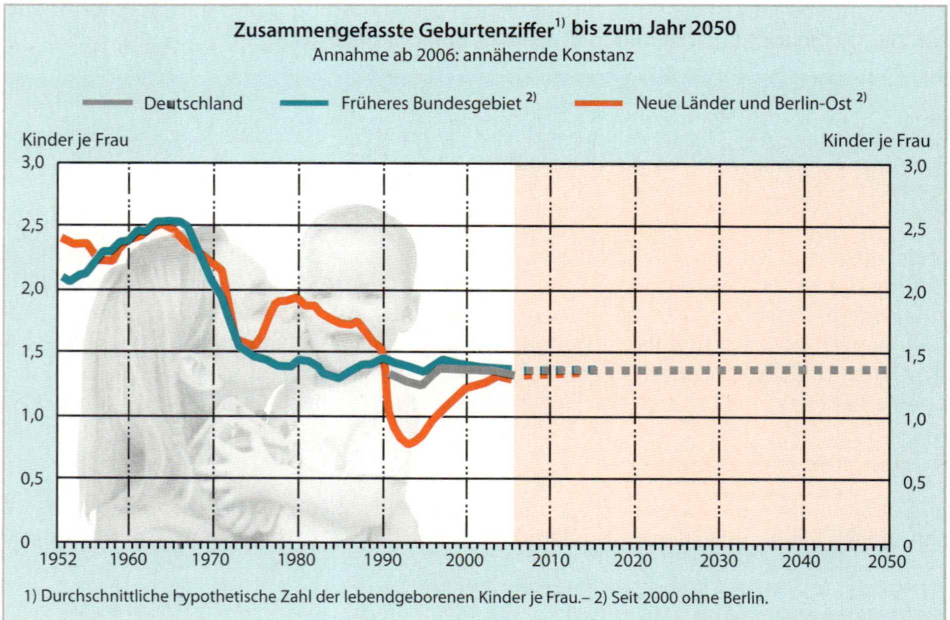

1) Durchschnittliche hypothetische Zahl der lebendgeborenen Kinder je Frau.– 2) Seit 2000 ohne Berlin.

Datenquelle: Statistisches Bundesamt 2006 - 15 -1311

Aufgrund des medizinischen Fortschritts und der besseren Versorgung der Bevölkerung ist die **Lebenserwartung** in den letzten Jahrzehnten **kontinuierlich gestiegen.** Die Lebenserwartung für einen im Jahr 2010 neugeborenen **Jungen** beträgt **77,5 Jahre,** bei einem **Mädchen** sind es gar **82,6 Jahre.** Auch die Lebenserwartung älterer Menschen hat zugenommen, sodass die Bevölkerung hierzulande insgesamt altert.

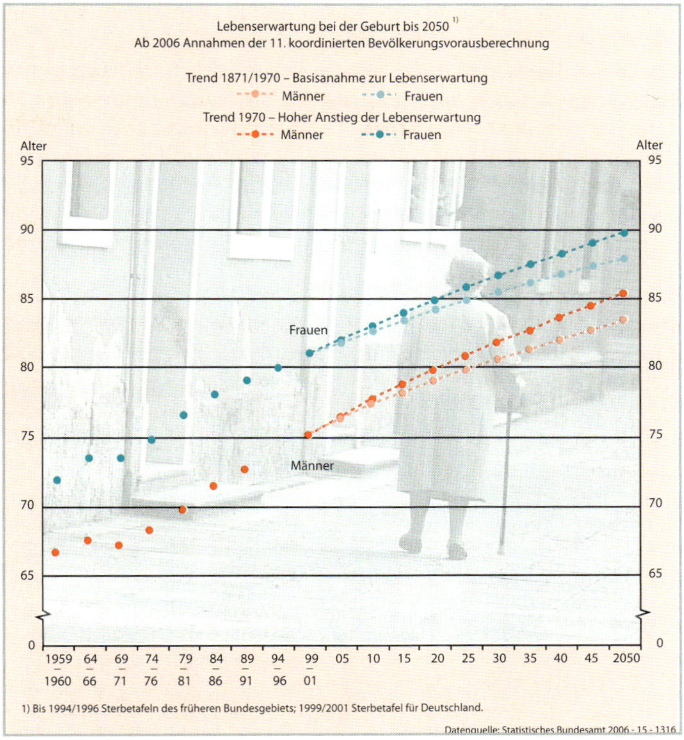

Datenquelle: Statistisches Bundesamt (Hrsg.): Pressekonferenz „Bevölkerungsentwicklung in Deutschland bis 2050", Wiesbaden 2006.

Die folgende Abbildung zeigt die gravierende Veränderung des Altersaufbaus in der deutschen Bevölkerung durch den **demografischen Wandel.**

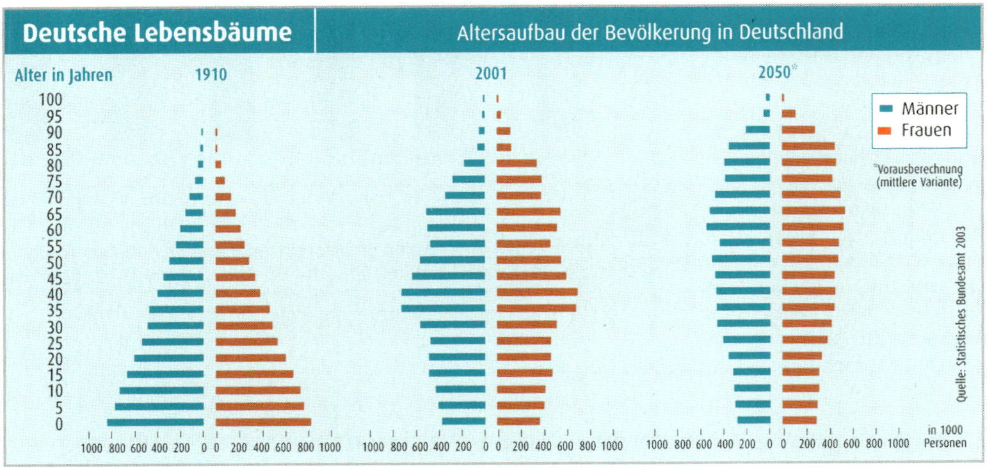

Quelle: Safety 1st, Arbeitsgemeinschaft Jugend und Bildung e. V., Wiesbaden 2004.

Die **Zunahme** der **älteren** bei gleichzeitiger **Abnahme** der **jüngeren Generation** führt dazu, dass immer **weniger** Beitragszahler eine **steigende** Anzahl von Rentnern finanzieren müssen; die Schere zwischen Einnahmen und Ausgaben der gesetzlichen *Rentenversicherung* klafft immer weiter auseinander. Diese Negativentwicklung wurde in den vergangenen Jahrzehnten auch dadurch noch verstärkt, dass der **Einstieg** in das **Berufsleben** und damit die Zahlung von Beiträgen im Durchschnitt immer **später** erfolgte. Parallel dazu schieden die Arbeitnehmer – beispielsweise durch Vorruhestandsregelungen – immer **früher** aus dem Erwerbsleben aus, wodurch nicht nur Beitragseinnahmen verloren gingen, sondern vielmehr sogar durch die vorgezogenen Rentenzahlungen die Rentenkasse zusätzlich belastet wurde.

Deutschland ist eine schnell alternde Gesellschaft. Kommen heute auf je 100 Bundesbürger im Alter zwischen 20 und 67 Jahren 29 Menschen im Rentenalter (67 Jahre und älter), so werden es im Jahr 2030 bereits 44 Ältere sein. Und die Lebenserwartung nimmt weiterhin zu. Dies und die niedrige Geburtenrate führen dazu, dass im Jahr 2060 dann 100 erwerbsfähigen Menschen (20 bis 67 Jahre) 59 Ältere gegenüberstehen werden. Die Bevölkerung altert nicht nur, ihre Zahl sinkt auch insgesamt. Diese Entwicklungen können zwar durch Zuwanderung etwas gedämpft, aber nicht aufgehalten werden. Das stellt die Sozialsysteme, insbesondere das Renten-, Kranken- und Pflegeversicherungssystem, in den nächsten Jahrzehnten vor große Herausforderungen. Das Statistische Bundesamt hat für seine Bevölkerungsprognosen verschiedene Varianten zugrunde gelegt. Die Variante in unserem Schaubild geht von Geburtenziffern ähnlich den heutigen aus; außerdem wird eine Zuwanderung von 100 000 Menschen pro Jahr angenommen.

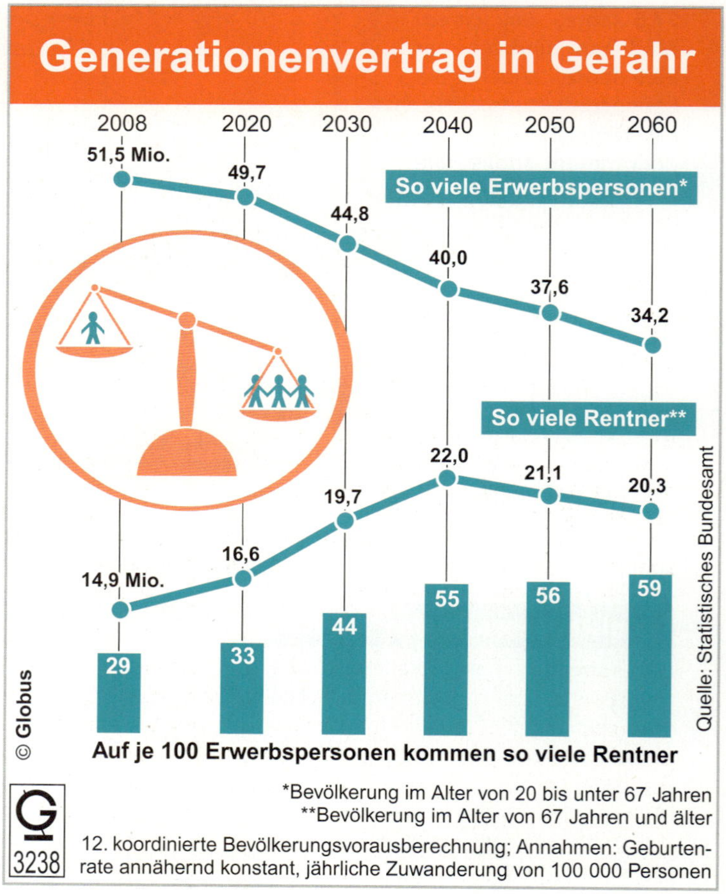

Da die Menschen immer älter werden, hat auch die gesetzliche *Pflegeversicherung* finanzielle Probleme, die gelöst werden müssen, zumal die Pflegekosten erheblich über den Leistungen der Pflegeversicherung liegen.

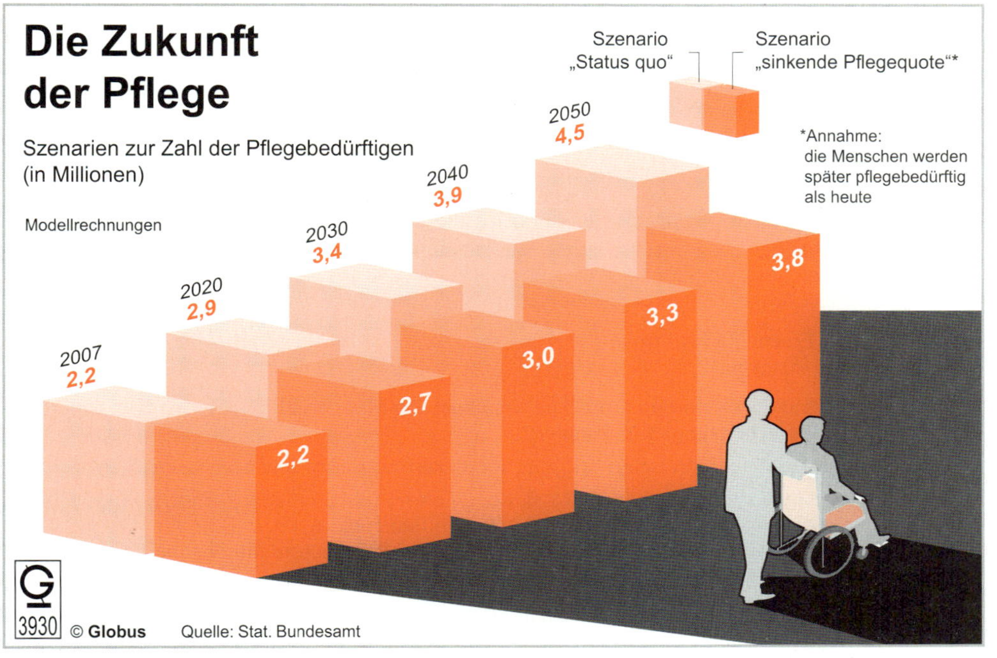

Die Zahl der älteren Menschen, die Pflege benötigen, wird in den kommenden Jahrzehnten deutlich steigen. Weil die Babyboomer in die Jahre kommen, steigt die Zahl der Älteren besonders stark. Im Jahr 2030 rechnen die Experten des Statistischen Bundesamtes mit 3,4 Millionen Pflegebedürftigen, ein Plus von 50 Prozent im Vergleich zu 2007. Bis zum Jahr 2050 hat sich die Zahl auf 4,5 Millionen sogar verdoppelt. Bei dieser Modellrechnung gehen die Experten allerdings von einer Fortschreibung des Status quo aus, d.h., dass Menschen auch in Zukunft mit der statistischen Wahrscheinlichkeit pflegebedürftig werden wie heute. In eine zweite Rechnung bezogen die Statistiker ein, dass Menschen wegen der anderen Lebensumstände und Versorgung in Zukunft erst später Pflege benötigen könnten, d.h. die Pflegequote in einigen Altersgruppen wäre geringer als heute. Damit verringert sich die Zahl der Pflegebedürftigen auf 3,8 Millionen im Jahr 2050, aber auch das bedeutet ein Plus von über 70 Prozent.

Die Frage ist, ob und wie angesichts der schnellen Alterung der Gesellschaft das gesamte soziale Sicherungssystem erhalten werden kann. Bezüglich der **gesetzlichen Krankenversicherung** (GKV) sehen viele Parteien und Gewerkschaften die Lösung darin, die private Krankenversicherung (PKV) abzuschaffen und alle Bürger für jedes Einkommen in die GKV einzubeziehen, um die finanziellen Probleme der GKV zu lösen (Bürger- oder Volksversicherung). Aber damit steigen auch die Ausgaben. Es ist kaum abzuschätzen, ob die Beiträge nicht auch im Fall der Abschaffung der PKV wegen der demografischen Entwicklung erhöht werden müssen.

Außerdem ist zu bedenken, dass die GKV und die PKV konkurrierende Systeme sind. Die Abschaffung eines Systems bedeutet indessen, dass dann der Preis- und Leistungswettbewerb fehlt, sodass zu befürchten ist, dass mit der Einführung einer Bürgerversicherung der Zwang zum wirtschaftlichen Umgang mit den Versicherungsbeiträgen entfällt.

Zusammenfassung

- Die **Beschäftigung einer Volkswirtschaft** kann mithilfe der **Arbeitslosenquote** gemessen werden. Hierunter versteht man den prozentualen Anteil der arbeitslosen Personen an der Anzahl der Erwerbspersonen.
- Die **Erwerbsquote** ist der prozentuale Anteil der Erwerbspersonen an der Gesamtbevölkerung.
- Die **strukturelle Arbeitslosigkeit** ist die wirtschafts- und gesellschaftspolitische problematischste Form der Unterbeschäftigung, weil sie langfristiger Natur ist. Sie ist dadurch gekennzeichnet, dass die Nachfrage nach Arbeitskräften (Arbeitsnachfrage) niedriger ist als das Angebot von Arbeitskräften (Arbeitsangebot). Man spricht von **Mismatch-Arbeitslosigkeit.**
- Kurzfristige Erscheinungsformen der Arbeitslosigkeit sind die **saisonale** und die **konjunkturelle Arbeitslosigkeit.**
- In Literatur und Politik werden zahlreiche **Ursachen des Missverhältnisses zwischen Arbeitsnachfrage und Arbeitsangebot** diskutiert:
  - **Nachfragebedingte Ursachen** sind z. B. Konjunkturrückgänge und Sättigungstendenzen.
  - **Angebotsbedingte Ursachen** sind z. B. hohe Lohn- und Lohnnebenkosten, geringe Flexibilität auf den Arbeitsmärkten, falsche Subventionspolitik, unzureichende Ausbildung, Schattenwirtschaft, berufliche und räumliche Immobilität, Unternehmensübernahmen und Managementfehler.
- Die **Arbeitslosigkeit** hat nicht nur negative **Auswirkungen auf die Arbeitsuchenden** (Einkommensverlust, bei längerer Arbeitslosigkeit fehlende berufliche Praxis, Enttäuschung, Selbstzweifel, Pessimismus), sondern auf die **gesamte Gesellschaft:**
  - Die Einnahmen des Staates aus Steuern und Sozialabgaben sinken,
  - die Staatsausgaben für Transferzahlungen steigen,
  - die Schwarzarbeit nimmt zu, sodass dem Staat weitere Steuereinnahmen entzogen werden,
  - der Staat ist gezwungen, sich weiter zu verschulden.
- **Staatliche Instrumente der Beschäftigungs- und Arbeitsmarktpolitik** sind z. B.:
  - nachfrageorientierte Maßnahmen wie z. B. Konjunkturprogramme (Beschäftigungsprogramme),
  - Niedrigzinspolitik der Zentralbank in Kooperation mit den Regierungen,
  - angebotsorientierte Maßnahmen wie z. B. Senkung der Lohnnebenkosten, Förderung von Bildung und Forschung, Einführung von Kombilöhnen, Förderung öffentlicher Beschäftigung.
- Zu den **nichtstaatlichen Maßnahmen zur Bekämpfung der Arbeitslosigkeit** gehört u. a. die Tarifpolitik der Tarifpartner (produktivitätsorientierte Lohnerhöhungen, Arbeitszeitverkürzung ohne Lohnausgleich, flexible Tarifverträge, Öffnung der Tarifverträge).
- Ziel der expansiven Lohnpolitik ist, die Lohnquote (den prozentualen Anteil des Arbeitnehmerentgelts) zu erhöhen.
- Bei Unterbeschäftigung führt die (erfolgreiche) expansive Lohnpolitik zu Arbeitsplatzverlusten.
- Die expansive Lohnpolitik kann bei Vollbeschäftigung eine Lohn-Preis-Spirale auslösen, sodass auf längere Sicht ebenfalls Arbeitsplätze gefährdet sind.
- Die **Primärverteilung des Volkseinkommens** ist das Ergebnis der Marktprozesse vor den staatlichen Umverteilungsmaßnahmen.

- Je nach Einteilungsgesichtspunkt ist zwischen der **funktionellen** und der **personellen Einkommensverteilung** zu unterscheiden. Die funktionelle Einkommensverteilung gibt Antwort auf die Frage, welchen Produktionsfaktoren die Anteile am Volkseinkommen zugeflossen sind. Die personelle Einkommensverteilung zeigt den Anteil verschiedener Bevölkerungsgruppen am Volkseinkommen auf.
- Es kann zwischen folgenden **Einkommensarten** unterschieden werden:
  - Arbeitseinkommen,
  - Bodeneinkommen,
  - Kapitaleinkommen und
  - Unternehmereinkommen.
- Die Verteilung des Volkseinkommens auf verschiedene soziale Gruppen (z.B. Nichterwerbstätige, Arbeiter, Angestellte, Beamte und Selbstständige) heißt **personelle Einkommensverteilung.**
- Die wichtigsten **Ursachen unterschiedlicher Einkommensverteilung** sind die Leistungsfähigkeit und -bereitschaft der wirtschaftenden Menschen, die Vermögensverteilung und die wirtschaftlichen Machtverhältnisse.
- Die staatliche Verteilungspolitik kann z.B. folgende Ziele anstreben:

Verteilungsgerechtigkeit (Gleichheitsprinzip)	Bedarfsgerechtigkeit (Bedarfsprinzip)	Leistungsgerechtigkeit (Leistungsprinzip)

- Die **Sekundärverteilung des Volkseinkommens** ergibt sich, wenn der Staat Steuern und Abgaben bei den gut verdienenden Personen erhebt und diese Mittel den bedürftigen Personen zuführt.
- Die übertragenen Einkommen bezeichnet man als **Sozialeinkommen (Transfereinkommen).** Zu den Sozialeinkommen gehören z.B. Renten, Arbeitslosengeld, Sozialhilfe, Beamtenpensionen, Leistungen der Pflegeversicherung, Elterngeld, Wohngeld, Ausbildungsförderung, Vermögensbildung und Kindergeld.
- Die **Träger des deutschen Sozialversicherungssystems** sind die gesetzlichen Krankenkassen, die gesetzliche Pflegeversicherung, die Deutsche Rentenversicherung, die Bundesagentur für Arbeit und die Berufsgenossenschaften bzw. die Unfallversicherungsträger der öffentlichen Hand.

Zweige / Merkmale	Gesetzliche Krankenkasse Soziale Pflegeversicherung	Gesetzliche Rentenversicherung	Gesetzliche Arbeitsförderung (Arbeitslosenversicherung)	Gesetzliche Unfallversicherung
1. Versicherungspflichtiger Personenkreis	■ Alle Auszubildenden ■ Alle Arbeiter und Angestellten bis zu einem Monatsgehalt von 4575,00 € ■ Arbeitslose ■ Rentner ■ Bestimmte Gruppen von Selbstständigen	■ Alle Auszubildenden ■ Alle Arbeiter ■ Alle Angestellten ■ Personen, die den Bundesfreiwilligendienst (BFD) leisten ■ Heimarbeiter ■ Bestimmte Gruppen von Selbstständigen	■ Alle Auszubildenden ■ Alle Arbeiter ■ Alle Angestellten	■ Alle Auszubildenden ■ Alle Arbeiter ■ Alle Angestellten ■ i.d.R. die Arbeitgeber ■ Arbeitslose

Zweige / Merkmale	Gesetzliche Krankenkasse Soziale Pflegeversicherung	Gesetzliche Rentenversicherung	Gesetzliche Arbeitsförderung (Arbeitslosenversicherung)	Gesetzliche Unfallversicherung
2. Beitragshöhe	■ Krankenkassen: 14,6 % vom Bruttoverdienst, höchstens jedoch aus 4 125,00 € monatlich (= Beitragsbemessungsgrenze für 2015) ■ Pflegeversicherung: 2,35 % vom Bruttoverdienst (Beitragsbemessungsgrenze wie Krankenversicherung)	18,7 % vom Bruttoverdienst, höchstens jedoch aus 6 050,00 € monatlich in Westdeutschland bzw. 5 200,00 € monatlich in Ostdeutschland (= Beitragsbemessungsgrenze für 2015)	3,0 % vom Bruttoverdienst, höchstens jedoch aus 6 050,00 € monatlich in Westdeutschland bzw. 5 200,00 € monatlich in Ostdeutschland (= Beitragsbemessungsgrenze für 2015)	Umlageverfahren je nach der Höhe der Arbeitsverdienste und der Gefahrenklasse
3. Beitragszahler	Grundsätzlich Arbeitnehmer und Arbeitgeber je zur Hälfte. Ausnahmen: Benötigen die Krankenkassen mehr Geld, können sie einkommensabhängige Zusatzbeiträge erheben. Der Arbeitgeberanteil beim allgemeinen Beitragssatz bleibt bei 7,3 %. Pauschale Zusatzbeiträge in festen Eurobeträgen dürfen die Krankenkassen dagegen nicht mehr erheben. Für die Pflegeversicherung müssen Kinderlose über 23 Jahre einen Zuschlag von 0,25 % tragen.			Arbeitgeber allein
4. Leistungen (Beispiele)	■ Früherkennung von Krankheiten ■ Prävention und Selbsthilfe ■ Krankenbehandlung ■ Krankengeld ■ Leistungen bei Schwangerschaft und Mutterschaft ■ Sonstige Hilfen ■ Häusliche und stationäre Pflege ■ Bezahlung von Pflegeleistungen ■ Eltern-/Kind-Kuren	■ Gesundheitsforschung und -aufklärung ■ Rehabilitationsmaßnahmen ■ Renten wegen Alters ■ Renten wegen verminderter Erwerbsfähigkeit ■ Renten wegen Todes	■ Berufsberatung ■ Ausbildungs- und Arbeitsvermittlung ■ Trainingsmaßnahmen ■ Arbeitslosengeld ■ Insolvenzgeld ■ Kurzarbeitergeld ■ Leistungen an Arbeitgeber (z. B. Eingliederungszuschüsse) ■ Arbeitsmarkt- und Berufsforschung	■ Unfallschutz (Unfallverhütungsvorschriften, Kontrolle durch Aufsichtsbeamte der Berufsgenossenschaften) ■ Heilbehandlung ■ Berufsfördernde Leistungen zur Rehabilitation und bei Pflegebedürftigkeit ■ Rentenzahlungen ■ Sterbegeld

- Die **Grenzen und Probleme der Sozialpolitik** sind z. B.:
  - zunehmende Staatsverschuldung,
  - Arbeitslosigkeit,
  - demografischer Wandel (Geburtenrückgang, steigende Lebenserwartung),
  - zunehmende Belastung der Steuer- und Beitragszahler mit der Folge schwindender Leistungsbereitschaft,
  - Abwanderung von Unternehmen, Fachkräften und reichen Steuerzahlern,
  - Fehlanreize („Arbeit lohnt sich nicht").

Abitraining

1. Die Arbeitslosigkeit ist nicht nur ein deutsches, sondern auch ein internationales Problem.

   Aufgaben:

   1.1 Erläutern Sie, wie die Arbeitslosigkeit in Deutschland berechnet wird!

   1.2 Die deutsche Arbeitslosenstatistik gibt nicht die „wahre" Arbeitslosigkeit wieder. Begründen Sie diese Aussage!

   1.3 Nennen und begründen Sie mindestens fünf soziale und wirtschaftliche Folgen der Arbeitslosigkeit!

   1.4 Man unterscheidet u. a. zwischen saisonaler und konjunktureller Arbeitslosigkeit. Erklären Sie die beiden Formen der Arbeitslosigkeit!

   1.5 Nennen Sie außer der Lohnhöhe mindestens fünf Ursachen der angebotsbedingten Arbeitslosigkeit! Erklären Sie in diesem Zusammenhang den Begriff „Mismatch-Arbeitslosigkeit"!

   1.6 Eine nationale Zentralbank kann problemlos die Regierung eines Landes mit einer eigenen Währung durch eine Niedrigzinspolitik unterstützen.

      1.6.1 Begründen Sie diese Aussage!

      1.6.2 Erläutern Sie, warum die Zinspolitik für eine Zentralbank einer Währungsunion (z. B. für die EZB) grundsätzlich problematisch ist!

   1.7 Die Bundesagentur für Arbeit (BA) unterscheidet zwischen passiver und aktiver Arbeitsmarktpolitik.

   Beschreiben Sie drei wichtige Instrumente der passiven und der aktiven Arbeitsmarktpolitik!

2. In der Bundesrepublik Deutschland wurde zum 1. 1. 2015 ein gesetzlicher Mindestlohn eingeführt.

   Aufgaben:

   2.1 Nennen Sie je zwei Argumente für und gegen den Mindestlohn!

   2.2 Zeichnen Sie eine normale Angebots- und eine normale Nachfragekurve entsprechend dem Preisbildungsmodell des vollkommenen Polypols[1]!

      2.2.1 Interpretieren Sie, wie sich eine normale Arbeitsangebotskurve, wie eine normale Arbeitsnachfragekurve erklären lässt!

      2.2.2 Erläutern Sie, welche Folgen sich ergeben, wenn der Mindestlohn (a) unter dem Gleichgewichtslohn (Marktpreis der Arbeit) und (b) über dem Gleichgewichtslohn liegt!

      2.2.3 Stellen Sie grafisch dar, wie sich eine Verkürzung der Arbeitszeit (z. B. der Wochenarbeitszeit) auf den Marktlohn auswirkt!

3. Ein wichtiges Element der sozialen Marktwirtschaft ist eine sozial ausgewogene Einkommensverteilung. Mithilfe der „Einkommensumverteilung" versucht der Staat, diesem Ziel näherzukommen.

   Aufgaben:

   3.1 Beschreiben Sie kurz, auf welche Weise der Staat die Umverteilung der Einkommen vornimmt!

   3.2 Erläutern Sie kurz, warum zu hohe Transfers Fehlanreize bieten können! Nennen Sie ein Beispiel!

   3.3 Definieren Sie die Begriffe personelle und funktionale (funktionelle) Einkommensverteilung und erklären Sie die einzelnen Einkommensarten nach funktionalen Gesichtspunkten!

   3.4 Gewerkschaften können sowohl eine produktivitätsorientierte als auch eine expansive Lohnpolitik betreiben.

---

1 Siehe Kapitel 15.1.

3.4.1 Erläutern Sie, was unter einer produktivitätsorientierten Lohnpolitik zu verstehen ist und welchen Vorteil diese Politik haben kann!

3.4.2 Erläutern Sie, was man unter einer expansiven Lohnpolitik versteht und welches ihre möglichen wirtschaftlichen Folgen sind!

4. Zur einführenden Auseinandersetzung mit dem Thema Arbeitslosigkeit lesen Sie zunächst nachfolgenden Artikel:

Arbeitslosigkeit erhöht die Depressionsgefahr

Die Arbeit ist ein wichtiger Pfeiler des menschlichen Daseins. Bricht dieser Pfeiler weg und man wird arbeitslos, steigt für Betroffene die Gefahr einer psychischen Krankheit wie Depression. Häufig werden die Erkrankungen aber nicht erkannt.

In der EU waren im Februar dieses Jahres 24,55 Millionen Menschen arbeitslos. Die Arbeitslosenquote von 10,2 Prozent ist die höchste seit 1997. In Spanien und Griechenland war jeder zweite Jugendliche unter 25 Jahren ohne Arbeit. Auch in Deutschland waren im März über drei Millionen Menschen von Arbeitslosigkeit betroffen, die Quote betrug 7,2 Prozent. […]

Arbeitslosigkeit: Ein großer Einschnitt ins Leben

Nicht für alle dieser Menschen ist die Arbeitslosigkeit gleich schlimm. Die staatliche Unterstützung ist unterschiedlich und es gibt Menschen, die die Zuversicht nicht verlieren, die in der Arbeitslosigkeit auch die Chance für einen Neuanfang sehen. Für ganz viele Betroffene ist sie aber ein großer Einschnitt. Oft sind psychische Erkrankungen wie eine Depression die Folge.

Arbeit als Mittelpunkt des Lebens

Ein Grund für die Probleme, die Arbeitslosigkeit mit sich bringt, ist in unserer Einstellung zur Arbeit zu suchen. In der Antike war Arbeit noch verpönt. Und auch im Mittelalter wurde Arbeit bis zur Reformation noch als Mühsal, ja eigentliche Strafe aufgefasst. Erst viel später entwickelte sich die sogenannte protestantische Arbeitsethik. Sie ist gekennzeichnet durch die Vorstellung von Arbeit als Pflicht und von der Arbeit als Mittelpunkt des Lebens, um den herum die Freizeit gestaltet wird.

Als Grundmodell dienen diese Vorstellungen heute noch, aber natürlich ist die Entwicklung fortgeschritten. Arbeit muss heute nicht Pflicht sein und einzig dem Broterwerb dienen. Sie kann mit Leidenschaft erfüllt werden, sie kann Spaß und Freude machen. Sie kann spannend und herausfordernd sein. Arbeitszeitmodelle ermöglichen heute mehr Flexibilität. Und Unternehmen sind heute sehr oft auch ein Teil des sozialen Lebens der Beschäftigten. […]

Arbeitslose häufiger von einer Depression betroffen

Die Arbeit ist also ein Hauptpfeiler des menschlichen Daseins. Und entsprechend dramatisch können die Folgen sein, wenn dieser Pfeiler wegbricht, oft von einem Tag auf den anderen. So haben Studien ergeben, dass Arbeitslose häufiger von psychischen Krankheiten wie einer Depression betroffen sind als Erwerbstätige. […]

Laut der Psychologin Gisela Mohr von der Universität Leipzig belastet viele Arbeitslose der Zwang, möglichst schnell wieder eine Arbeit und zurück zur oben erwähnten protestantischen Arbeitsethik zu finden. „Je höher die Arbeitsorientierung bei einem Menschen ist, umso stärker sind die Auswirkungen auf die psychische Gesundheit in der Situation der aussichtslosen Arbeitslosigkeit." […]

Wenn das soziale Umfeld wegbricht

Auch die Anforderung, dass Betroffene für eine neue Stelle bereit sein sollten, ihren Wohnort zu wechseln, wirkt sich nach Mohrs Einschätzung negativ auf die psychische Gesundheit aus. „Vor allem, wenn man eine Familie hat, ist das ein großes Problem", schätzt Mohr. „Bei jedem Umzug verliert man sein soziales Umfeld und muss sich ein neues aufbauen", warnt sie. Dabei sei ein gutes soziales Netz wichtig für Arbeitslose. Es könne ihnen helfen, eine neue Arbeit zu finden.

Ablehnung schwächt das Selbstwertgefühl

Der psychischen Gesundheit ebenfalls nicht förderlich ist nach Ansicht Mohrs die Anforderung, möglichst viele Bewerbungen in einem definierten Zeitraum zu verschicken. Werden die Vorgaben nicht eingehalten, droht eine Leistungskürzung. Dabei ist gemäß der Psychologin kein Zusammenhang feststellbar, dass viele Bewerbungen die Erfolgsaussichten verbessern würden. Hingegen würden viele erfolglose Bewerbungen die psychische Gesundheit gefährden. Jede Ablehnung oder Absage gelte als Misserfolg und schwäche das Selbstwertgefühl. […]

Textquelle: Myhandicap.de, Text: Patrick Gunti – 04/2012.

Aufgaben:

4.1 Markieren Sie zunächst die Begriffe, deren Verständnis Ihnen Probleme bereitet. Recherchieren Sie – eventuell unter Zuhilfenahme des Internets – anschließend die Bedeutung dieser Begriffe!

4.2 Bestimmen Sie, welche Gefahr der Arbeitslosigkeit im Mittelpunkt des vorangestellten Artikels steht!

4.3 Erläutern Sie kurz den Stellenwert der Arbeit in unserer modernen Gesellschaft! Gehen Sie anschließend auch darauf ein, welchen Stellenwert Arbeit in Ihrem künftigen Leben einnehmen soll!

4.4 Führen Sie an, welche Kriterien eine Arbeitsstelle nach Ihren Vorstellungen erfüllen müsste, damit Sie Ihren künftigen Beruf über viele Jahre hinweg mit Spaß und Freude ausüben könnten!

4.5 Analysieren Sie für sich persönlich, wie sich die Ausübung eines Berufes, mit dem Sie nicht glücklich wären, auf Ihr persönliches Leben auswirken würde!

4.6 Lesen Sie zunächst nachfolgenden Auszug aus einem Artikel!

Zuwanderung: Eine Viertelmillion Rumänen und Bulgaren arbeiten in Deutschland

Die Zahl von Rumänen und Bulgaren mit Job in Deutschland hat sich binnen eines Jahres nahezu verdoppelt: Fast 260.000 Menschen aus den beiden Ländern arbeiteten im Herbst hier, zeigt eine Erhebung, die manche Vorurteile entkräften kann.

Nürnberg - Die Arbeitnehmerfreizügigkeit für Menschen aus Bulgarien und Rumänien zeichnet sich deutlich auf dem deutschen Arbeitsmarkt ab. Im Oktober waren hierzulande rund 257.000 Bulgaren und Rumänen beschäftigt - gut 125.000 mehr als im Dezember 2013, wie das Institut für Arbeitsmarkt- und Berufsforschung (IAB) mitteilte. Demnach lebten im November rund 534.000 Bulgaren und Rumänen in Deutschland, etwa 120.000 mehr als im Dezember 2013.

Auch die Beschäftigungsquote erhöhte sich deutlich. Sie lag im Oktober dieses Jahres bei 56 Prozent (Oktober 2013: 43 Prozent). Der starke Anstieg könne dadurch erklärt werden, dass viele der bereits in Deutschland lebenden Bulgaren und Rumänen die neuen Beschäftigungsmöglichkeiten infolge der Arbeitnehmerfreizügigkeit genutzt hätten, sagte IAB-Experte Herbert Brücker.

Bulgaren und Rumänen zählten zu den „relativ gut integrierten Ausländergruppen im deutschen Arbeitsmarkt". Insbesondere sei die Arbeitslosenquote unter Rumänen niedriger als im Bundesdurchschnitt. Allerdings ist die Lage laut IAB regional sehr unterschiedlich. In den Großstädten seien die Arbeitslosen- und Hartz-IV-Quoten unter Bulgaren und Rumänen höher als auf dem Land.

Quelle: Spiegel-Online vom 30.12.2014.

Nehmen Sie nunmehr kritisch Stellung dazu, inwiefern Migration die Probleme auf dem deutschen Arbeitsmarkt, insbesondere den Fachkräftemangel, beheben kann. Gehen Sie dabei auch auf mögliche empirische Erhebungen der jüngeren Vergangenheit ein!

4.7 **Arbeitsvorschlag mit regionalem Bezug:**

Eine kleine Gruppe aus der Klasse sollte in Form eines Referates die wichtigsten Informationen über den Arbeitsmarkt in Ihrer Region vorbereiten! Im Fokus der Präsentation sollte neben den üblichen Arbeitsmarktdaten (Anzahl der Arbeitslosen, Arbeitslosenquote, Entwicklung des Arbeitsmarktes in den vergangenen Jahren/Monaten) vor allem stehen, welcher Personenkreis und welche Berufsgruppen besonders von der Arbeitslosigkeit in Ihrer Region betroffen sind. Hilfreich bei der Vorbereitung wären nicht nur Informationsunterlagen der örtlichen Agentur für Arbeit, auch andere Institutionen (z.B.: IHK, Gewerkschaften, Verbände) könnten Ihre Arbeit unterstützen.

Diskutieren Sie im Anschluss an die Präsentation als Klassengemeinschaft darüber, welche Maßnahmen konkret dazu beitragen könnten, die Arbeitslosigkeit in Ihrer Region zu verringern!

5. Nachstehende Zitate enthalten drei Meinungen zur Frage der „gerechten Verteilung" des Volkseinkommens:

a) „Jeder soll das Gleiche verdienen. Schließlich sind die Menschen von Natur aus gleich. Überhaupt ist jede Arbeit für die Gesellschaft gleich wertvoll."

b) „Die Einkommen müssen sich am Beitrag des Einzelnen zum Nationaleinkommen orientieren. Nur diese Entlohnung ist gerecht. Wer mehr und besser arbeitet, soll auch mehr verdienen."

c) „Die Menschen der Industrieländer leben zu gut. Der Staat soll dafür sorgen, dass (um den Entwicklungsländern nachhaltig helfen zu können) für jeden Bürger ein bestimmter Wohnraum festgelegt wird. Der heutige Wohnungsluxus ist übertrieben. Außerdem soll der Staat für jeden Arbeitnehmer und seine Familie die Lebensmittelrationen festsetzen, wobei die Schwerarbeiter eine Sonderration beanspruchen können. Der private Autoverkehr soll zugunsten des öffentlichen Verkehrs abgeschafft werden."

Aufgaben:

5.1 Entscheiden Sie, welche Verteilungsprinzipien angesprochen werden! Erläutern Sie anschließend das Für und Wider dieser Prinzipien!

5.2 Nebenstehende Grafik veranschaulicht die Einkommensteuerstruktur eines Landes.

Beantworten Sie zu dieser Grafik folgende Einzelfragen:

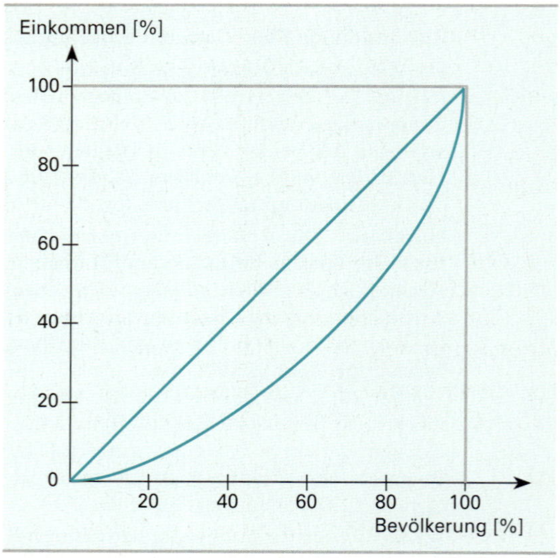

5.2.1 Bestimmen Sie, um welches grafische Darstellungsverfahren es sich handelt und welcher Beziehungszusammenhang hier veranschaulicht wird!

5.2.2 Erläutern Sie, welche Aussagen die Grafik hinsichtlich der Einkommensverteilung in dem angesprochenen Land erlaubt!

5.2.3 Entscheiden Sie, wie die Verteilungskurve verlaufen würde, wenn eine extrem soziale Unausgewogenheit vorläge! Fertigen Sie eine Skizze an!

5.2.4 Erläutern Sie, wie die Verteilungskurve verlaufen würde, wenn die Einkommen vollständig nivelliert wären!

6. Die soziale Sicherung ist ein weiteres grundlegendes Element der sozialen Marktwirtschaft. Der wichtigste Bereich der sozialen Sicherung ist die Sozialversicherung.

Aufgaben:

6.1 Nennen Sie die „Säulen" des Sozialversicherungssystems in der Bundesrepublik Deutschland! Beschreiben Sie kurz deren Aufgaben!

6.2 Die Sozialversicherung ist nicht die einzige Stütze des sozialen Sicherungssystems in Deutschland (des sogenannten „sozialen Netzes"). Beschreiben Sie drei Beispiele!

6.3 Nennen Sie fünf Probleme der Sozialpolitik und beschreiben Sie anschließend kurz das Hauptproblem der deutschen Sozialversicherung!

20 Außenwirtschaft

20.1 Bedeutung der Außenwirtschaft für Deutschland

(1) Begriffe Außenwirtschaft und Außenhandel

Merke:

- Unter **Außenwirtschaft** versteht man die Gesamtheit aller wirtschaftlichen Beziehungen zwischen In- und Ausland.
- Der wichtigste Bereich der Außenwirtschaft ist der **Außenhandel,** also der Handel mit Sachgütern („Waren").

Hinzu kommt der Handel mit Dienstleistungen und Rechten. Ferner finden Geldbewegungen **(Finanztransaktionen)**[1] über die Grenzen hinweg statt, die nicht oder nicht unmittelbar mit Ein- oder Ausfuhren wirtschaftlicher Güter zusammenhängen. So strömen z. B. Gelder in ein Land bzw. Währungsgebiet ein, dessen Zinsniveau höher als das anderer Länder ist oder dessen Währung von den Geldanlegern als besonders stabil[2] eingeschätzt wird. Viele Staaten, so auch die Bundesrepublik Deutschland, haben sich verpflichtet, Beiträge an internationale Organisationen zu entrichten (z. B. an die UNO, die NATO, die EU). Auch Entwicklungshilfeleistungen stellen einen Bereich der Außenwirtschaft dar.

Der Außenhandel Deutschlands mit den Mitgliedsländern der Europäischen Union (siehe Kapitel 20.4.2) wird als **Intrahandel**[3] bezeichnet. Die Käufe (Einfuhren, Importe) aus den EU-Ländern heißen **innergemeinschaftlicher Erwerb,** die Verkäufe (Ausfuhren, Exporte) **innergemeinschaftliche Lieferungen.**

Der gewerbsmäßige Güteraustausch mit Drittländern (mit Ländern, die nicht der Europäischen Union angehören) wird **Extrahandel**[4] genannt.

(2) Ausfuhr

Die Beschäftigung (und damit der Lebensstandard) in der Bundesrepublik Deutschland hängt zu mehr als einem Drittel von der Ausfuhr ab, denn mit dem Ausland tätigt die deutsche Industrie rund 40 % ihrer Geschäfte.

Die Ausfuhr der Bundesrepublik Deutschland betrug 2014 insgesamt 1 134,0 Mrd. €. Die innergemeinschaftlichen Lieferungen machten davon ca. 60 % aus.

(3) Einfuhr

Die Bundesrepublik Deutschland ist ein rohstoffarmes Land. Sie ist deshalb auf die Einfuhr zahlreicher Rohstoffe angewiesen (z. B. Kernenergie, Erdöl, Erdgas, Baumwolle, Eisenerz, Rohphosphate).

---

1 **Transaktion** (lat.) = Übertragung.

2 **Stabil** (lat.) = beständig, fest, dauerhaft. Stabile Währungen sind solche, die ihren Wert (Kurs) über lange Zeit halten, also keinen Wertverlust erleiden.

3 **Intra** (lat.) = innerhalb; Intrahandel = Handel innerhalb der Europäischen Union.

4 **Extra** (lat.) = außerhalb; Extrahandel = Handel mit Ländern außerhalb der Europäischen Union.

2014 betrug z. B. die Einfuhr der Bundesrepublik Deutschland 916,5 Mrd. €. Davon entfielen auf den innergemeinschaftlichen Erwerb ca. 70 %.

Der internationale Handel wird durch „offene Grenzen“ gefördert. Der Wegfall von „Handelsschranken“ wie Zölle, mengenmäßige Export- und Importbeschränkungen (Kontingentierungen) sowie technischen Hemmnissen (z. B. unterschiedliche technische Normen, Prüfverfahren, Sicherheitsvorschriften) kommt allen Handelspartnern zugute, wie das Beispiel der EU zeigt.

Wichtige Ausfuhrgüter

Wichtige Ausfuhrgüter der Bundesrepublik Deutschland sind Fertigwaren, wie z. B. Werkzeugmaschinen, Kraftfahrzeuge, feinmechanische Geräte, Glas- und Lederwaren, sowie Halbwaren wie z. B. Gießerei- und Walzwerkerzeugnisse oder Chemikalien. Die Ausfuhr von Rohstoffen (z. B. Kohle, Kali, Tonerde) und vor Nahrungs- und Genussmitteln (z. B. Fleischwaren, Geflügel, Wein) ist im Rahmen der Gesamtausfuhr hingegen von geringer Bedeutung.

Wichtige Einfuhrgüter

Neben Rohstoffen werden Nahrungsmittel importiert, die in Deutschland nicht, nicht in ausreichender Menge und/oder nicht in der gewünschten Qualität produziert werden können (z. B. Kaffee, Kakao, Ölfrüchte, Rohtabak, Wein).

Wichtige Importgüter sind aber auch Halb- und Fertigwaren, die in den Lieferländern kostengünstiger erzeugt werden können (z. B. Maschinenteile und Maschinen, feinmechanische und optische Geräte, unterhaltungselektronische Geräte, Kraftfahrzeuge). Hinzu kommen chemische Erzeugnisse, Textilien, Bekleidung sowie Verlags- und Druckerzeugnisse.

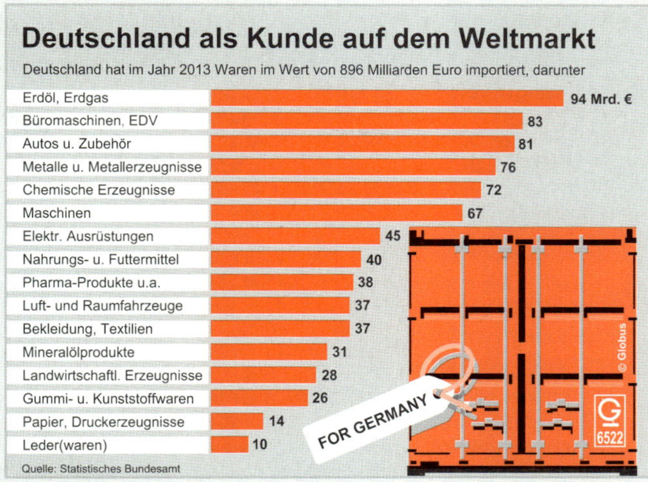

20.2 Ursachen, Vor- und Nachteile des Außenhandels

(1) Ursachen und Vorteile

Länder mit Außenhandel (gegenseitigem Warenaustausch) betreiben **internationale Arbeitsteilung.** Gründe für den Außenhandel sind:

- Güter, die eine Volkswirtschaft nicht oder nicht in ausreichendem Maße selbst produzieren kann, werden eingeführt (importiert), in der Bundesrepublik Deutschland z. B. Südfrüchte und Mineralstoffe. Die Gegenleistung besteht in der Ausfuhr (im Export) von Halb- und Fertigerzeugnissen, die die Handelspartner nicht selbst oder nicht in der gewünschten Qualität herstellen können (oder wollen).
- Güter, die eine Volkswirtschaft nur mit **höheren** Kosten als andere Volkswirtschaften herstellen kann, werden importiert. Die auf diese Weise eingesparten Produktionsfaktoren können zur Herstellung anderer Güter eingesetzt werden, die möglicherweise *kostengünstiger* als im Ausland produziert werden können.
- Nicht nur bei absoluten, sondern auch bei relativen (komparativen)[1] Kostenvorteilen kann die internationale Arbeitsteilung für die beteiligten Länder von Vorteil sein.
- Für Deutschland hat die Ausfuhr große Bedeutung als **„Wachstumsmotor“**, obwohl der im Export unmittelbar und mittelbar enthaltene Importanteil seit Jahren zunimmt, weil ein immer größerer Teil der Wertschöpfung ins billiger produzierende Ausland ausgelagert wird. (Der wachsende Anteil von Importgütern und ausländischen Vorleistungen hat das Wort von der **„Basarökonomie“**[2] aufkommen lassen.)
- Auf den Umfang des Außenhandels haben auch die Wechselkursverhältnisse großen Einfluss. Ist z. B. eine Binnenwährung A im Vergleich zur Fremdwährung B billig, wirkt sich dies günstig für die Exportwirtschaft aus (Näheres siehe Kapitel 20.3.2.2).

1 Die Theorie der komparativen Kosten wurde im Band I, S. 39 f. besprochen.

2 **Bazar** (von pers. bäzär = Markt). Der Bazar (auch Basar) ist ein orientalisches Händlerviertel. Basar bedeutet auch der Verkauf von Waren für wohltätige Zwecke. „Basarwirtschaft“ ist also die etwas spöttische Bezeichnung für eine Wirtschaft, die ihre Exporterfolge mithilfe importierter Waren erzielt.

(2) Nachteile

Die **Nachteile** des Außenhandels bestehen darin, dass er zu **wirtschaftlicher** und **politischer Abhängigkeit** führen kann.

- Die wirtschaftliche Abhängigkeit zeigt sich z. B. in der konjunkturellen Verbundenheit der am Welthandel beteiligten Staaten. Konjunkturelle Einbrüche bei den führenden Industrieländern bewirken aufgrund des Nachfragerückgangs zwangsläufig Beschäftigungsrückgänge bei den Handelspartnern.
- Ebenso wie die Konjunkturrückgänge können auch Inflationen importiert werden.
- Weiterhin zeigt die Geschichte der Entwicklungsländer, dass die einseitige, durch die ehemaligen Kolonialmächte geförderte Spezialisierung auf die Förderung von Rohstoffen und die Erzeugung von Agrarprodukten („Plantagenwirtschaft") ein den Industrieländern vergleichbares Wachstum verhindert.
- Eng mit der wirtschaftlichen Abhängigkeit ist die politische Abhängigkeit verflochten. So sind z. B. Länder, die auf Rohstoffzufuhren angewiesen sind, wirtschaftlich *und* politisch erpressbar. So können die Rohstoff exportierenden Länder beispielsweise versuchen, durch Preis- und/oder Mengendiktate politische Entscheidungen in den Abnehmerländern zu beeinflussen.

(3) Globalisierung

Die moderne Ausprägung der internationalen Arbeitsteilung wird als **Globalisierung** bezeichnet. Dieser Begriff ist gerechtfertigt. Früher erfolgte der Austausch von Waren, Dienstleistungen und Rechten (z. B. Lizenzen) in der Weise, dass der Exporteur die im Inland hergestellten Güter an den ausländischen Importeur lieferte. Heute ist es so, dass zahlreiche Hersteller nicht nur im Inland, sondern auch im Ausland (in Kundennähe) produzieren lassen, sodass es zu einem Wettbewerb der Standorte kommt. Die präzise weltweite Steuerung wird durch die hoch entwickelte Informationstechnik ermöglicht.

Die weltweiten Ausfuhren sind im Jahr 2013 kaum gewachsen. Insgesamt wurden rund um den Globus Waren im Wert von 17 930 Milliarden Dollar gehandelt. Die größte Exportnation war China mit Ausfuhren im Wert von 2 049 Milliarden Dollar, gefolgt von den USA (1 546 Milliarden Dollar) und Deutschland mit mehr als 1 400 Milliarden Dollar.

Ein weiteres Merkmal der Globalisierung ist, dass die Übertragungen von Kapital für Investitions- oder reine Anlagezwecke schneller gewachsen sind als die Weltproduktion.

Die Globalisierung wird folgendermaßen sichtbar:

- Der internationale Handel weitet sich schneller aus als die Weltproduktion.
- Die Direktinvestitionen steigen schneller als die Handelsströme.
- Das Finanzkapital wird international um ein Mehrfaches der Direktinvestitionen ausgetauscht.

20.3 Wechselkurse

20.3.1 Begriff und Arten der Wechselkurse

Merke:

Der Wechselkurs drückt den *Außenwert* des Geldes aus.

Ist eine Fremdwährung „teuer", ist der Außenwert des eigenen Geldes gering. Ist eine Fremdwährung „billig", ist der Außenwert des eigenen Geldes groß. Dies stellen Sie z. B. dann fest, wenn Sie eine Auslandsreise planen. So kann es sein, dass der „Preis" (der Kurs) für Schweizer Franken schon wieder gestiegen ist. Andererseits lesen Sie in der Zeitung, dass der US-Dollar im Wert abnahm. Es ergeben sich somit zwei Grundfragen.

- Warum schwanken die Wechselkurse (Umtauschkurse der Währungen) ständig?
- Welche Auswirkungen haben Kursschwankungen für die Wirtschaft, für die Arbeitsplätze, für uns selbst?

Der **Binnenwert des Geldes** stellt sich in seinem Austauschverhältnis zu anderen Wirtschaftsgütern, also im **Preis** bzw. im **Preisniveau** dar. Der **Außenwert des Geldes** ist hingegen das Austauschverhältnis zwischen zwei **Währungen,** also der **Wechselkurs.**

Es wird zwischen **Sorten** (= auf Fremdwährung lautende Münzen und Banknoten) und **Devisen** (= auf Fremdwährung lautende Zahlungsmittel wie z. B. Schecks, Zahlungsanweisungen und Wechsel) unterschieden. Im weiteren Sinne versteht man unter Devisen auch die auf Fremdwährung lautenden Münzen und Banknoten. Wir verwenden im Folgenden den Devisenbegriff im weiteren Sinne. Dies ist auch deshalb gerechtfertigt, weil die Sorten- und Devisenkurse in der Praxis nicht wesentlich voneinander abweichen.

Die **Ankaufskurse der Sorten** sind die Kurse, die die Banken zahlen, wenn ein Kunde sein Fremdwährungs-Bargeld (Sorten) in Binnenwährung umtauschen möchte. Die Ankaufskurse sind niedriger als die **Verkaufskurse.** Dies sind die Kurse, die der Bankkunde bezahlen muss, wenn er bei einer Bank Sorten kaufen will.

DEVISEN & SORTEN

Nicht €-Länder 1 Euro =	Devisen Geld/Brief	Sorten Ank./Verk.
Australischer Dollar	1,4577/1,4777	1,37/1.58
Dänische Kronen	7,4241/7,4641	7,10/7.85
Britisches Pfund	0,7508/0,7548	0,71/0,79
Japanische Yen	134,31/134,79	128,81/142,81
Kanadischer Dollar	1,4185/1,4305	1,35/1,51
Neuseeland-Dollar	1,5354/1,5594	1,28/1,85
Norwegische Kronen	8,6193/8,6673	8,26/9.26
Polnischer Zloty	4,1560/4,2040	3,72/5,01
Schwedische Kronen	9,3954/9,4434	8,98/10.13
Schweizer Franken	1,0589/1,0629	1,02/1.11
Südafrikanischer Rand	12,966/13,206	11,27/15,67
Tschechische Kronen	27,360/28,160	24,01/30,41
Türkische Lira	2,7420/2.7920	2,61/2,91
Ungarische Forint	305,97/311,17	256,60/386,60
US-Dollar	1,1427/1,1487	1,08/1.21
Kurse in Euro		Ank./Verk.
Australien	**1 Aust.-$**	0,65/0.73
Dänemark	100 dkr	12,84/14,10
Großbritannien	**1 Pfund**	1,28/1,38
Japan	100 Yen	0,72/0,77
Kanada	**1 Kan.-$**	0,67/0,74
Neuseeland	1 NZ-$	0,58/0,73
Norwegen	**100 nkr**	11,03/12,11
Polen	100 poln. Zloty	22,12/26,32
Schweden	**100 skr**	10,16/11.10
Schweiz	100 Sfr	89,61/96,34
Südafrika	**1 Rand**	0,07/0,08
Tschechien	100 Kr	3,21/3,82
Türkei	**1 Lira**	0,34/0,39
Ungarn	100 Forint	0,29/0,36
USA	**1 US-$**	0,84/0.91

Kurse können regionalen Schwankungen unterliegen.

Quelle: Hannoversche Allgemeine Zeitung (HAZ) v. 05. 02. 2015, S. 8.

17 Hartmann - ISBN 978-3-8120-0490-9

Ähnliches gilt für die **Devisen i. e. S.** Der Käufer einer Währung muss mehr bezahlen (Brief) als ein Verkäufer der gleichen Währung erhält (Geld).

Beispiel:

Geld	Brief
Die Banken verkaufen USD zum Kurs von 1,27. Das bedeutet, dass sie Euro zum Kurs von 1,27 kaufen.[1]	Die Banken kaufen USD zum Kurs von 1,30. Das bedeutet, dass sie Euro zum Kurs von 1,30 verkaufen.

Will z. B. ein Importeur 100 000,00 USD in die USA überweisen, wird er von seiner Bank mit 78 740,16 EUR belastet.[2]

Tauscht ein Exporteur 100 000,00 USD bei seiner Bank in Euro um, werden ihm nur 76 923,08 EUR gutgeschrieben.[3]

Auf die Kursunterschiede (Geld oder Brief) wird in den folgenden Modellen nicht eingegangen.

Merke:

- Der **Außenwert** des Geldes wird durch das Austauschverhältnis (den Kurs) zwischen der Binnen- und der Fremdwährung bestimmt.
- Der **Kurs** (Wechselkurs) drückt das Wertverhältnis zwischen zwei Währungen aus.

Bei **Banknoten** ist die Bezugsgröße der Wechselkurse i. d. R. 100 Einheiten der Fremdwährung, z. B. 100 Schweizer Franken (CHF), 100 dänische Kronen (DKR) oder 100 norwegische Kronen (NKR). Die Kursangaben für amerikanische Dollars (USD) oder das englische Pfund (GBP) sind auf einen USD oder auf ein £ bezogen. Die Notierung[4] der Banknoten heißt **Preisnotierung.**

Beispiel:

Der Verkaufskurs des kanadischen Dollars (CAD) beträgt 0,81. Das bedeutet, dass für einen CAD 0,81 EUR zu zahlen sind.

Bei **Devisen i. e. S.** ist die Bezugsgröße ein Euro. Diese Art der Notierung heißt **Mengennotierung.**

Beispiel:

Der Briefkurs des kanadischen Dollars (CAD) beträgt 0,73. Das bedeutet, dass man für 1,00 EUR 0,73 CAD erhält.

In Zukunft wird voraussichtlich auch die Preisnotierung der Noten durch die international übliche Mengennotierung ersetzt werden.

1 Die Spanne (der Unterschiedsbetrag) zwischen dem Kaufpreis und dem Verkaufspreis ist der Rohgewinn der Banken. (Rohgewinn abzüglich Aufwendungen = Reingewinn.)

2 1,27 USD ≙ 1,00 EUR
100 000,00 USD ≙ x EUR $\qquad x = \frac{1 \cdot 100\,000}{1{,}27} = 78\,740{,}16$ EUR

3 1,30 USD ≙ 1,00 EUR
100 000,00 USD ≙ x EUR $\qquad x = \frac{1 \cdot 100\,000}{1{,}30} = 76\,923{,}08$ EUR

4 **Notierung** (lat.) = Festsetzung, Festlegung. Hier: Festsetzung eines Börsenpreises (auch für Wertpapiere und Waren).

20.3.2 System freier Wechselkurse (Floating)[1]

20.3.2.1 Kursbildung

(1) Devisennachfrage (Angebot von Binnenwährung) und Importvolumen

Merke:

Nach dem **Gesetz des Angebots** steigt das Angebot von Binnenwährung (die Nachfrage nach Devisen) mit steigendem Kurs und sinkt das Angebot von Binnenwährung (die Nachfrage nach Devisen) mit sinkendem Kurs.

Der Grund: **Sinkender Kurs** bedeutet, dass die Fremdwährung (z. B. der Schweizer Franken) **teurer** wird. Deshalb geht die Nachfrage nach Importgütern (z. B. auch nach Ferienreisen in Fremdwährungsgebiete) zurück. **Werden aber weniger Waren eingeführt (importiert), werden auch weniger Devisen nachgefragt,** d. h., es wird **weniger Inlandswährung** angeboten.

Umgekehrt ist es, wenn der Kurs steigt. Dann sind die Importwaren billiger. **Es wird mehr aus Fremdwährungsländern importiert. Zur Bezahlung der Importe werden mehr Devisen benötigt,** d. h., es wird **mehr Inlandswährung** angeboten.

Angebot von Binnenwährung (= Nachfrage nach Devisen)

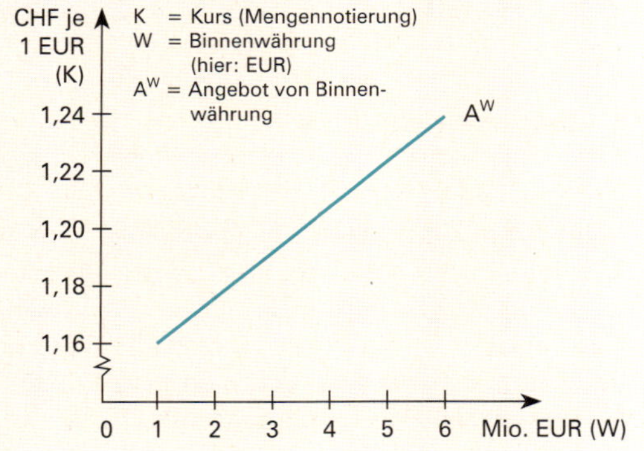

(2) Devisenangebot (Nachfrage nach Binnenwährung) und Exportvolumen

Merke:

Nach dem **Gesetz der Nachfrage** steigt die Nachfrage nach Binnenwährung (das Angebot an Devisen) mit sinkendem Kurs und sinkt die Nachfrage nach Binnenwährung (das Angebot an Devisen) mit steigendem Kurs.

Der Grund: **Sinkender Kurs** bedeutet, dass für Gebietsfremde die Binnenwährung **billiger** wird.

Beispiel:

Beträgt der USD-Kurs zz. 1,10, so kostet dem amerikanischen Importeur ein deutsches Auto zum Preis von 30 000,00 EUR genau 33 000,00 USD. Sinkt der Kurs auf 1,05, muss der amerikanische Importeur nur noch 31 500,00 USD bezahlen.

1 To float (engl.) = fließen.

Sinkender Wechselkurs führt somit zu steigenden Exporten (Ausfuhren) in Fremdwährungsgebiete. Die Exporteure bieten die erlösten Devisen auf den Devisenmärkten an, d.h., sie fragen Binnenwährung nach.

Umgekehrt ist es, wenn der **Kurs steigt.** Dann werden für die in Fremdwährungsgebieten ansässigen Importeure die Binnenwaren teurer. **Der Export in das Devisenausland geht zurück. Die Folge ist, dass weniger Devisen erlöst und angeboten werden.**[1] Das sinkende Devisenangebot entspricht einer sinkenden Nachfrage nach Binnenwährung.

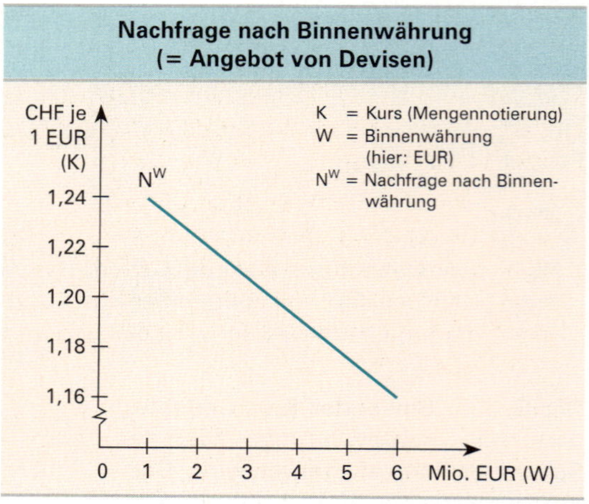

(3) Gleichgewichtskurs

> **Merke:**
>
> Der **Gleichgewichtskurs** ist der Kurs, der Devisenangebot (Nachfrage nach Binnenwährung) und Devisennachfrage (Angebot von Binnenwährung) in Einklang bringt.

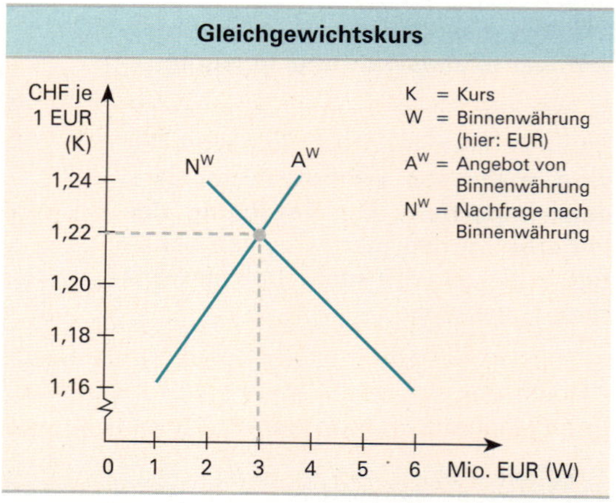

Die Kursbildung auf den Devisenmärkten vollzieht sich nach den gleichen Grundsätzen wie die Preisbildung auf den Gütermärkten. Die täglich in den Wirtschaftsteilen der Zeitungen veröffentlichten Wechselkurse sind **Referenzkurse,** d.h. vom ESZB empfohlene Kurse. Die von den privaten Banken aufgrund des Devisenangebots und der Devisennachfrage ermittelten „Orientierungspreise" weichen nicht wesentlich von den Referenzkursen ab.

(4) Verschiebungen der Devisennachfrage (des Angebots von Binnenwährung)

Fall 1: Zunahme der Devisennachfrage bzw. des Angebots von Binnenwährung

Devisen werden – wie wir bereits sagten – vor allem dazu benötigt, Importe zu bezahlen. (Auch unsere Ferienreisen in fremde Währungsgebiete stellen in diesem Sinne Importe dar: Es werden Dienstleistungen importiert, d.h. in Anspruch genommen.)

1 Zahlen die in Fremdwährungsgebieten ansässigen Importeure mit Euro, ändert sich letztlich auch nichts. Euro mussten oder müssen sie sich ebenfalls kaufen. Die Nachfrage der Gebietsfremden nach Euro entspricht dem Angebot an Devisen.

Nehmen die Importe bei zunächst gegebenem Kurs zu, nimmt auch die Devisennachfrage und damit das **Angebot von Binnenwährung zu.** (Die Angebotskurve von Binnenwährung verschiebt sich nach rechts.)

Gründe für eine **zunehmende Importtätigkeit** können sein:

- Die Waren aus fremden Währungsgebieten werden im Vergleich zu den Binnenwaren immer billiger, weil im eigenen Währungsgebiet die Preise schneller als im Fremdwährungsland steigen.
- Die Binnenwirtschaft befindet sich im Aufschwung, sodass die Einkommen steigen. Es werden deshalb **mehr** Konsum- und Produktionsgüter aus Fremdwährungsländern importiert.

Das Angebot von Binnenwährung (die Nachfrage nach Devisen) nimmt zu

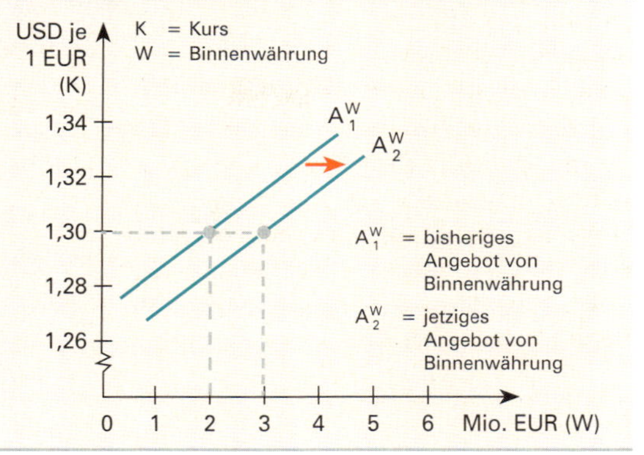

Weitere Gründe für eine zunehmende Devisennachfrage (ein zunehmendes Angebot von Binnenwährung) sind:

- Die Regierungen gehen zusätzliche internationale Verpflichtungen ein (z. B. höhere Zahlungen an internationale Organisationen wie z. B. die NATO oder die Gewährung von Entwicklungshilfe).
- Die Zinssätze steigen in Fremdwährungsgebieten schneller als im eigenen Währungsgebiet.
- Finanztransaktionen finden aus spekulativen[1] Gründen statt. Die Spekulanten rechnen damit, dass der Kurs einer Fremdwährung sinken wird. Sie kaufen beim gegebenen Kurs zusätzliche Devisen. Erwarten die Besitzer von Binnenwährung ständige Kursverluste der eigenen Währung und kaufen sie deshalb in großem Stil eine als „sicher" angesehene Fremdwährung, spricht man von **„Kapitalflucht"**.

Beispiel:

Kauf von 10 000,00 CHF im Jahr 01 zum Kurs von 1,60, also für 6 250,00 EUR.[2] Verkauf der 10 000,00 CHF im Jahr 02 zum Kurs von 1,50. Der Spekulant erhält 6 666,67 EUR,[3] macht also einen Spekulationsgewinn von $6^2/_3$ %.

Fall 2: Abnahme der Devisennachfrage (des Angebots von Binnenwährung)

Die Devisennachfrage bzw. das Angebot von Binnenwährung nimmt z. B. ab, wenn die Importe aus fremden Währungsgebieten bei zunächst gegebenem Kurs zurückgehen. (Die Angebotskurve von Binnenwährung verschiebt sich nach links.)

---

1 Spekulativ (lat.) = auf Mutmaßungen beruhend; auf Gewinne aus Preisveränderungen abzielend.

2 1,60 CHF ≙ 1,00 EUR
10 000,00 CHF ≙ x EUR
$x = \frac{1 \cdot 10\,000}{1{,}6} = 6\,250{,}00$ EUR

3 1,50 CHF ≙ 1,00 EUR
10 000,00 CHF ≙ x EUR
$x = \frac{1 \cdot 10\,000}{1{,}5} = 6\,666{,}67$ EUR

Ursachen **abnehmender Importtätigkeit** aus Fremdwährungsgebieten können sein:

- Die Importwaren werden im Vergleich zu den Binnenwaren immer teurer, weil beispielsweise die Preise im Fremdwährungsgebiet schneller steigen als im eigenen Währungsgebiet oder fremde Rohstoffexporteure sich zu einem Kartell zusammenschließen, um die Rohstoffpreise zu erhöhen (Erdölkartell, Kupferkartell).
- Die Binnenwirtschaft befindet sich im Abschwung, sodass die Einkommen nicht mehr steigen oder sogar abnehmen. Es werden deshalb **weniger** Konsum- und Produktionsgüter importiert.

Das Angebot von Binnenwährung (die Nachfrage nach Devisen) nimmt ab

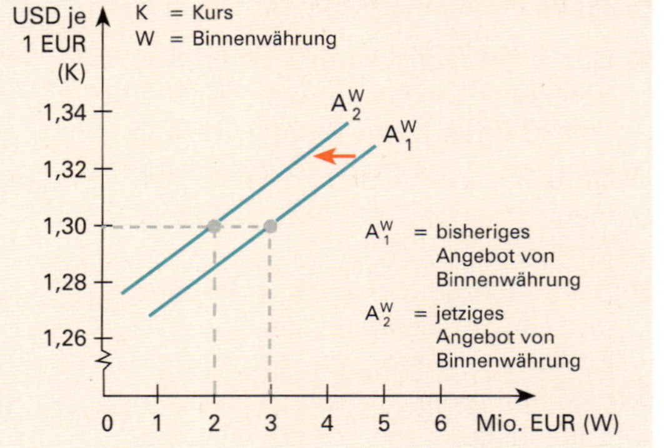

Weitere Gründe für eine abnehmende Devisennachfrage (ein abnehmendes Angebot von Binnenwährung) sind:

- Die Regierungen kürzen Zahlungen an internationale Organisationen oder streichen Entwicklungshilfeleistungen.
- Spekulanten rechnen damit, dass der Kurs einer Fremdwährung steigen wird und stellen ihre bisherigen Devisenkäufe ein.
- Die Zinssätze steigen im eigenen Währungsgebiet schneller als in Fremdwährungsgebieten.

(5) Verschiebungen des Devisenangebots (der Nachfrage nach Binnenwährung)

Fall 1: Zunahme des Devisenangebots bzw. der Nachfrage nach Binnenwährung

Ebenso wie die Devisennachfrage verschiebt sich im Laufe der Zeit das Devisenangebot. Devisen werden bekanntlich vor allem deswegen angeboten, weil Güter in fremde Währungsgebiete exportiert werden. **Nehmen z.B. die Exporte in fremde Währungsgebiete bei zunächst gegebenen Kursen zu, nimmt auch das Devisenangebot** und damit **die Nachfrage nach Binnenwährung zu.** (Die Nachfragekurve nach Binnenwährung verschiebt sich nach rechts.)

Die Nachfrage nach Binnenwährung (das Angebot von Devisen) nimmt zu

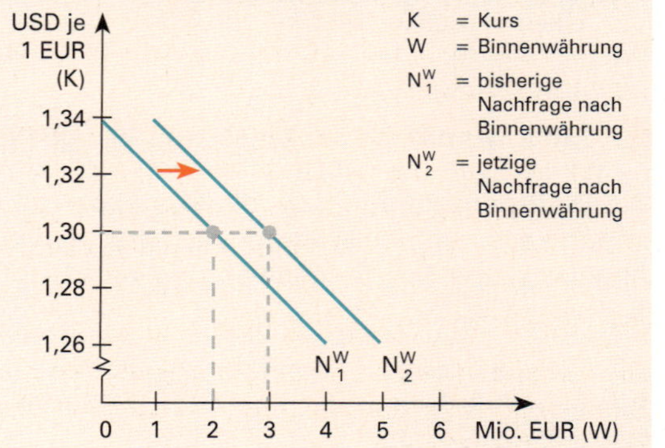

Gründe für eine zunehmende Exporttätigkeit in Fremdwährungsgebiete können sein:

- Die Binnenwaren werden im Vergleich zu den Waren aus den Fremdwährungsländern immer billiger, weil im eigenen Währungsgebiet die Preise langsamer als im Fremdwährungsgebiet steigen.
- Technischer Vorsprung des eigenen Währungsgebiets.
- Die Fremdwährungsländer befinden sich im Aufschwung, sodass dort die Einkommen steigen. Es werden deshalb **mehr** Konsum- und Produktionsgüter in diese Länder exportiert.

Weitere Gründe für ein zunehmendes Devisenangebot (eine zunehmende Nachfrage nach Binnenwährung) sind:

- Ein Fremdwährungsland erhält Zuschüsse von internationalen Organisationen, z.B. Devisenhilfen, um seine Importe finanzieren (bezahlen) zu können, Entwicklungshilfe oder Wiedergutmachungszahlungen (Reparationen).
- Spekulanten rechnen damit, dass der Kurs einer Fremdwährung steigen wird. Sie verkaufen ihre Devisenvorräte (kaufen Binnenwährung) zu dem noch geltenden Kurs.

Fall 2: Abnahme des Devisenangebots bzw. der Nachfrage nach Binnenwährung

Das Devisenangebot und damit die Nachfrage nach Binnenwährung nimmt z.B. ab, wenn die Exporte bei zunächst gegebenem Kurs zurückgehen. (Die Nachfragekurve nach Binnenwährung verschiebt sich nach links.)

Die Nachfrage nach Binnenwährung (das Angebot von Devisen) nimmt ab

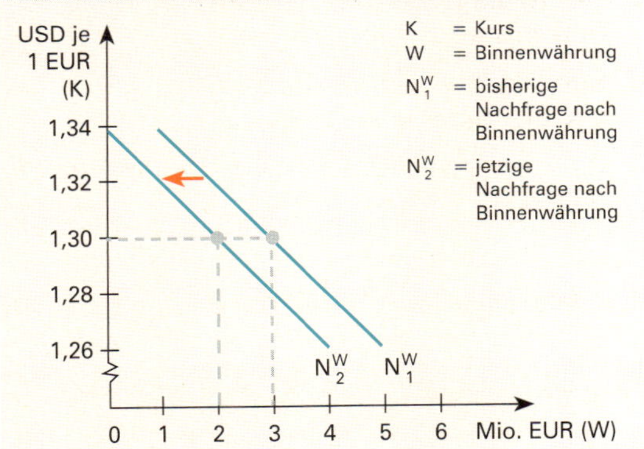

Ursachen abnehmender Exporttätigkeit in Fremdwährungsgebiete können sein:

- Die Preise auf dem Binnenmarkt steigen schneller als in den Fremdwährungsländern.
- Technischer Rückstand des eigenen Währungsgebiets.
- Die Fremdwährungsländer befinden sich im Abschwung, sodass dort die Einkommen sinken. Es werden deshalb *weniger* Konsum- und Produktionsgüter in diese Länder verkauft.

Weitere Gründe für ein abnehmendes Devisenangebot (eine abnehmende Nachfrage nach Binnenwährung) sind:

- Einem Fremdwährungsland werden Zuschüsse von internationalen Organisationen gekürzt oder die Entwicklungshilfe wird gestrichen.
- Spekulanten rechnen damit, dass der Kurs einer Fremdwährung sinken wird. Sie werden daher ihre bisherigen Devisenverkäufe einstellen.

(6) Wechselkursmechanismus

Die folgenden vier Abbildungen zeigen den Zusammenhang zwischen dem Angebot von Binnenwährung, der Nachfrage nach Binnenwährung und dem Wechselkurs (Wechselkursmechanismus).

Zunehmende Nachfrage nach Binnenwährung = zunehmendes Devisenangebot: Der Wechselkurs steigt

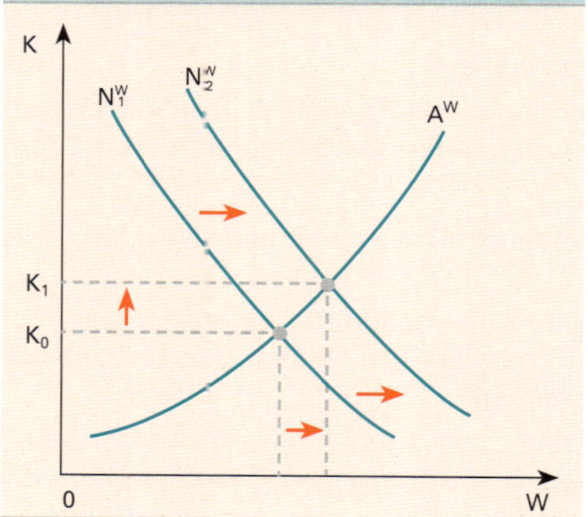

Abnehmende Nachfrage nach Binnenwährung = abnehmendes Devisenangebot: Der Wechselkurs sinkt

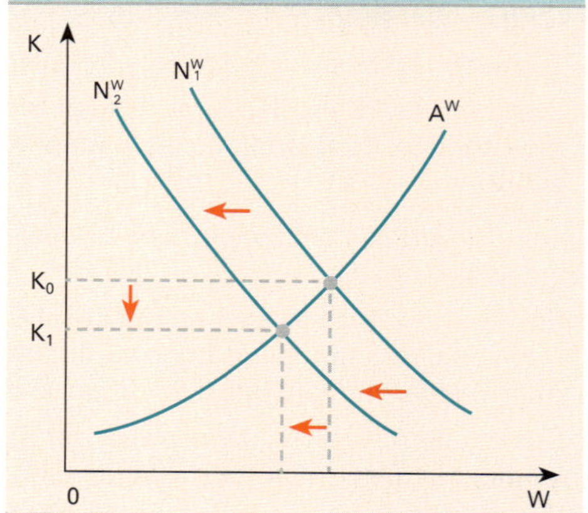

Zunehmendes Angebot von Binnenwährung = zunehmende Devisennachfrage: Der Wechselkurs sinkt

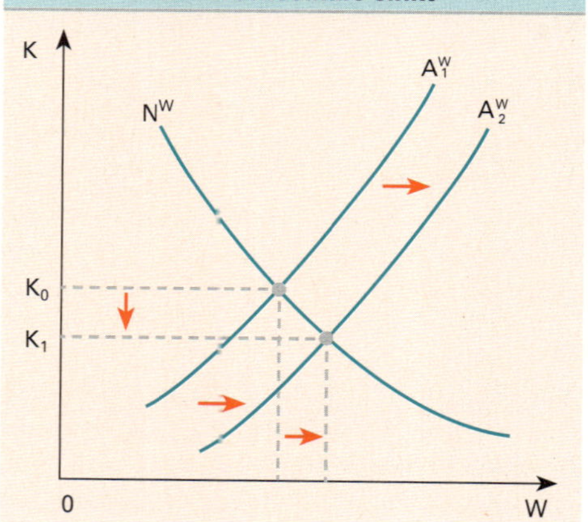

Abnehmendes Angebot von Binnenwährung = abnehmende Devisennachfrage: Der Wechselkurs steigt

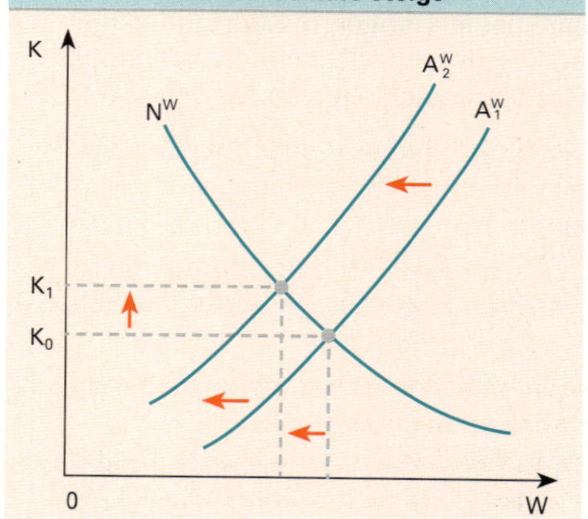

K = Kurs
K_0 = bisheriger Kurs
K_1 = neuer Kurs
A^W = Angebot von Binnenwährung
A_1^W = bisheriges Angebot von Binnenwährung
A_2^W = jetziges Angebot von Binnenwährung
N^W = Nachfrage nach Binnenwährung
N_1^W = bisherige Nachfrage nach Binnenwährung
N_2^W = jetzige Nachfrage nach Binnenwährung
W = Binnenwährung

Im Normalfall gelten somit auf den Devisenmärkten die gleichen Preisgesetze, wie sie für den Gütermarkt im Kapitel 15.1.2 abgeleitet wurden.

(7) Bedeutung des Systems freier Wechselkurse

Freie (flexible) Wechselkurse haben die Tendenz, sich immer wieder auf den Gleichgewichtskurs hinzuzubewegen. Der Markt sorgt dafür, dass keine Währung unter- oder überbewertet wird. Die Inflation (allgemeine Preissteigerung) aus Fremdwährungsländern wird **nicht** importiert, d.h. auf die Binnenwirtschaft übertragen, weil mit steigenden Preisen bei den Handelspartnern zunächst der Import und damit die Devisennachfrage (das Angebot von Binnenwährung) zurückgeht. Dies aber bewirkt steigende Kurse (siehe Abbildung auf S. 264 unten rechts). Mit steigenden Kursen verbilligen sich die Importwaren, sodass die Importpreise im Wesentlichen konstant bleiben.

20.3.2.2 Beziehungen zwischen Binnen- und Außenwert des Geldes im System freier Wechselkurse

Die Aussage, dass freie Wechselkurse die importierte Inflation verhindern können, ist ein Teilergebnis der sogenannten **Kaufkraftparitätentheorie,**[1] die den **Zusammenhang zwischen Außen- und Binnenwert des Geldes** erklärt.

Gehen wir z.B. davon aus, dass das Preisniveau in Fremdwährungsländern **schneller** als das im eigenen Währungsgebiet steigt. Dann nehmen – immer aus der Sicht der Binnenwirtschaft – die Exporte in die Fremdwährungsgebiete *zu,* während die Importe aus diesen Gebieten **abnehmen.** Der Grund: Die Importwaren werden immer teurer, während die Exportwaren für die Fremdwährungsländer vergleichsweise immer billiger werden. Die **Exportüberschüsse** aber erhöhen den Geldumlauf im eigenen Währungsgebiet, weil die Exporteure ihre Devisen bei den Banken in Binnenwährung umtauschen, um ihre Kosten (z.B. Löhne und Gehälter, Energiekosten, Steuern) bezahlen zu können. Ist die Binnenwirtschaft vollbeschäftigt, ist mit Preissteigerungen zu rechnen, weil a) im eigenen Währungsgebiet die Geldmenge steigt und b) das Güterangebot abnimmt (die exportierten Waren werden nicht im eigenen Währungsgebiet, sondern in Fremdwährungsgebieten angeboten).

Bei flexiblen Kursen aber wird dieser Inflationsschub schon bald dadurch gebremst, dass aufgrund des gestiegenen Devisenangebots (der gestiegenen Nachfrage nach Binnenwährung) der Wechselkurs zu **steigen** beginnt. Spekulative **Finanztransaktionen** tun ihr Übriges: Weil die Spekulanten mit steigendem Kurs rechnen, kaufen sie Binnenwährung mit dem Ergebnis, dass der Kurs weiter nach oben getrieben wird. Die Importwaren werden also billiger, während sich die Exportwaren verteuern. Es ergibt sich folgende „umgekehrte" Entwicklung: Der Export sinkt, während der Import steigt. Die Importeure kaufen bei den Banken Devisen, um die Importe bezahlen zu können. Die spekulativen Finanztransaktionen laufen in die umgekehrte Richtung, weil die Geldanleger mit steigenden Kursen bei den Fremdwährungen rechnen. Die Inflation wird gebremst, weil a) die Geldmenge abnimmt und b) das Güterangebot (aufgrund der gestiegenen Importe) zunimmt. Ein Sinken des Preisniveaus ist allerdings i.d.R. nicht zu erwarten, wie bereits im Zusammenhang mit der Behandlung der Quantitätstheorie[2] gezeigt wurde.

1 **Parität** (lat.) = Gleichheit, Gleichgewichtigkeit, Gleichstellung.

2 Siehe Kapitel 17.4.

Die Beziehungen zwischen Preisniveau, Import und Export bei flexiblen Wechselkursen lassen sich wie folgt darstellen:

Schematische Darstellung der Kaufkraftparitätentheorie

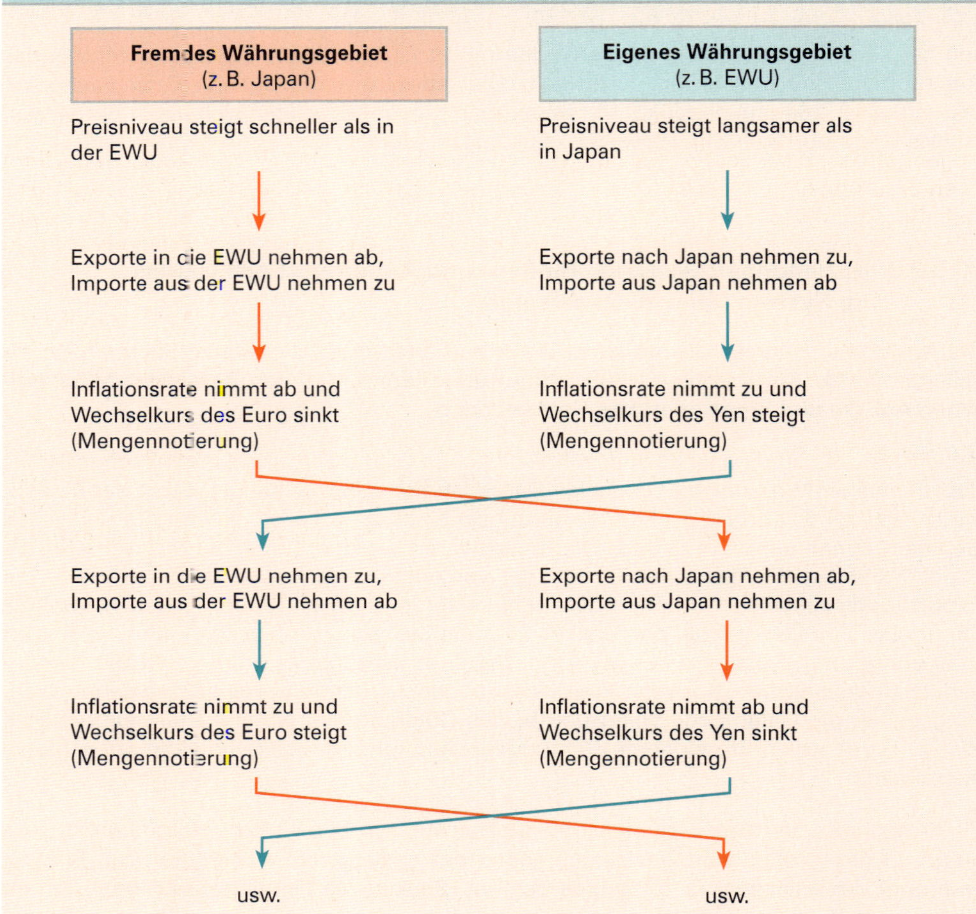

20.3.3 Relativ starre Wechselkurse

(1) Wesen der relativ starren Wechselkurse

Starre Wechselkurse (feste Wechselkurse) werden entweder zwischenstaatlich vereinbart oder von der Regierung eines Landes autonom festgelegt. Schwankungen der Kurse sind nicht zugelassen. Absolut feste Wechselkurse sind vor allem in Zentralverwaltungswirtschaften üblich, in denen Devisenbewirtschaftung herrscht.

Das System relativ starrer (fester) Wechselkurse lässt bestimmte *Schwankungsbreiten* der Kurse zu. Innerhalb dieser Schwankungsbreiten **(Bandbreiten)** vollzieht sich die Kursbildung nach den Grundsätzen eines freien Markts.

Wenn im Folgenden von festen (gebundenen) Wechselkursen die Rede ist, sind immer die relativ festen Wechselkurse gemeint. Das Wesen der festen Wechselkurse besteht darin, dass die Regierungen sogenannte **Paritäten**[1] (Leitkurse) miteinander vereinbaren, wobei die Kurse nach oben und unten mit einem bestimmten Prozentsatz (z. B. je 2,5 %) vom Leitkurs abweichen dürfen. Die zugelassene Schwankungsbreite (z. B. 5 %) wird als **Bandbreite** bezeichnet.

(2) Kurssicherung durch die Zentralbank

Angenommen, die Regierungen des Landes A und des Landes B vereinbaren zwischen ihren Währungen eine **Parität** von 2 : 1. Dies bedeutet, dass der **Leitkurs** 2 AGE (= Geldeinheiten der Währung A) für 1 BGE (= Geldeinheiten der Währung B) beträgt. Bei einer Bandbreite von 5 % darf der Kurs dann höchstens auf 2,05 steigen und höchstens auf 1,95 sinken.

Würde der Kurs aufgrund gestiegener Nachfrage nach BGE oder aufgrund gesunkenen Angebots von BGE *über* 2,05 steigen, müsste die Zentralbank des Landes B eingreifen (intervenieren), indem sie AGE kauft (BGE verkauft), um den Kurs zu senken. Die obere Grenze der Bandbreite heißt deswegen **oberer Interventionspunkt.**[2]

Droht hingegen der Kurs unter 1,95 zu fallen, weil die Nachfrage nach BGE abgenommen oder das Angebot von BGE zugenommen hat, muss die Zentralbank des Landes B eingreifen (intervenieren), d. h. AGE aus ihren Devisenvorräten verkaufen (BGE kaufen), um den Kurs zu heben. Die untere Grenze der Bandbreite wird deshalb als **unterer Interventionspunkt** bezeichnet.

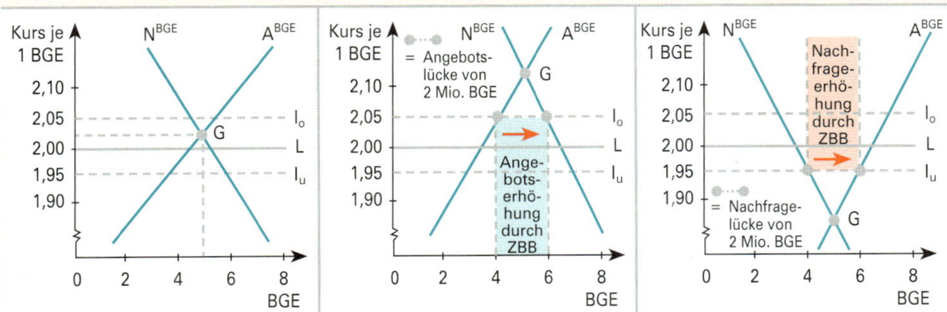

Der Gleichgewichtskurs liegt **innerhalb** der Bandbreite. Die Zentralbank des Landes B muss **nicht** eingreifen.

Der Gleichgewichtskurs liegt **über** dem oberen Interventionspunkt. Die Zentralbank B muss die **Angebotslücke**[3] schließen, indem sie BGE anbietet, d. h. Devisen nachfragt.

Der Gleichgewichtskurs liegt **unter** dem unteren Interventionspunkt. Die Zentralbank B muss die **Nachfragelücke**[4] schließen, indem sie BGE nachfragt, d. h. Devisen verkauft.

A^{BGE} = Angebot von BGE
N^{BGE} = Nachfrage nach BGE
ZBB = Zentralbank des Landes B
G = Gleichgewichtskurs
L = Leitkurs
I_o = oberer Interventionspunkt
I_u = unterer Interventionspunkt

1 **Parität** = wörtl. Gleichheit; hier: festgelegtes Austauschverhältnis.

2 **Intervenieren** = eingreifen.

3 Angebotslücke: Das Angebot von Binnenwährung ist kleiner als die Nachfrage nach Binnenwährung.

4 Nachfragelücke: Die Nachfrage nach Binnenwährung ist kleiner als das Angebot von Binnenwährung.

(3) Bedeutung des Systems relativ fester Wechselkurse

Der Vorteil fester Devisenkurse ist, dass der Wirtschaft sichere Kalkulationsgrundlagen geboten werden. Die Gefahr eines plötzlichen Kursverfalls oder eines unerwarteten Kursanstiegs ist weitgehend gebannt.

Die Nachteile dürfen jedoch nicht übersehen werden. So kann z.B. eine Zentralbank nur solange Devisen verkaufen, um den Kurs nicht unter den unteren Interventionspunkt fallen zu lassen, wie sie über Devisen verfügt. Sind ihre Devisenvorräte erschöpft, muss der Leitkurs (die Parität) herabgesetzt, d.h. die eigene Währung **abgewertet** werden. Die neue Parität muss mindestens so niedrig sein wie der Kurs, der sich bei freien Wechselkursen ergeben würde.

Merke:

Währungen, die laufend abgewertet werden müssen, heißen **weiche Währungen.**

Der Hauptgrund für eine erforderliche **Abwertung** (Devalvation) ist, dass die Importe zu hoch, die Exporte zu niedrig sind (Devisenmangel). Durch die Abwertung werden die Importe gedrosselt (die Fremdwährung und damit die Importe werden teurer) und der Export gefördert.

Seltener kommt es vor, dass der Leitkurs zu niedrig ist. Dies ist dann der Fall, wenn eine Zentralbank Devisen kaufen muss, um den Kurs nicht über den oberen Interventionspunkt steigen zu lassen. Theoretisch kann die Zentralbank laufend Devisen aufkaufen: Inlandsgeld kann sie jederzeit drucken und in Umlauf setzen (Geldschöpfung). Die größte Gefahr dieser Politik besteht darin, dass der Geldumlauf im eigenen Währungsgebiet erhöht wird und so die Preise steigen. Längerfristig muss die Binnenwährung **aufgewertet,** d.h. der Leitkurs heraufgesetzt werden (Revalvation). Die neue Parität sollte so hoch sein wie der Kurs, der sich bei freien Wechselkursen ergeben würde.

Merke:

Währungen, die stark nachgefragt werden, die also von Zeit zu Zeit aufgewertet werden, heißen **harte Währungen.**

Der Hauptgrund für eine notwendig gewordene Aufwertung ist, dass die Exporte zu hoch, die Importe zu niedrig sind (laufende Devisenüberschüsse). Die eigene Währung ist also unterbewertet, sodass die Exportwaren für die Fremdwährungsländer billig sind. Dies ist vor allem dann der Fall, wenn die Preise in den Fremdwährungsländern schneller steigen als im eigenen Währungsgebiet; dann nämlich weicht der Gleichgewichtskurs immer mehr vom Leitkurs (von der Parität) ab. Die Folge ist, dass aufgrund der dauernden Devisenkäufe der Notenbank der Geldumlauf im eigenen Währungsgebiet steigt und das Preisniveau nach oben klettert. Man bezeichnet die auf Exportüberschüssen beruhenden Preissteigerungen als **„importierte Inflation“.**

Ein wirtschaftsgeschichtliches Beispiel für ein System relativ fester Wechselkurse war das **E**uropäische **W**ährungs**s**ystem (EWS) oder auch **W**echsel**kurs**mechanismus I (WKM I) genannt. Zuletzt nahmen zwölf EU-Länder[1] am System relativ fester Wechselkurse teil, nämlich Belgien, Deutschland, Dänemark, Finnland, Frankreich, Irland, Italien, Luxemburg, Österreich, Niederlande, Portugal und Spanien. Die Bandbreite betrug 30 %. Drohte eine größere Kursabweichung einer Währung, mussten die nationalen Zentralbanken stützend einspringen.

1 Zur Europäischen Union (EU) siehe Kapitel 20.4.2.

(4) Europäischer Wechselkursmechanismus II (WKM II)

Der WKM II ist die Fortsetzung des EWS zwischen der EWU und den Mitgliedsländern der Europäischen Union, die noch nicht der EWU[1] angehören wollen bzw. aufgenommen werden können. „Ankerwährung"[2] ist der Euro.

Wichtige Regelungen für den WKM II sind:

- Die Teilnahme ist freiwillig.
- Die Leitkurse der Outs[3] werden auf den Euro festgelegt. Die Schwankungsbreite beträgt grundsätzlich ± 15 %.
- Leitkurse und Bandbreite werden in einem gemeinsamen Verfahren unter Beteiligung der EU-Kommission, der Europäischen Zentralbank, der Minister der EWU, der Minister und der Zentralbankpräsidenten der Outs und des Wirtschafts- und Sozialausschusses der EU festgelegt.
- Sind Interventionen an den Interventionspunkten erforderlich, sollen diese grundsätzlich automatisch und unbegrenzt erfolgen. Die Interventionen dienen der Verteidigung der Wechselkurse.
- Die EZB kann Interventionen aussetzen, wenn diese das Hauptziel der EZB, nämlich die Geldwertstabilität, gefährden können.

  Am Wechselkursmechanismus in der EU nimmt zurzeit Dänemark (Bandbreite ± 2,25 %) teil.

20.4 Instrumente der Außenwirtschaftspolitik

20.4.1 Handelshemmnisse

Stand und Entwicklung des Außenhandels beeinflussen erheblich den materiellen Lebensstandard der Handel treibenden Staaten. Es ist daher nicht verwunderlich, dass die Politik trotz aller Bekenntnisse zu einem „freien" Welthandel immer wieder versucht, die Handelsströme zugunsten des eigenen Landes zu beeinflussen. Man möchte z. B. die Ausfuhren (den Export) fördern, um die inländische Beschäftigungslage zu verbessern, oder den Import erschweren, um eigene Wirtschaftszweige zu schützen. Das Bestreben eines Staates, den Außenhandel zum Vorteil der Binnenwirtschaft zu beschränken, wird als **Protektionismus**[4] bezeichnet.

(1) Begriffe tarifäre[5] und nicht tarifäre Handelshemmnisse

Tarifäre Handelshemmnisse	Tarifäre Handelshemmnisse sind unmittelbare Beschränkungen des Außenhandels. Hierzu gehören z. B. Zölle, preiserhöhende Steuern („Abschöpfungen"), Verbrauchsteuern und Exportsubventionen. Tarifäre Handelshemmnisse sollen dem Schutz der Binnenwirtschaft dienen oder den Aufbau eigener Wirtschaftszweige vor ausländischer Konkurrenz schützen.

1 Zur EWU = **E**uropäische **W**ährungs**u**nion siehe Kapitel 16.2.2.

2 **Ankerwährung** = Währung, zu der Fremdwährungen in einem absolut oder relativ festen Umtauschverhältnis stehen, mit der sie also mehr oder weniger fest „verankert" sind.

3 Outs (engl.) = draußen Gebliebene, Außenstehende.

4 Der Begriff **Protektionismus** kommt vom lateinischen Wort Protektion, das Schutz, Förderung oder auch Begünstigung und Bevorzugung bedeutet. Protektionismus ist daher eine politische Einstellung, die die inländische Wirtschaft fördern will.

5 Ein **Tarif** (arab.-franz.) ist eine Zusammenstellung von Preisen für bestimmte Leistungen (z. B. Provisionen, Arzttarife, Warenpreise) oder zu versteuernden Vorgängen (z. B. Steuer- und Zolltarife). Tarifäre Instrumente (lat.) sind folglich Werkzeuge, die mit Einsatz von Tarifen (z. B. Zolltarifen, Steuertarifen) bestimmte Ziele erreichen sollen.

	Gleichzeitig haben tarifäre Handelshemmnisse den Zweck, die Staatseinnahmen zu erhöhen, um z. B. ein bestehendes Zahlungsbilanzdefizit[1] zu verringern. Die Erhebung von Einfuhrzöllen hat die gleiche wohlfahrtsökonomische Wirkung wie die Erhebung von Verbrauchsteuern (die ausführliche Erklärung finden Sie im Kapitel 15.3.4.1).
Nicht tarifäre Handelshemmnisse	Nicht tarifäre Handelshemmnisse greifen nicht in die Preisbildung der Im- und Exportgüter ein, sondern beeinflussen den grenzüberschreitenden Güterverkehr durch gesetzliche Vorschriften, z. B. Festlegung bestimmter Standards, Umweltvorschriften (z. B. Einfuhrverbote für giftige umwelt- und gesundheitsschädliche Pflanzenschutzmittel oder Einfuhrverbote für geschützte Tiere und Pflanzen). Zu den nicht tarifären Handelshemmnissen gehören auch Exportbeschränkungen oder Exportverbote (z. B. für seltene Rohstoffe).

(2) Exportförderung

Staatliche Exportförderungsmaßnahmen sind vor allem:

Handelsabkommen	Sie stellen kurzfristige Verträge mit einzelnen Ländern dar, so z. B. die Handelsabkommen, die die Bundesrepublik Deutschland mit zentral verwalteten Staaten wie z. B. der Volksrepublik China abschließt, in denen Warenarten und -mengen, die zu liefern bzw. abzunehmen sind, festgelegt werden.
Handelsverträge	Sie sind langfristige Vereinbarungen mit anderen Ländern, um den zwischenstaatlichen Handel zu regeln. Handelsverträge enthalten unter anderem auch Zollvereinbarungen.
Steuerpolitische Maßnahmen	Ausfuhrlieferungen der Bundesrepublik Deutschland sind steuerfrei. Desgleichen wird für Waren, die aus dem Ausland zum Zweck der Veredelung eingeführt und wieder exportiert werden, kein Einfuhrzoll erhoben.
Staatliche Bürgschaften und Garantien	Wirtschaftliche und politische Risiken werden den Exporteuren auf Antrag teilweise vom Staat abgenommen, und zwar in Form von Ausfuhrgarantien und -bürgschaften.
Subventionen	Während Steuerbefreiungen indirekte Subventionen darstellen, können die Exportländer auch direkte Subventionen leisten. Dazu gehören z. B. Barzuschüsse, Zinssubventionen, Ausfuhrprämien, Investitionshilfen und Exportkredite. Obwohl die direkten Subventionen als Verstoß gegen die internationalen Handelsregeln angesehen werden, sind sie an der Tagesordnung.
Dumping[2]	Obgleich es die allgemeine Überzeugung ist, dass die Beeinträchtigung des internationalen Handels alle beteiligten Volkswirtschaften langfristig schädigt, sehen die Defizitländer (die Länder mit hohen Importüberschüssen) häufig keine andere Möglichkeit, als ihre Situation durch Dumpingmaßnahmen zu verbessern. Dumping gilt als unlauteres (unfaires) Instrument der Außenwirtschaftspolitik.

1 Ein **Zahlungsbilanzdefizit** liegt vor, wenn die Leistungsbilanz einschließlich Vermögensbilanz passiv ist. Das Defizit kommt dadurch zustande, dass der Import von Waren und Dienstleistungen wertmäßig größer ist als der Export.

2 **Dumping** (engl.) = Dämpfung, Druck; hier: Ausfuhr zu Schleuderpreisen.

	Man unterscheidet u.a. folgende Dumpingarten: ■ **Subventionsdumping** Die Regierungen der Lieferländer subventionieren ihre Exportwirtschaft derart, dass die Hersteller in den Importländern konkurrenzunfähig werden. ■ **Sozialdumping** Hier wird Ländern mit niedrigen Reallöhnen vorgeworfen, sie beschafften sich durch unterdurchschnittliche Bezahlung ihrer Arbeitskräfte ungerechtfertigte Vorteile im internationalen Handel. ■ **Valutadumping**[1] Ländern, die abgewertet haben, oder Ländern, die trotz hoher Exportüberschüsse und Vollbeschäftigung nicht aufwerten wollen, wird vorgeworfen, dass sie ihren Export und damit ihre Beschäftigung auf Kosten anderer Länder fördern.

(3) Importbeschränkungen

Importbeschränkende Maßnahmen können z.B. erforderlich sein, um die Folgen eines Exportdumpings der Handelspartner abzuwehren. In vielen Fällen gibt es auch wichtige politische Gründe, Einfuhrverbote zu erlassen (z.B. Verbot der Einfuhr seltener Wildtiere und Pflanzen, bestimmter Waffen, Einfuhrverbot für Rauschgift, für verseuchte Lebensmittel und bestimmte Gifte).

Importbeschränkende Maßnahmen können sein:

Importzölle[2]	Zölle, die aus zahlungsbilanzpolitischen Gründen eingeführt bzw. erhöht werden, sind **Schutzzölle.** Soll eine im Aufbau befindliche inländische Industrie vorübergehend vor ausländischer Konkurrenz geschützt werden, spricht man von **Erziehungszöllen.** Erziehungszölle spielen vor allem für die Entwicklungsländer eine Rolle. Haben Zölle den ausschließlichen Zweck, die Staatseinnahmen zu erhöhen, handelt es sich um **Finanzzölle.**
Importkontingentierung[3]	Die mengenmäßige Importbeschränkung führt häufig dazu, dass die Importeure größere Mengen bei den Genehmigungsbehörden anmelden, als sie tatsächlich zu importieren beabsichtigen. Deshalb verlangen Staaten mit Importkontrollen häufig finanzielle Hinterlegungen in Höhe eines bestimmten Prozentsatzes des Importwertes **(= Bardepot),** sodass sich indirekt der Import verteuert und auf diese Weise gebremst wird.
Devisenbewirtschaftung[4]	In diesem Fall werden die Exporteure gezwungen, ihre Devisenerlöse an die Devisenbehörde abzuliefern (zu verkaufen). Die Importeure (auch private Reisende ins Devisenausland) müssen die Zuteilung von Devisen beantragen. Dabei bleibt es der staatlichen Devisenbehörde überlassen, die verfügbaren Mittel nach Importländern, Importwaren und -dienstleistungen sowie auf die verschiedenen Importeure aufzuteilen.

Importkontingentierung und Devisenbewirtschaftung stellen marktkonträre Eingriffe in die Außenwirtschaft dar.

1 **Valuta** = Kurswert einer Währung.

2 Zu den wohlfahrtsökonomischen Auswirkungen von Importzöllen siehe auch Kapitel 15.3.4.1.

3 **Kontingentierung** = mengenmäßige Begrenzung.

4 Das Gegenteil der Devisenbewirtschaftung („Devisenzwangswirtschaft“) ist die Konvertibilität, d.h. die freie Austauschbarkeit der Währungen.

20.4.2 Europäische Union (EU)

(1) Integrationsstufen

1952	Gründung der Europäischen Gemeinschaft für Kohle und Stahl (Montanunion) durch Belgien, Niederlande, Luxemburg, Frankreich, Italien und die Bundesrepublik Deutschland (6er-Gemeinschaft).
1958	Gründung der Europäischen Wirtschaftsgemeinschaft (EWG) und der Europäischen Atomgemeinschaft (EURATOM) durch die gleichen sechs Staaten.
1967	Entstehung der Europäischen Gemeinschaft (EG) durch Zusammenfassung der Organe der Montanunion, EWG und EURATOM (gemeinsamer Ministerrat und gemeinsame Kommission).
1968	Vollendung der Zollunion durch Abbau der Zölle und Handelsbeschränkungen innerhalb der EG-Länder und Errichtung eines gemeinsamen Zolltarifs gegenüber Drittländern.
1973	Beitritt Großbritanniens, Irlands und Dänemarks zur EG (9er-Gemeinschaft), Freihandelsabkommen mit den restlichen EFTA-Ländern.
1979	Erstmalige Direktwahlen zum Europäischen Parlament (Neuwahlen alle fünf Jahre) und Beginn des Europäischen Währungssystems (EWS).
1981	Beitritt Griechenlands (10er-Gemeinschaft).
1986	Beitritt Portugals und Spaniens (12er-Gemeinschaft).
1987	Einheitliche Europäische Akte mit dem Hauptzweck der Vollendung des einheitlichen Binnenmarktes bis Ende 1992.
1990	Beitritt der DDR zur Bundesrepublik Deutschland und damit zur EU.
1992	Maastricht-Vertrag über die Europäische Union als Regierungsabkommen mit anschließenden Ratifizierungen in den Mitgliedsländern. Der Vertrag regelt die Schaffung der Wirtschafts- und Währungsunion (EWU) bis spätestens Anfang 1999.
1993	Europäischer Binnenmarkt tritt zum 01.01.1993 in Kraft. Damit entsteht in der EG ein Wirtschaftsraum, in dem der freie Verkehr von Personen, Waren und Dienstleistungen und Kapital gewährleistet ist. Am 01.11.1993 wird aus der Europäischen Gemeinschaft (EG) die Europäische Union (EU).
1994	Beginn der zweiten Stufe der Währungsunion: Europäisches Währungsinstitut (EWI) – Vorläufer der EZB – wird in Frankfurt am Main eingerichtet.
1995	Beitritt Österreichs, Finnlands und Schwedens (15er-Gemeinschaft).
1997	EU-Staats- und Regierungschefs verabschieden in Amsterdam einen Stabilitäts- und Wachstumspakt zur Sicherung der Stabilität des Euro nach dem Start der Währungsunion.
1998	Staats- und Regierungschefs der EU-Mitgliedstaaten einigen sich in Brüssel auf der Grundlage der Berichte der EU-Kommission und des EWI darauf, dass elf Länder am 01.01.1999 in die Währungsunion starten werden (Griechenland erfüllt die Konvergenzkriterien nicht; freiwillig bleiben der gemeinsamen Währung noch fern Großbritannien, Schweden und Dänemark).
1999	Dritte Stufe der EWU: Euro-Einheitswährung für 11 der 15 Mitgliedsländer, die EZB übernimmt die Verantwortung für die Geldpolitik.
2004	Beitritt von zehn neuen Ländern in die EU: Estland, Lettland, Litauen, Malta, Polen, Slowakische Republik, Slowenien, Tschechische Republik, Ungarn und Zypern.
2007	Beitritt der beiden Länder Bulgarien und Rumänien.

2009	Zum **1. Dezember 2009** trat der „**Vertrag von Lissabon** zur Änderung des Vertrags über die Europäische Union und des Vertrags zur Gründung der Europäischen Gemeinschaft" in Kraft. Dieser Vertrag ergänzte die bestehenden Vertragsgrundlagen des europäischen Integrationsverbandes; so erhielt die Europäische Union eine einheitliche Struktur und Rechtspersönlichkeit.
2011	Die Staats- und Regierungschefs der **Euroländer** vereinbaren weitreichende Schritte hin zu einer echten **fiskalpolitischen Stabilitätsunion** im **Euro-Währungsgebiet.** Dies beinhaltet Handeln in zwei Richtungen: ■ Abschluss eines neuen fiskalpolitischen Pakts und eine verstärkte wirtschaftspolitische Koordinierung; ■ Weiterentwicklung der bestehenden Stabilisierungsinstrumente, um kurzfristigen Herausforderungen begegnen zu können. Der Vertrag über die **Aufnahme Kroatiens** in die **EU zum 1. Juli 2013** wird unterschrieben.
2012	Unterzeichnung des Vertrags über den **Europäischen Stabilitätsmechanismus** (ESM).
2013	Am 22. Januar 2012 stimmte die Mehrheit der wahlberechtigten Kroaten bei einem Referendum für einen EU-Beitritt ihres Landes. Damit wurde **Kroatien** nach der Ratifizierung durch alle EU-Mitgliedsländer am **1. Juli 2013** der **28. Mitgliedstaat.**

Die Europäische Union

	Beitrittsjahr	Einwohner 2014[1] in Mio.	BIP[2] 2013 pro Kopf in Tausend Euro
Belgien	★ 1958	11,2 Mio.	30,5 Tsd. €
Deutschland	★ 1958	80,8	32,0
Frankreich	★ 1958	65,9	27,8
Italien	★ 1958	60,8	25,2
Luxemburg	★ 1958	0,5	67,9
Niederlande	★ 1958	16,8	32,6
Dänemark	★ 1973	5,6	32,1
Großbritannien	★ 1973	64,3	27,2
Irland	★ 1973	4,6	32,5
Griechenland	★ 1981	11,0	19,5[3]
Portugal	★ 1986	10,4	19,4
Spanien	★ 1986	46,5	24,5
Finnland	★ 1995	5,5	28,7
Österreich	★ 1995	8,5	33,2
Schweden	★ 1995	9,6	32,7
Estland	★ 2004	1,3	18,8
Lettland	★ 2004	2,0	17,3
Litauen	★ 2004	2,9	19,1
Malta	★ 2004	0,4	22,7
Polen	★ 2004	38,5	17,5
Slowakei	★ 2004	5,4	19,6
Slowenien	★ 2004	2,1	21,3
Tschechien	★ 2004	10,5	20,6
Ungarn	★ 2004	9,9	17,2
Zypern	★ 2004	0,9	22,1
Bulgarien	★ 2007	7,2	12,0
Rumänien	★ 2007	19,9	13,9
Kroatien	★ 2013	4,2	15,6

10127 © Globus [1]zum Teil vorläufig, [2]kaufkraftbereinigt, [3]2012 Quelle: Eurostat

18 Hartmann - ISBN 978-3-8120-0490-9

(2) Organe der Europäischen Union (EU)

Europäischer Rat	Im Europäischen Rat kommen mindestens zweimal jährlich die Staats- und Regierungschefs der Mitgliedstaaten der EU und der Präsident der EU-Kommission zu einem Gipfel zusammen, um der Union allgemeine politische Impulse zu geben und politische Richtlinien zu erlassen (sog. Grundsatzentscheidungen).
Europäisches Parlament	Das Europäische Parlament (Tagungsorte Straßburg und Brüssel) setzt sich aus 751 Abgeordneten zusammen, die von den Bürgern der EU-Staaten gewählt wurden. Mit dem Vertrag von Lissabon, der am 1. Dezember 2009 in Kraft trat, besitzt das Parlament ein Mitentscheidungsrecht in mehr als 40 Politikbereichen wie z. B. Justiz- und Polizeizusammenarbeit, Transportwirtschaft, Energiesicherheit, Datenschutz und Agrarpolitik.
Nationale Parlamente	Die nationalen Parlamente sind ebenfalls in die Gesetzgebung der Europäischen Union eingebunden. So muss sich z. B. der Bundestag frühzeitig mit der europäischen Gesetzgebung befassen und den Fachministern ein Verhandlungsmandat[1] erteilen. Ferner kann ein Drittel der nationalen Parlamente die Europäische Kommission zwingen, die Zuständigkeit der EU für ein bestimmtes Gesetz zu begründen. Die Hälfte der Parlamente kann ein geplantes Gesetz stoppen.
Bürgerbegehren	Die EU-Bürger haben das Recht, ein Gesetzgebungsverfahren zu erzwingen. Wenn mehr als eine Million Unterschriften „aus einer erheblichen Anzahl von Mitgliedsländern" zustande kommt, muss sich die Kommission mit dem geforderten Gesetz befassen.
Rat der Europäischen Union (Ministerrat)	Er ist das oberste rechtsetzende Organ der EU. Der Ministerrat besitzt 28 Mitglieder, die von den 28 Regierungen der Mitgliedsländer entsandt werden (Minister oder Staatssekretäre). Der Ministerrat kann i. d. R. nur auf den Vorschlag der Kommission hin beschließen. Die Abstimmungen mit qualifizierter Mehrheit[2] sind die Regel. Außenpolitische Entscheidungen können jedoch nur einstimmig getroffen werden. So kann z. B. kein EU-Land gezwungen werden, an einem Kriegseinsatz teilzunehmen.
Europäische Kommission	Die Kommission mit ihren 28 Mitgliedern hat die Aufgabe, für die Durchführung der Verträge und der Beschlüsse der Gemeinschaftsorgane (vor allem des Europäischen Parlaments) zu sorgen. Sie ist der eigentliche „Motor" der Gemeinschaft. Rechtsverordnungen, die auf Vorschlag der Kommission vom Ministerrat beschlossen werden, sind in *jedem* Mitgliedsland verbindlich. Ein „Hoher Vertreter für Außen- und Sicherheitspolitik" hat die Aufgabe eines EU-Außenministers.
Europäischer Gerichtshof	Der Europäische Gerichtshof (jedes Mitgliedsland stellt einen Richter) sichert die Wahrung des Rechts bei der Auslegung und Anwendung der Verträge. Er stellt z. B. fest, ob ein Mitgliedsland gegen eine vertragliche Verpflichtung verstoßen hat. Der Sitz des Europäischen Gerichtshofs ist Luxemburg.

1 Mandat (lat.) = Vollmacht, Auftrag.

2 Qualifiziert (lat.) = geeignet, sich als geeignet erweisen; qualifizierte Mehrheit = eine angemessene (geeignete) Mehrheit. 2014 wurde die „doppelte Mehrheit" eingeführt (55 Prozent der EU-Staaten mit 65 Prozent der Bevölkerung).

Wirtschafts- und Sozialausschuss	Er ist ein beratendes Organ, in dem die Vertreter des wirtschaftlichen und sozialen Lebens mitwirken. Die Mitglieder bilden drei Gruppen: Arbeitgeber, Arbeitnehmer und Sonstige (z. B. Vertreter der Landwirtschaft, der Verkehrswirtschaft, der freien Berufe und der Verbraucher). Der Wirtschafts- und Sozialausschuss muss von Rat und Kommission in einer Reihe von Fällen angehört werden, z. B. bei Fragen der Agrarpolitik, der Freizügigkeit, des Niederlassungsrechts, des Dienstleistungsverkehrs, der Verkehrspolitik oder der Rechtsangleichung innerhalb der EU.
Ausschuss der Regionen	Dieser Ausschuss besteht aus Vertretern von Ländern, Regionen, autonomen Gemeinschaften und lokalen Gebietskörperschaften der EU-Mitgliedstaaten. Er hat eine beratende Mitsprache bei den Entscheidungsprozessen der EU.
Europäische Investitionsbank	Sie hat die Aufgabe, zur Erschließung wirtschaftlich benachteiligter Gebiete in der EU und in den assoziierten[1] Staaten durch Kreditgewährung und/oder Übernahme von Bürgschaften beizutragen. Die verschiedenen Europäischen Fonds geben Finanzhilfen in wichtigen Sonderbereichen. Innerhalb des Europäischen Währungsverbunds hat der Europäische Währungsfonds wichtige Aufgaben.

(3) Ziele der Europäischen Union (EU)

Die Europäische Union steht für gemeinsame Grundwerte, auf denen die europäischen Gesellschaften aufbauen. Sie sind die Leitlinien ihres Handelns – so etwa das Streben nach

- Achtung der Menschenwürde,
- Demokratie,
- Chancengleichheit,
- freiem Handel,
- fairem Wettbewerb,
- Solidarität und
- Sicherheit.

An diesen Idealen und ihrer Umsetzung misst die EU ihre Erfolge, sie machen den Hauptteil europäischer Politik aus.[2]

Artikel 26 II AEUV legt fest, dass der Binnenmarkt einen Raum ohne Binnengrenzen umfasst, in dem der freie Verkehr von

- Waren,
- Personen,
- Dienstleistungen und
- Kapital

gemäß den Bestimmungen der Verträge gewährleistet ist.

1 **Assoziieren** = wörtl. verknüpfen, verbinden; assoziierte Länder sind der EU angeschlossene Länder, ohne selbst Mitglieder zu sein (Näheres siehe S. 276).

2 Quelle: http://ec.europa.eu//deutschland.

(4) Assoziierung

Der Europäischen Union können weitere *europäische* Länder beitreten. Europäische Staaten, für die ein Beitritt aus wirtschaftlichen oder politischen Gründen nicht oder noch nicht infrage kommt, können sich der EU assoziieren. Die Assoziierung steht auch außereuropäischen Staaten offen. Unter Assoziierung versteht man einen losen „Anschluss", der in der Regel einen Abbau von Handelshemmnissen vorsieht.

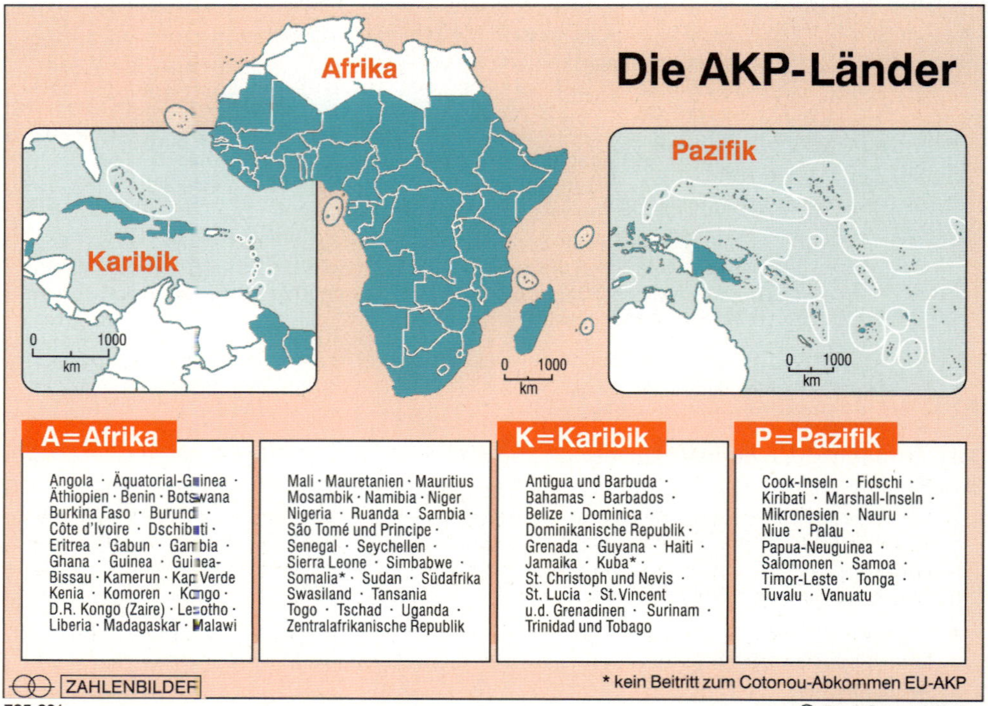

725 601

Zwischen der Türkei und der EU besteht eine Zollunion.[1] Neben den Vereinbarungen mit Marokko, Tunesien, Ägypten, Israel, Jordanien, Libanon und Syrien bestehen zurzeit mit insgesamt 77 Staaten in **A**frika, in der **K**aribik und im **P**azifik **(AKP-Staaten)** Abkommen über handelspolitische und industrielle Zusammenarbeit und über Finanzhilfe. Die Assoziierung der Entwicklungsländer ist ein wesentlicher Beitrag zur Milderung der großen Einkommensunterschiede zwischen Nord und Süd.

1 Eine **Zollunion** liegt vor, wenn sich bestimmte Staaten zusammenschließen, um den Handel zu liberalisieren und gegenüber Drittländern einen gemeinsamen Außenzoll zu errichten.

Zusammenfassung

- Unter **Außenwirtschaft** versteht man die Gesamtheit aller wirtschaftlichen Beziehungen zwischen In- und Ausland.
- Der wichtigste Bereich der Außenwirtschaft ist der **Außenhandel,** d. h. der Warenhandel mit dem Ausland. Für ein rohstoffarmes Land wie Deutschland ist der Außenhandel von besonderer Bedeutung.
- Der Außenhandel ermöglicht es, die Produktionsfaktoren ihrer produktivsten Verwendung zuzuführen (Ausnutzung von Standort- und anderen Kostenvorteilen).
- Die moderne Ausprägung der internationalen Arbeitsteilung wird als **Globalisierung** (im wirtschaftlichen Sinne) bezeichnet.
- Die Höhe der Güterein- und -ausfuhr wird nicht nur durch die *absoluten* oder *komparativen* Kostenvorteile mitbestimmt, sondern auch von der Höhe der **Wechselkurse.**
- Der Wechselkurs drückt das Wertverhältnis zwischen zwei **Währungen** aus.
- Beim **System freier Wechselkurse** (dem **Floating**) greift der Staat nicht in die Wechselkursbildung ein. Es gelten die allgemeinen Preisgesetze. Die Höhe des Wechselkurses hängt von der Nachfrage nach Devisen (dem Angebot von Binnenwährung) und dem Angebot von Devisen (der Nachfrage nach Binnenwährung) ab.
- Werden die Wechselkurse vom Staat oder von einer Währungsunion festgelegt, spricht man von **festen** (starren oder auch gebundenen) **Wechselkursen.** Werden bestimmte Schwankungsbreiten zugelassen, handelt es sich um **relativ feste Wechselkurse.**
- Der **Europäische Wechselkursmechanismus II (WKM II)** ist ein System relativ fester Wechselkurse.
- Wichtige **Instrumente der Außenwirtschaftspolitik** zur *Exportförderung* sind Handelsabkommen und -verträge, steuerpolitische Maßnahmen, staatliche Bürgschaften und Garantien sowie Subventionen. Der *Importbeschränkung* dienen u. a. Importzölle, Importkontingentierungen und die Devisenbewirtschaftung.
- Die **Europäische Union** ist **kein Staat;** sie ist vielmehr eine **übernationale Organisation** der Mitgliedstaaten, die einen Teil ihrer nationalen **Hoheitsrechte** auf diese Organisation übertragen haben.
- Zu den wichtigsten **Organen der EU** gehören der **Europäische Rat,** das **Europäische Parlament,** der **Ministerrat** sowie die **Europäische Kommission.**
- Die **vier Grundfreiheiten** des europäischen Binnenmarktes umfassen den **freien Personen-, Güter-, Dienstleistungs- und Kapitalverkehr.**
- Die **europäische Gemeinschaftswährung** beseitigt Hindernisse im innereuropäischen Handel.

Abitraining

1.

Im Rahmen Ihrer Schullaufbahn an einem beruflichen Gymnasium – wirtschaftswissenschaftliche Richtung veranstaltet Ihre Schule einen „Tag der Ausbildung“, der Ihnen vor allem für die Zeit im Anschluss an die Schullaufbahn Orientierung geben soll. Im Rahmen dieser Veranstaltung finden unterschiedliche Workshops statt, die sich ebenso mit Bewerbertrainings wie auch mit der Vorstellung verschiedener Ausbildungsberufe im kaufmännischen Bereich beschäftigen.

Sie haben sich ganz gezielt für einen Workshop entschieden, in dem einige Unternehmen aus Ihrer Region den Ausbildungsberuf des Industriekaufmanns vorstellen. Zu Beginn des Workshops präsentieren die Vertreter dieser Unternehmen zunächst einige interessante Details dieses Berufsbildes, die auch das besondere Anforderungsprofil an die Bewerber verdeutlichen. Im Fokus der einleitenden Ausführungen steht dabei insbesondere die Exportabhängigkeit der örtlichen Industriebetriebe. So wird Ihnen erläutert, dass nicht nur der wesentliche Anteil der zu verarbeitenden Rohstoffe aus dem Ausland importiert wird, sondern mittlerweile auch mehr als 40 % aller Industrieprodukte ins Ausland exportiert werden. Die Vertreter der Industriebetriebe weisen darauf hin, dass in Ihrer Region fast jeder zweite Arbeitsplatz direkt oder indirekt vom Exporterfolg der örtlichen Industrie abhängig ist. Anders formuliert: Sollte der Export dieser Industriegüter einbrechen, würde das für den regionalen Arbeitsmarkt enorm negative Auswirkungen haben.

Unabhängig von der Branche, erklären die Referenten, ist es für sie als Arbeitgeber wichtig, dass ihre künftigen Mitarbeiter vor dem geschilderten Hintergrund gute englische Sprachkenntnisse für entsprechende schriftliche oder mündliche Verhandlungen mitbringen sollten. Ferner gehöre sowohl für die Beschaffungs- wie für die Absatzseite das sichere Kalkulieren mit unterschiedlichen Währungen wie selbstverständlich zum Anforderungsprofil potenzieller Bewerber. Doch gerade was diese beiden Kompetenzfelder anbelangt, müsse man leider in der jüngeren Vergangenheit immer wieder feststellen, dass dort erheblicher Aufholbedarf in der Ausbildung zum Vorschein kommt, da die Auszubildenden nicht selten an den täglichen beruflichen Anforderungen scheitern. Dies sei sowohl für die Ausbildungsbetriebe als auch für die Auszubildenden ziemlich frustrierend.

Chef:
„Frau Hansen, wie Sie sich sicher erinnern, haben wir unsere Bank beauftragt, zulasten unseres EUR-Kontos an unseren Lieferer in Ohio den fälligen Betrag in Höhe von 49 750,00 US-$ zu überweisen. Der Kurs (EUR/USD) betrug 1,2850 Geld – 1,2970 Brief. Nun hat die Bank unser Konto mit 38 715,95 € belastet. Überprüfen Sie doch bitte schnell mal, ob das der richtige Betrag ist!“

Frau Hansen:
„Ähm, ja, sehr gern, überhaupt gar kein Problem …“

Im Anschluss an das einführende Referat werden Ihnen von den Vertretern der Ausbildungsbetriebe für den weiteren Verlauf des Workshops verschiedene Arbeitsaufträge erteilt.

Aufgaben:

1.1 Sowohl der Import als auch der Export ist für die deutsche Industrie von herausragender Bedeutung. Recherchieren Sie die für die deutsche Volkswirtschaft wichtigsten Ein- und Ausfuhrgüter!

1.2 **Arbeitsvorschlag mit regionalem Bezug:**

Bereiten Sie in einer kleineren Arbeitsgruppe ein Referat vor, das sich mit der Bedeutung des Außenhandels konkret für Ihre Region auseinandersetzt! Ein wichtiger Ansprechpartner für dieses Referat sollte u. a. die örtliche Industrie- und Handelskammer sein. Dort erfahren Sie nicht nur die Exportquote der ansässigen Industrie, sondern auch die wichtigsten Exportgüter und die bedeutsamsten Abnehmerländer. Für die Vorbereitung des Referats wäre es darüber hinaus aber auch hilfreich, sich konkret in einem oder mehreren Unternehmen über die Rolle des Außenhandels zu informieren.

1.3 Erläutern Sie mögliche Chancen und Risiken des internationalen Handels!

1.4 Beschreiben Sie kurz mit eigenen Worten, inwiefern unterschiedliche Wechselkurse von Währungen für den Import bzw. Export von Bedeutung sind!

1.5 Erläutern Sie die Chancen und Risiken, die sich aus Wechselkursschwankungen ergeben!

1.6 Definieren Sie unterschiedliche Wechselkursmechanismen!

2.

Katharina, Christine, Marvin und Thorsten sind seit über einem Jahr Schüler an einem beruflichen Gymnasium – wirtschaftswissenschaftliche Richtung und haben sich seither öfters am Wochenende getroffen, um gemeinsam etwas zu unternehmen. An einem Freitag in der zweiten Pause stehen alle vier auf dem Schulhof zusammen und überlegen, dass es mal wieder an der Zeit sei, sich für einen Abend zu verabreden. Marvin schlägt vor, sich am Samstag so gegen 20.00 Uhr in der Stadt zu treffen und erst einmal ins Kino zu gehen. Danach könne man ja ganz entspannt noch etwas Trinken und den Abend gemütlich ausklingen lassen. Während Christine und Thorsten den Vorschlag für eine gute Idee halten, winkt Katharina ab und sagt, dass sie leider schon etwas anderes für diesen Abend geplant habe und an einem Treffen von Globalisierungsgegnern teilnehmen möchte.

Christine scheint daraufhin ziemlich genervt und wirft Katharina vor, sich in letzter Zeit total merkwürdig zu verhalten. Erst habe sie ihr Smartphone eines weltweit führenden Herstellers verkauft, weil sie nicht länger ein Gerät benutzen möchte, zu dessen Herstellung angeblich Menschen in anderen Ländern ausgebeutet und die Umwelt dort verschmutzt würde. Dann hätte sie sich neulich in der Pizzeria total aufgeregt, nur weil Marvin sich eine Thunfischpizza bestellt hatte. Kurze Zeit später beim Shoppen in der Stadt, wäre sie nur durch ständiges Rumzicken aufgefallen, obwohl sie doch selbst jahrelang in diesen Läden ihre Klamotten gekauft hätte. Aber nein, unser „Gutmensch“ Katharina geht ja jetzt in „Dritte-Welt-Läden“ und trägt Baumwollklamotten aus angeblich fairem und nachhaltigem Anbau, provoziert Christine weiter. Und nun werde sie auch noch am Wochenende zur Spaßbremse, weil ihr neuerdings sinnloses Gerede bei Jasmintee und Kerzenschein mit diskussionsfreudigen „Weltverbesserern“ wichtiger sei als ihre ehemals besten Freunde.

Katharina fühlt sich angegriffen, reagiert aber erstaunlich sachlich. Sie sagt, dass sie die ganze Aufregung und diese Vorwürfe durchaus verstehen könne und ihren Freunden wohl eine Erklärung schuldig sei. Dann schildert sie, dass sie vor ca. zwei Monaten mit ihrer älteren Schwester auf einer Veranstaltung von einer Organisation mit Namen Attac gewesen sei. Dort habe sie an jenem Abend einen Dokumentarfilm mit dem Titel „Eine unbequeme Wahrheit“ gesehen, der sie total nachdenklich gemacht hätte. Im Wesentlichen drehe sich dieser Film mit dem ehemaligen US-Vizepräsidenten Al Gore um die globale Erderwärmung und die daraus resultierenden Folgen. Nach intensiver Beschäftigung mit diesem Thema und einigen weiteren Informationsveranstaltungen über die Folgen der Globalisierung habe sie halt für sich beschlossen, ihr persönliches Konsumverhalten möglichst konsequent zu verändern, um die Welt vielleicht doch ein ganz klein wenig besser zu machen. Es tue ihr total leid, wenn ihr manchmal so eine „oberlehrerhafte“ Bemerkung wie in der Pizzeria rausrutschen würde, aber sie sei halt in bestimmten Situationen ziemlich traurig und auch wütend über das ihrer Meinung nach gedankenlose Verhalten vieler Mitmenschen. Zudem hätte sie damals vor dem Besuch der Pizzeria zufällig einen Bericht zur Überfischung der Weltmeere und der Bedrohung der Delfine wegen der Schleppnetzfischerei gelesen.

Jetzt mischt sich Thorsten in das Gespräch ein und sagt, dass er es ziemlich beeindruckend findet, dass Katharina für sich eine solch konsequente Verhaltensänderung an den Tag legt. Allerdings habe er kürzlich erst gehört, dass es Menschen gibt, die komplett gegen den internationalen Handel sind und fordern, diesen sogar abzuschaffen. In einer solchen Welt, sagt Thorsten, könne er sich aber überhaupt nicht vorstellen zu leben, da dann doch hierzulande so gut wie alles stillstehen würde. Außerdem bliebe ja von all dem, woran man sich so tagtäglich erfreut, so gut wie nichts mehr übrig.

Aufgaben:

2.1 Notieren Sie zunächst zehn Güter Ihres täglichen Lebens, die importiert sind! Im Anschluss daran notieren Sie bitte zehn Güter, von denen Sie mit absoluter Gewissheit sagen können, dass diese nicht importiert werden, auch nicht die Rohstoffe zu deren Fertigung! Welche der beiden Aufgaben war für Sie einfacher zu lösen?

2.2 Anknüpfend an Thorstens Anmerkungen zum Ende der vorangestellten Situation notieren Sie bitte zehn Importgüter, auf die Sie trotz negativer Auswirkungen auf Mensch und Umwelt keineswegs bereit wären zu verzichten!

2.3 Erläutern Sie kurz mit eigenen Worten, was konkret Thorsten damit gemeint haben könnte, dass ohne den Außenhandel hierzulande „alles stillstehen würde"!

2.4 Setzen Sie sich exemplarisch mit den Effekten der Globalisierung im Spannungsfeld von Ökonomie, Ökologie und Ethik auseinander! Erläutern Sie kurz einige dieser Effekte!

2.5 Analysieren Sie mögliche Ursachen und Wirkungen von Ungleichgewichten im Außenhandel!

2.6 **Arbeitsvorschlag:**

Die Globalisierung bringt viele Herausforderungen mit sich, die es zukünftig zu lösen gilt. Sammeln Sie zunächst im Klassenverband derartige Herausforderungen und entwickeln Sie anschließend ganz konkret modellhaft mögliche Maßnahmen zur aktiven Bewältigung dieser realen Herausforderungen!

2.7 **Projektvorschlag:**

Zur Vertiefung des Themas Globalisierung, insbesondere zu den globalen Herausforderungen bzw. zur Entwicklung von Maßnahmen zur aktiven Gestaltung der realen Herausforderungen, könnte das nachfolgende Workshopangebot der Bundeszentrale für politische Bildung in Anspruch genommen werden.

Globalisierung lernen! Hier geht es zu unseren Workshopangeboten und Methodenbausteinen zum Thema „Ein neues Haus für die Globalisierung – Perspektiven für die Weltinnenpolitik von morgen"

bpb: Bundeszentrale für politische Bildung

URL: http://www.bpb.de/veranstaltungen/netzwerke/teamglobal/67086/wir-kommen-zu-euch

Pfad: Veranstaltungen | Netzwerke | teamGLOBAL | Über uns | Wir kommen zu Euch!

Quelle: Bundeszentrale für politische Bildung.

3. Die Theorie der komparativen Kosten (siehe Band I, S. 39f.) stammt von DAVID RICARDO.[1]

Aufgaben:

3.1 Erklären Sie, was die Theorie der komparativen Kosten aussagt!

3.2 Das berühmte „Wein-Tuch-Beispiel" von RICARDO setzte voraus, dass in Portugal der Arbeitsaufwand je Einheit Wein 80, in England aber 120 sei. Hingegen betrage der Arbeitsaufwand in Portugal je Einheit Tuch 90, in England 100.

Land	Wein	Tuch
Portugal	80	90
England	120	100

Berechnen Sie, um wie viel Prozent Wein- und Tuchproduktion steigen, wenn sich Portugal auf die Herstellung von Wein und England auf die Herstellung von Tuch spezialisiert!

3.3 Angenommen, zwei Länder A und B stellen ein Gut P (z. B. Pkw) und ein Gut W (z. B. Werkzeugmaschinen) her. Beide Länder besitzen eine Kapazität von 1000 Stück je Periode. Jede Erzeugniskombination (z. B. 200 Pkw und 800 Maschinen, 400 Pkw und 600 Maschinen) sei möglich.

Die Kosten der Produktion betragen:

Länder	Kosten für einen Pkw (P)	Kosten für eine Maschine (W)
A	8000,00 GE	8800,00 GE
B	12000,00 GE	9600,00 GE

3.3.1 Berechnen Sie die komparativen Kosten der beiden Länder für die Produktion der Produkte P und W!

3.3.2 Entscheiden Sie, auf welche Produkte sich die beiden Länder spezialisieren werden, wenn sie den relativen Kostenvorteil durch den Außenhandel nutzen wollen!

3.3.3 Ermitteln Sie die Kostenersparnis, wenn sie sich ausschließlich auf eines der beiden Produkte spezialisieren!

3.4 Üben Sie Kritik an der Theorie der komparativen Kosten!

3.5 Erläutern Sie, welche Bedeutung der Außenhandel für den Lebensstandard in der Bundesrepublik Deutschland hat! Begründen Sie Ihre Antwort!

3.6 Erklären Sie, warum z. B. ein Rückgang des Exports im Maschinenbau auch in anderen Wirtschaftszweigen zu Produktionsrückgängen führen könnte!

3.7 Erläutern Sie, warum Baden-Württemberg von der Weltkonjunktur erheblich abhängiger als andere deutsche Bundesländer ist!

4. Lesen Sie zur Beantwortung der nachfolgenden Aufgaben zunächst unten stehenden Auszug aus einer Nachrichtenmeldung!

Reaktion auf Kursverfall

Freier Handel mit dem Rubel

Die russische Zentralbank hat auf den anhaltenden Sinkflug des Rubel reagiert. Künftig soll die angeschlagene Währung frei auf dem Finanzmarkt gehandelt werden können, teilte die Chefin der Notenbank, Elvira Nabiullina, mit. Bislang hatte die Bank automatisch interveniert, sobald der Kurs eine bestimmte Marke im Vergleich zu Euro und Dollar unterschritt. In den vergangenen Wochen hatten die russischen Währungshüter massiv Rubel auf den internationalen Finanzmärkten gekauft, um den Kurs so künstlich zu stützen. Zuletzt waren es bis zu 30 Milliarden Dollar im Monat. Das zehrte an den Devisenbeständen des Landes.

1 Englischer Volkswirtschaftler (1772–1823).

Rubel im freien Fall

Der Effekt der Maßnahmen hielt sich indes in Grenzen. In den vergangenen Monaten verlor die Währung gegenüber dem Euro 20 Prozent seines Wertes, im Vergleich zum Dollar waren es sogar 30 Prozent. Doch komplett will die Zentralbank den Rubel auch künftig nicht den Kräften des freien Marktes aussetzen. Um „Gefahren für die Finanzstabilität abzuwehren", werde jederzeit und in ausreichendem Maße am Devisenmarkt interveniert, um auf spekulative Kursbewegungen zu reagieren, kündigte Zentralbank-Chefin Nabiullina an. Zuletzt durfte die Bank Rubel für maximal 350 Millionen Dollar pro Tag ankaufen. Diese Obergrenze soll es künftig nicht mehr geben.

Die jüngsten Schritte der russischen Zentralbank immerhin zeigten Wirkung. Der Rubel legte gegenüber dem Dollar zwischenzeitlich um knapp vier Prozent zu. Analysten warnen allerdings bereits, dass das ein Strohfeuer sein könnte ...

Infolge des schwachen Rubel werden Importe teurer, was die Wirtschaft zusätzlich hemmt und die Inflation weiter in die Höhe treibt. Die Zentralbank schätzt, dass die Teuerungsrate Ende des Jahres bei acht Prozent liegen wird. Im Kampf gegen die Inflation musste die Zentralbank wiederum den Leitzins immer weiter erhöhen - zuletzt Ende Oktober auf 9,5 Prozent. Zuviel für die ohnehin schwache Konjunktur.

Belastet wird der Rubel-Kurs zusätzlich durch eine massive Kapitalflucht. Allein in diesem Jahr würden Anleger und Unternehmen 128 Milliarden Dollar aus Russland abziehen, teilte die Notenbank mit.

Quelle: www.tagesschau.de vom 10.11.2014.

Aufgaben:

4.1 „Der Wechselkurs ist der Maßstab für den Außenwert des Geldes." Erklären Sie diesen Satz!

4.2 Begründen Sie, warum der Wechselkurs beim Floating (beim System freier Wechselkurse) einen Gleichgewichtskurs (Gleichgewichtspreis) darstellt!

4.3 Erklären Sie die Abhängigkeit zwischen Wechselkurs, Angebot bzw. Nachfrage von ausländischen Zahlungsmitteln und Außenhandel (Export bzw. Import)!

4.4 Erläutern Sie, wie sich nebenstehende Situation auf das Außenhandelsvolumen (Export und Import) auswirkt!

Begründen Sie Ihre Antwort!

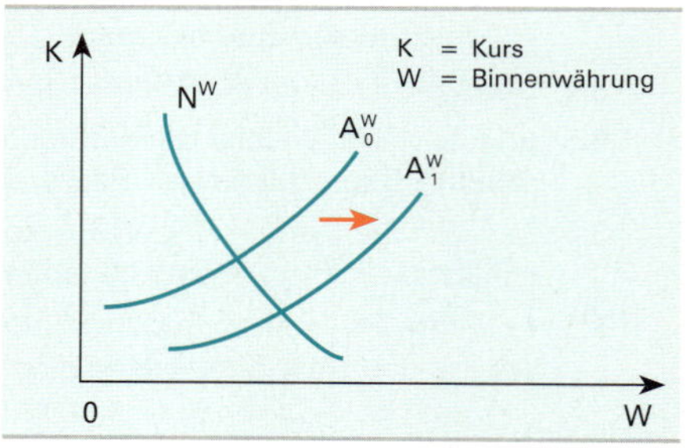

4.5 Geben Sie an, welche Gründe zur Verschiebung der Angebotskurve von Binnenwährung auf dem Devisenmarkt geführt haben könnten!

4.6 Erläutern Sie, wie sich nebenstehende Situation auf das Außenhandelsvolumen (Export und Import) auswirkt!

Begründen Sie Ihre Antwort!

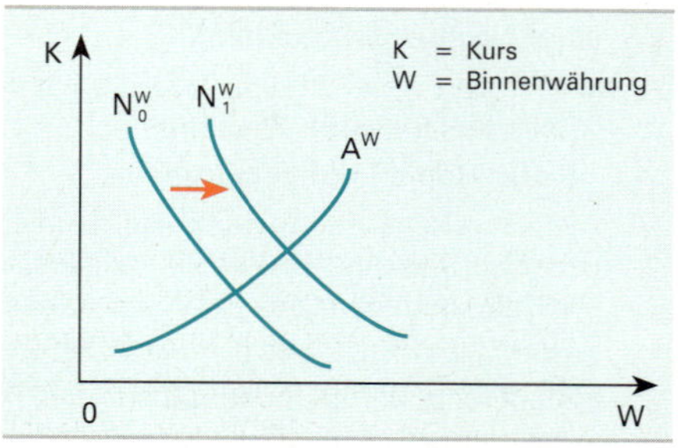

4.7 Geben Sie an, welche Gründe zur Verschiebung der Nachfragekurve nach Binnenwährung auf dem Devisenmarkt geführt haben könnten!

4.8 Erläutern Sie, inwiefern das System freier Wechselkurse zur Stabilisierung des Binnenwerts des Geldes beitragen kann!

4.9 Sie lesen im Wirtschaftsteil einer Zeitung, dass der Euro stark verloren habe. So sei z. B. der Kurs des US-Dollars (USD/EUR) von 1,22 auf 1,19 (Geld) bzw. 1,23 auf 1,20 (Brief) gesunken.

Weiter ist zu lesen, dass der Ankaufskurs von 100 Schweizer Franken von 80,50 EUR auf 80,70 EUR und der Verkaufskurs von 85,60 EUR auf 85,80 EUR gestiegen sei.

4.9.1 Erklären Sie, was

4.9.1.1 unter Geld- und Brief- und

4.9.1.2 unter Ankaufs- und Verkaufskurs zu verstehen ist!

4.9.2 Erläutern Sie, was die oben beschriebene Kursentwicklung für

4.9.2.1 die deutsche Exportwirtschaft,

4.9.2.2 für Ferienreisende und

4.9.2.3 Währungsspekulanten

bedeutet!

4.10 Die nebenstehende Abbildung zeigt die Situation auf einem Devisenmarkt bei relativ festen Wechselkursen.

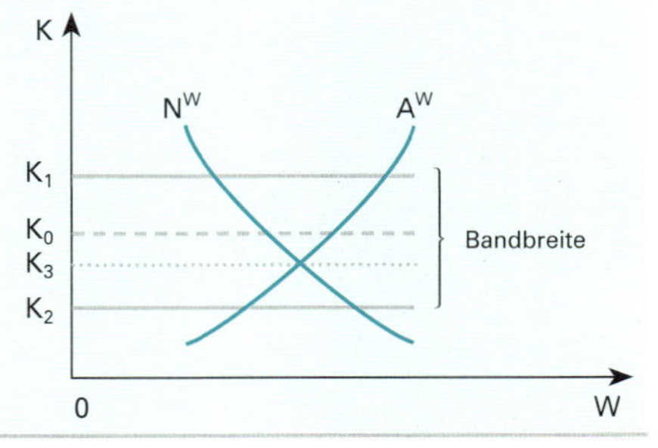

Die Abkürzungen bedeuten:

K = Kurs (Mengennotierung)

W = Binnenwährung

N^W = Nachfrage nach Binnenwährung

A^W = Angebot von Binnenwährung

Aufgaben:

4.10.1 Bestimmen Sie, wie die Kurse K_0, K_1, K_2 und K_3 bezeichnet werden!

4.10.2 Entscheiden Sie, ob die Zentralbank (Notenbank) eingreifen muss! Begründen Sie Ihre Antwort!

4.10.3 Angenommen, der Wechselkurs der Währung eines EU-Landes, das dem WKM II angehört, droht unter K_2 zu sinken. Erläutern Sie, welche Maßnahmen die Zentralbank dieses Landes ergreifen muss!

4.10.4 Angenommen, der Wechselkurs der Währung eines EU-Landes, das dem WKM II angehört, droht über K_1 zu steigen. Entscheiden Sie, welche Maßnahmen die Zentralbank dieses Landes ergreifen muss!

4.11 Vor Kurzem war z. B. zu lesen, dass China seine Währung aufwertet, während Weißrussland seine Währung abwertet.

4.11.1 Bestimmen Sie, welches Währungssystem die genannten Länder haben!

4.11.2 Erläutern Sie, was unter einer Währungsaufwertung zu verstehen ist!

4.11.3 Entscheiden Sie, welches Ziel China mit der Aufwertung verfolgen könnte!

4.11.4 Erläutern Sie, was unter einer Währungsabwertung zu verstehen ist!

4.11.5 Nennen Sie einen möglichen Grund, warum Weißrussland seine Währung abwertet!

4.12 Man unterscheidet zwischen **tarifären** und **nicht tarifären Instrumenten** der Außenwirtschaftspolitik. Beschreiben Sie je zwei tarifäre und zwei nicht tarifäre Eingriffe in den Außenhandel!

5. Angebot und Nachfrage nach dem Importgut X verhalten sich linear. Bei einem Inlandspreis von 10 Geldeinheiten (GE) je Stück werden 3 Produktionseinheiten (PE) angeboten (1 PE = 100 Stück). Bei einem Importpreis von 30 GE beträgt das Angebot 7 PE.

Beläuft sich der Inlandspreis auf, z. B. 40 GE je Stück wird 1 PE nachgefragt. Beträgt der Inlandspreis hingegen 10 GE je Stück, beläuft sich die Nachfrage auf 7 PE.

Aufgaben:

5.1 Zeichnen Sie in ein Diagramm die Angebots- und die Nachfragekurve ein und ermitteln Sie die Gleichgewichtsmenge des Importguts X!

5.2 Angenommen, der Staat führt eine Importsteuer in Höhe von 5,00 GE je Stück ein. Zeichnen Sie die neue Angebotskurve und ermitteln Sie die Gleichgewichtsmenge nach der Einführung des Einfuhrzolls!

5.3 Markieren Sie den sogenannten Wohlfahrtsverlust!

5.4 Bestimmen Sie, wie hoch der rechnerische Wohlfahrtsverlust ist!

5.5 Erläutern Sie, warum sich der Wohlfahrtsverlust wohl für die Anbieter, nicht aber für die Konsumenten objektiv beurteilen lässt!

5.6 Entscheiden und begründen Sie, ob die Einführung einer Importsteuer zwangsläufig zu einem gesamtwirtschaftlichen Wohlfahrtsverlust führen muss!

21 Monetäre Außenwirtschaft

21.1 Zahlungsbilanz

21.1.1 Begriff der Zahlungsbilanz

Merke:

Die **Zahlungsbilanz** eines Landes ist eine **systematische Zusammenfassung** aller ökonomischen Transaktionen zwischen Inländern (Gebietsansässigen) und Ausländern (Gebietsfremden) während eines bestimmten Zeitraumes, in der Regel eines Jahres.

Zu den **Inländern** zählen alle Wirtschaftseinheiten mit ständigem Wohnsitz oder Aufenthalt im Inland.

Da in der Zahlungsbilanz **keine Bestände,** sondern nur **Stromgrößen** (Veränderungen) erfasst werden, lässt sich grundsätzlich nicht die Höhe der einzelnen Bestände (im Sinne einer Bestandsbilanz), sondern nur die **Veränderungen** innerhalb einer abgeschlossenen Periode **(Bewegungsbilanz)** erkennen.

Wesentliche **Aufgabe der Zahlungsbilanz** ist die Bereitstellung der Datenbasis für

- die **Geld- und Währungspolitik** und die übrige Wirtschaftspolitik sowie
- wesentliche Bestandteile der **Volkswirtschaftlichen Gesamtrechnungen.**

Merke:

In der Regel kann es sich kein Land auf Dauer leisten, dass sich die inländischen Wirtschaftseinheiten zunehmend gegenüber dem Ausland **verschulden.** Um also die Vorteile der internationalen Arbeitsteilung zu nutzen, müssen sich die Außenwirtschaftsbeziehungen langfristig etwa **gleichgewichtig** entwickeln.

Vor diesem Hintergrund ist das im Stabilitätsgesetz angeführte gesamtwirtschaftliche **Ziel des außenwirtschaftlichen Gleichgewichts** zu verstehen.

21.1.2 Gliederung der Zahlungsbilanz

Je nach **Art der Transaktionen** wird die **Zahlungsbilanz der Bundesrepublik Deutschland** in verschiedene **Teilbilanzen,** die nach **wirtschaftlichen Gesichtspunkten** gebildet werden, untergliedert. Diese Teilbilanzen sind auch bedeutende Bausteine für die Zahlungsbilanzen der Europäischen Währungsunion und der Europäischen Union.

Zum **Inland** zählt das Wirtschaftsgebiet der Bundesrepublik Deutschland. Zum **Ausland** zählen alle anderen Länder, auch die anderen Mitgliedsländer der Europäischen Währungsunion.

Wichtige Teilbilanzen sind die **Leistungsbilanz, Vermögensübertragungen** und die **Kapitalbilanz.**

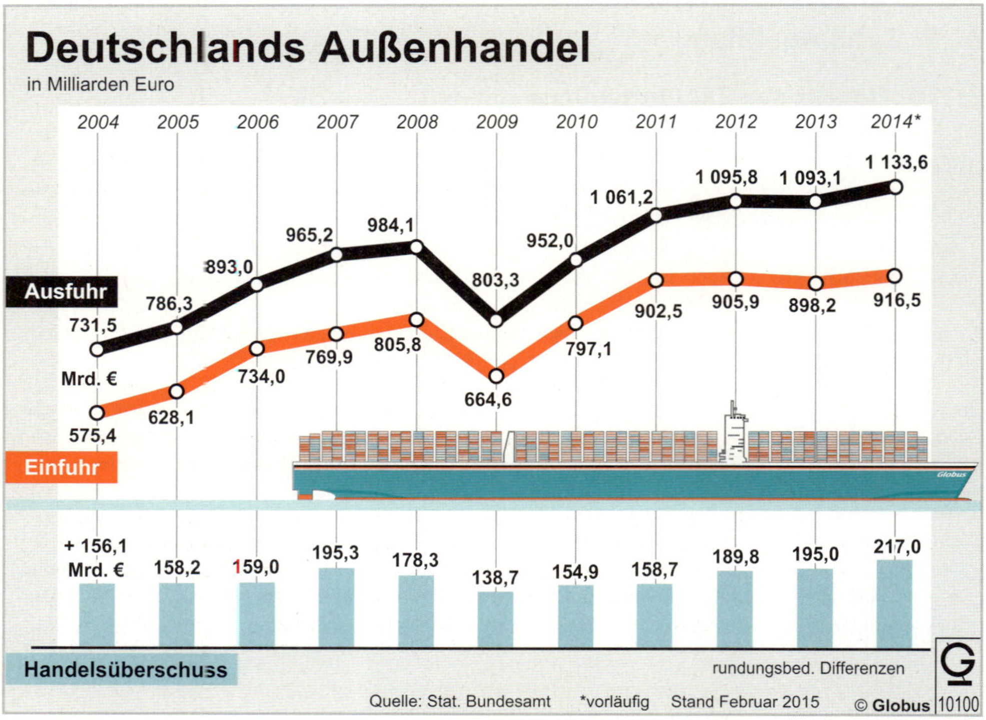

Deutschlands Außenhandel hat neue Rekordmarken erreicht. Mit Ausfuhren im Wert von rund 1 134 Milliarden Euro lagen die deutschen Exporte um 3,7 Prozent über dem Vorjahresergebnis. Die Importe stiegen um zwei Prozent auf 917 Milliarden Euro. Im Ergebnis kletterte der Überschuss im Außenhandel auf einen Rekordwert von 217 Milliarden Euro. Besonders positiv entwickelte sich im vergangenen Jahr der Handel mit den EU-Partnerländern, die nicht zur Eurozone gehören, also beispielsweise Großbritannien und Polen. Dort gab es insgesamt ein Plus von über zehn Prozent bei den Exporten und 6,6 Prozent bei den Importen. Der Bundesverband des deutschen Groß- und Außenhandels geht davon aus, dass 2015 die Exporte noch einmal zulegen können – nicht zuletzt, weil der schwache Euro deutsche Produkte auf dem Weltmarkt billiger macht.

Teilbilanzen	Erläuterungen
I. **Leistungsbilanz**	Die Leistungsbilanz erfasst die Übertragungen mit dem Ausland, die Einfluss auf Einkommen und Verbrauch haben. Die Leistungsbilanz umfasst: ▪ den **Außenhandel** (Warenausfuhr und -einfuhr), einschließlich der **Ergänzungen zum Warenverkehr** sowie den Transithandel. Übersteigen die Exporte die Importe, spricht man von einer **aktiven Handelsbilanz**. Sind hingegen die Importe größer als die Exporte, liegt eine **passive Handelsbilanz** vor.

- die **Dienstleistungen,** also die Export- und Importwerte verschiedenartiger immaterieller Güter. Hierzu zählen der touristische Reiseverkehr (Ausgaben von Inländern im Ausland stellen Dienstleistungsimporte dar, wohingegen Ausgaben von Ausländern im Inland zu den Dienstleistungsexporten zählen), Transporte, Lohnfertigungsentgelt und Reparaturen, Telekommunikation, die Finanzdienstleistungen, Patente und Lizenzen sowie Regierungsleistungen. Die Dienstleistungsbilanz ist **aktiv,** wenn die Exporte die Importe übersteigen; im umgekehrten Fall handelt es sich um eine passive Dienstleistungsbilanz. Die traditionell **passive** Dienstleistungsbilanz der Bundesrepublik Deutschland ist in erster Linie auf den negativen Saldo im Reiseverkehr zurückzuführen.

Merke:

Der **Saldo** aus Außenhandel einschließlich der Ergänzungen zum Warenhandel und Dienstleistungen wird als **Außenbeitrag** (zum BIP) bezeichnet.

- die **Primäreinkommen:** Hierbei handelt es sich hauptsächlich um die Erfassung der Einkommen aus unselbstständiger Arbeit und der Kapitalerträge sowie Produktions- und Importabgaben, Subventionen und Pachteinkommen, die Inländern aus dem Ausland bzw. die Ausländern aus dem Inland zufließen.
- die laufenden Übertragungen – auch als **Sekundäreinkommen** bezeichnet – sind Geld- und Sachleistungen, denen keine unmittelbaren Gegenleistungen gegenüberstehen. Hierunter fallen beispielsweise Beiträge an internationale Organisationen, Einkommen- und Vermögensteuern, Sozialbeiträge, Sozialleistungen, private Renten- und Unterstützungszahlungen an Ausländer, staatliche Entwicklungshilfe, Überweisungen der Gastarbeiter an ihre Familien im Ausland.

Merke:

Der **Saldo der Leistungsbilanz** gilt allgemein als **Maßstab für das außenwirtschaftliche Gleichgewicht.** Theoretisch wäre dieses Ziel erreicht, wenn dieser Saldo gleich null ist.

II. Vermögensänderungsbilanz	Erfasst werden u. a. Vermögensübertragungen, die als **„einmalig"** betrachtet werden können (z. B. Schuldenerlasse, Erbschaften, Schenkungen, Erbschaft- und Schenkungsteuer, Vermögensmitnahmen von Aus- bzw. Einwanderern). Hier wird auch der Kauf/Verkauf von **immateriellen nicht produzierten** Vermögensgütern erfasst, wie z. B. Patente, aktivierter Firmenwert (Goodwill) beim Kauf eines Unternehmens.
III. Kapitalbilanz	Die **Kapitalbilanz einschließlich der Veränderungen der Währungsreserven der Bundesbank** enthält alle Transaktionen,[1] bei denen sich grenzüberschreitende Finanzdispositionen (z. B. Guthaben, Wertpapiere oder Beteiligungen) verändern.

1 trans (lat.): über; agere (lat.): führen, Übertragungen.

- **Deutsche Kapitalanlagen im Ausland** (Kapitalausfuhr) führen zu **Forderungen** an das Ausland.
- **Kapitalanlagen von Ausländern im Inland** (Kapitaleinfuhr) führen zu **Verbindlichkeiten** des Inlandes gegenüber dem Ausland.

Integriertes Kontensystem des Auslandsvermögensstatus (AVS)

Gliederung nach Sektoren und Instrumenten

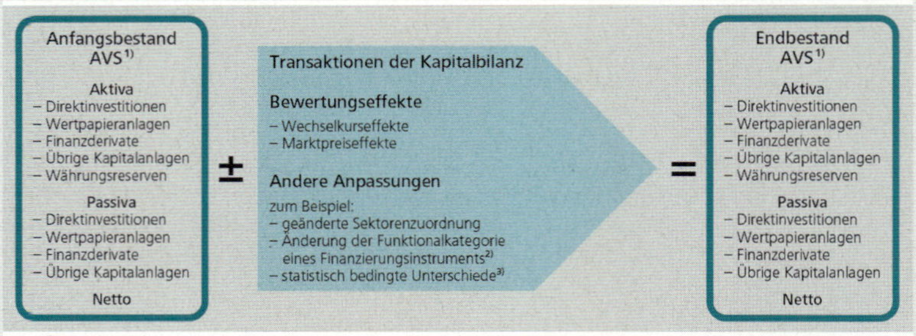

1 Insgesamt und Untergliederung nach Sektoren der VGR. **2** Bspw. kann ein Aktienpaket von der Funktionalkategorie „Wertpapieranlagen" in die Kategorie „Direktinvestitionen, Beteiligungskapital" wechseln, wenn der Stimmrechtsanteil des investierenden Unternehmens auf 10% oder mehr steigt. **3** Diskrepanzen zwischen Auslandsvermögensstatus und Zahlungsbilanz bspw. durch verschiedene Datenquellen.

Deutsche Bundesbank

Quelle: Monatsbericht der Deutschen Bundesbank, Juni 2014, S. 66.

IV. Saldo der statistisch nicht aufgliederbaren Transaktionen

Dieser **Restposten** ist erforderlich, um die Zahlungsbilanz statistisch auszugleichen. Hier werden also Beträge aufgenommen, die **statistisch nicht erfasst** werden können, wie etwa sogenannte „Koffergeschäfte", Transaktionen mit Bargeld, Überweisungen unterhalb der Meldegrenze. Des Weiteren werden über diese Bilanz **statistische Ermittlungsfehler** ausgeglichen.

21.1.3 Zahlungsbilanzungleichgewichte

21.1.3.1 Ursachen für Zahlungsbilanzungleichgewichte

Wie bereits erwähnt, ist eine Zahlungsbilanz wegen des Prinzips der doppelten Buchführung **formal immer ausgeglichen,** sodass man sich bei der Beurteilung des Zielerreichungsgrades auf die Analyse verschiedener Teilbilanzen stützt, zumeist der Leistungsbilanz oder der Devisenbilanz.

Generell erscheint es wirtschaftspolitisch sinnvoll, sich **nicht einseitig** an nur einer Teilbilanz zu orientieren, sondern den außenwirtschaftlichen Informationsgehalt der Zahlungsbilanz durch „kombinierte" Analysen mehrerer Aspekte zu erhöhen.

Merke:

Um durch **wirtschaftspolitische Maßnahmen** die Umsetzung des Ziels des außenwirtschaftlichen Gleichgewichts innerhalb der Teilbilanzen anzustreben, muss man zunächst die **Gründe** für ein solches **Ungleichgewicht** analysieren.

Zu den wichtigsten **Ursachen für Störungen** des Zahlungsbilanzgleichgewichtes zählen:

- **Strukturunterschiede** bei der Ausstattung mit Produktionsfaktoren (z. B. Boden: Importabhängigkeit rohstoffarmer Länder, Kapital: Unterschiede bei der Produktionstechnologie, Arbeit: Unterschiede in Bezug auf berufliches Wissen und Können).
- Unterschiede im **Preisniveau** zwischen In- und Ausland führen in aller Regel zu einem Importüberschuss und somit zu einem Zahlungsbilanzdefizit (wenn das Preisniveau im Ausland niedriger ist als im Inland) bzw. zu einem Exportüberschuss und somit zu einem Zahlungsbilanzüberschuss (wenn das Preisniveau im Ausland höher ist als im Inland).
- Unterschiede beim **Zinsniveau** zwischen In- und Ausland führen zu entsprechenden Kapitalwanderungsbewegungen: Ein im Vergleich zum Ausland höheres Zinsniveau im Inland zieht ausländisches Kapital an, wohingegen ein im Vergleich zum Ausland niedrigeres Zinsniveau im Inland dazu beiträgt, dass inländisches Kapital verstärkt ins Ausland fließt.
- **Politische Entscheidungen** (z. B. Ex- oder Importverbote, Handelsbeschränkungen für die Ein- oder Ausfuhr von Waren oder Dienstleistungen, steuerpolitische Maßnahmen [z. B. Umsatzsteuerbefreiung von Exporten], unentgeltliche Leistungen an das Ausland sind höher als die unentgeltlichen Leistungen des Auslandes an das Inland und umgekehrt).

21.1.3.2 Folgen von Zahlungsbilanzungleichgewichten

Ungleichgewichte – beispielsweise bei der Leistungsbilanz – bleiben dauerhaft betrachtet nicht ohne Folgen für eine Volkswirtschaft.

Die Folgen, die sich aus Zahlungsbilanzungleichgewichten ergeben können, zeigt nachfolgende Übersicht:

Zahlungsbilanzüberschuss	Zahlungsbilanzdefizit
■ **Inländischer Geldumlauf steigt** wegen der Devisenankäufe durch die Zentralbank (Währungsreserven der Zentralbank steigen an). ■ **Zinsniveau** im Inland **fällt** (bedingt durch steigende Geldmenge). ■ **Beschäftigung nimmt** – insbesondere bei exportbedingtem Leistungsbilanzüberschuss – **zu,** was allerdings eine starke Abhängigkeit der inländischen Beschäftigung vom Ausland zur Folge hat. ■ Bei Vollbeschäftigung kommt es zu **Preissteigerungen** („importierte Inflation"). ■ **Anstieg außenpolitischen Drucks,** wenn die Exporte aus konjunkturellen Gründen bei den ausländischen Handelspartnern unerwünscht sind (Gefahr protektionistischer Maßnahmen des Auslands wächst).	■ **Inländischer Geldumlauf verringert** sich aufgrund der für den Import erforderlichen Devisenverkäufe der Zentralbank an die Wirtschaftssubjekte (Währungsreserven der Zentralbank nehmen ab). ■ **Zinsniveau** im Inland **steigt** (bedingt durch sinkende Geldmenge). ■ Ein durch hohe Importe bedingtes Zahlungsbilanzdefizit führt zu einem **Rückgang** der **Beschäftigung.** ■ Rückgang der Preissteigerungsraten; dies führt zu **deflatorischen** Tendenzen auf vollkommenen Märkten. ■ Zunehmende **Verschuldung** gegenüber dem Ausland und damit einhergehend eventueller Verlust der Kreditwürdigkeit eines Landes.

19 Hartmann - ISBN 978-3-8120-0490-9

21.1.3.3 Maßnahmen zur Beeinflussung des Außenhandels

Wegen der negativen Folgen von Zahlungsbilanzungleichgewichten auf die anderen gesamtwirtschaftlichen Ziele, kommt den wirtschaftspolitischen Maßnahmen zur Behebung dieser Ungleichgewichte große Bedeutung zu.

Dabei lassen sich grundsätzlich zwei Kategorien von Maßnahmen unterscheiden:

- **währungspolitische** Maßnahmen (in Abhängigkeit vom System der Wechselkurse),
- **sonstige** Maßnahmen.

(1) Währungspolitische Maßnahmen

Zahlungsbilanzüberschüsse bzw. -defizite führen aufgrund eines erhöhten Devisenangebots bzw. einer erhöhten Devisennachfrage zu Wechselkursschwankungen.

Bei **flexiblen** Wechselkursen kann es theoretisch aufgrund der Kursschwankungen zu einem **automatischen Ausgleich** der Zahlungsbilanz kommen. So führt beispielsweise bei einem Zahlungsbilanzüberschuss (Zahlungsbilanzdefizit) das damit einhergehende steigende (sinkende) Devisenangebot tendenziell zu einem sinkenden (steigenden) Devisenkurs. Hierdurch verteuern (verbilligen) sich die Exporte, wohingegen die Importe billiger (teurer) werden. Als Folge dieses **„Wechselkursmechanismus“** tendiert die Zahlungsbilanz zum Ausgleich, da durch die „Aufwertung“ der inländischen Währung die Exporte (Importe) nunmehr zurückgehen, wohingegen die Importe (Exporte) zunehmen.

(2) Sonstige wirtschaftspolitische Maßnahmen

Sonstige wirtschaftspolitische Maßnahmen zur Beseitigung von Zahlungsbilanzungleichgewichten (Übersicht):[1]

Zahlungsbilanzüberschuss	Zahlungsbilanzdefizit
Bei einem Zahlungsbilanzüberschuss besteht die Aufgabe der Wirtschaftspolitik darin, die **Exporte** zu **drosseln** und gleichzeitig die **Importe** zu **erhöhen.** 1. **Expansive** Wirtschaftspolitik (Erhöhung der inländischen Nachfrage): Einleitung **nachfragesteigernder Maßnahmen** im Inland zur Senkung des Exportes bzw. Steigerung des Importes.	Bei einem Zahlungsbilanzdefizit besteht die Aufgabe der Wirtschaftspolitik darin, die **Exporte** zu **erhöhen** und gleichzeitig die **Importe** zu **drosseln.** 1. **Kontraktive** Wirtschaftspolitik (Dämpfung der inländischen Nachfrage): Exportchancen steigen bzw. Importe gehen zurück, wenn das **inländische Preisniveau sinkt.**

1 Vgl. hierzu den Ausführungen in Kapitel 20.4.1.

Zahlungsbilanzüberschuss	Zahlungsbilanzdefizit
2. **Preispolitische Maßnahmen** durch Zoll- oder Subventionspolitik zur Behebung eventuell bestehender Unterschiede im Preisniveau zwischen In- und Ausland: ■ **Zollpolitik**: Durch Variation der bei Grenzüberschreitung einer Ware erhobenen Abgabe **(Zoll)** kann der Export gedrosselt bzw. der Import erhöht werden. Grundsätzlich stehen zwei Möglichkeiten zur Verfügung: – Senkung der Importzölle zur Verbilligung der Importe, – Anhebung der Exportzölle. ■ **Subventionspolitik:** Zur Drosselung des Exports könnten beispielsweise bisher gezahlte „Exportsubventionen" abgebaut oder eingestellt werden.	2. **Preispolitische Maßnahmen** durch Zoll- oder Subventionspolitik zur Behebung eventuell bestehender Unterschiede im Preisniveau zwischen In- und Ausland: ■ **Zollpolitik**: Durch Variation des Zolls kann der Export erhöht bzw. der Import gebremst werden. Zur Beseitigung des Handelsbilanzdefizits bieten sich deshalb an: – Anhebung der Importzölle zur Verteuerung der Importwaren, – Senkung bzw. Abschaffung eventuell vorhandener Exportzölle. ■ **Subventionspolitik**: z.B. Zahlung einer Exportsubvention zur Belebung des Exports (Möglichkeit subventionierter Dumpingpreise).
3. **Mengenpolitische Maßnahmen** im Sinne einer Kontingentierungs- bzw. Verbotspolitik: ■ Festlegung von **Exportkontingenten** zur mengen- oder wertmäßigen Begrenzung des Exports; ■ **Exportverbote**: Sie übertreffen die Kontingentierung hinsichtlich ihrer Wirkung und unterbinden den Handel völlig.	3. **Mengenpolitische Maßnahmen** im Sinne einer Kontingentierungs- bzw. Verbotspolitik: ■ Festlegung von **Importkontingenten** zur mengen- oder wertmäßigen Begrenzung des Imports; ■ **Importverbote,** z.B. Boykott ausländischer Erzeugnisse oder als Folge eines Handelsembargos.
4. **Sonstige administrative** Maßnahmen: z.B. ■ staatliche Bevorzugung ausländischer Produkte zur Belebung der Importtätigkeit; ■ Einstellung staatlicher Ausfuhrgarantien und -bürgschaften: Durch diese Maßnahme erhöhen sich die Risiken für Exporteure, was zu einem Exportrückgang führen kann.	4. **Sonstige administrative** Maßnahmen: z.B. ■ Festlegung von technischen Normen, Gesundheits-, Umweltschutz- oder Sicherheitsstandards zur „Diskriminierung" ausländischer Produkte; ■ staatliche Bevorzugung inländischer Produkte (z.B. Polizei oder Bundeswehr fragen im Inland hergestellte Fahrzeuge nach) zur Drosselung des Imports; ■ staatliche Ausfuhrgarantien und -bürgschaften zur Reduzierung der Risiken für Exporteure.

Sollte ein **Zahlungsbilanzdefizit** ursächlich auf **Strukturunterschiede** bei der Ausstattung mit Produktionsfaktoren zurückzuführen sein, könnte dieses Ungleichgewicht durch eine **gezielte staatliche Förderung** zum Abbau dieser Strukturunterschiede – zumindest durch Verbesserung der Qualität bei den Produktionsfaktoren Arbeit und Kapital – auf lange Sicht behoben werden. Hierzu zählen beispielsweise die staatliche Förderung qualifizierter Aus- und Weiterbildungsmaßnahmen für den Produktionsfaktor Arbeit oder staatliche Maßnahmen zur Förderung des technischen Fortschritts beim Realkapital.

21.2 Harmonisierung der Wirtschafts- und Finanzpolitik

21.2.1 Die Eurokrise

(1) Krisenursachen

Der Euro ist in der jüngeren Vergangenheit wegen der Verschuldungskrise einiger Mitgliedstaaten, die ihren Zahlungsverpflichtungen zur Bedienung der aufgenommenen Kredite ohne Unterstützung Dritter nicht mehr nachkommen konnten, stark unter Druck geraten.

Ausgangspunkt war die **Immobilienkrise (Subprime-Krise)** in den Vereinigten Staaten, die schließlich im Jahr 2008 zum Zusammenbruch der amerikanischen Großbank Lehman Brothers führte. Dadurch kamen weltweit zahlreiche große Banken und Versicherungen in Zahlungsschwierigkeiten und mussten von den Staaten durch Fremd- und Eigenkapitalspritzen gerettet werden. Die **Finanzkrise** führte zu einer **Wirtschaftskrise,** diese wiederum zu einer **Staatsschulden-** und der hieraus folgenden **Eurokrise,** die in der Europäischen Wirtschafts- und Währungsunion einige Schwachstellen offenlegte.

Die Euro-Sorgenkinder kämpfen weiter mit einer hohen Staatsverschuldung: Griechenlands Schuldenstand in Abhängigkeit von der Wirtschaftsleistung BIP ist mit 176 Prozent europäische Spitze. Auch in Italien, Portugal, Irland, Zypern und Belgien übertreffen die angesammelten Schulden die Höhe des BIP. Der griechische Staatshaushalt wird 2013 außerdem das höchste Defizit in Relation zum BIP aufweisen (minus 13,5 Prozent). Von der Einhaltung des entsprechenden Maastricht-Kriteriums (Defizit in Höhe von maximal drei Prozent) sind aber auch die beiden großen Volkswirtschaften Frankreich (minus 4,1) und Spanien (minus 6,8) mehr oder weniger weit entfernt. Deutschland wird 2013 laut EU-Prognose einen ausgeglichenen Haushalt erreichen, die Staatsverschuldung liegt mit knapp 80 Prozent im Mittelfeld.

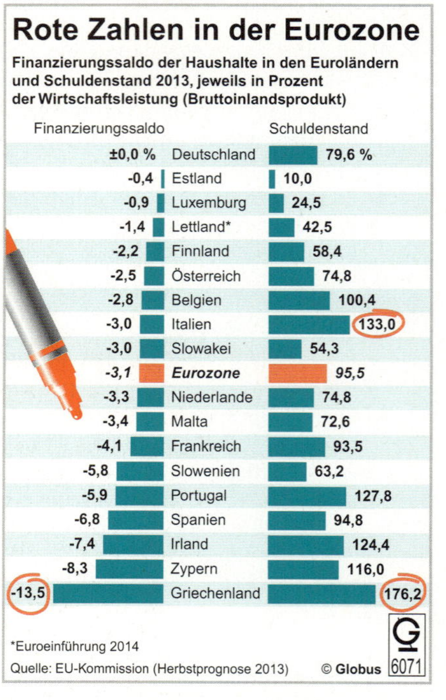

Schwachstellen der Wirtschafts- und Währungsunion waren bzw. sind insbesondere:

- eine **übermäßige Verschuldung** einiger Mitgliedstaaten der Eurozone,
- eine **unzureichende wirtschaftspolitische Koordination und Überwachung** zum Erkennen von Ungleichgewichten,
- **unzureichende Regeln** für Finanzprodukte und
- ein **fehlender Mechanismus,** der die Stabilität der Euroländer wahrt und einem Mitgliedstaat Schutz und Nothilfe anbieten kann.

Als Auslöser dieser Staatsschuldenkrise im Euroraum gilt Griechenland, welches nach einer neuen Regierungsbildung das tatsächliche Ausmaß seiner bisher verschleierten Haushaltsdefizite und seines Schuldenstandes offenlegte und dann die EU und den Internationalen Währungsfonds (IWF) um Hilfe bat, um seine Staatsinsolvenz abzuwenden. Nach Griechenland gestaltete es sich aber auch für Irland und Portugal sowie in vergleichsweise geringerem Maße für Italien und Spanien zunehmend schwieriger, ihre Staatsverschuldung am Kapitalmarkt zu refinanzieren.

(2) Finanzpolitische Maßnahmen

„Finanzpolitischer Pakt"

Zur Rettung des Euro wurde nach langem Ringen der Staats- und Regierungschefs 2012 ein neuer sogenannter „finanzpolitischer Pakt" geschlossen, der folgende Maßnahmen umfasst:

Rettungshilfen

Durch den IWF sowie den 2010 neu eingerichteten Europäischen Stabilisierungsmechanismus (EFSF) wurden mehrere sogenannte Rettungsschirme verabschiedet, die mittels umstrittener politischer Mittel (Bürgschaften, die Verschaffung neuer Zahlungsmittel zur Aufrechterhaltung der Liquidität) eine Staatsinsolvenz in einem der betroffenen Länder bislang verhindert haben. Auch die Europäische Zentralbank intervenierte mehrfach. Zur **Rettung von notleidenden Euroländern** wurde der bisherige **Euro-Stabilitätsfonds (EFSF)** mit Wirkung zum 01.01.2013 durch den **Europäischen Stabilitätsmechanismus (ESM)** abgelöst.

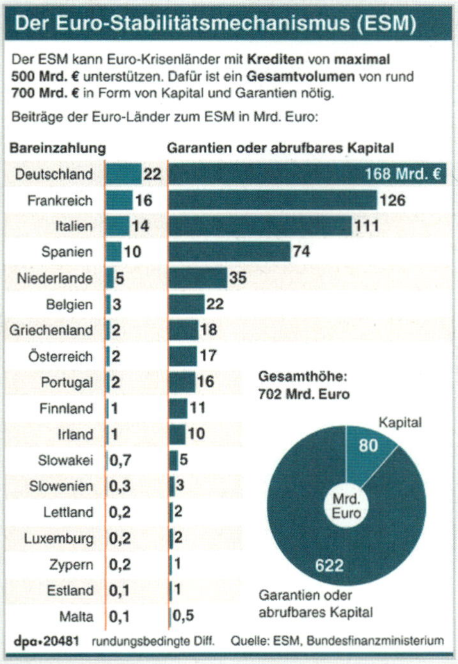

Der ESM ist nicht zeitlich begrenzt, sondern dauerhaft angelegt. Er ist mit bar eingezahltem Kapital (80 Mrd. €) ausgestattet und stützt sich darüber hinaus auf Garantien der Eurostaaten. Der Fonds kann auch Anleihen der Krisenländer kaufen oder maroden Banken direkt unter die Arme greifen. Um 500 Mrd. € Kredite verleihen zu können, verfügt der ESM über ein Stammkapital von 700 Mrd. €. Das ist notwendig als Sicherungsreserve, damit der Fonds von den internationalen Ratingagenturen die Spitzennote für seine Kreditwürdigkeit erhält.

Schuldenschnitt („Hair-Cut")

Griechenland hat sich – wie auch die übrigen EU-Staaten – in der Vergangenheit über den Kapitalmarkt durch die Ausgaben von **Staatsanleihen** immer wieder finanzielle Mittel beschafft, um die über den Einnahmen des Staates liegenden Ausgaben zu finanzieren.

Im Rahmen eines zweiten Hilfspaketes für Griechenland haben Banken und Versicherungen Griechenland unter anderem die Hälfte seiner Schulden erlassen, was einem Volumen von ca. 107 Milliarden Euro entspricht.

Auftstockung des Bankenkapitals

Damit Banken in Zukunft besser für Krisen gerüstet und in ihrer Existenz nicht bedroht sind, mussten diese **bis Mitte 2012** ihr **Eigenkapital auf 9 Prozent** der Bilanzsumme ausweiten.

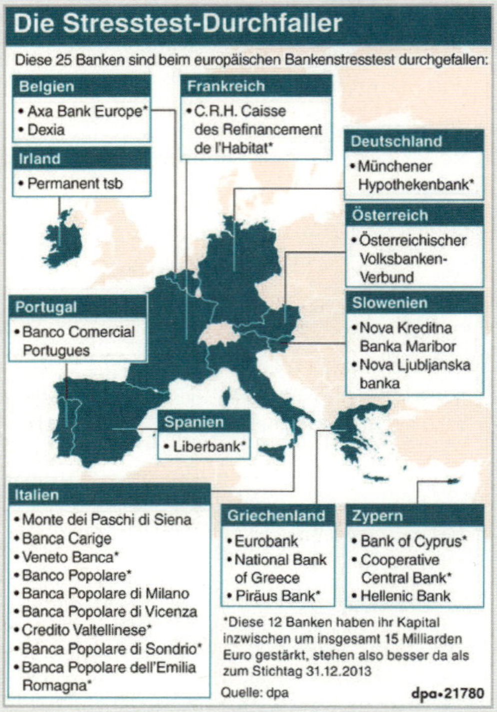

Zudem übernimmt die EZB über die 120 führenden Banken in der Eurozone seit 2014 im Rahmen der europäischen **Bankenunion** die zentrale Aufsicht. Das soll die grenzübergreifende Kontrolle verbessern und Risiken bei einzelnen Instituten frühzeitig offenbaren. Tausende EZB-Experten, nationale Aufseher und externe Wirtschaftsprüfer durchleuchten dabei die Bilanzen der Banken auf der Suche nach Altlasten oder **Kapitallöchern.** Verknüpft wird dieser Bilanzcheck mit einem sogenannten **Stresstest.** Dieser Krisentest simuliert, ob die Institute auch dann ausreichend Kapital für ihr Geschäft haben, wenn die Wirtschaft einbricht und die Immobilienpreise in den Keller rauschen.

Für ihren ersten Stresstest nahm die EZB ca. 130 Banken im Euroraum unter die Lupe. Darunter 23 deutsche Institute plus der Deutschland-Ableger der schwedischen SEB. Die **Europäische Bankenaufsicht** (EBA) überprüft auch EU-Banken in Nicht-Euro-Staaten, etwa im wichtigen Bankenmarkt Großbritannien.

Die Europäische Zentralbank (EZB) und die Europäische Bankenaufsicht (EBA) haben die Ergebnisse ihrer umfassenden Bankentests („Stresstest") veröffentlicht. Im Kern geht es dabei um die Frage: Verfügen die Institute über genügend eigenes **Kapital,** um im Fall einer neuen Krise nicht in die Knie zu gehen.

Stabilitätsunion

Des Weiteren haben die europäischen Regierungen die Währungsunion nun auf ein ganz neues Fundament gestellt und eine **finanz- und wirtschaftspolitische Stabilitätsunion** geschaffen. In einem gemeinsamen Vertrag der 19 Eurostaaten, der allen EU-Staaten zum Beitritt offen steht, wurden **neue Verpflichtungen und Regeln** festgeschrieben, um haushaltspolitische Disziplin (z. B. Verpflichtung zu einem ausgeglichenen Haushalt durch eine sogenannte Schuldenbremse, Deckelung der Neuverschuldung), eine vertiefte Integration des Binnenmarkts sowie ein kräftigeres Wachstum, eine größere Wettbewerbsfähigkeit und einen stärkeren sozialen Zusammenhalt zu fördern und sicherzustellen.

Europa 2020

Im Bereich der Wirtschaftspolitik wurde vereinbart, konsequenter als bisher auf das Instrument der verstärkten Zusammenarbeit zurückzugreifen. So hat der **Europäische Rat** unter der Bezeichnung **Europa 2020** eine **Wachstumsstrategie** entworfen, um zukünftigen Krisensituationen besser begegnen zu können. Die **Kommission** hat Kernziele vorgeschlagen, um die strategischen Ziele zu erreichen.

Hauptziele der Strategie 2020	EU-Kernziele
▪ **Intelligentes Wachstum:** Entwicklung einer auf Wissen und Innovation gestützten Wirtschaft. ▪ **Nachhaltiges Wachstum:** Förderung einer ressourcenschonenden, ökologischen und wettbewerbsfähigeren Wirtschaft. ▪ **Integratives Wachstum:** Förderung einer Wirtschaft mit hoher Beschäftigung und ausgeprägtem sozialen und territorialen Zusammenhalt	▪ **Mehr Beschäftigung** Erhöhung der Beschäftigungsquote der 20-Jährigen bis 64-Jährigen von derzeit 69 % auf mindestens 75 %. ▪ **Mehr Innovation** Angestrebt wird eine Investitionsquote in Forschung und Entwicklung in Höhe von 3 % des BIP. ▪ **Mehr Klimaschutz und Energiewende** Verringerung der Treibhausemissionen um mindestens 20 % gegenüber 1990. Erhöhung des Anteils erneuerbarer Energien am Energieendverbrauch auf 20 % sowie Steigerung der Energieeffizienz um 20 %. ▪ **Mehr Bildung** Verringerung der Schulabbrecherquote von derzeit 15 % auf 10 % sowie Erhöhung des Anteils der 30-Jährigen bis 34-Jährigen mit Hochschulabschluss von 31 % auf mindestens 40 %. ▪ **Bekämpfung der Armut** Verringerung der Zahl der unter den nationalen Armutsgrenzen lebenden Europäer um 25 %.

Hinweis:

Im Folgenden werden einige ausgewählte politische Entscheidungen zur Sicherung des Binnenmarktes exemplarisch skizziert.

21.2.2 Ausgewählte politische Entscheidungen zur Sicherung des europäischen Binnenmarktes

21.2.2.1 Harmonisierte Wettbewerbspolitik

Ein **Binnenmarkt** hätte wenig Sinn, wenn der Wettbewerb zwischen Unternehmen aus verschiedenen Mitgliedstaaten durch Kartelle und sonstige wettbewerbsbeschränkende Absprachen eingeschränkt werden könnte. Solche Absprachen würden den Verbraucher daran hindern, die Vorteile leistungsstarker, wettbewerbsfähiger Märkte, die im Allgemeinen eine breitere Auswahl an Gütern und Dienstleistungen zu den **niedrigst** möglichen Preisen bieten, voll auszuschöpfen. Schließlich fördert der Wettbewerb das **Qualitätsbewusstsein** der Anbieter, ihre **Innovationsbereitschaft** und ihr **Verständnis** für die Bedürfnisse der Verbraucher.

Bereits bei der Gründung der EWG waren sich die Staats- und Regierungschefs darüber einig, dass sich die allgemeinen Ziele der Gemeinschaft am besten in einem Wirtschaftssystem mit **unverfälschtem Wettbewerb** verwirklichen lassen. Die in Artikeln 85–95 des **Maastrichter** Vertrages, die inhaltlich den Artikeln 81–89 des **Amsterdamer** Vertrages entsprechen, niedergelegten Wettbewerbsregeln sollen den Wettbewerb im gemeinsamen Markt vor Verfälschungen schützen. Das **Wettbewerbsrecht der EU geht innerstaatlichem Recht vor** und ist in den Mitgliedstaaten unmittelbar anwendbar. Das Zusammenspiel zwischen der EU-Kommission einerseits und den nationalen Wettbewerbsbehörden andererseits verdeutlicht nachfolgender Auszug einer Bekanntmachung der Kommission:

Bekanntmachung der Kommission über die Zusammenarbeit zwischen der Kommission und den Wettbewerbsbehörden der Mitgliedstaaten

1. Im Bereich der Wettbewerbspolitik kommen der Gemeinschaft und den Mitgliedstaaten unterschiedliche Funktionen zu. Während die Gemeinschaft für die Durchführung der gemeinschaftlichen Wettbewerbsregeln zuständig ist, wenden die Mitgliedstaaten ihr nationales Recht an, sind aber auch in die Anwendung der Artikel 85 und 86 EG-Vertrag einbezogen.
2. Die Einbeziehung der Mitgliedstaaten in die gemeinschaftliche Wettbewerbspolitik ermöglicht es, die Entscheidungen möglichst bürgernah zu treffen. Die dezentrale Anwendung der gemeinschaftlichen Wettbewerbsregeln führt auch zu einer besseren Aufgabenteilung. Wenn in Anbetracht des Umfangs oder der Auswirkungen ein beabsichtigtes Vorgehen besser auf Gemeinschaftsebene verwirklicht werden kann, ist es Sache der Kommission, tätig zu werden. Im Übrigen ist es Sache der nationalen Behörden, einzugreifen.

Quelle: Die Europäische Kommission, Generaldirektion Wettbewerb.

Die Wettbewerbsvorschriften finden allerdings **nicht in allen** Wirtschaftsbereichen Anwendung. So sind die Vorschriften in den Sektoren Verkehr und Landwirtschaft nur eingeschränkt anwendbar; für die Unternehmen der Montanindustrie gelten hingegen ausschließlich die Wettbewerbsregeln des EGKS-Vertrages (Artikel 65 und 66).

Des Weiteren erfassen die gemeinsamen Wettbewerbsregeln nur solche Wettbewerbsbeschränkungen, die sich auf den Handel **zwischen Mitgliedstaaten** auswirken. Wettbewerbsbeschränkende Maßnahmen hingegen, die sich nur innerhalb eines Mitgliedstaates auswirken, unterliegen dem jeweiligen **nationalen** Kartellrecht.

Voraussetzung für die Anwendung des Gemeinschaftsrechts ist, dass von den betreffenden Maßnahmen zumindest eine **spürbare** Beeinträchtigung des Wettbewerbs innerhalb des gemeinsamen Marktes ausgehen muss. So fallen beispielsweise wettbewerbsbeschränkende Vereinbarungen von geringer Bedeutung nicht unter das Verbot des Art. 81 des Amsterdamer Vertrages. Hierzu zählen Vereinbarungen zwischen Unternehmen, deren gemeinsamer Marktanteil die Schwelle von **5 % bei horizontalen** Vereinbarungen bzw. **10 % bei vertikalen** Vereinbarungen nicht überschreitet sowie Vereinbarungen **zwischen kleinen und mittleren** Unternehmen.

Grundsätzlich unterliegt das Handeln der Kommission der Rechtsaufsicht des Gerichtshofs und des Gerichts erster Instanz der Europäischen Gemeinschaften, die für Klagen gegen Institutionen der EU in Wettbewerbssachen und anderen Fällen zuständig sind.

Während die **Kommission** die **Wettbewerbspolitik in der täglichen Praxis anwendet,** erstellt das **Europäische Parlament** jedes Jahr einen **Bericht über die Tätigkeit der Kommission.** Darüber hinaus äußert sich das Parlament zu wichtigen Entwicklungen in der Wettbewerbspolitik.

In vielen Fällen werden wettbewerbsrechtliche Probleme dadurch gelöst, dass die betreffenden Länder oder Unternehmen ihre Wettbewerbspolitik freiwillig ändern. In anderen Fällen entscheidet die Kommission, ob das Verhalten der Beklagten rechtmäßig war oder nicht und ordnet eine Änderung der Wettbewerbspolitik an oder verhängt eine Geldbuße, die bis zu **10 % des Jahresumsatzes** der beklagten Unternehmen betragen kann.

21.2.2.2 Harmonisierung der Außenhandelspolitik

Neben der gemeinsamen Agrarpolitik und der Wettbewerbspolitik ist die Außenhandelspolitik der Politikbereich, der der Zuständigkeit der EU-Mitgliedstaaten **weitestgehend** entzogen und seit 01. 01. 1973 in die Kompetenz der damaligen EG überführt worden ist.

Seit Beginn der Zollunion hat die EG/EU die **alleinige Entscheidungsbefugnis** in außenwirtschaftlichen Angelegenheiten (z. B. in Form von Verordnungen und Handelsverträgen). Die außenpolitischen Entscheidungen werden allein von den zuständigen Organen der EU getroffen und sind **unmittelbar** für die Mitgliedstaaten **rechtswirksam. Nationale Alleingänge** der Mitgliedstaaten sind **nicht erlaubt.** Die EU-Mitgliedstaaten dürfen im Außenhandelsbereich nur dann tätig werden, wenn sie von der EU dazu ausdrücklich ermächtigt worden sind. Zudem können sie nach vorheriger Abstimmung mit der EU Kooperationsabkommen mit Drittländern abschließen.

Gemeinsame Handelspolitik im Vertrag über die Arbeitsweise der Europäischen Union (AEUV)

Artikel 206

Durch die Schaffung einer Zollunion nach den Artikeln 28 bis 32 trägt die Union im gemeinsamen Interesse zur harmonischen Entwicklung des Welthandels, zur schrittweisen Beseitigung der Beschränkungen im internationalen Handelsverkehr und bei den ausländischen Direktinvestitionen sowie zum Abbau der Zollschranken und anderer Schranken bei.

Artikel 207

(1) Die gemeinsame Handelspolitik wird nach einheitlichen Grundsätzen gestaltet; dies gilt insbesondere für die Änderung von Zollsätzen, für den Abschluss von Zoll- und Handelsabkommen, die den Handel mit Waren und Dienstleistungen betreffen, und für die Handelsaspekte des geistigen Eigentums, die ausländischen Direktinvestitionen, die Vereinheitlichung der Liberalisierungsmaßnahmen, die Ausfuhrpolitik sowie die handelspolitischen Schutzmaßnahmen, zum Beispiel im Fall von Dumping und Subventionen. Die gemeinsame Handelspolitik wird im Rahmen der Grundsätze und Ziele des auswärtigen Handelns der Union gestaltet.

(2) Das Europäische Parlament und der Rat erlassen durch Verordnungen gemäß dem ordentlichen Gesetzgebungsverfahren die Maßnahmen, mit denen der Rahmen für die Umsetzung der gemeinsamen Handelspolitik bestimmt wird.

(3) Sind mit einem oder mehreren Drittländern oder internationalen Organisationen Abkommen auszuhandeln und zu schließen, so findet Artikel 218 vorbehaltlich der besonderen Bestimmungen dieses Artikels Anwendung.

Die Kommission legt dem Rat Empfehlungen vor; dieser ermächtigt die Kommission zur Aufnahme der erforderlichen Verhandlungen. Der Rat und die Kommission haben dafür Sorge zu tragen, dass die ausgehandelten Abkommen mit der internen Politik und den internen Vorschriften der Union vereinbar sind.

Die Kommission führt diese Verhandlungen im Benehmen mit einem zu ihrer Unterstützung vom Rat bestellten Sonderausschuss und nach Maßgabe der Richtlinien, die ihr der Rat erteilen kann. Die Kommission erstattet dem Sonderausschuss sowie dem Europäischen Parlament regelmäßig Bericht über den Stand der Verhandlungen.

(4) Über die Aushandlung und den Abschluss der in Absatz 3 genannten Abkommen beschließt der Rat mit qualifizierter Mehrheit.

Über die Aushandlung und den Abschluss eines Abkommens über den Dienstleistungsverkehr, über Handelsaspekte des geistigen Eigentums oder über ausländische Direktinvestitionen beschließt der Rat einstimmig, wenn das betreffende Abkommen Bestimmungen enthält, bei denen für die Annahme interner Vorschriften Einstimmigkeit erforderlich ist.

Der Rat beschließt ebenfalls einstimmig über die Aushandlung und den Abschluss von Abkommen in den folgenden Bereichen:

a) Handel mit kulturellen und audiovisuellen Dienstleistungen, wenn diese Abkommen die kulturelle und sprachliche Vielfalt in der Union beeinträchtigen könnten;

b) Handel mit Dienstleistungen des Sozial-, des Bildungs- und des Gesundheitssektors, wenn diese Abkommen die einzelstaatliche Organisation dieser Dienstleistungen ernsthaft stören und die Verantwortlichkeit der Mitgliedstaaten für ihre Erbringung beinträchtigen könnten.

(5) Für die Aushandlung und den Abschluss von internationalen Abkommen im Bereich des Verkehrs gelten der Dritte Teil Titel VI sowie Artikel 218.

(6) Die Ausübung der durch diesen Artikel übertragenen Zuständigkeiten im Bereich der gemeinsamen Handelspolitik hat keine Auswirkungen auf die Abgrenzung der Zuständigkeiten zwischen der Union und den Mitgliedstaaten und führt nicht zu einer Harmonisierung der Rechtsvorschriften der Mitgliedstaaten, soweit eine solche Harmonisierung in den Verträgen ausgeschlossen wird.

Grundlage der Außenhandelspolitik der EU ist die **Zielsetzung**:

- einen Gemeinsamen Markt der Mitgliedstaaten mit **einheitlichen** (Außen-)**Zolltarifen** und einer **gemeinsamen Handelspolitik** gegenüber Drittländern zu schaffen,
- durch schrittweise **Beseitigung der Beschränkungen** im internationalen Handelsverkehr, zum Abbau der Zollschranken und zur harmonisierten Entwicklung des Welthandels beizutragen,
- die gemeinsamen außenwirtschaftlichen **Interessen gegenüber Drittländern** zu wahren.

Die gemeinsame Handelspolitik wird gem. Art. 207 AEUV nach einheitlichen Grundsätzen durchgeführt, wobei **zwei Verfahrensweisen** zu unterscheiden sind: die autonome und die vertragliche Handelspolitik.

Autonome Handelspolitik	Sie besteht im Erlass von einseitigen Regelungen durch den Rat und finden nur auf die Mitgliedstaaten der EU bzw. der Unternehmen und Einzelpersonen Anwendung (z. B. Vereinheitlichung von Ein- und Ausfuhrbestimmungen).
Vertragliche Handelspolitik	Hierbei handelt es sich um zwei- oder mehrseitige Abkommen zwischen der EU und ihren Handelspartnern bzw. zwischen der EU und anderen internationalen Organisationen.

Während die EU mit vielen Staaten bzw. Staatengemeinschaften **Kooperationsabkommen** geschlossen hat, sind die Handelsbeziehungen der EU zu den verschiedenen Handelspartnern keineswegs einheitlich. So bestehen beispielsweise mit den beiden größten außereuropäischen Handelspartnern, den USA und Japan, keine umfassenden Außenhandelsverträge, zumal es mit diesen Staaten immer wieder zu Konflikten kommt.

So basiert der Streit zwischen der EU und den USA auf gegenseitigen Vorwürfen, insbesondere im Agrarsektor durch **protektionistische Maßnahmen** (Förderung von Agrarexporten durch Subventionen und Aufbau von Handelshemmnissen zur Verhinderung von Agrarimporten) die einheimische Produktion zu schützen.

Der Konflikt mit Japan basiert auf dem **Missverhältnis zwischen den Exporten und Importen.** Während Japan mit seinen Produkten stark auf den Markt der EU drängt, schottet sich das Land durch entsprechende Handelsmauern gleichzeitig vor Importen ab.

Mit Blick auf die selbst gesetzten Ziele im Bereich der Außenhandelspolitik muss die EU jedoch **langfristig** betrachtet ihre Marktbeschränkungen (z. B. im Agrar- und Textilbereich) abbauen und selektive **Protektionismusmaßnahmen** aufheben und sich dem Wettbewerb des Weltmarktes uneingeschränkt stellen. Nur so kann sie dauerhaft einen entscheidenden Beitrag zu einer harmonischen Entwicklung des Welthandels leisten.

Zusammenfassung

- Die **Zahlungsbilanz** eines Landes ist eine **statistische Zusammenfassung** aller ökonomischen Transaktionen zwischen Inländern (Gebietsansässigen) und Ausländern (Gebietsfremden) während eines bestimmten Zeitraumes, in der Regel eines Jahres.
- Wesentliche **Aufgabe der Zahlungsbilanz** ist die Bereitstellung der Datenbasis für:
  - die **Geld- und Währungspolitik** und die übrige Wirtschaftspolitik,
  - wesentliche Bestandteile **der Volkswirtschaftlichen Gesamtrechnungen.**

- Je nach **Art der Transaktionen** lässt sich die Zahlungsbilanz in verschiedene **Teilbilanzen** untergliedern:

Teilbilanzen der Zahlungsbilanz

Leistungsbilanz bestehend aus:	**Vermögensänderungs-bilanz**	**Kapitalbilanz bestehend aus:**
■ Außenhandel ■ Dienstleistungen ■ Primäreinkommen ■ Sekundäreinkommen	Erfasst werden unter anderem Vermögensübertragungen, die als „einmalig“ betrachtet werden.	■ Direktinvestitionen ■ Wertpapieranlagen und Finanzderivate ■ Übriger Kapitalverkehr ■ Veränderung der Währungsreserven zu Transaktionswerten (Erfassung der Veränderungen der Währungsreserven der Bundesbank zu Transaktionswerten)

- Auftretende **Bilanzungleichgewichte** können veschiedene Ursachen haben:

Ursachen für Zahlungsbilanzungleichgewichte

Strukturunter-schiede bei der Ausstattung von Produktions-faktoren	**Unterschiede beim Preisniveau zwischen In- und Ausland**	**Unterschiede beim Zinsniveau zwischen In- und Ausland**	**Politische Entscheidungen**

- **Mögliche Folgen** von Zahlungsbilanzungleichgewichten:

Zahlungsbilanzüberschuss	**Zahlungsbilanzdefizit**
■ Inländischer Geldumlauf steigt. ■ Zinsniveau im Inland fällt. ■ Beschäftigung nimmt zu; allerdings starke Abhängigkeit der inländischen Beschäftigung vom Ausland. ■ Bei Vollbeschäftigung kommt es zu Preissteigerungen („importierte Inflation“). ■ Anstieg außenpolitischen Drucks.	■ Inländischer Geldumlauf verringert sich. ■ Zinsniveau im Inland steigt. ■ Rückgang der Beschäftigung. ■ Rückgang der Preissteigerungsraten; dies führt zu deflatorischen Tendenzen auf vollkommenen Märkten. ■ Zunehmende Verschuldung gegenüber dem Ausland.

- Zur Bekämpfung von Zahlungsbilanzungleichgewichten lassen sich grundsätzlich **zwei Kategorien** von Maßnahmen unterscheiden:
  - **währungspolitische** Maßnahmen (in Abhängigkeit vom System der Wechselkurse),
  - **sonstige** Maßnahmen.
- Je nach **Währungssystem** stehen verschiedene **währungspolitische Maßnahmen** zur Verfügung:

Währungspolitische Maßnahmen

↓

sind abhängig vom Währungssystem

System freier Wechselkurse	System (relativ) fester Wechselkurse
Keine währungspolitischen Maßnahmen erforderlich; aufgrund des Wechselkursmechanismus kommt es i. d. R. zum automatischen Ausgleich der Zahlungsbilanz.	■ Aufwertung der inländischen Währung bei Zahlungsbilanzüberschuss. ■ Abwertung der inländischen Währung bei Zahlungsbilanzdefizit.

- **Zahlungsbilanzdefizite,** die ursächlich auf **Strukturunterschiede** bei der Ausstattung mit Produktionsfaktoren zurückzuführen sind, könnten durch eine **gezielte staatliche Förderung** zum Abbau dieser Strukturunterschiede – zumindest durch Verbesserung der Qualität bei den Produktionsfaktoren Arbeit und Kapital – auf lange Sicht verringert werden.
- Bereits bei der Gründung der EWG waren sich die Staats- und Regierungschefs darüber einig, dass sich die allgemeinen Ziele der Gemeinschaft am besten in einem Wirtschaftssystem mit **unverfälschtem Wettbewerb** verwirklichen lassen.
- Grundlage der **Außenhandelspolitik** der EU ist die **Zielsetzung**:
  - einen Gemeinsamen Markt der Mitgliedstaaten mit **einheitlichen** (Außen-)**Zolltarifen** und einer **gemeinsamen Handelspolitik** gegenüber Drittländern zu schaffen,
  - durch schrittweise **Beseitigung der Beschränkungen** im internationalen Handelsverkehr zum Abbau der Zollschranken und zur harmonisierten Entwicklung des Welthandels beizutragen,
  - die gemeinsamen außenwirtschaftlichen **Interessen gegenüber Drittländern** zu wahren.
- Die **gemeinsame Handelspolitik** wird gem. Art. 133 nach einheitlichen Grundsätzen durchgeführt, wobei **zwei Verfahrensweisen** zu unterscheiden sind:
  - **autonome Handelspolitik:** Sie besteht im Erlass von einseitigen Regelungen durch den Rat und finden nur auf die Mitgliedstaaten der EU bzw. der Unternehmen und Einzelpersonen Anwendung (z. B. Vereinheitlichung von Ein- und Ausfuhrbestimmungen);
  - **vertragliche Handelspolitik:** Hierbei handelt es sich um zwei- oder mehrseitige Abkommen zwischen der EU und ihren Handelspartnern bzw. zwischen der EU und anderen internationalen Organisationen.

Abitraining

1. Lesen Sie zur Lösung der nachfolgenden Aufgaben zunächst den folgenden Auszug aus dem Monatsbericht der Deutschen Bundesbank!

> Die deutsche **Zahlungsbilanz** ist eine umfassende systematische Darstellung der **wirtschaftlichen Transaktionen zwischen Inländern** (in Deutschland ansässige natürliche und juristische Personen) und **Ausländern** (im Ausland ansässige natürliche und juristische Personen) innerhalb einer Periode (Monat, Quartal, Jahr). Sie ist keine Bilanz im Sinne einer zeitpunktbezogenen Vermögensaufstellung, sondern eine **Stromrechnung** und umfasst auch grenzüberschreitende Geschäfte, selbst wenn diese zu keiner oder keiner unmittelbaren Zahlung führen.
>
> Die Zahlungsbilanzstatistik bietet wichtige Informationen über die vielschichtigen außenwirtschaftlichen Verflechtungen Deutschlands und wird von Zentralbanken, Ministerien, Verbänden und Unternehmen sowie der Wissenschaft genutzt. Die daraus abgeleiteten Analysen sind unter anderem unverzichtbare Grundlage für **währungs- und wirtschaftspolitische Entscheidungen.** Darüber hinaus ist die deutsche Zahlungsbilanz ein bedeutender Baustein für die Zahlungsbilanzen der Europäischen Währungsunion und der Europäischen Union.

Quelle: Monatsbericht der Deutschen Bundesbank, Juni 2014.

Aufgaben:

1.1 Die Zusammensetzung der Dienstleistungsbilanz ist aus folgender Tabelle im Einzelnen ersichtlich:

4. Dienstleistungen sowie Primäreinkommen der Bundesrepublik Deutschland (Salden)

Mio €

Zeit	Dienstleistungen									Primäreinkommen	
		darunter:									
	Insgesamt	Fertigungsdienstleistungen 1)	Transportdienstleistungen	Reiseverkehr 2)	Finanzdienstleistungen	Gebühren für die Nutzung von geistigem Eigentum	Telekommunikations-, EDV- und Informationsdienstleistungen	Sonstige unternehmensbezogene Dienstleistungen	Regierungsleistungen 3)	Arbeitnehmerentgelt	Vermögenseinkommen
2009	– 21 930	+ 1 264	– 3 259	– 33 341	+ 8 449	+ 120	+ 932	– 3 122	+ 2 644	+ 872	+ 55 375
2010	– 28 892	+ 1 070	– 8 381	– 32 775	+ 7 347	+ 871	+ 670	– 3 912	+ 2 863	+ 1 557	+ 50 896
2011	– 33 861	+ 567	– 8 615	– 33 755	+ 6 833	+ 2 407	+ 817	– 6 871	+ 2 939	+ 1 787	+ 66 336
2012	– 36 849	+ 178	– 10 201	– 33 566	+ 6 806	+ 2 753	+ 1 356	– 10 017	+ 3 117	+ 2 594	+ 71 121
2013	– 47 557	+ 84	– 12 241	– 37 764	+ 5 794	+ 3 379	– 929	– 6 711	+ 3 084	+ 354	+ 71 199
2013 1.Vj.	– 11 256	– 32	– 3 209	– 5 687	+ 920	+ 650	– 1 771	– 2 136	+ 795	+ 618	+ 19 611
2.Vj.	– 11 658	– 6	– 2 807	– 8 187	+ 932	+ 638	– 473	– 1 971	+ 807	– 141	+ 10 921
3.Vj.	– 17 879	– 38	– 2 608	– 16 868	+ 2 094	+ 794	+ 256	– 1 351	+ 760	– 474	+ 18 583
4.Vj.	– 7 164	+ 160	– 3 618	– 7 022	+ 1 848	+ 1 297	+ 1 059	– 1 252	+ 722	+ 351	+ 22 083
2014 1.Vj.	– 7 738	+ 170	– 3 670	– 4 893	+ 791	+ 1 049	+ 152	– 580	+ 754	+ 605	+ 18 614
2.Vj.	– 8 232	+ 64	– 3 223	– 8 519	+ 1 447	+ 947	+ 560	– 374	+ 779	– 179	+ 7 583
3.Vj.	– 18 217	– 41	– 3 273	– 17 408	+ 2 236	+ 860	+ 222	– 978	+ 718	– 520	+ 19 863
2014 Jan.	– 3 176	+ 18	– 1 305	– 1 483	+ 211	+ 276	– 122	– 510	+ 259	+ 199	+ 5 198
Febr.	– 2 239	+ 40	– 1 185	– 1 181	+ 94	+ 426	– 139	– 382	+ 241	+ 202	+ 6 301
März	– 1 673	+ 112	– 1 180	– 2 229	+ 486	+ 347	+ 413	+ 312	+ 254	+ 204	+ 7 115
April	– 2 034	+ 4	– 1 178	– 1 760	+ 522	+ 397	– 49	– 192	+ 288	– 56	+ 4 101
Mai	– 2 647	+ 21	– 1 029	– 2 407	+ 612	+ 451	– 82	– 519	+ 239	– 46	– 1 708
Juni	– 4 051	+ 38	– 1 016	– 4 352	+ 314	+ 100	+ 691	+ 337	+ 252	– 76	+ 5 190
Juli	– 5 912	– 53	– 1 134	– 4 895	+ 839	+ 334	– 341	– 658	+ 236	– 183	+ 6 020
Aug.	– 7 502	+ 2	– 975	– 7 207	+ 712	+ 314	+ 95	– 495	+ 255	– 164	+ 6 260
Sept.	– 4 803	+ 11	– 1 164	– 5 306	+ 685	+ 213	+ 469	+ 175	+ 227	– 174	+ 7 584
Okt.	– 5 572	– 42	– 1 266	– 4 614	+ 409	+ 348	+ 183	– 646	+ 255	+ 72	+ 7 169
Nov. p)	– 2 543	– 7	– 1 226	– 1 918	+ 574	+ 345	+ 239	– 468	+ 240	+ 32	+ 7 152

1 Enthält Entgelte für die Be- und Verarbeitung von Waren, die sich nicht im Eigentum des Bearbeiters befinden. 2 Seit 2001 werden auf der Ausgabenseite die Stichprobenergebnisse einer Haushaltsbefragung genutzt. 3 Einnahmen und Ausgaben öffentlicher Stellen für Dienstleistungen, soweit sie nicht unter anderen Positionen ausgewiesen sind; einschl. den Einnahmen von ausländischen militärischen Dienststellen.

Quelle: Monatsbericht der Deutschen Bundesbank, Januar 2015.

Aufgaben:

1.1.1 Untersuchen Sie, welcher Posten der Dienstleistungsbilanz die höchsten Ausgaben erfordert!

1.1.2 Beurteilen Sie die Tatsache, dass die Position Gebühren für die Nutzung von geistigem Eigentum positiv ist!

1.1.3 Erläutern Sie mögliche Gründe, die dazu beitragen, dass die Vermögenseinkommen so stark schwanken!

1.2 Betrachten Sie die Bilanz der Sekundäreinkommen bzw. die Vermögensänderungsbilanz!

Aufgaben:

1.2.1 Analysieren Sie, welcher Posten die größte Bedeutung bei den Sekundäreinkommen hat!

1.2.2 Erläutern Sie, wodurch sich die Bilanz der Sekundäreinkommen grundsätzlich von den anderen Teilbilanzen der Zahlungsbilanz unterscheidet!

1.2.3 Beurteilen Sie die Bedeutung der Bilanz der Vermögensübertragungen!

5. Sekundäreinkommen der Bundesrepublik Deutschland (Salden)

Mio €

Zeit	Insgesamt	Staat: Insgesamt	Staat, darunter: Übertragungen im Rahmen von internationaler Zusammenarbeit 1)	Staat, darunter: Laufende Steuern auf Einkommen, Vermögen u.a.	Alle Sektoren ohne Staat 2): Insgesamt	Alle Sektoren ohne Staat, darunter: Persönliche Übertragungen 3)	darunter: Heimatüberweisungen
2009	– 34 930	– 20 922	– 3 944	+ 4 329	– 14 008	– 2 995	– 2 995
2010	– 39 651	– 24 935	– 4 702	+ 4 156	– 14 717	– 3 035	– 3 035
2011	– 34 815	– 21 264	– 4 436	+ 6 715	– 13 551	– 2 977	– 2 977
2012	– 38 692	– 24 792	– 4 570	+ 5 270	– 13 900	– 3 080	– 3 080
2013	– 43 343	– 28 978	– 4 332	+ 6 825	– 14 365	– 3 250	– 3 229
2013 1.Vj.	– 15 184	– 11 866	– 1 630	+ 1 038	– 3 318	– 807	– 807
2.Vj.	– 7 441	– 3 937	– 871	+ 3 588	– 3 504	– 807	– 807
3.Vj.	– 9 557	– 6 211	– 825	+ 1 164	– 3 347	– 820	– 807
4.Vj.	– 11 160	– 6 965	– 1 006	+ 1 035	– 4 196	– 815	– 807
2014 1.Vj.	– 14 780	– 11 917	– 1 577	+ 1 308	– 2 863	– 870	– 863
2.Vj.	– 6 919	– 2 853	– 732	+ 5 014	– 4 066	– 869	– 863
3.Vj.	– 7 990	– 4 671	– 1 063	+ 943	– 3 319	– 870	– 863
2014 Jan.	– 4 419	– 3 442	– 1 112	+ 591	– 977	– 291	– 288
Febr.	– 7 137	– 6 254	– 335	+ 305	– 883	– 290	– 288
März	– 3 224	– 2 221	– 130	+ 413	– 1 004	– 290	– 288
April	– 3 375	– 1 757	– 242	+ 936	– 1 619	– 289	– 288
Mai	– 1 301	– 75	– 318	+ 2 665	– 1 226	– 290	– 288
Juni	– 2 243	– 1 021	– 171	+ 1 414	– 1 222	– 289	– 288
Juli	– 3 051	– 2 045	– 489	+ 237	– 1 006	– 289	– 288
Aug.	– 2 483	– 1 617	– 323	+ 259	– 865	– 291	– 288
Sept.	– 2 456	– 1 009	– 251	+ 447	– 1 447	– 290	– 288
Okt.	– 2 394	– 1 721	– 377	+ 142	– 674	– 289	– 288
Nov. p)	– 3 601	– 2 854	– 484	+ 14	– 748	– 289	– 288

6. Vermögensänderungsbilanz der Bundesrepublik Deutschland (Salden)

Mio €

Zeit	Insgesamt	Nicht produzierte Sachvermögen	Vermögensübertragungen
2009	– 1 858	+ 34	– 1 891
2010	+ 1 219	+ 2 304	– 1 085
2011	+ 1 690	+ 1 137	+ 553
2012	+ 1 298	+ 1 366	– 68
2013	+ 2 013	+ 2 339	– 327
2013 1.Vj.	+ 756	+ 545	+ 211
2.Vj.	+ 847	+ 661	+ 185
3.Vj.	+ 369	+ 666	– 298
4.Vj.	+ 41	+ 466	– 426
2014 1.Vj.	+ 1 667	+ 367	+ 1 300
2.Vj.	+ 624	+ 889	– 265
3.Vj.	+ 839	+ 765	+ 74
2014 Jan.	+ 867	+ 26	+ 841
Febr.	+ 455	+ 185	+ 270
März	+ 345	+ 156	+ 189
April	+ 145	+ 125	+ 19
Mai	+ 41	+ 451	– 410
Juni	+ 439	+ 313	+ 126
Juli	+ 11	+ 251	– 240
Aug.	+ 441	+ 263	+ 178
Sept.	+ 386	+ 250	+ 136
Okt.	– 108	+ 128	– 236
Nov. p)	+ 151	+ 402	– 251

1 Ohne Vermögensübertragungen, soweit erkennbar. Enthält unentgeltliche Leistungen im Rahmen internationaler Kooperationen und sonstiger laufender Übertragungen. 2 Enthält Prämien und Leistungen von Versicherungen (ohne Lebensversicherungen). 3 Übertragungen zwischen inländischen und ausländischen Haushalten.

Quelle: Monatsbericht der Deutschen Bundesbank, Januar 2015.

1.3 Die Wirtschaftsbeziehungen zwischen den Industrieländern und der sogenannten Dritten Welt werden nicht selten wie folgt beschrieben: „Der Reichtum der Industrienationen resultiert im Wesentlichen aus dem Handel dieser Länder mit den Volkswirtschaften der Dritten Welt."

Aufgaben:

1.3.1 Nehmen Sie zu dieser Behauptung in Bezug auf Deutschland kritisch Stellung!

1.3.2 Des Weiteren wird behauptet, dass Entwicklungshilfezahlungen einseitige Geschenke der Geber- an die Empfängerländer seien. Erläutern Sie anhand von vier Beispielen, dass derartige Zahlungen durchaus auch für die Geberländer positive Auswirkungen haben können!

2. Unterrichtsvorschlag: Referat

Lesen Sie zunächst den nachfolgenden Artikel!

Hohe Preise: EU-Kommission prüft Krabbenkartell

Nordseekrabben: Die Erzeugerpreise haben sich vervierfacht

Ein Kartell von Krabbenhändlern soll die Preise für die Meerestiere künstlich hoch gehalten haben. Diesem Vorwurf geht die EU-Kommission in Brüssel nach. Sollte sich der Verdacht erhärten, drohen hohe Strafen.

Brüssel/Hamburg – Wer in diesem Sommer Nordseekrabben isst, dem mögen die saftigen Preise auffallen, die viele Restaurants und Fischhändler derzeit für die Meerestiere verlangen. Das liegt zum einen daran, dass die Krabbenfischer deutlich mehr Geld bekommen als noch im letzten Jahr. Doch es könnte auch noch einen anderen Grund geben:

Ein Kartell von Händlern hat die Preise womöglich künstlich in die Höhe getrieben.

Diesem Verdacht geht zumindest die EU-Kommission in Brüssel nach. Sie vermutet, dass vier Händler von Nordseekrabben Preise abgesprochen und die Märkte in den Niederlanden, Deutschland, Frankreich und Belgien untereinander aufgeteilt haben. Das teilte die Brüsseler Behörde am Freitag mit. Damit macht die EU-Kommission den nächsten Schritt im Kartellverfahren: Sie hat die Unternehmen schriftlich über die Vorwürfe informiert und erwartet nun eine Antwort.

„Wenn sich das bestätigt, wäre das natürlich ein sehr ernstes Vergehen und den Unternehmen könnten harte Strafzahlungen drohen", sagte ein Kommissionssprecher. Absprachen zum Schaden von Verbrauchern sind in der Europäischen Union verboten. Die betroffenen Firmen nannte die EU-Kommission nicht – sie beruft sich auf die Unschuldsvermutung

An der deutschen Nordseeküste fahren nach Angaben des Verbandes der deutschen Kutter- und Küstenfischer noch gut 210 Betriebe auf Krabbenfang. 2011 gingen ihnen etwas mehr als 13.000 Tonnen in die Netze. Pro Kilogramm erhalten die Fischer zurzeit gut sechs Euro. Die Preise schwanken je nach Fangmenge und Nachfrage stark. Gepult werden die Tiere in der Regel im Ausland, zum Beispiel in Polen oder Marokko.

Im vergangenen Frühjahr hatten die Krabbenfischer ihre Boote mehrere Wochen lang in den Häfen gelassen, weil der Preis auf weniger als 1,50 Euro je Kilogramm gefallen war und damit nach Angaben der Unternehmer nicht einmal die Betriebskosten deckte.

Im Mai taten sich mehr als 120 Krabbenfischer aus Niedersachsen und Schleswig-Holstein zusammen, um eine gemeinsame Vermarktungsgesellschaft zu gründen. Damit wollen sie künftig eine bessere Position gegenüber den wenigen Großhändlern erreichen.

Quelle: Spiegel Online vom 13. 07. 2012.

Aufgabe:

Recherchieren Sie über einen Zeitraum der letzten Monate, welche „spektakulären" Verstöße von den EU-Wettbewerbshütern aufgegriffen bzw. welche Veränderungen bezüglich eines harmonisierten Wettbewerbsrechts in Angriff genommen wurden. Untersuchen Sie dabei vor allem die Gründe für das Einschreiten der EU-Kommission!

3. 3.1 Erläutern Sie die vier wichtigsten Grundfreiheiten des europäischen Binnenmarktes. Gehen Sie anschließend auch auf wichtige Bestimmungen ein, die den Wettbewerb zum Wohle der Verbraucherinnen und Verbraucher sichern sowie Diskriminierungen von Unternehmen aufgrund ihrer nationalen Herkunft unterbinden sollen!

3.2 Skizzieren Sie kurz die wichtigsten Argumente für einen gemeinsamen europäischen Binnenmarkt!

3.3 Dem Dienstleistungssektor kommt mit einem Anteil von 71 Prozent an allen Beschäftigten in der EU inzwischen eine überragende wachstums- und beschäftigungspolitische Rolle zu. Vor diesem Hintergrund hat die Europäische Kommission im Jahr 2004 den Entwurf einer Richtlinie zur weiteren Liberalisierung des grenzüberschreitenden Dienstleistungsgeschäfts im Binnenmarkt vorgelegt. Mit der Richtlinie sollen die immer noch weit verbreiteten bürokratischen Hürden für den Binnenmarkt im Bereich der Dienstleistungen verringert werden und auf diese Weise ein Beitrag für mehr Wettbewerb, Beschäftigung und Wachstum erbracht werden. Der Verabschiedung der Dienstleistungsrichtlinie gingen heftige politische Auseinandersetzungen voraus.

Aufgabe:

Erläutern Sie kurz mögliche Vor- und Nachteile einer solchen Dienstleistungsrichtlinie!

4. Lesen Sie zunächst nachfolgenden Text!

Trick mit der Quote

Sie wissen, wonach sie suchen. Akribisch durchforsten sie Tabellen, ziehen alles verfügbare Zahlenmaterial zurate. Die Beamten der Abteilung Intelligence der EU-Betrugsbekämpfungsbehörde Olaf sind echte Profis in der Analyse von Daten.

Sie wissen, dass jetzt, in der zweiten Augusthälfte, die ersten Ladungen geschmuggelten Knoblauchs aus China eintreffen. Denn Olaf hat den Produktionszyklus von Knoblauch in China und anderen Exportländern genau studiert.

Aber warum ist das wichtig? Ganz einfach: Der Schmuggel der Knolle ist ein Millionengeschäft. Bei keinem anderen Agrarprodukt registriert die EU vergleichbar hohe Zollausfälle durch Schmuggel. Das ist die Folge einer komplizierten Agrarpolitik und des unverhohlenen Agrarprotektionismus der EU. Mit aller Macht wollen europäische Knoblauchproduzenten den weltweit größten Anbauer China aussperren.

Als 2001 der damalige EU-Agrarkommissar Franz Fischler mit China Einfuhrquoten für Knoblauch aushandelte, ahnte er nicht, wie sich der Markt entwickeln würde. Der Vereinbarung nach dürfen die Chinesen gut 13 000 Tonnen jährlich zollfrei in die EU ausführen. Ist die Quote erschöpft, fallen 1 200 Euro Zoll pro Tonne an. Vor allem die Agrarlobby aus Spanien und Italien hatte auf diese Regelung gedrungen mit dem Hinweis, dass die Produktionskosten der chinesischen Landwirte nur bei einem Zehntel des europäischen Niveaus liegen. Den eigenen Produktionsrückgang haben sie damit aber nicht aufhalten können. Seit 2002 ist die Knoblauchproduktion in der EU um 14 Prozent auf 242 000 Tonnen zurückgegangen, im größten Anbauland Spanien sogar um über ein Viertel.

Gleichzeitig ist der Schmuggel aufgeblüht. Im Jahr kommen rund 25 000 Tonnen Knoblauch illegal aus China in die EU, schätzen die Experten von Olaf.

In der ersten Zeit wurde der Knoblauch von China in ein Land gebracht, das für dieses Produkt zollfreien Zugang in die EU genießt: Ägypten, Jordanien oder die Türkei. Dort gibt ein Mittelsmann vor, einheimischen Knoblauch exportieren zu wollen, und erschleicht sich eine Ausfuhrgenehmigung. Den Olaf-Leuten fiel aber auf, dass kurz nach der Ernte in China die Exporte aus Ländern hochschnellten, in denen der Knoblauch überhaupt noch nicht reif war.

Darum praktizieren die Schmuggler inzwischen andere Methoden. So verstecken sie den gewöhnlichen Knoblauch unter einer Lage Elefantenknoblauch. Für dieses teurere Gewächs gelten nämlich keine EU-Quoten. Oder die Schmuggler geben vor, dass der Knoblauch gefroren ist, weil er dann ebenfalls nicht unter die Quote fällt. Seit Kurzem fälschen sie auch verstärkt Einfuhrlizenzen, um den Zoll zu umgehen.

Die Ermittler von Olaf schätzen, dass der EU durch die Trickserei im Jahr 30 Millionen Euro an Zolleinnahmen entgehen. Dem Verbraucher entstehen dadurch keine Schäden. Im Gegenteil: Die illegale Importware dürfte auf den Preis drücken, zudem gilt der chinesische Knoblauch als besonders gesund, weil er viel Selen enthält. [...]

Den Tricks der chinesischen Knoblauch-Netzwerke stellen die Fahnder immer ausgeklügeltere Methoden entgegen. Stellt der Zoll Ladungen in den Häfen sicher, die aus China stammen könnten, nehmen sie Proben und schicken sie zur Isotopenanalyse in die USA. Mit dieser Untersuchung lässt sich feststellen, wo der Knoblauch tatsächlich gewachsen ist. In jahrelanger Kleinarbeit haben die Amerikaner eine Datenbank mit den Eigenschaften von Knoblauch aus der ganzen Welt aufgebaut.

Die Fahnder von Olaf haben einen guten Riecher. „Mittlerweile erzielen wir eine gute Trefferquote“, sagt eine Ermittlerin. [...]

Quelle: WirtschaftsWoche Nr. 34 vom 21. August 2006.

Aufgabe:

Diskutieren Sie mögliche Gründe dafür, dass der Import von Knoblauch und anderen landwirtschaftlichen Produkten in die Europäische Union nicht unbegrenzt zugelassen wird und welche Auswirkungen diese Beschränkung für die Konsumenten hat!

20 Hartmann - ISBN 978-3-8120-0490-9

Stichwortverzeichnis

A

abgeleitete Einkommen 234
abgestimmtes Verhalten 95
Ablaufpolitik 115, 121
Absatz 17
Absatzmethode 93
Absatzpreis 41
Abschwung 105 ff.
absolute Preisuntergrenze 92
absolut fixe Kosten 34
Abstimmungsprobleme 177
Abwertung 268
Aggregation 16, 18, 48
aggregieren 15
AKP-Staaten 276
akquisitorisches Kapital 93
Altersaufbau 243
amerikanisches Verfahren 155
Anbieter 11
Anbieterrente 50, 57
Angebot 11
Angebotsband 63
Angebotsinflation 148
Angebotslücke 58, 65, 72, 267
Angebotsmonopol 82, 85
angebotsorientierte Wirtschaftspolitik 170 ff.
Angebotsüberhang 58, 72
Angebotsverhalten 32
Ankaufskurs 257
Ankerwährung 269
anomale Angebotskurve 90, 175
anomale Nachfrage 27
Anspruchsinflation 147
antizyklische Finanzpolitik 111, 176
Arbeitgeber 224
Arbeitnehmerentgelt 227
Arbeitseinkommen 227
Arbeitsgemeinschaft 84
Arbeitskosten 223
Arbeitslosengeld 212, 239
Arbeitslosenquote 208
Arbeitslosenversicherung 239
Arbeitslosenzahl 209
Arbeitslosigkeit 208, 242
Arbeitsmarkt 188
Arbeitsproduktivität 218
Arbeitszeitverkürzung 226
Assoziierung 276
asymmetrische Informationen 66
Attentismus 109
Aufschwung 105 ff.
Ausbildung 218
Ausfuhr 253, 255
Ausfuhrgarantie 270
Ausfuhrgüter 254
Ausland 120
Außenhandel 253
Außenhandelspolitik 297
Außennachfrageinflation 148
Außenwert des Geldes 257
Außenwirtschaft 253 ff. 285 ff.
außenwirtschaftliches Gleichgewicht 116, 174
Außenwirtschaftspolitik 269
autonome Handelspolitik 299

B

Bandbreiten 266
Bankenunion 294
Banknote 134
Bardepot 271
Bargeld 133
Bargeldumlauf 134
Barreservesatz 143
Basarökonomie 255
Bedarfsgerechtigkeit 232
Bedarfsprinzip 232
Bedürfnisstruktur 13 f.
befristete Transaktionen 152
Bereiche der Wirtschaftspolitik 121
Berufsaufbildung 218
Berufsgenossenschaften 236
Beschäftigung 208
Beschäftigungsgrad 32, 36
Beschäftigungsprogramm 223
Besitzeinkommen 230
Bestimmungsfaktoren des Angebots 32 ff.
Betriebsminimum 39
Betriebsoptimum 39 ff., 46
Bevölkerungsentwicklung 235, 242
Binnenwert des Geldes 257
Bodeneinkommen 227
Bodenrente 227
Boom 105, 107
Break-even-Point 46
Brief 257 f.
Bruttolohn 133
Bürgerbegehren 274
bürokratische Regelungsdichte 217

C

Chancengleichheit 232
Club of Rome 195
Cournotscher Preis 94
Cournotscher Punkt 87, 89
Credit Default Swaps 185
Credit rating agency 185

D

Deficit-Spending 176f.
definitive Käufe von Wertpapieren 151
Defizitpolitik 112
Deflation 149
Deflationsursachen 150
Deflatoren 131
degressive Stückkosten 35
demografischer Wandel 18, 235, 242
Deports 156
Depression 106, 150
Deutsche Bundesbank 137
Devalvation 268
Devisen 140, 257
Devisenangebot 259
Devisenbewirtschaftung 271
Devisennachfrage 259
Devisenswapgeschäft 156
Dienstleistungsbilanz 286f.
Dilemma 162
Dilemma-Situation 96
direkte Preiselastizität 23
direkte Steuern 234
doppelt geknickte Nachfragekurve 94, 97
Dumping 270
durchschnittliche fixe Kosten 37
durchschnittliche Totalkosten 37
durchschnittliche variable Kosten 37
Durchschnittskosten 35
Durchschnittspreisniveau 64

E

Effektenhausse 105
Effektor 180
EFSF 186
Einfuhr 253
Einfuhrgüter 254
Einfuhrzoll 270
Einkommen 13
Einkommensänderungen 13
Einkommensnivellierung 231
Einkommensverteilung 19, 182, 193, 226f.
Einlagenfazilität 159
Einzelmonopol 82
elastische Nachfrage 23f., 26
Elastizität 88
Emissionshandel 203f.
Emissionszertifikat 202
Emission von Schuldverschreibungen 156
Erhaltung einer lebenswerten Umwelt 118
Erlös 32
Erlöskurve 17, 87
Erwerbsperson 209
Erwerbsquote 210
Erziehungszölle 271
ESM 186
EU (Europäische Union) 272
Europäische Bankenunion 294
Eurokrise 292
Europa 2020 295
Europäische Bankenaufsicht 294
Europäische Finanzstabilisierungs-
fazilität 186
Europäische Kommission 274
Europäischer Finanzstabilisierungsmechanis-
mus 186
Europäischer Rat 274
Europäischer Wechselkursmechanismus II
(WKM II) 269
Europäischer Wirtschaftsraum 132
Europäisches Parlament 274
Europäisches System der Zentralbanken
(ESZB) 135
Europäische Union (EU) 272
Europäische Währungssystem (EWS) 268
Europäische Zentralbank (EZB) 119, 133
Euro-Rettungsschirm 186
Eurostat 132
Eurosystem 136, 153
EWU 112f.
expansive Lohnpolitik 225
exponentielles Wachstum 194
Exportförderung 270
Exportkontingent 291
Exportüberschüsse 265
Exportverbote 291
Exportvolumen 259
externe Effekte 66
externe Kosten 199
Extrahandel 253
EZB 133

F

Faktorpreisänderung 52
Fazilität 139, 158
feedback 179
Fehlanreize 235, 241
fehlende Markttransparenz 63
Feinstaubbelastung 197
Feinsteuerungsoperationen 158
Festpreis 41, 71
Festpreispolitik 73
Finanzierungsregel 201
Finanzkrise 292
finanzpolitischer Pakt 293
Finanztransaktion 253
finanzwirtschaftliche Konjunktur-
indikatoren 109
Finanzzölle 271
Fishersche Verkehrsgleichung des
Geldes 129
Fiskalismus 174

Fiskalpolitik 121, 170, 173
fixe Kosten 34
Floating 259
friktionelle Arbeitslosigkeit 215
funktionelle Einkommensverteilung 227

G

galoppierende Inflation 146
Geburtenentwicklung 242
gefühlte Inflation 147
Geld 257 ff.
Geldmenge 127, 172
Geldmenge M1 134
Geldmenge M2 134
Geldmenge M3 134
Geldmengenbegriff 133
Geldmengeninflation 147
Geldnachfrage 144
Geldpolitik 126, 139, 170
Geldschöpfung der Geschäftsbank 142
Geldschöpfung der Zentralbank 139
Geldschöpfungsmuliplikator 143
Geldschöpfungsspielraum 144
Geldtheorie 126
Geldvernichtung 144
Geldvernichtung der Zentralbank 139
Gemeinschaftsunternehmen 84
Generationenvertrag 238
Gesamtangebot 171
Gesamtangebotskurve 48, 50
Gesamtbetrachtung 38, 42, 47, 87
Gesamtinflation 146
Gesamtkosten 35 f., 86 f.
Gesamtnachfrage 15, 18
gesamtwirtschaftliche Angebotskurve 171
gesamtwirtschaftliche Nachfragekurve 171
gesamtwirtschaftliches Gleichgewicht 110, 115
geschwungene Nachfragekurve 94
Gesetz der Massenproduktion 37, 90, 171, 175
Gesetz der Nachfrage 59, 259
Gesetz des Angebots 45, 49, 59, 259
gesetzliche Arbeitsförderung 239
gesetzliche Krankenversicherung 245
gesetzliche Pflegeversicherung 237, 244
gesetzliche Rentenversicherung 238, 244
gesetzliche Unfallversicherung 239
Gewerkschaft 224
Gewinn 86
Gewinngrenze 42, 44, 86 f.
Gewinninflation 147
Gewinnmaximierungsprinzip 44, 86
Gewinnmaximierungsregel 43, 89
Gewinnmaximum 42 f., 46, 86 ff., 94
Gewinnquote 182
Gewinnschwelle 42 f., 46, 86, 88
Gewinnzone 46 f., 87 f.
Giralgeldschöpfung 142
Gleichgewichtskurs 260
Gleichgewichtspreis 57, 89
globale Umweltfazilität 206
Globalisierung 217, 256
Global Sourcing 216
Gold 140
grauer Markt 72
Grenzbetrieb 50
Grenzerlös 88, 93
Grenzerlöskurve 87
Grenzkosten 36 f., 86, 88
Grenzkostenminimum 38, 39
Grenzumsatz 86, 88
Grenzumsatzkurve 87
Grundrente 227
Grundsicherung 240
Güterangebot 11
Güter des Wahlbedarfs 25
Güter des Zwangsbedarfs 25

H

Handelsabkommen 270
Handelsbilanz 286
Handelshemmnis 269
Handelsschranken 254
Handelsverträge 270
Handelsvolumen 126
Harmonisierte Verbraucherpreisindex (HVPI) 132
harmonisierte Wettbewerbspolitik 296
harte Währung 268
Hauptrefinanzierungsinstrument 158
Haushaltsdefizit 185
Hearings 120
Hochkonjunktur 105
Höchstpreis 71 f.
Höchstpreispolitik 73
hoher Beschäftigungsstand 116, 174
holländisches Verfahren 155
homogenes Gut 85
Homogenität 57
Humankapital 214

I

Immobilität 220
Importbeschränkung 271
Importgüter 254
importierte Inflation 148, 265, 268
Importkontingent 291
Importkontingentierung 271
Importverbote 291
Importvolumen 259
Importzölle 271

Indexzahlen 131
Indikatoren 193
indirekte Preiselastizität 28
Individualmonopol 82
individuelle Angebotskurve 44f.
individuelles Angebot bei linearem Gesamtkostenverlauf 45
individuelles Angebot bei S-förmigem Gesamtkostenverlauf 32
Inflation 145ff., 170, 175
Informationsdefizite 66
Infrastruktur 173
innergemeinschaftliche Lieferung 253
innergemeinschaftlicher Erwerb 253
institutionelle Starrheiten 129
Integration 219
Interessengemeinschaften 84
Internalisierung 199
internationale Arbeitsteilung 255
intervenieren 267
Intervention 269
Interventionspreis 71
Interventionspunkt 267, 269
Intrahandel 253
Istwert 180

J

Jahresprojektion 110
Joint Ventures 84

K

Kampfpreise 96
Kapazität 32, 36
Kapazitätsausnutzung 32
Kapazitätsausnutzungsgrad 36
Kapazitätsgrenze 38
Kapitalbilanz 287
Kapitaleinkommen 227
Kapitalflucht 261
Kartell 84, 95
Kaufkraft 129, 132
Kaufkraftparitätentheorie 265
Kerninflation 146
Keynesianismus 174
Klimapolitik 204
Klimarahmenkonvention 204
Klimawandel 198
Know-how 205
Kollektivmonopol 82
Kombilöhne 223
komparativ 255
Komplementärelastizität 28
Komplementärgüter 14
Kompromis 179, 241
Kondratieff-Wellen 104
Konflikt 116
Konformitätsprüfung 241
Konjunktur 171
Konjunkturausgleichsrücklage 111, 176
Konjunkturdämpfung 111
konjunkturelle Arbeitslosigkeit 216
konjunkturelle Schwankung 104
Konjunkturförderung 111
Konjunkturindikatoren 107
Konjunkturphasen 105, 107
Konjunkturprognose 107
Konjunkturüberhitzung 105
Konjunkturzyklus 104, 106
Konsortien 84
Konsument 11
Konsumentenrente 57
Kontingentierung 70, 254, 271
Konvergenzkriterien 112
Konzentration 82
konzertierte Aktion 110
Kooperationsformen 84
Kooperationsprinzip 200
kooperatives Verhalten 95
Kosten 34f.
Kostenarten 32
Kosteninflation 147
Kosten-Leistungstabelle 46
Kostenvorteile 255
Kreditausfallversicherung 185
Kreditnachfrage 144
Kreditschöpfungsmöglichkeit 144
Kreditschöpfungsmultiplikator 143
Kreuzpreiselastizität 28
kritische Kostenpunkte 38, 40f.
kritische Kosten- und Leistungspunkte 36, 41
kritische Punkte 86
Kulturgüter 19
Kursbildung 259
Kurssicherung 267
kurzfristige Preisuntergrenze 44, 48
Kybernetik 180
Kyoto-Protokoll 204

L

lange Wellen 104
langfristige Preisuntergrenze 44, 48
langfristiges Gleichgewicht 44
Langzeitarbeitslosigkeit 222
Lebenserwartung 243
Lebenshaltungskosten 131
Lebensqualität 193
Leihzins 227
Leistungsbilanz 286
Leistungserstellung 32
Leistungsgerechtigkeit 232
Leistungspotenzial 170, 172
Leistungsprinzip 232

Leitkurs 267
Leitzins 158
linearer Gesamtkostenverlauf 45 ff.
lineares Wachstum 194
Liquiditätsreserve 143
Liquiditätsreservesatz 143
Lobbyist 120
lohnkostenbedingte Arbeitslosigkeit 216, 220
Lohnnebenkosten 218, 223
Lohnpolitik 224
Lohnquote 182
Lohnzusatzkosten 223
Lorenz-Kurve 228
Luxusgüter 19

M

Maastricht 112
Maastricht-Kriterien 112
magisches Dreieck der Wirtschaftspolitik 116
magisches Sechseck der Wirtschaftspolitik 118
magisches Viereck der Wirtschaftspolitik 110, 116
Managementfehler 217
Marktangebotskurve 48
Markteingriff 66
marktfähige Verbindlichkeiten des Bankensektors 134
Marktformen 98
marktkonforme Staatseingriffe 67, 70
marktkonträre Eingriffe 271
marktkonträre Staatseingriffe 70, 73
Marktlenkung 70
Marktlohn 216
Marktmacht 98, 231
Marktpreis 41
Markttransparenz 66
Marktversagen 62, 66, 118
Marktversorgung 89
mengenabhängige Kosten 32
Mengenanpasser 44
mengenmäßige Gesamtnachfrage 16
Mengennotierung 258
Mengenpolitik 44, 85
Mengentender 153
Migration 219
Mindestbietungssatz 153
Mindestlohn 216
Mindestpreis 71
Midnestreserven 160
Mindestreservepolitik 160
Mindestreservesätze 160
Ministerrat 274
Mismatch-Arbeitslosigkeit 222
Modell des vollständigen Bargeldrückflusses 142
monetäre Nachfragekurve 17
Monetarismus 173
Monetarist 172
Monokultur 196
Monopol 82, 85
Monopolisierung 82
monopolistischer Preisspielraum 92 f., 96 f.
Monopolpreis 89
Monopolpreisbildung 85
Münzen 133

N

Nachfrage 11
Nachfrageband 64
Nachfrageelastizität 23, 88
Nachfragefunktion 17
Nachfrageinflation 147 f.
Nachfragelücke 58, 65, 72, 267
nachfrageorientierte Wirtschaftspolitik 173 f.
Nachfrager 11
Nachfragerrente 57
Nachfrageüberhang 58, 72
Nachfrageverhalten 12
nachfragewirksame Geldmenge 127
Nachhaltigkeit 200
nationale Parlamente 274
Neo-Quantitätstheorie 129, 172
Nettolohn 133
nichtkooperatives Verhalten 96
Nichtregierungsorganisation 120
nicht tarifäre Handelshemmnisse 270
Niedrigzinspolitik 161
Nominallohn 133, 225
Non-governmental Organization 120
Notenbank 139
Notierung 258
Nullwachstum 193
Nutzenschwelle 43

O

oberer Wendepunkt 105 ff.
Oberziel 115
offene Inflation 145
Offenmarktpolitik 139, 151
öffentliche Beschäftigung 223 f.
öffentliche Güter 66
offizielle Inflation 146
Öko-Marketing 200
Öko-Sponsoring 200
Ökosteuer 202
optimaler Nutzenpunkt 43
Ordnungspolitik 119, 121
Ordnungsrahmen 115
Organe der EU 274

organisches Wachstum 194
Orientierungspreise 260
Outs 113, 269

P

Parität 267
Parlament (Legislative) 119
Pensionsgeschäfte 152
Pensionssatz 153 f.
personelle Einkommensverteilung 228
Pfandkredit 152
Plantagenwirtschaft 255
Politik des billigen Geldes 161
Potenzial 193
potenzialorientierte Fiskalpolitik 172
potenzialorientierte Geldpolitik 172
Präferenz 57
Preis-Absatz-Kurve 85
Preisadministration 67
Preisänderungen anderer Güter 13
Preisbildung 57, 85, 91, 98
Preisbildung des Angebotsoligopols 95
Preisdifferenzierung 91
Preisdiskriminierung 91
Preisgesetze 58 f., 64, 264
Preisindexberechnung 131
Preisindizes 130
Preislenkung 67, 70
Preisniveau 128
Preisniveaustabilität 116, 136, 170
Preisnotierung 258
Preispolitik 44, 85, 92
Preisstabilität 136, 170, 174
Preisuntergrenze 44, 48, 92
Prestige-Effekt 27
Primäreinkommen 287
Primärverteilung 227
Prinzip der Nachhaltigkeit 200
Produktgestaltung 93
produktivitätsorientierte Lohnpolitik 224
Produzent 11
Produzentenrente 50, 57
Profitquote 182
progressive Stückkosten 35
proportional variable Kosten 33
Prozesspolitik 115, 119, 121, 174

Q

qualitatives Wachstum 193
Qualitätsvermutungseffekt 27
quantitatives Wachstum 193
Quantitätsgleichung 129, 137
Quantitätstheorie 129
Quasikartell 95
Quasi-Nachhaltigkeit 201
Quotenkartell 96

R

Rat der Europäischen Union (Ministerrat) 274
Ratingagentur 185
Rationierung 72
reales Bruttoinlandsprodukt 131
Reallohn 132 f., 225
realwirtschaftliche Konjunkturindikatoren 108
Redistribution 234
Referenzkurse 260
Referenzwert 137
Refi-Satz 158
Reflation 175
Regierung 119
relativ fixe Kosten 35
Rente 238
Rente wegen Todes 238
Repogeschäft 134, 152
Report 156
Restposten 288
Revalvation 268
Rezession 105, 107, 175
Risikoprämie 228
Rückkopplung 179

S

saisonale Arbeitslosigkeit 216
saisonale Schwankung 104
Sättigungstendenzen 216
Schattenwirtschaft 213, 220
schlanker Staat 217
schleichende Inflation 146
Schnelltender 155
Schuldenkrise 162
Schutzzölle 271
Schwankungsbreiten 266
Schwarzarbeit 213, 221
Schweinezyklus 60
Sekundäreinkommen 287
Sekundärverteilung des Volkseinkommens 233
Selffulfilling Prophecy 109
S-förmiger Gesamtkostenverlauf 32 ff.
Sichteinlagen 134
Snob-Effekt 27
Snob-Value 27
Sockelarbeitslosigkeit 189
Sollwert 180
Sorten 257
Sozialabgaben 241
Sozialausgaben 235
Sozialdumping 271
Sozialeinkommen 234
Sozialhilfe 213
Sozialleistungen 213

Sozialordnung 233
Sozialpartner 224
Sozialpolitik 233
Sozialstaatspostulat 233
Sozialversicherung 236
Sozialversicherungsabgaben 234
sozial verträgliche Einkommens-
verteilung 118
Spekulant 261, 265
Spinnwebtheorem 60
Spitzenrefinanzierungsfazilität 158f.
Sprungkosten 35
staatliche Bürgschaften 270
staatlicher Markteingriff 66
Staatsdefizit 185
Staatsverschuldung 112, 178, 185, 217
Stabilitätsgesetz 110f., 115
Stabilitätspakt 112ff.
Stabilitätsunion 295
Stagflation 149, 226
Stagnation 149
Standardtender 155
ständige Fazilitäten 158
starre Wechselkurse 266
Steuererhöhung 68
Stop-and-go-Politik 177
Stresstest 294
strukturelle Arbeitslosigkeit 189
strukturelle Krise 106
strukturelle Operationen 151, 158
strukturelle Schwankung 104
strukturelle Ungleichgewichte 187
Strukturpolitik 174
Stückbetrachtung 38, 42, 47, 87
Stückkosten 35f.
Substitutionselastizität 28
Substitutionsgüter 14
Substitutkonkurrenz 27
Subvention 67ff., 74, 76, 270
Subventionsdumping 271
Subventionspolitik 188, 217, 291
Sustainable waste disposal 201
Sustainable yield 201
Synergieeffekte 84, 220
System 179
System der sozialen Sicherung 236
System freier Wechselkurse 259

T

täglich fällige Einlagen 134
Talsohle 106f.
tarifäre Handelshemmnisse 269
Tarifautonomie 224
Tariföffnungsklauseln 226
Tarifpartner 224
Tarifverbände 224
Tarifverträge 224, 226
technischer Fortschritt 51
technologische Arbeitslosigkeit 218
Teilkostenrechnung 90
Teilmonopole 82
Tender 153
Tenderverfahren 153
Termineinlagen 157
Totalkosten 37
toter Punkt 46
Träger der Wirtschaftspolitik 119
Transfereinkommen 234
Treibhausgas 196
Trend (Wachstumspfad) 104ff.
Trusts 84

U

Überbeschäftigung 34, 105
Übernacht-Pensionsgeschäft 159
Übernacht-Pfandkredit 159
überproportional variable Kosten 34
Überschussreserve 142f.
Umlaufgeschwindigkeit 127, 137
Umlaufgeschwindigkeit des Geldes 127
Umsatz 17, 32, 87
Umsatzkurve 17, 87f.
Umsatzmaximum 87f.
Umverteilung 173, 234
Umweltbewusstsein 199
Umweltproblem 195
Umweltverträglichkeitsprüfung 200
Umweltzertifikat 202
unelastische Nachfrage 23f., 26
unelastisches Angebot 48
UN-Klimakonferenz 204
Unterbeschäftigung 105, 208
unterer Wendepunkt 106f.
Unternehmenseinkommen 228
Unternehmensverbindungen 84
Unternehmenszusammenschluss 82, 84
Unternehmergewinn 228
Unternehmerlohn 228
unterproportional variable Kosten 33
Unterziel 115
unvollkommener Markt 60
unvollkommenes Angebotsoligopol 96
unvollkommenes Monopol 91
unvollkommenes Polypol 60
Ursache-Wirkungsbeziehungen 179

V

Valutadumping 271
variable Kosten 32
Veränderung 18
Verbraucherpreisindex (VPI) 130
Verbrauchsteuer 73

verbundene Unternehmen 84
verdeckte Arbeitslosigkeit 209
verdeckte Inflation 146
Verdrängungspreise 96
Verdrängungswettbewerb 96
Vereinte Nationen 204
Verkaufskurs 257
Verkehrsgleichung 129
Verlust 86
Verlustzone 42, 46f., 87
Vermögen 15
Vermögensänderungsbilanz 287
Vermögensverteilung 182, 230
vernetztes Denken 180
Verpfändung refinanzierungsfähiger Sicherheiten 155
Verschmutzungsrechte 202
Verteilungsgerechtigkeit 228, 231
Verteilungspolitik 233
Verteilungsprinzip 182
Verteilungsprinzipien 231
vertragliche Handelspolitik 299
Vertrag von Lissabon 273
Verursacherprinzip 199
verzögerte Angebotsreaktion 60
Volkseinkommen 182, 211, 230
Vollbeschäftigung 208
vollkommen elastische Nachfrage 26
vollkommener Wettbewerb 57
vollkommenes Angebotsmonopol 85
vollkommenes Angebotsoligopol 95
vollkommenes Oligopol 95
vollkommenes Polypol 57
vollkommen unelastische Nachfrage 26
Vollkostenrechnung 90
Vorsorgeprinzip 200

W

Wachstum 117, 193
Wachstumsarten 193
Wachstumspfad 105, 172
Wachstumspolitik 174
Wachstumsraten 193
Wägungsschema 130
Wahlbedarf 19
Währung 257
währungspolitische Maßnahmen 290
Warenkorb 130
Wechselkurs 257, 269
Wechselkursmechanismus 263
Wechselkursmechanismus II (WKM II) 113
Wechselkursmechanismus I (WKM I) 268
weiche Währung 268
Weltbank 206
Werbung 93
Wertpapierpensionsgeschäft 153
Wettbewerbsbeschränkung 67
Wirtschaftspolitik 104, 118f., 170
wirtschaftspolitische Konzeption 170
Wirtschaftswachstum 116, 174
Wohlfahrt 73, 96
Wohlfahrtsgewinn 73, 96
Wohlfahrtsverlust 73

Z

Zahlungsbilanz 285ff.
Zahlungsbilanzungleichgewichte 288f.
zeitabhängige Kosten 34
Zeitarbeit 188
Zentralbank 139
Zentralbankgeldmenge 134
Zertifikat 202
Ziele staatlicher Wirtschaftspolitik 115
Zielharmonie 116
Zielindifferenz 116
Zielkonflikt 116, 176, 178
Zins 227
Zinsband 158
Zinskorridor 158
Zinskorsett 158
zirkulare Konkurrenz 95
Zölle 269
Zollerhöhung 69
Zollpolitik 291
Zollsenkung 68
Zuteilungsmethoden 155
Zwangsbedarf 19
Zwei-Säulen-Strategie 136
zyklisches Wachstum 194